北京市社会科学理论著作出版基金资助

语言学论丛

A Comparative Study of
Chinese and Western Legal
Language and Culture

中西法律语言与文化对比研究

张法连 著

北京大学出版社
PEKING UNIVERSITY PRESS

图书在版编目（CIP）数据

中西法律语言与文化对比研究 / 张法连著. —北京：北京大学出版社，2017.10
（语言学论丛）
ISBN 978-7-301-28791-0

Ⅰ.①中⋯　Ⅱ.①张⋯　Ⅲ.①法律语言学—对比研究—中国、西方国家　Ⅳ.①D90-055

中国版本图书馆CIP数据核字（2017）第227590号

书　　　名	中西法律语言与文化对比研究 ZHONGXI FALÜ YUYAN YU WENHUA DUIBI YANJIU
著作责任者	张法连　著
责任编辑	刘文静
标准书号	ISBN 978-7-301-28791-0
出版发行	北京大学出版社
地　　　址	北京市海淀区成府路205号　100871
网　　　址	http://www.pup.cn　新浪微博：@北京大学出版社
电子邮箱	编辑部 pupwaiwen@pup.cn　总编室 zpup@pup.cn
电　　　话	邮购部62752015　发行部62750672　编辑部62754382
印 刷 者	北京中科印刷有限公司
经 销 者	新华书店
	720毫米×1020毫米　16开本　33.25印张　800千字 2017年10月第1版　2025年5月第3次印刷
定　　　价	98.00元

未经许可，不得以任何方式复制或抄袭本书之部分或全部内容。
版权所有，侵权必究
举报电话：010-62752024　电子邮箱：fd@pup.cn
图书如有印装质量问题，请与出版部联系，电话：010-62756370

前　言

"法者,治之端也。"政治走向成熟的标志就是法治。十八届四中全会强调"坚持依法治国首先要坚持依宪治国,坚持依法执政首先要坚持依宪执政",标志着全面推进依法治国的开始,开启了法治中国和国家治理现代化建设的新时代。国家治理现代化建设,离不开法治的引领和规范;中华民族的伟大复兴,离不开法治的保障和支撑;人民权益和社会公平正义,离不开法治的维护和匡扶。

法律语言是维护司法公正与社会公平正义的载体,也是承载法律文化的主体和透视法律文化的一面镜子;法律文化是人类文明进程中法务活动的智慧结晶和精神财富,是社会法律现象存在和发展的文化基础,也是法律语言形成和演变的宏观语境。

党中央就全面推进依法治国提出的一系列新概念、新思想和新命题,以及为此所作出的重大战略部署和宏伟顶层设计,为中国特色社会主义法治的理论创新和实践发展提供了新的课题、契机和方向,也让充当司法公正与效率载体的法律语言和反映社会法治进程与民主进步的法律文化引发了空前的关注和重视。

当今世界发展日新月异,经济全球化进程突飞猛进,国际交流合作日益加强,改革开放不断深化,涉外法务活动空前频繁。全球化浪潮中我们所面临的很多问题其实都是法律问题,而这些问题中的绝大多数又都属于涉外法律的工作范畴。完善涉外法律法规体系,积极参与国际规则制定,依法处理涉外经济事务,强化涉外法律服务,深化司法领域国际合作,这些涉外法律工作的开展和完成,都离不开法律语言和法律文化问题,这就对法律语言和法律文化的研究工作提出了新的挑战、希冀和要求。

十八届四中全会提出加强涉外法律工作。法律英语语言在国际经济贸易和法律事务中具有通用语的地位;西方法律文化在国际公约组织和交流合作中具有重大的影响力。因此,为了顺利开展涉外法律工作和法律移植的本土化工作,对于中西法律语言和法律文化进行对比研究具有重要的现实意义。

中西法律语言与法律文化的对比研究涉及不同的向度和层面,包含历时和共时的维度。首先,需要关注其差异,即中西法律语言与法律文化对应性的基本框架和静态观察;其次,需要关注其变迁,即中西法律语言与法律文化相遇前的历史演进及其基本动力;再次,需要关注其融合,即探讨近代以来中西法律语言与法律文化在中国的冲突与流变,梳理中国对西方法律文化的引进、移植与改造。

据此,本书在内容上宏观分为"中西法律语言对比"和"中西法律文化对比"两大部分。前者涵盖了第一章到第五章的内容,具体包括对于语言的功能和特征,法律与语言之间的关系,法律语言的分类和特征,中西法律语言词汇、句法和语篇层面的特征和对比等方面的研究。后者涵盖了第六章到第二十章的内容,具体包括文化的功能和分类,法律文化的界定和分类,中西法律文化在价值观念、法理观念、法理精神、法律本位、法律属性、法律正义、法律信仰等思想和精神层面的差异,中西法律文化在立法机构、司法机构、执法机构、法官制度、律师制度、陪审制度、法律教育、法律职业制度等制度和设施层面的差异等方面的内容。还需特别指出的是,本书中的西方法律文化主要指英美法律文化,尤其指向美国法律文化。

本书是对时代变迁和学术进步做出的实时回应。作为一部对中西法律语言与法律文化进行比较研究的专著,其旨在考其异同,辨其短长,尝试逐步实现从辨异到会通,承载社会文化功能,兼顾理论与实践价值,蕴含作者的学术见解、文化立场和社会政治主张,希冀为中国现代法律语言发展与法律文化建设提供有益借鉴。

法律语言与法律文化对比研究在我国是一个新领域。在本书撰写过程中,作者参考了近年来国内外几乎所有有关法律语言与法律文化方面的论文和著作,在此谨对原作者表示谢忱,如果不是建立在他们的研究基础之上,就不可能有本书的完成。我在同济大学指导的博士研究生张建科副教授(中国石油大学)为本书的写作提供了很多颇有价值的调研材料。甘肃政法大学马生虎副教授、美国缅因大学法学院贾小兰博士、美国印第安纳大学法学院访问学者姜芳老师等学者都为本书的修订完善提出了宝贵意见,在此谨向他们表示诚挚的谢意。

书中不当之处,敬请同仁指正。

张法连

2017 年 3 月于北京

目　录

第一章　法律与语言 ··· 1
一、语言的界定 ·· 1
二、语言的设计特征 ·· 3
三、语言的功能 ·· 7
四、语言研究与法律研究 ·· 18
五、法律与语言的关系 ·· 20
六、法律与语言之相互作用 ·· 25

第二章　法律语言 ··· 32
一、法律语言的界定 ·· 32
二、法律语言的分类 ·· 35
三、法律语言的特点 ·· 38

第三章　中西法律语言词汇对比 ····································· 51
一、概述 ·· 51
二、中西法律语言词汇对比 ·· 54
三、中西法律语言词汇对比对于翻译的启示 ···························· 81

第四章　中西法律语言句法对比 ····································· 84
一、概述 ·· 84
二、英汉法律语言句法特征对比 ······································ 86
三、英汉法律语言句法对比对于翻译的启示 ···························· 123

第五章　中西法律语言语篇对比 ····································· 155
一、概述 ·· 155
二、文本类型与语篇类型 ·· 156
三、法律语篇文本类型化 ·· 161

四、英汉法律语篇对比 …………………………………… 163
　　五、英汉法律语篇对比的启示 …………………………… 225

第六章　法律文化 …………………………………………… **242**
　　一、语言与文化 …………………………………………… 242
　　二、法律文化的定义 ……………………………………… 246
　　三、西方法律文化简史 …………………………………… 250
　　四、法律文化族类分类 …………………………………… 251

第七章　中西法律价值观对比：和谐与正义 ……………… **256**
　　一、概述 …………………………………………………… 256
　　二、中西法律价值观对比 ………………………………… 258
　　三、中西法律价值观对比的启示 ………………………… 264

第八章　中西法理观念对比：法自然与自然法 …………… **268**
　　一、概述 …………………………………………………… 268
　　二、中西法理观念对比 …………………………………… 269
　　三、中西法理观念对比的启示 …………………………… 274

第九章　中西法理精神对比：人治与法治 ………………… **278**
　　一、概述 …………………………………………………… 278
　　二、中西法理精神对比 …………………………………… 279
　　三、中西法理精神对比的启示 …………………………… 286

第十章　中西法律本位对比：义务与权利 ………………… **292**
　　一、概述 …………………………………………………… 292
　　二、中西法律本位对比 …………………………………… 293
　　三、中西法律本位对比的启示 …………………………… 299

第十一章　中西法律属性对比：公法与私法 ……………… **307**
　　一、概述 …………………………………………………… 307
　　二、中西法律属性对比 …………………………………… 309
　　三、中西法律属性对比的启示 …………………………… 317

第十二章　中西法律正义对比：实体与程序 ……………………………… **326**

　　一、概述 …………………………………………………………………… 326
　　二、中西法律正义对比 …………………………………………………… 328
　　三、中西法律正义对比的启示 …………………………………………… 337

第十三章　中西法律信仰对比：伦理和宗教 …………………………… **344**

　　一、概述 …………………………………………………………………… 344
　　二、中西方法律信仰对比 ………………………………………………… 345
　　三、中西法律信仰对比的启示 …………………………………………… 357

第十四章　中西立法机构对比 …………………………………………… **362**

　　一、概述 …………………………………………………………………… 362
　　二、我国现行的立法机构 ………………………………………………… 363
　　三、美国立法机构 ………………………………………………………… 368
　　四、中美立法机构对比的启示 …………………………………………… 372

第十五章　中西司法机构对比 …………………………………………… **379**

　　一、概述 …………………………………………………………………… 379
　　二、我国现行的司法机构 ………………………………………………… 380
　　三、西方的司法机构 ……………………………………………………… 391
　　四、中西司法机构对比的启示 …………………………………………… 400

第十六章　中西执法机构对比 …………………………………………… **407**

　　一、概述 …………………………………………………………………… 407
　　二、我国现行的执法机构 ………………………………………………… 408
　　三、西方现行的执法机构 ………………………………………………… 414
　　四、中西执法机构对比的启示 …………………………………………… 420

第十七章　中西法官文化对比 …………………………………………… **423**

　　一、概述 …………………………………………………………………… 423
　　二、中西法官文化对比 …………………………………………………… 426
　　三、中西法官文化对比的启示 …………………………………………… 440

第十八章　中西律师文化对比 **445**

　　一、概述　445
　　二、中西律师文化对比　446
　　三、中西律师文化对比的启示　460

第十九章　中西陪审文化对比 **465**

　　一、概述　465
　　二、中西陪审文化对比　466
　　三、中西陪审文化对比的启示　479

第二十章　中西法律教育与法律职业对比 **483**

　　一、概述　483
　　二、我国的法律教育与法律职业　484
　　三、西方的法律教育与法律职业　492
　　四、中西法律教育与法律职业对比的启示　501

参考目录 **507**

第一章 法律与语言

◇ 罚弗及嗣,赏延于世。宥过无大,刑故无小。罪疑惟轻,功疑惟重。与其杀不辜,宁失不经。好生之德,洽于民心,兹用不犯于有司。

——皋陶

◇ 我们应该注意到邦国虽有良法,要是人民不能全部遵循,仍然不能实现法治。法治应该包含两重意义:已成立的法律获得普遍的服从,而大家所服从的法律又应该本身是制定得良好的法律。

——[古希腊]亚里士多德

一、语言的界定

语言作为人类技能和行为中普遍的、可辨识的一个部分,或许是人类社会生活中最基本的要素之一;相对于人类成就的整个范围而言,语言或许是人类技能中意义和影响最为深远的一个。语言作为人类智慧的结晶,在人类社会进步、历史发展和文明传承中发挥着不可替代的作用。这一点是举世公认和不言而喻的,这从世界不同民族和文明中对于语言的重要性和必要性的众多有代表性的理解和论述中就可窥见一斑。比如:

"口者,心之门户,智谋皆从之出。"(《鬼谷子》)

"人之所以为人者,言也。人而不能言,何以为人。"(《春秋穀梁传·僖公二十二年》)

"语言是存在之居所。"(海德格尔)

"语言是人的本质所在,人之成其为人,就因为他有语言。"(赫尔德)

"语言仿佛是民族精神的外在表现;民族的语言即民族的精神,民族的精神即民族的语言……每一种语言都包含着一种独特的世界观。"(冯·洪堡特)

然而,当论及语言的本质是什么,语言到底该如何进行界定,语言该通过何种视角加以审视时,人们就会发现,在我们的社会生活中几乎无处不在、不可或缺的语言,对其用语言加以界定和描述却并非易事,让人们产生一种"不识庐山真面目,只缘身在此山中"的感觉。"语言"这一术语适用范围广泛,是一个得到普遍承认的难题。由于语言自身的复杂、学术观点的争鸣、学派信仰的分野、观察角度的不同和研究兴趣的差异等诸多原因的存在,使得对于语言的理解和认识也不尽相同。语言的界定有多种不同的方式,与之相应也有数量众多的定义。比如:有的研究集中解释语言的总体泛泛概念,有的研究则是关注语言的某一具体方面;有的研究强调语言的职能及范围,有的研究则强调语言与其他交流方式之间的差异或共性;有的研究只关注其用途,有的研究只着眼其性质,而有的研究只重视其形式等等,不一而足。

这些从不同侧面、不同视角和不同途径对语言展开的研究,尽管并不能够完全做到避免管中窥豹,但从另外一层意义上讲,也为人们勾勒和明晰语言的全貌奠定了重要的理论基础,提供了必要的解释源泉。比如:

依据 E. 萨丕尔(1921)的观点,"语言是一种完全属于人类的、通过意志控制所产生的含义符号交流思想、感情和愿望的非本能的方法。"(Language is a purely human and non-instinctive method of communicating ideas, emotions and desires by means of voluntarily produced symbols.)

根据 G. 特拉斯(1949)的论述,"语言是一种任意(人为)的(元音)声符(号)系统,社团的成员靠着它以自身全部的文化方式相互影响。"

在 A.N. 乔姆斯基(1957)看来,语言是"一系列句子(有限或无限的),每个句子的长度有限,由有限的一系列要素构成。"(Language is a set of sentences, each finite in length and constructed out a finite set of elements.)

而依据 R.A. 霍尔(1964)的理解,语言是"一套规则,靠着它,人类借惯常使用的口头的——听觉的任意符号进行交流和相互影响。"

到目前为止,国内外大部分语言学家对于何谓语言达成了一个相对比较认同的定义,那就是:"语言是用于人类交际的一种任意的、口语的、符号系统。"(Language is a system of arbitrary vocal symbols designed for the purpose of human communication.)这个定义也同样并非十全十美,但是人们认为在这个定义当中的每一个词语都概括了语言的一个重要设计特征,如"系统性""任意性""口语性"和"符号性"等。

进一步说,就语言本身的结构来说,语言是由词汇和语法组成的系统,这一系统中的每个语言成分都是形式和意义的结合体,前者表现为语言成分的语音形式,后者表现为语言成分的语义内容。就语言的功用而言,语言是一种社会现象,是人类社会中人际之间相互交往的交际工具,也是"使人类和文化融合一体的媒介。它随着人类的形成而形成,也随着人类的发展而发展、变化而变化"(平洪、张国扬,2000:4)。语言不但是人们相互交际、交流思想和表达情感的媒介、手段和桥梁,也是在人们进行思维、抽象概念和形成思想的时候必不可少的工具,也就是说,语言不仅是交际工具,而且也是思维工具(高明凯、石安石,2002:34)。就如人们耳熟能详的这一陈述"语言是思维的载体"所反映出的那样,人类的思维活动和认知运作都要借助于语言来进行。语言中的字词、句式乃至篇章,都是人类借以思考和认知的工具,可以这么说,人类如果没有语言,就失去了思维和认知的重要媒介与工具;从一定的意义上说,没有语言,也就没有思维。语言和思维,也是构成万物之灵长的人类和其他的动物之间最具有决定性和本质性的区别要素之一。语言也是一种社会符号,"语言交际只能在所有使用者对非语言提示、动机、社会文化角色等相关要素都具有相同的理解之后才能有效进行"(胡壮麟,2013:3),所以在这个意义层面上来说,语言具有社会性和规约性。语言的学习取决于生物、物理、认知、心理和社会等诸多要素,其复杂丰富之程度是动物语言或其他形式的(如机器语言等)所谓的"语言"所望尘莫及、无法望其项背的,而这也赋予了人类在自然界中走向文明的有利而独特的地位。在此基础之上,我们应当让自己的认识更加深入一步,不仅要看到语言是人类彼此交流、传递信息和表达情感的工具,而且要看到其实语言自身也具有重要的文化价值,它本身就是十分关键和核心的文化现象,值得包括语言学、社会学、文化学、心理学、翻译学等在内的不同领域研究者思考和探究。

二、语言的设计特征

语言对于人类而言,具有至关重要的作用和价值;语言能力是其他动物和人类之间一条不可逾越的鸿沟;语言是人类和其他动物分道扬镳的最后的,也是最重要的标志。那么具体来说,人类的语言有什么样的独特性和优越性,从而能够在人类与动物之间画出清晰的界限?这个问题一下却并不容易一下给出确切的答案。针对这个问题,20世纪著名的英国哲学家伯兰特·罗素曾经做过讨论,"No matter how eloquently a dog may bark, he cannot tell you that his parents were poor but honest."("不论一只狗叫得多么流利,它都无法告知你,它的父母贫穷但却诚实。")那么值得人们去认真思索的是,究竟是什么特性使得人类的语言能够既体系复杂,又应用灵活;既受到一些规约和规则的限制,又可以跳出临近语境的制约,从而创生新意? 换言之,是什么样的特征定义了人类的语言,让它在与其他动物的"语言"或其他形式的"语言"比较中,变得与众不同? 这样的问题对我们认识人类的语言,揭示语言的本质,有着十分重要的意义,也会带来重要的启示。在对语言的研究中,人们通常将那些决定了人类语言性质的特征称为"设计特征"或"定义特征"(design feature)。在这些设计特征中,比较常见而重要的主要包括如下几个:

1. 任意性

这个设计特征是由现代语言学创始人、瑞士语言学家索绪尔首先提出的,在现今的国内外语言研究中已为人们所普遍接受。所谓语言的任意性(arbitrariness),指的是在语言符号的形式和其所指称的意义之间没有内在的、本质的、必然的联系,也就是意味着惯例,它们之间是约定俗成的结果;作为同一言语共同体的语言使用者,我们都认可用某一特定的名称来指称某一与之相应的事物。例如,在英美法律体系中,用"defendant"来表示,而在中国的法律体系中,则用"被告"来表示。

但是,需要注意的是,语言符号的任意性存在着层次上的差异。一般来说,在词汇这个认知的最常用范畴层面上,尽管有些现象(如拟声词)给人以形式和意义相互关联的印象,但基本上说来,语素的音义之间存在着任意性的特征。进一步说,在句法层面上语言的任意性情况,则与此有所不同。依据有些语言学派的研究观点和发现(比如以系统功能语言学和美国功能语言学为代表),句法层面上的语言形式与意义之间的关系,并非是属于任意性质的。反映在语法上,用于表达的句子,其成分之间的排列顺序通常遵循一定的规则,而按照这种规则所体现的顺序,与所描述的事件真实发生的顺序在一定程度上有着紧密的对应关系。比如,我们可以对比一下下面这组句子:

(a) His daughter was abducted and murdered.
(b) His daughter was murdered and abducted.
(c) His daughter was murdered after she was abducted.

从以上的各个例子可以看出,在(a)中,是案件一般发生的顺序;在(b)中,则会让读者对所描述的意义产生理解上的困难,因为这与现实生活中真实发生的事件在顺序上产生了矛盾或背离;在(c)中,由于添加了"after"这一词语,从而在句子的表达顺序上,给我们提供了变通和调转的可能。

2. 二层性

所谓二层性(duality)这个设计特征,指的是"拥有两层结构这种特性,上层结构的单位由底层结构的元素组成,每个层次都有其自身的组合规则"(Lyons,1981:20)。其实从严格的意义上来讲,二层次这个说法并不十分准确,应该说从语言的特点来看,它具有多层性。从话语的组成来看,它们底层的主要的构成元素是自身不传达意义的语音,单个的语音并不能承载意义,语音的作用是相互组合,从而构成有意义的词汇这一单位;语音的数量在总体上是有限的,但它们可以组成理论上数量个数无限的词汇;而以此再往上类推,数目有限的词汇又构成了无穷无尽的句子;同样,句子在谋篇成章的层面上,就更具有各种各样、近乎无限的组合可能性。而反观动物的语言,它们则不具备这种二层性,其特定的声音交际,与其所要表达的意义之间,存在严格的一一对应关系。也就是说,它们的"语言"无法像人类语言这样,其上层单位不能进一步分成更小的下层单位,从而在这个角度上也不能像人类的语言那样有强大的交际能力。人类语言的二层次性,也就是"分层——这种一级在另一级之上的方式",是"有限手段无限使用"的具体体现,这是"人类交际最显著的特征,并为之提供了无比丰富的资源"(Bolinger & Sears,1981:3-4)。例如:在音系层面上,"constitution"可以切分成不同的音位(phoneme),这些音位自身并不起传达意义的作用,而它们按照音系规则组成音节、再到单词的语音序列,从而具有了所表达的意义。同样的,沿着语言的层次向上,还可以组成更大的传达意义的片段,如词群"This Constitution" "This Constitution for the United States of America",以及如句子:"We the People of the United States, in order to form a more perfect union, establish justice, insure domestic tranquility, provide for the common defense, promote the general welfare, and secure the blessings of liberty to ourselves and our posterity, do ordain and establish this Constitution for the United States of America."

3. 创造性

语言当中的创造性(creativity)这个特征主要来源于上述所论及的语言的二层性和语言的递归性(recursiveness),另外也有一些国内的研究将语言的这个特征称为"生成性"。所谓递归性可相近地理解为层次性或有机性,是机体或系统的共性,是系统得以存在、运作和发展的基本手段,在语言研究领域中,它与任意性、直线性等一样是语言的根本性质之一,可以概要地界定为"语言结构层次和言语生成中相同结构成分的重复或相套"(钱冠连,2001:8)。语言的二层性和递归性使得语言能够超越动物的语言和交通信号灯等简单的交际系统,变得复杂而灵活,能够通过新的形式与方法,产生和表达新的意义,而且可以被对这种新的用法和表达闻所未闻或见所未见的听者或读者所立刻领会和理解,这有力地证明了语言的创造性(creativity)和生命力,这种能力正是"人类的语言得以与鸟儿那种只能传递有限信息的交际手段区别开来的原因之一"(Thomas & Shan,2004:7)。

具体来说,在前文所提及的二层性,使得发话者或写作者可以在语言的系统内进行选择和组合,利用一些底层层次上有限的语言要素和资源,生成无限数量的句子或表达,这些句子或表达之前或许从来未在语言中出现过或使用过,例如:"As a result, the Beijing sky remained blue during APEC despite predictions otherwise, with daily PM 2.5 density in the period falling to 43 micrograms per cubic meter, prompting Chinese netizens to coin the phrase 'APEC Blue' to describe the clear sky." 在这个摘自新华网关于北京召开APEC会议的报道的句子中,除了像"PM 2.5"和"netizen"这样的在之前经过语言的生成而创立的词语和表达之外,更为吸引读者阅读注意力的应当说是"APEC blue"这一新创的表达方式了。从另一个方面来讲,语言之所以具有创造性,之所以能够具有生成无限长度的句子的潜在能力,语言的递归性在此也发挥着十分重要的作用,为这种潜在的能力打下了理论基础。例如:在理论上来说,人们可以生成下面这样的句子,并且利用递归性原则,将这一句子的长度进行无穷无尽的扩展:"The student who was about to take The Law School Admission Test (LSAT) bought a preparation book which was written by a famous professor who taught in a top law school which was known for its graduates..."

4. 移位性

语言的设计特征中还包括移位性(displacement),也有国内的研究中将之表述为"置换性"。所谓移位性,指的是在使用语言进行交际时,人类语言具有让语言的使用者能够用语言符号表征在时间上和空间上并不在交际现场的、遥不可及的事物、事件、时间和观点等。比如,具体来说,从时间的维度来说,语言交际中的参与者可以用语言来谈论过去已经发生或存在的,现在正在发生或存在的,或是将来可能会发生或存在的事件或事物等。例如,人们可以用语言表述法律案件的案发现场情况,用语言表述对已经发生的法律案件进行还原的情况,或是用语言表述可能在将来某种情形下发生的法律案件等。从空间的维度来看,语言交际中的参与者可以用语言来谈论在交际现场的现实世界里存在或发生的,在远离交际现场的现实世界里存在或发生的事件或事物,也可以用语言来谈论不在交际现场的虚拟或反现实世界里存在或发生的事件或事物等。例如,人们可以用语言来描述发生在其他地方或其他国家所发生的法律案件,或是可以用语言来描述如果在法律案件发生之前采取了某种防范措施等,法律案件的走向会有何种情况等。与之形成鲜明对比的是,在这一个方面来看,动物语言是不具有这样的特征和能力的,动物的"语言"一般是跟直接刺激密切相关的,是受刺激控制的;而我们人类的语言则并不是由刺激所控制的,外界或内部的刺激,通常并不能引发我们的语言交际内容。

人类语言的移位性设计特征,赋予了人类动物所无法比拟的概括能力和抽象能力,因为它"给予我们心智的益处在于它能使我们有可能采用抽象的概念来交流或思考"(Fowler, 1974:8),对人类文明的发展起到了非常重要的作用。移位性使得人类语言不仅可以指称在实时和形象的交际语境当中所存在或出现的具体事物,如在庭审现场的控辩双方等,也可以谈论远离现实的、抽象的事物或概念,如公平和正义等。请看下面这个例子,在这个例子中,买卖双方可以在实际达成契约之前——即谈论不在交际语境现场的彼此所拥有的权力或应当承担的义务:Purchaser and seller, and each of their officers, employees and agents, shall, subject to state laws and regulations, maintain all Confidential Information of the other party in the strictest confidence and will not at any time use, publish, reproduce or disclose any Confidential Information, except to authorized employees and agents requiring such information, as authorized in writing by the other party, as otherwise specifically permitted herein, or to perform its obligations as authorized hereunder.(买方和卖方,以及双方的每位管理人员、雇员及代理商,根据州的法律和法规,都应严格保守对方的机密信息,不得在任何时候使用、公布、复制或泄露任何机密信息,除需要上述信息并有对方书面同意授权的雇员或代理商,或者本文另有特别许可的,或者根据授权履行其义务的除外。)

三、语言的功能

丹麦著名语言学家、哥本哈根学派的创始人和主要理论家叶尔姆斯列夫曾经说过"不仅要认识语言系统……还要通过语言认识语言背后的人和人类社会,以及全部人类知识领域"(转引自 Robins,1986:20)。而从某种程度上可以说,通过对语言功能的研究能够让我们看到在语言背后的人类社会及其知识领域。语言在实际的人类交际过程当中会因为交际目的、交际环境等各种影响变量或因素的不同而有所不同,也就是说,如果我们从具体的角度来看,语言可以从事会话、思考、阅读等各种细致而纷繁的活动,这样的活动类别与语言在其中所起的作用几乎是不胜枚举,不胜分类的。然而,我们可以从抽象的层面上来审视语言在人类交际中大体上可以起到怎样的功能。语言学家们从这个层面出发来进行抽象和分类的研究,试图对语言在上述实用和具体的功能当中做出概括和总结。我们首先来看一下有代表性的语言学家对语言功能的概括情况。

比如,俄国著名语言学家、诗学家、莫斯科语言小组的领袖雅各布逊认为,语言的功能,就如同其他形式和类型的所有语言符号系统一样,其首要和初始的目的都是为了交际。然而在他看来,交际的目的并不如很多人所认为的那样是为了传递信息。依据雅各布逊和其他布拉格学派的结构—功能主义学家的观点,除了传递信息的功能之外,语言还可以具有其他多种同等甚至更为重要的功能。雅各布逊提出了其著名的语言功能框架,这个语言功能框架及其所体现的语言功能观点,时至今日对于语言研究仍具有很要的启示作用,在此简单概括如下:① 所指功能(Referential function),即语言主要用于传达信息;② 诗学功能(Poetic function),即语言主要用于让语言使用者享受语言自身的乐趣;③ 情感功能(Emotive function),即语言主要用于表达其使用者的态度、情感和感知等;④ 意动功能(Conative function),即语言主要用于通过指令、恳求等方式来达成说服和影响他人的目的;⑤ 寒暄功能,即语言用于与他人建立交际和联系(Phatic function);⑥ 元语言功能,即语言用于阐释交际意图、词语及意义等(Metalingual function)。

而系统功能语言学派代表人物韩礼德认为,语言是人类的社会活动,并由此在对语言的功能进行概括和抽象的基础上,提出了语言的元功能理论,即语言具有概念功能(ideational function)、人际功能(interpersonal function)和语篇功能(textual function)。具体来说:① 概念功能包括经验功能(experiential function)和逻辑功能(logical function),前者指的是语言对人们在现实世界(包括内心世界)中的各种各样经历的表达,换言之,就是反映客观世界和主观世界中所发生的事、所涉及的人和物,以及与之相关的时间、地点等环境因素;而后者指的是语言对在交际过程当中出现的两个或两个以上的意义单位之间所存在的逻辑关系的表达。② 人际功能,指的是语言除了具有传达讲话者自身的经历和内心活动的功能(也即概念功能)之外,还能发挥表达讲话者的身份、地位、态度、动机和表达讲话者对事物或事件的推断、判断和评价等功能。这一功能既可以使讲话者自己参与到某一交际的情景语境之中,来表达态度,做出推断,并意图影响其他交际参与者的态度、情感和行为等,还可以表示与此交际情景相关的所有交际参与者相互之间的角色关系,比如交际参与者是扮演了提问者的角色,还是回答者的角色;是扮演了控诉方的角色,还是辩护方的角色等。③ 语篇功能,指的是在语义的层面上,把语言成分组织成为语篇,并在语境和语篇之间建立起紧密联系的功能。因为,不管是上文所提及的概念功能,还是人际功能,其最终要通过语言的形式来加以表现,而这种体现的过程和形式等各个方面都要受到语言自身某些特征和因素的制约,比如语言如何从底层的无意义的单位构成上层有意义的单位,如何以不同的方式实现语音和词语之间意义的关联等,也就是说,如何在语言交际中产生"语篇"(text)这一有意义的表述的集合体(胡壮麟、朱永生、张德禄,2005:74,115,161)。

在回顾了一些语言学家的代表观点之后,我们再结合目前的研究成果,对其中一些比较重要和核心的语言功能进行简要地概括和论述,比如信息功能、人际功能、施为功能、情感功能、寒暄功能和元语言功能等。

1. 信息功能

在大多数语言研究者的观点看来,信息功能是语言在其所具有的多种不同的功能当中的主导功能,也当然是为人们所广泛认可和熟知的语言功能。无论何时,只要交际中的人们在讨论自我或者是所处的环境,或者是在询问有关他人或其所处环境的信息,人们都是在使用语言来达成交流事实和想法的目的。语言的这种应用方式通常被称为"指称功能"(referential function)、"命题功能"(propositional function)或者是"概念功能"(ideational function),就如同前文论及的那样。不论是在口头交际还是书面交际当中,只要人们表达出相互学习和交流的愿望,都可以说是基于语言的这种使用信息表达和交流信息的功能。比如,在法庭上或其他场合中,人们在解决一些纷争或问题时,为了交流信息,通常会有必要用言语说出自己的思想,有必要用文件呈现自己的观点等。由此我们可以说,信息功能的确是语言的一项尤其关键的功能。比如,在庭审当中,出庭律师对于事件证人的直接询问,就要设法做到在语言组织上简单而富有逻辑,从而可以使事件证人能够在庭审中有力并清晰地进行信息的陈述和传递,因为这些证人说服力的强弱在很大程度上决定了审判的结果,所以这一方面的庭审技巧对于出庭律师而言至关重要,是必须要加以熟练掌握的。一般来说,直接询问中一种常见的、有效的组织方式通常包括如下四部分内容:介绍证人和背景、设置场景、重建事件发生经过、介绍展示物以强调证言。例如,下面这则例子就是在民事案件当中对原告和车祸目击证人的直接询问,限于篇幅,在此只节选其中一部分内容:

Plaintiff James Smith — direct examination

(Victim in an automobile collision case)

Q. Mr. Smith, please tell us your full name.

A. I'm James P. Smith.

Q. Where do you live?

A. At 1266 N. Maple.

Q. How long have you lived there?

A. For 7 years.

Q. Where are you from originally?

A. I've lived in New York all my life, 38 years.

Q. Tell us about your family.

A. There's my wife, Betty, and our two sons, Ted and Tom.

...

Q. What kind of work do you do?

A. I am also a school teacher.

...

Q. Mr. Smith, let's turn now to where the collision happened. Are you familiar with the intersection of Elm and Maple Streets?

A. Yes, I am.

Q. How many times have you been there?

A. I've been there thousands of times. It's just down the street from my house.

...

Q. What was the weather like at that time?

A. It was clear and dry.

Q. What were the traffic conditions like?

A. it was fairly busy. There were lots of cars as well as pedestrians.

...

Q. What happened when you reached the Memorial Hospital emergency room?

A. The ambulance attendants took me out of the ambulance and wheeled me into one of the emergency rooms.

...

2. 人际功能

在人类社会的形成过程中,语言是人们彼此之间互相联系的工具,是社会生产的重要条件,在这个意义上来说,语言最重要的社会功能是人际功能(interpersonal function),人们通过人际功能来互相产生关联,建立并维护社会地位,促进社会生产的进行。在功能语言学的视角下来看,人际功能关注在语境当中作为交际双方的说话者和听话者之间的互动关系,以及作为交际发话者的个体对他所输出的话语,或所书写的内容所持有的立场、态度和观点。这一点对于理解语言和言语交际非常关键,因为交际过程当中双方不同的角色关系,会影响语言的选择和使用,进而影响意义表达和交际行为。例如,在日常社会生活的交际过程当中,人们在称呼其他交际参与者和指代他本人的方式,会因为语境要素的不同,而有所变化,而这也表现了交际事件之中不同参与者彼此之间不同的人际关系等级,比如,在不同层次的法庭上对于法官的称呼,尽管在不同的国家,采用不同的术语来进行表达,但都会采用尊称的形式,像: My Lord, My Lady; Your Honor(英国), Your Honor, Justice, Chief Justice(美国)等。韩礼德对此做过论述:"语言建立并维持社会规则,包括由语言自身所形成的交际角色——例如提问者与回答者的角色通过提出或回答问题来实现",而通过语言的人际功能这一重要的手段"社会团体被划分,交际个体也得到了识别和强调,正是通过人们之间的语言互动,其自身人格得到了表达和发展"(Halliday, 1970)。语言的交际功能也引发了语言的身份表达功能,因为语言能够而且一定会表明我们的身份,"生理上是年龄、性别和声线;心理上是谈吐、个性和智力;地域上是口音和方言;伦理和社会上就是社会阶层、阶级、角色、团结、权势和距离"(Crystal, 2002:17)。

可以说,人类社会以外,无所谓语言。语言作为一种社会现象,是只存在于人类社会之中,也同时是维系人类社会之存在和发展的不可或缺的条件。语言因为社会因素的影响,如民族、阶层、阶级和宗教等,而在语言使用当中产生各种各样的变体,同时也使得一定的社会集团或社会机构在语言运用上产生诸多的共同点。人们可以看到,像法律语言就是一种社会性或者说机构性特点非常鲜明的一种言语共同体所使用的语言,比如说立法语言就显示了非常强的权威性,例如:"Immediately after they shall be assembled in Consequence of the first Election, they shall be divided as equally as may be into three Classes. The Seats of the Senators of the first Class shall be vacated at the Expiration of the second Year, of the second Class at the Expiration of the fourth Year, and of the third Class at the Expiration of the sixth Year, so that one third may be chosen every second Year; (and if Vacancies happen by Resignation, or otherwise, during the Recess of the Legislature of any State, the Executive thereof may make temporary Appointments until the next Meeting of the Legislature, which shall then fill such Vacancies.)" (The preceding words in parentheses were superseded by the 17th Amendment, Section 2) (The Constitution of the United States of America, Article I, Section 3) 而且,在语言风格方面,交际参与者在庄重严肃的社会场合和在一般随意自由的日常生活场合,所使用的语言风格也会有所不同,这种相应表达方式做出的调整,其目的是为了适应不同交际场合和情景的目的需要。

3. 情感功能

情感功能(emotive function)指的是当人们在面临压力的时候所使用语言来达成一种释放情绪,调节心情的目的,这种功能也是人们使用语言的最常用的方式之一。根据有些语言学家的研究,这种功能又被称做语言的"表达"(expressive)功能。在有些语言学家的调查和研究中显示,虽然在大多数语言的使用中,都会产生信息的传递和交流,然而这种用语言来传递信息、交流思想的用法,在人类的全部语言交际当中发生的数量和所占的比重却并不多,大约仅能占到20%左右(Nida, 1998:17)。从这个研究结果来看,的确有些出乎我们一般常识和感觉的意料之外。在某种程度上来说,语言所能发挥的感情功能是我们人类社会生活中最为有用的语言运用的功能之一。

根据《剑桥语言百科全书》的编者、英国语言学家戴维·克里斯特尔的研究,他认为在人们承受压力时,语言通常是一种可以借以摆脱紧张、缓解压力的方法。在用于这一功能的语言使用当中,有些是负面的表达方法,比如说在愤怒或尴尬之时的诅咒之言、猥亵之辞;也有一些是正面的表达,比如说对景致或艺术之美而发出的感叹之语或赞誉之辞等,这些都是比较有代表性的语言用于表达情感功能的使用方法。另外,最为常见的用于表达情感的语言手段通常是习惯用语或短语,比如说:Gosh, My, What a sight 等,以及一些半语言的声音,就是我们通常所说的感叹词(interjection),比如说 Wow, Tut-tut, Ouch 等。语言的韵律还可以起到一项非常重要的功能,就是在人们交谈时可以流露出他们的态度。另外,在更为复杂的层面上,语言还可以运用词汇、语法、句法等多种手段来传达写作者的情感和态度。重视情感在文章写作中的作用,是十分必要的,也是为人们所看重的。比如刘勰在《文心雕龙》中曾论道,"情者文之经""夫缀文者情动而辞发,观文者披文以入情"等;而法国哲学家、文学家狄德罗说过:"没有感情这个品质,任何笔调都不可能打动人心。"总的来说,这种表达情感的语言使用,可以是完全出于个人化的目的,而不融入任何他人的交际,如刚才所提到的感叹词的使用;也可以是以这样的语言表达来引发一个群体的相互反应,通过这样的语言运用,他们可以达到巩固相互的言语表达,从而显示这一群体内部的团结的目的(Nida,1998:21)。

我们发现,通过习惯用语或感叹词等来表达情感的用法是显而易见的,而与之不同的,语言是如何运用语法或句式等方式来表达情感,实现其情感功能的,是相对比较难以理解,也是在语言学习中需要注意的一个问题。以法律领域来说,在法律写作界中比较盛行的观点认为:情感的存在损害文书的公正性和客观性,剔除掉情感会增强文书的说服力。然而从过去和现在的实际情况来看,这样的看法其实未免有失偏颇。法律并不完全是原则和推理,法律原则的运用也需要权衡、判断、需要为人类的社会习俗和人性的弱点而辩论,所以在法律领域的语言使用当中也会有一些情感表达的功能。布莱恩·A.加纳在谈论法律写作的时候曾经这样说过:"拥有一颗炽热的心并不是默许你在法律写作中感情横溢,但是我们得承认:真诚的表达你的感情对你大有裨益。"再比如说,美国首席大法官约翰·马歇尔·哈伦在普莱西诉弗古森一案中,尽管在他所作的文书中孤立无援地发表了反对意见,但他的文中除了体现出缜密的理性之外,还表现出了宽厚和对当事人的同情之心,从而增强了感染力和说服力,后来此案推动了黑人和白人"分立而平等"机制的形成,现摘引部分文字如下:The constitution of the United States does not, I think, permit any public authority to know the race of those entitled to be protected in the enjoyment of such rights. Every true men has pride of race, and under appropriate circumstances, when the rights of others, his equals before the law, are not to be affected, it is his privilege to express such pride and to take such action based upon it as to him seems proper. But I deny that any legislative body or judicial tribunal may have regard to the race of citizens when the civil rights of those citizens are involved.(我认为美国宪法未能让政府当局认识这个在享有这些权利的时候同样受到法律保护的种族。每一个真正的人都为自己的种族而骄傲,并且会在适当的条件下,在他人——法律面前与之平等的人——的权利不受侵犯的条件下,有权表达这种骄傲,并基于此采取相应的正确的行动。在涉及这些公民的民权问题的时候,我反对任何立法机构或者审判庭对这个种族的公民另眼相待。)在中国的法律领域中,也有很多语言用于表达情感功能的实例,像中国古代的判词作者就善于运用反问句、感叹句、谓语前置句等句式来表达鲜明的情感态度,使文章充满强烈的情感色彩。例如:"死有冤滥,自有血属能诉,何待他人干预?"(《明公书判清明集·惩恶门·告讦》);"呜呼!璇天佑此举,可谓不仁不义之已甚矣!"(《明公书判清明集·惩恶门·奸恶》)。

4. 施为功能

施为功能(performative function)的概念来自于日常行为主义哲学家的研究,尤其是以奥斯丁和塞尔为代表的语言学家。在他们看来,人们说话的目的不仅仅是为说话,当发话人说一句话的同时可以实施一个行为,简单来说就是"说话就是做事"(By saying something, we do something.);在这种思想的指引下,他们提出了言语行为理论(speech act theory)。而这个代表了他们对语言的哲学研究的理论,现在已经成为哲学和语言学的重要论题,也是语用学的一个重要支柱。在言语行为理论的框架下,其基本的出发点,是认为人类语言交际的基本单位不应是词、句子或其他语言形式,而应是人们用词或句子所完成的行为。他们认为,传统语法把句子按其所具有的不同的功能分成了陈述句、疑问句、祈使句等类型,这样其实并不利于人们对言语的理解和使用,因为同一句子在不同的语境中具有不同的功能。他们认为不少话语不仅是提供信息,而且是完成或帮助完成许多行为。这些都构成了言语行为理论重要的基础,也充分体现了语言的施为功能。

严格来说,施为功能可以被视为是从属于前文所论述的人际功能的涵盖范围之下的,因为人际功能的范畴非常宽泛,尤其是人类语言的社会性本质,赋予了人际功能丰富的内涵,使得这个概念可以在不同的术语涵盖下进行探讨和研究。施为功能的主要目的,并不是在于描述事物的状态,或是陈述某一事实,施为功能的主要作用在于,说出来就是一种行为,从而可以在语言交际中改变人的社会地位,例如: I give and bequeath my watch to my brother. 这句话用于遗嘱当中,不具有报道、描述和表述的功能,却具有实施某些行为的功能。在特定的情况下,特定的人说像这个例子当中这样的话,实际上构成了某些行为的实施。换句话说,发话者在说这些话的时候不是在做陈述或描述,而是在完成某一动作,如结婚、遗赠、判刑、命名、承诺、打赌等。在这个时候以及这种情形下所使用的语言,通常在语体上来说都是非常正式的,甚至可以说是仪式化或程式化的。这样的例子还有很多,比如:"I nominate John to be President" "I sentence you to ten years' imprisonment" "I promise to pay you back"等。

5. 文化传输功能

语言文化传输功能(cultural transmission)与其记录事实的功能(recording the facts)有一定的关联。语言是文化的载体,尽管从语言的发展历史、语言的使用和语言的习得等方面来看,口头语是第一性的,而书面语是第二性的,因为文字的发明和创造是为了记录语音。语言与文化之间关联密切,语言是文化的载体,是文化的镜子,语言承载了记录文化和传承文化的作用,其起作用的重要方式之一就是文字的使用,文字的出现让人们对事实的记录和表现超出了口头交际的时间和空间限制。人类由于语言的出现和使用,而从动物界分化出来,与其他的动物分道扬镳,就使用进化了的发音器官发出的声音,将自己的思想、情感和态度等传达给周围的人,从而能够实现交流信息、协同合作、生存发展的目的,这就是人类当面交际的形式。这种口头当面交际的存在有着悠久的历史,人类使用声音交际的时间最长,到今天为止大约已经有了几百万年的时间了。后来,由于文字的发明,人类的交际方式由以前用声音传输用听觉接收,过渡到了用符号表示用视觉接收,这就形成了书面交际。书面交际相对于当面交际而言,有很多的优势。确切地说,书面交际使得人类语言的功能扩大了,它具体表现在这样的一些方面,如交际的时间延长了,交际的距离扩大了,交际的对象增加了,而且书面语可以克服语音形式通常交际完成即会停止,难以较长时间保留的缺点(当然,在现在流媒体技术、多模态方法和网络电讯技术的使用,可以很好地克服这一点,使得负荷的信息内容相对文字而言更加丰富复杂和惟妙惟肖,而且具有高速快捷的特点,突破了时间、空间和速度的局限性,但也会有一些缺点,比如说设备的限制等),可以反复推敲修改,具有精炼准确的特点,这也在一定程度上是对交际功能的一种提高。语言文字承载文化,记录事实的功能在人类社会生活中是非常重要和普遍的,这样的例子每天都在发生和复演。比如说,一位律师为了准备他的当事人的一件诉讼,从书架上取下一本有关判例的旧书,阅读起了在几十年前所发生的一件案例的报告。这种语言的使用,最初给人的印象,似乎是有关人类经验的"概念"(ideational)功能,但实际上这种交际情形与概念功能下语言的使用是有差异的(Crystal,2002:12)。如果信息是为了储存下来以备将来之需,那么就几乎很难预测未来有谁会来使用这些信息;事实上也是如此,很多材料和信息在后来或许再也不会有人参阅。在这样的情况下,在这种交际当中就不存在所谓的"对话"(dialogue)。而且,这种条件下,因为无法预见未来的某一时刻有谁会来阅读这些信息,对这些信息有什么需求,并且大多数时候信息使用者根本无法进行回应,从而能够影响读者,所以在其中所记录的信息应该尽可能自我完备和自给自足。与之相应的是,出于这种记录事实目的所使用的语言,与我们日常的会话存在着比较大的差异,尤其是在组织,非个人情感和明晰等各个方面都要更胜一筹。语言的这种功能是语言的应用领域当中非常重要的一个方面,正是因为有语言的这种功能,正是有这些记录知识、事实和信息的书面等形式材料的存在,才能确保人类的一代又一代的后裔能够获得宝贵的知识根基,从而为社会的进一步发展带来可能。

6. 元语言功能

语言的元语言功能(metalingual function),就是指的人类不仅可以借助语言来讨论公式、程序、信号灯、图画、镜头、声音、色彩等各种各样的符号形式,而且还可以用我们的语言来讨论语言本身。比如说,人们出于管理和规范的需要,创立了交通信号灯系统,尽管这个由"红灯""黄灯"和"绿灯"三个符号所组成的符号体系,相对于人类语言的复杂和丰富程度来说,还是相当的简单和初级的,但是我们也需要让人们明白这个符号体系所包含的意义,了解它的运作原理,同时还能够将这个知识和认识相互传播和分享,从而能够形成规范,落实到日常的行动之中。那么,这个时候,我们就需要用语言来进行规定、进行解释和进行教授等,由此就可比较容易理解语言的元语言功能的必要性和重要性。另外,人类的语言还可以用来解释和探讨其语言自身,语言的这种功能更是动物"语言"或是很多其他符号系统所不能够做到的。比如说,我们可以用"contract"这个词来指代一份合同,我们还可以用语言来解释我们语言当中的语音、词汇、语法或语义现象等。例如:"associate justice"这个术语,由于法律文化因素的影响,是个非常容易误解和误译的法律术语,其实associate justice 与 justice 同义,就是"大法官",它是和 chief justice(首席大法官)相对应的,指的是"不担任院长或审判长的大法官"。为了帮助人们准确理解，人们可以利用语言对它进行界定和解释，语言的元功能使得语言能对它的意义做出如下的解释："ASSOCIATE. An officer. The term is frequently used of the judges of appellate courts, other than the presiding judge or chief justice."(*Baldwins Century Edition of Bouvier's Law Dictionary*)，或者"ASSOCIATE JUSTICES. The name given in the Federal and many of the state courts of the U. S. to the judges other than the chief justice."(*The Oxford Companion of Law*)在更高的层次上，语言也可以具有并且展现出它的元语言功能的特性。在篇章的层面上，作者往往出于书面语篇的组织严密、连贯顺畅、意义明确的目的，往往会使用特定的表述方式，来让读者能够明白他们在阅读语篇的时候所处的位置，以及语篇可能的发展方向等，在系统功能语言学框架中的"主位"功能就是对这种语言现象的一种解释。例如：

(a) After 22 years of marriage, Marilyn and Zelig Modnick separated in September of 1974. The next month, Marilyn petitioned the superior court for dissolution of the marriage, alleging irreconcilable differences between the parties. [In re Marriage of Modnick, 33 Cal. 3d 897 (1983)]

(b) Marilyn and Zelig Modnick separated in September of 1974, after 22 years of marriage. Marilyn petitioned the superior court for dissolution of the marriage, alleging irreconcilable differences between the parties the next month.

如果用例子(b)当中的表述方法代替例子(a)中的表述方法，那么我们可以发现，其中的线性顺序的变化使得我们对句子的重点的理解也发生了变化。在例子(b)中，我们发现主要回答的问题是"Marilyn和Zelig Modnick做了什么"和"Marilyn做了什么"，而例子(a)中，我们发现主要回答的问题是"在什么时候"他们做了什么以及她做了什么。所以，我们可以说，语言的元语言功能使得语言具有无限的自我反身性，从而让人们可以谈论"谈话"，也可以思考"思考"（胡壮麟，2013：12）。

当然，语言的功能还有很多，语言是思维的工具，语言具有寒暄交谈的功能等，这里所列举的不可能完全代表语言的诸多功能。除了语言的性质、设计特征和功能之外，在语言研究当中还有许多值得思考和关注的方面，限于篇幅，这里不再一一赘述。总之，语言是人类社会生活中必不可少的要素之一，是令人类在自然界中脱颖而出的标志之一，也是全人类共享的重要资源之一，值得人们不断去探索和研究。

四、语言研究与法律研究

法律与语言之间的关系十分密切。语言与法律关系之密切和语言在法律中的地位这个问题,在 20 世纪哲学发生"语言学转向"之后,其重要性更是变得毋庸置疑。

哲学的对象在近代曾经发生过一次重大的转变,即从古代哲学对客体的研究转为近代哲学对主体的研究,这次转向产生了以培根、霍布斯、洛克、贝克莱、休谟为代表的英国经验主义和以笛卡尔、斯宾诺莎、莱布尼兹为代表的大陆唯理主义。这次运动的顶点则是继承唯理主义传统并将其发扬光大的德国唯心主义古典哲学。这次转变被称为哲学的第一次转向,它是人类对早期由于自身弱小而产生的对自然崇拜的反省的必然结果,也是人自身对中世纪理性的堕落和对人性扼杀抗争的必然结果。

20 世纪初,哲学的对象发生第二次转变,即从纯粹主体转向主体与客体的中间环节——语言(蔡曙山,2001:16-17)。这就是所谓的哲学的"语言学转向",指的是 20 世纪初西方哲学界所实现的一种哲学变革,被称为是现代哲学的一场"哥白尼式"的革命。究其根源,哲学的语言学转向,主要是发端于以不同的代表学派对于认识论及其理性主义、形而上学等思想的批判,例如以维特根斯坦、罗素、奥斯丁发展起来的语言分析哲学、以迦达默尔为代表的解释学,以及以索绪尔、福柯为首的结构主义语言学派等。

这次哲学领域中的根本性转向,使得认识论作为哲学的中心议题的历史结束,取而代之的是,语言成了哲学的新的中心议题。"人们不再全力关注知识的起源、认识的能力和限度等问题,转而探究语言的意义和本质、理解和交流等,把语言本身的一种理性知识提升到哲学基本问题的地位,哲学关注的主要对象由主客体关系转向语言与世界的关系"(殷杰,2003:54)。哲学的语言学转向带给西方哲学的不只是一种新的哲学研究方法,更重要的是在哲学观上的革命性转变。哲学的语言学转向作为哲学领域的一次划时代的突破,对世界产生了革命性的影响,"哲学的首要任务就是对语言进行分析"成为哲学研究的指导原则,这一共识在其之后的相当长时间里,甚至在将来的一定时间内,都会维系和存在。哲学的语言学转向"使得本体论与认识论、现实世界与可能世界、直观经验与模型重建、指称概念与实在意义,在语义分析的过程中内在地联成一体,形成了把握科学世界观和方法论的新视角"(殷杰,2003:55)。

第一章 法律与语言

作为研究"思维与存在的关系问题"的出发点,哲学的语言学转向建立在这样的一个认识基础之上:"在语言中凝聚着自然与精神、客观与主观、存在与思维、规则与事实、内在与外在、形式与实质等哲学范畴。"关注语言以及对语言的反省,由此出发而及哲学,反映了学者们通过对语言的反省"治疗"哲学的尝试。从法学领域来看,"对语言的研究就是用来治疗实证分析主义法学带来的弊端"(姜廷惠,2013:213)。"哈特通过语言看到了法律形式主义的局限,并且他解释了司法裁量的不可避免性;德沃金相信语言引起的所有问题都是可以消除的;摩尔把语言视为发现正确结果的一种途径,并且他把语言视为克服错误结果的尝试"(比克斯,2007:1)。其中,需要尤其重点强调的是维特根斯坦和哈特这两位代表人物。哈特甚至认为"法律语言应当对照文章全体的语境来理解,因为法律语言只有置于一定的语境才能实现其独特的作用"(董晓波,2007),因为"法律语言活着并且常常由日常语言中更新,如果一个专业语言失去了跟日常语言的关联,那么它将慢慢死去"(考夫曼,2003:174)。哈夫特认为,"法律者在其职业的生涯的每时每刻均与词语、句子和文本结下不解之缘"(考夫曼、哈斯默尔,2002)。

哲学的语言学转向促进了法学的语言学转向(廖美珍,2006),以新分析实证主义法学、新修辞学、新分析法学、批评法学、现实主义法学、法律论证理论和女权主义等现代法哲学,在对法律及法学进行解构剖析时,基本上都以语言作为其突破口。

哲学的语言学转向尽管居功甚伟,给哲学及其他学科带来了新的研究视角和成就,然而并非说其自身就不存在问题和局限。哲学的语言学转向,在认识论上形成了形式理性与科学主义观念,在分析方法上主要以科学逻辑思维语言和语形、语义方法来静态地考察科学的逻辑结构。这样的研究范式,对于科学发展的历史、社会结构、文化背景、心理因素等方面的忽视和脱离,使其难免产生极端科学中心主义倾向。这样的局限和极端,引发了语言哲学改进的呼声和行动,从而在20世纪后半叶使得哲学领域又产生了一次转向,也就是"语用学"转向,形成了从语用思维角度进行科学解释的新视角和新路径。研究的关注点转向了语用分析方法,研究的中心也由此前的注重语句规律的句法学和注重语句意义的语义学,转向了注重语言符号的实际使用规律的语言学。与语用学在语言理论中占据核心地位相应的是,在科学哲学的发展进程中,其关注重心也逐步从分析哲学时代的语义学转移到后分析哲学时代的语用学。这种从科学逻辑向科学语用学逐渐演变的趋势,最终形成了思维领域的语用学转向,并促使以日常语言分析哲学——奥斯汀"言语行为理论"(speech act theory)为代表的现代语用学的诞生。作为语言哲学发展与演变的必然趋势,语用学转向内在地显示了"现今的哲学无不带有语用这一基本特征,语用思维构成了当代思维的基本平台"(殷杰,2003:56)。

哲学领域的语用学转向又一次引发了法学领域的研究转向。法律语言的研究范式与研究思路得到了革新,法律语言研究也有一个从语言的语义、句法为主的静态研究向语用为主的动态研究转化的过程。20世纪70年代之前,在哲学的语用学转向之前,西方的法律语言研究主要将法律语言作为客体来研究,主要研究对象为立法语言和法律文本的用词、句法结构等,属于语义、句法层面的静态研究。而在20世纪70年代后,随着奥斯汀的言语行为理论及民俗学方法论学者开创的会话分析法的崛起和盛行,法律语言的研究也开始转向语用学视角。研究者们不再将研究重心局限于书面文本的词汇和句法等语言系统本身层面的静态描述,而是开始关注法律话语(尤其是庭审话语)的动态互动,注重法律话语在特定社会环境中的生成和理解,重视现场即席话语和语料库的作用和分析,语料多为法庭口头互动话语,研究的焦点由法律文本和语言作为客体的研究转向司法话语和语言作为过程或工具的研究。此类研究大量应用话语分析的方法和言语行为理论及其合作原则等语用学理论与方法全面解读庭审话语,深入分析法庭审判中各个庭审主体的话语策略、话语结构及话语风格及其互动机制,并进而通过法庭的话语互动揭示庭审中的各种权力关系以及实现权力控制的话语策略与机制(廖美珍,2004:66-76)。时至今日,法律与语言之间的相互关系问题逐渐为法学家和语言学家所共同关注,业已成为相关领域研究的焦点。

五、法律与语言的关系

法律与语言处在一种十分紧密的关系之中。可以这么说,正如语言对于人类文明有着举足轻重的作用一样,语言对于法律学科的作用也是同样关键。语言与法律的密不可分的关系,语言之于法律的至关重要的作用,是我们研究法律语言的根本动机、原因和使命。有关法律与语言之间的关系,尤其是语言之于法律的关键地位这一问题,国内外法学界和语言学界的一些知名的学者纷纷发表了他们的观点和见解。

弗里特约夫·哈夫特对于语言在法律研究中的地位曾经这样深入而到位的论述:"之于法律者,语言本身不仅是理解不语的客体之当然实用工具,其本身也是法律工作者的核心对象——他要理解法律,描述事实行为,根据规范对案件进行推论。质言之,法律工作者琢磨具体的语言产品(法律、教义学原理),且寻找对应其他文本(事实行为、案件)之物。他必须不仅一如他者,架起从对象到语言的桥梁(在建构事实行为时),且尤其要建立不同文本之间的联系。在此联系中,一边是规范性和教义性的'应然原理'易为抽象,另一边是,描述情况和事实行为的'实然表达'易为具体。作为'应然与实然的对应物',法律活动——法律的韵味全在这桥梁架构中。概无其他的职业如此对待语言。在对法律案件的事实行为之或多或少具体的描述中,持续地在语言上对法律和教义学原理反复进行概念化抽象,并且反过来,是法律适用者的特性。'法律与语言'这个主题因此有理由成为法哲学的经典主题之一"(考夫曼、哈斯默尔,2002:291)。

　　语言与法律关系之密不可分,或许还可以隐喻性地认为它们之间是"青梅竹马",因为"从发生学的角度来说,两者可能在原始社会阶段几乎同步出现。许多人在一起生活,既需要交流的工具,也需要共同约定的规矩,前者就是语言,后者则是法律,只不过是'不成文法'或曰习惯法"(许嘉璐,见周庆生、王杰、苏金智,2003,序言)。

　　语言对于法律的重要性是显而易见的。我们知道,不仅因为任何法律,其社会控制之功能,都是采用语言文字作为媒介来实现的,而且诸如法律推理、法律解释、法庭辩论、法律理论乃至法学教育都是通过语言来实现的(杨宗科,2005:10)。关于法律与语言二者之间的密切关系,国内外的许多学者,尤其是法学家们不断地著书立说,将他们的观点、见地及收获付诸笔端,见诸文字,有力地促进了法律语言的研究进展。美国法律学家、哈佛大学教授雷德里克·肖尔在其主编的《法律与语言》著作导论中指出:"法律既是语言的产物又依赖于语言"(Schauer, 1993: xi)。

　　国际法律语言学家协会副主席、美国法学教授皮特·M.蒂尔斯玛在其撰写的代表作《法律语言》一书中,就曾不无感慨地论述说:"没有多少职业像法律那样离不开语言。(Few professions are as dependent upon language)"在他的观点看来,"法律就是言语的法律(Our law is a law of words.)。无论哪种法律都是由词语组成的",并且从另外一个层面来讲,"道德和习俗也许是包含在人类的行为中的,但是法律却是通过语言而产生的。法律职业就是集中在构成法律的词语上,无论法律形式是制定法、法规或是司法意见"(Tiersa, 1999:1)。另外的两名代表性的美国专家,著名的法律语言研究学者威廉·M.奥巴尔和北卡罗来纳大学法学院法学教授约翰·M.孔莱,在他们二人合著的《公正的言语》一书中也论证道,"在日常的和现实的意义上说,无论是在书面上还是在口头上,法律就是语言。(In a practical, everyday way, law is language, in either its spoken or its written variety.)"而德国慕尼黑大学教授 A. 考夫曼以及"新分析法学派"的继承人 N. 麦考密克则直截了当、一针见血地说:"法学其实不过是一门法律语言学。(The law is simply a matter of linguistics.)"因为"法律是透过语言被带出来的","法律是被语言所建构的"(考夫曼,2004:169-172)。

对法律与语言问题,英国哲学家大卫·休谟论述说,"法与法律制度(如所有制)是一种纯粹的'语言形式'。法的世界肇始于语言,法律是通过词语订立和公布的,法律行为和法律决定也都涉及言辞思考和公开的表述或辩论。法律语言与概念的运用,法律文本与事实关系的描述与诠释,立法者与司法者基于法律文本的相互沟通,法律预警的判断等,都离不开语言的分析"(舒国滢,1995:348)。丹宁爵士指出:"要想在法律有关的职业中取得成功,你必须尽力培养自己掌握语言的能力"(丹宁,1985:2)。英国法学家、大法官曼斯菲尔德勋爵论述道:"世界上的大多数纠纷都是由词语所引起的"(陈忠诚,1987:5)。但丁将"法庭的"语言与"光辉的"(经过筛选的)语言、"中心的"(标准性的)语言、"宫廷的"(上层阶级通用的)语言并列为"理想的语言",并指出法庭的语言是"准确的、经过权衡斟酌的"纯净语言(朱光潜,1964:128)。

约翰·吉本斯阐述道,"法律是一种语言制度。法律是用语言制定的,那些用来构成法律的概念只能通过语言才能为人们所理解"(吉本斯,2007:2)。魏德士论述语言对法律的影响时说,"法和语言间的不可分割的紧密联系同时也表明语言对法的制定和适用产生的影响:法的优劣直接取决于表达并传播法的语言的优劣。语言对法本身的重要性,同样适用于法律工作者对语言的驾驭能力的重要性。"由此可见,如果没有语言的建构,法律的意义世界将是无从谈起的。"如果没有语言,法和法律工作者就只能失语","可以说,语言之外不存在法。只有通过语言,才能表达、记载、解释和发展法"(魏德士,2003:70-73)。布莱恩·比克斯认为,"语言是法律发生作用的媒介。这种媒介的性质对法律目标的实现和实现的程度有着重要的影响"(比克斯,2007:1)。

李宇明指出,语言与法律的密切关系主要表现为:"一是为立法语言;二是法律领域是语言运用的重要领域;三是语言学可以成为司法的重要技术"(李宇明,见周庆生、王杰、苏金智,2003,序言)。廖美珍认为:"法律是语言!法学是语言学!","法的条文只有在语言的应用中才有意义,才是活的;法的机构只有人用语言进行法的活动才是活的,才有意义"(廖美珍,2006)。

从语言与法律二者密不可分的关系上来看,将二者的研究领域有机契合,不仅是一种理论与实践上的必然,而且也是对二者交相辉映和共同发展的一种必然的促进。"将语言学研究方法运用到法学研究中,既是法学家们对自身研究范式的突破和创新,是法学研究的一个新路径,也是语言学为学术研究提供的重要智力资源,同时也拓展了语言学研究的领域"(张清,2013:3)。

如若要谈论语言和法律的关系,我们需要考虑"法律是什么"这样的问题。那么,法律是什么呢？从某种程度上来说,法律其实就是语言！因为,无论从法学、哲学和语言学等哪个领域出发,以及从哪个角度来看待,要是试图给法律做出定义,法律都离不开语言。法律是"语言的职业"(a profession of words)(Melinkoff,1963:vi)。古往今来,国内海外,人类在立法、司法、执法、法学研究、法学教育、法律咨询等等与法律有关的一切社会实践活动当中,无处不聚合着言语行为,无论这种言语行为是以何种形式来加以外在体现,是书面行为还是口头行为。一言以蔽之,法律语言就是关乎法律的、实践的言语行为。之所以这么说,是因为从法律的各个方面出发,人们都可以发现如上论述的支持,形成这样的认识。也就是说,法律是一种行为,法律更是一种言语行为。例如法庭语言的研究是法律语言学的一个热点,因为"我们只要看看法庭,不论是对原告被告的质询、证人的证言、律师的出庭或者是法官对陪审团的指令,就知道语言在法律进程中所具有的不可或缺的作用。……稍做思考就会明白,语言对于法律事业是多么重要"(Schane,2006:1)。

法律活动是一种言语行为的活动,而法律实践则是一种言语行为的实践。具体来说,这种言语行为可以表现在与法律相关的诸多方面:在我国的法律环境中,立法言语行为表现为成文法言语行为(如宪法、民法、刑法、诉讼法等的言语行为)和制定这些成文法的言语活动(如全国人大对法律的讨论);司法言语行为指(包括调解)法庭审判言语行为,表现为审判中使用的相关的书面言语行为;执法言语行为表现为行政机关(包括法院的执法部门)等执法机构在执行法律过程中使用的语言或者语言活动;法学教育言语行为表现为在教育机构从事法学或者法律教育和学习中使用的言语行为;法学研究言语行为表现为法学工作者或者法学专业人士在从事法学理论或者法律研究和交流过程中使用的语言或者言语活动;法律咨询言语行为表现为律师事务所等地方的法律咨询活动中使用的言语行为;法律仲裁言语行为表现为在法律仲裁机构所实施的言语行为;另外,还可以表现为所有其他跟法律有关的活动中使用的言语行为。

除了上述所提及的法律应用领域之外,我们还可以从另外一些不同的角度来进一步看待法律与语言的密不可分的关系。如若从立法者的角度出发,法是意志和命令,而"意志"和"命令"都要通过法律法规的形式以语言体现;如若从司法者的角度出发,法律的定义是"判决",直接言词是司法审判的原则,而判决就是体现为语言;如若从守法者的角度出发,法律是"行为规范",而规范也是体现为语言;如若从功能观的角度出发,法律的定义是"工具",而这个工具还是体现为语言;而如若从马克思主义的观点出发,法是"统治阶级的意志",意志一样需要借助语言才能加以体现。很多法律问题,其实就是语言问题。因此,习法不能不习语言;从法,不能不精于语言;研究法,不能不研究语言;研究法的问题,不能不研究法的语言问题。或者说,"从语言着手,是法的研究的一个重要的甚至不可或缺的视角"(廖美珍,2003)。R. 阿龙,J. 法斯特和 R. 克莱因在其合著的代表作《审判交际技巧》一书中也论述说,"在法庭上,语言的选择意味着不是成功就是失败。"

依据丹尼尔·G. 斯特鲁普观点和论述,法律就是语言。而且从更进一步深入的层面上来说,法律不但是语言,而且是一种极其特殊的语言,因为法律试图通过使用词语来构建人类行为的现实;换言之,从日常行为哲学主义的角度来看,法律其实就是一种言语行为(speech act)。当立法机关通过一部法律或法院做出一个判决时,就是在改变个人的地位,改变他们同其他个人、财产、物体和国家的关系。法律语言并不仅仅描述这些关系;它还对所描述的关系产生影响。例如,当一个牧师或治安官在婚礼仪式上遵循法律时,会诵读这样的法律惯用语,"I now pronounce you man and wife(现在我宣布你们成为丈夫与妻子)",他实际上在描述他面前的一对夫妇的关系。但是没有人会认为这是他说的话的初衷或想达到的效果。作为一种言内行为(locutionary act)的延伸,这一语段还有其言外(illocutionary act)和言后行为(perlocutionary act),其中的这些语词不仅描述了法律关系,还创造了法律关系。这样,法律语言就不仅仅是描述性的,它还是工具性的;突显了语言控制现实和创造现实的功能。

自西方亚里士多德《修辞学》中对作为三大演讲之一的诉辩演说进行研究与论说开始,语言在法律领域中的重要地位就逐渐地得到了认可;法律与语言的结合,促成了法律语言学(forensic linguistics)这一系统独立研究法律语言的学科的诞生。作为一个跨学科的研究领域,法律语言学的发展对语言学、法学和应用语言学研究都有着十分重要的贡献。之所以这样说,是因为这门学科"把语言学的原理和知识同法学各部门的某些语言实践和运用结合起来,探索和总结法律语言的特点和规律,解决法学和语言学所涉及的实践和运用中的问题"(陈炯、钱长源,1999)。著名的法律语言学家吉本斯用简要但有力的话语指出,"语言构筑了法律"(Gibbons,1994);所以一方面,从语言的角度研究法律,审视法律,是法学研究一个不可或缺的途径;另一方面,法律及其活动,作为一种典型的机构性话语,又给语言学家提供了新生的研究领域,以及蕴藏丰富而且价值重要的语言资源。在法律语言研究中,可以通过分析法律语言的词汇、语法或文体,从而帮助确认罪犯;可以通过对法律书面或口头语料的话语分析,从而断定犯罪嫌疑人、涉案人员、甚至执法或司法人员所言是否属实,是否有所欺瞒,以及所说话语的真实意图或动机;可以通过对词汇、句子和篇章层面进行语言学范式下的研究,从而有助于精确地对法律文件做出解释等。所以,可概括来说,法律不外乎是语言,法律问题往往不外乎是语言问题。

从国外的法律语言学研究来看,也有许多有关语言的法律,主要包括:当前世界的司法领域主要关注语言规划和政策、语言权、沉默权、语言罪以及诽谤等(如:Kurzon,1998;Shy,1993;Welsh,1995;Gatley,1998 等),这些都说明了语言与法律的密不可分的关系。具体来说,语言规划和政策主要涉及公共目的的语言使用,如银行用语、教育用语和法律用语等;语言权主要包括少数民族的语言权和官方用语选择问题,以防止歧视,保证自己使用本民族语言的权利;沉默权,尤其是法庭上的沉默权;语言罪主要包括伪证、贿赂、威胁和共谋等;诽谤罪包括冒犯性语言和毁誉。这些都是目前国外法律语言学研究的热点问题(郑东升,2013:39)。

六、法律与语言之相互作用

如前所述,法律与语言之间的确存在着密不可分的关系,但二者之间到底是怎样一种关系,存在着怎样的相互作用和影响,语言在法律中的地位之关键体现在哪里等等都是值得我们去进一步思考和探索的问题。为了论述条理起见,这里我们将分别从语言对法律的影响和法律对语言的影响两个方面来讨论二者之间的相互关系。当然,很难说二者之间的影响在某一刻是单向存在的,因为几乎二者总是处于同时交互的影响之中,就如同法律和语言在现实世界中实际上总是时刻变化,处于一个连续动态之中一样。

1. 语言对法律的影响和意义。

具体来说,主要体现在如下四个方面:

(1) 法律的产生、发展和变化依赖语言,法律文化需要语言这一记录工具与载体。

作为人类最重要的交际工具,语言是人类在社会生活中发挥交流思想、传播信息、表达情感、协调关系、确立身份等多种功能,传承文化和文明的重要载体。语言不仅仅是人类客观实践的产物,也是一种实践模式,并会对其他的社会实践产生影响。在语言形成和发展的历程中,从口头到书面,从单模态到多模态,在各个阶段都影响了人类文明的同步发展和进步,其中语言对于人类法律的演化和发展也起到了十分关键的作用。梅因曾言:"古代法典之所以会创造成功是由于文字的发现和传播"(潘庆云,2004:493)。在人类尚未发明文字的阶段,口头交际是人类主要的交流方式,法律的雏形——处于萌芽状态的习惯法——也只能是以行为习惯存储于古人的记忆之中,并以口口相传的形式在享有特权的部族首领之间传承。随着文字的诞生,人类的交际方式已经可以脱离当时的交际环境的束缚,而且法律知识和制度也可以用文字的形式记录下来,并通过文字的形式进行流传,从而使得人类从习惯法、习惯法的不成文法状态,一直到成文法的法律进步得以实现。同时,语言也是文化的最重要的载体,是文化的内核,承载了语言使用者的思维方式、信仰习惯和知识世界等,法律语言对理解和把握法律文化意义的根本十分重要,各民族历史的法律文化中优秀的法律思想、制度和技术等都要依靠法律语言来进行记载与传承。在文明的进步和社会的发展中,由于文字的出现,不同部族、国家或制度之间法律和法律文化的交流和沟通,也得以通过这个桥梁进行。法律移植、交流和发展离不开语言这个重要的媒介和工具。

(2) 法律的意义决定于语言,语言的运用可以促进法律解释制度的完善。

一方面,人类从认知世界再到语言的过程,通常会有从感知,到概念化,再到词语的过程。人类认识法律的过程也遵循同样的规律。比如,除了有外力,不论是来自自然世界的还是来自人类社会的,每个人都有任意作为的自然能力,之后有鉴于此,人们便创造了"自由"这个词代替这种能力的概念,之后随着法律的诞生,它又演化为法律上的一种权利,在人们的社会交流中,其法律意义的世界也得以建构起来,就如查士丁尼的《法学阶梯》一书所说:"自由人得名于自由一词。自由是每个人,除了受到物质力量或法律阻碍外,可以任意作为的自然能力……"自由"一词就决定了'自由人'的法律意义"(查士丁尼,1989:12)。另一方面,对于法律规范而言,不论其多么包罗万象,囿于人类的理性之界限,总是会有模糊或疏漏存在,所以法律中,如成文法,不可避免地会出现"立法空隙",加上语言本身的不确定性和"开放性"——因语境的不同而出现的歧义和模糊,所以法律是需要解释的。只有在解释中,法才得以存在和发展,也只能在解释中,法才能获得真正的理解与适用。伽达默尔就认为,理解就是在语言上取得相互一致,整个理解过程乃是一种语言过程;一切理解都是解释,而一切解释都是通过语言的媒介而进行的(伽达默尔,1999: 490)。对于法律解释中法律语言的准确和严谨运用的研究,可以消除歧义,避免误解,使法律自身更加和谐,从而真正促进法律解释制度的完善。

(3) 法律思维借助于语言,语言如同辅助其他思维和认知活动那样辅助法律思维。

每个民族都有其不同的思维习惯,这要归因于各个民族形形色色的文化差异,而在文化的存在和表现形式上,语言是一个最重要的存在形式与文化载体。美国语言学家萨丕尔说过,"语言和我们的思维不可分解地交织在一起,从某种意义上来说,它们是同一回事"(萨丕尔,1964:135)。文化对于语言之影响,语言对于思维之影响,是毋庸置疑的。现在对于这些问题的研究,如语言和认知的研究等,已经以比较有力的科学证据验证了这一点。不同的民族,其对于法律思维的认识或许会有所不同,但都离不开这样的核心内容:"以法律知识为思维基础,以法律概念为思维单元,以权利义务为思维内容,以法律规则为思维依据"。某种程度上,可以这样说,法律思维本质就是以法律语言进行的思维。"每一种思维模式都有与之相适应的思维语言。以一种思维模式去理解另一种思维模式,其实也是两种思维语言之间的沟通……每一种已建构思维模式的群体都拥有其意义只能为自己内部成员所理解的符号,这种符号就是语言。语言是不同的社会群体相互区别的重要标志之一,它因具体语境和表达目的的不同而发生异变。……在实践中,群体依据需要创造出新的词语和文字,或改变一般词语的意义,形成一些专有名词、术语、行话和隐语"(林喆,2000:17)。所以,"法律人在长期参与法律实践、法律研究的过程中,形成了以维护法治为目的,以法律语言为工具的专业思维方式。法律语言所表达的法律概念、法律规则、法律内容、法律逻辑、法律程序等,决定了法律思维这一专业思维的开始、进行和终结"(宋北平,2012:44)。由法律语言对于法律思维之重要性,我们可以很容易看到二者之间密切的关系和相互的启发:"将语言学作为法理学和其他许多学科的前提或基础学科是符合逻辑的。换言之,将法律规则视为更为基础的语言规则的一种是符合逻辑的"(古德里奇,2007:12)。

(4)语言可以丰富司法的手段和技术。

利用对法律语言的研究来解决法律领域的实际问题,这可以在现有的司法手段和技术之上,提供更多有用的和切实的帮助。法律语言在实际司法过程中的应用之实例愈来愈丰富,也愈来愈有效。对于法律和语言的研究成果,国外法律语言学家Levi(1994)曾做过详细的研究。国际法律语言学家学会在其研究中列出了二十几个领域及每个领域的数目不等的分支领域,有力地说明了法律语言研究的理论和应用价值。比如,在法庭语段研究中关注律师庭辩、审判庭、上诉庭、双语问题等;在作者鉴定研究中关注剽窃、遗嘱、遗书、恐吓信等;在讲话人鉴定研究中关注语音识别和话语鉴定等;在语言变体研究中关注非标准变体、少数语言和跨文化交流等;在口语笔录研究中关注"听什么写什么"和听写;在专家举证研究中关注语言证据、专家出庭等;在法律语音学中关注声音伪装、外语因素、科技和软件等;在笔迹学中关注可疑文件的科学鉴定、签名真伪、书写特征等(吴伟平,2002:10-11)。当代西方法律语言研究的发展十分迅速,已日臻成熟,具有标志性意义的是这些研究的成果多数已在法庭得到正式应用。法律语言研究直接参与到案件审理,这在西方已经成为一种非常普遍的现象,有力地推动了司法实践的发展。西方的法律语言研究涵盖了诉讼与非诉讼法律事务中涉及各种活动的语言行为,尤其以法庭语言研究为其焦点和重心,结出了累累硕果,直接促进了整个法律活动的有力开展。如:美国、英国、加拿大、澳大利亚等国家已有非常多的语言学家作为语言专家参与到以法庭活动为代表的各类法律活动当中,并且其工作的权威性得到法律界的普遍认可。这些专家的活动从法律语言特点的研究到研究的具体应用,涉及的范围已相当广泛。司法界及政府也给法律语言学研究提供了很大方便,例如司法活动语言材料的收录,庭审音像材料复制,最新案例语言分析等(莫敏,2008:104)。

2. 法律对语言的影响和意义。

具体来说,主要体现在如下两个方面:

(1)法律对法律语言的形成提供了需求的动力和机制的约束。

法律语言在其体系形成过程中可以追溯到多个源头,也会采用多种手段,所经过的程序也比较复杂,而在这个过程当中其所服务的对象——法律则起着重要的作用,因为法律的需要是其形成之动力,通用语言文字是其基础,而其形成手段则有"吸收、变异、自造"等多种方式,其形成程序也有"糅合、转换、融汇"等多种形式。

首先,从法律语言的创造需求来看,主要有如下几种需求:第一,是学科理论发展的要求。因为立法的根基是要求有充分的理论研究和论证,而这需要法律语言全过程的参与。第二,立法必需的要求,在立法工作完成之后,仍需要对其进行研究和诠释,并且法律一旦实施,其权威和效力都将体现在这些以法律语言作为载体的字里行间,同时在司法等过程中,法律语言所起的地位同等重要,所以法律语言的产生和运用是法律发展的需要。从另外一个角度上讲,法律也对法律语言的创造过程和衍化过程进行约束,例如由于法律的权威性和严谨性,它就要求法律语言,作为承载法律的形式、体现法律的形式和表达法律的形式,必须严谨准确、明白清晰,同时又具有学科语言的系统性、专门性。此外,由于法律自身发展的需要,法律的交流和移植也是法律发展过程中十分重要的方式。比如我国现代意义上的法律体系是吸纳了英美法与大陆法中可取的精华,并结合我们的实际国情而逐步形成的,所以相应地也对法律语言的丰富提出了需求,以及同时进行约束,比如"听证""不动产""不作为"等法律术语的借鉴和形成,就是外来理念在我国法律体系中以合理形式存活的很好例证(刘红婴,2003:25)。

其次,从法律语言的创造和循环功能来看,法律语言是个有机和完整的系统,有其自身的形成和运作规律;同时法律的发展,也需要与之相应的法律语言系统具有在其内部进行优化材料的能力和机制。所以,法律语言在词语、句法、篇章和文体等不同的层面上一方面适应法律发展的需求进行新陈代谢和推陈出新,另一方面又要在法律的要求框架下遵循规律、符合习惯、合乎科学地来进行创造和更新。例如,作为一种法学能量的体现,对"申请人"和"被申请人"本来的对应关系的移位,将"被申请人"改造成了有特指含义的主体。再比如,本着法律术语科学规范的原则,我国在1996年颁布的《中华人民共和国刑事诉讼法》中将旧法中的术语"人犯"改为"犯罪嫌疑人",使没有经过诉讼程序主体有了更为确切、严密的表述,理论上更加清晰,也符合执法与司法的实践。然而实践中该术语仍存在涵盖力不足的问题,仍面临着将来进一步完善的需要(刘红婴,2003:25)。综上可以看出,法律对法律语言的形成和发展既是一种需求的动力,又是一种约束的机制。

(2)语言生活需要法律的保证,语言的规划和保护需要借助于法律。

语言问题是每一个国家都需要认真看待的问题。语言不仅是权力,也是民族权利的重要组成部分。在世界上每个国家,不论其所面临的语言问题复杂情况或者与之相应的法律体系如何,各种语言的地位基本都会用法律条文来加以规定,这也是国家意志的表现形式之一。

　　例如美国在20世纪就采用了不同的政策和法律来对其语言问题加以应对。20世纪以来,美国出现了以上几种不同的语言政策。19世纪末,凭借着盎格鲁-撒克逊文明在美国牢固的主流文化的地位,英语毫无争议地成了无须法律规定的官方语言。进入20世纪以后,在两次世界大战中获益的美国地位迅速崛起,成为世界头号超级大国,在政治、经济、军事、科技等各个方面都遥遥领先,英语也借此优势成了国际通用语。这些成就使得"英语中心主义"的"语言一致性"理念深深地根植于美国人心中。然而,20世纪以来,移民的浪潮一浪高过一浪,带来了不同文化和不同语言,给英语的霸主地位带来了冲击。面对其他语言的威胁,人们希望巩固英语的中心地位,于是提出要限制其他非英语语言的使用,希望从法律上将英语确立为美国的官方语言,这就掀起了"唯英语运动",也称"英语官方化运动"。实际上,持有这些观点的在美国人当中的数量相当之多,例如:美国前总统西奥多·罗斯福就曾对英语持这样的态度:"在这个国家,我们只有容纳一种语言的空间,这就是英语,因为我们将会看到,这个熔炉把我们的人民变成美国人,变成具有美国国民性的美国人,而不是成为在讲多种语言的寄宿处的居民"(转引自中科院民族研究所课题组,2003:23)。在这种背景下,关于英语官方化的提案也相继被提出:1982年参议院、1983年众议院分别提出《英语修正案》;1988年众议院就第100届国会上提出的5项英语修正案举行听证会;1995年《政府语言法案》《官方语言宣言法案》《全国语言法案》在国会提出并举行了听证会;1997年众议院引入了第1005号、第622号和第123号法案,在参议院引入了第323号法案,都宣布英语为官方语言,引入的第37号众议院联合决议对宪法提出修正(中科院民族研究所课题组,2003:25)。虽然国会最终未能通过将英语定为美国全国官方语言,很多州却通过州立法将英语定为州官方语言。例如内布拉斯加州,1919年通过法令禁止用英语以外的语言教学,在1920年通过州宪法修正案宣布英语为唯一的官方语言;而截至1997年至1998年,阿拉斯加州、堪萨斯州、马里兰州、纽约州、华盛顿州等很多州考虑进行只用英语的立法。面对英语官方化运动,一些团体做了针锋相对的斗争。例如美国民权联盟认为"唯英语"的立法会损害不擅长英语者的权利,致使人们对移民和非英语公民产生错误的刻板印象,违反了宪法第14修正案的同等保护条款,使得宪法由保护个人自由和权利的宪章变为限制个人权利的宪章,会产生诸多弊端。再比如1987年秋诞生的"英语+"信息交换所(EPIC)成为反对"唯英语"立法的学术、种族和民权组织的有用信息库,设在全国语言联合理事会的总部(华盛顿区)。其宗旨称:"英语+"的概念认为,"当全社会的成员都能获得有效的机会,掌握英语外加一种或多种其他语言,国家利益才能得到最佳照顾"(中科院民族研究所课题组,2003:26);1988年"古特雷斯对市法院"一案否定了工作场所中只用英语的规定;1989年新墨西哥州成为第一个批准"英语+"政策的州,随后华盛顿和俄勒冈也通过了"英语+"的决议案,1992年罗德岛批准了"英语+"的政策,保护使用英语以外的其他语言,鼓励学习外语(详细综述参阅刘艳芬、周玉忠,2007: 42-45)。

　　我国也是一个语言问题比较复杂的国家,因为多个民族共存,加上地域文化差异,语言种类繁多。改革开放,加入世贸组织,与国际接轨,涉外法务不断增多等使得外语,尤其是英语的使用愈加频繁。如何处理好一体化和信息化对社会通用语言文字的需求和国家语文生活的一体化使得一些少数群体或弱势群体母语权利需要保护之间的平衡关系,都需要为语言立法,用法律来干预,这是现代社会生活的必需。在原有许多法律(法规)的基础上,为了顺应信息化时代的要求,我国第九届全国人民代表大会常务委员会第十八次会议于2000年10月31日通过了《中华人民共和国国家通用语言文字法》,并于2001年1月1日起正式实施,标志着我国的语言法律建设进入到新时代(莫敏,2008:103-104)。综上所述,语言的使用问题也需要法律的干预和保护。

第二章　法律语言

❖ 治世不一道,便国不法古。　　　　　　　　　　　　——商鞅
❖ 你所说的话不一定正确,但我誓死捍卫你说话的权利。

——[法]伏尔泰

一、法律语言的界定

　　法律语言的重要性毋庸置疑,法律就是语言。法律语言学家彼得·古德里奇说,"学习法律的第一要务是学习法律的语言,以及与之相符的,使得该语言知识能够在法律实践中得到应用的语言技能"(吉本斯,2007:1)。然而,在开始研究法律语言及其与法律文化之间的关系之初,我们首先需要来界定什么是法律语言。

　　国外将法律语言作为一门系统学科的研究起步较早,而国内学者研究法律语言则始于20世纪70代年末,虽然属于步国外研究之后尘,但研究的深度与广度都直追国外法律语言的研究进程(刘愫贞,2001:72-76)。时至今日,国内外对于法律语言的研究方兴未艾,因为法律语言由于其自身的特点使然,貌似简单而实则复杂,对于法律语言的研究吸引了来自语言学、哲学和法学等众多不同的研究领域中的学者的参与;在这些领域当中,法律语言业已成为一项热点和重要的研究内容,而这也促使我国法律语言的研究逐步走上独立学科的发展轨道。

　　然而,对法律语言的界定却并非易事,即便是在阿图尔·考夫曼这样出色的法哲学家的眼中看来,"我们无法说法律语言。因为仅有立法者的语言,这个语言是简单,没有任何修饰的作品,没有一句话是多余的,它是命令式的,除此之外,别无其他。相对的,法官的语言,就有丰富的表达,它比法律语言还具体,它不放弃说服的基本要素,法官并不像立法者仅是下命令,他还要说服。律师作为一个防御者,使用一种特殊的法律语言。他说话的艺术,在古罗马时期,就具有一个很高的价值,并且把它当作一个被说的语言"(考夫曼,2004:166)。从中可以看出,考夫曼看到了立法者、司法者、律师等不同的使用法律语言的方式,从而也看到了法律语言定

义的难度之所在。

美国法律语言学家蒂尔斯玛在其著作《法律语言》中用了两章的篇幅来论述什么是"法律语言"(Legal Language),并在书中总结道:

Some other characteristics that have been attributed to sublanguages include (1) they have a limited subject matter; (2) they contain lexical, syntactic, and semantic restrictions; (3) they allow 'deviant' rules of grammar that are not acceptable in the standard language; and (4) certain constructions are unusually frequent. Most of these features seem to apply to legal language, and some scholars have indeed suggested that the language of the law is a sublanguage of English. Certainly the notion of a sublanguage suggests that legal language differs from ordinary speech not merely lexically, but also in terms of morphology, syntax, semantics, and the various other features that have been the topic of the preceding chapters.

Whatever term we use to describe legal language, it needs to encompass the very complex linguistic habits of an ancient and diverse profession that uses words more than most any other and has learned to use them in a very strategic way. Much more could be and has been written about this topic.(Tiersma, 1999: 143)

显而易见,从严格意义上来说,蒂尔斯玛这里所给出的更多的还是对法律语言的描述,而无法看到多少定义的成分,但他的论述还是给人们进一步理解法律语言的性质和内涵提供了启示和借鉴。

法律语言到底具有什么特点,法律语言应该如何界定? 由于上述领域不同的研究焦点和视角,对于这些问题至今依然没有定论。在国内外的研究中诞生了不同的观点和定义。这些观点和定义尽管尚未形成对于法律语言的统一界定,但是对人们认识和掌握法律语言都奠定了良好的基础。对于法律语言,国内外比较有代表性的定义有:

"法律语言就是法律人使用的语言,包括具有显著的词语、含义、词组以及表达方式。"(Mellinkoff, 1963:3)

"法律语言是民族共同语在一切法律活动(包括立法、司法和法律科学阐释)中具体运用的语言,是一种有别于日常语言的技术语言。"(张穹,2005)

法律语言"是法律文件和法律活动中具有法律特点和法律意义的语言。"(李振宇,1998)

"法律语言是一种有别于日常语言的技术语言,是民族共同语在长期的法律科学和法律实践中逐步形成的、服务于一切法律活动而且具有法律专业特色的一种社会方言,是全民语言在制定和实施法律以及法律科学研究中的具体运用。"(潘庆云,2004)

"法律语言是贯穿于法律的制定、研究和运用过程中的语言文字表意系统。通俗地讲,就是撰制、操作和研究法律时所使用的语言。"(刘红婴,2003:9)

"法律语言是以民族共同语为基础,在立法和司法等活动中形成和使用的具有法律专业特点的语言。"(邱实,1989:1)

上述定义都强调了法律语言从属于语言的范畴以及法律语言运用于法律活动的特点,而且多指在立法和司法过程中使用的语言。随着国家法治化进程的加快,法律已不仅仅运用在立法和司法领域,正逐步向行政管理执法、守法主体的适法活动甚至社会生活的各个领域扩展,其使用对象不再仅局限在立法和司法范畴,还应包括其他法律语言运用场所。

"法律语言"(legal language 或 statutory language)这一术语起源于西方。在英语语境里,原指表述法律科学概念以及用于诉讼和非诉讼事务时所选用的语言或某一语种的部分用语,后来亦指某些具有特定法律意义的词语并且扩展到语言的其他层面,如"法律文句"(legal sentence)、"法庭诉讼语言"(litigious language at law court)、"法律用语"(legal terms; language of the court)、"法庭用语"(language of the court)等。同其他社会方言一样,法律语言是人们根据社会文化环境和交际目的、交际对象等语用因素,在长期使用中形成的一种具有特殊用途和自身规律的语言功能变体。

在西语语境下,法律英语(Legal English),又被称为"Legal Language",或"the Language of Law","Law Language"(简约说法),或即法律语言,主要是指普通法国家(common law countries)律师、法官、法学工作者所用的习惯用语和专业语言(customary language),包括某些词汇、短语或特定的表达方式(mode of expression)。法律英语以英语共同语为基础,在立法和司法等活动中形成和使用,具有法律专业的特点,用以表述法律科学概念以及诉讼或非诉讼法律事务。主要表现形式有法律、法规、条约、协定、签约、合同、章程、条例、惯例等。

在我国,法律英语是一门实践性很强的新兴交叉学科。"一带一路"建设的伟大实践丰富了法律英语的学科内容:现阶段,我们学习研究法律英语就是主要以美国法、WTO法等载体,学习纯正、地道的法律英语语言,切实提高我国的涉外法律服务水平。

　　法律语言既是法学研究的范畴,又是语言学研究的范畴,研究法律语言至少需要语言学和法学两个领域的知识。因此,就学科性质而言,法律英语是语言学与法学交叉而衍生出的一门新兴交叉学科。法律英语隶属于法律语言学之下,源起于应用语言学中的专门用途英语(English for Specific Purposes,简称ESP),或许可以说是该研究领域中最重要的一个分支。就学科特点而言,法律英语具有准确性、庄重性、严谨性、简明性等特色鲜明的语域文体特征;法律英语在语言特点和语言运用规律具有极强的专业性特色。英语语言运用能力则首先是衡量英美法系国家的法律执业者的职业素养与专业水平的一个重要方面。法律语言作为一门新兴的交叉学科研究前景广阔。

二、法律语言的分类

　　如果采用不同的分类标准,法律语言可以分为不同的形式。法律制度不同,法律语言的分类也不相同;同一个法律制度内,所采用的标准不同,分类的情况也不同。与之相应的是,不同法律语言形式又有其自身的特性和要求。然而,为了对法律语言进行多维和多路向的研究,深化对法律语言的认识,提高法律语言的实际使用效果,我们有必要对法律语言的分类加以探讨和梳理。

　　美国法律语言学家杰克逊在1994年将法律英语分为两类:其一是法典化的、主要是立法的书面语和其他的法律文件,如合同等;其二是法律过程中更加口语化的、互动的和动态的语言,特别是法庭语言、警方调查语言、监狱语言以及律师之间、律师及其当事人之间中使用交谈的语言(Gibbons,2003:17)。

　　美国法律语言学家蒂尔斯玛之后又于1999年对法律的书面文本进行了细分,共分为三类:第一类是操作性文件(operative documents),"创造或修正法律关系",换言之,它们奠定了法律的框架本身。这一类型的法律文本包括立法(法令、命令和条例),答辩词和起诉书,判决书,以及一些私人的文件,如合同和遗嘱等。第二类是解释性文件(expository documents),通常是对法律进行客观地解释。这一类法律文本可能包括给客户的一封信或一份办公会议备忘录,也可能是一大卷关于法律写作和教育的材料。第三类法律文本是说服性文件(persuasive documents),特别是那些为了说服法院而向法院提交的书面文件(Gibbons,2003:18)。

刘红婴认为"立法语言、执法与司法语言当然是客观存在的语言现象,但它们并非法律语言的全部,亦不在一个层次上。立法语言是具有法律效力的法律信息载体,具有广泛的制约性和规范性,语体风格稳定;相形之下,执法与司法语言的实际使用语境范围较小,使用主体的个体风格较突出。这两个层面的词语运用规范、表述方法也存在着相当多的不同点……基于此,我们可将法律语言分作狭义和广义来认识。狭义的法律语言专指立法语言,是法律规范性文件所使用的语言。简言之,即成文法所用的语言。广义的法律语言则包括立法语言、执法与司法语言、法律理论语言,是法律行业主要构成者所使用语言的全部。简言之,即法律、法学、法实践所用的语言。法律语言学所研究的正是广义上的法律语言"(刘红婴,2003:9)。

李振宇在对法律语言进行分析时,首先依据载体将其分成了法律口语和法律书面语两种。他认为,法律语言表现形式是丰富的,不能认为只有口语或者书面语才是法律语言。法律口语是耳闻的语言,是法律活动中使用的带有法律意义的口语,包括法律演讲、法律论辩、法律谈话、法律问讯、法律咨询、法律谈判等。法律书面语是自治的语言,是用文字表现法律、法规、条例、决定、解释、规定、规章等,法律文书有诉讼文书、法律凭证以及供词、诉讼状等。法律语言还分为口语和书面语的转换,这是法律语言的特殊之处。比如,询问的结果是笔录,公诉意见书和律师的辩护词的发布形式是口语,这就形成了特殊的法律现象。之后的论述中他将法律语言划分成了法律文本语言、法律文书语言、法律交际语言、法律识别语言、法律解释语言和法律翻译语言几个部分进行研究。比如说,他对各个部分的研究内容主要包括法律文本有广义和狭义的差别。广义法律文本包括所有以书面语出现的法律文字材料,狭义的法律文本仅仅指成文的法律规范。这里的法律文本是狭义的法律规范。法律文本语言主要研究律文语言,也包括法规、条例和规章等语言,具体研究法律条文的措辞、法律规则的语言组织和语法结构;法律文书是法律诉讼活动的凭证,是法律事务开展的依据。法律文书语言是法律实施的重要条件,也是法律语言推广的主要场合,支撑着法律语言的发展和进步。法律文书分为填空式、表格式、笔录式、叙述式等类别。其中笔录和叙事方式是法律语言表现最为充分的方面,是法律语言研究的重点之一。法律交际包括很多方面,主要研究最有代表性的法律查证和法律辩论、法律咨询等内容(李振宇,2006),等等。这种分类方法对法律书面语和口语的表达的研究穿插进行,同时涵盖了形式、内容等方面。

肖宝华和孔凡英(2005)的研究表明,可以按照语言使用主体和载体两种不同

第二章 法律语言

的标准将法律语言进行区分。具体来说,按照前者可以分出立法语言和司法语言,按照后者可以分出法律书面语和法律口语。① 立法语言和司法语言。按法律语言使用的主体可以分为立法语言和司法语言。立法语言是一国立法者在相应立法中所使用的法律语言,是法律语言中最基本的和稳固的部分,作为一种规范性文本,它的用语、句法、章法和风格都有鲜明的特点,是"准确性与模糊性、单一性与包容性、逻辑性与审美性"的统一(王洁,1996:44)。所表述的是制定法的内容。司法语言是在司法实践中所运用的语言,包括司法书面语和司法口语,司法语言体现立法语言,是立法语言的传承。具有"程序性、格式性、繁复性和过程性"的特点(刘红婴,2003:147)。② 法律书面语和法律口语。按法律语言的载体分类可以分为法律书面语和法律口语。法律书面语包括成文法和各类司法文书使用的文字语言,司法文书是法律工作者及司法行政机关处理诉讼及非诉讼事务各个环节和各个步骤中使用文书的总称,司法文书具有法律意义和法律效力,具有格式性、过程性和灵活性及严谨性的特点。法律口语是在法律活动过程中使用的言语行为,包括问话、谈话、演讲和辩论等。具有规范性、生动性、技巧性和情境性的特点(肖宝华、孔凡英:2005:91)。

宋北平对汉语法律语言进行了分类,鉴于不同的标准,会产生不同的划分,他主要以语言学和法律学标准进行划分。根据语言学标准分类,共分为三种;根据法律学标准分类,共分为五种。具体来说:1)语言学标准的分类。语言学标准是指根据法律语言的语言属性——交际功能,进行分类的准则。据此,有如下分类:① 法律书面语。法律书面语是指以文字表现的法律语言,是法律语言中定型的部分,也是法律文化的主要载体。法律书面语是静态语言。② 法律口头语。法律口头语是指以语音表现的法律语言,是法律语言中比较定型的部分,也是法律语言交际的主要载体。法律口头语是动态语言。③ 法律肢体语。法律肢体语是指以态势表现的法律语言,是法律语言中不十分定型的部分,也是法律语言中只可意会不可言传的法律意义的载体。所谓不十分定型,是指有基本的模式而富于变化。2)法律学标准是指根据法律的法律属性——法律意义,进行分类的准则。据此,有如下分类:① 立法语言。立法语言是制定法的言语总和,或者说是制定法表义单元的总和。在成文法国家,立法语言是法律语言的源头,其他类型的表(义)语言都随着立法语言的发展而发展、变化而变化。它可以进一步细分为中央立法语言、地方立法语言。② 司法语言。司法语言是司法活动言语的总和,或者说是司法活动中表义单元的总和。在成文法产生之前的成文法国家,以及判例法国家,司法语言是法律语言的源头。它可以进一步细分为审判语言、控辩语言。③ 侦查语言。侦查语言是侦查机关,在中国是公安、国家安全、海关缉私机关,以及检察机关的侦查部门,在侦查活动中的言语总和。它可以进一步细分为讯问语言、证据语言、司法鉴定语言。④ 执法语言。执法语言是行政执法机关执法活动语言的总和。执法语言也可以根据执法的主体进一步细分为不同的种类。⑤ 用法语言。用法语言是公民应用法律的言语总和。公民应用法律可以分为显性和隐性两种。显性应用是直接应用法律规定,隐性应用是并不将法律规定表现在言语中。并且他进一步说,这种五分法,准则是法律言语在不同法律活动中的功能有所不同,与法律言语的主体"身份"没有关系。同时他还指出,普法宣传的语言、法学研究的语言、法学教育的语言等,与通用语言一样不具有法律意义,与社会通用语言没有本质区别,因而不是法律语言(宋北平,2012:65-67)。

为了便于读者理解和掌握法律语言的分类,请见下图:

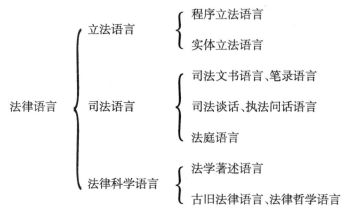

图 2.1:法律语言分类

三、法律语言的特点

由于法学本身的特殊性以及法律长期在人们的政治、经济、科学和文化生活中所发挥的强大的规范和调节作用,使得法律语言在不断发展和完善的过程中形成了一些自己的特征,而对法律语言特点的掌握又是能否深刻理解和娴熟掌握法律语言的前提条件之一。因此,需要对法律语言的特点加以归纳和剖析,以便打好法律语言学习和研究的基础。法律语言的特征包括:① 精确;② 信息负载;③ 普遍性和冷漠;④ 系统性;⑤ 文本的结构性和形式性;⑥ 频繁使用首写字母和首字母缩略语；⑦ 句子的复杂性和多样性；⑧ 古语和庄重性(Mattila, 2006: 65-95)。Jean-Claude Gemar 认为法律语言的特征只是在语篇层面上研究的时候才能呈现出来。

1. 精确

(1) 政治因素的重要性和采用书面形式(Importance of Political Factors and Use fo Written Form)

书面形式是法律语言准确的一个必要条件，因为口头法律表达总是不易确定和易生变化。为了杜绝任意性，法律规范的制定应该避免歧义。在民主国家，语言明晰是立法的一项绝对标准。这就解释了为什么古代法律都具有简明概括的特点。在语言层面上，这样的法律通常都是由一些与具体情境相关联的格言警句所构成的，出于便于记忆的目的而以韵律的形式来加以呈现。反观现代法律，其纷繁复杂之程度要求这些法律必须以书面语的形式来进行记录。这种内在的要求，由于法律实证主义(Legal Positivism)及其"法治"(rule of law, Etat de droit, Rechtsstaat)的思想而更加得到了突显。议会之法是十分重要的法源。实际上，法律语言通常在开始时是以口头形式出现的，比如律师的庭审辩诉是口头形式的等等，而且这些口头法律语言最终将会以书面形式加以记录。

(2) 同义反复(tautology)

法律语言的准确性要求法律术语的使用的逻辑性和一致性，随意变换法律术语，会让人产生怀疑，认为可能因此也引起了意义的变化，也正是基于这一点，在法律语言中同义反复仍被保留下来，而不像日常语言那样，已经将同义反复所摈弃不用。法律语言的基本目标是完全清晰而避免歧义地来达到信息的传输。所以，从这个目标出发，在法律语言的文体文采和法律语言的信息准确两者之间进行抉择，法律语言的文体文采在重要性上总是要让步于法律语言信息的准确性。例如：acknowlege and confess; costs, charges and expenses 等。然而这一点也遭受了批评和质疑，如 Arthur Symonds 就是这些学者中最知名的一位，他的经典的例子是 "I give you that orange" 将会变成如下(Tiersma, 1999: 62)：I give you all and singular, my estate and interest, right, title, claim and advantage of and in that orange, with all its rink, kin juice, pulp and pips, and all right and advantage therein, with full power to bite, cut, suck, and otherwise eat the same, or give the same away as fully and effectually as I the said A.B. am now entitled to bite, cut, suck or otherwise eat the same orange, or give the same away, with or without its rind, juice, pulp, and pips, anything hereinbefore, or hereinafter, or in any other deed, or deeds, instrument or instruments of what nature or kind soever, to the contrary in any wise, notwithstanding. 这中累赘和啰唆是跟法律英语及其发展历史分不开的。

(3)定义(definition)

1)依据、重要性、用途和分类(Rationale, Significance, Use, Classification)。与来自自然语言的词语的情况大体相同,法律语言的术语也有很多义项,也就是说一词多义(polysemy)。正是由于这个原因,法律术语通常在某一特定的语境下进行定义,从而能够避免错误和误解。这就意味着法律语言中包含着很多定义。尤其对于高度发展的法律系统来说,大量的法律术语的存在是非常典型的一种现象。当代法律文献和立法文件中包含有很多定义。法律定义可以根据不同的方法分成不同的类别,例如,首先可以区分成"现实定义"(real terminology)和术语定义(terminological difinitions),像"不动产"(real property)就属于前者,而"义务"(obligation)就属于后者。然而在法律实践中,现实定义和术语定义二者之间的界限通常是模糊不清的。另外还可以区分成"外延"(extension, the class of entities to which a term refers)和"内涵"(intension, common characteristics of all the meanings of the term),这样的一种二分法的区分在逻辑学领域中是非常基本的。这些构成了所谓"外延定义"和"内涵定义"的基础。

2)立法(Legislation)。各个国家的立法都综合采用了上述所说的现实性定义和术语性定义,以及外延性定义和内涵性定义。这些定义可能非常详细,尤其是在普通法系国家就更为显著。例如英国 Leasehold Reform Act (1967)中 Section 2, Section 3, Section 4这几个部分就界定得非常详细:"Meaning of 'house' and 'house and premises, and adjustment of boundary'""Meaning of 'long tenancy'""Meaning of 'low rent'":

2. MEANING OF "HOUSE" AND "HOUSE AND PREMISES", AND ADJUSTMENT OF BOUNDARY. — (1) For purposes of this Part of this Act, "house" includes any building designed or adapted for living in and reasonably so called, notwithstanding that the building is not structurally detached, or was or is not solely designed or adapted for living in, or is divided horizontally into flats or mainsonettes, and —

(a) where a building is divided horizontally, the flats or other units into which it is so divided are not separated "houses", though the building as a whole may be; and (b) where a building is divided vertically the building as a whole is not a "house" though any of the units into which it is divided may be.

(2) references in this Part of this Act to a house do not apply to a house which is not structurally detached and of which a material part lies above or below a part of the structure and of which a material part lies above or below a part of the structure not comprised in the house.

(3) Subject to the following provisions of this section, where in relation to a house let to and occupied by a tenant reference is made in this Part of this Act to the house and premises, the reference to premises Is to be taken as referring to any garage, outhouse, garden, yard and appurtenacnes which at the relevant time are let to him with the house and are occupied with and used for the pruposes of the house or any part of it by him or by another occupant.

(4) In relation to the exercise by a tenant of any right conferred by this Part of this Act there shall be treated as included in the house and premises any other prenmises let with the house and premises but not (...)

3) 法庭裁决和私人文件(Court Decisions and Private Documents)。不只是成文法中包含大量的法律定义，在司法和行政决议中也会出现大量的法律定义。来自德国原帝国最高法院(Reichsgerichtshof, Imperial German Supreme Court)的一则判决书就是一个很好的例证，在其中包含了对于铁路的定义(1879)：

(A railway is) "an undertaking arranged for the repetitive locomotion of persons or things over not wholly insignificant courses on a metal base which through its consistency, construction and smoothness is aimed at enabling operation of the transport of large weight masses or at reaching a proportionate significant speed of transport movement, and which, through this peculiarity in combinatioin with the natural forces used to produce the transport movement (steam, electricity, animal or human muscular activity, and also, on inclimed surface of the way, the transport vessel's owen weight and its load, etc.), is capable of taking on itself, in the running of the undertaking, a relatively important effect (according to the circumstances, only useful in the intended manner, or also destructive of human life and dangerous to human health)." (Author's translation)

私人文件当中也可能包括法律定义。这在普通法国家非常普遍。比如，由普通法系国家律师所起草的商务合同和遗嘱通常都包含一些定义。下例所引即是典型的英美遗嘱的术语定义部分：

ARTICLE ONE

DEFINITIONS

"Beneficiary" means the recipient of a bequest made by this Will.

"Bequest" means a gift made by this Will.

"My children" means my daughter REBECCA SUSAN WEISS ("REBECCA"), born January 24, 1987; my son CHRISTOPHER MICHAEL WEISS, JR. ("CHRIS"), born June 5, 1990; my stepson WILLIAM PAUL WEISS, whether or not later adopted by me, and any other children born to or adopted by me after I execute this Will.

"Per stirpes" means "by stocks," referring to a method of dividing shares of a bequest, according to which if a beneficiary does not survive the testator, that beneficiary's children share equally the bequest to that beneficiary.

"Testator" means a person who makes a Will.

ARTICLE TWO

BEQUESTS

A. Real Property

(...)

B. Primary Bequest of Personal Property

"Personal Property" includes all of my clothing, jewelry, household goods and furnishings, automobiles, and all other similar property. "Personal property" does not include my paintings or my books. (...)

2. 信息负载(Information <over> load)

在当今高度复杂的社会,法规的数量十分庞大。为了便于简化和使用,法律语言应当尽可能简洁,应当避免过分冗长以及含混不清的法律和法规。同时,法律语言应当避免过分抽象,从而使得容易解码其中负载的信息。

要同时兼顾并达到这样的目的并非易事。关键就在于要分清制定法律的服务对象是面向专家还是面向公民。即便是关乎公民生活的法律通常也都是面向专家制定的,原因在于专家掌控它们的技术应用。

3. 普遍性和冷漠(Universality and Aloofness)

(1) 抽象和假设特征(Abstraction and Hypothetical Character)

现代法律通常调整复杂而又多变的事实和事件。出于这个原因,司法语言通常包含语义上开放的表述,尽管从这种语言表述的准确性方面来看或许会产生问题。现代法律还有抽象的特征,因为其用以调整一些单纯由思维所创造的"权利"和"义务"等概念。而且需要强调的是,法律尽管来源于现实世界的经验之上,但是法律调整的是假定未来发生的案件。所以法律法规中的时间跨度通常具有某种普遍性的特征,从历时的角度来进行研究几乎是不可能的。例如,在立法语言中动词的使用,便是很好的佐证。在立法语言中,通常使用条件句,而且一般现在时占据主导地位。

(2) 非个人性和客观化(Impersonality and Objectivisation)

法律语言中的另一个重要特征,就是被动语态的频繁使用。这样的语言运用方式使得动作的对象变得前景化,得到突显,而使得动作的实施者退居次要地位。这一特征的使用情况,在所有的专门语言当中都可以清楚地看到,然而在法律事务中这一特征变得尤为显著和突出。通过这样的语言使用方式,法律文本或语篇的撰写者可以强化其发现和结论的客观性。即便当动作的施动者处于前景化当中时,通常也会采用拟人化的方式,用机构或组织等方式来指称施动者,从而使得个人或个体可以被置于背景之中,这种做法在大陆法系国家(civil-law countries)尤其常见而且重要,例如:the ministry orders (...), the court finds (...)。而客观化在律师的语言当中尤其明显,客观化的语言表达可以律师的辩论显得更加客观,从而更为可信,也更具有说服力。例如:在律师写作中,他会采用"It appears that Article 27 of the law on judicial records should be interpreted so that (...)"这样的表达方式,而不会采用"It seems to me that Article 27 (...)"这样的表达方式。在这里,将断言(assertion)客观化实际作为一种有效的修辞工具而得到广泛应用。

(3) 中立性(Neutrality)

法律英语的功能一度是以法律语篇,尤其是通过强调法律的神圣特点和采用巧妙的节奏,来打动读者或听众,比如在宣誓语言,在宪法,在司法仪式上等都还保存着这样的特征。尽管法律语言曾经有着这样的功能,而现在的法律语言通常倾向于变得更加官方和正式。因为与此前不同,现在法律的主要目的不是为了引发读者或听众的情感效应,而是对读者或听众的理解产生影响,所以法律语言的文体也变得尽可能中立。这就是为何法律语言显得冷冰冰的,因为法律语言摈弃了全部情感的表达,并且不带有任何情感的因素。这也同样解释了为什么法律语篇中尤其不会采用感叹号或者是问号。法律语言同样不应当引发不必要的关联,以免分散法律文件读者或法律调查话语的注意力。由于大多数法律语篇(例如法律、行政指令、司法判决等)都要经过数位评论以及文体人员的手之后才最终定稿成形,也就是说,并非一人之力独立完成的,所以法律语言的这种中立性在极大程度上才得以保障。然而,并非在所有语境下,所使用的法律语言都是这样中立冰冷的,例如律师的最后陈述往往都是带有情感的。

  法律语言的中立性,在立法文本中表现得淋漓尽致。法律语言有时显得刻板,但会随着不同国家的总体文化和传统的情况而有所不同。与芬兰等国家不同,英美国家的法官在法律语言的运用上就相对享有比较大的自由度。请看宾夕法尼亚州最高法院法官 Musmanno 在有关 Henry Miller 的作品 "Tropic of Cancer" 一案中所发表的不同意见:

> "Caner" is not a book. It is a cesspool, an open sewer, a pit of petrification, a slimy gathering of all that is rotten in the debris of human depravity. And in the center of all this waste and stench, besmearing himself with its fouls defilement, splashes, leaps, cavorts and wallows a bifurcated specimen that responds to the name of Henry Miller...From Pittsburgh to Philadelphia, from Dan to Beersheba, and from the Ramparts of the Bible to Samuel Eliot Morison's Oxford History of the American People, I dissent.

  现代法律语言是中立的,这与古代法律形成了鲜明的对照,现代法律不再像古代法律那样富有比喻性和形象性。在现代法律语言当中,只是在立法格言警句这样的表达方式上,还存留了些许法律语言曾经的特点。现代法律语言中,隐喻的使用已经极为罕见。尽管如此,现代法律语言中还是存在一些"法律语言缺乏形象特征"的例外。首先,在有关法律观念及其基本原则的庄重的言辞中,往往还是会采用隐喻表达,例如像"landscape of legal culture"这样的隐喻。其次,有些法律术语,尽管它们是很基本的术语,在严格意义上来说,也是来源于隐喻。其原因是很容易理解的:在涉及存在有待于去命名的全新事物的情况下,隐喻是一种极为有用的可以诉诸的语言手段。隐喻可以将新事物和旧事物之间的具有关联性或类比性的特征突显出来。由于隐喻的存在,我们可以描述一种现象的功能和结构,而免去了对它进行详细定义的麻烦。请看一个法律语言中的隐喻的例子,"burden of proof", 它的意思是 "the requirement that the claimant establish (if these are contested) the facts on which the success of his claim depends." 这个比喻意象最初是由罗马律师所采用的,而现在整个欧洲都在直接采用,当然在美国的法律当中,这个源于比喻的法律术语仍然在沿用。

4. 系统性(Systemic Character)

(1)法律不同要素之间的相互关系(Interrelationship of Different Elements of the Law)

法律存在着体系性的特点,法令的各个要素都构成了一个更大的整体结构的一部分。法律的某一条或某一款构成了法律的一部分,而法律又构成了立法的一部分。在大陆法系国家(civil-law countries)中,判决先例形成了对于立法的补充;而在普通法系国家(common-law countries)中,遵循先例原则具有根本性的重要地位。而且法律学科自身也具有体系性。因此,这就要求法律中的各个要素之间,以及这些要素和其所构成法律整体之间,要有机和谐,形成体系。在技术层面上来说,法律的系统性还表现在这样的一个事实之上,也就是说,法律的组分往往通过参照而相互关联,法律文本或法律语言之间通常在语篇上相互交织,具有非常明显的"互文性"(intertexuality,也称"语篇交织性")。例如:尽管法律在关系上离不开立法机关或者法庭等权威机构,法律文本与其他文本之间也往往存在着一种依存关系。依据法律文化的传统,法律的某一条款通常与同一法律或者其他立法文本其他条款相互参照,一项司法裁判要参照法律,一本法律教材或专著需要参照法律和其他的教材以及专著等等。这些参照因而可以依据其特点分成水平(例如,两部法律之间)或垂直(例如,从判决到法律等)两种类型。

除了参照性(或者说互文性)之外,法律的系统性还体现在其术语上:律师旨在竭尽所能地在所有法律语境下逻辑性和一致性地使用法律术语。当然,这样的情形并不是都能够做到的;然而律师以这样的行为或方式来使用语言,其目的在于确保语言的"衔接性"(cohesion,也称"粘连性")。在不同的法律中,同一法律术语总是尽可能涵盖同样的内容。

(2)参照性的作用

依据 Nicolas Molfessis(1999:35)的研究,法律文本的参照性主要起如下几个方面的作用:① 为了强化法律条例的系统性观点,参照性的适当应用能够消除其内部的矛盾之处。如果一条法规的内容在不同的几个条款或章节当中重复出现,改变其内容的风险相应增加:法规往往以外在形式稍有变化的方式加以重复,从而可能引发不同的解释。② 参照性能够表明法令的不同要素所从属的更宽泛的语境。因此,参照性具有信息(informative)和记忆(mnemotechnical)的功能。参照性能够指称表明与该有关问题有关联关系的其他法律文本的存在。这一点在缺乏法律或法令公告以及立法编著的情况下,曾经起着十分重要的作用。然而,由于法律及法规的数量浩若烟海,现代社会中读者也应该能够辨识到每一案件中所涉及的相关立法文本。有的情况下,参照性还可以表明所关涉问题的文本同其他文本相比较而具有的优先性和重要性。

5. 文本的结构性和形式性(Structure and Formalism in Legal Texts)

(1)法律语篇的逻辑布局

法律语篇的结构审慎精密。达成这种效果的手段有很多,其中这些法律语篇的逻辑布局尤其值得注意,它能够帮助在法律语篇当中以等级关系的方式来呈现法律信息。通常情况下,法律文本的形式布局是对法律话语的逻辑进展的一种模仿。法律语篇的结构性特征构成了其形式性的一部分。但是,需要注意的是,这种形式性并非仅仅局限于语篇的组织结构:它还涉及在句法和词组层面上的固定程式。法律语篇包含很多既定式、现成性和程式化的句子和词组。

(2)立法语篇的结构

法律法规可以按照不同的逻辑顺序(比如抽象—具体、实体—程序等)而进一步划分成为一个个更小的整体。不言而喻的是,由于法律文化和法律内容的不同,这种划分的详细程度也有所差别。如果涉及特别综合性的法律(比如法典)时,法律语篇的划分就将显得十分复杂。比如法典往往包含不同的层级,像"卷、编、章、节、条、款、项、目"等。

除了不同层级的标题名称之外,为了便于对于法律语篇某一特定组分(比如章、节、条等)的引用,还需要对立法文本做出详细划分,并且连续进行编号。编号时并不一定采用相同的逻辑方式。立法文本的每一个次级单元都可以采用条款数字"1"来开始编号。或者也可以从头至尾连续不断地采用统一方式编号。为了克服不断需要变革的问题,一些重要的法律,比如法典,可能采用数字方式进行编号:就是采用一系列的数字,中间由小数点隔开,用以表明某一条款在整部法典系统中所处的具体位置。这种编号方式也在最近法国的法典化过程中得到了采用。

从法律语言的角度来说,法律的法典化具有很多优点。法典的逻辑结构,有助于读者了解逻辑概念的等级结构,以及掌握表达这些概念的法律术语。正是由于这种结构的存在,律师和翻译工作者才能更为便利地在法典中找到其所寻找的术语,并且建立起这些术语使用的语境。此外,法典的结构也反映在了对其术语的解释之中:一项条款的位置通常会影响到其中所使用术语的内容。

(3)法律语言形式化的影响因素

在机构性语境当中所使用的语言通常具有适应某些既定的程式的特征,这一点是日常语言所不具备的。在古代法当中,形式性主要突显在其法律的魔法特征方面。这种魔法重复的思想在现代的立誓程式当中仍然有所体现。从另一方面来说,重复加强了法官或者公务员的权威性。因此,在裁判和行政决议中这种方法仍在得到广泛使用。法律的古代时期之后,一些新的因素的产生,推动和维持了法律语言的形式化特点。首先需要认识到书面法律的发展。相对于口头形式来说,书面形式在确保法律的稳定性方面要远远具有优势。同时,这些早期的形式也适于将法律固定化,从而使得法律语言更加具有形式化特征。除此之外,还有另外一个因素进一步促进了法律的形式化,那就是,与其他事物相比,印刷更加能够促进集合成册的示范法律文本的分发。

6. 频繁使用首写字母和首字母缩略语(Frequency of Initializations and Acronyms)

法律语言频繁使用大量的首写字母或其他形式的缩略语。之所以出现这种现象,其原因在于法律语言的现实需要,即律师在其所从事的法律事务和活动当中,通常情况下总是不断需要借助于权威的法律文本或文献。例如,法庭裁判或律师辩护通常需要建立在援引相关法律、法规、司法判决或法律著述等的基础之上。同时,法律语言当中还存在大量的论证:辩护需要以细节为根基。这就意味着同样的论证来源(比如法律或判决等)在法律语篇当中不断地重复出现。需要注意的是,法律法规、著述或者司法部门的官方名称通常比较冗长复杂,比如:*Agreement On Trade-related Aspects of Intellectual Property Rights*(《与贸易有关的知识产权协议》), *Uniform Commercial Code*(《统一商法典》), Office of Juvenile Justice and Delinquency Prevention(美国司法部"青少年司法和防止未成年人犯罪办公室")、《中华人民共和国刑事诉讼法》等。其结果就是,一般情况下人们往往采用缩略形式来对此加以称呼,比如:TRIPS, UCC, OJJDP(OJP)、刑事诉讼法等。

7. 句子的复杂性和成分的多样性(Sentence Complexity and Diversity of Language Elements)

在整个英语语体中，法律文体可谓是正式程度最高的语体。与其他专业用语相比，法律语言在句式的选择上其特点是结构复杂、重叠、文辞冗繁、句子冗长。这是因为在正式法律文本中，对某一法律概念成立的条件限定很多，由此导致对中心语的限定也随之增多。所以，法律英语文本中长句多，短句少。这些长句往往是含有许多分句或定语、状语等附加成分的简单句或复合句。它们通过各种从属关系，由各个连续短句合并而成，结构复杂、负载信息量大、叙事具体、说理严密、层次分明。法律英语贯彻法律条文的严谨准确性原则，保证内涵的准确性、完整性，因此这些定语对名词性述语的内涵和外延进行精确地界定；而状语界定了履行权利和义务的条件、方式、地点和时间等。例如：

Whoever selling deliberately a commodity whose registered trademark is falsely used, which constitutes a crime, in addition to making compensation for the losses suffered by the party whose right has been infringed shall be investigated for the criminal responsibility according to the law.(销售明知是假冒注册商标的商品，构成犯罪的，除赔偿被侵权人的损失外，依法追究刑事责任。)该例句有由关系代词 whose 引导的两个限定性定语从句分别修饰和限定名词 a commodity 和 the party，另外还有关系代词 which 引导的非限定性关系从句，修饰前面所指的内容，因此造成长句和句子结构的复杂性。

法律语言从句式使用上来看，大多采用陈述句，而不使用疑问句、祈使句和感叹句。由于法律文书是用来确认法律关系，贯彻法律条令，规定人们的权利和义务以及陈述案件事实的专用公文，不容许丝毫的引申、推理或抒发个人主观意志，在司法语言中要客观、真实、准确、明白地叙述案件，从而为司法人员正确处理案件提供可靠的法律依据和事实依据，因此，法律语言中陈述句的使用频率比一般语体高得多。例如：A legal person shall be an organization that has capacity for civil rights and capacity for civil conduct and independently enjoys civil rights and assumes civil obligations in accordance with the law. A legal person's capacity for civil rights and capacity for civil conduct shall begin when the legal person is established and shall end when the legal person terminates.(法人是具有民事权利能力和民事行为能力，依法独立享有民事权利和承担民事义务的组织。法人的民事权利能力和民事行为能力，从法人成立时产生,到法人终止时消灭。)上述例子中,陈述句的使用使人们对法律所保护的权利和规定的义务一目了然。立法语言中一般在表述禁止性规范和义务性规范时使用祈使句。例如:Prohibit the sale of alcohol to minors.(禁止向未成年人出售酒类。)法律语言中一般不使用独词句。

法律文本的功能在于传达信息,所以用语必须客观、真实、可信。法律语言的一个突出特点就是客观公正,不能带有主观臆想。作为法律活动的载体,法律语言必须反映法律的特点和要求,因此形成了一种独特的语体风格,即准确性、简明性、庄重性和严谨性。法律语篇的这种语体风格,体现在法律英语句子中,就是大量使用被动句。而被动语态的使用,不仅可以用来表达法律语言的概括性特征,而且最重要的是不带有个人主观色彩。尤其在各种诉讼法中,诉讼法律关系本身的特点是行为的对象更受注意,以及主体一方(法院)的恒定性,由于被动语态以强调所涉及的事物或当事人为重点,因此在法律英语中广泛地使用着。例如:No freedom shall be taken, or imprisoned, or be diseased of his freehold, or liberties, or free customs, or be outlawed, or exiled, or any otherwise destroyed; nor will we pass upon him, nor condemn, but by lawful judgment of his judges, or by law of the land.(凡自由民,除经法官依照国家法律进行合法审判外,不得加以扣留、监禁、没收其财产、剥夺其自由或免税权利、法律保护权利或加以放逐、传讯、逮捕、判罪。)

同时,法律文本中也较少出现人称主语,而更多采用名词化结构(nominalization)。法律语篇中的名词化出现频率最高,接下来是科技语篇、新闻、小说等。也就是说,名词化在语篇中出现频率的高低与语篇类型的正式程度是成正比的此,名词化现象也成为法律语篇的一个显著特点。例如:A Contracting State may declare at the time of signature, ratification, acceptance, approval or accession that it will not be bound by Part II of this Convention or that it will not be bound by Part III of this Convention.(缔约国可在签字、批准、接受、核准或加入时声明他不受本公约第二部分的约束或不受本公约第三部分的约束。)

8. 古语和庄重性(Archaism and Solemnity)

法律反映统治阶级意志,而法律语言则主要体现为用以表达法律的书面语,所以法律语言总是力求正式、准确、严谨、细致、规范、完善地规定权利和义务。法律语言的一个显著特点是古语词汇的使用。这些词汇在现代口语和书面语中极少使用,这些词在其他语体(除直接引用古典文献外)中已基本销声匿迹,只在法律语言中大量出现,所以,非法律专业人士认为它们有些古怪和陌生;然而对于法律专业人士来说,正是这些古体词汇的大量运用,才提高了法律文件的正式性和权威性。使用这些古体词汇表示法律条文中的先后顺序、因果关系等,会使法律语言显得庄重、严肃、准确。为了显示本行业的特殊性,法律界人士对其有特殊的情结。从修辞和文体的角度来看,这类词的广泛使用既可使法律条文简练严密,又使句子严肃庄重(秦秀白,1984:2)。诚然,这一类古体词汇的大量使用提高了法律文书的正式程度,但同时也反映了它拘泥于传统的守旧性,显得有些墨守成规。尽管某些法律古体词汇在现代英语中已不经常使用,但是在法律文本中,却经历了漫长的历史,保持着其原有的含义。法律用语的保守性决定了现代正式的法律英语并没有随着法律文件的内容改变而发生显著的变化,在英语法律公文中仍有不少古英语及中古英语的词汇。例如:hereafter(从此以后)、hereinabove(在上文)、hereunder(在此之下)、hereof(在本文中)、hereon(于是)、hereto(至此)、hereinafter(在下文)、thereby(因此)、therefore(为此)、thereafter(在下文中)、thereon/hereupon(在其上)、thereunder(在其下)、thereof(由此)、whereas(有鉴于)、whereat(对那个)、whereto(对于那个)、whereby(靠什么)、wherefore(为此,由于上述原因)等。在中国的法律文献和文书中,经常使用"兹""谨""之""该""本""其""者"等古汉语词语。这些词汇在现代语言中,尤其是在口语中已不再使用,但在法律文书或正式的司法场合仍在使用。古体词语的使用代表着法律文书的保守性,而保守性又源于人们对于权威标准的信仰。

第三章 中西法律语言词汇对比

◇ 刑者德之辅,阴者阳之助也。　　　　　　　　　　　　——董仲舒
◇ 在民主的国家里,法律就是国王;在专制的国家里,国王就是法律。
　　　　　　　　　　　　　　　　　　　　　　　　——[德]马克思

一、概述

随着中国正式加入WTO,世界一体化进程不断加快,中国同世界各国间的合作交流日益频繁。在这个同世界进行对话的过程中,法律法规无疑扮演着约束行为、规范流程的重要角色。毋庸置疑,正确理解并运用合作交流双方的法律法规是进行其他领域合作交流的重要前提和保障。法律本身无有形实体,语言是法律的载体,只有通过语言才能将法律内容体现出来。"语言是法律的中心,没有语言,法律就无法理解"(Gibbons,1994)。同研究普通语言一样,在研究法律语言的过程中,对比分析仍不失为一种有效的策略。正如吕叔湘先生所言:"一种事物的特点,要跟别种事物比较之后才能显现出来"(吕叔湘,1983:19)。

根据James Carl(1980:168)观点,尽管每个语言内部结构系统有其独特性,但语言结构系统之间也存在不少相同之处。首先从语言的整体结构系统这个角度来看,语言都可以分为语音、词汇和语法三大分支系统,它们是互相对应的。对每一种语言而言,语音都代表了语言的物质外壳,词汇都代表了那套音义结合的语言建筑材料总和,语法都代表了语言中词形变化法则和用词造句法则的总和。而实际使用的语言单位则是语篇(discourse),它是在社会交流过程中的一系列连续的语段或句子所构成的语言整体。从功能上来说,语篇相当于一种交际行为;从构成上来说,语篇由一个以上的语段或句子组成;从性质上来说,语篇的各个组成成分之间,在形式上具有衔接性(cohesion),在语义上具有连贯性(coherence)。中英两种语言也不例外。其次从语言之间的对应性这个角度来看,语言之间并不是完全等同,而是两种语言在某一方面具有相同或可以类比的地方。这种语言之间的不完全等

同,即说明它们之间存在着异同,这也正是对比研究所要探讨的问题。因此从语言内部结构角度而言,英汉两种语言显然具有可比性。因此,通过对英汉两种法律语言的特征进行初步的归纳和对比,揭示两种法律语言的基本规律,为相关领域的英汉法律研究和法律翻译工作者提供一些有益的参考,使之能够掌握源语(source language)与译语(target language)的语言特征,并用精确、恰当的译文传递法律文本所包含的所有信息。如上也是本研究在接下来的部分将分别对英汉两种法律语言从词汇、语法和语篇等不同层面和视角进行比较研究的意义之所在。这里我们首先对英汉法律语言在词汇系统方面的异同进行对比研究。

词汇是构成语言系统的基本单位,也是语言中最活跃的因素。语言作为人类社会交际和认知思维的工具,帮助缔造了人类文明,也不断随着人类文明的进步而向前演进。社会的变革、时代的进步、观念的更新、科技的发展等无不在语言的基本单位,即词汇中得到表现。Baugh 和 Cable (1993: 213) 指出,词汇最能体现语言的变化,如旧词消亡,新词产生,现存词汇的语义演变。为了紧跟社会进步的步伐和响应时代发展的要求,法律语言也会不断发生变化以适应这些变革,而法律语言的这种变化首先表现在词汇层次上。如 law reports,这一法律词汇的意义原本是用来指英美国家的案例汇编,在英美法系的法律文化语境下,是具有法律约束力的;然而随着国际交流的日益频繁和全球贸易的蓬勃发展,世界贸易组织(WTO)应运而生,law reports 这个法律词汇得到沿用,也指案例汇编,但是在 WTO 的法律文化语境中,它却并不具备法律约束力。由此可见,正是由于社会经济的发展,世界贸易组织的诞生,law reports 一词才在原来词义的基础上被赋予了新的意义。

英汉法律词语"部分地由具有特定法律意义的词组成,部分地由日常用语组成"(戴维·沃克,1989:515)。按照一般较为宏观的理解和划分,英汉法律词语主要由普通词语、一般法律词语和法律专业术语三部分组成。为了便于分析和探讨,需要我们针对汉语和英语各自的语言特点对"词语"一词进行一个初步的界定。在汉语当中,"词语"是"词和短语的统称"。具体来说,"词"的组成可以是单字,也可以是两个或两个以上的字;而"语"则是由两个或两个以上的词组成,即"意义上和语法上能搭配而没有句调的一组词,所以又叫词组"(黄伯荣、廖序东,1997:59)。在英语当中,也可以分为两种情况,具体来说就是包括"word"和"phrase",这二者的构成与运用功能与汉语当中它们所对应的一对划分基本一致。由此可见,在英汉两种语言当中,"词语"都是它们的"能独立运用的最小的结构单位"(胡裕树,1981:232)。

第三章 中西法律语言词汇对比

法律词语是构成法律语言的基本单位,其运用在法律事件中起着举足轻重的作用。法律语言的特点主要体现于其用词特点上。"法律的生命在于细节"——在于语言的准确表达,包括每一个字、词的正确使用。因此,法律用词特点的研究是法律语言特点研究的关键部分,而要开展中西法律语言的对比研究,同样也不能不以法律语言词汇作为起点。如果离开了构成法律语言大厦基本砖石的法律语言词汇,那么中西法律语言的研究就会变成空中楼阁。法律语言的词汇之所以如此重要,也是与其自身鲜明的特点分不开的。

法律语言在词汇的运用上所体现出的显著特点,从法律语言学家大卫·梅林科夫在其代表作《法律的语言》一书中即可得以管窥。依据他的颇有启发性和开创性的研究,法律英语在其词汇上的特征可以归纳为以下 9 种情况:① 大量使用含有法律专业意义的普通词,例如:action(诉讼)。② 大量使用来自古英语和中世纪英语的稀有词,最突出的古体词是由 here, there 和 where 加上一个或几个介词如 after, from, in, of, under, upon 等构成的复合副词。③ 大量使用拉丁词和短语,例如:ad damnum(请求损害赔偿)。④ 使用普通词汇中不包括的法语词,例如:chose in action(权利财产)。⑤ 使用法律专业术语,如 alibi(不在犯罪现场的证据)等。⑥ 使用专业行话,例如:cause of action(诉因)。⑦ 大量使用正式词语,例如:the deceased(死者), Your Honour(法官大人)。⑧ 故意使用模糊性词汇,以用于涉及法律事实的范围、程度、数量、性质等无法确定的情况。例如:Approximately(大约), average(平均的), valuable(贵重的)等在法律英语中非常常见。⑨ 使用极端精确表达词语,例如:irrecoverable(无法收回的), unavoidable(不可避免的)等。

对于法律语言在词语层次上所体现出的特点,一些中国学者也做了具有奠基性和启发性的研究,这里仅对其中一些有代表性的研究成果进行简要列举。比如,孙懿华、周广然(1997:58-60)在其著作《法律语言学》中将法律语言的词法构成特点概括为以下三个方面:① 法律专业术语;② 法律工作常用术语;③ 民族共同语中的其他基本词与非基本词。潘庆云(1997)就法律词语的划分问题进行了探究和讨论,并认为可以依据情况将其划分成如下几个部分。在立法部分可以划分为两类:法律词语和普通词语。而在立法文书部分可以识别出 四类:法律术语、司法惯用语、文言词语和普通词语。综合并凝练国内外对于法律词语的分类情况,我们可以把英汉法律语言的词语层面的使用情况基本上标示为以下几个方面:① 法律专业术语,例如:英语法律用词 "contributory negligence" "action";汉语法律用词 "标的物" "给付" "具结悔过" 等。② 古词语(如中古英语词语、汉语文言词语等),例如:英语法律用词"aforesaid""witnesseth";汉语法律用词"羁押""贪赃""渎职"等。③外来语,例如:英语法律用词"nolo contendere";汉语法律用词"最后通牒"等。④专业惯用语,例如:英语法律用词"inferior court""reversed and remanded";汉语法律用词"行窃""未遂""执迷不悟""流窜作案"等。⑤正式词语。例如:英语法律用词"the deceased""Your Honor";汉语法律用词"奏效"等。⑥极限表达语,例如:英语法律用词"all""none""never",汉语法律用词"凡""一律""均""无论"等。(7)具不确定意义的词语,例如:英语法律用词"approximately""obscene""satisfy",汉语法律用词"情节严重""可能""大量"等。

二、中西法律语言词汇对比

从法律词语的使用属性标准而不是词源或语体等综合考量标准的角度来看,在英汉法律语言当中,法律词语(legal words and legal phrases)包括法律从业者在法律与文化语境中所使用的"非专业词语"(nonprofessional legal words)、"法律专业词语"(legalese)和"法律专业术语"(legal terms)。非专业词语(也叫日常词语)指临时用于法律语境中并被赋予特定法律含义的普通词语,法律专业词语指法律文件中体现法律人专业特性的词语,法律专业术语是"表达法律概念,反映法律事务本质属性"的固定词语(李振宇,2006:86)。

为了便于对英汉法律语言当中词语层面上的特征进行更为深入的分析和探讨,以及对英汉法律词语进行更为深入的比较和对照,这里我们将从英汉法律词语的共同性和差异性两个方面来对二者进行综合考量。

1. 英汉法律词语的共同性

首先,从词源分类特点的角度来看,由于人类社会与文化发展的趋同性和模因性,英汉法律词语的特征之间具有很多方面的共同性。在国内外对于法律词语特点分类研究的基础上,我们可以将英汉法律语言的基本共同特点归纳如下。

(1)法律专业术语

法律术语是指"具有专门法学涵义的语词"(刘红婴,2003:42),是法律语言中基本的也是重要的成分。法律英语中的专业术语使得其语言表达更加准确,所指事物更为具体明晰,同时也让法律工作者之间拥有更加轻松自在的交流与沟通。它们不仅体现了法律语言的文体特征,也反映出某种法律文化中法律体系(体制)

的典型特征。

1) 专门法律术语

专门法律术语通常只是应用于法律这一特殊领域,具有词义单一、表达准确、不含感情色彩等特征。在法律语言当中,专门法律术语处于核心地位,是应用最为频繁,意义最具典型的法律词语。它们最能体现法律语言精确、用法固定、语义单一的特征,是标准意义上的术语。专门法律术语是法律语言中相对精确的区域,可以非常准确地表达复杂的法律概念,其他的词语无法替代。如法律文件中常用的名词"force majeure"(不可抗力)是指人力不能防御或无法避免的事故,如大火等天灾或者战争、罢工等人祸。当遇到此类事故时,一方可以免除履约责任,另一方则无权要求其赔偿损失,这是法律界人士的专门术语。这类词语在英汉法律语言中的数量也相当可观。例如汉语专门法律术语:法人、自然人、正当防卫、无行为能力人、第三人、过错责任、过失责任等;再如英语专门法律术语:plaintiff(原告)、defendant(被告)、recidivism(累犯)、bigamy(重婚罪)、homicide(杀人者)、affray(在公共场所斗殴罪)、conveyance(财产转让)、domicile(户籍住所)、encumbrance(财产留置权)、tort(侵权)、specific performance(强制履行令)等。

2) 排他性专门含义法律术语

排他性专门含义术语是指在法律语言的演变过程中,逐渐地从多义的普通语言当中分离出来的那部分词汇。排他性专门含义术语属于多义词,从词形上来审视的话,它们一般多为常用词,除了在法律语言这一特殊的领域出现之外,还可以出现在其他的语体语境当中。如果进一步来看的话,排他性专门含义术语往往是那些排斥与法律概念无任何联系的一般涵义而保留特定的法律专门涵义的法律专门用语。这类术语有两种涵义:一是法律方面的;二是普通意义方面的。由于两种涵义截然不同,所以必须通过排斥与法律无关的普通涵义才能明晰地揭示特定的法律专门涵义。排他性专门含义术语由于表示法律概念专门,使用频率高,所以构成法律英语专门术语的主体部分(刘巧兴,2014:70-71)。这类术语虽然从词形看许多都是常用词,但是由于在语义方面它是由一般词义和法律专门涵义两类不同语义内容构成,所以一般只有精通法律语言的法律工作者才能懂得这类术语所揭示的特定法律概念,而多数人通常只了解其一般含义。由于法律语言用词的最大特点与要求就是准确,所以在实际应用中切不可望文生义,而是要借助语境正确理解,以免误用,例如 apology 这个词语除了常用词义"道歉"之外,还有"辩护"的含义。如果语境缺失,那么就很难理解其真正含义,比如在"He delivered a lengthy apology"一句中,因为语境要素不充分,所以无从知道 apology 确切的指称意义。因此需要提供在法庭上或者在日常生活中这样的语境背景信息,方能化解如上的这种含义无从确认与知晓的问题。

按照其词义的来源进行考察的话,可以发现,排他性专门含义术语的多义现象主要是由于词义范围在历史演变中扩大或缩小而产生的。依据这一情况进行划分,可将其分为两类形式:

①词义外延扩大产生的术语。许多专门创造的法律专门术语由于词义从原先表示的单一概念扩大到表达外延较宽广的概念而越出其使用范围,渗透到日常生活中,例如 alibi 是一个法律专门术语,意为"不在犯罪现场",现在词义已扩大为"借口,托词",甚至还转化为动词"为……辩解"。这样词义范围扩大的例子还有很多,例如:在英语法律词语当中,statute 本来是一个专指"法令,成文法"的法律术语,后来词义外延化,可以用来指称"(公司、学校等的)章程,条例";jury 本来用以指称"陪审团",后来可用于指称"(竞赛时)评奖团";code 原来仅指"法典、法规",后来可指"密码,电码";assignment 原来仅指"权利或财产的转让",后来可指"任务";plead 原来仅指"辩护",后来可指"恳求";guilt 原来仅指"有罪",后来可指"内疚"等。同样,在汉语法律语言当中也存在词义范围扩大的例子。比如:"辞"在中国古汉语里主要用于法律语境,表示案件,诉讼,供认状之意,如《说文解字》中说:"辞,讼也";《书·吕刑》中说:"上下比罪,无僭乱辞"。随着语言的发展,言辞一类的搭配日益常用,辞与言逐渐变得几乎可以通用,而其原本在法律语境的用法逐渐淡出人们视野。与此类似,"言"的古意"诉讼"也由于不常使用,后来逐渐被其常用的固定搭配"言辞""言语"等所取代,所以,在现代汉语当中,也已经没有了"诉讼"的意思,而与"辞""语"相通了(宋雷,2006)。

②词义外延缩小产生的术语。与前文提及的情况正好相反,许多法律专门术语不是一开始即为法律语域所专门创造的,而是由于这些词语的原始词义外延缩小,从而逐步从日常生活领域转用到了法律领域而形成的,也就是说,其生成过程和方法是在原有含有一般词义的旧词的基础上赋予其表示法律概念的新义。例如原本是日常生活用词的 box,本义是指称"盒,箱"的含义,现在已经变成了一个专门法律术语,具有了其法律上的涵义,用以指称"证人席,陪审席"的含义。在英语法律语言当中,由词义缩小而形成法律专门术语的例子还有很多,比如:parole 一般词汇词义原指"(俘虏)宣誓",后来词义缩小成为法律术语的"假释"之义;complaint 一般词汇词义原指"报怨",后来词义缩小成为法律术语的"控告,起诉"之义;

exhibit 一般词汇词义原指"展览",后来词义缩小成为法律术语的"证据,证物"之义;deed 原指"行为",后来词义缩小为"契约";suit 原指"请求,恳求,(一套)衣服",后来词义缩小为"起诉;诉讼,讼案";bribery 原指"残羹剩饭",现指"行贿,受贿"等。

在汉语法律语言当中,也存在很多由一般词语的词义外延缩小产生法律术语的例子。一个典型例子就是"宪"。在古汉语中,宪有法令、法律之意,如《屈原列传》中有:"怀王使屈原造为宪令。"《尚书·说命》中说:"监于先王成宪,其永无愆。""宪"这个词也有效法的意思,如《诗经·崧高》中说:"王之元舅,文武是宪。"此外,"宪"这个词还有方法等其他方面的意思。其复合词"宪法"在词源中给出的解释为"国家的法律",如《国语·晋语九》中有:"赏善罚奸,国之宪法也"(宋雷、朱琳,1998)。随着近代西方东渐,西方法律思想的渗入和引介,使得在我国现代法律语境中"宪法"一词的意思相比其古意已有了很大的不同,其所指范围大大缩小,用以特指国家根本大法,这就形成了现代意义上"宪法"一词的含义,即宪法"是国家、社会的根本法规和原则的系统或总体,它决定了政府的权力和职责,并保证给予人民一定的权利和规定了人民应尽的义务"。其他由借用民族共同语的一般词汇成员,对其加以改造,并赋予其特定的法律含义,从而转化成法律术语的词语还有很多。比如,"告诉"这个词,作为一个法律专业术语,既改变了原来的语音形式,又改变了原来的词义。再如,"过失"一词,在汉民族共同语中是名词,在句中可以作主语和宾语。而在其进入法律术语以后,则兼有名词和形容词的功能。如"过失犯罪"。

3)通用法律术语

法律语言当中的通用法律术语数量非常众多,从其应用的角度来说,既然在性质上属于通用术语,所以它们在特殊的法律领域和一般的社会领域当中都可以使用。从其意义的角度来说,到底是否归属于特定的法律概念,它们之间可以进一步做出一些基本的区分,主要可以分为下面两种情况:

第一,有些通用法律术语不明确表示特定的法律概念,使用的语域和语境比较广泛,既非常普遍使用在法律语言当中,也在社会日常生活的各个方面不可缺少。从其词语意义的情况来看,这些词语在两种语域和语境当中的使用并不存在语义差别,而且意义上容易接受,通俗易懂。这样的例子在中英法律语言当中数不胜数,而且意思和用法完全对应,所以不再单独分开举例引证。例如:conduct(行为)、write(签字)、witness(证明)、goods(商品)、individual(个人)、sum(总额)、signing(签署)、insurance(保险)、gambling(赌博)、rule(规则)、marriage(婚姻)、divorce(离婚)等等。

第二,有些通用法律术语原本表示特定的法律概念,但是随着应用范围的扩大和全民词汇发生密切联系,从而在法律领域和一般领域之间经常发生互相交换与彼此影响,这样一来的结果就是,这些原来只有法律工作者知晓的术语最终得以成功扩伸到全民词汇领域当中,并得到广泛应用和普遍接受。鉴于这样的例子在中英法律语言当中不胜枚举,而且意思和用法没有差别,所以在这里按其对应的词义一块举例引证。例如:law(法律)、lawyer(法律工作者)、debt(债务)、murder(谋杀)、crime(罪行)、prison(监狱)、court(法庭)、contract(合同)、police(警察)、(遗嘱)、fine(罚款)、punishment(惩罚)、sentence(判决)、judgment(审判)、robbery(抢劫)、theft(偷窃)等等。可以预见的是,随着时代的发展和社会的进步,法律在我们的社会生活当中将发挥越来越无可替代的作用。因此,在法治建设不断推进,法律知识逐渐普及的情况下,这类法律术语全民化和普及化的程度只会越来越高,所以其数量一定会不断加大。在汉英法律语言当中,通用法律术语由于法律和全民通用,所以其最大特点就是应用的常态性及适用的广泛性。在这个意义上来说,这类法律术语一般情况下文体信息较少,具有比较典型的中性文体意义效果。除此之外,由于通用法律术语总体上都是常用词,所以其构词能力比较强大,比如:由 law 可以派生出 lawyer 和 lawful,crime 可以派生出 criminal,而 contract 可以派生出 contractual 等,而且有的具有多义性,所以在应用时需要注意词形变化和语境适用等问题。

4) 创新和借用术语

现代社会政治、经济和科技飞速发展,全球一体化和国际交流合作日益频繁。尤其是 19 世纪以来,人类在自然科学和社会科学方面取得了突飞猛进的发展,新产品、新工艺以及新思想不断涌现。进入 20 世纪后,整个世界的变化日新月异,先是交通工具方便了科技经济的远距离接触,然后是电报、电话、无线电、电视等通讯媒体的快速发展,更促进了科学经济文化的跨时空交流。到了 20 世纪下半叶,随着电脑技术的发展和普及,出现了因特网和数字通讯,世界进入了电子时代,地球在某种意义上成为一个村庄。任何一门语言靠自身传统的词汇再生能力已根本不能适应这种瞬息万变之势,因此必然要大量借用孕育这些新知识、新文化、新制度的词语来表述这些新概念。科学和社会的发展必然要在属于上层建筑领域的法律方面反映出来,伴随而来的就是新的法律领域的出现和新的法律术语的增加。为了顺应这股发展的浪潮,世界各国法律调整的内容也不断变化,范围越来越广,法律门类的划分也日趋细密。从目前的总体情况来看,法学已经发展成为一个体系

第三章 中西法律语言词汇对比

庞大、门类众多、结构严密的学科。一些新的法律分支学科和边缘学科应运而生。在这个过程当中,相关领域内的专门术语和国际社会法律工作中使用的法律术语相互渗透,使得法律专业术语能够紧跟人类社会文明的进步,更好地适应时代发展的需要。例如,在英语和汉语两种法律语言当中就创新和借用了大量的法律专门术语,并且其中许多法律术语已经语义地位十分稳固,应用范围十分广泛。例如:"紧急避险""扫黄""管制""劳动教养"(reeducation-through-labor)、"承包经营责任制"(contract and responsibility system)、"人民调解"(people's mediation)等词语都是根据法律工作需要的创新术语。"仲裁""公民""专利""法人""商标法""破产"等词语是国际法律交往过程中引进的通用术语。computer crime(计算机犯罪)源自计算机科学;abortion(堕胎)和 smuggling of drugs(毒品走私)源自医学;securities act(证券法)和 tariff(关税)源自经济学;sadism(性虐待狂)源自心理学;artistic work(艺术作品)源自艺术;continental shelf(大陆架)源自地理学;heredity(遗传)源自生物学;ratio(比率)源自数学;incest(乱伦罪)源自社会学;monogamy(一夫一妻制)源自人口学;average(海损)源自运输;claims(索赔)源自对外贸易;life insurance(人寿保险)源自保险等等。

在创造新词以形成法律术语的情况当中,还有一种方法就是"旧词获得新义"。所谓旧词获得新义,也就是使得一个词在其原来义项之上又获得了新的词义范畴,使其原来的表达形式(expression)分化出一个新的词位(lexeme)。从这个意义上说,一个旧词获得一个新义就是在词汇中增加了一个"新词(位)"(肖云枢,2001:44-47)。例如:名词 administer 的原来意义可以泛指任何"管理人",然而自从19世纪80年代以来,随着英国社会的发展,这个词获得了一个新的义项,指"法庭指定的破产公司管理人"。再比如,动词 park(停放),原来是一个军事用语,用以专指"停放炮车"。但是在当汽车工业经历了蓬勃发展之后,人们也随之自然地将其词义扩大,使得 park 获得了新的义项,并由此产生了另一个新的法律术语 parking ticket(警察给违反停车规则者的罚单)。

随着法律体系的不断演进和新的概念及事物的不断出现,一些旧有的法律词汇逐渐变得无法充分传达其意,从而要求新词出现,或者旧有词汇的语义发生创新。例如,在汉语当中,"毒"一字的意义,依据《说文解字》中的解释,指的是"对人有危害甚至能置人于死地的动植物"。在中国古代社会的法律语境当中,"毒"一字所参与构成的词汇如"蛊毒""毒害"等等,往往是指代"用能置人于死地的动植物谋害他人"这一罪行。随着社会的沿革和时代的变迁,人们也开始将鸦片、海洛因等能致人上瘾并让人深受其害的这类事物称为"毒",因此,在现代中国法律语境中,像"毒品""吸毒""贩毒""缉毒"等很多词汇,几乎都与"毒"一字的新的涵义有关,而古汉语里"毒"所指代的对象如今也鲜见了(宋雷,1998)。所以,法律术语的语义演变,新义产生以及词义调整、创新、借用等现象是随着社会发展,法律调整内容扩大之下的一种必然趋势。

(2)法律行话

Garner(2002:476)指出"行话是指某一社会、职业或专业集团所使用的用于相互交流的口头或书面语言"。显而易见,任何建立在独特知识和技能之上的行业或职业内部,都会发展形成一种属于该"圈子"独有的话语体系,这就是我们通常所说的"行话"。行话对于一个行业或职业的言语共同体来说,有着十分重要的作用。行话的创立和使用,一方面可以确保行业内部交流的精确和经济,同时增加认同感和形成向心力,促进行业内部成员之间的共识和团结;另一方面可以作为外显的符号,对于"外行人"或者"圈外人"来说,这种符号足以激发他们对于这个行业的好奇、尊重或畏惧之类的感觉,而且这种符号对于行业之外的人来说还可以具有离心力或者排斥力,在一定程度上对其产生阻碍和疏远,从而有利于维护行业或职业的团结和利益,如此很可能在内外之间划分形成显明的界限,有时甚至可以强化某种行业化或职业化权力的合法性基础。

法学家、律师、法官为了突出本行业的特点,经常使用一些与众不同的表达方式,比如法律术语、行话和套话等。法律从业者所使用的法律行话,就是我们通常所说的"法言法语",也是一种非常独特的法律语言体系。例如: Once you found cases on all fours, you could sustain a good argument.(一旦发现这些案件完全一致,即可得到有力的证据支持。)在这个例句当中的"on all fours"就是一个法律行话的表达方式,意思是"完全相同的案件"。再如,"A person drives carelessly within the meaning of this section if on a road he drives a vehicle without due care and attention or without reasonable consideration for other persons using the road." 这个句子当中的"due care"(应有的注意)也是一个法律行话。汉英法律语言中类似的法律行话还有很多,例如:"供认不讳""善意买受""要式合同""aid and comfort"(支持和帮助)、"will and malicious act"(故意恶意的行为)、"at issue"(待裁决)、"sole and unconditional owner"(完整并且无条件的所有人)、"burden of proof"(证明责任)、"cause of action"(案由)、"letters patent"(专利证书)、"negotiable instrument"(流通票据)、"reasonable doubt"(合理的怀疑)、"contributory negligence"(共同过

第三章　中西法律语言词汇对比

失)、"piercing/lifting the corporate veil"("刺破公司的面纱"或"揭开公司的面纱",简称"揭开规则",又称"公司人格否认制度"'disregard of corporate personality')等。这些行话包括的范围很广,从几乎为俚语的 horse case(相同的案件),到高度专业化的 res ipsa loquitur("事实自证"规则;事情自身说明或不言自明。A Latin term meaning "the thing speaks for itself." Res ipsa loquitur is a legal doctrine or rule of evidence that creates a presumption that a defendant acted negligently simply because a harmful accident occurred. The presumption arises only if ① the thing that caused the accident was under the defendant's control, ② the accident could happen only as a result of a careless act and, ③ the plaintiff's behavior did not contribute to the accident. Lawyers often refer to this doctrine as "res ips" or "res ipsa". 拉丁语:事实自证〈规则/原则〉,是指在缺乏充分证明的情况下让事实自己说话;这时举证责任转移至被告。被告必须证明,如果没有被告的过失,事故也会发生。在侵权损害赔偿法中,"让事实本身证明的案例通常只是运用间接证据的案例的一种。在这一类案件中,陪审团仅仅从事件发生的事实以及被告于该事件之间有联系的事实中,就可以合理地推断过失和因果关系的存在",让事实本身证明这一规则减轻了原告的举证困难,因为该规则的适用可以得出被告有过失的推定,而原告能否提供被告实际行为的证据则在所不问)。

使用法律行话的主要原因是由于其含义的精确性。可以发现,某些词语在普通语言中可能有多种含义,但是放在法律的语境当中,使用法律行话进行表达时则只有一个明确的含义,如"record"指"诉讼纪录","stale claim"指"失效的债权"等。在一般语境当中人们可以使用"deprivation of political rights""deliberate""think""start",而在法律语言的语境当中,用"法言法语"来进行表达则只能使用"civil death""aforethought""hold""commence"。法律行话的使用避免了法律从业人员之间因为不确定某一词的具体含义而造成误解或曲解。

需要注意的是,虽然"行话"与"术语"都是专业性词语,但是两者的规范程度并不相同。"术语"是规范性的专业用语,比行话更合适于书面文件。"术语"可是对内的,即从事同一行业的人有使用术语的倾向,如律师与律师讲话或法官同律师交流可能使用必要的法律术语;也可以是对外的,如对律师的客户和法律所服务的对象,即普通民众,亦可使用法律术语。"行话"可以说是"专业性俚语",它完全是对内的,即同行的语言,虽然有时并非故意将外行人排斥在外。简要来说就是,术语可以由法律专业人士面向公众使用,而行话大部分用于法律专业人士内部交流。

法律行话虽然与法律术语不可同日而语,但律师与律师或法官相互交流时,行话是可以接受的,只是不同的受众决定了语言的选择。例如,在法庭审判中,律师使用 corpus delicti(犯罪事实)是十分恰当的,但在由陪审团进行的审判中,如果仍使用这一术语,则会给审判带来混乱或误判。行话是律师们创造的用来节约交流时间的特殊专业词汇,有时则是为了不让外行人了解其中的含义。有人认为,作为一名优秀的律师,了解和掌握行话是必需的。但是 Arthur Quiller Couch(1961:105,117)则表达了不同的观点,他认为:"首先,使用行话是转弯抹角的说话方式,而不是简短和直截了当;其次,行话总是习惯于选择那些模糊不清的抽象名词而不是具体名词。用行话写作无异于叫人在迷雾般的含混其词的抽象术语中永远地转来转去。"其实专业法律人士也知道,与用法律行话起草法律文件相比,使用清晰、简明的法律语言更不容易引起误解。不能否认的是,法律行话中有一部分艰涩难懂,使用频率很低,因而有的观点认为在可能的情况下法律工作者应该尽量避免使用法律行话,以免招致法律纠纷。正如 E. L. Piesse(1987:46)所指出的那样:"不要在那些所谓恰当的地方使用那些冗长的专业行话,这些词用得太滥只能给人一种装腔作势的感觉,其实很多情况下毫无必要。"

(3)正式规范用语

依据韦伯的观点,法律职业者是作为形式合理性社会的重要标志,他之所以这么认为,原因就在于"法律人必须忠于法律而法律一般具有自己恒定的形式"。法律语言的正式性和规范性毋庸置疑,这主要体现在法律文本中"使用官方认可的规范化语言或书面语"(李克兴,1997:3-4)。甚至在一定程度上来说,法律语言的正式程度高于科技语言。要达到这样的规范性必然要使用正式用词。例如:The rules of procedure of the Legislative Council shall be made by the Council on its own, provided that they do not contravene this Law. 例句中的"provided that"是法律文件中的常用词,表示转折关系,法律界称这一用法为"但书"。显而易见,"provided that"的正式程度要远远高于"but",也高于"however"。类似本例中这样向正式词汇倾斜的现象在法律语言当中不胜枚举。为便于理解起见,这里再列举一组常见于法律文本中的正式词汇及其同义词进行比对和展示。

普通词汇	正式词汇	中文释义
ask	request	要求、请求
because	whereas	兹因、鉴于
explain	construe	解释、诠释
job	employment	工作
keep from	refrain from	避免
start/begin	commence	开始、展开
end	terminate	结束、终止
show	demonstrate	展示
make	render	使得
change	modify/alter	改变
go	proceed	继续
buy	purchase	购买
obey	comply with	遵守
according to	in accordance with	依据
before	prior to	在……之前，优先于……
普通词汇	正式词汇	英文释义
小偷	盗窃犯	larcener; larcenist
夫妻	配偶	spouse
打官司	诉讼	action; litigation

不言而喻，与普通词相比，正式用词具有释义严谨、词义稳定的特点，因此为法律人士所偏爱。同时还需要注意的是，在法律语言当中，绝不能使用口语表达用词，比如"by virtue of""ensure""in effect"等。

为了体现法律文书严谨和庄重的风格，法律语言经常会使用正式书面语，用词正式、规范、准确。例如："Know all men by these presents, that I do hereby authorize Mr. B..."（在此本人特授权 B 先生……）。本例中的 Know all men by these presents 常用于法律文书的句首，意思是"通过这个法律文件让所有的相关人士知悉";法律文书中还有许多类似的表达方式,比如:送达证明的开头用"I hereby certify that..."(本人在此证明……),"Wherefore"(因此)常引出诉讼的请求(prayer),"Other relives as the Court may deem appropriate..."(法院认为合适的其他救济……)常用于结束诉讼请求。又如 Order(令状)的开头常用"Upon consideration of..."(基于……考虑),结尾用"Hereby ordered that dependant's motion is granted."(同意被告的请求),"And it is further ordered that..."(并裁决如下……)。起诉状或法庭答辩的开头语为"Comes now...";再如宣誓书(affidavit)的固定表达是"Being first duly sworn, depose and say, before me, a notary public"(在公证员面前正式宣誓);诉状开头用"And the plaintiff claims..."(原告诉请……),答辩时说"It is claimed that..."或"Claim is admitted..."(承认起诉事实)。

综上可见,从语体的角度来说,法律语言作为专门用途语言中的一种,通常都使用正式性的词汇,既正式又庄重,绝对不允许使用方言和俚语。例如:"law enforcement officer""policeman""cop"和"fuzz"这几个词都可以表示"警察"这一概念,然而,就其正式程度而言,law enforcement officer 居其首位,policeman 居其次位,cop 属于非正式词汇,虽然被广泛使用,但却是非礼貌的用语,而 fuzz 则属于俚语,具有较强的侮辱性。再如,在法律英语中表达"家""住处"的概念,用的是正式词汇"domicile"或者"residence",而不用日常词汇"home",更不会用诗体性词汇"abode"。表达"未成年人"用的是"minor",而不用"child",更不会用口语词"kid"。因此我们在法律语言的运用当中,要能够分清它们之间的差异,要知道其语体和色彩的区别,以及其分别所适用的语域。

此外,法律语言中会使用正式词汇,而非使用在日常生活领域应用较多的词汇,例如:After the rights and obligations under a contract are terminated, the parties shall follow the principle of honesty and trustworthiness and the appropriate trading practice to perform the obligations of notification, assistance and confidentiality.(张乐平,2008)从这个例子当中可以非常清楚地看到,在法律语言当中使用了正式程度较高、书面表达常用的"terminated"(终止)、"principle"(原则)、"notification"(通知)、"assistance"(协助)这些法律词语,而没有使用"end""rule""notice""help"这样日常生活常见的词语。

(4)古语词的使用

语言作为人类社会发展各个阶段的一种交际工具,为人们历经数以千年所共同创造、共同使用,具有规约性、统一性和全民性。因此,语言中的一些词汇成员作为语言的基本符号,自古沿用至今。法律语言当中也是如此,"法言法语"在其根深蒂固的历史渊源和源远流长的发展历程当中,仍然保留着一部分旧的包括古代的法律术语,这种现象在世界各国的法律语言当中普遍存在。社会承继、保留和使用这些旧的法律术语,一方面是因为它们在长期的使用过程中已经具备了为人们公认的特定涵义,没有必要舍弃它们而另外创造新的法律术语;另一方面是因为法律语言中古体词的大量运用提高了法律文件的正式程度和权威性,从修辞和文体的角度来看,这类词的广泛使用既可使法律条文简练严密,又使句子严肃庄重,从而使得法律语言体现出其权威高贵的特点。

比如,在英美国家,法律用语的保守性决定了作为正式性语言使用典范的法律英语并没有随着法律文件的内容改变而发生显著的变化,在法律公文或者正式的司法场合中有不少古英语(约公元1100年以前的英语)及中古英语(约公元1100-1500年间的英语)的词汇仍在使用。如古语ye(你们)是you的复数,在普通英语中已经不再使用了,但在法庭开庭的时候仍用hear ye(静听)。这些英语古语词当中最具代表性的当属"here/there/where+ prep"所构成的词。例如:A sales contract is a contract whereby the sellers transfer the ownership of an object to the buyer and the buyer pays the price for it. (买卖合同是出卖人转移标的物的所有权于买受人,买受人支付价款的合同。)在这个例子中,"whereby"相当于"by that"。如果用后者代替前者,内容上不会发生变化,但法律英语的词汇特征和法律英语的严谨性就不复存在。因为"by that"不符合法律英语文体在法律英语中的表达习惯。此外,"whereby"比"by that"用词简洁,它使句子精炼、紧凑。再如:In *WITNESSTH WHEREOF* the parties hereto have executed this Contract by their authorized representatives as of the date first above written. 在这个例句中,出现的古英语法律词语就有代表性的"whereof"一词以及另一个古语词"hereto"。另外,本句中的"witnessth"也属于古体词,是"witness"一词在古英语中第三人称单数的变化形式,用于签字或宣誓作证。此外,英语法律语言中常见的古体词还有exile(流放)、ransom(赎金)、verdict(裁决)、summons(传票)、aforesaid(上述的,前述的)、forthwith(即刻)、pursuant to(依照,按照,依据)、hereafter(从此以后)、hereby(由此,以此,特此)、hereof(至此,由此)、hereon(于是)、hereto(至此,关于这个)、hereinafter(在下文)、thereby(因此)、therefore(为此,因此)、thereafter(其后)、thereof(由此)、thereon(关于那,在其上)、whereas(有鉴于)、whereat(对那个)、whereof(关于……)、whereby(通过……;借以)等。

在汉语法律语言中,也有很多我们熟知的法律词汇,比如:"大赦""诉状""原告""犯罪"等。在汉语中有许多基本法律词语,它们是法律词汇系统中的核心成员,其中有一部分词活跃在各个历史时期,得以世代传承,如"犯""贼""刑罚""偷盗""判处""审讯""自首"等,还有一部分单音节词成为各个时代法律术语和行业词构词的基础,如"法""罪""劫""赃""狱"等。在迄今使用中的单字词法律术语,以"诉""物""债""法""人""刑"最为典型,它们有着充沛的语言活力,非常值得关注和研究。例如:

第11条　诉讼类型:一、诉讼分为宣告之诉及执行之诉。二、宣告之诉可分为:a)确认之诉,知其纯粹旨在获得就一权利或事实存在或不存在之宣告;b)给付之诉,如其旨在因一权利遭受侵犯或预料一权利遭受侵犯而要求给付一物或做出一事实;c)形成之诉,如其旨在直接创设、变更或消灭一法律状况。三、执行之诉系指原告请求采取适当措施以确实弥补遭受侵害之权利之诉讼。

(《澳门民事诉讼法》)

第1条:为了维护国家基本经济制度,维护社会主义市场经济秩序,明确物的归属,发挥物的效用,保护权利人的物权,根据宪法,制定本法。

(《中华人民共和国物权法》)

"又如,法律上的'人'的概念,作为由古语词传承而来的专业术语,与日常语境中所称的人并不完全等同。其强调经过法定方式确认的所指对象,从而才有法律上的'人格''人权''人身''法人''第三人''相对人''限制行为能力人''完全行为能力人'等等。还比如,'刑分为主刑及从刑。'(台湾地区《刑法》第二十三条)'主刑'和'从刑'在古语词'刑'的基础上依照分类的逻辑框架一同生成,使古老的'刑'字具有了完整的现代法律意义。总体而言,源自古汉语的单字词法律术语,是作为法的基础性概念存在的,构词能力很强,在应用中处于极其活跃的状态。"(刘红婴,2007:28-30)。

一些汉语法律词语或词素在历时传承中词义基本没变,一直以词或词素的形式保留于法律语域之中,意义得以原样地保留。这样的词所占比例也最大,这也在一定程度上保证了法律制度的延续性和连贯性。例如"法",依据《玉篇·水部》的记载:"法,法令也。"另据《易·蒙》的记述:"利用刑人,以正法也"。由此可以看出,"法"一词作为"法律、法令"的意义早已产生,古今未变。这种法的意义稳定传承的事实也符合语言与社会的共变理论,因为法律是古往今来各个时代的人们都需要遵守的行为规则,因此"法"在词汇系统中有其无可置疑的存在价值和必要。

"法"在"法律、法令"义位上的构词量古今都很大。根据有关语料统计,古代法律词汇中以"法"为词素所形成的词语共 108 个,如:赎法、诈假官法、贼法、殴法、强盗法、杀伤法、邦法、捕法、不法、违法、据法、立法、枉法、法官、法例、法令、重法、罪法、本法、轻法等;现代法律词汇中以"法"为词素所形成的词语的数量和古代的相差不大,共 115 个,如:劳动法、修正最高法院组织法、保险法、程序法、民法、国家通用语言文字法、税法、宪法、刑法、水污染防治法、法定、非法、合法、违法、执法、法规、法纪、法人、法制、司法等。通过"法"在"法律、法令"义位上构词的对比,可以看出:"法"作为法律词汇核心成员,古今词义基本没变,有着很强的稳定性和高产性,构词能力异常强大。在其所构成的纷繁复杂的法律词语中都形成了一个以"法"为基础而聚合成的法律词群。

再如"罪",依据《玉篇·网部》的解释:"罪,犯法也。"《易·解》:"雷雨作,解,君子以赦过宥罪。"由这些有代表性的文献论证可以看到,"罪"一词作为"犯法或作恶的行为"的意义古今没有变化,也是一个传承性很强的法律词,在我国古代和现代法律中的构词量也都很大。根据相关语料统计,古代法律词汇中以"罪"为词素所形成的词语有 66 个,如:叛罪、杀罪、大辟罪、斗罪、私罪、死罪、笞罪、论罪、免罪、处罪、罪法、罪名、罪物、罪状、罪囚、重罪、轻罪、私罪、原罪等;现代法律词汇中共 44 个,如:判罪、无罪、犯罪、治罪、罪证、罪名、行贿罪、伪证罪、藏匿财产罪、非法经营罪、擅自设立金融机构罪、渎职罪等(王晓、王东海,2010:9-13)。类似的单音节词还有很多,常见的如"审""盗""犯""奸""禁""拘""贪""赃"等。

(5) 外来词的使用

世界各民族语言的发展,都需要丰富完善自身的词汇体系,而一个主要而且便利的途径就是从其他语言中借用词汇。因此各门语言,尤其是其专业领域的词汇体系当中,都包含数目庞大的外来语。比如英语中在其发展过程中引入了为数众多的拉丁语、罗曼语族(如法语)词汇,其中 50% 以上的英语词汇是从拉丁语词汇直接借用或派生来的(秦秀白,1983:77);汉语中有数量众多的日语,以及为数不少的西语(英语)词汇。法律语言作为专门领域语言的一个典型代表,其中的外来语数量就更为突出。尤其是随着社会的不断发展和国际交往的日益频繁,世界各国的法制需要进一步健全完善,国家之间的合作需要进一步通过法律加以保障,而国际争端也需要进一步通过法律手段加以解决,因此对于先进国家法治经验的借鉴,以及对于其他国家法律工作中术语的援引,尤其是国际交往中通用法律术语的引介也就随之增加。

在英语民族语言中,除吸收现代各国有关的新的法律术语外,外来法律术语来源主要是法语和拉丁语。英语法律语言中对于拉丁语法律词汇的借用可以追溯到比较久远的年代。基督教于公元 597 年传入英国,拉丁语就开始渗入英语了。拉丁语词汇主要经由两种方式进入英语:一是有些拉丁语直接进入法语,然后由法语转入英语并被英语所接受。二是有些拉丁语词汇直接进入英语,并取得合法地位。自 1066 年"诺曼征服"(Norman Conquest)之后,法国人就成了英国的统治者,法语则长期成为英国的官方语言,而作为语言的一个社团变体法律语言必然会受其影响。因此大量的法语通过借用或转化进入英语,尤其是与法律、权力有关的词语。

拉丁语自其传入英语以来一直就是英语法律词汇的一个重要来源,即便是在"诺曼征服"期间,拉丁语和法语一样占据绝对统治地位。虽然其词汇进入英语的数量没有法语那么庞大,但是,显而易见,大量的法律英语术语在中古英语时期,以及之后的文艺复兴时期直接由拉丁语借用并固化。例如:custody(拘留)、homicide(杀人)、legal(法律上的)、legitimate(合法的)、malefactor(犯罪分子)、mediator(调停者)、minor(未成年人)、notary(公证人)、prosecute(对……起诉)、testimony(证词)、declaration(申诉)、advocate(辩护人)、appeal(上诉)、civil(民事的)、jurist(法理学家)等等。拉丁语法律词汇进入法律英语之后与英语完全融合同化了,许多词得以全民化而且得到广泛应用,以上这些例词就是比较有代表性的佐证,从其形式来看,由于其融合同化程度较高,所以很难根据这些法律词语的词形来判断其词源。

英语法律语言的词汇中属于法语词源的词汇非常之多,但是由于法语词汇形态和发音与英文词汇非常相似,所有一般情况下不易辨认英语法律语言中源自法语的一些词语。比如 statute(法令、制定法)、assize(巡回审判)、warrant(逮捕证、搜查令)、summons(传票)、voir dire(预先审查)、venue(罪行为发生地、法院对罪犯审判管辖地)、quash(撤销、宣布无效)、no lieu(不予起诉、无足够理由起诉)、plea(抗辩)、suit(诉讼、讼案)、plaintiff(原告)、defendant(被告)、judge(审判员、法官)、advocate(辩护者)、attorney(律师)、petition(请愿)、inquest(审讯)、indictment(告发,控告)、jury(陪审团)、panel(全体陪审员)、felon(重罪犯)、evidence(证据)、bail(保释金、保释人)、ransom(赎金)、verdict(裁决)、decree(政令、法令)、award(判决、判决书)、forfeit(因犯罪而遭没收的东西)、punishment(惩罚)、pillory(颈手枷)、sue(控诉)、plead(辩护)、implead(控告、起诉)、accuse(控告)、depose(宣誓作证)、imprison(监禁)、convict(宣判、有罪)、amerce(惩罚)、arson(纵火)、larceny(偷窃)、adultery(通奸)、slander(诽谤)、libel(诽谤罪)、crimen falsi(伪证罪)、poena capitalis(死刑)、de facto fort(事实上的侵权行为)、action in persinam(债权诉讼)、proviso(限制性条款)、alibi(不在犯罪现场)、ad hoc(专门地)、in re(关于)、per se(自身)、pro rata(按比例)、sine die(无期限的)、infinitum(永久的)、inter alia(特别是)等。

此外,还有一种情况需要注意,就是有相当一部分法语和拉丁语法律术语没有被同化,虽然它们的发音有所同化,但是词形却保持着原有形式。例如,源自法语的法律术语有:estoppel(禁止反言)、fee simple(不限制具有一定身份的人才能继承的土地)、laches(长期不行使权利)、quash(撤销)等。再如,源自拉丁语的法律术语有:alias(再发令状)、amicus curiae(法庭之友)、nole proseq(撤回诉讼)、res judicata(定案)等。在今天的法律领域当中,可能是由于这些源自拉丁语和法语的法律词语难读、难记、难懂的原因,有的观点就认为这类术语很少使用。实际上,这些外来词作为法律英语专门术语的一个重要组成部分,由于语义明确稳定,没有引申寓意,文体效果突出,在法律语言应用、研究和学习当中仍然发挥着无可替代的重要作用。另外,还需要注意的是,这类外来术语的词义经过演变扩大也有可能成为一般词语,进入人们的日常生活领域。例如 alias 现在可用来指"别名,化名";quash 也已衍生出了"镇压"的词义。

汉语法律语言中的词汇的形成渊源,也包括借用外来法律词语这一便利而重要的途径。例如:"破产""专利""法人""知识产权"等。有学者认为,在 1911 年以前,中国已基本上完成了吸收、消化和创立自己的法律语词体系这一过程。而后来中国法律学科拥有一个完整的概念系统,直接得益于清末时期大胆输入与传播西方法律的过程(俞江,2000)。近现代以来,随着中华法系的解体,中国进入了法律改革和法律移植的时期。晚清时期,西方法学传入的发展历程与国内政局的发展紧密相关,从内容上来看,大致呈现出由初译国际公法到系统输入部门法律再到大规模译介宪法、宪政理论和政治制度三个依次引进的阶段。从来源上来看,主要经历了先学英美,再学日本,后学苏联,直到多元学习的不同阶段。因此,中国现阶段法律语言中的外来词语不仅来源众多,而且数量也是十分可观。这里只以近代为例对外来法律词语的借用现象进行简要说明。

比如,从 19 世纪 60 年代到 90 年代中期是西方法学传入中国的第一阶段。由于中国的国门被打开,一系列不平等条约的签订,清政府面临着前所未有的国际交往和交涉,了解国际条约和国际惯例成为急务,因此这一时期以学习西方法学的"公法"(国际法)为主。当时译著中引介的法律新词,有很多到目前为止仍然常用和重要,比如:公法、权利、主权、法院、国会、领事、参赞、护照、民政、民主、政体、律师、私法等。

从1895年到1905年是西方法学传入中国的第二阶段。甲午战争后,随着国内实业救国、教育救国的兴起,大量民法、商法、版权法、教育法等书籍相继翻译和引入,清政府宣布"新政",又大量引入了西方各国刑律和警察制度的书籍。这样,表达这一法律体系的概念、术语也从公法一门逐渐发展到法律的各个部门,因此这一时期主要以系统引入民商法、刑法等部门法学为主。当时译著中引介的这方面的法律新词,比如1903年的《新尔雅》系统分类介绍的法律语词,有很多到今天仍然十分常用和重要:① 释通说:法、公法、私法、成文法、权利、人身权、财产权、物权、债权、公权、私权、义务;② 释宪法:宪法、人格、政体、议会、立法权、司法权、行政权;③ 释国际法:国际法、国际公法、国际私法、领域权、治外法权、条约;④ 释民法:民法、自然人、法人、主物、从物、动产、不动产、代理人、法定代理、条件、占有权;⑤ 释刑法:刑法、犯罪、有意犯、无意犯、惯行犯、现行犯、未遂犯、既遂犯;⑥ 释商法:商法、商人、商行为、商事会社、合名会社、合资会社、株式会社等。

从1905年到1911年是西方法学传入中国的第三阶段。这一时期由于清政府宣布"仿行宪政",以及国内立宪派对宪政的渴望和推动,故主要以翻译和引入西方各国宪法、宪政理论和政治制度书籍为主,以推动预备立宪运动。较有代表性的译作,是1907年的《新译日本法规大全》,这本译作是引进日本西化法律最为全面的一部,内容十分广泛,包括宪法、刑法、民法、商法、民事诉讼法、刑事诉讼法等25类,共80册400万字。书末附有《解字》,对有关法律语词做了对照。书中涉及的法律新词,除了公法(国际法)之外,还包括其他各部门法:① 宪法类:公权、权利、义务、选举、投票、否决、表决、议院、议会、结社、集会、公益组织;② 民法类:所有权、物权(债权)、留置权、法人、契约、所得税、不可抗力、分割、但书、动产、不动产、不当得利;③ 商法类:商行为、商号、竞争、合资、无限责任、商标、海损、破产、清算、保险、海事、利息、债务、仲裁;④ 刑法类:处罚、逮捕、没收、拘留、罚金、剥夺、未遂、累犯、胁迫、过失、伪造、渎职、隐匿;⑤ 诉讼法类:起诉、公诉、上诉、抗诉、公证、时效、管辖、证人、诉讼代理人、民事原告人、保释、预审、败诉等(崔军民,2010:2-12)。

(6)精确用语与模糊用语

首先,准确性或精确性可以说是法律语言的生命与灵魂。法律语言历来以用词准确著称,而且推崇词语的单一性,力求做到表达清楚明白,严谨无误(宋雷,2010:188)。法律语言要做到准确,就需要做到概念明确,表述清晰,使法律规范一目了然,没有模棱两可、语焉不详的地方,也没有理解上的含混与歧义现象。法律

第三章　中西法律语言词汇对比

语言必须准确、严密,这是由法律的社会功能决定的,也是法律语言区别于其他功能语体的根本特点。只有法律条文做到高度准确、明确具体、可操作性强,才能真正成为衡量公民法律行为的依据,才能成为调整人们社会规范的准绳,最终实现依法治国。因此,法律语言的特殊规范性,就决定了其在法律词汇的选用上需要力求准确严密,以充分体现法律的权威和庄严。法律英语词汇的精确性是指"语义与其所反映的客观事物或现象完全相符,正确、准确、精密,准确地反映事物或现象的主要特点和一般特点"(姜剑云,1995:78)。因此,"准确性"成为英汉法律词汇的共同特点。精确用语在法律语言中的使用非常常见。

例如,"买方不得复制按本协议规定或为促成本协议而得到的任何出版物、文件、手册或资料。"(None of the publications, documentation, manuals or data provided under or in furtherance of this Agreement shall be reproduced by the Purchaser.)在这个例句中,为了精确起见,就使用了限制性和规定性极强的"none"和"provided under or in furtherance of"这样的词汇表达方式。

又如,在英文传票中表达"你已被本院传唤,请于接到本传票之日起20日内到本法庭出庭"这样的意思,经常采用的说法形式如下:"You are summoned to appear and answer this action in the Court named above by filing an Answer along with the required answer fee within twenty (20) consecutive days from the service of this summons, not accounting the day of service. If the twentieth day is Saturday, Sunday or legal holiday, and then the time runs until the end of the next day is NOT a Saturday, Sunday or legal holiday."

依据David Menllinkoff(1963:23)的研究,为了准确地表述法律内容,法律语言通常使用以下几种手段:① 使用专门术语;② 重复使用具有绝对含义的词汇,如all none, never, unavoidable 等;③ 使用具有绝对意义的短语,如and no more, shall not constitute a waiver, shall not be deemed a consent;④ 使用意义宽泛的短语,如including but not limited to, or other similar or dissimilar cause, without prejudice 等;⑤ 使用特别定义条款,反复详细定义法律文件、事实情况、限制性条件、适用条件、例外情形、权利要求等。

其次,从某种程度上来说,适当地使用模糊性语言反而是确保法律语言准确性的重要手段之一。众所周知,客观上来说,无论如何精确,绝对准确是任何一种语言都难以达到的。诚然,法律语言要求用词精确,但这种准确性不是绝对的,法律语言的模糊性是不可避免的,因此法律语言并不排斥对模糊用语的使用。从法律学科调整的对象来说,现实社会总是复杂纷繁、千变万化的,而社会关系又是形形色色、丰富多样的,无论法律的体系如何完备,内容如何充分,也不可能穷尽社会生活中的所有情形,不可能对未来的所有可能做出准确预测。从法律学科自身的属性来说,在严格意义上,法律作为一门社会学科本身并非一门很精确的科学,所以其语言多少会带有一定的模糊性,而这种模糊的语言也在一定程度上体现了法律的灵活性,有时甚至可以说,适当应用模糊性语言反而是确保法律语言准确性的一种重要手段。

语言本身的功能有限,法律语言也是如此。某些法律条文在语义上不能确指,特别是当某些法律事实的数量、程度、范围、状态、性质无法精确指明的情况下,可用模糊词汇加以表述。社会关系的复杂多样性也内在地决定了法律语言无论多么具体详尽,也无法将所有的社会关系都一并包容囊括。因此在制定法律时,必然要使用模糊词汇,这样的措辞有回旋余地,不会把事情说得十分绝对。这样模糊性的法律用语和表达方式,使立法留有空间,以此来包容难以准确界定的行为与事物,从而使法律条文能够有效克服滞后性,具备广泛的灵活性、适应性和前瞻性,也可以给日后的执法和司法工作留下一定的自由裁量空间,即所谓的自由裁量权。可见,法律英语追求表达的准确与其对模糊性语言的使用并不矛盾,相反,这正是为了把意思表达更充分、更完整,为法律的有效实施留下足够空间。法律语言当中对于模糊性词语的使用主要可以分为下面两种情况:

1)表示数量、期限和范围的法律词语的模糊。法律文件在规定数量、期限和范围时,免不了要使用"within"(以内)、"below"(以下)、"not less than"(以下)、"outside"(以外)等概念,而这些表述本身是不准确的,要避免其模糊性就必须进行必要的解释。由于制定法律的国家各自情况并不相同,因而也就自然导致其所采用的意思存在差异。比如,我国《民法通则》就专条规定:"民法所称的'以上''以下''以内''届满'。包括本数;所称的'不满''以外',不包括本数。"前文中所举的英文传票的例子中的"接到本传票之日起 20 日内",为了避免模糊起见,也进行了比较详细的解释:"within twenty (20) consecutive days from the service of this summons, not accounting the day of service. If the twentieth day is Saturday, Sunday or legal holiday, and then the time runs until the end of the next day is NOT a Saturday, Sunday or legal holiday."

2)表示程度的法律词语的模糊。这些表示程度的法律词语具有伸缩性,表面上看似模糊,但实际上却显示了语言的严谨性和客观性,从而使得法律语言更准确、客观、严谨、更留有余地。一方面,从其主要目的来说,法律起草人首先着眼于文字的准确、客观和严谨,并采用一定的表达手段防止在法律理解和应用当中误解或歧义的发生。另一方面,从其相反的角度来看,也不能排除人们在使用法律词语时会出于某种考虑,而刻意歪曲或别解法律文件的涵义,从而利用法律词语表意上的不确定性和伸缩性来逃避责任,夸大权益。因此,当法律条文对某项权益不宜或不便说得十分清楚时,就会采用一些意义灵活、程度模糊的词语。比如,"Corporation shall use all reasonable efforts to minimize the effects of any Excusable Delay hereunder."(公司应尽一切努力减小可谅解延迟所造成的影响。)这个例子中的"all reasonable efforts"(一切努力)就属于这样的法律词语。

再如,"due care"(just, proper, and sufficient care, so far as the circumstances demand it; that care which an ordinarily prudent person would have exercised under the same or similar circumstances. 应有的注意)。该词出现在许多法律条款当中。从其英语释义来看,显然不包括"故意",而应包括"疏忽""懈怠"。首先,如某条法律规定了当事人应尽"应有的注意",那无论其行为所致结果是因为"疏忽"还是"懈怠",他都应对其负责。其次,当事人应尽何种"应有的注意"又需考虑到当时的情形以及当事人的判断能力。再次,必须考虑到当事人所从事的职业,职业不同则其"应有的注意"也不同。如从事危险性较强活动的当事人,其"应有的注意"就应负有更高的注意义务,应保持高度谨慎,以免给他人造成损害。所有上述这些都对判断某一当事人是否尽到了"应有的注意"形成了一定的困难。针对"due care"一词的理解问题,《布莱克法律辞典》给出了相当准确的解释:"This term, as usually understood in cases where the gist of the action is the defendant's negligence, implies not only that a party has not been negligent or careless, but that he has been guilty of no violation of law in relation to the subject-matter or transaction which constitutes the cause of action."(Garner, 1999: 448)

Garner(1999:145)称这类词汇为 chameleon-hued words(变色词)。Wesley N. Hohfeld(1966:35)指出,"在任何逻辑严密的议题中,无论是法律的还是非法律的,变色词对于清晰的思考和流利的表达都是一场灾难。词汇不是水晶透明而是变幻莫测的,是鲜活思想的外表,它在使用中可能根据情形或时间改变其颜色和内容(Towne 诉 Eisner 案)。"在实际法律从业过程中,律师比较倾向于使用下列一些词汇,如 reasonable(合理的)、substantial(巨大的)、meaningful(有意义的)、satisfactory(符合要求的)、sufficient(足够的)、excessive(额外的)、incidental(辅助的)、proper(适当的)、obvious(明显的)等。这些词汇的显明特点就是模糊,然而这种模糊性却十分必要,它为法律起草人在涵盖范围力求广泛而又未来无法预料的情形下履行义务提供了一把防护伞。

(7) 近义词的并用

法律本身的特点决定了法律术语的严谨和呆板。在法律语言中,经常会有配对词或者三联词。所谓法律配对词和三联词,指的是两个或者三个意思相近或相同的词构成一个短语,以表达法律上本来只需要一个词就能表达的概念。近义词在法律语言中的并列使用,体现了法律语言的严肃性和法律文体的准确性和严密性,确保了整体含义的完整、准确。这种近义词并用的结构多已形成了习惯用语,广为接受,还有一些出于表达意思精确,避免语义晦涩而得到大量应用。例如:

each and every	sole and exclusive	null and void
buy or purchase	pardon or forgive	damaged or destroyed
obligation and liability	to have and to hold	last will and testament
full force and effect	constable or sheriff	due and collectible
own or possess	entering or breaking	heirs and devisees
property or chattels or goods	larceny or theft or stealing	terms and conditions
minor or child or infant	rented or loaned	rules and regulations
interpretation or construction	attorney or lawyer	provisions and stipulations
children and issue	sell or transfer	staff and workers
aid and abet	part and parcel	adopted by me or born to me

再如,《中华人民共和国刑法》中对于"寻衅滋事罪"的定义就是近义词并用的一个很好例证:"寻衅滋事罪是指出于不正当目的恣意挑衅、无事生非、起哄闹事,进行扰乱破坏,情节恶劣的行为。"仅该罪名定义中近义词并用就多达四处,由此可见,近义词并用在汉语法律语言当中也十分普遍。

除此之外,在句子中也倾向于重复词语。例如:"作为行政法律规范载体的行政法的渊源,分为基本渊源和其他渊源两个方面。"(The origins of administrative law, as the carrier of administrative law, can be divided into two aspects: basic origins and other origins.）再如："行政行为大致可以包括行政立法、行政处理、行政强制、行政处罚、行政司法等行为以及行政相关行为。"（Administrative acts include administrative legislation, administrative handling, administrative coercion, administrative punishment, administrative jurisdiction as well as acts related to administration.）

法律语言中同一个词语重复、同义词或近义词并用的现象，在法律文献中起着十分重要的作用，表明法律语言对词义正确和语境确凿的刻意追求，形成了法律语言用词的严谨性和准确性，从而使得法律文件的内容更为全面，也更有弹性。"有疑即重复"（"When in doubt, say it twice"）是许多律师的座右铭，更有甚者视无度的重复为美德。所以，也有专家批评法律语言过于冗长，过于不经济，给读者造成不必要的麻烦。

(8) 相对义词语的使用

词语的对义性是指词语的意义互相矛盾、互相对立，即词语所表示的概念在逻辑上具有一种矛盾或对立的关系。如"一般"与"特殊"、"上面"与"下面"、"生存"与"死亡"、"正义"与"邪恶"等。所谓的相对义词语，指的就是这样在意思上互相对立、互相矛盾的词语。在世界各民族的共同语当中，由于生产劳动、社会交际、科学研究和思想交流等各方面的需要，形成了大量的意义相互矛盾或相遇对立的词语。通常情况下，这类意义相反或对应的词，属于反义词的范畴。然而在法律语言中，这类词义相反或对应的词语一般被称为相对义词。以这样的方式来命名与称呼的原因出于法律工作自身的内在属性和要求。法律工作必须借助一组表示矛盾、对立的事物或表示对立的法律行为的词语来表示各种互相对立的法律关系。相对义词语的普遍使用在英汉法律专业术语中的情况具有一致性。例如：

汉语法律相对义词语		英语法律相对义词语	
原告	被告	plaintiff	defendant
上诉人	被上诉人	appellant	appellee
行为人	受害人	perpetrator	victim
权利	义务	right	obligation
债权人	债务人	creditor	debtor
主犯	从犯	principal criminal	accessorial criminal

续表

汉语法律相对义词语		英语法律相对义词语	
主体	客体	subject	object
利润	亏损	profit	loss
合法	非法	legal	illegal
甲方	乙方	Party A	Party B
雇主	雇员	employer	employee
重罪	轻罪	felony	misdemeanor
行贿者	受贿者	briber	bribee

在英汉法律语言中,这类相对义法律专业术语的现象是由法律工作本身的性质所赋予的。因为法律工作的对象往往是利害关系互相对立的两个方面。如刑事案件中的行为人和受害人;民事案件中的原告与被告;经济合同中的甲方和乙方等(肖云枢,2001:45)。所以法律条文的制定与实施都必须旗帜鲜明地肯定一方,否定一方,这就决定了法律专业术语中不可避免地存在大量的相对义词。

(9) 制约性情态动词的使用

法律制定与执行的目的,就是要借助于法律法规来制约和规范人们的社会行为,确定公民的权利和义务。而法律法规所体现的规范性和约束性主要通过具体的法律语言来实现。法律语言作为一种言语行为,具有内在的法律效力,能够带来特定的法律效果。这种言语行为在汉语法律中主要包括颁布、废止、修正、命令、要求、授权、允许、禁止、承诺、判决,而在英语法律中主要包括 enact, command, repeal, entitle, amend(张新红,2000)。这些标识指令性、承诺性和宣告性的法律语言的表现方式就是情态动词的使用,比如汉语法律语言中的"必须""可以""不得""禁止""应当"和英语中的"shall""may""should"等。

在对当代法律英语情态动词基于语料库的专项研究中,杨信彰在《英语的情态手段与语篇类型》(2006)一文提到建立了容量为 236378 个词汇的英语法律语篇的语料库,囊括《英国清洁街区和环境法》《国际组织法》《美国通讯法》和《澳大利亚版权法》等,并对语料库中出现的核心情态动词进行检索统计,得出的数据显示:may 和 shall 在法律语篇中出现的次数分别占总情态动词使用量的 39.46% 和 34.92%。再如,郝丰玲与余玲丽在其合著的文章《法律英语语篇和英语政治新闻语篇核心情态动词的对比分析》中也建立了容量为145782个词汇（《包括联合国海洋法公约》《国际商事仲裁示范法》、CISG、《澳大利亚宪法》《澳大利亚刑法》《加拿大宪法》《美利坚合众国宪法》《美国克莱顿法》《国际协定及跟单信用证统一惯例》，共10份英语国家或国际性法律文件）的法律英语语料库并对情态动词进行统计。数据证明shall和may在法律英语中是高频情态动词，在总的情态动词使用中占绝对比例，其中shall的频率为34.4%，may的频率为31.6%。而根据对《美利坚合众国宪法》中情态动词的统计，shall出现了191次之多，may出现了33次，will出现5次。

按照Biber等学者对情态动词情态值的划分，shall和may分别居于中、低区域，但在法律英语中却高频出现，可见shall和may在法律英语中具有高情态值。shall和may在法律文体中常与第三人称一起使用，并不具有时态意义，其情态含义主要是表示义务职责，因此从这个意义上来说，我们一般将它们称为Obligational Modal Verb，体现出法律文书的规范性、约束性和权威性。除此之外，shall和may还有权利、命令、许诺和预期等情态意义。

在这里首先以应用最为广泛的shall为例来进行论述说明。shall用于第三人称表示义务、命令、规定、责任等观念，是英文法律文体的独特、重要的词汇，相当于must, have to。例如，"The arbitral tribunal shall state the reasons upon which the award is based."（仲裁庭应当阐明裁决所依据的理由。）又如，"The President, Vice President, and all civil officers of the United States shall be removed from office..."（Article II, Section 4 of the U. S. Constitution）。可以说，由于shall的使用频率极高，它在英语法律语篇中已经成为规约化的标示责任和义务的语言工具。Shall的否定形式表示"不得""禁止"，例如："This Convention shall not affect, or be incompatible with, the application of any international convention or national law relating to the regulation, and control of transport operations."（本公约不得影响任何有关运输业务管理的国际公约或国家法律的适用。）

从目前包括英语国家法律、国际公约和其他国家法律英文翻译的总体情况来看，shall的用法非常混乱，因而有英语国家学者建议用must取代shall来表示法律条文的强制性。并且事实上，英国议会通过的法案近来多用must表示强制概念。需要指出的是，中文的"必须"通常译成must，而"应当"通常译成shall。

在表达禁令的句式中，从语气的强弱程度来看，"must not"的程度要大于"may not"，而"may not"的程度又大于"shall not"，它们在强弱程度上所形成的级阶可以用公式方式简要概括如下：must not ＞ may not ＞ shall not。

特别需要注意的是，shall 可以表示立法机关针对某一法律规定所做的"宣示"，如说明生效日期等。但是通常情况下 shall 表示"行为主体"（依照立法的"强制性"要求）有"义务、责任"从事某种具体的"行为"。从这个意义上来讲，一般的法律规则而非行为规则，或者平铺直叙点名立法意图，或者行为人有"权利"而非"义务"从事某种行为的规则，都不能用 shall。实际上，经过归纳可以发现，有一个比较简单有效的判断 shall 是否滥用的方法，就是用 be required to 或者 have the duty to 来进行替代，看是否可行。例如，下面两例就是表示 shall 用于立法机关对法律规定所做的宣示：① This Act shall become effective on November 1, 1940.（本法 1940 年 11 月 1 日生效。）；② This Act shall come into force（take effect）as of October 1, 2012.（本法 2012 年 10 月 1 日开始生效。）

通过 may 提出的要求不带强制性。有时为了实现要求而准许附加条件或作补充说明，也可以在一定条件下表示允诺或许可。例如："A contract may be modified or terminated by the mere agreement of the parties."（只要当事人达成协议，合同可以予以更改或终止。）

另外需要指出的是，情态动词 should 表示道义上的义务，并非法律所强制，所以通常不能用于法律英语中。"should"即便有时使用，它在法律文本中的用法，也仅表示不太可能发生的情况，常用来表示"万一"，相当于"in case"或"lest"引导的虚拟语气的条件从句，绝对不可将其汉译成"应该"。例如：Should such negotiations fail, such disputes may be referred to the People's Court having jurisdiction on such disputes for settlement in the absence of any arbitration clause in the disputed contract or in default of agreement reached after such disputes occur.

法律语言的文体庄重、严肃，要求词汇使用恰当、准确。事实上由于用词不当而引起官司和纠纷的实例在历史和现代社会生活中屡见不鲜。为了深刻理解法律语言中的情态动词，我们有必要对法律文本中的用意标识语的特点进行认真了解。通常情况下，法律言语行为可以依据用意标识语划分为三种类型：显性法律言语行为、规约性法律言语行为和隐性法律言语行为。综合相关研究可以发现：在英语和汉语法律的文献中，使用最多的标示法律言语行为的语言手段就是情态动词这种规约性词语，如前文所提及的 shall、may、"必须""可以""应当"等。尤其是法律英语中情态动词的运用，如果翻译不当引起的后果将会不堪设想。总之，在英汉法律语言当中，因为可以引发特定的法律言语行为，因此制约性情态动词具有严格和规范的使用方式。

2. 英汉法律词语的差异性

上文主要论述了英汉法律语言在词语层面上的共同性。这些不同方面共同性的存在,一方面是由于作为人类交际、认知和思维工具的语言法律自身属性,另一方面是由于法律领域及法学学科的内在属性。然而,不论是语言还是法律,都是属于人类文化和文明的重要组成部分,受到各个民族文明发展和文化传承的深远影响。语言是文化的载体,也是语言的一面镜子。因此在英汉法律语言自身都能看到各自文化的清晰印迹。由于英汉两种不同文化的存在和影响,英汉两种法律语言之间也呈现出一些比较显明的差异性。

(1) 法律概念引起的词汇差异

法律、法规涉及立法、司法主体对司法客体的行为制约或者各当事人之间的权利和义务。由于法律文化背景的不同,英汉法律概念各自有着其特定性。因此对法律概念和文本的理解和翻译必须符合原文严格的法律含义和定义域,防止解释不一,更要防止望文生义,以免张冠李戴,用一个在形式上较为相像或相似的法律专业术语来理解和翻译对方语言中的法律术语,从而导致意思大有出入,谬之千里。

法律英语中表示侵害他人名誉权的词有两个:libel 和 slander。根据《布莱克法律词典》和《英美法律术语辞典》(张法连,2014:246,393),libel 指的是以文字或其他书面形式对人进行诽谤,而 slander 则指以口头形式诽谤他人。国内如《新英汉词典》《英汉法律词典》等有一些辞典大都注意到了这两个词的差异,但将这两个词都译为"诽谤罪",这是有欠妥当的。在英美法系国家,libel 和 slander 是一个侵权法上的概念,而不是刑法上的概念。对于名誉权遭受他人侵害的情况,受害人可以提起损害赔偿的诉讼。然而在我国因为没有专门的侵权法,所以根据侵权行为的严重程度分别由民法和刑法来加以调整,这样一来,在我国就有所谓的"诽谤罪"。因此,我们不能以我国法律文化中的概念来直接套用而将它们统一翻译为"诽谤罪"。因此,将 libel 和 slander 分别译为"书面诽谤"和"口头诽谤"要更为适宜。

再如:deposition 是英美诉讼法上所特有的制度,指双方当事人在审判前(pre-trial)互相询问对方或其证人作为采证(discovery)。因为是在审判前,又是在庭外进行,如果直译为"录取证词"或"采证"都不够准确,建议译为"庭外采证"较为妥当。

语体的严肃性和语义的特定性是法律术语的重要特征。严肃的语体要用严谨精密的专门法律术语去体现。因此,在法律专业术语的解释和翻译中不能够想当然地望文生义。

(2)法律体系引起的词汇差异

法律体系,或者称为部门法体系,是指一个国家现行的全部法律按照一定的结构和层次组织起来的统一整体。一个国家的法律制度系统,深深地植根于该国的政治、经济以及文化之中。一般来说,与其他国家的法律制度系统相比较,在很大程度上不会有过多雷同,即使是基于相同法系的国家之间的法律也是同样如此。正是这种体系差异以及部门法之间本身差异的存在,形成了法律语言之间在词语层面上的差异性,也给法律词汇翻译带来了一定的难度。例如,在英美法系与大陆法系之间存在巨大法律文化差异。英美法系有专门的侵权法,而大陆法系则没有;大陆法系有公法和私法之分,英美法系则没有。

需要注意的是,相同的语言符号在不同的法系可能会表示不同的概念。像 jail 和 prison 这样的词语,一般容易被不加区分地误解为"监狱、牢狱"。事实上,在美国司法背景下,jail 和 prison 含义并不相同。prison 是由联邦或州政府设立的关押已判决重罪犯的改造场所,相当于我国的"监狱";而 jail 是用于短期关押由联邦或州立司法机关起诉的等待审理的被告或被判处短期有期徒刑的轻罪犯的地方设施,相当于我国的"看守所"。因此,要注意法律文化的差异,在解释时要注意区分从而能够准确表达词义内涵。

此外,与英美国家的法律文化相比,中国有一些自己独特的法律制度,在翻译时应注意准确表达。中国法律语言中"劳动教养"(indoctrination through labor)、"人民调解"(people's mediation)这样的词语就是我国专门的法律术语,有着独特的法律和文化含义。"劳动教养"是指对有轻微违法犯罪的行为而又不够追究刑事责任的人,实行的一种强制性教育的行政处罚措施;"人民调解"也是具有中国特色的法律术语,是指人民群众通过调停说和,解决他们之间纠纷的活动。而在英美法律制度中根本不存在类似的法律制度,因此其法律语言中也就没有对应的法律术语。

(3)文化语境引起的词汇差异

"语言有一个环境。使用语言的人们属于种族(或许多种族),也就是说,属于一个由于身体特征不同而与其他集团分开的集团。再者,语言不能脱离文化而存在,不能脱离社会继承下来的各种做法和信念,这些做法和信念的总体决定了我们生活的性质"(Sapir,1921)。不同的民族在漫长的法律实践中,由于文化、政治、地理等文化因素的渗入,各自形成了一套具有特色和差异的概念体系,并在语言中固定下来。比如法律术语"minor"(未成年人)在不同国家的法律规定中就具有不同含义,其原因在于各国法律根据其民族生理发育特点和文化因素等做出的规定不同:法国、意大利、比利时、荷兰等国规定21岁为成年;瑞士、日本等国规定20岁为成年;中国、英国、匈牙利等国规定18岁为成年。可见,各国对"成年年龄"的不同规定反证了"未成年人"的语义模糊性。Ann. D. Jordan(1997:339)在分析《中华人民共和国香港特别行政区基本法》的英译时深深为两种不同法律文化背景下的概念感到困惑。在她看来,一个世纪以来,香港法律受英国普通法文化影响很深,这一方面是规则的影响,另一方面则是观念的影响。尽管中国大陆和香港使用相同的法律语言,然而其所表达的概念却并不一致。双方的法律探讨实际是mutually uninformative cross-talk。基本法的英译本没有能够将中文本的精髓表达出来。例如中文的"法律"和英文的"Law"是对应的,但两者的外延在不同的法律文化背景下是不同的。造成上述结果的原因就是文化、政治、地理等方面差异所致,虽然中国大陆和香港同属中华民族(刘蔚铭,2003)。

三、中西法律语言词汇对比对于翻译的启示

法律语言作为一种专门领域和专门用途的语言的典范,有着独特而鲜明的特点。文化是影响法律语言行为的一个非常重要的因素。在古代和现代不同的社会生态下,存在着形形色色、差异显明的法律体系和法制模式。法律的多元性和差异性,也从客观上表明了在翻译中对法律文化诠释的必要性,以便能够在不同的法律间搭建彼此沟通和相互理解的桥梁。翻译的过程中,在通晓不同社会背景下的法律制度的基础上,还要研究法律英语的语言特点。法律术语翻译是法律体系框架内的跨文化交际活动,有其自身的特点和原则。这就要求译者在囿于法律、语言、文化等因素构成的框架内积极而有限地进行创新,从法律文化背景、法律词汇的内涵和原意等方面对法律词汇进行分析,运用恰当的翻译方法进行翻译,以满足法律英语翻译的准确性、专业性和严谨性的要求。

从语言学角度,Nida(1993)关于功能对等原则的翻译理论比较适合法律术语翻译。该理论认为多数情况下只有在形式翻译不足以发挥作用的时候,功能对等翻译才是适当的,具体包括三种情形:①形式翻译可能导致指称意义的误解;

②形式翻译的结果是无意义;③形式翻译可能造成源文本联想意义的误解或源文本的文体特征明显丧失。

Sarcevic(2000)结合法律翻译进一步将功能对等分成三种类型:N-E(接近对等)、P-E(部分对等)和 No-E(完全不对等)。N-E 指源语和目标语的法律概念具有基本一致或完全一致。P-E 指源语和目标语的法律概念非常相似,而且两者的差异可以通过一定方法阐明,例如词汇扩张解释。No-E 指源语和目标语的法律概念基本没有或罕有对应之处,或目标语法律体制中根本没有相应的专门术语。

综上所述,这些观点和研究对于法律术语翻译的启示就在于:在法律术语翻译过程中,首要的标准是忠实于原文,对原文进行忠实的形式翻译。如果形式翻译不能充分发挥作用,方可考虑进行功能对等翻译。在采取功能对等的翻译方式时,需要具体分析法律术语在源法律体制和目标法律体制,以及源语法律文本和目标语法律文本之间属于哪一种类型的功能对等,之后根据不同类型的对等采用相应的翻译策略。

1)对于 N-E 型的法律术语,可直接采纳目标语中的功能对等词,也就是采用直译法。直译法是翻译中最常用、最重要的翻译方法,在法律英语词汇翻译上适合翻译中英文中语言功能、意义和法律功能上完全对等的词汇。例如:ownership(所有权)、compensation(补偿)、infringement(侵犯)、surveillance(监视)、custody(羁押)、suspect(嫌疑犯)、criminal(罪犯)、evidence(证据)、search warrant(搜查证)、dependant(受养人)、defamation(诽谤)、class action(集体诉讼)、punitive damages(惩罚性赔偿金)。

2)对于 P-E 型的法律术语,在采纳目标语中功能对等词的同时,还需通过一定的方法辅以解释,比如上述词汇扩张解释法。因此,如果直译不能使目标语读者明白,加注又使译文冗长烦琐时,就可采用释义法,从而一方面使得法律译本简练,另一方面又不损害对原语信息的表达。例如:quiet possession("不受干扰的占有使用)、Power of Attorney(授权委托书)、挂职干部(official serving in a lower level unit for a period while retaining his position in the previous unit)、三来一补("来料加工、来件组装、来样制作、补偿贸易"的简称,"processing and assembly of supplied parts and materials, manufacturing according to supplied drawings and compensation trade")。

3)对于 No-E 型的法律术语,则应采取保留原词、造词或借词等方法予以翻译,并且加注描述性释义。在论及专有名词和机构术语的翻译时,纽马克

(Newmark,2009)认为应采用"不译"(not to be translated)的方法,进行原文照抄和音译。法律专有名词以及案例名称的翻译有时候就需要用到这种方法。比如,机构名称 WTO(世界贸易组织)、NATO(北大西洋公约组织)和 OPEC 欧佩克(石油输出国家组织);案例名称 United States v. Brown(No. 399)(美国诉布朗案第 399号)、Watkins v. U. S.(沃特金诉美国案)也是原文照抄,这是法律业界约定俗成的。另外,翻译上的再创造(recreation)是指在源语与目的语无法对应的情况下,为传达近似的效果而采取的非对应手段。因此,造词的创造性翻译在法律词语翻译中也会经常使用,比如:在我国替别人处理法律事务或代为诉讼的专业人员的称谓有律师,企业法律顾问和法律工作者(法工)。而实际上,我国的"法律工作者"是指没有取得律师资格,在基层从事法律服务的人员,而他们的工作性质又接近于律师的工作,因此如果把这一职业直接译为 legal worker 或 legal professional 是不妥当的。因此,根据其工作性质最好创造新词,译为 civic legal advisor(公民法律顾问),以区别于 enterprise legal advisor(企业法律顾问)。

第四章　中西法律语言句法对比

❖ 我拿着一只大盾,保护两方,不让任何一方不公正地占据优势;我制定法律,无贵无贱,一视同仁。　　　　　　　　　　——[古希腊]梭伦
❖ 民一于君,事断于法,此国之大道也。　　　　　　　　——邓析

一、概述

从事英汉法律语言和英汉法律语言互译的研究,人们会发现法律文书晦涩难懂、难以转化,这其中主要原因就在于法律语言所具有的特色句式。人们在日常生活当中鲜有接触和使用这些特色句式、句型和短语。因此,法律语言给人们带来的第一印象就是威严、神秘。这也从另一个侧面显明地体现了法律语言的权威性、庄重性和严谨性的文体风格,使得法律语言和法律文本具有准确、严谨、客观、明晰等特质。这不仅能够准确有效传达法律内容和意义,而且能够鲜明体现法律精神、法治观念和法律文化。

对英汉两种法律语言进行简要对比即可发现,它们二者在句法结构特征和语言表达习惯上存在很大的差异。就英汉法律语言句法特征而言,英语法律语言的句子往往长而复杂,定语和状语等限定成分多,或后置,或分隔,或插入,主要体现为多层次的形式关系。汉语法律语言的句子则比较简约,句子成分,尤其是限定成分,通常呈现紧缩或省略状态,主要体现为多层次的意义关系。在立法文本的句法结构方面,多用并列结构和普遍使用复杂同位成分,句式方面则多用长句、动词性的非主谓句,普遍使用非名词性宾语的句式,必要时用文言句式(凡……的),以及一般用松散句式等。由英汉法律语言的对比,可以对英汉法律互译提供启示和借鉴。在英汉法律互译工作中,我们应该尽可能摆脱原文结构和语序的束缚,根据各自法律语言的文体特征和表达习惯的需要进行结构转换,以准确传达法律信息,达到中西法律语言与文化沟通交流的目的。

吉本斯(2007:15)认为,法律语言从广义上可以分为两个主要的领域:一是

法典化的、主要是立法的书面语和其他的法律文件,如合同等,它们主要是独白式的;二是法律过程中更加口语化的、互动的和动态的语言,特别是法庭语言、警察调查语言、监狱语言以及律师与律师之间、律师与其客户之间交谈的语言。蒂尔斯玛(1999:139-141)将法律的书面文本分为三种,其一是操作性文件(operative documents),"创造或修正法律关系",奠定了法律的框架本身。这一类型的法律文本包括立法(法令、命令和条例),答辩词和起诉书,判决书,以及一些私人的文件,如合同和遗嘱等。其二是解释性文件(expository documents),是对法律进行客观地解释。这一类法律文本可能包括给客户的一封信或一份法律备忘录,也可能是一大卷关于法律写作和教育的材料。其三是说服性文件(persuasive documents),特别是为了说服法院而向法院提交的书面文件。蒂尔斯玛注意到后两种类型的法律文本"在语言上不是特别遵循刻板的程式或教条主义,虽然它们确实使用了相当正式的标准英语"。由于我们这里主要目的是研究法律语言的独特之处,因此将在讨论中重点关注操作性文本,尤其是立法文本。

  从语句的层面来看,法律语句尤其是立法语句,通常是由一般词语、法律词语和法律专业术语所构成的。从这个意义上来说,法律语句同时具有一般话语和法律话语的双重特征。在法律界,立法者和其他法律工作者的职业特点都通过其所赖以交流和思维的工具——法律语言——得以清晰地映现,尤其是清楚地反映在了其所使用的习惯性法律语句之上。同时,除了法律语言的使用者的因素之外,法律语句还要受到其所服务以及反映的主题的影响和制约。因此,往往由于立法主题的差异,各种立法文本的句法也有所差异,需要采用与之相适应的句法修辞形式。对英汉法律语言的比较可以发现,二者在法律句法的生成规律上基本存在共性。英汉法律语言在句法特征上所体现出的共同的主要特点包括如下三个方面:首先,法律条款的制定必然体现其语法主题(grammatical subject),如英语法律语言表示禁止的句式通常采用"...is/are/shall be prohibited (banned)""no...shall be...ed""It is prohibited to do..."等;与此基本相同,汉语法律语言表示禁止的句式通常采用"禁止……""……不得……""不允许……"等。无论是英语法律语言还是汉语法律语言,这样的句式在人们的日常语言中很少用到。其次,在英汉法律语言中的专业词语、修饰语、代词指示语(pronoun reference)以及句法连接成分等,都必须体现法律的逻辑关系。如英语法律语言中,泛指人称指示语通常主要采用"any person/one""he/she"等;而汉语法律语言中表示人称的常用方式主要是"……的""有……者""任何人不得……"等。再次,英汉法律语言中都重视立法句子的法律性阅读效果(legal readability)。所谓的法律性阅读效果,主要指的是各种法律条款的关系应当前后明确,句子的"难易程度和让人解读作为整体的句法形式"相适应(Bowers, Frederick, 1989:252)。

为了能够在真正意义上"证明一个集体所承认的法律是人们必须服从的东西"(索绪尔,1999:107),法律就要对自身的语言提出非常严格的标准和要求:法律语言在词法和句法上需要做到与法同行,反映法律的精神;需要做到与普通百姓相通,考虑民众的实际能力和诉求,需要做到与时代语法相近,符合语言总体进化和发展规律。概括来说,就是法律语言需要总体上体现法律的内在和本质要求,同时也要符合大众的阅读心理和接受习惯。只有这样,法律才能作为真正的"天下之程式,万世之仪表"(《管子·明法解》),具有最为普遍的法律效果和应用价值,并产生普遍的规范性和约束力。这些方面的要求,对于法律语言总体来说是如此,对于立法语言来说更是如此。立法语言所采用的句法不能脱离全民族所共同使用、普遍适用的句子,或者是人们约定俗成、习以为常的句子,否则"就违反了语法规则,文句就不通,无法实现语言为全民服务的交际功能。然而,英语语法跟汉语语法比较,有很多地方就不一样"(吕叔湘,1983:137)。因此,分析和比较英汉法律语句的基本类型和表达模式异同,有利于更加有效地理解和把握其法律含义,做好跨文化语境的法律语言翻译工作。

二、英汉法律语言句法特征对比

1. 英汉法律语言句法结构的共性

如前文所述,由于在蒂尔斯玛关于法律书面文本的"操作性文件""解释性文件"和"说服性文件"三个有益的分类中,只有操作性文件相对最能体现法律语言的独特之处,因此这里也拟以操作性文本中的典型文件"立法文本"来对英汉法律语言的句法结构特征进行探讨。

(1)英汉法律语言中立法语句的基本类型

英汉法律语言的句法都是以全民族共同语言为基础构建完成的,因此其所遵守的都是各自民族语言共同语的语法规律。只是法律语言的句法结构具有某些特殊性,偏重于"法语之言"的表达方式和句法逻辑所需要的固定性表达模式,或者说是封闭性表达方式,例如法律语言句法主要包括"禁止句"(prohibition)、"授权句"

(allowance)、"鼓励句"(courageous sentence)以及"义务句"(obligation)等句法结构构成方式。英汉法律语言之所以具有这些共同的句法特征,是因为现代立法的基本理据之一就是"成文法公示的最高宗旨就是对权力、义务和禁止关系的具体化"(Bowers, Frederick, 1989:20)。因此,英汉两种法律语言都需遵循这一现代立法规律。

1) 授权性法律语句

授权性法律语句(authorizing legal sentences),指法律授予行为主体"具有自己为一定行为和要求他人为或不为一定行为的法律句法规范"(孙懿华、周广然,1997:194)。该规范所表达的是公民本身的权利和法律赋予国家机关或国家公职人员的权利。授权性规范源起于西方,现广泛应用于各种民事和刑事法律文本,行为主体可以是自然人,也可以是广义上的物。英汉法律语言授权性语句通常见诸各种法律、法规、令状、命令等书面法律文件。例如:

Article I, Section 8: The Congress shall have power to lay and collect taxes, duties, imposts and excises, to pay the debts and provide for the common defense and general welfare of the United States; but all duties, imposts and excises shall be uniform throughout the United States...

(The Constitution of the United States of America)

第1条,第8款:国会有权规定并征收税金、捐税、关税和其他赋税,用以偿付国债并为合众国的共同防御和全民福利提供经费;但是各种捐税、关税和其他赋税,在合众国内应划一征收……

(《美利坚合众国宪法》)

第83条:债务人接到债权转让通知时,债务人对让与人享有债权,并且债务人的债权先于转让的债权到期或者同时到期的,债务人可以向受让人主张抵销。

(《中华人民共和国合同法》)

Upon receipt by the obligor of the notice of assignment of rights, the obligor shall have vested rights against the assignor, and if the rights of the obligor vest prior to or at the same time as the assigned rights, the obligor may claim an offset against the assignee.

(Contract Law of the People's Republic of China, Article 83)

从以上例句可以看出,与英语法律语言授权性句子联用的,通常有"shall

(should) have (enjoy, possess, be given) the right to..." "be (become) entitled to (in-)..." "be authorized to..." "have the authority of..." "be allowed to..."等句法形式;汉语法律语言句法常用的授权性词语有"享有……的权利""有权……""有……""可以……""应当……""属于正当……"等。这些具有鲜明法律特征的句法一般情况下仅用于法律语境,其他环境的类似用法通常也都来源于此。

2) 禁止性法律语句

法律具有双重性,一方面赋予了权利,一方面规定了义务。享受权利就意味着履行义务,而广义的义务则包含遵守被禁止的行为。禁止性法律语句是法律语言当中最为普遍、适用性强的句法结构之一,其作用主要是用以表述禁止人们做出一定的行为。由于禁止性法律语句所表述的都是情节轻重不等的必然性责任行为,且都有不同程度的社会危害性,"因此,禁止性规范也认为是消极义务"(孙懿华,2006:122)。也就是说,如果有违法行为的存在,那么也就必然有被处理的结果。例如:

> Article I, Section 9: The migration or importation of such persons as any of the states now existing shall think proper to admit, shall not be prohibited by the Congress prior to the year one thousand eight hundred and eight, but a tax or duty may be imposed on such importation, not exceeding ten dollars for each person. The privilege of the writ of habeas corpus shall not be suspended, unless when in cases of rebellion or invasion the public safety may require it. No bill of attainder or ex post facto Law shall be passed...
>
> (The Constitution of the United States of America)

> 第1条,第9款:对于现有任何一州所认为的应准其移民或入境的人,在1808年以前,国会不得加以禁止,但可以对入境者课税,唯以每人不超过十美元为限。不得中止人身保护令所保障的特权,唯在叛乱或受到侵犯的情况下,出于公共安全的必要时不在此限。不得通过任何褫夺公权的法案或者追溯既往的法律……
>
> (《美利坚合众国宪法》)

> 第3条:禁止包办、买卖婚姻和其他干涉婚姻自由的行为。禁止借婚姻索取财物。禁止重婚。禁止有配偶者与他人同居。禁止家庭暴力。禁止家庭成员间的虐待和遗弃。
>
> (《中华人民共和国婚姻法》)

Article 3: Marriage upon arbitrary decision by any third party, mercenary marriage and any other acts of interference in the freedom of marriage shall be prohibited. The exaction of money or gifts in connection with marriage shall be prohibited. Bigamy shall be prohibited. Anyone who has a spouse shall be prohibited to cohabit with another person of the opposite sex. Family violence shall be prohibited. Maltreatment and desertion of one family member by another shall be prohibited.

(Marriage Law of the People's Republic of China)

英汉法律语言常常根据法律禁止的严厉程度以及语气强弱,在禁止性语句中采用不同程度的禁止性词语。禁止性法律英语句法中常用"prohibit (prohibition)""any...shall not""any...should not...""no...shall...""It shall be unlawful for any person...""nothing...shall..."等;与汉语常用禁止性语句连用的词语有"禁止""严禁"或者表示法规的不同执行方式"不准""不可(以)""不应""不允许"等等。

3) 义务性法律语句

义务性法律语句,主要是指英汉法律规范中所厘定的法律关系及其主体应当履行的法律所规定的义务。不履行法定义务,则会承担相应的法律责任。法律语言学界将义务性法律语句分为肯定式、否定式和无关键词三种(孙懿华,2006:120-122)。因此,从句法的表现形式上看,义务性法律语句主要可以概括分为两大类,一是"有关键词的义务性语句",二是"无关键词义务性语句"。有关键词的义务性语句中往往存在和使用"义务"之类的关键词,属于显性表达形式,清楚明了;无关键词义务性语句中缺失或省略表示义务的关键词,只是隐含在法律语句表述的字里行间的语境之中,需要读者根据"法律常识"(general legal knowledge)进行推理或依靠法律解释(legal hermeneutics)才能领悟法律条文中所包含的义务性含义。英汉义务性法律语句显性关键词都由义务性情态动词和实际词语构成。下面是相关例句:

Article 17: The shipper is deemed to have guaranteed to the carrier the accuracy of particulars relating to the general nature of the goods, their marks, number, weight and quantity as furnished by him for insertion in the bill of lading. The shipper must indemnify the carrier against the loss resulting from inaccuracies in such particulars. The shipper remains liable even if the bill of lading has been transferred by him. The right of the carrier to such indemnity in no way limits his liability under the contract of carriage by sea to any person other than the shipper.

(United Nations Convention on the Carriage of Goods by Sea)

第17条：托运人应视为已向承运人保证，由他提供列入提单的有关货物的品类、标志、件数、重量和数量等项目正确无误。托运人必须赔偿承运人因为这些项目的不正确而导致的损失。托运人即使已将提单转让，仍须负赔偿责任。承运人取得的这种赔偿权利，绝不减轻他按照海上运输合同对托运人以外的人所负的赔偿责任。

(《联合国海上货物运输公约》)

第20条：为了使国家、公共利益、本人或者他人的人身、财产和其他权利免受正在进行的不法侵害，而采取的制止不法侵害的行为，对不法侵害人造成损害的，属于正当防卫，不负刑事责任。正当防卫明显超过必要限度造成重大损害的，应当负刑事责任，但是应当减轻或者免除处罚。对正在进行行凶、杀人、抢劫、强奸、绑架以及其他严重危及人身安全的暴力犯罪，采取防卫行为，造成不法侵害人伤亡的，不属于防卫过当，不负刑事责任。

(《中华人民共和国刑法》)

Article 20: An act that a person commits to stop an unlawful infringement in order to prevent the interests of the State and the public, or his own or other person's rights of the person, property or other rights from being infringed upon by the on-going infringement, thus harming the perpetrator, is justifiable defence, and he shall not bear criminal responsibility. If a person's act of justifiable defence obviously exceeds the limits of necessity and causes serious damage, he shall bear criminal responsibility; however, he shall be given a mitigated punishment or be exempted from punishment. If a person acts in defence against an on-going assault, murder, robbery, rape, kidnap or any other crime of violence that seriously endangers his personal safety, thus causing injury or death to the perpetrator of the unlawful act, it is not undue defence, and he shall not bear criminal responsibility.

(Criminal Law of the People's Republic of China)

英语法律语言中常见的义务性词语除shall加上动词以外，还有"should""must""ought to""be obliged to""lay (be, put, carry out) under (an or one's) obligation""be due"等显性形式。另外还有一些隐性的表达方式,如"be responsible for""be liable to""be dutiful"等。同样,汉语法律语言的句法中表达义务性的词语除"有(履行、承担、负有)……的义务",以及"有义务……""尽……义务""义务……""必须……""须……""应当……""应……"等以外,也有一些不用前述词语但可以表示义务的句法,如"保险事故发生时,被保险人有责任尽力采取必要的措施,防止或者减少损失。"(《中华人民共和国保险法》[1995年版]第41条)①

(2)英汉法律语言中立法语句的表现方式

作为法律语言交际的基本单位,一个完整的法律语句通常承载一个相对独立的法律条款,或者传达一项法律规范。而不同数量的法律条款或者法律规范就可以组合生成一个形式衔接、意义连贯的法律语篇。因此,要理解不同主题、不同形式的法律语篇,我们就需要理解构成法律语篇的这些不同类型和长度的法律语句。可以说,法律语句是法律语篇(legal discourse)的重要意义表述的单位和文本构建的基石,也是"立法者以其厘定的法律文件与法律文件的接受者进行交流并最终使法律产生广泛约束力的基本单位"(熊德米,2011:56)。正是由于法律语句的这些重要特征和作用,英汉法律思维和法律语言在句法表现上存在着许多共性。从这个意义上来说,在对于英汉两种书面法律语言尤其是立法语言的研究中,法律语言的句法所体现出的共有表现特征是十分重要的问题之一。

在对英汉法律语言综合考量之后可以发现,它们所体现出的句法表达特征可以归纳为三种基本形态,具体来说就是"预设处理型""陈述解释型"和"祈使命令型"。

1)预设处理型

在立法语言中第一种比较普遍的法律语句形式就是"预设处理型"语句。"预设处理型"语句又称为"假设处罚型"或者"假定惩罚型"语句。所谓的"预设处理型"语句,指的是立法者预设或者假定某种违法行为发生,公权机关就会用法律既定的"杠杆"去衡量,并做出相应的处理。依据法学界的观点和称谓,这种"预设—处理型"的句法结构所表达的主要是一种立法推定。

依据现代法理学的理念和现代法治建设的要求,立法者总是根据现实社会当中已经发生的某些行为,推定认为将来可能发生类似的行为,因此制定相应的法律

---

① 出于语料研究的需要,本书中涉及的法律法规不全是最新修定的版本。

条款对其进行预防性的控制。从这个意义上来说，如果仅仅将这种立法推定简单表述为"假设—处罚"，很容易引发人们的误读和误解，形成全社会"无事生非"甚至"有罪推定"的立法误区。因此，采用"预设—处理"的表述比较适合"根据已知法律现象推定将来可能发生的法律事情"和"预防为主"的立法思想（熊德米，2011:57）。再具体的来进行论述，就是严肃的法律不存在"假设或假定"，也更不存在"处罚或惩罚"；而根据"法不溯及既往"的原则，"预设"以"既然"为基础，"处理"比较符合现代立法的宽容思想。

Article 31: 4. If such proceeds of crime have been transformed or converted, in part or in full, into other property, such property shall be liable to the measures referred to in this article instead of the proceeds. 5. If such proceeds of crime have been intermingled with property acquired from legitimate sources, such property shall, without prejudice to any powers relating to freezing or seizure, be liable to confiscation up to the assessed value of the intermingled proceeds.

(United Nations Convention against Corruption)

第31条:(4)如果这类犯罪所得已经部分或者全部转变或者转化为其他财产，则应当以这类财产代替原犯罪所得而对之适用本条所述措施。(5)如果这类犯罪所得已经与从合法来源获得的财产相混合，则应当在不影响冻结权或者扣押权的情况下没收这类财产，没收价值最高可以达到混合于其中的犯罪所得的估计价值。

(《联合国反腐败公约》)

但由于法律语言句法上的特殊性，其预设性法律句法表达形式有明显的差异。如：

第166条：买受人如果就其中一批标的物解除，该批标的物与其他各批标的物相互依存的，可以就已经交付和未交付的各批标的物解除。

(《中华人民共和国合同法》)

Article 166: If the buyer is to terminate the portion of the contract in respect of a particular installment which is interdependent with all other installments, it may terminate the contract in respect of all delivered and undelivered installments.

(Contract Law of the People's Republic of China)

第61条：民事行为被确认为无效或者被撤销后，当事人因该行为取得的财产，应当返还给受损失的一方。有过错的一方应当赔偿对方因此所受的损失,对方都有过错的,应当各自承担相应的责任。双方恶意串通,实施民事行为损害国家的、集体的或者第三人的利益的,应当追缴双方取得的财产,收归国家、集体所有或者返还第三人。

(《中华人民共和国民法通则》)

Article 61: After a civil act has been determined to be null and void or has been rescinded, the party who acquired property as a result of the act shall return it to the party who suffered a loss. The erring party shall compensate the other party for the losses it suffered as a result of the act; if both sides are in error, they shall each bear their proper share of the responsibility. If the two sides have conspired maliciously and performed a civil act that is detrimental to the interests of the state, a collective or a third party, the property that they thus obtained shall be recovered and turned over to the state or the collective, or returned to the third party.

(General Principles of the Civil Law of the People's Republic of China)

对英汉法律语言中规范性立法语言的"预设处理"句法进行综合比较可以发现,两者之间具有两个共同的基本特点。第一个特点是,英汉法律语言在句法的使用上,基本都沿用日常交际语言中的"预设"句。具体来说,就是英语法律语言中主要使用两个关键词 if 或者 where,而汉语法律语言中主要使用两个关键词"如果"或者"如果……的"。第二个特点是,英汉法律语言中"预设"句所处的位置有所不同,英语法律语言的 if 和 where 根据立法者强调的重心不同,其位置可以在句首,也可以在句尾,有时候也放在句中;由"如果"或"……的"引导的汉语法律语言的"预设"句的位置则与英文不同,大多数情况下出现在句首,有时出现在句中,但是没有出现在句尾的情况。

2)祈使命令型

在立法文本中,法律制定者特别倾向选用祈使句式,也就是说,经常会采用大量的要求别人做什么或不做什么的一种命令性的句法表达形式。祈使命令句法形式在法律语言中所起的作用通常是表达警告、劝阻、命令和禁止等语气。从广义层面上来说,一切要求他人作为和不作为的,都可以说是在祈使或命令他人做出某种行为。在立法语言当中,祈使命令语句是应用十分广泛的一种语句形式,其作用主要用于表示命令和禁止,态度威严,语势强硬,具有以法律为保障的强制性。

祈使句从句法上看,具有特定的句法特征,其主语和谓语之间的语义关系是施事与动作的关系;从语义上看,是发出者表达的对于接受者行为的建议、要求、命令、禁止等;从语用上看,是发出者用来对接受者行为进行有目的的指令,具有对有关对象行为实施建议、要求、命令、禁止等语用功能。要客观地对祈使句的进行分类,需要综合考虑句法、语义、语用三个平面。在此基础上,祈使句可以分为两个大类四种类型:第一大类是肯定式,包括命令、建议两种类型;第二大类是否定式,包括禁止、劝阻两种类型。从强制性角度看,命令句和禁止句是强制性的,建议句和劝阻句是非强制性的。各类祈使句都具有其特定的语法形式特征。"强制的禁止是不能拒绝的,但不是强制的时候也可以劝告或请求他不要做出某种行为和动作"(高铭凯,1986:498)。从这个意义上讲,任何严格意义上的法律语篇,都是有意识地以调控人的行为为宗旨的而制定,因此其语言表达的总体倾向,都表现为禁止和劝阻,其他语言形式都是为这种功用所服务的。

Article 5: Each State Party <u>shall</u>, in accordance with the fundamental principles of its legal system, develop and implement or maintain effective, coordinated anticorruption policies that promote the participation of society and reflect the principles of the rule of law, proper management of public affairs and public property, integrity, transparency and accountability.

(United Nations Convention against Corruption)

第5条:各缔约国均应当根据本国法律制度的基本原则,制订和执行或者坚持有效而协调的反腐败政策,这些政策应当促进社会参与,并体现法治、妥善管理公共事务和公共财产、廉正、透明度和问责制的原则。

(《联合国反腐败公约》)

ARTICLE IV: 5. Each State Party <u>shall</u> provide access to any chemical weapons destruction facilities and their storage areas, that it owns or possesses, or that are located in any place under its jurisdiction or control, for the purpose of systematic verification through on-site inspection and monitoring with on-site instruments.

(Convention on the Prohibition of the Development, Production, Stockpiling and Use of Chemical Weapons on Their Destruction)

第4条:(5)每一缔约国应使其所拥有或占有的或者位于其管辖或控制下的任何地方的任何化学武器销毁设施和这些设施的储存区能够接受察看,以

第四章　中西法律语言句法对比

便通过现场视察和现场仪器监测进行系统的核查。

《关于禁止发展、生产、储存和使用化学武器及销毁此种武器的公约》

第73条：国家财产属于全民所有。国家财产神圣不可侵犯，禁止任何组织或者个人侵占、哄抢、私分、截留、破坏。

（《中华人民共和国民法通则》）

Article 73: State property shall be owned by the whole people. State property is sacred and inviolable, and no organization or individual shall be allowed to seize, encroach upon, privately divide, retain or destroy it.

(General Principles of the Civil Law of the People's Republic of China)

第68条：公务员之间有夫妻关系、直系血亲关系、三代以内旁系血亲关系以及近姻亲关系的，不得在同一机关担任双方直接隶属于同一领导人员的职务或者有直接上下级领导关系的职务，也不得在其中一方担任领导职务的机关从事组织、人事、纪检、监察、审计和财务工作。

（《中华人民共和国公务员法》）

Article 68: Where there is such relationship as husband and wife, lineal descent, collateral consanguinity within three generations or close affinity between civil servants, the persons concerned shall not assume posts immediately subordinate to the same leader in the same organ or hold posts with a relation of immediate superior and subordinator, or engage in such work as organization, human resource, disciplinary examination, supervision and auditing or finance in the organ where one party concerned holds the leading post.

(Civil Servant Law of the People's Republic of China)

对如上的例句进行分析可以发现，祈使句在英汉法律语言与英汉日常语言之间的使用存在着明显而重要的区别。具体来说就是，英汉法律语言的祈使句在绝大多数情况下都有主语，而与之不同的是，英汉日常语言的祈使句几乎都没有主语。这种突出的法律语言现象已经引起了当代东西方法理学界与法律语言学界的高度重视，并将其纳入法学与语言学研究的重点范畴。

另外，从语言形式上看，法律语言中的祈使句分为明示性祈使句和暗示性祈使句两种。前者的语言形式是正面表示禁止行为，后者则是以"……的，处(以)……"的形式按时禁止行为，亦称"处置句"，即只要符合"的"短语表述的"假定"就要依法予以处理。例如：

第35条:侮辱、殴打教师的,根据不同情况,分别给予行政处分或者行政处罚;造成损害的,责令赔偿损失;情节严重,构成犯罪的,依法追究刑事责任。

(《中华人民共和国教师法》)

Article 35: Anyone who insults or assaults a teacher shall be given an administrative sanction or penalty depending on the different circumstances; those who have caused losses or injury shall be ordered to compensate for the losses; and if the circumstances are serious enough to constitute a crime, the offender shall be investigated for criminal responsibility according to law.

(Teachers Law of the People's Republic of China)

3) 陈述解释型

回顾自古至今以及国内海外的立法发展历程,可以发现,存在着这样的一个共同的通例,那就是,有立法就有解释。在法律语言的语句当中,解释陈述型的句式主要用于对一些重要的法律词语或法律概念进行解释、界定和说明等。具体来说,立法语篇中的陈述解释型句法,其普遍的功用,就在于阐释和疏解法律文本中的重要术语和词语概念、立法宗旨、法律文件的适用范围、适用对象等。解释性法律条款是法律文本的重要组成部分,它和预设处理型句式和命令祈使型句式一起,共同构成法律文本的有机整体。这是古今中外法律文本当中共同存在的现象。法律文本中的法律解释通常采用专门条款,在句法上表现为陈述解释型句式。

英汉两种法律文本的陈述解释分为以下五种:① 对本法适用范围的解释;② 对特定非法律词语的法律解释;③ 对法律术语的解释;④ 对立法宗旨的解释;⑤ 对立法依据的陈述(熊德米,2011:61)。例如:

Article 1: This Convention applies to <u>the use of electronic communications in connection with the formation or performance of a contract between parties whose places of business are in different States</u>. The fact that the parties have their places of business in different States is to be disregarded whenever this fact does not appear either from the contract or from any dealings between the parties or from information disclosed by the parties at any time before or at the conclusion of the contract. Neither the nationality of the parties nor the civil or commercial character of the parties or of the contract is to be taken into consideration in determining the application of this Convention.

(United Nations Convention on the Use of Electronic Communications in

第四章 中西法律语言句法对比

International Contracts)

第1条：本公约适用于与营业地位于不同国家的当事人之间订立或履行合同有关的电子通信的使用。当事人营业地位于不同国家，但这一事实只要未从合同或当事人之间的任何交往中或当事人在订立合同之前任何时候或订立合同之时披露的资料中显示出来，即不予以考虑。在确定本公约是否适用时，既不考虑当事人的国籍，也不考虑当事人和合同的民事或商务性质。

(《联合国国际合同使用电子通信公约》)

Article 2: "Public official" shall mean: (i) <u>any person holding a legislative, executive, administrative or judicial office of a State Party</u>, whether appointed or elected, whether permanent or temporary, whether paid or unpaid, irrespective of that person's seniority; (ii) <u>any other person who performs a public function</u>, including for a public agency or public enterprise, or provides a public service, as defined in the domestic law of the State Party and as applied in the pertinent area of law of that State Party; (iii) <u>any other person defined as a "public official" in the domestic law of a State Party</u>. However, for the purpose of some specific measures contained in chapter II of this Convention, "public official" may mean <u>any person who performs a public function or provides a public service</u> as defined in the domestic law of the State Party and as applied in the pertinent area of law of that State Party.

(United Nations Convention against Corruption)

第2条："公职人员"系指：(1)无论是经任命还是经选举而在缔约国中担任立法、行政、行政管理或者司法职务的任何人员，无论长期或者临时，计酬或者不计酬，也无论该人的资历如何；(2)依照缔约国本国法律的定义和在该缔约国相关法律领域中的适用情况，履行公共职能，包括为公共机构或者公营企业履行公共职能或者提供公共服务的任何其他人员；(3)缔约国本国法律中界定为"公职人员"的任何其他人员。但就本公约第二章所载某些具体措施而言，"公职人员"可以指依照缔约国本国法律的定义和在该缔约国相关法律领域中的适用情况，履行公共职能或者提供公共服务的任何人员。

(《联合国反腐败公约》)

第1条：为了保障公民、法人的合法的民事权益，正确调整民事关系，适应社会主义现代化建设事业发展的需要，根据宪法和我国实际情况，总结民事活动的实践经验,制定本法。

(《中华人民共和国民法通则》)

Article 1: This Law is formulated in accordance with the Constitution and the actual situation in our country, drawing upon our practical experience in civil activities, for the purpose of protecting the lawful civil rights and interests of citizens and legal persons and correctly adjusting civil relations, so as to meet the needs of the developing socialist modernization.

(General Principles of the Civil Law of the People's Republic of China)

第 2 条:法官是依法行使国家审判权的审判人员,包括最高人民法院、地方各级人民法院和军事法院等专门人民法院的院长、副院长、审判委员会委员、庭长、副庭长、审判员和助理审判员。

(《中华人民共和国法官法》)

Article 2: Judges are the judicial personnel who exercise the judicial authority of the State according to law, including presidents, vice presidents, members of judicial committees, chief judges and associate chief judges of divisions, judges and assistant judges of the Supreme People's Court, local People's Courts at various levels and special People's Courts such as military courts.

(Judges Law of the People's Republic of China)

上述英汉例句中的解释性法律词语 mean, have the meaning of,以及法律英语中其他常用词"is""imply""show"等和法律汉语的"是""指""系""系指"就有对法律文本中的关键词语、概念、专业术语或一些被用于法律语境中的普通词语的特殊法律意义进行解释。这种出现在法律文本中的直接解释方式,法学界也叫做文内解释。

法律文本体现立法者的意志,保证法律的良好实施,法律文本主要是一些法条,法规,法理,属于陈述规则和真理。法律文本所要阐明的就是权利和义务,既不能含有个人主观意志,也不能带有私人情感。在律师进行庭审辩护或事实陈述时,法官进行裁量判案时,都不得掺杂个人情感及偏向,一切都应当从客观实际出发。为了表示其语言的公正有效,理由的正当合理,以及判决的公平公正,陈述句成为最好的选择。因此总体来说,法律语言多采用陈述句式,意思鲜明精确,严谨庄重,反对模棱两可,轻浮造作。法律语篇也是通过陈述结构来演进与发展的,而不像其他文体那样,经常会使用疑问句、感叹句等其他的句式表达方式。这样一来,法律

语言的鲜明特点之一就体现为陈述句居多。比如:

第 250 条:强制迁出房屋或者强制退出土地,由院长签发公告,责令被执行人在指定期间履行。被执行人逾期不履行的,由执行员强制执行。强制执行时,被执行人是公民的,应当通知被执行人或者他的成年家属到场;被执行人是法人或者其他组织的,应当通知其法定代表人或者主要负责人到场。拒不到场的,不影响执行。被执行人是公民的,其工作单位或者房屋、土地所在地的基层组织应当派人参加。执行员应当将强制执行情况记入笔录,由在场人签名或者盖章。强制迁出房屋被搬出的财物,由人民法院派人运至指定处所,交给被执行人。被执行人是公民的,也可以交给他的成年家属。因拒绝接收而造成的损失,由被执行人承担。

(《中华人民共和国民事诉讼法》)

Article 250: (1) Compulsory eviction from a building or a plot of land shall require a public notice signed and issued by the president of the people's court, instructing the person subjected to execution to comply within a specified period of time. If the person subjected to execution fails to do so upon the expiration of the period, compulsory execution shall be carried out by the execution officer. (2) When compulsory execution is being carried out, if the person subjected to execution is a citizen, the person or an adult member of his family shall be notified to be present; if the party subjected to execution is a legal person or any other organization, its legal representative or principal head shall be notified to be present. Their refusal to be present shall not hinder the execution. If the person subjected to execution is a citizen, his work unit or the grass-roots organization in the locality of the building or the plot of land shall send a representative for attendance. The execution officer shall make a record of the particulars of the compulsory execution, with the signatures or seals of the persons on the scene affixed to it. (3) The people's court shall assign personnel to transport the property removed in a compulsory eviction from a building to a designated location and turn it over to the person subjected to execution or, if the person is a citizen, to an adult member of his family. If any loss is incurred due to such person's refusal to accept the property, the loss shall be borne by the person subjected to execution.

(Civil Procedure Law of the People's Republic of China)

可见,由于法律文书是用来确认法律关系,贯彻法律条令,规定人们的权利和义务以及陈述案件事实的专用公文,不容许丝毫的引申、推理或抒发个人主观意志。因此,法律英语的基本句式通常都是陈述句结构。再比如,下面这个例子当中,陈述句的使用使人们对法律所保护的权利和规定的义务一目了然:

第36条:法人是具有民事权利能力和民事行为能力,依法独立享有民事权利和承担民事义务的组织。法人的民事权利能力和民事行为能力,从法人成立时产生,到法人终止时消灭。

(《中华人民共和国民法通则》)

Article 36: A legal person shall be an organization that has capacity for civil rights and capacity for civil conduct and independently enjoys civil rights and assumes civil obligations in accordance with the law. A legal person's capacity for civil rights and capacity for civil conduct shall begin when the legal person is established and shall end when the legal person terminates.

(General Principles of the Civil Law of the People's Republic of China)

2. 英汉法律语言中立法语句结构的差异

语言是在各民族社会生产和生活当中由于社会规约所形成交际和思维的工具。不同民族的语言都受到其社会、政治、经济、文化和地理等各种要素的影响,呈现出不同的语言表现形式,从属于不同的语言谱系类型。由此,英语和汉语两种语言都有属于本族语特征的句型特征。这些句型特征是按照英汉语各自不同的句法结构所形成的,在各自民族的语言交流和社会交际当中发挥着不同的功能。根据语言使用的一般规律,语言使用者在社会交际中所选用的句型结构和表达方式能够在一定程度上反映其自身的语言风格和职业特点。也就是说,每个语言使用者都有其独特的个人语体。此外,不同言语社团的说话者,由于行业、职业等会话机构的差异,从而在语言表达方式和句法选择形式上也呈现出该社团或者机构的鲜明的特点,比较典型的代表有课堂、法庭、医院等。

英汉法律语言就是这样的一种机构会话,因此在其语言使用当中都有一些固定的句子结构形式,这些句子结构形式在日常语言中相对比较少用。换言之,法律语言的句法结构必须与相关法律条文的逻辑结构和意义特点相结合,才能有利于实现特定的法律功能,体现应有的法律精神。例如法律文本中的授权性、禁止性和义务性句法形式等,"凡有固定要求的,不能随意'创新',或任意违背通行的句子

第四章　中西法律语言句法对比

格式"(唐文,1996:94)。基于如上原因和要求,法律条文中还往往创造出一些常规的单句和复句形式,形成立法语言自己的表述常规,而且反复出现在立法文本中。对英汉法律语言的句法特点进行比较是进行有效英汉法律互译的必要基础,是增强对英汉规定性法律条文的理解的必要方法,也是加深对英汉语言背后之法律文化认知的必由之路。

(1)英汉法律语言单句的结构差异

法律语言的使用,事实上也就是从作为法律意义潜势的法律语言系统内部,根据交际目的和交际语境等要素的内在要求不断做出选择的过程。法律句法结构的选用,本质上是法律人对法律事实陈述方式的选择,是"约定俗成"和"已被给定"的法律语言的一种外部表现形式。法律语言句子形式的选择不能背离民族共同语言的表现形式,不能违逆作为特定语域所内在要求的法律语言系统的使用规律。法律事实的表述需要考虑"法律权利事前分配在句法上的表现形式,或者说用什么样的特殊句法去表述全部或几乎全部法律事实和法律后果"(K.R.孙斯坦,2004:23)。在英汉法律语言句法形式系统中,单句的选择虽然相对所占比重较少,出现频率也较低,但在两种法律语言中却都是不可或缺的部分。英汉立法语言中的单句主要表现为陈述句和祈使句两种类型。由于英汉立法语言十分强调语言表达的逻辑性、严密性和信息性,因此单句往往难于胜任完整表达法律意义的重要任务。从这个意义上来看,也就容易理解,单句结构在法律语句中的使用与其他文类句法相比相对较少的原因了。

1)法律语言常用简单句的差异

在英汉语言的一些交际语境中,尤其是在语体比较随意、口语交际语式占据主要形式的日常生活语域之中,单句的使用数量和频率其实并不为少。然而,如果具体到比较特殊和典型的法律语域中的话,可以发现,在法律文本中占据主导地位的句子形式通常仅仅包括陈述说明和祈使命令两种。具体来说,法律语言中陈述说明型简单句的功能,主要在于简单陈述一件事实或说明一些简单的事项;而法律语言中祈使命令型简单句的功能,则主要在于明确表达法律的绝对权威性意愿,态度威严,语气强硬。

首先,我们来看一下英汉法律语言中的陈述说明型简单句的用法和作用。英语法律文本里的陈述说明型简单句用以表明立法的批准机构(或人)、立法目的、对旧法废止等。此外,还有一些说明性简单句通常用来解释法律条文中的某一个重要词语或术语。英语法律语言里面常用于解释性简单语句的动词除了"mean"以

101

外,其他的表述还有"refer to""is/are""has/have the meaning of"等比较固定的词语,并且需要注意的是,由于法律语言具有的独特的明晰性和严肃性,因而很少采用以其他动词来进行替代的表达方式。

而与英语法律语言不同的是,汉语法律文本中首部所使用的陈述说明句,一般情况下是用来说明汉语法律语境中的立法依据,不是英语法律语境中的"国王""陛下"或"议会",而是某一个国家机关或某一个主要部门。尽管在这一点上汉英法律语言存在着比较显明的差异,然而可以看到,汉语法律语言的简单句与英语法律语言的简单句一样,也可以用在法律文本中对法律条文的重要词语和术语进行界定或说明。例如:

Rule 101. Scope

These rules govern proceedings in the courts of the United States and before the United States bankruptcy judges and United States magistrate judges, to the extent and with the exceptions stated in rule 1101.

(As amended Mar. 2, 1987, eff. Oct. 1, 1987; Apr. 25, 1988, eff. Nov.1, 1988; Apr. 22, 1993, eff. Dec. 1, 1993.)

(Federal Rules of Evidence [1988])

第 101 条 适用范围

本规则根据第 1101 条规定的范围和例外,适用于在联邦法院、联邦破产法院和联邦治安法院进行的诉讼。

(根据 1987 年 3 月 2 日的修改,同年 10 月 1 日生效;1988 年 4 月 25 日的修改,同年 11 月 1 日生效)

(《美国联邦证据规则》[1988 年版])

§ 1-101. Short Titles.

(a) This [Act] may be cited as the Uniform Commercial Code.

(b) This article may be cited as Uniform Commercial Code-General Provisions.

(Uniform Commercial Code)

第 1-201 条:简称

本法称为并可被引用为《统一商法典》。

(《统一商法典》)

Article 68: 1. This Convention shall enter into force on the ninetieth day after the date of deposit of the thirtieth instrument of ratification, acceptance, approval or accession. For the purpose of this paragraph, any instrument deposited by a regional economic integration organization shall not be counted as additional to those deposited by member States of such organization.

(United Nations Convention against Corruption)

第68条:(1)本公约应当自第三十份批准书、接受书、核准书或者加入书交存之日后第九十天起生效。为本款的目的,区域经济一体化组织交存的任何文书均不得在该组织成员国所交存文书以外另行计算。

(《联合国反腐败公约》)

第2条:本法所称能源,是指煤炭、原油、天然气、电力、焦炭、煤气、热力、成品油、液化石油气、生物质能和其他直接或者通过加工、转换而取得有用能的各种资源。

(《中华人民共和国节约能源法》[1997年版])

Article 2: The term "energy" as used in this Law refers to coal crude oil natural gas, power, coke, coal gas, heat, processed oil, liquefied petroleum gas, biomass energy and other resources from which useful energy can be derived directly or through processing or conversion.

(Law of the People's Republic of China on Conserving Energy)

第1条:为了保证食品安全,保障公众身体健康和生命安全,制定本法。

(《中华人民共和国食品安全法》)

Article 1: The Law is formulated to ensure the food safety and safeguard the health and safety of life of the public.

(Food Safety Law of the People's Republic of China)

这五个例句都用的是简单句。第一个《美国联邦证据规则》的例句说明立法的范围;第二个《统一商法典》的例句包含两句,说明简称问题;第三个《联合国反腐败公约》的例句是对说明法律的生效问题;第四个《中华人民共和国节约能源法》的例句是对法律条文里的词语解释;第五个《中华人民共和国食品安全法》的例句是说明立法宗旨。

2) 英汉法律语言的祈使命令型简单句

其次,让我们来看一下英汉法律语言中的祈使命令型简单句的用法和作用。

英语法律语言的祈使命令简单句通常采用带有主语的形式表达命令或禁止语气，可以用主动语态或用被动语态形式。虽然存在这样的可能，法律语言的祈使句可以用日常语言的祈使命令句，动词用一般现在时，但是语气相对比较弱，有悖法律文本的立法主旨，也有失法律语言权威严肃的法律效果。所以，为了响应法律规范的内在要求，产生既定的法律效力，法律语言的祈使句通常用 shall、must 或 should 等特色鲜明的情态动词来表达强烈的祈使命令语气。

与英语法律语言相比，汉语法律祈使命令立法语句主要有两个特点：第一个特点是大多数的汉语法律祈使命令简单句都有主语，而与之相对的是，在一般的语境中，祈使命令句通常是不带主语的，并且英语法律语言在同样的句法情况下必须带有主语，这是两种法律语言的比较明显的差异之一。第二个特点是汉语法律语言的祈使命令句大多数情况下都要加上情态词语"应当""应""不得""必须"等。但需要注意的是，也有少数不带主语的祈使命令句，它们往往是直接用"禁止""严禁""鼓励""反对"等动词开头的句子。但需要指出的是，这种法律祈使命令简单句与有主语的类似祈使句相比，句子出现的数量和频率都要少得多。例如：

Article 13: Each State Party <u>shall</u> take appropriate measures, within its means and in accordance with fundamental principles of its domestic law, to promote the active participation of individuals and groups outside the public sector, such as civil society, non-governmental organizations and community-based organizations, in the prevention of and the fight against corruption and to raise public awareness regarding the existence, causes and gravity of and the threat posed by corruption.

(United Nations Convention against Corruption)

第13条：各缔约国均应当根据本国法律的基本原则在其力所能及的范围内采取适当措施，推动公共部门以外的个人和团体，例如民间团体、非政府组织和社区组织等，积极参与预防和打击腐败，并提高公众对腐败的存在、根源、严重性及其所构成的威胁的认识。

(《联合国反腐败公约》)

Section 10: No state <u>shall</u> enter into any treaty, alliance, or confederation; grant letters of marque and reprisal; coin money; emit bills of credit; make anything but gold and silver coin a tender in payment of debts; pass any bill of attainder, ex post facto law, or law impairing the obligation of contracts, or grant any title of nobility.

(The Constitution of the United States of America)

第10款：各州不得缔结任何条约、结盟或组织邦联；不得对民用船只颁发捕押敌船及采取报复行动之特许证；不得铸造货币；不得发行纸币；不得指定金银币以外的物品作为偿还债务的法定货币；不得通过任何褫夺公权的法案、追溯既往的法律和损害契约义务的法律；也不得颁发任何贵族爵位。

(《美利坚合众国宪法》)

第22条 子女可以随父姓，可以随母姓。

(《中华人民共和国婚姻法》)

Article 22 Children may adopt either their father's or their mother's surname.

(Marriage Law of the People's Republic of China)

第2条：国务院和地方各级人民政府，必须将大气环境保护工作纳入国民经济和社会发展计划，合理规划工业布局，加强防治大气污染的科学研究，采取防治大气污染措施，保护和改善大气环境。

(《中华人民共和国大气污染防治法》[2000年版])

Article 2: The State Council and the local people's governments at various levels <u>must</u> incorporate the protection of the atmospheric environment into their national economic and social development plans, make rational plans for the distribution of industrial layout, strengthen the scientific research on the prevention and control of atmospheric pollution, adopt preventive and curative measures against atmospheric pollution, and protect and improve the atmospheric environment.

(Law of the People's Republic of China on the Prevention and Control of Atmospheric Pollution)

第8条：父母或者其他监护人应当依法履行对未成年人的监护职责和抚养义务；不得虐待、遗弃未成年人；不得歧视女性未成年人或者有残疾的未成年人；禁止溺婴、弃婴。

(《中华人民共和国未成年人保护法》)

Article 8: The parents or other guardians of minors shall fulfill their responsibility of guardianship and their obligations according to law to bring up the minors. They shall not maltreat or forsake the minors, nor shall they discriminate against female or handicapped minors. Infanticide and infant-abandoning shall be forbidden.

(Law of the People's Republic of China on the Protection of Minors)

第32条：申请商标注册不得损害他人现有的在先权利，也不得以不正当手段抢先注册他人已经使用并有一定影响的商标。

(《中华人民共和国商标法》)

Article 32: No trademark application shall infringe upon another party's existing prior rights. Nor shall an applicant register in an unfair means a mark that is already in use by another party and has certain influence.

(Trademark Law of the People's Republic of China)

这五个例句都是祈使句简单句，共同特点是都带有主语。《中华人民共和国婚姻法》这个例句的语气较弱，所表示的是一种或然性或可能性。其余的《联合国反腐败公约》《美利坚合众国宪法》《中华人民共和国大气污染防治法》《中华人民共和国商标法》的例句都表示法定的强制性，语气强硬，态度威严，不容置疑，必须依法行事，否则面临惩戒。

(2)英汉法律语言复句的结构差异

在世界各民族语言中都存在由两个或两个以上的分句组成的复句。由于世界不同语言的思维表达方式、语言历史演变和文化社会语境等方面的差异，因而其所使用的句法构成成分、语句构成规律和语法变现形式等不同的语言层次上也体现出诸多差异。英汉两种语言之间在句法等各个语言层次上的关系也是如此。相对来说，由于英语是重"形合"的语言，语法范畴和关系比较清晰，语法规则和变化比较明确，因此英语的句法成分比汉语更为明显，其单句和复句的分类，只要凭借对于句中各种结构形式的判断和分析，即可以得到清晰的归纳和呈现。因而在其语言学发展的历史过程中，语法学家们的划分标准较为稳定和一致。而与之不同的是，汉语是重"意合"的语言，语法范畴和关系较为模糊，语法规则和变化较为灵活，因此使得汉语句法的划分在许多情况下缺乏明确的判断标准和充分的分类依据。并且与英语发展史相比，汉语发展历程中经历的演化和突变更多，例如西式的白话文和现代的简化词等。因而使得语法学家们的研究理念和分析角度等各有不同，更为难以协调整合，形成共识。汉语句法"严格意义的错综复杂系统并非在所有不同的场合都能得到贯彻"（潘文国，1997：198）。国内学者在复句的定义、组成和解读上均有不同的说法,有的地方甚至分歧巨大,到目前为止汉语单句和复句的划分仍缺乏明确的判断标志和认定标准。这也导致了对汉语复句和英语复句的各种各样的比喻性描述的出现,例如:"竹式结构"与"树式结构"、"弹性说"和"刚性说"、"狮子型"与"孔雀型"、"焦点认知"与"散点认知"、"句首开放—句尾封闭"与"句首封闭—句尾开放"等。英汉法律语言中的复句结构在遵循各自语言句法普遍规律的同时,也突显了各自法律语句本身的明显标记和文体特征。

对英汉两种法律语言现代句法规律和句法形式的研究,需要基于其现行的立法文本。然而,除了英汉语言自身的因素之外,我们还需要将英汉法律的影响因素考虑在内。虽然"法律就是一种语言机构"(Gibbons, 2003: 1),"法律就是一部言词的法律"(Tiersma, 1993: 113-137),"法律既是语言的产物,也依赖语言"(Shauer, 1993),但是语言毕竟还是要在很大程度上作为法律的载体,表现着法律的规范和约束,体现出法律的精神和意志。因此,我们还是需要从英汉法律的渊源等角度来看待英汉法律语言二者之间的比较关系。

由于英美法"遵循先例"的原则,所以许多情况下没有固定的法律规范文本,只是按照已经发生的类似案件或相关案件的法官判决意见作为判例原则,即所谓的法官造法(judge-made-laws)或判例法(case laws)。在中国则是由古代制定法(statutory laws)传承、演变而来的法律传统。因此所遵循的不是先例原则,而是严格的条文式原则。在立法上,立法机关授权立法者按现行社会的道德、经济、政治等状况,事先规定人民所为或所不为,并按照立法机关的主观尺度,分别设定禁止性、授权性和义务性等三类条款;在司法上,按照法律实现所约定的条款和尺度,依法裁定行为人所应当承担的责任,享受规定的权利和履行相应的义务。然而,随着历史的发展和时代的变迁,世界上各个法系之间互相影响、交流和碰撞,彼此借鉴和吸收对方的有益成分,从而使得制定法、习惯法(判例法)之间的相互接触越来越广泛,相互影响也越来越深入,各自都在不断向前演化发展。因此,习惯法国家也在朝制定法的方向发展,制定法国家也在采用习惯法国家的某些审判方法(熊德米,2011:68)。从制定法的角度看,英汉法律语言中的复合句,最为典型的主要体现在条件复合句和超常的列举性复合句两个方面。

1) 英汉法律语言的条件复合句

在立法过程中,法律制定者需要立足于对社会生活的前瞻性基础之上,发现、审视、梳理和总结现实社会中已经发生的普遍行为和事件,并从中将他们认为需要加以规范和控制的某些行为进行抽象和概括,之后以"预言者"的身份制定出具有全民约束性的法律规则。由此就创制出"大家所服从的法律"而且"本身又制定得良好的法律"(亚里士多德,1965:199),形成良法之治的良好局面。而在法律的制定中,"条件句"是各种法律文本中普遍使用的推论性的"假设"句法。从本质上来说,立法者所设立的每一个法律条款都来源于已经发生的事件。由于自古至今法律都是将"已然事件"假定为"未然事件",法律的发展总是滞后于社会的发展,也就是说,"法无明文规定不为罪,法律不溯及既往"(何勤华,1996:125)。从这个角度来理解,所有的法律文本,在严格意义上来说,都不过是一种假设。在英汉法律文本中,具体法律条文的表现形式主要是假设句,所占的比例非常之高,而且基本上已经固化成为表述特定法律内容的程式。只不过从属于不同的语言体系而产生的语言差异,使得英汉法律语言的假设句式在表现形式上也体现出不同的特点。

总体看来,无论是英语法律语言还是汉语法律语言,其文本中最为常态化和程式化的表达句式就是假设句式,尤其是在禁止性和义务性的法律条款中,假设性句式的使用频率和总体数量都比较高。对比英汉两种法律语言,可以发现其法律条文中假设性句法的区别主要体现为:英语法律语言的假设性句式一般都使用带有明显标记性的连词,如"if""where"等表示条件和假设的词语;而且英语法律语言的条件句也遵守日常语言复句的句法规律,突出表现了其重形式、重句法"形合关系"(hypotactic relationship)的特点。而反观汉语法律语言的假设性句式,它们通常不会使用有明显标记性的连词,而是采用无标记的隐形表达法。因此汉语法律语言条件句几乎很少使用"如果""要是""假如"等表示条件和假设的有标记性的词语,而是经常使用"……的""有……的"以及陈述句等方式来表示特定的假设和条件关系,突出表现了其重内容、重语义"意合关系"(paratactic relationship)的特点。

① 英语法律语言 if、where、when 等和汉语法律语言"……的""有……的"

§ 2-319: (1) Unless otherwise agreed the term F.O.B. (which means "free on board") at a named place, even though used only in connection with the stated price, is a delivery term under which (a) <u>when</u> the term is F.O.B. the place of shipment, the seller must at that place ship the goods in the manner provided in this Article (Section 2-504) and bear the expense and risk of putting them into the possession of the carrier; or (b) <u>when</u> the term is F.O.B. the place of destination, the seller must at his own expense and risk transport the goods to that place and there tender delivery of them in the manner provided in this Article (Section

2-503); (c) when under either (a) or (b) the term is also F.O.B. vessel, car or other vehicle, the seller must in addition at his own expense and risk load the goods on board. If the term is F.O.B. vessel the buyer must name the vessel and in an appropriate case the seller must comply with the provisions of this Article on the form of bill of lading (Section 2-323).

(Uniform Commercial Code)

第 2-319 条:(1)除非另有协议,特定地点船上交货条件,即使仅用来规定价格,仍构成交货条件,其中:a.当条件是发运港船上交货时,卖方必须按本篇规定的方式(第 2-504 条)在该地发运货物,并承担将货物交付给承运人的费用和风险;或 b.当条件是目的港船上交货时,卖方必须自行承担费用和风险把货物运输到目的地,并按本篇规定的方式提示交货(第 2-503 条);c.不论使用第 a 项或第 b 项条件,如果另外规定需在船舶上、汽车上或其他运输工具上交货,卖方必须另外自行承担费用和风险把货物装上相应的运输工具。如果使用的是指定装运港船上交货,买方必须提供船舶的名称,在适当情况下,卖方必须遵守本篇有关提单形式的条款(第 2-323 条)。

(《统一商法典》)

Where a company refuses to register a transfer of any shares, the transferee may apply to the court to have the transfer registered by the company; and the court may, if it is satisfied that the application is well founded, disallow the refusal and order that the transfer be registered forthwith by the company. If default is made in complying with this section or any order made thereunder, the company and every officer of the company who is in default shall be liable to a fine and, for continued default, to a daily default fine.

(Companies Ordinance [1984])

凡公司拒绝登记任何股份的转让,受让人可向法院申请由公司登记该宗转让;法院如信纳该项申请有充分根据,即可拒准该项拒绝登记事,并可命令公司立即登记该宗转让。如因没有遵从本条的规定或任何根据本条做出的命令而构成失责,有关公司及其每名失责高级人员均可处罚款,如持续失责,则可处按日计算的失责罚款。

([中国香港]《公司条例》[1984 年版])

第 11 条:注册会计师协会应当将准予注册的人员名单报国务院财政部门

109

备案。国务院财政部门发现注册会计师协会的注册不符合本法规定的，应当通知有关的注册会计师协会撤销注册。注册会计师协会依照本法第10条的规定不予注册的，应当自决定之日起15日内书面通知申请人。申请人有异议的，可以自收到通知之日起15日内向国务院财政部门或者省、自治区、直辖市人民政府财政部门申请复议。

(《中华人民共和国注册会计师法》)

Article 11: The institute of certified public accountants shall submit the name list of applicants whose applications are approved to the financial department of the State Council for the record. If the financial department of the State Council finds any registration approved by an institute of certified public accountants to be inconsistent with the provisions of this Law, it shall notify the relevant institute of certified public accountants to cancel the registration. If an institute of certified public accountants decides not to approve the registration of an applicant in accordance with Article 10 of this Law, it shall notify the applicant in writing within 15 days after the decision is made. If the applicant disagrees with the decision, he or she may, within 15 days after receiving the notification, apply to the financial department of the State Council or the financial department of the people's government of the province, autonomous region or municipality directly under the Central Government for reconsideration.

(Law of the People's Republic of China on Certified Public Accountants)

第12条：中华人民共和国成立以后本法施行以前的行为，如果当时的法律不认为是犯罪的，适用当时的法律；如果当时的法律认为是犯罪的，依照本法总则第4章第8节的规定应当追诉的，按照当时的法律追究刑事责任，但是如果本法不认为是犯罪或者处刑较轻的，适用本法。本法施行以前，依照当时的法律已经作出的生效判决，继续有效。

(《中华人民共和国刑法》)

Article 12: If an act committed after the founding of the People's Republic of China and before the entry into force of this Law was not deemed a crime under the laws at the time, those laws shall apply. If the act was deemed a crime under the laws in force at the time and is subject to prosecution under the provisions of Section 8, Chapter IV of the General Provisions of this Law, criminal responsibility shall be investigated in accordance with those laws. However, if according to this Law the act is not deemed a crime or is subject to a lighter punishment, this Law shall apply. Before the entry into force of this Law, any judgment that has been made and has become effective according to the laws at the time shall remain valid.

(Criminal Law of the People's Republic of China)

第6条:凡在中华人民共和国领域内犯罪的,除法律有特别规定的以外,都适用本法。凡在中华人民共和国船舶或者航空器内犯罪的,也适用本法。

(《中华人民共和国刑法》)

Article 6: This Law shall be applicable to anyone who commits a crime within the territory and territorial waters and space of the People's Republic of China, except as otherwise specifically provided by law. This Law shall also be applicable to anyone who commits a crime on board a ship or aircraft of the People's Republic of China.

(Criminal Law of the People's Republic of China)

以上法律英语和法律汉语例句中前者用显性表达,后者用隐性表达。翻译过程中应当按照英汉两种法律句法表现形式。但是在实践翻译中,许多译者喜欢照抄原语句法,是不可取的。

② 英语法律语言 any person who 与汉语法律语言"凡……的"

Article 2: (a) "Public official" shall mean: (i) <u>any person</u> holding a legislative, executive, administrative or judicial office of a State Party, whether appointed or elected, whether permanent or temporary, whether paid or unpaid, irrespective of that person's seniority; (ii) <u>any other person who</u> performs a public function, including for a public agency or public enterprise, or provides a public service, as defined in the domestic law of the State Party and as applied in the pertinent area of law of that State Party; (iii) <u>any other person</u> defined as a "public official" in the domestic law of a State Party. However, for the purpose of some specific measures contained in chapter II of this Convention, "public official" may mean <u>any person who</u> performs a public function or provides a public service as defined in the domestic law of the State Party and as applied in the pertinent area of law of that State Party.

(United Nations Convention against Corruption)

第2条:(一)"公职人员"系指:(1)无论是经任命还是经选举而在缔约国中担任立法、行政、行政管理或者司法职务的任何人员,无论长期或者临时,计酬或者不计酬,也无论该人的资历如何;(2)依照缔约国本国法律的定义和在该缔约国相关法律领域中的适用情况,履行公共职能,包括为公共机构或者公营企业履行公共职能或者提供公共服务的任何其他人员;(3)缔约国本国法律中界定为"公职人员"的任何其他人员。但就本公约第二章所载某些具体措施而言,"公职人员"可以指依照缔约国本国法律的定义和在该缔约国相关法律领域中的适用情况,履行公共职能或者提供公共服务的任何人员。

(《联合国反腐败公约》)

§ 2-318: A seller's warranty whether express or implied extends to <u>any natural person who</u> is in the family or household of his buyer or who is a guest in his home if it is reasonable to expect that such person may use, consume or be affected by the goods and who is injured in person by breach of the warranty. A seller may not exclude or limit the operation of this section.

(Uniform Commercial Code)

第2-318条:卖方的明示担保或默示担保延及买方家庭中的任何自然人或买方家中的客人,只要可以合理设想上述任何人将使用或消费此种货物或受其影响,并且上述任何人因卖方违反担保而受到人身伤害。卖方不得排除或限制本条的适用。

(《统一商法典》)

第7条:凡是向已有地方污染物排放标准的区域排放污染物的,应当执行地方污染物排放标准。

(《中华人民共和国大气污染防治法》[2000年版])

Article 7: Units that discharge atmospheric pollutants in areas where the local discharge standards have been established shall observe such local standards.

(Law of the People's Republic of China on the Prevention and Control of Atmospheric Pollution [2000])

现行法律汉语中用"凡是……的"或"凡……的"句法仅有8例,多数情况,既可以指人,也可以指物,通常翻译成"anyone who"或"anything that"。相反,法律英语中的"anyone who"或"anything that"句子却比较常见,法律汉语翻译中比较地道翻译是"凡是……的"或"凡……的"。

总结来看,在英语法律语言中,使用频率较高的条件性句法连接词是 where, if 和 when。在这三个表示假设或预设的连接词中,where 的意思与 in any case in which 相同,在法律英语中使用频率最高,表达必备不可少的条件,语气比较重,语体更严肃,确定性较强,而在其他语境中这个词较少出现;if 在法律语言中使用频率仅次于 where,但语气较弱,语体上的威严性稍逊于 where,似乎所表示的条件虽然也必不可少,但有很大的或然性,或"表示你不能肯定某事是否发生";when 作为条件句在法律英语中使用频率较低,所表示的条件不如前两个词刚性(熊德米,2011:69)。

李克兴和王艳(2013:31-35)以香港最常用、最冗长的《公司条例》为语料,详细对比分析其中涉及条件句的大量例句,发现条件句引导词"if"和"where"的用法和译法规律如下:虽然该两词译法较多,如"如""倘若""假使""凡"等,但 89%的"if"译为"如",而 50% 的"where"译为"凡"。该两词引导的条件句的写作和翻译规律可归结为:①"where"引导复杂条件句,"if"引导简单条件句;②"where"引导充分条件句,"if"引导依赖语境条件句;③"where"引导母条件句,if 引导子条件句。而翻译的差别在于,"if"译为"如",而"where"通常译为"凡"。另外,其他三个条件句引导词的译法归纳如下:①"when"以条件句引导词形式出现的仅有 5 次(译为"如"),说明"when"在《公司条例》中不是一个常用的条件句引导词;②"in the event of"引导的状况绝大部分都属于不经常发生,且带有负面性质的大事或坏事,因此在翻译"in the event of"时,"一旦、万一"属于更好的替代译文,更能妥帖描述意外事件或后果不堪设想的事件;③"in case(of /that)"与"in the case(of /that)"虽然在原本语义上及在普通英文的语用上有很大差别,但是在《公司条例》中无论是在英文写作还是中文翻译中都没有将两者严格区分。在此,需要提醒大家注意的是,我国港澳台地区的汉语表述习惯和大陆并非完全一致。

2)英汉法律语言的超常列举性复合句

法律语言倾向于繁复的风格,力求详尽无遗(秦秀白,1997)。因此,法律语言的一个显著特点就是多用长句,也就是法律的起草者和翻译者所说的"一句话"结构(Sarcevic,1997)。长句结构是英汉法律语言的共同特点之一。在英汉法律文本中,之所以会出现这种使用长句来进行表达的倾向,主要原因在于立法者试图将某一问题的相关信息全部安置在一个完整的句子之内,从而避免几个分散的句子所可能引发的歧义。通常的观点认为，一个立法语句应该由三个或更多的主要分句构成，而且其中的每个主要分句又由几个从属分句修饰限定。以这样的方式所构成的长句，语义上不容易让读者产生误解，因为在阅读时不必去核实各个独立句子之间的关系(Sarcevic,1997)。此外，还有观点认为，一系列的短句所带来的不可避免的结果，就是毫无必要的重复或使人厌烦困惑的相互指代，或者二者兼而有之，因此很可能会影响交际效果(Thornton,1987)。所以，法律语言学界的主流观点都坚持认为，在法律的起草和翻译上应当使用"一句话"的长句结构来进行表述。

立法语言的长句结构可以追溯到古罗马、希腊以前的时期。由于当时没有标点符号而导致了"一句话"的长句结构在法律语言的表述中大量使用，有时甚至仅用一个长句来表述某一部法规的整个内容。随着社会的进步，标点符号出现了，但法律法规也变得日趋复杂。为了理解和掌握的便利，一部法律法规通常被分为数个部分来进行表述，但使用长句结构的表达习惯在法律的起草和翻译中却一直沿用至今。

鉴于法律文件的目的、性质和文体特征，长句出现的频率远远高于其他文字作品，这已成为法律语言句法的重要特征，同时也是法律语言屡遭诟病的主要原因之一。以英语法律语言为例，其法律文本中长句的出现和存在属于一种常态，往往少则几行，乃至多则几十行，构成一个逻辑严密，前后连贯的超长型法律语句。法律文件"在句式结构方面也与其他正式文体不同。句子长度远远超出英语句子的平均长度(17个词)，有时一个段落由一、两句话组成"（王佐良，丁往道，1997:287）。"法律英语句子结构复杂，修饰成分很多，常出现一个主句多个从句，从句套从句，再套从句的情况。在'规范性语言'文体文本中，尤其是在立法(包括合同契约等)中，一个句子常常多达一两百单词"（宋雷、张绍全，2010:123）。从法律文本的阅读中不难发现，大部分法律英语长句之"正常"长度都在50至100个单词之间。根据统计，在法律语篇中句子的平均长度约271个单词，而在科技语篇中句子的平均长度则只有27.6个单词(王道庚，2006:91)文学语言语篇中，除意识流作品外，主要类型的语篇的句子平均单词数量还要低于科技英语。

英语法律语言的句法特点和其文体特征密切相关。为达到严谨的目的，正式法律文本需要对表述概念的中心词加以诸多限定，造成"过多"限定某一法律概念成立的条件，因而法律英语的长句为数众多。法律英语在句法结构与表达方式上，与普通英语虽然存在诸多"竞合"，但却具有自己鲜明的特点，比如：① 结构复杂、逻辑层次多，常包含一个以上的从句和多个附加成分(incidental component)；② 法律语言长期进化和积淀而产生的不同于普通英语的"语法化"现象;③ 存在以表述概念的名词为中心的一个或多个"核心",也就是围绕该中心名词而出现的众多并列成分、修饰语、后置定语等;④ 不同法律文本中,同一术语可能具有不同的法律内涵。

英语法律语言中形成长句的因素有不同方面,除了为严谨目的而对法律概念中心词多重修饰限定,以及遵循右向性发展的线性结构特性之外,另一个重要方面是法律语言的列举性句法。根据法律事项和法律问题的复杂程度,所列举的事项主要是谓语、宾语、表语、状语以及同位语等,列举事项少则一二条,最多的有二十几条,构成超长型法律句子。以英语为母语的读者称法律英语冗长、繁复的句法为"外语","或对芸芸众生而言,简直就是一种佶屈聱牙的语言"(Tiersma,1999:3)。

与英语相比,汉语是重"意"轻"形式",重"意合"轻"形合"的分析型语言,通常缺少显性的条件、因果、转折等各种语法连接手段,而是主要将这些语法连接手段隐含在意义的推演过程之中。如"汉语中三分之二的因果句……,不用关联词"(Swan,1980:24)。因此,汉语法律语言受汉语的语言类型和句法构型特点的影响,所使用的句子的长度总体来说比英语法律语言的句子要短得多。当然,不能忽视由于需要调整各种错综复杂的法律关系和法律行为,汉语法律语言中的立法文本句子之中也常常出现多层次的限定成分、纷繁的并列成分和同位成分、语言成分省略、甚至语序变化等结构特征。汉语立法文本采用长句形式,将这些复杂零散的主语、谓语、宾语和附加修饰成分按照逻辑顺序,以线性序列逐步交代各个成分,却又按照一定的语法规律层层铺开一个多层次的意义系统。但是受汉语重形式、重形合的分析型语言特点的影响,这样的长句结构通常比较松散,相对缺乏形式上的连接手段,各个句子成分的关系依靠意义联系暗含其中。

汉语"单句复句的划分是汉语语法叫人挠头的问题之一"(吕叔湘,1999:550)。在汉语语言研究领域,存在各种语法分析观点和研究方法,这些语法研究在范畴和标准上缺乏统一,因而也在很大程度上对汉语语法研究带来了难度。汉语法律语言的句法除了使用为数众多的陈述性复合句、"隐性"条件复合句、"有……的"或"……的"这样的表现形式之外,还存在一些由"大家最感头痛的""那些长的要命的附加语"所构成的复杂句或列举性法律语句。这些列举性的汉语法律句法形成了现代汉语法律句法的独特形式。这种形式的独特之处在于:汉语法律句子的主句长度较短,而其后的列举性句法则往往由一连串句子、短语或其他成分组成所谓的"竹节形";这种句式与英语当中以主要成分为"藤蔓"、以各种修饰、限定、说明等成分为"浆果"的"葡萄串"式句法机构形成了鲜明的对照。汉语法律语言中列举性句法形式司空见惯,而在其他文体中则并不多见。汉语法律语言的列举性句法形式构成法律语句的错综繁复的关系,从而使得整个法律句子冗长、复杂、难解。

在英汉法律语言的列举性法律句法之间存在一些共同的特征,比如两种法律语言大都采用"总提—分列"型句法:英语法律语言通常采用"the following""subsequent...""as follows""in relation to""corresponding to""that is to say"等表达方式;汉语法律语言通常采用"以下……""下列……""下列情形之一""应当包括下列……""依照下列……""分别做出以下……"等表达方式。例如:

§ 2-313. Express Warranties by Affirmation, Promise, Description, Sample.

(1) Express warranties by the seller are created as follows:

(a) Any affirmation of fact or promise made by the seller to the buyer which relates to the goods and becomes part of the basis of the bargain creates an express warranty that the goods shall conform to the affirmation or promise.

(b) Any description of the goods which is made part of the basis of the bargain creates an express warranty that the goods shall conform to the description.

(c) Any sample or model which is made part of the basis of the bargain creates an express warranty that the whole of the goods shall conform to the sample or model.

(Uniform Commercial Code)

第2-313条:以确认、许诺、说明或提供样品方式做出的明示担保

(1)卖方通过下列方式做出明示担保:

(a)卖方向买方就货物做出的许诺或对事实的确认,如果是达成交易的基础原因之一,卖方即明示担保货物将符合此种许诺或确认。

(b)对货物的说明,如果是达成交易的基础原因之一,卖方即明示担保货物将符合此种说明。

(c)任何样品或模型,如果是达成交易的基础原因之一,卖方即明示担保全部货物都将符合此种样品或模型。

(《统一商法典》)

Article 3: Constitution of special arbitral tribunal

For the purpose of proceedings under this Annex, the special arbitral tribunal shall, unless the parties otherwise agree, be constituted as follows:

(a) Subject to subparagraph (g), the special arbitral tribunal shall consist of five members.

(b) The party instituting the proceedings shall appoint two member to be chosen preferably from the appropriate list or lists referred to in Article 2 of this Annex relating to the matters in dispute, one of whom may be its national. The appointment shall be included in the notification referred to in Article 2 of this Annex.

...

(f) Any vacancy shall be filled in the manner prescribed for the initial appointment.

(g) Parties in the same interest shall appoint two members of the tribunal jointly by agreement. Where there are several parties having separate interests or where there is disagreement as to whether they are of the same interest, each of them shall appoint one member of the tribunal.

(h) In disputes involving more than two parties, the provisions of subparagraphs (a) to (f) shall apply to the maximum extent possible.

(United Nations Convention on the Law of the Sea)

第3条:仲裁法庭的组成

为本附件所规定程序的目的,除非争端各方另有协议,仲裁法庭应依下列规定组成:

(a)在(g)项限制下,仲裁法庭应由仲裁员五人组成。

(b)提起程序的一方应指派一人,最好从本附件第2条所指名单中选派,并可为其本国国民。这种指派应列入本附件第1条所指的通知。

……

(f)任何出缺应按照原来的指派方法补缺。

(g)利害关系相同的争端各方,应通过协议共同指派一名仲裁员。如果争端若干方利害关系不同,或对彼此是否利害关系相同,意见不一致,则争端每一方应指派一名仲裁员。由争端各方分别指派的仲裁员,其人数应始终比由争端各方共同指派的仲裁员少一人。

(h)对于涉及两个以上争端各方的争端,应在最大可能范围内适用(a)至(f)项的规定。

(《联合国海洋法公约》)

第39条:下列进出口货物、进出境物品,减征或者免征关税:

(1)无商业价值的广告品和货样;

(2)外国政府、国际组织无偿赠送的物资;

(3)在海关放行前遭受损坏或者损失的货物;

(4)规定数额以内的物品;

(5)法律规定减征、免征关税的其他货物、物品;

(6)中华人民共和国缔结或者参加的国际条约规定减征、免征关税的货物、物品。

(《中华人民共和国海关法》[1987年版])

Article 39: Duty reduction or exemption shall be granted for the import and export goods and inbound and outbound articles listed below:

(1) Advertising matters and trade samples of no commercial value;

(2) Materials by foreign governments or international organizations;

(3) Goods suffering damage or loss prior to Customs release;

(4) Articles of a quantity or value below the fixed limit;

(5) Other goods and articles enjoying duty reduction or exemption in accordance with the laws and regulations;

(6) Goods and articles enjoying duty reduction or exemption in accordance with the international treaties to which the People's Republic of China is either a contracting or an acceding party.

(Customs Law of the People's Republic of China [1987])

立法文件使用完整的长句,虽然增加了非专业读者的阅读难度,甚至被普通读者误称为"法律人(lawyers)所讲的完全是不同的语言"(Tiersma,1999:2),但也正是这被人揶揄为"外语"的特殊句法,在法律语言中才能准确周密地界定立法者所设定的法律约束对象应当享受的合法权利和必须履行的法定义务。例如:

If Buyer furnishes proof to Seller that Buyer can purchase from a manufacturer in any contract year any of the aforesaid materials produced within the United States, of the same quality, upon similar terms and conditions, in approximately

第四章 中西法律语言句法对比

the same quantity as the then undelivered quantity hereunder during such contract year, and at a lower price than is then in effect under this Agreement, then if Seller shall not reduce the price hereunder to such a lower price for the aforesaid quantity, Buyer may purchase such quantity from the other manufacturer, whereupon Buyer's commitment under this Agreement shall be reduced by the quantity so purchased.

如果买方向卖方证实,买方可在合同年度内从某一制造商处按类似条件规定购得在美国生产的上述产品,且质量一样、数量等同本合同年度尚未交货数量、但价格低于本合同之定价;若卖方拒绝依据本合同就上述数量商品按此价格进行降价,买方可向其他制造商购买同等数量商品,并据此减少该合同所承担的购货义务。(宋雷,2009:6)

从本例的内容上看,本句文本种类属于销售合同条款,主要涉及相同质量产品的低价竞争问题。从句法层面上来看:首先,本例的主要结构是"if..., then if...",但主句部分(以第二个 then 开始的句子)又含有一个条件句(进一步附加条件),真正的主句内容是从"Buyer may purchase such quantity..."开始的;其次,从句(第一个 if 引导)里包含了说明"proof"的同位语从句(that Buyer can purchase...),且动词"purchase"的宾语(any of the aforesaid materials)被后置到"from a manufacturer..."之后,因而形成了以 materials 为中心的"结核";再次,附加成分都可理解为状语,主要修饰动词"purchase",即从何处、购买的时间、购买的条件、购买时产品质量要求。另外,质量要求里包含了一个比较状语结构:"the same...as"以及购买的价格"at a lower price than...",而价格里也包含了一个比较状语从句:"than 引导的从句"。

众所周知,专门用途语言显著的文体特点就是行文严肃,选词精当,语义连贯,正确客观,逻辑严密。法律语言作为一种典型的专门用途语言,其在书写和应用过程中的文体也不乏上述特点。根据对英美国家法律、国际法以及我国法律法规英译本的调查情况,可以发现,法律语言的长句结构特点大体可以归纳为:多以条件句为主构成长句表达结构,修饰限定成分(qualifications)进一步明确具体细节内容,逻辑连接词 and 和 or 在句中发挥重要的逻辑衔接作用(张长明、平洪,2005:64-66)。例如:

Article 113: If either party fails to perform its obligations under the contract or does not perform its obligations as contracted and thus causes losses to the other party, the amount of compensation for the loss shall be equivalent to the loss actually caused by the breach of contract and shall include the profit obtainable after the performance of the contract, but shall not exceed the sum of the loss that might be caused by a breach of contract and has been anticipated or ought to be anticipated by the breaching party in the making of the contract.

第113条:当事人一方不履行合同义务或者履行合同义务不符合约定,给对方造成损失的,损失赔偿额应当相当于因违约所造成的损失,包括合同履行后可以获得的利益,但不得超过违反合同时预见到或者应当预见到的因违反合同可能造成的损失。

对本例进行简要分析可以看到,这则由一百多个语词所表述的法律条款,其英文法律语言的表述在句法层面上来进行分析,主要是由一个条件句,逻辑连接词 and 和 or 构成的并列形式以及一些修饰限定成分所构成。显而易见,由复合长句所体现的该法律条款的英文表述与其对应的汉语表述一样,都达到了法律语言所内在要求的结构周密严谨、意义明确清晰的表达效果。

法律语言准确、严谨、庄重,这就内在地要求法律文本语句当中对某一中心词,或对某一法律概念成立的条件要有充分的限定;同时法律语言信息包容量丰富,能够表达复杂事物,而且叙事具体,说理严密,层次分明,这也内在地要求法律文本的句子结构要包含很多的从句和修饰成分。由此不难理解为何法律文本的语言句子结构一般比较复杂,同时大量使用长句,通常一句话就构成一段话。例如:

Article 16 Bills of lading: reservations and evidentiary effect

1. If the bill of lading contains particulars concerning the general nature, leading marks, number of packages or pieces, weight or quantity of the goods which the carried or other person issuing the bill of lading on his behalf knows or has reasonable grounds to suspect do not accurately represent the goods actually taken over or, where a shipped bill of lading issued, loaded, or if he had no reasonable means of checking such particulars, the carrier or such other person must insert in the bill of lading a reservation specifying these inaccuracies, grounds of suspicion of the absence of reasonable means of checking.

(United Nations Convention on the Carriage of Goods by Sea)

第16条 提单:保留和证据效力

(1)如果承运人或代其签发提单的其他人确知或者有合理的根据怀疑提单所载有关货物的品类、主要标志、包数或件数、重量或数量等项目没有准确

第四章 中西法律语言句法对比

地表示实际接管的货物,或在签发"已装船"提单的情况下,没有准确地表示实际装船的货物,或者他无适当的方法来核对这些项目,则承运人或该其他人必须在提单上做出保留,说明不符之处,怀疑根据,或无适当的核对方法。

(《联合国海上货物运输公约》(汉堡规则))

这则有关提单的条款,仅英语词汇就有102个,这种情况在英语法律语言的文体中随处可见。法律英语长句居多,短句少,引语少。由本例可见,法律语言的句法特点其文体特征密切相连,正式的法律条规和文本中限定成分和方式很多。因此,法律语言句法的特点还在于,长句不是单纯只指句子的长度,而是指语法结构较复杂、从句和修饰语较多、包含多个内容层次的句子,从而使得连续的一连串的短句通过各种从属关系交织组合成一个庞大、冗长而独立的复合句。这样一来,一段法律文书往往只有一个句子,其中包含有若干从句,从句包含若干短句,短句又带有从句,从句再套从句,环环相扣,错综复杂。再比如:

Article 12: In so far as the Geneva Conventions of 1949 for the protection of war victims or the Additional Protocols to those Conventions are applicable to a particular act of hostage-taking, and in so far as States Parties to this Convention are bound under those conventions to prosecute or hand over the hostage-taker, the present Convention shall not apply to an act of hostage-taking committed in the course of armed conflicts as defined in the Geneva Conventions of 1949 and the Protocols thereto, including armed conflicts mentioned in article 1, paragraph 4, of Additional Protocol I of 1977, in which peoples are fighting against colonial domination and alien occupation and against racist regimes in the exercise of their right of self- determination, as enshrined in the Charter of the United Nations and the Declaration on Principles of International Law concerning Friendly Relations and Co-operation among States in accordance with the Charter of the United Nations.

(International Convention Against the Taking of Hostages)

第12条:在关于保护战争受害者的1949年日内瓦各项公约或这些公约的附加议定书可以适用于某一劫持人质行为,并且本公约缔约国受各该项公约约束,有责任起诉或交出劫持人质者的情况下,本公约不适用于1949年日内瓦各项公约及其议定书中所称的武装冲突中所进行的劫持人质行为,包括1977年第一号附加议定书第一条第4款所提到的武装冲突——即各国人民为行使《联合国宪章》和《关于各国依联合国宪章建立友好关系和合作的国际法原则宣言》所阐明的自决权利而进行的反抗殖民统治和外国占领以及反抗种族主义政权的武装冲突。

(《反对劫持人质国际公约》)

这则公约条款,是一个共包含有154个英文单词的复杂长句,句子从主体结构来看是一个主从复合句,从句是由连接词"in so far as"引导的两个并列条件状语从句,其中又包含介词for引导的目的状语词组和由to引导的定语修饰成分等等;在主句当中也是如此,包含修饰限定性的动名词结构、定语从句、介词短语等等,形成了复杂严密、交错互联的意义关系网络。再比如:

  If, in accordance with the provisions of this Convention, one party is entitled to require performance of any obligation by the other party, a court is not bound to enter a judgment for specific performance unless the court would do so under its own law in respect of similar contracts of sale not governed by this Convention.

这个法律条款中共有57个英文单词,在英语法律语言当中这样长度的句子只是普通长度。然而这句法律条文的句法结构却也是一样的具有法律语体复杂严谨的鲜明特点。这个句子整体上是一个主从复合句结构。从句是由连接词if引导的条件状语从句,从句内部又包括有方式状语"in accordance with...his Convention";主句中又有连接词"unless"引导的虚拟条件状语从句,该从句中还内嵌有两个方式状语"under...law"和"in respect of...sale",而其中的过去分词"governed"对前一成分又进行进一步的界定等等。这样层层嵌套、统一组合的方式构成了语义完整、句意严密、逻辑严谨的法律语言的句子。

与科技语言等其他文体相比,法律语言,尤其是法律英语,最大的特征就在于其句子结构的长度更长,以及从句使用的连续性更复杂。长句结构复杂,能负载的含义多,包含的信息量也大,因而可以用来表达复杂思想,叙事具体,说理严密,层次分明。法律英语中的长句主要指多重复合句,除主谓结构外,还有许多修饰成分,如从句、短语等,其主从关系有各种连接词贯通以表示逻辑关系,句子结构严谨。比如:

  2. Administration of the Trade Regime, (C) Transparency: 2. China shall establish or designate an official journal dedicated to the publication of all laws, regulations and other measures pertaining to or affecting trade in goods, services, TRIPS or the control of foreign exchange and, after publication of its laws,

regulations or other measures in such journal, shall provide a reasonable period for comment to the appropriate authorities before such measures are implemented, except for those laws, regulations and other measures involving national security, specific measures setting foreign exchange rates or monetary policy and other measures the publication of which would impede law enforcement.

(Accession of the People's Republic of China)

第2条 贸易制度的实施,(C)透明度:(2)中国应设立或指定一官方刊物,用于公布所有有关或影响货物贸易、服务贸易、TRIPs 或外汇管制的法律、法规及其他措施,并且在其法律、法规或其他措施在该刊物上公布之后,应在此类措施实施之前提供一段可向有关主管机关提出意见的合理时间,但涉及国家安全的法律、法规及其他措施、确定外汇汇率或货币政策的特定措施以及一旦公布则会舫碍法律实施的其他措施除外。

(《关于中华人民共和国加入的决定》(中国入世议定书))

上例中的法律英语长句包含近百个英语词汇。总体来说,法律英语的长句多为复合句,有很多的从句和修饰语,结构上相互重叠,前后编插,循环反复,充分利用了语言的递归性。长句中插入的不同从句和修饰成分从阅读角度来看似乎造成句子时断时续、支离破碎,实际上它们却都有着十分严密的逻辑结构。在理解这样的法律语言长句时,可以通过调整句子中心、结构、长度以及必要的词汇增减等方式来灵活实现。特别是在理解法律条文时,首先应该清楚,它们主要是由"假设"与"法律适用"两个部分组成。而在长句的组织过程中,可以借助于句段划分和标点符号的方式,从而有利于对法律语言长句的形式和意义两方面更深理解和把握。此外,相对而言,组织一个长句的逻辑性比组成一段话的逻辑性更强,这样也就减少了产生歧义和模糊的可能性。因此,法律文本主题严肃,意蕴深刻,结构严谨,客体关系复杂,这些文体特征内在地要求周密严谨的叙述,法律语句也就相应地变得形式庄重、句式冗长、结构复杂。

三、英汉法律语言句法对比对于翻译的启示

从句法层面上来看,法律语言在多数情况下主要采用陈述句,其次是祈使句,不使用疑问句和感叹句。由于从立法的角度来说,法律语言要准确无误地、明白地说明法律规范;从司法的角度来看,法律语言要客观真实地叙述案件,为司法人员

正确处理案件提供可靠的法律依据和事实依据。因此,法律英语中陈述句的使用频率比一般语体要高得多。立法语言中一般在表述禁止性规范和义务性规范时使用祈使句形式。例如:Prohibit the sale of alcohol to minors.(禁止向未成年人出售酒类)。此外,法律语言中一般情况下不使用独词句。

在英汉语言的所有语体中,法律文体可以称得上是正式程度最高的语体。法律文本作为一种较特殊的文本类型,本身有着用词、句法等各方面的文本特征。法律语言在句式选择上的特点,主要体现为结构复杂、层次重叠、连接紧密、句幅冗长。法律语言的长句在形式上往往是含有许多分句或定语、状语等附加成分的简单句或复合句。法律语言的句型从句套从句,定语从句、状语从句、限定词、条件从句等盘根错节,是名副其实的葡萄藤(grape pattern)。

法律条文注重事实及逻辑推理,相互之间的逻辑关系必须严谨准确,因此在翻译法律语言的长句时要先从语法分析入手,充分理解源语文本的意思,然后将其意思用通顺的目的语文本翻译出来。换句话说,长句的翻译可以简化为"破"和"立"两个过程(范志伟,2004)。"破"是指剖析出原文的主句、重心及整个句子含义并进行拆解,探析句子中的几层含义。"立"是指结合所涉专业知识,以目的语的表达习惯方式翻译原句并精心组织目的语。例如:

> When there are two or more creditors or debtors to a deal, each of the joint creditors shall be entitled to demand that the debtor fulfill his obligations, in accordance with legal provisions or the agreement between the parties; each of the joint debtors shall be obliged to perform the entire debt, and the debtor who performs the entire debt shall be entitled to ask the other joint debtors to reimburse him for their shares of the debt.

对上例的法律条文进行简要分析可以看出,这是一个复合句,共有78个单词。全句共由三个并列句组成,分别是:"each of the joint creditors shall be entitled to..." "each of the joint debtors shall be obliged to..." "the debtor shall be entitled to..."。对于这三个并列句而言有一个共同的条件状语从句来进行修饰限定:"When there are two or more creditors or debtors to a deal"。另外长句中还有一个由"who"引导的定语从句修饰限定"the debtor"。因此在进行语法分析,理清行文脉络后,即可组织译文如下:

> 债权人或债务人一方人数为二人以上的,依照法律的规定或者当事人的规定,享有连带权利的每个债权人,都有权要求债务人履行义务;负有连带义

第四章 中西法律语言句法对比

务的每个债务人,都负有清偿全部债务的义务,履行了义务的人,有权要求其他负有连带义务的人偿付他应当承担的份额。

再比如,下面的法律文本整段是由一个长句构成,共计170多个英文单词,中间只有一处逗号,由"if""or""but"等几个连接词把法律规范中的多层语义关系联结形成一个连贯的整体。

Now the Condition of the above-written Guarantee is such that if the Contractor shall duly perform and observe all the terms provisions conditions and stipulations of the said Contract on the Contractor's part to be performed and observed in accordance with the true purport intent and meaning thereof or if on default by the Contract or the Guarantor shall satisfy and discharge the damages sustained by the Employer thereby up to the amount of the above-written Guarantee then this obligation shall be null and void but otherwise shall be and remain in full force and effect but no alternation in terms of the said Contractor or in the extent or nature of the Works to be executed, completed and defects in the Works remedied thereunder and no allowance of time by the Employer of the Engineer under the said Contract nor any forbearance or forgiveness in or in respect of any matter or thing concerning the said Contract of the part of the Employer or the said Engineer shall Engineer shall in any way release the Guarantor from any liability under the above-written Guarantee.

对上面这段法律文本进行翻译时,首先也要对其进行认真细致的句法分析,可以将其划分成4个部分,之后在了解了各部分句法组成情况的基础上,再宏观综合考虑法律文本的逻辑语义关系和意图表达的含义。具体来说:句子的主要部分是"Now the Condition of the above-written Guarantee is such that…",这个主句中的"above-written""such that"是比较典型的法律用词,此处的"such that"功能在于引导表语从句,以进一步对主句进行阐释说明。在进行翻译时,应当根据上述限定所体现出的语气和意图,将这些法律用词忠实翻译出来,可以译为"上述保证书""规定如下";另外,还需要注意到"shall"这个表达情态的法律用语,在文中这个情态动词用以表明主语"the Contractor"应尽法律上的义务和职责。文中所采用的两个并列动词"perform and observe"对主语的法律义务和行为职责进行了清晰明确的规定,可以译为"应切实履行并遵守"。"thereof"这个古语词在这里的意思相当于"of the contract";而其中的近义词并用"null and void"则表示保证

125

书对于责任保证作用已然无效。另外一处近义词并用"be and remain"则用以强调保证书具有的全部效力;最后是一个较长的有"but"所引导的并列句,此处的原句可以进行缩简,以便于理解和翻译,具体来说,可以简化为:"no alternation and no allowance nor any forbearance or forgiveness shall release the Guarantee from any liability."在这样的切分和理解的基础上,可以将原文翻译如下:

> 兹将履行上述书面保证书的条件规定如下:如果承包人切实履行并遵守所签署的上述合同中规定的承包人一方按合同的真实旨意、意向和含义所应履行和遵守的所有条款、条件及规定,或者,如果承包人违约,则保证人应赔偿业主因此而蒙受的损失,直至达到上述保证金额,届时,本保证书所承担的义务即告终止,否则保证书仍保持完全效力。但所签合同条款的改变或对工程的施工、完成及根据合同修补工程中缺陷的性质和范围的任何变更,以及业主或工程师根据上述合同给予的时间宽限,或上述工程师方面对上述合同有关事宜所做的任何容忍或宽恕,均不能解除。

法律语言需要体现法律条文严谨、准确、权威、正式等基本原则,需要展现法律概念和法律条件准确性、完整性、明晰性等基本要求,这就决定了法律语言自身具有独特而鲜明的文体特征。法律语言十分注重在定语从句和、状语从句等方面的使用,法律语言中的定语对名词性术语等的内涵和外延进行精确地界定;而法律语言中的状语则对享受权利和履行义务的条件、方式、地点和时间等进行清晰地划分。下面将对英汉法律语言中常见和重要句式的翻译问题展开研究探讨。

1. 状语从句

巴蒂亚(Bhatia,1993)在提出法律条款句法特征时提到法律主体之前通常出现由一个以"where""if"或有时"when"引导的冗长状语从句的描述情形。法律语言中大量使用状语从句,尤其是条件状语从句。法律规则一般情况下由"假设""处理"和"法律后果"三个部分构成。其中,"假设"是法律规则适用的条件,该条件是指社会上可能发生的、一旦发生就会造成某些危害后果因而应当受到"处理"的法律行为。换句话说,法律文件要求思维填密,逻辑性强,既要考虑到各种不同情况又要排除各种例外情形,而且法律条文除了规定双方应履行的义务外,还设想了各种可能发生的情况和处理的方法,因此,法律文书和条款中广泛地使用条件状语从句或者让步状语从句,有时一个句子里面会使用多个条件状语从句。这种特色鲜明的句式表达方式在普通英语中比较罕见。法律英语常常使用由

第四章 中西法律语言句法对比

"whereas..." "provided that..." "unless..." "in case..." 等引导的状语从句,最常见的则是 "if..." 引导的条件状语从句。例如:

原文:If the seller fails to deliver one batch of object or the delivery fails to satisfy the terns of the contract so that the delivery of the subsequent batches of objects can not realize the contract purpose, the buyer may rescind the contract with respect to such batch and the subsequent batches of objects

译文:出卖方不交付其中一批标的物,或者交付不符合约定,致使几年后其他的各批标的物的交付不能实现合同目的的,买受人可以就该批以及以后其他各标的物解除。

在这个例子当中,就使用了由 "if" 引导的状语从句,在这个状语从句当中还内含由连接词 "or" 所列举的 "the seller fails to deliver one batch of object" 与 "the delivery fails to satisfy the terns of the contract" 两种情况,并且用 "so that" 的引导词统领了一个表示结果的状语从句,从而严谨准确地将法律规范的假设表达出来。再比如:

原文:The accused throughout is presumed to be innocent unless he admits the offence or until he is proved beyond reasonable doubt to be guilty.

译文:刑事被告除非他本人承认或有无可怀疑的充分证据证明他有罪,在此之前必须推定他一直无罪。

在这个例子当中,首先出现的是主句,也就是首先表明了将会引发的法律后果,之后使用了分别由 "unless" 和 "until" 所引导的两个状语从句,表达假定或假设的情况。可见,法律条文除了规定双方应享有的权利和应负担的义务外,还会尽可能的设想可能发生的情形及与之相应的处理方法,所以法律条款中有较多的条件句。有时为了前瞻性地充分考虑各种情况,在法律文本的一个句子中会使用多个条件句,比如:

原文:If two or more applicants apply for registration of identical or similar trademarks for the same kind of goods or similar goods, the trademark whose registration was first applied for shall be given preliminary examination and approval and shall be publicly announced; if the applicants are filed in the same day, the trademark which was first used shall be given preliminary examination and approval and shall be publicly announced, and the applications of the others shall be rejected and shall not be publicly announced.

译文：两个或两个以上的申请人，在同一种商品或者类似商品上，以相同或者近似的商标申请注册的，初步审定并公告申请在先的商标；同一天申请的，初步审定并公告使用在先的商标，驳回其他人的申请，不予公告。

除了上述所提及的几种常见的如"if"等状语从句的引导词之外，法律英语中另外还有几个十分常见而重要的条件状语引导词，例如"where"等。比如：在香港1000多部法律中，篇幅最长、最常用的是《公司条例》，该法共有2247个完整句子，包含条件句的句子达987个，占句子总数的44%。而在所有这些条件句中，又以"if"与"where"为引导词的条件句占绝大多数，处于次要地位的条件句由"in (the) case of""in the event of"和"when"引导，这几个引导词引导的条件句合在一起所占比例仅为21%(李克兴、王艳，2013：31-35)。

需要注意的是，在实际应用中，为充分显示所述客体在表达上的细微差异而使用的不同条件句表达方法，在意义内涵上是有所不同的。例如：由"whereas"引导的条件句常称为"鉴于句"，即鉴于存在某种情形，故主语应采取某种措施，以期达到一定的目的。"unless"在意义上是一个否定词，表示"除非"出现某种情况，否则其条件将不能满足，因此它的主句部分通常为否定形式。"subject to"后引出的宾语为满足某项要求的必要条件。由"case"组成的词组如："in case of""in case""in case that"，它们所表示的含义为要求采取某种预防措施，以防止某种情况发生；由"event"组成的词组，如"in the event of""in event that"强调事情发生的事实。"provided"或"providing"表示"在……前提下""在……条件下"。except意为"排除某种情况"。"should"为虚拟语气的省略形式，表示一种不太可能发生的情况。具体可以通过以下例句来进一步了解：

例1：In essence, <u>if</u> the liability-causing activity did not occur only for the benefit of the corporation or <u>if</u> the liable corporation has been gutted or left without funds by those controlling it, justice may require the disregarding of corporate entity.

实质上，如果造成责任的事件不仅仅使公司得利，或者应负责任的公司的资金已被控制它的人抽走，那末为达到公正，应对公司的存在不予承认。

例2：<u>In the event</u> Party A shall have amended, increased or decreased its project of construction work...

倘若甲方需修改、增加，或减少其工程计划……

例3：<u>Subject to</u> the conditions hereinafter set forth, A, B, C company will

第四章　中西法律语言句法对比

indemnify and protect the Purchaser against any losses or damage.

在下述情况下，A、B、C 公司将保护买方不受损失。

例 4：Except those claims for which a third party is liable, the Buyer shall give a notice of claims to the Seller and shall have the right of lodge claims against the Seller.

除了第三方应负责的索赔，买方应对卖方发出索赔通知，并有权对卖方提出索赔。

例 5：Whereas Party A desires to design and manufacture the above-mentioned hydrautic components by using Party B's know-how, ...

鉴于甲方愿意采用乙方的专用技术设计，生产上述液压件，……

例 6：Provided that the central administration of such agency may take steps, ...

如果这些机构的中央主管机关可以采取步骤，……

例 7：In the case of import restrictions involving the fixing of quotas, …

在进口限制采取固定配额的情况下，……

例 8：Should the joint venture company be unable to continue its operations or achieve the business purpose stipulated in the Contract...

如果合资公司无法继续经营或未达到合同中规定的经营目的，……

毋庸置疑，我们在英汉两种法律语言之间的翻译与转换中，要对这些比较重要而常见的引导词的用法和译法加以熟悉掌握，并且在此基础上还要对状语从句的句法结构和逻辑意义等进行分析梳理，从而有助于对于法律文本条款中状语从句的准确和有效的翻译。例如：

Article 43 Evidence: The judicial authorities shall have the authority, where a party has presented reasonably available evidence sufficient to support its claims and has specified evidence relevant to substantiation of its claims which lies in the control of the opposing party, to order that this evidence be produced by the opposing party, subject in appropriate cases to conditions which ensure the protection of confidentical information.

(Trade-related Aspects of Intellectual Property Rights [TRIPs])

对这则法律条文进行分析可以看到，在结构上来说，这是一个含有两个状语从句的主从复合句。条文的主句中包含一个较长的宾语从句，详细分析又可以发现，主句的条件状语从句又蕴含两个并列谓语,它们把主句从中间隔离开来,使得主句一分为二,从而增加了这个长句的复杂性;此外,主句的另一个状语位于句末,从结构上来看比较明显,然而其内部又含有一个后置定语从句,这样增加了这个句子的理解难度。经过分析之后容易看出,这则法律条文原文的核心句式是"The judicial authorities shall have the authority...to order that...opposing party",可以顺译为"司法当局应有权在……条件下,责令另一方当事人提供证据"。第一个状语从句的翻译,可以采用切分和拆离的方法将"reasonably available"单独翻译,另外还可以使用主被动语态的转换方法来处理"...be produced by the opposing party"和"...lies in the control of the opposing party"这两个部分。句尾的状语也可以采用切分的方法来进行翻译。在前面这些工作的基础上,对于整句可以依据中文译语的行文习惯和表达要求,采用"如果……则……"的句法结构形式进行整体组织。译文如下:

> 第43条"证据":如果一方当事人已经提供足够支持其权利主张的并能够合理取得的证据,同时指出了由另一方当事人控制的证明其权利主张的证据,则司法当局应有权在适当场合确保对秘密信息给予保护的条件下,责令另一方当事人提供证据。
>
> (《与贸易有关的知识产权协定》)

当然,为了表示法律规范所设定适用的情形或条件,法律英语中的状语往往采用包括介词短语、分词短语和从句等,而且状语通常紧随其所限定的成分,形成分隔和插入状态,整个句子因而显得多少有些散乱,造成理解困难。在将法律英语中的状语译成汉语时,可以相应地将其译为表示条件的短语或复句,或者译为汉语中独特的"的"字结构,也可以依据原文的语义逻辑关系译成如定语等其他成分,例如:

> Section 7: The registration statement, when relating to a security other than a security issued by a foreign government, or political subdivision thereof, shall contain the information, and be accompanied by the documents, specified in Schedule A, and when relating to a security issued by a foreign government, or political subdivision thereof, shall contain the information, and be accompanied by the documents, specified in Schedule B...
>
> (Securities Act of 1933)
>
> 第7节:注册说明书,与非由外国政府或其行政区发行的证券有关的,必须包括本法附录1规定的信息并随附所规定的文件,与由外国政府或其行

第四章 中西法律语言句法对比

政区发行的证券有关的,必须包括本法附录 2 规定的信息并随附所规定的文件……

(《1933 年证券法》)

在这个例句当中,有两个由"when"引导的省略形式的状语从句,它们分别被穿插安置在各自的主语和谓语之间,从而使得原句中的主语与谓语形成分隔状态,从其应用功能上起到了严密的限定作用。根据原文的语义逻辑关系,这两个状语在翻译成汉语的时候,都考虑了目标语的行文和表述习惯,二者都译成了定语,所传达的意义也是清晰准确的。但是由于两种语言之间内在的差异性,以及在汉语句法上定语通常前置的缘故,如果在翻译时不进行仔细考量而造成定语过长,则很可能会影响读者对汉语译文的理解,因此,这些状语从句和成分在汉语译文中被译成了"的"字结构,从而使得译文更加简洁和明晰。

2. 条件状语的构成要素及逻辑连词

由于法律语言本身所具有的独特的规范功能和信息功能,需要通过规定性和描写性的手段得以实现,因此使得条件句结构在法律语言中的使用非常普遍。事实上,这种现象早在 1843 年就引起了人们的注意。George Coode 将法律英语的条件句构成要素归结为:case(情况), condition(条件), legal subject(法律主体)和 legal action(法律行为),他的比较典型的分析例子如下(孙懿华、周广然,1997:88):

(Case) Where any Quaker refuses to pay any church rates,

(Condition) if any churchwarden complains thereof,

(Subject) one of the next Justices of the peace,

(Action) may summon such Quaker.

其中,前面两个成分用于表述事实情景(fact situation),后面两个成分则用于表述法律主体及其应当采取的法律行为。在英语法律条文中,事实情景通常是用条件从句来表达,法律陈述(statement of law)则是通过主句表达的。两者在构成一个完整语句的同时表达出"If P1+P2, then Q"这样一个法律逻辑的结构(Sarcevic,1997:136)。因此,Coode 的例子可以改写成如下形式:

Fact-situation	Statement of law
where a churchwarden files a complaint against a Quaker for refusing to pay any church rates	one of the next Justices of the peace may summon such Quaker

在汉英法律翻译中,译者掌握条件句这一特点对顺利开展翻译工作是很有必要的。西方学者对法律英语的这一特点用公式作了非常恰当的概括(孙懿华、周广然,1997:88):"If X, then Y shall do Z"或者"If X, then Y shall be Z"。在这里,"If X"代表法律制度适用的情况,"Y"代表法律主体,"Z"代表法律行为。这种表达形式用在法律英语中是非常普遍的,比如:

第17条:要约可以撤回,撤回要约的通知应当在要约到达受要约人之前或者与要约同时到达受要约人。

译文①: If an offer is recalled, the notice of recall should arrive before the offeree receives the offer or at the same time as the arrival of the offer.

译文②: The offer may be withdrawn, if, before or at the same time when an offer arrives, the withdrawal notice reaches the offeree.(傅伟良,2002:45)

依据如上的法律逻辑结构和条件状语表达形式来进行分析,可以发现:译文①颠倒了主从句位置,从而导致主从关系颠倒,这样就会使读者误以为"要约可以撤回,但必须符合的条件是撤回要约的通知到达受要约人的时间"。译文②摆正了主从句的位置,准确地表达了原文的主次关系和意义。因此,对于法律翻译而言,译者应该注意的是:不管一项条款的表述有多长或多复杂,法律陈述(statement of law)总是处于主句位置(Sarcevic,1997:136)。

除了要掌握条件状语从句中的逻辑要素和结构公式之外,在英汉法律文本的互译过程中,我们还需要对条件句中的逻辑连接词加以重视和掌握,尤其是"and"和"or"的这两个的使用。

在法律英语的长句结构中,逻辑连接词"and"和"or"发挥着十分重要的逻辑衔接作用。尤其是在处理一个长句中的几个分句和分句中的平行或并列成分时,这两个逻辑连接词就显得极为重要。事实上,法律英语中的这些逻辑连接词,在形成文本长句表达结构、实现准确逻辑关系方面起着十分重要的作用。因此,无论是法律的起草还是法律翻译工作过程中都不应对此加以忽视。具体来说,"and"是连接连词,而"or"是转折连词。从其在英汉两种法律语言中的对应性上来看,"and"相当于汉语中的"和""以及""并且",而"or"相当于汉语中的"或者"。在法律文件中,这些连接词可以决定一个人是否犯罪或者某一签约方是否违约。有学者用下列公式表达了逻辑连接词 and 和 or 在法律英语中的作用差异(Sarcevic,1997):

(1) If X does A, B and C, X shall be liable to punishment.

(2) If X does A, B or C, X shall be liable to punishment.

在公式(1)中,只有 X 实施了所有的三个行为,即 A+B+C,X 才会依法受到惩罚;但是,在公式(2)中,当用了转折连词 or 后,X 只要实施了三个行为中的任何一个,X 都会依法受到惩罚。由此可想而知,一旦译者在进行法律翻译时对于逻辑连接词"and"和"or"出于含义混淆,或者出于掉以轻心,而产生误用的话,将会产生何等严重的法律后果。例如:

第 13 条:合营企业如发生严重亏损、一方不履行合同和章程规定的义务、不可抗力等,经合营各方协商同意,报请审查批准机关批准,并向国家工商行政管理主管部门登记,可终止合同。

(《中华人民共和国中外合资经营企业法》[2001 年版])

Article 13: In case of heavy losses, failure of a party to perform its obligations under the contract and the articles of association, <u>or</u> force majeure etc., the parties to the joint venture may terminate the contract through their consultation and agreement, subject to approval by the examination and approval authorities and to registration with the state's competent department in charge of industry and commerce administration.

(Law of the People's Republic of China on Chinese-Foreign Joint Ventures [2001])

在这个例句当中,使用了逻辑连词"or",这就意味着在法律上来说,只要具备三个条件中的任何一个,均可以导致合同终止。试想一下,如果把这里的"or"换成"and",那么就不难发现,要想再终止这份合同的话,难度上无疑就加大了许多。同样来说,如果译者用"or"来取代后面的连词"and",就会发现办理终止合同的手续,也与此前大不相同了,要比原来的要求简化许多。由此可见,逻辑连接词"and"和"or"在汉英法律翻译中起着十分重要的逻辑衔接作用,在进行法律翻译时一定要慎重对待,不可等闲视之;否则,一个疏忽或者误用都可能给译文的使用者带来非常严重的法律后果。为了进一步说明逻辑连接词"and"和"or"在长句结构中的重要作用,请看下面的例子:

第 36 条:法律、行政法规规定或者当事人约定采用书面形式订立合同,当事人未采用书面形式但一方已经履行主要义务,对方接受的,该合同成立。

(《中华人民共和国合同法》)

Article 36: Where the parties fail to make a contract in written form as provided for by laws or administrative regulations <u>or</u> as agreed by the parties, but a party has already performed the major obligations <u>and</u> the other party has accepted the performance, the contract shall be considered as executed.

(Contract Law of the People's Republic of China)

另外值得注意的是,法律英语的正式条文规定中,一般只采用有条件的、符合逻辑推理的、能出现或产生真实结果的条件状语从句,而很少使用虚拟语气。但虚拟语气的句子有时候也出现在律师的陈述与辩状及案情的推测中。例如在例句"In our judicial procedure, if a party concerned contests the court's decision of first instance, he may file an appeal to the court at the next higher level."(在我国审判程序中,如果当事人一方不服初审法院的判决,可以向上一级法院提出上诉。)中,这个状语从句就表达的是真实条件。再看两个例句:

例1: If Murmansk's claim to the ship was upheld, Wally Edwards would get none of the $100,000, and might be stuck for $14,000 in sheriff's costs.

如果莫尔曼斯克公司对该货轮拥有所有权的主张得到支持,沃利·爱德华就无法从十万美元的保险金中获取分文,而且也会因还得缴付其司法行政长官的公务费一万四千美元而陷于困境。

例2: Even if the primary purpose of prison sentence were "punishment" or "restraint", the length of many sentences and the conditions under which they are served often far exceed the type of punishment that should be acceptable in our society.

即使徒刑判决的主要目的是"惩罚"或"管束"。许多刑事判决的刑期和服刑的条件也往往远远超过社会应该接受的那种刑罚了。

可以发现,这两个例子当中的状语从句,所表达都是与将来的事实相反的虚拟语气。因此,在实际的法律语言阅读与翻译等活动中或工作中,需要我们细心留意和认真辨析法律文本中的各个层次上的"法言法语",从而可以有效避免我们不想看到、也不想发生的法律后果。

3. 定语从句

由于法律的确定性和规范性,使得作为其载体的法律语言同样需要确保其规范的内涵外延明确,其调整的法律关系清晰。法官或法学家为了准确严谨地、清晰严密地表达一个法律概念,排除误解的可能性,经常利用定语从句或短语来精确说明某个名词或法律术语,从而使句子长度加大。同时为了保持句子的平衡,就往往把较短的句子成分提前,把修饰成分放在后面,也即定语后置的现象。这些都是为

第四章 中西法律语言句法对比

了确保法律条文明确清晰,避免产生歧义和含混。法律语言的句式整体上来说概念的限定比较严谨,语言限定性定语从句用得非常普遍,而作为补充、说明、解释性的非限制性定语从句较少出现。例如:

After a civil act has been determined to be null and void or has been rescinded, the party who acquired property as a result of the act shall return it to the party who suffered a loss.

民事行为被确认为无效或者被撤销后,当事人因该行为取得的财产,应当返还给受损失的一方。

在这个例句中,由"who"引导的两个限定性定语从句分别修饰两个"the party",分别说明有过错方和受损失方,从而清楚的规定有过错方对受损失方应承担的责任。又如:

Whoever selling deliberately a commodity whose registered trademark is falsely used, which constitutes a crime, in addition to making compensation for the losses suffered by the party whose right has been infringed shall be investigated for the criminal responsibility according to the law.

销售明知是假冒注册商标的商品,构成犯罪的,除赔偿被侵权人的损失外,依法追究刑事责任。

简要分析即可发现,这个例句当中由关系代词"whose"引导的两个限定性定语从句分别修饰和限定名词词群"a commodity"和"the party";此外在句中还有一个由关系代词"which"引导的非限定性关系从句,修饰前面所指的内容,因此构成了长句句式和句子结构的复杂性。

在法律语言当中,由于法律的规范性和语言的严密性,对于意义的准确性要求较高,因此对于关系代词的使用也提出了比较严格的限定,主要使用更为严密的关系代词引导定语从句,修饰限定作为核心法律概念的词语。因此在法律英语中,在使用定语从句时,一般主要采用"such... as..."来代替日常语言中的"that"和"which"等常用引导词。例如:

The WTO Agreement to which China accedes shall be the WTO Agreement as rectified, amended or otherwise modified by such legal instruments as may have entered into force before the date of accession. This Protocol, which shall include the commitments referred to in paragraph 342 of the Working Party Report, shall be an integral part of the WTO Agreement.

(Accession of the People's Republic of China)

本议定书,包括工作组报告书第342段所指的承诺,应成为《WTO协定》的组成部分。除本议定书另有规定外,中国应履行《WTO协定》所附各多边贸易协定中的、应在自该协定生效之日起开始的一段时间内履行的义务,如同中国在该协定生效之日已接受该协定。

(《关于中华人民共和国加入的决定》)

在这个例子中,"legal instruments"是被修饰限定的名词词群,而"may have entered into force before the date of accession"则是具体说明和限定"legal instruments"的定语从句,而所出现的表示修饰限定关系的关系代词则是前面的"such...as..."。因此,在法律翻译中,为了达到更精准、更严密、更地道的"法言法语"的要求,译者应该使用"such...as..."这样的法律语言中的关系代词来引导定语从句,而不能使用我们日常用语中所经常使用的引导词。再例如:

中华人民共和国副主席协助主席工作。中华人民共和国副主席受主席的委托,可以代行主席的部分职权。

The Vice-President of the People's Republic of China assists the President in his work. The Vice-President of the People's Republic of China may exercise such functions and powers of the President as the President may entrust to him.

在这个例句中,原文的第二部分"受主席的委托可以代行主席的部分职权",选用关系代词"such...as..."来引导限制性的定语从句。原文译为"exercise such functions and powers of the President as the President may entrust to him"意思明确,不会引起误解。如选用"which"或"that"把句子译成"exercise parts of the functions and powers of the President which/that may entrust to him",会使译文产生歧义。引文后一种译法可能会有两种理解:一个认为定语从句只修饰"powers of the President";而另一个则认为该定语从句是修饰"powers of the President"和"functions of the President"的。因此,在通常情况下,为了避免引起歧义和误读,应当尽可能使用"such...as..."这样的引导词。例如:

建筑物及其附属设施的费用分摊、收益分配等事项,有约定的,按照约定;没有约定或约定不明确的,按照业主专有部分占建筑物总面积的比例确定。

As regards such matters as the expenses allocation and the proceeds distribution of a building or any of its affiliated facilities, in case there exists any stipulation for these, such stipulation shall apply; in the case of no stipulation or unclear stipulation, these matters shall be determined in accordance with the proportion of each owner's exclusive parts to the local area of the building.

在上面这个例句的翻译中,主要应该注意以下几个方面的内容:首先,原文"建筑物及其附属设施的费用分摊、收益分配等"可理解为"事项"的限制性范围,故选用"such...as..."。将所修饰的内容"事项"置于"such"和"as"之间,原文以为"such matters as the expenses allocation and the proceeds distribution of a building or any of its affiliated facilities";其次原文对"……事项"的处理分为两种情况做了规定,可以理解为"关于……的事项",因此译文中补出"as regards";再次,原文列举了针对建筑物及其附属设施的费用分摊、收益分配等事项的两种处理情况:"有约定的……;没有约定或者约定不明确的……",这种表达方式的英译通常选用"in case..."。

当然,除了上述所列的用"such...as..."来翻译的最为常见的情况之外,如果在限定词的内容表述比较清晰,不易产生歧义时,我们也可以选用"which"和"that"等作为引导词。请看下列例子:

To exercise exclusive legislation in all cases whatsoever, over such District (not exceeding ten miles square) as may, by cession of particular states, and the acceptance of Congress, become the seat of the government of the United States, and to exercise like authority over all places purchased by the consent of the legislature of the state in which the same shall be, for the erection of forts, magazines, arsenals, dockyards, and other needful buildings.

对于由某些州让与而由国会承受,用以充当合众国政府所在地的地区(不逾十里见方),享有对其一切事务的全部立法权;对于经州议会同意,向州政府购得,用以建筑要塞、弹药库、兵工厂、船坞和其他必要建筑的地方,也享有同样的权力。

在这个例句中,首先要注意的是,原文"To exercise exclusive legislation in all cases whatsoever, over such District (not exceeding ten miles square) as may, by cession of particular states, and the acceptance of Congress, become the seat of the government of the United States"的结构比较复杂,在"such...as..."引导的定语从句中有两个插入语:"by cession of particular states"和"the acceptance of Congress"。这两个插入语的使用,确保了表述的准确性和严密性。掌握句子的结构是做好翻

译工作的重要步骤。在翻译过程中,应当在理解全文的基础上,按照逻辑顺序合理排列插入语和定语从句的汉语顺序。原文中的两个插入语所表示的含义应当是"exercise exclusive legislation"实现的条件。该句应当译为"对于由某州让与而由国会承受,用以充当合众国政府所在地的地区(不逾十里见方),享有对其一切事务的全部立法权"。

英语法律文本中,由于一个句子可能有多个不同形式的后置定语,因此常常会使得句子变得冗长和复杂。同时,由于两种语言之间存在的表达和行文的差异,例如汉语的定语不像英语,一般情况下都会前置的缘故,给法律语言的理解和翻译带来很大的困难。译成汉语时,可以考虑把英语的后置定语转换成汉语的前置定语形成偏正结构,在这种情况下,汉语的定语如果比较长则往往呈现紧缩的复句形式,也就是超常规句子的形式。

If the applicant is not domiciled in the United States the applicant may designate, by a document filed in the United States Patent and Trademark Office, the name and address of a person resident in the United States on whom may be served notices or process in proceedings affecting the mark.(Section1051, U.S. Code, Trademarks)

申请人在美国没有住所的,可以在向专利与商标局提交的文件上注明一个在美国居住并且可以向其送达事关该标志注册的通知或审核程序的人的姓名和地址。

本句共有四个定语,其中的三个定语属于宾语 name and address 的限定成分,resident in the United States 是形容词短语,on whom may be served notices or process in proceedings 是含有倒装结构的从句,它们共同限定 person, 而 affecting the mark 是现在分词短语限定 proceedings。本句的定语都译成前置的汉语定语,其中宾语的定语译成汉语时使用了超常规复句形式。

4. 汉语"的"字结构

"假定"与"处理"以及"法律后果"一起,自成系统地成为建构法律规范的逻辑三要素(孙懿华,2006: 125)。"假定"是指适用该行为规范的情况和条件,任何行为规范的确立,必须以其使用的情况和条件为前提。而条件句表示假定的范畴,是法律行为发生的一个重要组成部分,因此在法律语言中随处可见而且十分重要。中英法律语言条件句的构成形式各自存在鲜明的特征。在英语法律语言中,除"if"从句以外,还经常使用许多更为正式的表现手段,比如"where""provided that""in the case of"等来表示"假定",以体现法律文本语言的规范性和权威性。而与之不同的是,在汉语立法语言中,其有标记主位结构虽然也有用"若""如果"等词来表示条件概念的,但"的"字结构的使用无疑是十分广泛的。"的"字短语结构是用于"假定"表述的特定语言程式,它可以超大的信息量将"假定"要素的法定内容包揽无疑(孙懿华,2006:130)。

"的"字结构通常有两种形式:一是充当修饰一个名词性成分的定语,二是不依附任何成分而独立充当名词性成分(石定栩,2008:298-307)。前者比较容易理解,但后者语法功能要复杂得多。第二种"的"字结构属于一种语块,因为体现在句法层面"的"字结构表现为一个独立的句子成分,该结构有其形式与意义的独立性(陈香兰、徐珺:2011:32-37)。它的语法功能是把表示陈述的结构转为表示指称人和事物的结构(邹玉华,2008:100-107),因此这种用法称为"转指"功能(朱德熙,1978:23-27)。这种以"词组+的"独立构成的句子,是删去"的"后中心语而形成的,中心语的缺失易于造成"的"字结构所指对象的不确定性(左思民,2008:10-18)。因而它作为现代汉语的特色句式在法律文本中高频出现,特别是在立法中使用比例非常之高,比如我国刑法一共有451条,其中415条里面含有此类"的"字结构。由"的"字结构构成的主语形式具有很强的概括性,可以成为一个具有代表性的概念,其频繁使用体现了法律语言的程式化特点(万猛,2011:82)。

王洁(1997:61)对"的"字结构的表达作用做了如下归纳:①"的"字结构具有很大的概括力,使法律规范更加严谨,语言更加简明;②"的"字结构具有举要性质,使法律规范备而不繁,疏而不漏;③"的"字结构指示无定对象,因而很适合表述法律规范的某类人或某类事物;④"的"字结构具有贬义色彩,用于表述某类犯罪是非常得体的。

由于英汉两种语言的句法特征区别非常明显,英语注重句子结构的完整性,并突出句子的主干成分。汉语却不怎么强调主谓结构的完整性,句子省略主语的现象比比皆是。对于法律条文中常被理解为省略了作为逻辑主语的行为者、表示适用条件的"的"字结构该如何转换为英文句子相应的成分,不仅需要从法律规范的内涵进行探讨,也需要从句子成分相互转换的角度进行分析。

从语法结构上来说,刑法和合同法条文中"的"字结构的构成模式主要有如下几种。①"主谓结构+的":情节恶劣的,居间人促成合同成立的;②"动宾结构+的":私放俘虏的,掠夺无辜居民财物的,损害委托人利益的;③"介宾短语+的":对作战造成危害的,对犯受贿罪的,对多次贪污未经处理的,与前两款所列人员勾结,伙同贪污的,向不满十八周岁的未成年人传播淫秽物品的,使生产遭受特别重大损失的,给受托人造成损失的;④"兼语结构 + 的":组织他人卖淫的。

从条文的内在含义来说,"的"字结构主要用于对如下 8 种情形进行说明:犯罪情节程度、犯罪行为(性质)、犯罪地点、犯罪结果、犯罪主体、所受刑罚种类、犯罪时间、法律条文适用情形例举。下面将结合实例对这 8 种情形进行展示、分析及翻译。

(1)说明犯罪情节程度,比如:情节恶劣的、情节特别恶劣的。

翻译实例:"情节严重的",其语法结构特点是"主谓结构 + 的",在法律规范中表示适用条件,该表达通常译作"if the circumstances are serious",在法律英语中表示条件。

(2)说明犯罪行为(性质),比如:私放俘虏的。

翻译实例:"司法工作人员私放在押的犯罪嫌疑人、被告人或者罪犯的",其语法结构特点是"主语 + 谓语 + 宾语 + 的",说明了行为主体和行为内容,在刑法英译本中译作"Any judicial officer who + 定语从句 + 谓语"的句式,将"的"字结构译成定语,从法律规范的逻辑结构角度分析,在法律规范中作为行为模式的"的"字结构整体上充当了英语句子的主语。

(3)说明犯罪地点,比如:民族自治地方不能全部适用本法规定的、凡在中华人民共和国领域内犯罪的。

翻译实例:"凡在中华人民共和国领域内犯罪的,除法律有特别规定的以外,都适用本法",其语法结构特点是"凡 + 介宾短语 + 谓语 + 的",其译文是"This Law shall be applicable to anyone who commits a crime within the territory","的"字结构实际是省略了作为逻辑主语的行为者,完整表述应当为"凡在中华人民共和国领域内犯罪的人",表适用的条件。此处翻译成了 anyone who... 结构,其中"的"字结构在英译句中担当宾语成分,本译可以称得上是汉英句子成分的对等翻译。

(4)有说明犯罪结果,比如:对不法侵害人造成损害的。

翻译实例:"对不法侵害人造成损害的",其语法结构特点是"介宾短语(对不法侵害人)+ 动宾结构(造成损害)+ 的",其译文是"thus harming the perpetrator",直接译成了动宾结构的现在分词形式,在句中表伴随结果。

(5)说明犯罪主体,比如:单位犯罪的。

翻译实例:"单位犯本节第 140 条至第 148 条规定之罪的,对单位判处罚金",

第四章 中西法律语言句法对比

其语法结构特点是"主语+谓语+宾语+的",译成了 where 引导的从句 "Where a unit commits the crime as mentioned in Articles 141 through 148 of this Section, it shall be fined",用于表达一种情形,说明法律规范适用的条件。

(6)说明所受刑罚种类,比如:死刑缓期执行的或判处死刑缓期执行的,判处管制附加剥夺政治权利的,独立适用剥夺政治权利的。

翻译实例:"判处死刑缓期执行的,在死刑缓期执行期间,如果没有故意犯罪,二年期满以后,减为无期徒刑",其语法结构特点是"动宾短语+的",译作"Anyone who is sentenced to death with a suspension of execution",英译句中处理成了 anyone who 结构。此处的"的"字结构说明了规范的主体,仅表明规范适用的对象,并未完整地表明规范适用的条件,故译成了主语。

(7)说明犯罪时间,比如:战时临阵脱逃的、期满不缴纳的。

翻译实例:"期满不缴纳的,强制缴纳",其语法结构特点是"状语+谓语+的",译文为 "If a fine is not paid upon the expiration of that time limit, the payment shall be compelled","的"字结构译成了 if 条件句,表示适用条件。

(8)表示法律条文适用情形例举,比如:有下列行为之一的、合同中的下列免责条款无效。

翻译实例1:"有下列重大立功表现之一的,应当减刑:(一)阻止他人重大犯罪活动的……",以上表示法律规范适用于同类情形的例举,常翻译成动宾结构的动名词形式 "preventing another person from conducting major criminal activities"。

翻译实例2:"有下列情形之一的,当事人可以解除合同:(一)因不可抗力致使不能实现合同目的",表示当事人可以解除合同的一种情形例举,译文为 "The parties to a contract may terminate the contract under any of the following circumstances:(1) it is rendered impossible to achieve the purpose of contract due to an event of force majeure",此处"的"字结构译成了完整的句子。由之,表示情形例举的,因为属于例举的对象,大部分翻译成类同于名词地位的句子成分,或者完整的句子(胡红玲,2014:20-23)。

法律文本中"的"字结构具有非常明显的特殊性和复杂性,英译时的句式处理就必须更加的灵活。法律法规中大多数"的"字结构的"的"紧跟的都是主谓结构或介词短语,一般表示法律规范中假定的条件或情形,在句中做状语,因此通常译成英语表示条件的状语短语或从句。有些情况下,"的"字结构的逻辑主语或动作/行为的发出者与表示处置的句子中的动词的逻辑主语或动作/行为的发出者

相同时,也可以译成名词或代词加后置定语结构。例如:

第 17 条:外国人或者外国企业在中国申请商标注册的,应当按其所属国和中华人民共和国签订的协议或者共同参加的国际条约办理,或者按对等原则办理。

(《中华人民共和国商标法》)

Article 17: Any foreigner or foreign enterprise intending to apply for the registration of a trademark in China shall file an application in accordance with any agreement concluded between the People's Republic of China and the country to which the applicant belongs, or according to the international treaty to which both countries are parties, or on the basis of the principles of reciprocity.

(Trademark Law of the People's Republic of China)

这个例句中的"的"字结构,附着在主谓短语之后,因此在翻译过程中,可以依据其逻辑语义关系将其译为由现在分词引导的短语作后置定语。当然,在其他很多情况下,还可以考虑采用后置定语从句来处理汉语法律语言的"的"字结构。由于汉语中的"的"字结构在法律文本中的语法结构通常是以"主谓结构 + 的"居多,其所起的作用主要也是以条件状语居多,因此我们接下来主要探讨将其译作条件状语的一些情形。

"主谓结构 + 的"的表述方式,大体上可以分为两大类:第一类表现为"主语 + 谓语 1+ 宾语 1+ 的,谓语 2+ 宾语 2,(谓语 3+ 宾语 3) ……"句式,可以英文表述简写为"S+V1+O1+ 的, V2+O2,(V3+O3)...",例如"保证人向债权人保证债务人履行债务的,应当与债权人订立书面保证合同,确定保证人对主债务的保证范围和保证期限";第二类表现为"S1+V1+O1+ 的,(S2+V2+O2+ 的),(S3+V3+O3)...",例如:"出租人违反前款规定的,承租人有权解除合同,并有权要求赔偿因此遭受的损失"。这两类中第一个句型在法律法规语言中使用得较为普遍,对于这些句型的处理方式也相当多,关键在于对表条件的引导词的选择,主要有"if""where""should""in case/in the event of""once""when""providing that"等七种方式。限于篇幅,这里只重点列举几例说明。

(1) "if..."

"的"字句中最多的情况是暗含规定权利或义务的条件的,可套用"如果……就……"或"只要……就……"句型,而在英文中最强烈表示条件的要属"if"条件句型了,因此"if..."句型在中国法律法规英译版中大量被使用。例如:

国有公司、企业直接负责的主管人员,徇私舞弊,造成国有公司、企业破产或者严重亏损,致使国家利益遭受中的损失的,处3年以下有期徒刑或者拘役。

If a person who is directly in charge of a State-owned company or enterprise, practices irregularities for selfish ends and causes bankruptcy or heavy losses of the interests of the State, he shall be sentenced to fixed-term imprisonment of not more than three years or criminal detention.

(2) "where..."

朗文当代英语词典对于"where"有这样一条解释:"to, towards a particular position or situation"。通常"where..."句型可用来代替"if..."句型表示条件关系。两个引导词在意义上的部分重合使得法律法规翻译者有了更多的选择,也使得法律法规的语言具有多样性、丰富性。但多数英文原版法律文本表明"if"所引导的通常是一般的条件,而"where"引导的可以是在一般条件下的某些特殊情况。例如:

If the distance between the low-water marks of the natural entrance points of a bay does not exceed 24 nautical miles, a closing line may be drawn between these two low-water marks, and he waters enclosed thereby shall be considered as internal waters.

Where the distance between the low-water marks of the natural entrance points of a bay exceed 24 nautical miles, a straight baseline of 24 nautical miles shall be drawn within the bay in such a manner as to enclose the maximum area of water that is possible with a line of that length.

从这两个例子中,不难分辨出二者的微妙区别。因为一般是"不超过"的,所以第一句选择用"if"引导;而对于特殊的"超过"的情况则选择了用"where",在翻译时也可予以借鉴。

(3) "when..."/"providing that..."

朗文当代英语词典对于"when"的解释为"at what time; on what occasion",意思是"当……时";或者为"since, considering that",意思是"既然,考虑到"。例如:

货物运输到达后,承运人知道收货人的,应当及时通知收货人,收货人应当及时提货。收货人逾期提货的,应当向承运人支付保管费等费用。

When the goods are transported to the place of destination and the carrier knows the consignee, the carrier shall promptly notify the consignee, and the

143

consignee shall promptly take delivery of the goods. If the consignee delays in taking delivery of the goods, the consignee shall pay storage and other fees to the carrier.

从这个例句当中还可以看出，"when"引导的是几种可能条件中的一种，并且大多都是合法的条件，这一点与"if"和"where"所引导的既可能合法也可能违法的条件有所区别。

另外，汉语法律文本中"的"字结构英译时，除了上面所提及的译为条件状语从句的主要情况之外，还需要注意其他的一些用法和译法，比如主被动的转化、正反的转化等。

汉语法律文本中在界定责任时很少用到被动句，而英语的正式文体中，其中包括法律文本则经常用到被动句。因而在法律翻译时，不能只顾及汉语的语言形式而违背英语的文体规范，这就需要遵循"求同存异"原则中"存异"，将汉语法律文本的主动结构转化为英语译文的被动结构。例如：

如果一方违反本合同的任何条款，并且在接到另一方的书面通知后30日内不予以补救的，未违约方有权选择向违约方书面通知终止本合同。

If any terms and conditions of this Contract are breached and the breach is not corrected by the breaching party within 30 days after a written notice thereof is given by the other party, then the non-breaching party shall have the option to terminate this Contract by giving written notice thereof to the breaching party.

在这个翻译的例句当中，如果按照汉语原有的主动语态将译文也转化成主动语态，法律条文的意义也可以清楚表达，但是译为被动语态后重点更加突出，在文体上也更具正式性。

此外，还需要考虑英汉两种法律语言与法律文本之间在肯定与否定的正方表达之间转化的可能性。英文法律文本中常用否定句来起强调作用，并且突显正式性；因此一般中文的否定句可对等地译为否定句，如汉语法律文本中常用的"任何单位或个人如有……的，不得……"，一般情况下都可以译为"No unit or individual who...shall ..."。但英文中有几个表否定意义的词却往往能替代中文的否定结构，如"fail to do..."这个短语就经常用来翻译否定结构"未能……的"。

目前，关于现代汉语中"的"字结构的研究比较多，针对法律中的"的"字结构研究也不少。然而对于初步接触法律翻译的人员而言，如果能在了解"的"字结构研究的理论基础之上，通过具体的法律条文实例分析其在不同情况下的翻译方法，将大大降低理解的难度,增强对于汉英法律语言差异的认识,有助于在法律文本互译时做到既符合地道的目标语言的表达习惯,又坚持以清楚正确表达源语言法律法规的意思为前提,从而极大地提高法律翻译的学习效果和翻译文本质量。

5. 汉语"对"字句

作为表述法律的工具,汉语立法语言有其独特的表达习惯和语体风格,其中"对"字句就是汉语法律文本中使用范围广泛、使用频率较高、应用较有特点的句式之一。研究探讨汉语法律文本中"对"字句的运用,不仅对提高我国立法语言的规范化程度,而且对提高英汉法律互译的质量和效果都具有现实意义。

"对"字句在法律文本中使用范围广泛而且频率较高,如对现行的十部法律所作统计的具体数据(见下表)就可以十分清楚地表明这一点(刘永红,2010:23-27)。这种"对"字句在法律文本中高频出现现象背后的原因,就是其语用上的功能和价值。"对"字句的主要作用之一,就是对范围和对象进行说明与限制,使得表达更加严谨、准确。而事实上,一切法律行为,尤其是执法和司法主体实施的行为,都是针对特定对象和范围的。

法律名称	法条总数	有"对"字句的法条	
		法条数	比率
宪法	138	20	14.5%
刑法	452	138	30.5%
刑事诉讼法	225	65	28.9%
民事诉讼法	268	73	27.2%
行政诉讼法	75	25	33.3%
治安管理处罚法	119	31	26.1%
婚姻法	51	17	33.3%
公务员法	107	25	23.4%
食品安全法	68	34	50%
交通安全法	124	36	29%

由此可见,当需要表达法律行为所指向的对象和范围时,"对"字句就是合适

的承载句式。从具体层面上来说,法律文本中"对"字句的语用功能主要有如下三个方面内容:

(1) 强调突显功能

"对"字句中,"对"字短语与句子中心动词存在着受动关系而又位于动词前面,这样就使得动词支配对象处于凸显的地位,因此,"对"字句本身就有强调突出动词的受施成分的功能。例如:

第 79 条:公安机关及其人民警察对治安案件的调查,应当依法进行。严禁刑讯逼供或者采用威胁、引诱、欺骗等非法手段收集证据。

(《中华人民共和国治安管理处罚法》)

Article 79: The public security organ and the people's police shall investigate cases of public security according to law. Extorting confessions by torture or collecting evidence by such illegal means as threat, allurement or deception is strictly prohibited.

(Law of the PRC on Penalties for Administration of Public Security)

在这个例句中,"治安案件"是"调查"这一行为指向的对象,用"对"引介将其放于动词之前,也就使得句子宾语提前,在语义上使宾语更加强调突出。在法律文本中,还通过把"对"字短语置于句首,来强调突显法律针对的对象,从而突出法律的权威性。例如:

第 79 条:对有证据证明有犯罪事实,可能判处徒刑以上刑罚的犯罪嫌疑人、被告人,采取取保候审尚不足以防止发生下列社会危险性的,应当予以逮捕:(1)可能实施新的犯罪的;(2)有危害国家安全、公共安全或者社会秩序的现实危险的;(3)可能毁灭、伪造证据,干扰证人作证或者串供的;(4)可能对被害人、举报人、控告人实施打击报复的;(5)企图自杀或者逃跑的。对有证据证明有犯罪事实,可能判处 10 年有期徒刑以上刑罚的,或者有证据证明有犯罪事实,可能判处徒刑以上刑罚,曾经故意犯罪或者身份不明的,应当予以逮捕。

(《中华人民共和国刑事诉讼法》)

Article 79: (1) When there is evidence to support the facts of a crime and the criminal suspect or defendant could be sentenced to a punishment of more than fixed-term imprisonment, and if such a measures as allowing him to obtain a guarantor pending trial would be insufficient to prevent the occurrence of the following dangers to society, thus necessitating his arrest, the criminal suspect or defendant shall be immediately arrested: (a) it is probable for him to commit a new crime; (b) there is a real danger of endangering the state security, public security or social order; (c) it is probable for him to destroy or falsify evidence, interfere with the witness in making testimonies, or tally confessions; (d) it is probable for him to retaliate against the victim, reporter and accuser; (e) attempting to commit suicide or escape. (2) A person who has been proved to commit a crime by evidence and may be imposed a criminal punishment of not less than 10 years imprisonment, or who has been proved to commit a crime by evidence and may be imposed a criminal punishment of more than fixed-term imprisonment, or who has ever committed an intentional offence, or whose identification is not clear, shall be arrested.

这里所列的例句都是无主句,"对"字短语位于句首,开门见山地提出针对的对象。在法律行为中,尤其是在执法和司法主体实施的行为中,施事是特殊的、确定的,是社会全体成员默认的,在语言表述中这种施事可以是隐性的。因此,使用"对"字短语置于句前的无主句,尤其适宜(谢英,2005:40)。

(2) 指示范围功能

"对"字短语能指明某个言语单位表达的语义内容适用的范围,离开这个特定的范围,该言语单位表达的语义内容则不一定真实。法律规范按照行为模式的不同,可分为义务性规范、授权性规范和禁止性规范三类。义务性规范的内容是指国家机关、社会团体、公职人员或公民的义务;授权性规范的内容是规定国家机关、社会团体、公职人员或公民的权利;禁止性规范的内容是禁止实施一定的行为。在禁止性规范中,主要用"对"字句强调、突显某种处罚针对的对象。而在义务性规范和授权性规范中,要说明的是不同行为主体之间的关系以及某种行为或权利所面向的对象,这里的"对"字短语一般位于句中,主要起指示范围的作用(刘永红,2010:23-27)。例如:

第9条:赔偿义务机关对依法确认有本法第三条、第四条规定的情形之一的,应当给予赔偿。赔偿请求人要求赔偿应当先向赔偿义务机关提出,也可以在申请行政复议和提起行政诉讼时一并提出。

(《中华人民共和国国家赔偿法》[1994年版])

Article 9: The organ for compensatory obligations shall pay compensation in one of the circumstances as provided for in Article 3 and Article 4 of this Law once confirmed in accordance with law. A claimant shall, first, file a claim for compensation with an organ under compensatory obligations and may, in the meantime, file a claim when applying for an administrative reconsideration and instituting an administrative procedure.

(Law of the People's Republic of China on State Compensation [1994])

这是一条义务性规范,规定了赔偿义务机关应在依法确认有本法有关条款所规定的情形发生时,承担赔偿义务,"对"字短语就指示出予以赔偿的情形范围。

第9条:广告中对商品的性能、产地、用途、质量、价格、生产者、有效期限、允许或者对服务的内容、形式、质量、价格、允诺有表示的,应当清楚、明白。广告中表明推销商品、提供服务附带赠送礼品的,就当标明赠送的品种和数量。

(《中华人民共和国广告法》[1994年版])

Article 9: An advertisement should make distinct and clear the specifications, place of origin, uses, quality, price, manufacturer, validity period or promises, if any, of commodities or the contents, forms, quality, price or promises, if any, of the services offered. Whereas a gift is attached to a commodity or services supplied, the advertisement concerned should clearly define the kind and quality of the attached gift.

(Advertising Law of the People's Republic of China [1994])

这也是一条义务性规范,"对"字短语就说明了对广告应清楚明白标示内容的要求范围。

第65条:人民法院、人民检察院和公安机关对有下列情形之一的犯罪嫌疑人、被告人,可以取保候审:(1)可能判处管制、拘役或者独立适用附加刑的;(2)可能判处有期徒刑以上刑罚,采取取保候审不致发生社会危险性的;(3)患有严重疾病、生活不能自理,怀孕或者正在哺乳自己婴儿的妇女,采取取保候审不致发生社会危险性的;(4)羁押期限届满,案件尚未办结,需要采取取保候审的。取保候审由公安机关执行。

(《中华人民共和国刑事诉讼法》)

Article 65: (1) The people's court, the people's procuratorate and the public security organ may allow the criminal suspect or defendant under any of the following circumstances to obtain a guarantor pending trial or subject him to residential surveillance: (a) he may be sentenced to public surveillance, criminal detention or simply imposed with supplementary punishments; or (b) he may be imposed with a punishment of fixed-term imprisonment at least and would not endanger society if he is allowed to obtain a guarantor pending trial. (c) he is suffering from a serious illness or cannot manage his life independently, or a woman who is pregnant or breast-feeding her baby, which may not endanger society if a guarantor pending trial is allowed; (d) the detention period expires but the case has not been completed, where it is necessary to order him to obtain a guarantor pending trial. (2) The public security organs shall execute the decision on allowing a criminal suspect or defendant to obtain a guarantor pending trial.

(Law of the PRC on Penalties for Administration of Public Security)

这是一条授权性规范,赋予人民法院、人民检察院和公安机关等国家机关以特定的权利。"对"引介的"有下列情形之一的犯罪嫌疑人、被告人"标示出"取保候审"这一权利所指向的范围。

(3) 分类列举功能

在"对"字句中,"对"字短语表示的是谓语中心语展开的限定范围。因此,它的存在潜在地对背景做了划分,当在不同的背景下所进行的行为具有对比、并列或递进意义时,由"对"字短语构成的"对"字分句并列,对事物进行分类列举,可以更清晰、更醒目地展示信息的焦点(刘永红,2010:23-27)。例如:

第104条:组织、策划、实施武装叛乱或者武装暴乱的,对首要分子或者罪行重大的,处无期徒刑或者10年以上有期徒刑;对积极参加的,处3年以上10年以下有期徒刑;对其他参加的,处3年以下有期徒刑、拘役、管制或者剥夺政治权利。策动、胁迫、勾引、收买国家机关工作人员、武装部队人员、人民警察、民兵进行武装叛乱或者武装暴乱的,依照前款的规定从重处罚。

(《中华人民共和国刑法》)

Article 104: Among those who organize, plot or carry out armed rebellion or armed riot, the ringleaders and the others who commit major crimes shall be sentenced to life imprisonment or fixed-term imprisonment of not less than 10 years; the ones who take an active part in it shall be sentenced to fixed-term imprisonment of not less than three years but not more than 10 years; and the other participants shall be sentenced to fixed-term imprisonment of not more than three years, criminal detention, public surveillance or deprivation of political rights. Whoever instigates, coerces, lures or bribes State functionaries or members of the armed forces, the people's police or the people's militia to commit armed rebellion or armed riot shall be given a heavier punishment according to the provisions in the preceding paragraph.

(Criminal Law of the People's Republic of China)

第89条:公安机关办理治安案件,对与案件有关的需要作为证据的物品,可以扣押;对被侵害人或者善意第三人合法占有的财产,不得扣押,应当予以登记。对与案件无关的物品,不得扣押。

(《中华人民共和国治安管理处罚法》)

Article 89: For handling a case of public security, the public security organ may distrain the articles that are related to the case and need to be taken as evidence; and it shall not distrain the property lawfully possessed by the victim or the bona-fide third party, but shall have such property registered. It shall not distrain articles that are not related to the case.

(The Law of the People's Republic of China on Penalties for Administration of Public Security)

在这两个法律条文中,第一个例子中的"对"字分句表述了不同的犯罪情节应采用的不同法律制裁手段。第二个例子中表述了对案件所涉及的不同性质的物品应采取的不同处置方法。由于采用了由一系列"对"短语所构成的"对"字句的并列,进行分类列举,因而显得具体而明晰,体现了法律的严肃性与公正性。

6. 汉语"零主语"句式

汉英法律语言作为专门用途语言,与其各自的民族共同语一样,均受到其民族思维方式的影响。由于中西思维方式的不同,导致汉英两种语言表达方式的不同:汉语是一种"意合"(parataxis)语言,可以不借助语言形式手段,而借助词语或句子所含意义的逻辑联系来实现它们之间的连接;而英语则是一种"形合"(hypotaxis),语言必须借助语言形式手段(包括词汇手段和形态手段)实现词语或句子的连接(潘文国,2004)。从句法上来说,汉语的基本结构是"话题+评论"结构,其主语与谓语呈现一种松散的结构关系,主语不决定谓语的形态,也并非不可或缺,因此汉语中有大量的"零主语"句子(也即"无主句")存在;而英语的基本结构是"主语+谓语"结构,其主语相当于句子的主题,是行为的发出者或被论述的对象,并且要求其能与谓语合理搭配,符合句子的逻辑习惯,因而是不可或缺的。

对比英汉两种法律语言可以很清楚地看到,汉语法律语体中,尤其是立法文本当中,为了实现客观、公正、严密、精确,从而达到权威的目的,一般避免使用主语,通过拉开与读者的距离,获得庄严、凝重的修辞效果。这就使得汉语法律语言中"零主语"句式的使用频率大大高于其他语体。因此,在英汉法律语言互译中,正确把握"零主语"句式的使用,对实现准确翻译来说就变得十分重要。

我国法律文本中的语句经常采用"零主语"的句法形式,主语是隐含的甚至是缺失的,从而保证法律语言中概念的准确性和范围的概括性。常见的"零主语"句式除了以典型的"……的……"字句式出现之外,还包括直接省略主语等其他一些表现形式。汉语法律语言的"零主语"形式在英译时可以考虑以下几种方法。

(1) 译成被动语态

在英语法律语言中,被动语态可以在语言表达上客观公正地阐述事实,因而在法律语体中得以大量使用,其目的旨在保持法律语言的准确性、客观性,避免主观臆断。因此,为了准确传达原语意义以及遵守译语表达规范的需要,可以把汉语法律语言中的"零主语"句式翻译成英语被动句,以便更好体现法律文体高度的正式性与客观性。例如:

第 5 条:在特殊情况下,根据社会公共利益的需要,对外资企业可以依照法律程序实行征收,并给予相应的补偿。

(《中华人民共和国外资企业法》)

Article 5: However, under special circumstances when public interests require, enterprises with foreign capital may be requisitioned through legal procedures and appropriate compensation shall be made.

(Law of the People's Republic of China on Foreign-Capital Enterprises)

这个例子的原文,可以解释为是省略了动作的人性化的执行者,应当理解为是"(国家)对外资企业可以依照法律程序实行征收,并给予相应的补偿"。因此在翻译时采用英语的被动语态进行转换,以更好突出和强调行为动作的承受者,同时使译文连贯通顺。

(2) 用名词或代词补出主语

法律翻译的发展实践证明,在不损害原文意义的情况下,可以对原文进行适当的增删,从而使译文更好地符合目标语体的表达思路和行文习惯。因此,除了采用被动语态之外,在法律汉语中的无主句英译时,还可以依据语境,找出其隐含主语,然后选择适当的名词或者代词补出主语,从而使句子结构变成英语的"主谓结构",形成完整句子,以便更符合英语语言的表达规范。例如:

第10条:凡在中华人民共和国领域外犯罪,依照本法应当负刑事责任的,虽然经过外国审判,仍然可以依照本法追究,但是在外国已经受过刑罚处罚的,可以免除或者减轻处罚。

(《中华人民共和国刑法》)

Article 10: <u>Any person</u> who commits a crime outside the territory and territorial waters and space of the People's Republic of China, for which according to this Law he should bear criminal responsibility, may still be investigated for his criminal responsibility according to this Law, even if he has already been tried in a foreign country. However, if he has already received criminal punishment in the foreign country, he may be exempted from punishment or given a mitigated punishment.

(Criminal Law of the People's Republic of China)

原文"依照本法应当负刑事责任的"中省略了动作的人性化执行者,在翻译时可以将人性化主语补出,以适应英文法律文本行文重主语的特点。译文中补出了"Any person"作句子的主语,从逻辑上来说应当是动作的施为者,从法律上来说也应当是义务和责任的承担者,体现了汉语重主题、英语重主语的特点。再如:

第10条:中外合作者的一方转让其在合作企业合同中的全部或者部分权利、义务的,必须经他方同意,并报审查批准机关批准。

(《中华人民共和国中外合作经营企业法》)

Article 10: If a Chinese or foreign party wishes to make an assignment of all or part of its rights and obligations prescribed in the contractual joint venture contract, <u>it</u> shall be subject to consent of the other party or parties and report to the examination and approval authority for approval.

(Law of the People's Republic of China on Chinese-Foreign Contractual Joint Ventures)

在这个例句汇总,主语是指中外合作者的一方,所以在译为英语之后,加上代词"it"来指代"中外合作者的一方"这一短语,从而使得句子结构完整,符合英语语法结构规则和行文表达习惯。

第四章　中西法律语言句法对比

(3) 将非主语成分转化为主语成分

在汉语法律语言中出现"零主语"或主语不明确的情况时,必须选择其他成分转换为英语主语。在英语中要成为主语必须具有名词性,因此其他词类要担当主语,必须通过构词变化转换成名词形式。由于汉语缺乏像英语那样主谓一致的标准,所以汉译英时,必须依据句意决定施受关系,再决定把某个成分或词语转化为英语的主语成分。例如:

第 16 条:设立企业,必须依照法律和国务院规定,报请政府或者政府主管部门审核批准。

(《中华人民共和国全民所有制工业企业法》)

Article 16: The establishment of the enterprise must conform to the law and the relevant provisions of the State Council, and the application for the establishment must be submit ted to the government o r the competent department of the government for examination and approval.

(Law of the People's Republic of China on Industrial Enterprises
Owned by the Whole People)

在这个例句中,由于原句当中没有主语,因此译者将整个零主语的句式"设立企业"作为全句的主语,并将汉语的动宾结构"设立企业"变成英语中的名词短语(the establishment of the enterprise),十分恰当,满足了英语语法对"主语+谓语"结构的要求,也使得译文的语言结构简洁明了,逻辑清晰。

(4) 用 it 作为形式主语

法律文本可以大致划分为两种类型,一类的主要功能是规定性的,另一类的主要功能是规定性的但有描写性成分。汉语规定性法律文本句式的主要特点是使用大量命令祈使句式和不带任何感情色彩的陈述句式。在命令祈使句式中,通常以"禁止、严禁、不得"等词语作为句子开头,用以规定交际对象有不做某事的责任和义务,否则就是违反规定要受到相应惩罚。在汉语法律文本译成英语的过程中,这样的"零主语"命令祈使句式,可以采用"It is forbidden/prohibited to..."的句式结构进行汉英转换。而另一些以"确需、必须、确有必要"等引导的零主语句式,则可以采用"It is definitely/really necessary..."的句式结构进行汉英翻译。请看下列例子:

第 61 条:不得安排女职工在怀孕期间从事国家规定的第三级体力劳动强度的劳动和孕期禁忌从事的劳动。

(《中华人民共和国劳动法》[1996 年版])

153

Article 61: It is prohibited to arrange for women workers or staff members during their pregnancy to engage in work with Grade III physical labor intensity as stipulated by the State or other work forbidden to pregnant women.

(Labour Law of the People's Republic of China [1994])

第56条：确需改变该幅土地建设用途的，应当经有关人民政府土地行政主管部门同意，报原批准用地的人民政府批准。

(《中华人民共和国土地管理法》)

Article 56: Where it is definitely necessary to change the purposes of construction on this land, the matter shall be subject to arrangement by the land administration department of the people's government concerned and be submitted for approval to the people's government that originally approved the use of land.

(The Law of Land Administration of the People's Republic of China)

对于以上法律语言常用句式的处理应灵活运用，既要符合英文法律语言的表达习惯，又要坚持以清楚准确表达中文法律法规的意思为前提。正如Elmer Driedger所说，法律翻译者"必须享有和艺术家同等的自由"(Driedger, 1982)。也就是说，译者必须享有"语言所允许范围内的最为广泛的自由"，译者可以充分发挥其能动性为两种语言的转换找到最佳的结合点。

第五章　中西法律语言语篇对比

- 在我看来,失手杀人其罪尚小,混淆美丑、善恶、正义与不正义,欺世惑众,其罪大矣。　　　　　　　　　　　　　　——[古希腊]柏拉图
- 仓廪实而知礼节,衣食足而知荣辱。　　　　　　　　　　　——管仲

一、概述

法律是治国之重器,良法是善治之前提。随着我国改革开放不断向纵深发展,中国与各国间的国际交流与合作日益增多,我国涉外法务活动空前频繁,法律市场逐渐对外开放,法律服务的国际化进程逐步加快。十八届四中全会是我们党历史上第一次以"依法治国"为主题的中央全会,做出了《中共中央关于全面推进依法治国若干重大问题的决定》,确定了全面推进依法治国的总目标,描绘了建设法治中国的总蓝图,做出了加强社会主义法治建设的新部署,发出了建设中国特色社会主义法治体系的动员令。这标志着我们党把依法治国上升到了治国理政战略的新高度,掀开了全面推进依法治国的崭新一页,奏响了"法治中国"的最强音。

这些时代特点都对既通英语又懂法律的"精英明法"复合型人才的培养提出了迫切需求,带来了宝贵机遇,也提出了空前挑战。为满足时代发展、社会进步和国际交往对于培养复合型法律英语人才的现实迫切需求,国内许多高校在本科高年级阶段和研究生阶段都开设了法律英语课程,部分院校还设置了法律英语有关的研究方向或专业,同时相应开发了与之配套的法律英语水平测试等。法律语言教学、翻译和研究在我国已经逐渐开始蓬勃开展起来,并呈现出愈发良好的发展态势和光明的发展前景。

国内许多学者从不同角度对法律与语言、法律与文化的关系,以及法律英语与法律汉语的语言特征等展开研究并取得了一定成果。法律语言与文化研究的发展,从微观层面上说,对于提高法律英语教学水平有极大助益;从中观层面上说,对于促进中西法律语言与文化的交流和借鉴有极大帮助;从宏观层面上来说,对于我国

全面推进依法治国,加快建设法治中国,坚持用法治精神治国理政,在全社会弘扬法治文化,以及坚定全民法治信仰等都有着十分重要的促进作用和现实意义。

应当指出的是,国内对于法律英语文本和语言特征的研究大多是从语言教学的角度来开展的,很少有专门从规范性法律文件自身出发来区分不同的法律文本类型,进而对法律语言文本的类型化和规范化特征等方面进行研究。然而并不是所有法律文本都呈现出完全相似的语篇结构,各种法律文本中所使用的语言也并非都具有完全相同的特征。因此这就对研究者提出了新的要求和任务,需要我们尝试就法律文本的类型化进行专门研究,尤其是其中最具有代表性和示范性的规范性法律文本进行研究,从而有利于更为全面、深入地探讨和理解法律语言的特点以及法律语篇的特征。

二、文本类型与语篇类型

人们在长期使用语言所从事的特定领域的社会分工协作和交际交往中,经过规约化和模式化而形成的语言产品就是文本类型。文本类型有着十分重要的价值和作用,每一种文本类型一方面能够表达特定语言使用者的语用意图,另一方面还能够表达特定文本的主要功能。依据 Sager 的观点,文本类型的重要作用就在于,它可以视为是确定文本的总体意图或功能的决定性因素。而事实上各种各样的语言活动十分清楚地表明,交际文本类型已经演化成了服务于特定交际情景中的信息模式(Sager, 1997:30)。

从这个意义上来说,对特定文本类型特点的正确把握,对于采用一种共同语言进行交际的语言使用者来说,有助于其正确把握其他语言使用者的总体语用意图及其话语的交际功能;而对于需要通过跨文化、跨语言进行交际的翻译工作者来说,有助于其正确把握原作的总体语用意图及其源语语篇的交际功能。可以看到,文本类型研究在同一语言交际活动中对于话语标准和话语策略的选择和确定起着重要甚至决定作用。而且,文本类型研究在不同语言之间的翻译活动中对于翻译标准和翻译策略的选择与确定也起着重要甚至决定作用。由此不难理解,法律文本类型已经成为法律文化规约的重要组成部分,在法律语言交际与翻译中,对其标准和策略的选择与确定同样起着至关重要的作用。

由于文本类型在人类社会语言交际活动中的重要性,人们也开始逐渐加大对于文本类型研究的关注度和投入度,并且开始逐步从不同视角来审视和分析文本类型问题。目前,对于文本类型的分析比较有代表性的有两种研究方法:一种是语言学的方法,一种是翻译学的方法。

首先,语言学理论经过多年以来的持续发展,其研究重心不断由最初基本的层次向后来更高的层次扩展,从传统的语音学、音系学、句法学、语义学和语用学的研究,到之后的话语分析、会话分析、篇章语言学、体裁分析(genre analysis)(Bhatia,1993,1995)的研究,再到如今的语言学和其他许多学科相结合而形成的许多交叉学科和边缘学科的研究等,都客观而清晰地反映出语言学由微观研究向宏观研究的转向。总的说来,较为传统的主要语言学研究视角还是自下而上(bottom-up),而新近发展的语言学研究视角也开始关注自上而下(top-down)的研究活动。

其次,翻译学界对翻译活动的研究,最初也是起步于对于词汇、语句层次的探讨,然而后来对于更高层次翻译内容的关注,特别是对其中涉及的语言现象和语用、文体等文体理论探讨,使得翻译如今也从原来的词汇、句法层面逐步上升到对文本的宏观方面的研究。翻译主要关注植根于特定社会文化背景之中文本的理解和重构(Snell-Hornby,1988:35),这就需要其从主体研究视角上要与语言学自下而上的研究视角有所不同,而总体上主要采用自上而下的视角。

格式塔心理学的研究发现给我们研究法律文本的特征和翻译问题提供了很好的启发和借鉴意义,也就是说:部分之和并不等于总体。在法律文本理解的过程中,弄清了文本的词汇语法意义并不等于弄清楚了全文的意义,全文的意义并不等于所有语法词汇意义的总和,我们还需要去分析和认识更高层面上的整个语篇或者文本的语用意图和交际意义。这就给我们从文本类型的角度来研究法律语言与法律翻译提出了要求和挑战,同时也赋予了意义和价值。

在语言学研究中,一个非常重要的宏观研究层次就是语篇。语篇,通常又称篇章,是一个具有完整意义的语义单位(semantic unit),而不是一个语法单位(grammatical unit)(Halliday,1994)。语篇虽然由一系列连续的话段或句子构成,但并不完全受话段和句子约束,而是在一定语境下表示完整意义、具有多种交际功能的自然语言的整体。

国外学者在语篇的分类上使用过好多概念,如语体(style)、体裁(genre)、语域(register)、语篇类型(text type)等等,这造成这些术语的使用相当混乱(胡曙中,2005:169-173)。当然,这在很大程度上取决于研究角度和方法。语篇类型学(text typology)的研究方法主要有两种,分别是以语篇语法为标准和以交际模式为标准(J. Renkema,1993:91),这两种划分标准又称"语法取向篇章模式"和"功能和交际篇章模式"(钱敏汝,2001:276-277)。

在人类语言交际过程当中,存在并使用着多种多样的语篇类型,比如虽然同为口头语体,但日常会话语篇与司法庭审语篇有着鲜明的不同;再如,同为书面语篇,文学作品语篇也与法律文本语篇有着截然的差异。因此,对语篇类型的研究不仅具有启发意义,而且十分必要。通过比较与对比不同类型的语篇,不仅可以从微观上把握一类语篇的内在结构及其组织机制,还能从宏观上了解这类语篇类型发生的社会文化背景或语境。具体来说,人类社会生活交际当中所使用的每一个特定的语篇,都需要一个特定的表达类型,也都是由一系列相互连结的系统组成的,这些系统对于语篇的整体意义来说都具有特定的功能。从这个意义上来看,找出这些在语篇当中相互联系又互相统一的子系统,判断某一语篇所属的类型,对于把握语篇的整体意义、语用意图和交际功能来说非常重要,并且在翻译活动中如何把语篇的整体意义、语用意图和交际功能在译文文本当中完整地表现出来,就显得更为重要。

从目前的总体情况来看,语篇类型的研究主要从两个角度来进行:一是体裁(genre),二是功能(function)。关于语篇类型问题,国外最早明确提出并且开展研究的是德国功能翻译学派理论家 Katharina Reiss(Gentzler,1993:71)。她强调翻译在语篇层次的对等,并借用语用学的研究成果,将语言功能分为了"representational"(信息功能)、"expressive"(表达功能)和"appellative"(呼唤功能)三类。通常一个文本很少只有其中一个功能,而是多种功能的混杂,但由其中的一种功能占据主导地位。依据文本的功能,语篇类型可以分为三类:"信息语篇"(inhaltsbetone)、"表达语篇"(formbetone)和"施为语篇"(appellbetone)。表达语篇,强调语言形式,追求语言文字美,交际或翻译聚焦于原文内容表达形式的再现,比如诗歌语篇体裁。信息语篇,强调内容或信息,着力直白的陈述或说明信息,其语言往往逻辑性强或所指明确,交际聚焦于信息内容或主题,比如说明书语篇体裁。施为语篇,强调对读者的感召力,旨在说服或唤起读者行为上的反应,语篇形式往往为对话形式,交际聚焦于有所为,比如广告语篇体裁。依据 Hatim(1997:153-159)的研究,语篇也可以依据功能的不同而划分为如下三种类型:"说明型"(expository)、"议论型"(argumentative)和"指示型"(instructional)。其中说明类文本包括概念说明、叙述和描写;议论类文本包括正辩和反辩;指示类文本包括有所选择的指示(如广告)以及没有选择的指示(如合同、条约等)。通常一个文本并不单纯属于某一种类型,而是两种或者两种以上的类型同时存在,但是由其中一种占据主导地位,从而决定该文本所属的语篇类型。

总之,对于语篇的分类,无论是从功能的角度还是从体裁的角度进行,都要全面考察具体语篇,明确不同语篇的多种功能构成成分,从而达到更贴近语篇真实运用情况的分析和描写;而且还必须注意到体裁与功能之间的紧密关联性和相互交错性。因此,若要实现把握语篇整体意义的研究目的,就需要在具体分析时同时兼顾其体裁特征和功能特征。

在翻译研究领域,也主要有两种对文本分类的标准或者依据:一是文本的主题或话题,二是文本的功能。在文本研究的初期,人们主要依据主题、话题等内容为标准对文本进行分类。比较有代表性的有如下几种:① Hieronymus 把文本区分成圣经类(biblical texts)和非圣经类(non-biblical text)(Kloepfer, 1967)。② 翻译家们在文学翻译受到重视后又把作品区分成文学类和非文学类。③ Schleiermacher 一开始以作品主题为分类标准将文本划分为艺术作品(包括文学作品和科学文本等)和世俗作品(包括日常生活用语和商业文件等),之后又把科学文本从文学文本中独立出来,也纳入到世俗文本范畴。他对世俗文本的归类对后来二战之后兴起的对 LSP(Language for Special Purpose)的分类研究奠定了基础。④ 在此基础上,苏联翻译理论家费道罗夫(1954)将文本划分为一般目的文本和特殊目的文本,并认为特殊目的文本的翻译要求译者不仅要具有良好的语言功底,而且还要精通相关的专业知识。⑤ 而与他同时代的 Casagrande 则把文本分成特殊目的类、美学诗意类、宗教类和民族志等四类(转引自 Sarcevic,1997)。

后来对于文本的研究,人们主要依据功能文本进行分类。这主要是由于社会语言学、语用学、功能语法的出现使得人们意识到了语言功能的重要性。比较有代表性的以功能为依据的文本分类有如下几种:① Jumpelt(1961)认为特殊用途类文本的功能是提供信息,并按学科将其划分成技术类、自然科学类、社会科学类以及其他类,其中社会科学类包括社会学、经济学、政治学、财政和法律。② 依据 Buhler 的言语功能三分法,Reib(1971:32)把文本分成传达信息类(informative)、表情达意类(expressive)和呼吁类(conative/vocative)三类,据此制定了相应的翻译标准(Snell-Hornby,1988:30-31),并且将这三类文本进行了详细次类划分,如提供信息类包括通知、报告、法律、合同等。但事实上这是片面和表象的划分,因为有些类型的文本的主要功能并不仅仅是提供信息(Sarcevic,1997),如法律文本的主要功能是规范和指引人类行为等。③ Newmark(1982,13-15;1988:39-44)也基于 Buhler 的语言功能三分法对文本类型做了划分,尝试从体裁和功能相结合的角度把语篇类型分为三类：表情类(expressive)，如严肃文学、权威言论、个人通信等；信息类(informative)，如教材、专业报告、报刊文章等；召唤类(vocative)，如告示、说明书、广告等。然而他意识到法律、法规的主要功能不在于提供信息，而在于呼吁、命令，并进一步把这种功能区分为指引和命令两类，而且后来又将法律法规看作是表情达意类下面的权威类文本。

依据文本功能或意图(Sager,1997:30)对文本进行分类的趋势无疑是正确的，然而需要注意的是，大多数文本并不仅仅具有单一功能性，而是多种功能的混合体(Snell-Hornby 1988:31)。为了更好地生成和识别各种文本及其交际目的，准确认识法律文本和法律翻译的交际功能，我们有必要更加准确地进行文本分类。划分文本或篇章类型必须要考虑两个主要方面的内容：一是分类要具有足够的概括力，能够涵盖同类型文本的所有种类，二是分类要注重文本的主要功能和框架类型(Sarcevic,1997)。要知道，人们在社会交往中的所有行为都有交际意图、目的或计划，这是人们语言交际或语篇创作的出发点，也是引导文本类型和表达策略选择的最重要因素之一。书面文本的意向性尤其突出，如果文本具有规范指导功能，那么我们就会使用呼吁或规定性文本类型。依据言语行为理论，文本类型和文本功能并非一一对应；而且同一种文本类型因交际内容和主题的不同也会表现出多方面的差异性，但是它们的交际目的仍然相同，仍属于同一种文本类型(刘辰诞 1999:125)。

在批评继承上述文本分类的功能、方法及其他条件，并借鉴格式塔心理学"翻译研究的综合途径"的基础上，Snell-Hornby(1988)提出了一个自上而下的综合性文本分类方法，并确定了其翻译标准。这个分类和翻译标准共有五个层次，见下图：

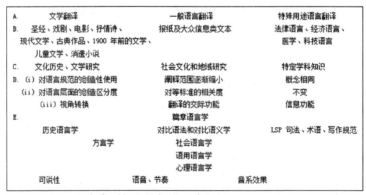

图 5.1　文本类型与翻译标准示意图(Snell-Hornby 1988:32)

这幅原型模式图将为翻译目的服务的文本类型,从宏观到微观、从高到低划分为三大领域、五个层次。A 层次是文学、一般作品和特殊用途语言翻译三个领域;B 层次是文学文本、一般语言作品、特殊用途语言文本三大类文本的原型;C 层次是三大类翻译所涉及的非语言专业知识(语言外现实);D 层次是制约翻译过程的各个方面和翻译标准;E 层次涉及与翻译有关的语言学各学科(Snell-Hornby 1988:33-34)。这种文本分类和翻译模式是渐变的,具有动态性和针对性,既照顾到文本之间的共性和差异性,也考虑到各文本功能与文本类型的不完全对应性,并结合了各文本类型的特点确定了各类文本的翻译标准,具有较强的科学性和概括力(张新红,2001:196)。

三、法律语篇文本类型化

由上文论述可以发现,尽管人们对法律文本的功能认识不清,但一般都赞同把法律文本划分到特殊用途语言(Language for Special Purpose, LSP)或称专业语篇(professional discourse)(Bhatia 1993; Gunnasson et al. 1997)这一大类中。

Maley 对于法律话语的研究是基于话语分析的视角。在她看来,并不存在单独的法律话语(legal discourse),而只有一连串相关话语篇章的组合(Maley,1994:13)。据此,法律英语文本的法律话语可以分为四类:① 司法话语(judicial discourse),即用于司法判决的语言,含书面语和口语。当判决汇编成册,就形成普通法系国家的判例法。② 法庭话语(courtroom discourse),是一种互动语言(interactive language),具有一定礼仪、程式和讲话模式,使用主体主要是法官、律师、法庭工作人员和证人等。③ 法律文件语言(the language of legal documents),是最典型、最正式的一类法律文本,包括合同、制定法、行政法规等。④ 法律咨询话语(the discourse of legal consultation),一般用于律师之间或律师与当事人之间。Maley 分类标准实际是基于系统功能语言学的语域特征,也就是语篇针对特定的交际场合,为达到某一交际目的而产生的一种功能变体。然而,这种分类方法过分强调了话语的语域特征,而没有看到法律英语文本的规范性特征及其所体现的语言特征。

Trosborg 将法律文本分为"法律语言"(the language of the law)和"法律有关的语言"(legal language)两类。前者指的是具有法律约束力的、特别用于规范性法律文件中的语言。如用于制定法、普通法的语言,具有权威性特点。后者指的是一切法律话语篇形式,可以部分地将前者涵盖在内(Trosborg,1995:32)。Sarcevic

持有相似的观点,认为 the language of the law 仅指用于规范性书面法律文本中的语言,具有特殊的句法、语义和语用规则(Sarcevic,1997:8)。然而这种分类方法过于笼统,而且表述方法容易让人产生混淆。

Bhatia 根据法律英语的交际功能,把法律文本分为三类:立法写作(legislative writing),包括制定法、议会法、法典等;学术写作(academic writing),包括研究期刊、法律教科书等;司法写作(juridical writing),含法庭判决、案例汇编等(Bhatia,1993:2)。可是这种方法过分侧重法律英语作为书面语的交际功能而偏重于语言学领域,而忽视了英语作为口头语的交际功能。实际上在英语国家无论是法庭辩论,还是律师之间或律师与当事人之间,都是大量使用口语化的法律语言,从而体现出不同的语域特征(孙世权,2014:110-114)。

Gemar(1995:139-176)关注法律语言及其翻译问题,并对法律语言和法律文本进行了分类。依据他的观点,法律语言可分为 6 个次类:立法言语、法官言语、行政言语、商业用语、司法用语和法学学术用语。法律文本可划分成 3 类:第一类包括法律、法规、判决书和国际条约;第二类包括合同、行政类和商业类表格、遗嘱等;第三类为法学学术类(引自 Sarcevic,1997:17)。然而其分类依据缺乏一致性,因此并不十分科学。

事实上关于语言的功能,目前法学界已经不再接受语言学界的三分法,而是代之以两分法。他们公认语言的主要功能是规范性功能(regulatory)和信息性功能(informative),前者是规定性的,后者是描写性的(Sarcevic,1997)。相应地,法律文本应划分为以下两类:① 主要功能是规定性的法律文本,包括法律法规、法典和合同等,其主要功能是规范人的行为,规定社会成员的责任和义务,规定他们该做什么不该做什么。② 主要功能是规定性的但也有描写性成分,属于一种混合法律文本,包括用于执行司法和行政程序的司法决议、申诉书、案情摘要、答辩状、请求书、判决书等。

需要特别指出的是,法律法规主要具有规范人的行为方式的作用,因而法律文本主要功能应是呼吁和规范,而其次要功能才是提供信息等等。法律语言本身是用语言承载法律内容,既是语言学家研究的对象,也是法学家研究的对象。"规范性法律文件"是法学中的专门术语,正好与其载体"规范性法律文本"相对应。所谓规范性法律文件是指规范性文件,是各级机关、团体、组织制发的各类文件中最主要的一类,因其内容具有约束和规范人们行为的性质,故称为规范性文件。广义上讲,在我国规范性法律文件一般是指属于法律范畴(即宪法、法律、行政法规、地方性法规、自治条例、单行条例、国务院部门规章和地方政府规章)的立法性文件和除此以外的由国家机关和其他团体、组织制定的具有约束力的非立法性文件的总和。因此,这种分类更利于不同专业背景的学者对不同类型的法律英语文本进行跨学科研究,不至于引起对法律文本类型化上的混乱(孙世权,2014:110-114)。规范性法律文本是最典型、最正式、最具规范化语言特征的一类法律文本,也是人们重点关注和研究的对象。有鉴于此,本章主要从语篇层面就英汉规范性法律文本中的法律语言规范化特征及其对比情况展开讨论。

四、英汉法律语篇对比

法律语言的发展历史源远流长。从宏观上来看,经历了由边缘关注到主流研究,由司法语言到立法语言,由法律语言到法学语言,由单一语种的法律语言到不同法律语言之间的对比与翻译等的发展;从微观上看,也由法律语言词汇、句法的有限范围的研究,逐步发展到了法律语音识别、法律专业词汇、法律专业术语、法律语句分析、法律语篇分析以及法律文化研究等广阔范围的研究。20世纪70年代以后的法律语言研究已经"不再局限于语言句法系统本身的研究,而是突破句子的樊篱,迈入话语(语篇)分析的广阔天空"(廖美珍,2003:5)。"语篇分析是语言学研究领域里认知范畴最为广泛的话题之一,涉及大量尚待解决的问题和各种语言现象"(Sehiffrin, Deboah,1994:356)。而"法律领域为语篇研究提供了丰富的资源"(Schiffrin, Deboah et al.,2003:437)。法律语篇研究既涉及传统意义上的司法语言、现代意义上的立法语言和法学研究语言等一切法律和法学语言现象,也包括不同语言的法律语篇对比分析。这里将主要对英汉规范性法律文本的"内""外"两个方面进行对比分析:一是英汉法律文本外部结构特征的语篇程式,二是英汉法律文本内部连接特征的衔接连贯问题。

规定性法律文本之所以不同于其他特殊用途文本类型,其原因主要在于其语用功能的特殊性,并且法律文本的词汇、语法和篇章结构等方面也都体现出该功能的独特性。概括来说,规范性法律文本的特点主要表现为:用词要求严格、常用复杂句、篇章程式化。规范性法律文本的这些特点一定要结合法律语言的文体特点,才能在实践中总结出规范性法律文本的教学、研究和翻译的思路、方法和策略。

1. 立法文本

(1) 立法文本结构分析

规范性法律文本,又称立法文本,是由国家立法机关正式颁布的各项法律法规,对公民具有普遍约束力。立法是立法机关根据《中华人民共和国立法法》关于立法主体、立法权限、立法程序等规程的规定,运用立法技术制定、修改和废止法律、行政法规的过程。其中立法技术是指制定、修改和废止法律、行政法规的技术,即法律规范的逻辑结构和文字表达的规格。由于法律的逻辑结构也由一定的语言文字来体现,因此,说到底,立法技术最后要落实到语言运用方面,这种用于立法的语言称为立法语言,而这种立法语言所生成的文本则成为立法文本。立法文本主要包括各类法律、法规、规章、条例、国际公约、国际条约以及国际惯例等。其主要目的是规范公民的行为标准、公民的权利与义务等。这类文本为人们设定了社会行为标准,同时也规定了判定违法行为的依据。我国的立法文本有宪法、法律、行政法规、国际条约、特别行政区法、地方性法规、经济特区法规、司法解释等八个类别。

作为众多法律文本中的规范性法律文本,立法文本中的法律语言具有很强的专业性、正式性、规范性、逻辑性和严谨性。尽管法律语言"简明化和大众化"的呼声很高,但规范性法律文本仍然保持庄重、严谨、正式的文体风格,以体现立法文本的严肃性和权威性。

从语篇结构层次看,法律语篇最突出的特点是它的高度程式化。法律语篇注重前后层次和埋伏照应,结构严谨,简详得当,并具有严格特殊的程式(潘庆云,1997:6)。立法文本更是高度程式化的代表。我们知道,法律结构的一般原则就是法律以条为基本单位,而条以下根据进一步的需要再设款、项。可以肯定地说,每一部法律、法规都是一个严整的体系,并不是法律规范观念和各个法条的简单罗列,而是把表示有关的法律规范的特定项目安置在一个结构严密的框架中,并显示出它们之间的内部关联和相对重要性。法律结构必须周密严谨、层次分明、科学合理。只有结构合理,条文安排妥帖,才能使全部文本清晰实用。经过对比研究,我们发现英、汉立法语篇的结构大致相同,两类语篇都是由描写性成分过渡到规定性成分、由颁布命令和/或前言过渡到具体条文;其结构层次分明,都是采用从宏观到微观、从总论/总则到条文、从重要条文到次要条文的语篇结构(张新红,2000:283-295)。这种程式化语篇是保持法律规范的庄严性及其内容的严谨合理和准确

第五章　中西法律语言语篇对比

规范的必要手段,能使法律规范的内涵得到最充分的体现。

从立法文本的篇章结构来看,法律文本既要准确地传递有关法律规范的信息,又要便于理解、查阅和执行,因此其定稿必须力求清晰和实用。首先,在制定法律、法规的过程中,最初作为分析的提纲,可以采用严格的多层序列,但是定稿则应力求明晰,以数量有限、互相并列的部分为主。其次,即使是在篇幅很长、内容繁复的法律文本中,层次的数量必须限制到最低限度。最后,法律文本必须前后一致、连贯、明晰、均衡。

尽管各国法律制度和立法规范不尽相同,但立法文件的篇章结构模式却很相似:首先,从宏观层面上来看,法律文本一般是由 preliminary provisions(总则)、principal provisions(分则)和 final provisions(附则)三部分组成(Sarcevic,1997:127)。"总则"一般位于一部法律的第一部分,概括地介绍该法律的立法目的、立法原则、立法依据、法的原则、法的制定和颁布、法的效力、法的适用以及法的解释。具体包括标题、序言、简称、适用条款等内容。"分则"是整部法律的主体部分,是总则内容的具体化讲述。分则一般包括两部分内容:substantive provisions(实质性条款)和 administrative provisions(管理性条款)(Sarcevic,1997)。实质性条款一般对有关法律主体的权利、义务、行为、事件及后果做出规定。管理性条款则适用于对法律机关的规范。"附则"涵盖对总则和分则的补充性内容,主要包括违反与惩罚、制定实施细则的授权、保留、废止、修订、暂时使用条例、施行条款、附录等。其次,从微观层面上来看,法律文本的各部分大多采用条、款、段、节等形式进行逐项规定,使得条理清晰、层次分明。不同语言的立法语篇结构大致相同,比如:英语立法文本主要包括 general (preliminary) provisions, principal provisions, (final) miscellaneous provisions 等几个部分,相当于汉语立法文本的总则、分则和附则。各部分也是由 article、section、paragraph、subparagraph 进行逐条表述的,相当于汉语的条、款、段、节。作为具有法律功能的合同文书,其语篇也呈现高度的程式化。无论是中文本还是英文本合同,大体上可分为标题(title)、序言(preamble)、正文(body)及结尾(closing)等四个部分,而且正文中的各个条款也相对固定,大多有其规范的表达模式等。

然而,由于世界各国法律渊源和法律制度的差异,其立法文件程式也有所不同。英美国家许多法律文件的基本程式是:一、标题;二、关于立法目的及有关方针的说明;三、定义;四、适用范围;五、总则和特殊分则;六、细则(重要性和容量足够构成独立部分的另立);七、附加条款;八、暂时适用条款;九、特定的撤销及相关修正条款;十、某些独立条款;十一、终止日期;十二、颁布日期、生效日期。我国法律文本的基本程式一般是:一、标题;二、总则;三、分则和四、附则。宪法等重大法律,总则(总纲)前还可以有序言等部分。总则通常阐明制定该法律的目的、任务、原则和要求,是法律的"纲"。分则是"目",通常规定法律规范的具体内容,它确切规定支持、保护、发展什么,限制、禁止、取缔什么;在什么情况下允许做什么,不允许做什么。附则一般是规定有关本法的实施事项,如规定法律生效日期等。有关法律概念的必要定义也往往在分则中以条文的形式加以阐述。

虽然中外法律文本程式不尽相同,但在内容的次序方面大体相似,基本遵循下列原则:(一)总则先于分则;(二)重要条款在前;(三)更常用、更带普遍性的法律规范在前;(四)永久适用的比暂时适用的在前;(五)事务性、技术性内容(条款或说明)放在末尾。此外还需强调的是,在拟定法律时,还要注意章、节、条、之间的匀称协调。

(2)立法文本总则

总则一般位于每部法律的第一部分,概括地介绍该法律的立法目的、立法原则、立法依据、法的原则、法的制定和颁布、法的效力、法的适用以及法的解释。一般具体包括标题、序言、简称、适用条款等内容。根据各国法律制度和立法规范的不同原则,以上三部分的主要内容和结构也有所差异。各国法律实践中对于不同的法律文件采用的具体格式也会有所差异。如中国的立法文本内容一般安排格式如下:

- 标题、制定、公布、实施信息和序言
- 总则
- 分则
- 适用与备案
- 附则

以《中华人民共和国民事诉讼法》的总则内容安排格式为例:

原文:标题、制定、目录

  第一编 总则
  第一章 任务、适用范围和基本原则
  第二章 管辖
    第一节 级别管辖
    第二节 地域管辖

　　　　第三节　移送管辖和指定管辖
　　第三章　审判组织
　　第四章　回避
　　第五章　诉讼参加人
　　　　第一节　当事人
　　　　第二节　诉讼代理人
　　第六章　证据
　　第七章　期间、送达
　　　　第一节　期间
　　　　第二节　送达
　　第八章　调解
　　第九章　保全和先予执行
　　第十章　对妨害民事诉讼的强制措施
　　第十一章　诉讼费用

译文：Civil Procedure Law of the People's Republic of China

(Adopted on April 9, 1991 at the Fourth Session of the Seventh National People's Congress, and revised according to the Decision of the Standing Committee of the National People's Congress on Amending the Civil Procedure Law of the People's Republic of China as adopted at the 30th Session of the Standing Committee of the 10th National People's Congress)

　　Part One General Principles
　　　　Chapter 1 Purposes, Scope of Regulation and Basic Principles
　　　　Chapter 2 Jurisdiction
　　　　　　Section 1 Jurisdiction by Levels of Courts
　　　　　　Section 2 Territorial Jurisdiction
　　　　　　Section 3 Jurisdiction by Transfer and Jurisdiction by Designation
　　　　Chapter 3 Trial Organization
　　　　Chapter 4 Recusal of Adjudicating Personnel
　　　　Chapter 5 Litigation Participants
　　　　　　Section 1 Parties
　　　　　　Section 2 Litigation Representatives

　　　　Chapter 6 Evidence
　　　　Chapter 7 Time Periods and Service
　　　　　　Section 1 Time Periods
　　　　　　Section 2 Service
　　　　Chapter 8 Mediation
　　　　Chapter 9 Property Preservation and Advance Enforcement
　　　　Chapter 10 Compulsory Measures against Obstruction of Civil Actions
　　　　Chapter 11 Litigation Expenses

而相比之下,《美利坚合众国宪法》的总则部分则只包含了标题和序言两个部分的内容:

　　原文: The Constitution of the United States of America
　　Preamble
　　We the people of the United States, in order to form a more perfect union, establish justice, insure domestic tranquility, provide for the common defense, promote the general welfare, and secure the blessings of liberty to ourselves and our posterity, do ordain and establish this Constitution for the United States of America.

　　译文:《美利坚合众国宪法》序言
　　　我们美利坚合众国的人民,为了组织一个更完善的联邦,树立正义,保障国内的安宁,建立共同的国防,增进全民福利和确保我们自己及我们后代能安享自由带来的幸福,乃为美利坚合众国制定和确立这一部宪法。

为了进一步增强对立法文本的理解,下面我们将对总则部分的核心内容,即标题和序言,以及在英语法律文件总则中经常出现的关键术语解释部分的特点等进行分析探讨。

1)法律文本标题

世界各国的立法文本都有各自的标题。标题是对整部法律内容和目的的高度概括,其主要特征是简洁、醒目、鲜明。标题的翻译对于了解整部法律的内容和主旨及其重要。立法文本的标题有长短之分,这个特点在英语立法文本中表现得尤为突出。为了使立法文本能够更方便地被引用,各国立法者多采用短标题作为立法文本的标题。如《中华人民共和国刑法》只是简单地由国名"中华人民共和国"加上法律名称"刑法"两部分构成。又如1996年英国《仲裁法》,仅由法案名

第五章 中西法律语言语篇对比

称"Arbitration Act"加上颁布年份"1996"组成。再如 1978 年《联合国海上货物运输公约》(又称汉堡规则),也是仅由公约名称"United Nations Convention on the Carriage of Goods by Sea"加上颁布年份"1978"组成。

长标题多见于英语立法文件中,通常是法律正文内容的组成部分。长标题通常会对相关法律的立法范围和立法意图做详细的描述,使读者能够迅速地把握立法者的立法目的和该法律的适用范围。因此,在英语立法文件中长标题通常被立法者用来作为解释立法目的的工具。在这种情况下,长标题成为某些法律不可或缺的内容之一。为了明确表述,长标题一般都采用长句的形式,多以"An Act..."开头,后面用"to amend..." "to make..." "for the purpose of..."等动词或者词组来表示该法律的立法意图和立法范围。长标题也有长短之分,相对较短的如:"An Act respecting Procedure in Criminal Cases, and other matters relating to Criminal Law"。当然,也存在比较复杂的立法文件标题的情况,比如:"An Act to prevent the unlawful training of persons to the use of arms, and the practice of military evolutions and to authorize Justices of the Peace to seize and detain arms collected or kept for purposes dangerous to the public peace"(An Act further to amend the "Act to make further provision for the government of the North West Territories", Canada)。

纽马克(Newmark)认为,在语篇标题的翻译过程中,译者应该充分发挥能动性,对目标标题进行分类。通常可分为描述性(descriptive)标题和暗示性(allusive)标题。描述性标题适用于在非文学语篇中简明地说明语篇的主题和目的,而暗示性标题则适用于文学作品与通俗的新闻写作。按照以上分类原则,立法文本标题属于描述性标题,通常对法律文本的主题和主旨做出简明的交代。接下来我们将对立法文本标题中常采用的方法和原则进行介绍。

①直译法。"对等"是法律文本标题翻译过程中使用最多的一种技巧,它基本上是直译原文标题的表达形式,可变通性很小。这种翻译方法体现了 Nida(1964:159)"形式对等"和严复"信"的翻译标准,也反映了随着各国交流加强,相同或相似信息的法律语言载体的相互融合。通常适用这种翻译方法的法律文本标题具有如下特点:本身十分具体,基本表述了文章所要说的内容,属于短标题和较短长标题。在法律翻译实践上,译者则多采用直译法,原因在于这种方法在语言形式上与原语篇标题的措辞最为接近。例如:《中华人民共和国民法通则》采用直译法译为英文便是 General Principles of the Civil Law of the People's Republic of China;而 The Constitution of United States of America 可直译为《美利坚合众国宪法》。

②增减法。增减法是对直译法的一种补充和调整。有时译者可能认为原文标题过泛、过长,用直译法的译文不符合目标语读者的阅读习惯。这时就要求译者采用必要的技术手段,增强译文标题的可读性。这种方法主要适用于长标题的翻译,但应注意把握保留和突出原文标题的中心词句和力求简洁醒目的原则。例如:《中华人民共和国促进科技成果转化法》,其主标题中的关键词应当是"科技成果"与"转化",因此译为"Scientific and Technological Achievement Transformation Law of PRC",准确地表达出该法的法律效力和管辖范围。

此外,在将汉语立法文本的标题英译时在翻译方法上还要注意以下两点。首先,在立法文本标题的翻译方面,我们应该移植英美法系国家、地区制定法的命名模式。我们翻译法律文本的目的就是满足英语国家、地区读者的阅读需求,直接依照他们的模式去翻译、命名,以迎合目标读者的阅读与理解习惯。其次,要认真对比英语立法文件名称"格式词"的不同含义,例如:Law, Act, Code, Ordinance, Regulation, Rule, Interpretation, Decision 等。需要特别注意的是,在进行具体研究时,应当主要参考英语原文的法律专业词典、法律著作、文献,而不是只依赖普通的英汉词典、英汉法律词典等间接的书籍、文献。此外,还需要将英语的表达方式与中国的法律文化特点相结合,为中国法律法规找到相对应的英语名称。

2) 序言

序言是立法文本的重要组成部分,并非所有的法律都有序言部分。英美法系的立法序言通常以程式化的一个或者几个从句来标示,常见的典型范式有:"whereas..." "considering" "given that..." "in view that..." "in view of..."。此外,还有不少 "means" "includes" "refers to..." 的套语结构。而汉语立法文本的序言中则通常采用 "为了……,根据宪法,制定本法"(This law is enacted in accordance with...and for the purpose of...)、"本法所指的……是指……" 等套语结构。请看下列例子:

首先,英国的 Statute of Anne(《安妮法》1710)是世界上第一部关于版权的法律,作者的亮相,促进知识的提出,都是标志世界版权史新篇章的大事。在这部法律文本中的序言部分就采用了由 "whereas..." 所引导的句式:

I. "<u>Whereas</u> printers, booksellers, and other persons have of late frequently taken the Liberty of Printing, Reprinting, and Publishing or causing to be printed, reprinted, and published, books and other writings, without the Consent of the Authors and Proprietors of such Books and Writings, to their very great Detriment, and too often to the Ruin of them and their families: For Preventing therefore such practices for the future, and for the Encouragement of Learned Men to Compose and Write useful books; May it please Your Majesty, that it may be Enacted, and be it Enacted by the Queen's most Excellent Majesty, by and with the Advice and Consent of the Lords Spiritual and Temporal, and Commons in this present Parliament Assembled, and by the Authority of the same; II. That from and after the Tenth Day of April, One thousand seven hundred and ten, the Author of any Book or Books already Printed, who hath not Transferred to any other the Copy or Copies of such Book or Books, Share or Shares thereof, or the Bookseller or Booksellers, Printer or Printers, or other Person or Persons who hath or have Purchased or Acquired the Copy or Copies of any Book or Books, in order to Print or Reprint the same, shall have the sole right and liberty of printing such book and books for the term of one and twenty years, to Commence from the said Tenth Day of April, and no longer; and that the Author of any Book or Books already Composed and not Printed and Published, or that shall hereafter be Composed and his Assignee, or Assigns, shall have the sole Liberty of Printing and Reprinting such Book and Books for the Term of fourteen."

(Statute of Anne [1710])

除了在立法文本中以程式化的方式经常出现之外,"whereas" 引导的句式在司法文本中也会时常用到,比如在如下一项专利转让合同第一部分的规定:

WHEREAS, the Licensor possesses and continually develops advanced Production Technology (as defined below) and Technical Know-how (as defined below) needed for designing, developing, manufacturing, testing, marketing, selling and maintaining the Products (as defined below);

WHEREAS, the Licensor has the right and desire to license the Production Technology and Technical Know-how to the Licensee and to provide Technical Assistance, Technical Documents and Technical Training (each as defined below) to the Licensee;

WHEREAS, the Licensor desires to obtain from the Licensor through licensing the right to use the Production Technology and Technical Know-how needed to manufacture, modify, design, develop, test, market, sell and maintain the Products; and

WHEREAS, the Licensor desires to provide and the Licensee desires to obtain the right to use such Production Technology and Technical Know-how on terms and conditions set forth in this Agreement(as defined below).

然而需要注意的是,现代的立法文本已经较少采用以上形式,例如《美立坚合众国宪法》的序言就直截了当地采用了常用句式,开宗明义,阐释了美国宪法的立法宗旨:

The Constitution of the United States of America

Preamble

We, the people of the United States, in order to form a more perfect union, establish justice, insure domestic tranquility, provide for the common defense, promote the general welfare, and secure the blessings of liberty to ourselves and our posterity, do ordain and establish this Constitution for the United States of America.

再如,根据 WTO 法律规则,我国加入 WTO 的法律文件有两个有机组成部分,一是《中华人民共和国加入议定书》,二是《中国加入工作组报告书》,也就是简称的"两书"。在《中华人民共和国加入议定书》的序言部分,就使用了与前文《安妮法》等不同的现代立法文本的句式表达方法,如 "recalling that..." "taking note that..." 等:

Protocol on the Accession of the People's Republic of China

Preamble

The World Trade Organization ("WTO"), pursuant to the approval of the Ministerial Conference of the WTO accorded under Article XII of the Marrakesh Agreement Establishing the World Trade Organization ("WTO Agreement"), and the People's Republic of China ("China"),

Recalling that China was an original contracting party to the General Agreement on Tariffs and Trade 1947,

Taking note that China is a signatory to the Final Act Embodying the Results of the Uruguay Round of Multilateral Trade Negotiations,

Taking note of the Report of the Working Party on the Accession of China in document WT/ACC/CHN/49 ("Working Party Report"),

Having regard to the results of the negotiations concerning China's membership in the WTO,

Agree as follows:

又如于 2005 年 12 月 14 日正式生效的《联合国反腐败公约》(United Nations Convention against Corruption)，这是联合国历史上通过的第一个用于指导国际反腐败斗争的法律文件，对预防腐败、界定腐败犯罪、反腐败国际合作、非法资产追缴等问题进行了法律上的规范，对各国加强国内的反腐行动、提高反腐成效、促进反腐国际合作具有重要意义。在这份公约的序言部分就采用了与上述传统的立法句法范式不同的新的表达方式，如"Concerned about..." "Convinced that..." "Acknowledging that..." "Bearing in mind that..." "Commending that..." "Taking note with..." "Taking note with..." 等。

United Nations Convention against Corruption

Preamble

The States Parties to this Convention,

<u>Concerned about</u> the seriousness of problems and threats posed by corruption to the stability and security of societies, undermining the institutions and values of democracy, ethical values and justice and jeopardizing sustainable development and the rule of law,

Concerned also about the links between corruption and other forms of crime, in particular organized crime and economic crime, including money-laundering,

Concerned further about cases of corruption that involve vast quantities of assets, which may constitute a substantial proportion of the resources of States, and that threaten the political stability and sustainable development of those States,

<u>Convinced that</u> corruption is no longer a local matter but a transnational phenomenon that affects all societies and economies, making international cooperation to prevent and control it essential,

Convinced also that a comprehensive and multidisciplinary approach is required to prevent and combat corruption effectively,

Convinced further that the availability of technical assistance can play an important role in enhancing the ability of States, including by strengthening capacity and by institution-building, to prevent and combat corruption effectively,

Convinced that the illicit acquisition of personal wealth can be particularly damaging to democratic institutions, national economies and the rule of law,

Determined to prevent, detect and deter in a more effective manner international transfers of illicitly acquired assets and to strengthen international cooperation in asset recovery,

Acknowledging the fundamental principles of due process of law in criminal proceedings and in civil or administrative proceedings to adjudicate property rights,

Bearing in mind that the prevention and eradication of corruption is a responsibility of all States and that they must cooperate with one another, with the support and involvement of individuals and groups outside the public sector, such as civil society, non-governmental organizations and community-based organizations, if their efforts in this area are to be effective,

Bearing also in mind the principles of proper management of public affairs and public property, fairness, responsibility and equality before the law and the need to safeguard integrity and to foster a culture of rejection of corruption,

Commending the work of the Commission on Crime Prevention and Criminal Justice and the United Nations Office on Drugs and Crime in preventing and combating corruption,

Recalling the work carried out by other international and regional organizations in this field, including the activities of the African Union, the Council of Europe, the Customs Cooperation Council (also known as the World Customs Organization), the European Union, the League of Arab States, the Organisation for Economic Cooperation and Development and the Organization of American States,

Taking note with appreciation of multilateral instruments to prevent and combat corruption, including, inter alia, the Inter-American Convention against Corruption, adopted by the Organization of American States on 29 March 1996, the Convention on the Fight against Corruption involving Officials of the European Communities or Officials of Member States of the European Union, adopted by the Council of the European Union on 26 May 1997, the Convention on Combating Bribery of Foreign Public Officials in International Business Transactions, adopted by the Organisation for Economic Cooperation and Development on 21 November 1997, the Criminal Law Convention on Corruption, adopted by the Committee of Ministers of the Council of Europe on 27 January 1999, the Civil Law Convention on Corruption, adopted by the Committee of Ministers of the Council of Europe on 4 November 1999, and the African Union Convention on Preventing and Combating Corruption, adopted by the Heads of State and Government of the African Union on 12 July 2003,

Welcoming the entry into force on 29 September 2003 of the United Nations Convention against Transnational Organized Crime,

Have agreed as follows:

与前文例子中《美利坚合众国宪法》的序言情况不同,我国宪法的序言部分交代了中华人民共和国的成立历史以及成立之后的发展历程,同时阐明了中华人民共和国的性质以及宪法的地位和立法目标。

序言

中国是世界上历史最悠久的国家之一。中国各族人民共同创造了光辉灿烂的文化,具有光荣的革命传统。

1840年以后,封建的中国逐渐变成半殖民地、半封建的国家。中国人民为国家独立、民族解放和民主自由进行了前仆后继的英勇奋斗。

20世纪,中国发生了翻天覆地的伟大历史变革。

1911年孙中山先生领导的辛亥革命,废除了封建帝制,创立了中华民国。但是,中国人民反对帝国主义和封建主义的历史任务还没有完成。

1949年,以毛泽东主席为领袖的中国共产党领导中国各族人民,在经历了长期的艰难曲折的武装斗争和其他形式的斗争以后,终于推翻了帝国主义、封建主义和官僚资本主义的统治,取得了新民主主义革命的伟大胜利,建立了中华人民共和国。从此,中国人民掌握了国家的权力,成为国家的主人。

中华人民共和国成立以后,我国社会逐步实现了由新民主主义到社会主义的过渡。生产资料私有制的社会主义改造已经完成,人剥削人的制度已经消灭,社会主义制度已经确立。工人阶级领导的、以工农联盟为基础的人民民主专政,实质上即无产阶级专政,得到巩固和发展。中国人民和中国人民解放军战胜了帝国主义、霸权主义的侵略、破坏和武装挑衅,维护了国家的独立和安全,增强了国防。经济建设取得了重大的成就,独立的、比较完整的社会主义工业体系已经基本形成,农业生产显著提高。教育、科学、文化等事业有了很大的发展,社会主义思想教育取得了明显的成效。广大人民的生活有了较大的改善。

中国新民主主义革命的胜利和社会主义事业的成就,是中国共产党领导中国各族人民,在马克思列宁主义、毛泽东思想的指引下,坚持真理,修正错误,战胜许多艰难险阻而取得的。我国将长期处于社会主义初级阶段。国家的根本任务是,沿着中国特色社会主义道路,集中力量进行社会主义现代化建设。中国各族人民将继续在中国共产党领导下,在马克思列宁主义、毛泽东思想、邓小平理论和"三个代表"重要思想指引下,坚持人民民主专政,坚持社会主义道路,坚持改革开放,不断完善社会主义的各项制度,发展社会主义市场经济,发展社会主义民主,健全社会主义法制,自力更生,艰苦奋斗,逐步实现工业、农业、国防和科学技术的现代化,推动物质文明、政治文明和精神文明协调发展,把我国建设成为富强、民主、文明的社会主义国家。

在我国,剥削阶级作为阶级已经消灭,但是阶级斗争还将在一定范围内长期存在。中国人民对敌视和破坏我国社会主义制度的国内外的敌对势力和敌对分子,必须进行斗争。

台湾是中华人民共和国的神圣领土的一部分。完成统一祖国的大业是包括台湾同胞在内的全中国人民的神圣职责。

社会主义的建设事业必须依靠工人、农民和知识分子,团结一切可以团结的力量。在长期的革命和建设过程中,已经结成由中国共产党领导的,有各民主党派和各人民团体参加的,包括全体社会主义劳动者、社会主义事业的建设者、拥护社会主义的爱国者和拥护祖国统一的爱国者的广泛的爱国统一战线,这个统一战线将继续巩固和发展。中国人民政治协商会议是有广泛代表性的统一战线组织,过去发挥了重要的历史作用,今后在国家政治生活、社会生活和对外友好活动中,在进行社会主义现代化建设、维护国家的统一和团结的斗争中,将进一步发挥它的重要作用。中国共产党领导的多党合作和政治协商制度将长期存在和发展。

中华人民共和国是全国各族人民共同缔造的统一的多民族国家。平等、团结、互助的社会主义民族关系已经确立,并将继续加强。在维护民族团结的斗争中,要反对大民族主义,主要是大汉族主义,也要反对地方民族主义。国家尽一切努力,促进全国各民族的共同繁荣。

中国革命和建设的成就是同世界人民的支持分不开的。中国的前途是同世界的前途紧密地联系在一起的。中国坚持独立自主的对外政策,坚持互相尊重主权和领土完整、互不侵犯、互不干涉内政、平等互利、和平共处的五项原则,发展同各国的外交关系和经济、文化的交流;坚持反对帝国主义、霸权主义、殖民主义,加强同世界各国人民的团结,支持被压迫民族和发展中国家争取和维护民族独立、发展民族经济的正义斗争,为维护世界和平和促进人类进步事业而努力。

本宪法以法律的形式确认了中国各族人民奋斗的成果,规定了国家的根本制度和根本任务,是国家的根本法,具有最高的法律效力。全国各族人民、一切国家机关和武装力量、各政党和各社会团体、各企业事业组织,都必须以宪法为根本的活动准则,并且负有维护宪法尊严、保证宪法实施的职责。

3)术语解释

定义核心术语的部分多见于英美法系立法文本。该部分用来解释本部法律中出现的特点术语,一般按字母顺序排列。如果某术语在某章节中有特定的含义,则在相关章节的开始加以定义。术语解释在司法文本中也较为常见,例如在合同文本中第一部分对该合同中所出现的术语进行解释等。例如 Uniform Commercial Code(《统一商法典》)就在其第二章"一般定义和解释原则"下的第 1-201 条"一般定义"中对本部法律中出现的术语加以定义,并且共计 43 款之多:

§ 1-201. General Definitions.

(a) Unless the context otherwise requires, words or phrases defined in this section, or in the additional definitions contained in other articles of [the Uniform Commercial Code] that apply to particular articles or parts thereof, have the meanings stated.

(b) Subject to definitions contained in other articles of [the Uniform Commercial Code] that apply to particular articles or parts thereof:

(1) "Action", in the sense of a judicial proceeding, includes recoupment, counterclaim, set-off, suit in equity, and any other proceeding in which rights are determined.

(2) "Aggrieved party" means a party entitled to pursue a remedy.

(3) "Agreement", as distinguished from "contract", means the bargain of

the parties in fact, as found in their language or inferred from other circumstances, including course of performance, course of dealing, or usage of trade as provided in Section 1-303.

(4) "Bank" means a person engaged in the business of banking and includes a savings bank, savings and loan association, credit union, and trust company.

(5) "Bearer" means a person in possession of a negotiable instrument, document of title, or certificated security that is payable to bearer or indorsed in blank.

(6) "Bill of lading" means a document evidencing the receipt of goods for shipment issued by a person engaged in the business of transporting or forwarding goods.

...

(12) "Contract", as distinguished from "agreement", means the total legal obligation that results from the parties' agreement as determined by [the Uniform Commercial Code] as supplemented by any other applicable laws.

(13) "Creditor" includes a general creditor, a secured creditor, a lien creditor, and any representative of creditors, including an assignee for the benefit of creditors, a trustee in bankruptcy, a receiver in equity, and an executor or administrator of an insolvent debtor's or assignor's estate.

(14) "Defendant" includes a person in the position of defendant in a counterclaim, cross-claim, or third-party claim.

(15) "Delivery", with respect to an instrument, document of title, or chattel paper, means voluntary transfer of possession.

...

(24) "Money" means a medium of exchange currently authorized or adopted by a domestic or foreign government. The term includes a monetary unit of account established by an intergovernmental organization or by agreement between two or more countries.

(25) "Organization" means a person other than an individual.

(26) "Party", as distinguished from "third party", means a person that has engaged in a transaction or made an agreement subject to [the Uniform

Commercial Code].

(27) "Person" means an individual, corporation, business trust, estate, trust, partnership, limited liability company, association, joint venture, government, governmental subdivision, agency, or instrumentality, public corporation, or any other legal or commercial entity.

...

(30) "Purchaser" means a person that takes by purchase.

(31) "Record" means information that is inscribed on a tangible medium or that is stored in an electronic or other medium and is retrievable in perceivable form.

(32) "Remedy" means any remedial right to which an aggrieved party is entitled with or without resort to a tribunal.

(33) "Representative" means a person empowered to act for another, including an agent, an officer of a corporation or association, and a trustee, executor, or administrator of an estate.

(34) "Right" includes remedy.

...

(40) "Term" means a portion of an agreement that relates to a particular matter.

(41) "Unauthorized signature" means a signature made without actual, implied, or apparent authority. The term includes a forgery.

(42) "Warehouse receipt" means a receipt issued by a person engaged in the business of storing goods for hire.

(43) "Writing" includes printing, typewriting, or any other intentional reduction to tangible form. "Written" has a corresponding meaning.

又比如 Americans with Disabilities Act of 1990(《美国残疾人法》)第一节第三条的定义部分对于本法案中该部分的"auxiliary aids and services""disability"和"State"等的含义做了详尽的解释：

SEC. 3. DEFINITIONS.

As used in this Act:

(1) AUXILIARY AIDS AND SERVICES—The term 'auxiliary aids and

services' includes:

(A) qualified interpreters or other effective methods of making aurally delivered materials available to individuals with hearing impairments;

(B) qualified readers, taped texts, or other effective methods of making visually delivered materials available to individuals with visual impairments;

(C) acquisition or modification of equipment or devices; and

(D) other similar services and actions.

(2) DISABILITY—The term "disability" means, with respect to an individual:

(A) a physical or mental impairment that substantially limits one or more major life activities of such individual;

(B) a record of such an impairment; or

(C) being regarded as having such an impairment.

(3) STATE—The term "State" means each of the several States, the District of Columbia, the Commonwealth of Puerto Rico, Guam, American Samoa, the Virgin Islands, the Trust Territory of the Pacific Islands, and the Commonwealth of the Northern Mariana Islands.

再比如 United Nations Convention on the Use of Electronic Communications in International Contracts(《联合国国际合同使用电子通信公约》)第2章"总则"第4条"定义"部分也对本条约中的"Communication"（通信）、"Electronic communication"（电子通信）、"Data message"（数据电文）、"Originator"（发件人）、"Addressee"（收件人）、"Information system"（信息系统）等特定术语进行了详细解释：

CHAPTER II. GENERAL PROVISIONS

Article 4. Definitions

For the purposes of this Convention:

(a) "Communication" means any statement, declaration, demand, notice or request, including an offer and the acceptance of an offer, that the parties are required to make or choose to make in connection with the formation or performance of a contract;

(b) "Electronic communication" means any communication that the parties make by means of data messages;

(c) "Data message" means information generated, sent, received or stored by electronic, magnetic, optical or similar means, including, but not limited to, electronic data interchange, electronic mail, telegram, telex or telecopy;

(d) "Originator" of an electronic communication means a party by whom, or on whose behalf, the electronic communication has been sent or generated prior to storage, if any, but it does not include a party acting as an intermediary with respect to that electronic communication;

(e) "Addressee" of an electronic communication means a party who is intended by the originator to receive the electronic communication, but does not include a party acting as an intermediary with respect to that electronic communication;

(f) "Information system" means a system for generating, sending, receiving, storing or otherwise processing data messages;

(g) "Automated message system" means a computer program or an electronic or other automated means used to initiate an action or respond to data messages or performances in whole or in part, without review or intervention by a natural person each time an action is initiated or a response is generated by the system;

(h) "Place of business" means any place where a party maintains a non-transitory establishment to pursue an economic activity other than the temporary provision of goods or services out of a specific location.

(3)立法文本主体

中国和英美法系国家的立法文本的主体部分通常按照各部法律所涉的内容以及其内在的法律关系以条款的方式列举出来。中国的法律根据内容需要,可以分编、章、节、条、款、项、目。其中,"编、章、节、条"的序号用中文数字依次表述;"款"不编序号;"项"的序号用中文数字加括号依次表述;"目"的序号用阿拉伯数字依次表述。通过分编、章、节、条、款、项、目,条理清晰,显示出法律的严谨性。例如:

第7章 诉讼时效

第135条 向人民法院请求保护民事权利的诉讼时效期间为2年,法律另有规定的除外。

第136条 下列的诉讼时效期间为1年:

(1)身体受到伤害要求赔偿的;
(2)出售质量不合格的商品未声明的;
(3)延付或者拒付租金的;
(4)寄存财物被丢失或者损毁的。

第137条　诉讼时效期间从知道或者应当知道权利被侵害时起计算。但是,从权利被侵害之日起超过20年的,人民法院不予保护。有特殊情况的,人民法院可以延长诉讼时效期间。

第138条　超过诉讼时效期间,当事人自愿履行的,不受诉讼时效限制。

第139条　在诉讼时效期间的最后六个月内,因不可抗力或者其他障碍不能行使请求权的,诉讼时效中止。从中止时效的原因消除之日起,诉讼时效期间继续计算。

第140条　诉讼时效因提起诉讼、当事人一方提出要求或者同意履行义务而中断。从中断时起,诉讼时效期间重新计算。

第141条　法律对诉讼时效另有规定的,依照法律规定。

在翻译实践中,"编"一般译为part,"章"一般对应chapter,"节"常译作section,"条"译为article,"款"译作paragraph,"项"译作subparagraph,"目"译作item。

例如,《中华人民共和国宪法》第34章第1款,应当译作:"The first paragraph of Article 34 of the Constitution of the People's Republic of China"。

目前有些人民法院引用法律、法令等条文时,对于条、款、项、目的顺序尚不明确。对引用条文的写法,在中西法律比较与翻译中应该注意以下几个方面:

1)引用法律、法令等的条文时,应按条、款、项、目的顺序来写,即条下为款,款下为项,项下为目;

2)如果某一条下面没有条款而直接分列几项的,就不要加"第1款",例如《中华人民共和国治安管理处罚法》第2章"处罚的种类和适用"第20条:"违反治安管理有下列情形之一的,从重处罚:(一)有较严重后果的;(二)教唆、胁迫、诱骗他人违反治安管理的;(三)对报案人、控告人、举报人、证人打击报复的;(四)六个月内曾受过治安管理处罚的。"在这一条当中只有(一)、(二)、(三)、(四)四项,就不要写"第20条第1款第×项"。

3)过去颁布的规范性的文件中,如对条、款、项、目的使用另有顺序,或另用其他字样标明条款时,仍可按照该文件的用法引用。

英美法系的立法文本的主体部分通常采用 article, section, subsection, paragraph 和 subparagraph 来按照各部法律所涉的内容以及其内在的法律关系以条款的方式列举出来。因为法律渊源、法律制度与法律文化的差异,在英汉法律比较和翻译的过程中,需要我们理解并掌握如上这些表述用语的含义、使用和译法。具体来说:

"Article"通常会用英语明确表达出来,其中的数字用罗马大写字母表示,如"Article I""Article II",并且在格式排版上独占一行。美国 Black's Law Dictionary 对"article"做了如下解释:"Article: A separate and distinct part (as a clause or stipulation) of writing, esp. in a contract, statute, or constitution"。由此可见,"article"是宪法、制定法或者合同法文本中独立的、显著的部分。一般可以译为"条"。需要特别注意的是,"article"与"articles"之间虽然看似只是单复数的差异,实则有着极大区别,后者应当译为"条例"。

"Section"中的数字也用罗马大写数字表示,如"Section I""Section II"等。"Section"在法律语境中的翻译目前为止尚且没有形成固定和统一的译法,因此在英汉法律比较和翻译的过程中,需要我们在充分理解法律语篇的基础上,发挥主观能动性,灵活进行翻译和表述。"Section"通常可以译为"条""节"或者"款"。

"Section"译为"条"时,"subsection"则译为"款"。为了更加清楚地把握二者之间不同的用法和含义,这里我们来看一下 A Dictionary of the Law 对于"section"和"subsection"所做的解释,具体如下:(1) "Subsection: A subdivision of a statute or document, represented by the symbol § (or §§ for sections).Most statutes and codes are divided into sections." (2) "Subsection: A part within a section of an act. Each section is denoted as a number with brackets. For example, s. 78 (1) of the Trade Practices Act would read as section 78 subsection 1."(陈忠诚,2000:605)

"Section"译为"节"时,其概念大于"article"。例如在 Agreement on Trade-Related Aspects of Intellectual Property Rights(《与贸易有关的知识产权协定》,简称 TRIPs)中第二部分包括 8 个"section",每个"section"下面又包含若干个"article",此时的"section"便译为"节"。

在美国宪法中,"section"频繁出现,所表述的概念小于"article",译者将其统一译为"款",这种处理及表述方法已经成为一种约定俗成的译法。

"Paragraph"与"subparagraph"通常译作"条""款"。它们的数字常用括号内小写的罗马数字表示。比如:"subparagraph (iii) of paragraph (b) of subsection (4) of section 18",一般译为"第18条第4款第2段第3节"。在引用时经常简写为"s18(4)(b) (iii)",其中的"s"表示"section"。

(4) 立法文本附则

在立法文本中,其附则部分一般包含各类杂项信息,包括用于申请、登记、信息传递等目的的规定表格,详细再现正文所论及的主要事件和行为的表格,与某法律或法规的实施相关的一系列废止文件,临时性或过渡性条款,等等。例如《中华人民共和国香港特别行政区基本法》中的附则部分内容包括:

第9章　附则

第160条　香港特别行政区成立时,香港原有法律除由全国人民代表大会常务委员会宣布为同本法抵触者外,采用为香港特别行政区法律,如以后发现有的法律与本法抵触,可依照本法规定的程序修改或停止生效。

在香港原有法律下有效的文件、证件、契约和权利义务,在不抵触本法的前提下继续有效,受香港特别行政区的承认和保护。

附件一:香港特别行政区行政长官的产生办法

(1) 行政长官由一个具有广泛代表性的选举委员会根据本法选出,由中央人民政府任命。

(2) 选举委员会委员共800人,由下列各界人士组成:

工商、金融界200人

专业界200人

劳工、社会服务、宗教等界200人

立法会议员、区域性组织代表、香港地区全国人大代表、香港地区全国政协委员的代表200人

选举委员会每届任期五年。

(3) 各个界别的划分,以及每个界别中何种组织可以产生选举委员的名额,由香港特别行政区根据民主、开放的原则制定选举法加以规定。

各界别法定团体根据选举法规定的分配名额和选举办法自行选出选举委员会委员。

选举委员以个人身份投票。

(4) 不少于一百名的选举委员可联合提名行政长官候选人。每名委员只可提出一名候选人。

(5) 选举委员会根据提名的名单,经一人一票无记名投票选出行政长官候

任人。具体选举办法由选举法规定。

(6) 第一任行政长官按照《全国人民代表大会关于香港特别行政区第一届政府和立法会产生办法的决定》产生。

(7) 二〇〇七年以后各任行政长官的产生办法如需修改，须经立法会全体议员三分之二多数通过，行政长官同意，并报全国人民代表大会常务委员会批准。

附件二：香港特别行政区立法会的产生办法和表决程序

1. 立法会的产生办法

(1) 香港特别行政区立法会议员每届60人，第一届立法会按照《全国人民代表大会关于香港特别行政区第一届政府和立法会产生办法的决定》产生。第二届、第三届立法会的组成如下：

第二届
功能团体选举的议员 30人
选举委员会选举的议员 6人
分区直接选举的议员 24人

第三届
功能团体选举的议员 30人
分区直接选举的议员 30人

(2) 除第一届立法会外，上述选举委员会即本法附件一规定的选举委员会。上述分区直接选举的选区划分、投票办法，各个功能界别和法定团体的划分、议员名额的分配、选举办法及选举委员会选举议员的办法，由香港特别行政区政府提出并经立法会通过的选举法加以规定。

2. 立法会对法案、议案的表决程序

除本法另有规定外，香港特别行政区立法会对法案和议案的表决采取下列程序：

政府提出的法案，如获得出席会议的全体议员的过半数票，即为通过。

立法会议员个人提出的议案、法案和对政府法案的修正案均须分别经功能团体选举产生的议员和分区直接选举、选举委员会选举产生的议员两部分出席会议议员各过半数通过。

3. 2007年以后立法会的产生办法和表决程序

2007年以后香港特别行政区立法会的产生办法和法案、议案的表决程序,如需对本附件的规定进行修改,须经立法会全体议员三分之二多数通过,行政长官同意,并报全国人民代表大会常务委员会备案。

附件三:在香港特别行政区实施的全国性法律

下列全国性法律,自 1997 年 7 月 1 日起由香港特别行政区在当地公布或立法实施。

(1)《关于中华人民共和国国都、纪年、国歌、国旗的决议》

(2)《关于中华人民共和国国庆日的决议》

(3)《中央人民政府公布中华人民共和国国徽的命令》附:国徽图案、说明、使用办法

(4)《中华人民共和国政府关于领海的声明》

(5)《中华人民共和国国籍法》

(6)《中华人民共和国外交特权与豁免条例》

Chapter IX Supplementary Provisions

Article 160 Upon the establishment of the Hong Kong Special Administrative Region, the laws previously in force in Hong Kong shall be adopted as laws of the Region except for those which the Standing Committee of the National People's Congress declares to be in contravention of this Law. If any laws are later discovered to be in contravention of this Law, they shall be amended or cease to have force in accordance with the procedure as prescribed by this Law.

Documents, certificates, contracts, and rights and obligations valid under the laws previously in force in Hong Kong shall continue to be valid and be recognized and protected by the Hong Kong Special Administrative Region, provided that they do not contravene this Law.

Annex I: Method for the Selection of the Chief Executive of the Hong Kong Special Administrative Region

1. The Chief Executive shall be elected by a broadly representative Election Committee in accordance with this Law and appointed by the Central People's Government.

2. The Election Committee shall be composed of 800 members from the following sectors:

Industrial, commercial and financial sectors 200

The professions 200

Labour, social services, religious and other sectors 200

Members of the Legislative Council, representatives of district-based organizations, Hong Kong deputies to the National People's Congress, and representatives of Hong Kong members of the National Committee of the Chinese People's Political Consultative Conference 200

The term of office of the Election Committee shall be five years.

3. The delimitation of the various sectors, the organizations in each sector eligible to return Election Committee members and the number of such members returned by each of these organizations shall be prescribed by an electoral law enacted by the Hong Kong Special Administrative Region in accordance with the principles of democracy and openness.

Corporate bodies in various sectors shall, on their own, elect members to the Election Committee, in accordance with the number of seats allocated and the election method as prescribed by the electoral law.

Members of the Election Committee shall vote in their individual capacities.

4. Candidates for the office of Chief Executive may be nominated jointly by not less than 100 members of the Election Committee. Each member may nominate only one candidate.

5. The Election Committee shall, on the basis of the list of nominees, elect the Chief Executive designate by secret ballot on a one-person-one-vote basis. The specific election method shall be prescribed by the electoral law.

6. The first Chief Executive shall be selected in accordance with the "Decision of the National People's Congress of the People's Republic of China on the Method for the Formation of the First Government and the First Legislative Council of the Hong Kong Special Administrative Region".

7. If there is a need to amend the method for selecting the Chief Executives for the terms subsequent to the year 2007, such amendments must be made with the endorsement of a two-thirds majority of all the members of the Legislative Council and the consent of the Chief Executive, and they shall be reported to the Standing Committee of the National People's Congress for approval.

Annex II: Method for the Formation of the Legislative Council of the Hong Kong Special Administrative Region and Its Voting Procedures

I. Method for the formation of the Legislative Council

1. The Legislative Council of the Hong Kong Special Administrative Region shall be composed of 60 members in each term. In the first term, the Legislative Council shall be formed in accordance with the "Decision of the National People's Congress of the People's Republic of China on the Method for the Formation of the First Government and the First Legislative Council of the Hong Kong Special Administrative Region". The composition of the Legislative Council in the second and third terms shall be as follows:

Second term

Members returned by functional constituencies 30

Members returned by the Election Committee 6

Members returned by geographical constituencies through direct elections 24

Third term

Members returned by functional constituencies 30

Members returned by geographical constituencies through direct elections 30

2. Except in the case of the first Legislative Council, the above-mentioned Election Committee refers to the one provided for in Annex I of this Law. The division of geographical constituencies and the voting method for direct elections therein; the delimitation of functional sectors and corporate bodies, their seat allocation and election methods; and the method for electing members of the Legislative Council by the Election Committee shall be specified by an electoral law introduced by the Government of the Hong Kong Special Administrative Region and passed by the Legislative Council.

II. Procedures for voting on bills and motions in the Legislative Council

Unless otherwise provided for in this Law, the Legislative Council shall adopt the following procedures for voting on bills and motions:

The passage of bills introduced by the government shall require at least a simple majority vote of the members of the Legislative Council present.

The passage of motions, bills or amendments to government bills introduced by individual members of the Legislative Council shall require a simple majority vote of each of the two groups of members present: members returned by functional constituencies and those returned by geographical constituencies through direct elections and by the Election Committee.

III. Method for the formation of the Legislative Council and its voting procedures subsequent to the year 2007.

With regard to the method for forming the Legislative Council of the Hong Kong Special Administrative Region and its procedures for voting on bills and motions after 2007, if there is a need to amend the provisions of this Annex, such amendments must be made with the endorsement of a two-thirds majority of all the members of the Council and the consent of the Chief Executive, and they shall be reported to the Standing Committee of the National People's Congress for the record.

Annex III: National Laws to be Applied in the Hong Kong special Administrative Region.

The following national laws shall be applied locally with effect from 1 July 1997 by way of promulgation or legislation by the Hong Kong Special Administrative Region:

1. Resolution on the Capital, Calendar, National Anthem and National Flag of the People's Republic of China.

2. Resolution on the National Day of the People's Republic of China.

3. Order on the National Emblem of the People's Republic of China Proclaimed by the Central People's Government.

Attached: Design of the national emblem notes of explanation and instructions for use. The Design of the Regional Flag and the Design of the Regional Emblem of the Hong Kong Special Administrative Region of the People's Republic of China see page 90 of this book.

4. Declaration of the Government of the People's Republic of China on the Territorial Sea.

5. Nationality Law of the People's Republic of China.

6. Regulations of the People's Republic of China Concerning Diplomatic Privileges and Immunities.

2. 国际商务合同

随着全球化进程的日益加快,涉外商务合同作为众多合同类别中的一种,同时作为经贸活动的一项重要内容,其重要性愈发突显出来。合同,也叫契约。"契",即意思相投或相合。"约"是指用语言或文字互定、共守的条件。因此,合同就是平等主体的自然人、法人、其他组织之间设立、变更、终止民事权利义务关系的协议。合同一经依法订立,就成为一种法律文件而具有法律约束力,成为争议解决的法律依据。国际商务合同,亦称涉外经济合同,是指一国法人或其他经济组织同另一国企业、经济组织或个人之间为实现特定经济目的,确定相互权利义务关系所达成的协议。国际商务合同具有涉外因素,也就是说,合同当事人至少有一方是外国人。这是国际商务合同最明显的法律特征。这一特征将国际商务合同有别于国内经济合同(胡庚申、郝建华,2002:91-93)。国际商务合同的范围和形式较广,在我国对外贸易中企业经常遇到的主要有中外合作经营企业合同、代理合同、商品买卖合同、租赁合同、信贷合同、工程承包合同、技术合同、劳务合同等商务合同。由于英语作为国际通用语以及许多国家官方语言的地位和影响,国际商务合同大多用英文书写,具有相同的文体特征,即逻辑条理性、管理规范性、内容专业性和语言独特性。

首先,从逻辑条理性来说,合同文本的框架从纲、目、条款到细则层次分明,语言、句式条理清晰;其次,从管理规范性来说,企业对以自身为当事人的合同依法进行订立、履行、变更、解除、转让、终止以及审查、监督、控制等有着一系列的规范化的管理行为;其中订立、履行、变更、解除、转让、终止是合同管理的内容;审查、监督、控制是合同管理的手段。再次,从内容专业性来说,商务合同往往同时涉及经济、法律、保险、运输、金融等多个专业性很强的领域,大量的各领域专业知识和专业词汇充斥其中。最后,从语言独特性来说,合同中的语言和文体都正式、规范,不使用口语化的表达形式,体现了商务合同英语的特点。商务合同英语是以英语共同语为基础在商务活动中形成和使用的语言,因此它既有商务英语的特点,又有法律英语特点的语言,是人们根据社会文化环境、交际情景语境和语用功能要素等,以英语共同语为基础,在法律语境和商务语境中长期使用而形成的一种具有特殊用途和自身规律的语言功能变体或语域。Martin Joos(1962)按照语言使用的正式程度提出了英语的五种变体,即庄重文体(frozen style)、正式文体(formal style)、商议文体(consultative style)、随便文体(casual style)和亲密文体(intimate style)。如果按这种著名的英语文体五级分类法,商务英语合同文体英语属庄重文体(frozen style),即各文体英语中正式程度最高的一种。商务合同英语在词汇、句法和篇章等方面具有鲜明的文体特征。

合同的翻译主要是指涉外合同,尤其是商务合同的翻译,而且以汉译英居多。商务合同的自身特点和文体特征给合同的翻译提出了极其严格的要求,决定了对其翻译一定要认真、细致,并遵循相应的原则,采取必要的策略,达成合理的标准,从而实现忠实通顺、严谨高效的翻译工作。

(1)合同的结构特点

就外贸合同的整体结构而言,首先要求合同的内容必须完整;其次要求合同条款中双方的责任要明确;再者合同条款的整体结构必须严谨(指章、条、款之间既条理清晰、又结构紧凑;内容的逻辑思维无懈可击,并且表达严密);最后要求条款的语言应简明扼要、通俗易懂。合同的结构特点主要体现在合同的形式及其基本内容两个方面。首先,合同的形式,指的是合同当事人内在意思的外在表现形式。以国际贸易合同为例,交易双方订立的合同主要包括以下几种形式:

1)书面形式。书面形式包括合同书、信件以及数据电文(如电报、电传、传真、电子数据交换和电子邮件)等可以有形地表现所载内容的形式。书面合同是合同的一种主要形式,其优点在于:既可以作为合同成立的证据,也可以作为履行合同的依据,还有利于加强合同当事人的责任心,使其依约行事。即使履约中发生纠纷,也便于举证和分清责任。有鉴于此,有些国家的法律或行政法规甚至明文规定必须采用书面形式。

2)口头形式。口头形式是指当事人之间通过当面谈判或通过电话方式达成协议而订立的合同,又称口头合同或对话合同。其优点显而易见:有利于节省时间、简便行事,对加速成交起着重要作用。然而其缺点也十分明显:缺乏文字依据,空口无凭,一旦发生争议,往往造成举证困难,不易分清责任。有鉴于此,有些国家的法律、行政法规强调必须采取书面合同。

3)其他形式。其他形式是指上述两种形式之外的订立合同的形式,即以行为方式表示接受而订立的合同。例如下列形式即可视为直接以行为做出接受而订立的合同:根据当事人之间长期交往中形成的习惯做法,或发盘人在发盘中已经表明受盘人无须发出接受通知等。

总体而言,如上三种合同订立形式均为法定形式,因而均具有相同的法律效力。根据《中华人民共和国合同法》第10条规定:"当事人订立合同,有书面形式、口头形式和其他形式。法律、行政法规规定采用书面形式的,应当采用书面形式。当事人约定采用书面形式的,应当采用书面形式。"由此可见,当事人在签订合同时所采用的形式,可以依据法律法规的规定、当事人双方的意愿,以及实际情况的需要做出选择。

在国际贸易中,根据一般习惯做法,交易双方在通过口头或书面形式达成协议后,为有利于合同的履行,多数情况下还签订一定格式的书面合同,其名称并无统一规定,格式也是繁简不一。在我国进出口贸易实践中,书面合同的形式包括"合同"(Contract)、"确认书"(Confirmation)、"协议书"(Agreement)和"备忘录"(Memorandum)。其中前两者多用与商业中,其条款要详细且正规。而备忘录多用于团体和政府部门。

从法律效力来看,"合同"与"确认书"没有区别,其不同主要在于格式和内容的繁简程度。合同又可细分为两种:一是"销售合同"(Sales Contract),是指卖方草拟提出的合同;二是"购买合同"(Purchase Contract),是指买方草拟提出的合同。确认书是合同的简化形式,它也可依此细分为两种:一是"销售确认书"(Sales Confirmation),是指卖方出具的确认书;二是"购买确认书"(Purchase Confirmation),是指买方出具的确认书。在我国对外贸易的业务实践中,合同或确认书通常一式两份,即正本(Original)和副本(Copy),由双方合法代表分别签字后各执一份,作为合同订立的证据和履行合同的依据。

其次,从书面合同的基本内容上看,不论其采取何种格式,一般包括约首(Head)、约尾(Tail)和基本条款(Body)三个组成部分。

1)约首部分。约首部分一般包括合同名称(Title of the Contract)、序言(Preamble)、订约日期(Date of Signing)、订约地点(Place of Signing)、合同编号(Contract Number)、缔约双方的名称及地址(Signing Parties and their Addresses)、订约缘由(Recitals on WHEREAS clause)等项内容。约首又被称为效力部分。其中,前言中载明当事人的名称及其法定地址、缔约目的和原则。订约当事人及其地址(有些研究者称为当事人的合法依据)应以详细名称写出,不能用缩写形式。

2)基本条款。基本条款是合同的主体,主要包括货物的名称条款(Commodity and Specifications)、货物的品质条款(Quality)、数量条款(Quantity)、价格条款(Price)、装运时间条款(Time of Shipment)、保险条款(Insurance)、包装条款(Packing)、运输标志/唛头(Shipping Mark)、保证条款(Guarantee of Quality)、检验索赔条款(Inspection and Claims)、支付条款(Terms of Payment)、运输方式(Terms of Shipment)、合同有

效期限(Duration)、合同的终止(Termination)、不可抗力条款(Force Majeure)、合同的让与(Assignment)、延期交货和惩罚条款(Late Delivery and Penalty)、仲裁条款(Arbitration)、适用的法律(Governing Law)、诉讼管辖(Jurisdiction)、通知(Notice)、完整条款("Entire Agreement" Clause)、合同的修改(Amendment)、其他(Others)等项内容。商定合同,主要是就这些基本条款如何规定进行磋商,达成一致意见。这一部分又被称作权利与义务部分,是合同的中心内容,在整个合同中所占的篇幅最长。它明确规定双方当事人的具体权利和义务、违约赔偿、不可抗力、争议解决、适用法律等条款。其中,完整条款即表明与涉及的现行契约条款的关系。

3) 约尾部分。约尾部分一般包括合同份数(Number of Originals)、合同文字的效力(The Effectiveness of the Language (in which the Contract is written))、合同附件的效力(The Effectiveness of the Contract Annexes)、所遵守法律或国际规定、双方当事人签字(Signature)、合同的备注部分、盖印(Seal)等项内容。约尾同约首一样,也被称为效力部分。对于东方国家来说除签署外还需要盖印,而西方国家则无此项规定:一般在合同上进行了签署,该合同便具有了法律效力。在国际经贸活动中,签名的字体与写法必须统一、固定,而且是他人难以模仿的。尤其是在合同文本的页数很多(如技术贸易合同)时,更要注意,因为每一页都需要签署。

在国际贸易中,当事人双方应在规定合同内容时考虑周全,力求条款明确、具体、严密、衔接,并且与磋商内容一致,以有利于合同的顺利履行,避免履约中纠纷的发生,提高履约效率。

(2) 合同条款特点及翻译

涉外合同可以按照繁简的不同,采取不同的书面形式,如合同、协议书、确认书(Confirmation)等等。然而,大多数情况下,合同一般都包含如下几个部分:

1) 合同名称(Title)

2) 前文(Preamble)

① 订约日期和地点 Date and place of signing

② 合同当事人及其国籍、主营业所或住所 Signing parties and their nationalities, principal place of business or residence addresses

③ 当事人合法依据 Each party's authority,比如,该公司是"按当地法律正式组织而存在的"(a corporation duly organized and existing under the laws of XXX)

④ 订约缘由/说明条款 Recitals or WHEREAS clause

3) 本文(Body)

① 定义条款(Definition clause)

② 基本条款(Basic conditions)

③ 一般条款(General terms and conditions)

a. 合同有效期(Duration)

b. 合同的终止(Termination)

c. 不可抗力(Force Majeure)

d. 合同的让与(Assignment)

e. 仲裁(Arbitration)

f. 适用的法律(Governing law)

g. 诉讼管辖(Jurisdiction)

h. 通知手续(Notice)

i. 合同修改(Amendment)

j. 其他(Others)

4) 结尾条款(WITNESS clause)

① 结尾语,包括份数、使用的文字和效力等(Concluding sentence)

② 签名(Signature)

③ 盖印(Seal)

关于国际商务合同的格式,目前流行的一般有三种:条款式(或称条文式),条款、表格混合式,表格式(李蕾,1998:74-78)。

条款式合同格式在涉外经贸合同当中使用最为普遍,几乎各种类型的合同均采用这种格式(如商品买卖合同、机械设备贸易合同、国际工程项目合同等),即合同当中的所有条款均用横式条文分项列出。

条款、表格混合式多用于商品买卖合同及加工贸易合同。在商品买卖合同中,商品名称、规格、包装、数量、单价、总值等项目均用表格列出;在加工贸易合同中,由委托方向被委托方提供的原辅料、零部件以及后者向前者送交的成品的品名、数量、规格、包装、单价、总值等项目也用表格列出,其他条款则全部采用条文式。

表格式合同格式一般用于商品买卖合同。如果交易商品数量不多,品种性能比较单一,交易金额数字不大,可全部采用表格式,如"含货确认书""购货确认书""订单"等。

上述经贸合同的内容与排列方式并不是一成不变的,当事人可根据各自交易

情况作必要的改动、增加和减略:

1)订约日期和地点也可写在合同的末尾,而且订约地点,当事人的合法依据和订约缘由也可省略。

2)在商品买卖合同中,定义条款、合同的让与、诉讼管辖、通知手续、完整条款等常被省去。

3)基本条款的任务是体现各种合同的性质和特点,它的内容是随着合同的种类、标的、订约意图等的不同而互不相同的。例如合资经营企业合同的基本条款既不同于商品买卖合同的基本条款,又有别于技术转让合同的基本条款(合资经营企业合同有"合营公司的组成、投资总额与注册资本、合营各方的责任"等条款;商品买卖合同有"品质、数量、包装、交货"等条款;而技术转让合同则有"技术内容、商标、技术资料和技术培训"等条款)。对于各种基本条款的用语要尽力做到:明确而不含糊,具体而非笼统,合法而不至失效。

4)合同的一般条款的任务是要规定合同当事人应遵循的某些一般原则和做法。它是由合同当事人参照国际惯例而共同协商议定的,因此各种合同的一般条款都具有某些通性,其用语有的几乎基本相同,有的则大同小异。

5)由于合同结尾条款的内容通常包括合同的份数、使用文字、生效日期、见证人、合同当事人签名、盖印等,它的用词便具有某些通性,因而各种合同的结尾用语也是相差无几。

6)其他条款用来规定某些特别事项或做某些必要的补充,有则列出,无则省去。

需要注意的是,同前文所论述的一样,合同当中的有些格式和内容并非一成不变,当事人可以根据各自交易情况作出适当的调整或增删,以利于合同的履行效率。例如下面这个例子:

合同 CONTRACT

日期:Date

合同号码:Contract No.

买方:(The Buyers)　　　　卖方:(The Sellers)

兹经买卖双方同意按照以下条款由买方购进、卖方售出以下商品:

This contract is made by and between the Buyers and the Sellers; whereby the Buyers agree to buy and the Sellers agree to sell the under-mentioned goods subject to the terms and conditions as stipulated hereinafter:

① 商品名称: Name of Commodity

② 数量: Quantity

③ 单价: Unit Price

④ 总值: Total Value

⑤ 包装: Packing

⑥ 生产国别: Country of Origin

⑦ 支付条款: Terms of Payment

⑧ 保险: Insurance

⑨ 装运期限: Time of Shipment

⑩ 起运港: Port of Landing

⑪ 目的港: Port of Destination

⑫ 索赔:在货到目的地口岸45天内如发现货物品质、规格和数量与合同不符,除属保险公司或船方责任外,买方有权凭中国商检出具的检验证书或有关文件向卖方索赔换货或赔款。

Claims: Within 45 days after the arrival of the goods at the destination, should the quality, specifications or quantity be found not in conformity with the stipulations of the contract except those claims for which the insurance company or the owners of the vessel are liable, the Buyers shall have the right on the strength of the inspection certificate issued by the C.C.I.C and the relative documents to claim for compensation to the Sellers.

⑬ 不可抗力:由于人力不可抗力的缘由发生在制造、装载或运输的过程中导致卖方延期交货或不能交货者,卖方可免除责任,在不可抗力发生之后,卖方须立即电告买方及在14天内以空邮方式向买方提供事故发生的证明文件,在上述情况下,卖方仍需负责采取措施尽快发货。

Force Majeure:The Sellers shall not be held responsible for the delay in shipment or non-delivery of the goods due to Force Majeure, which might occur during the process of manufacturing or in the course of loading or transit. The Sellers shall advise the Buyers immediately of the occurrence mentioned above and within fourteen days thereafter. The Sellers shall send by airmail to the Buyers for their acceptance a certificate of the accident. Under such circumstances the Sellers, however, are still under the obligation to take all necessary measures to hasten the delivery of the goods.

⑭ 仲裁：凡有关执行合同所发生的一切争议通过友好协商解决，如协商不能解决，则将分歧提交中国国际贸易促进委员会按有关仲裁程序进行仲裁，仲裁将是终局的，双方均受其约束，仲裁费用由败诉方承担。

Arbitration: All disputes in connection with the execution of this Contract shall be settled friendly through negotiation. In case no settlement can be reached, the case then may be submitted for arbitration to the Arbitration Commission of the China Council for the Promotion of International Trade in accordance with the Provisional Rules of Procedure promulgated by the said Arbitration Commission. The Arbitration Committee shall be final and binding upon both parties, and the Arbitration fee shall be borne by the losing parties.

在对国际商务合同基本格式的特点及其翻译问题做了如上简要总结和探讨之后，接下来我们主要将对商务合同条款部分的特点及其翻译问题再做进一步的分析和讨论。由于合同条款逻辑严密、表达规范、体系完备，因此需要我们在涉外商务合同翻译时审慎细致，准确到位。

1) 合同中的货物名称、品质和数量条款：

①货物名称(Commodity and Specifications)。

货物名称必须准确、科学、规范，通常要包括品牌、属性和用途三个因素。

②品质条款(Quality)。

在国际贸易合同的签订以及翻译中，货物的品质通常不容易向对方表达，但一般来说可以从下面几个方面来展示：a. 凭样品(by sample)；b. 凭标准(by standard)；c. 凭品牌(by brand)；d. 凭产地(by origin)；e. 凭规格(by specification)；f. 凭文字说明(by description)。

③数量条款(Quantity)。

数量条款包括计量单位、计量方法和具体数量三部分。下面介绍一些国际常用的计量单位：

a. 重量：用于一般的天然产品（羊毛、棉花、谷物、矿产品及部分工业制品）。常用单位：克(g)、公斤(kg)、盎司(ounce—oz)、磅(pound—Lb)、公吨(metric ton—M/T)、长吨(long ton)、短吨(short ton)。

b. 个数：杂货及工业制品，如：成衣、文具、纸张、玩具等。常用单位：件(piece—pc)、套(set)、打(dozen)、罗(gross—gr)、令(ream—rm)、卷(roll, coil)。

c. 面积：木板、玻璃、地毯、铁丝网等。常用单位：平方米(sq.m.)、平方英尺(sq.ft.)、平方码(sq.yd.)。

d. 长度：布匹、塑料布、电线电缆、绳索等。常用单位：米(m)、英尺(ft)、码(yd)。

e. 容积：部分谷物、小麦、玉米等，及流体物质和气体物品。常用单位：升(liter—l)、加仑(gallon—gal)、蒲式耳(bushel—bul)。

f. 体积：木材、钢材等，要用立方 cubic 来表示。常用单位：立方米(cu.m.)、立方英尺(cu.ft.)、立方码(cu.yd.)。

在计算重量的时候，通常还有净重、毛重和皮重等计算方法。英语中的表达方式为：net weight(净重)、gross weight(毛重)、tare(皮重)。在一些商品的包装上，我们经常看到"gross for net"这样的说明，其实这个意思是说"以毛作净"，也就是用毛重当做净重看待。

另外，我们还需要注意度量衡的制度种类，主要有：公制(The Metric System)、英制(The British System)、美制(The U.S. System)和国际标准计量组织在公制基础上颁布的国际单位制(The International System of Units，简称 SI)。根据《中华人民共和国计量法》的规定："国家采用国际单位制。国际单位制计量单位和国家选定的其他计量单位，为国家法定计量单位。"我国出口商品，除照顾对方国家贸易习惯采用公制、英制或美制计量单位外，应使用我国法定计量单位。我国进口的机器设备和仪器等，应要求使用法定计量单位，否则，一般不许进口。

2) 合同中的价格条款、装运时间和保险条款

④价格条款(Price)。

价格条款中要包括计价单位、货币名称、单位价格金额和价格术语。比如下面这段描述："£100. CIF. London each. Dozen"，其意思是"到伦敦港的到岸价是每打 100 英镑"。其中，"CIF"是贸易术语，是指"到岸价格"，是"Cost Insurance and Freight"的缩写。贸易术语通常用来解释贸易运输风险转移或者卖方费用问题，共有 13 种，一般都要加上装运港或者目的港等的名称。

⑤装运时间(Time of Shipment)。

装运时间通常要注明如下几点：a. 限定装船时间；b. 限定最后日期；c. 限定日（在收到信用证一段时间内，买方在银行为卖方开具证明，当买方付不到钱时由银行付款，但开证费用大）。

⑥保险条款(Insurance)。

保险条款(Insurance)= 由谁办理(the insured)+ 向谁办理(the insurer) + 投保险

别(coverage)+投保金额(insurance amount)+(责任条款)。保险包括基本险(general risk)和附加险(additional risks)。基本险用来保证船只安全,是必选的,附加险是用来保证货物安全,是双方协商选的。必选的基本险按重要性排列为 F.P.A.(平安险 With Free from Particular Average)、W.P.A.(水渍险 With Free from Water Average)和 A.R.(一切险 All Risks)。常见的附加险也分为一般附加险(general additional risk)和特殊附加险(Special additional risk)。

一般情况下,附加险主要包括以下几种:

a. Theft, Pilferage and Non-Delivering Risk (T.P.N.D.)	偷窃提货不着险
b. Fresh Water and Rain Damage Risk	淡水雨淋险
c. Shortage Risk	短量险
d. Intermixture and Contamination Risk	混杂玷污险
e. Leakage Risk	渗漏险
f. Clash and Breakage Risk	碰损破碎险
g. Taint of Odor Risk	串味险
h. Sweat and Heating Risk	受潮受热险
i. Hook Damage Risk	钩损险
j. Breakage of Packing Risk	包装破损险
k. Rust Risk	锈损险

一般情况下,特殊附加险主要包括以下几种:

a. War Risk	战争险
b. Strike Risk	罢工险
c. On Deck Risk	舱面险
d. Import Duty Risk	进口关税险
e. Failure to Deliver Risk	交货不到险
f. Rejection Risk	拒收险
g. Aflataxion Risk	黄曲霉素险

通常保险条款要写成:"Sb. insure the goods with 承保人 against 险种 for/on % of the invoice value"。请看这个例子:

买方委托卖方按发票全额的 120% 投保水渍险和偷窃提货不到险,保险费由买方承担。

译文:The Buyer hereby/will entrust the Seller to insure the good against W.P.A.

and T.P.N.D. for 120% of the invoice value. The insurance premium should be borne by the Buyer.

3) 合同中的包装、运输标志和保险条款

⑦包装条款(Packing)。

包装条款包括包装材料、具体要求以及其他要求。一般采用笼统表示和具体规定两种方式。通常只有在双方达成共识时才使用笼统表示方法。比如以下描述：customary packing, seaworthy packing, packing suitable for long distance, 等等。请看下面具体规定的描述：

a. 木箱装，每箱装30匹，每匹40码。(To be packed in wooden cases, 30 pieces per case of 40 yd each.)

b. 铁桶装，每桶净重25公斤。(In iron drum of 25kg net each.)

c. 用聚丙烯编制包装袋，每包重50公斤，以毛重作净重，包装袋质量良好，适于海运，包装袋上用英语写上品名、重量、原产国别和包装日期。(To be packed in polypropylene woven bags, 50kg each, gross for net. The bags, should be fairly good in quality and suitable for ocean transportation, on which the name of the goods, weight, country of origin and package date should be written/marked in English.)

⑧运输标志/唛头(Shipping Mark)。

运输标志通常要包括以下内容：

a. 一些指示性(indicative marks)和警告性(warning marks)的图画和语言。比如："上指的双箭头"表示This side up；"雨伞"表示Keep dry；"玻璃杯"表示Breakable或者Handle with care, 等等。还有一些语言，比如: poisons（有毒）、explosives（易爆）、inflammable（易燃），等等。

b. 运输标志：目的港名称、件号、买卖双方代号。

c. 出口地：比如"Made in China"。

⑨保证条款(Guarantee of Quality)。

保证条款需要注明保证内容和保证时间，即保证的起至日期。比如下面这个例子：

承包商同意对不符合图纸规格的工程部分进行返工，并保证工程进行，同意完工一年后对有证据证明因瑕疵材料或工艺造成的缺陷进行补救。

译文：The contractor agree to redo the part of the project which are not conformed to the drawings' specification with the other projects performed/done meanwhile, remedy defects caused by/result from/arise from faulty materials and workmanship which are proved by evidence in one year after the completion of the project.

4) 合同中的检验索赔、支付和运输条款

⑩ 检验索赔条款(Inspection and Claims)。

a. 检验条款＝检验权的规定(检验机构)＋检验的内容(检验证书)＋检验时间。通常检验证书有以下写法："Inspection Certificate of Quality/Quantity/Weight/Value/Health /..."；"Disinfection Inspection Certificate"（消毒检验证书）；"Sanitary Inspection Certificate"（卫生检验证书）等。请看以下两则合同句子内容及其翻译：

例1：双方同意以装运港中国进出口商品检验局签发的品质及数量检验证书为最后依据对双方具有约束力。

译文：It is mutually agreed that the goods are subject to the Inspection Certificate of Quality and Inspection Certificate of Quantity issued by China Import and Export at the port of shipment. The Certificate shall be binding on both parties.

例2：在交货前制造商应就订货的质量、规格、数量、性能做出准确全面的检验，并出具货物与本合同相符的检验证书。该证书为议付货款时向银行提交单据的一部分，但不得作为货物质量、规格、数量、性能的最后依据，制造商应将记载检验细节的书面报告附在品质检验书内。

译文：Before delivery the manufacturer should make a precise and overall inspection of the goods regarding quality, quantity, specification and performance and issue the certificate indicating the goods in conformity with the stipulation of the contract. The certificates are one part of the documents presented to the bank for negotiation of the payment and should not be considered as final regarding quality, quantity, specification and performance. The manufacturer should include the inspection written report in the Inspection Certificate of Quality, stating the inspection particulars.

b. 索赔条款＝索赔权的规定＋索赔时间＋索赔依据＋赔付方法。请看下面两则例子：

例1：买方对于装运货物的任何异议必须与装运货物的船只到达目的港后30天内提出，并须提供经卖方同意的公正机关出具的检验报告，如果货物已经加工，买方即丧失索赔权利。属于保险公司或轮船公司责任范围的索赔，卖方不予受理。

译文：Any discrepancy on the shipped goods should be put forward within 30 days after the arrival of the vessel carrying the goods at the port of destination and the Buyer should present the Survey Report issued by the Surveyor agreed by the Seller. If the goods have been processed the Buyer will lose the right to claim. The Seller shall not settle the claim within the responsibility of the Insurance Company or Ship Company.

例2：品质异议须于货物到达目的港30天内提出，数量异议须于货物到达目的港15天提出，但均须提供相关检验机构的证明，如属卖方责任，卖方应予以收到异议20天内答复，并提出处理意见。

译文：Any discrepancy about quality should be presented within 30 days after the arrival of the goods at the port of destination; any discrepancy about quantity should be presented within 15 days after the arrival of the goods at the port of destination, both of which cases should be on the strength of the certificates issued by the related surveyor. If the Seller is liable he should send the reply together with the proposal for settlement within 20 days after receiving the said discrepancy.

⑪ 支付条款(Terms of Payment)。

支付条款＝支付方式＋支付时间。支付方法有很多，一些比较常见的有：信用证(letter of credit, L/C)、现金(in cash)、支票(by check)、信用卡(credit card)、汇票(draft / bill of exchange)，等等。其他与之相关的词汇还有：信汇(mail transfer)、电汇(telegraphic transfer)、开证行(opening bank)、通知行(negotiating bank)、托收银行(collecting bank)、代收银行(remitting bank)，等等。请看下面几则例句：

例1：买方应不迟于12月15日，将100%的货款用电汇预付至卖方。

译文：The Buyer should pay 100% of the sale amount to the Seller in advance by telegraphic transfer not later than Dec. 15th.

例2：买方应凭卖方开具的即期汇票于见票时立即付款。

译文：The Buyer should make immediate payment against the presentation of the draft issued by the Seller.

例3：买方对卖方开具的见票后20天付款的跟单汇票于提示时应予以承兑，并应于汇票到期日付款。

译文：The Buyer should accept the documentary draft at 20 days' sight upon the presentation and make payment on the maturity.

例4：买方通过卖方可接受的银行在装运前一个月开立以卖方为抬头的保兑的不可撤销的信用证，有效期至装运后15天。

译文：The Buyer shall open a confirmation irrevocable L/C in favor of the Seller with/through the bank acceptable to the Seller, one month before the shipment

⑫ 运输条款(Terms of shipment)。

运输条款中要说明运输方式和价格条件，比如："In case of FOB Terms"，其中有一些贸易术语需要大家注意，例如：FOB(Free on Board)装运港船上交货，指货物在指定的装运港越过船舷，卖方即完成交货。这意味着买方必须从该点起承当货物灭失或损坏的一切风险。FOB术语要求卖方办理货物出口清关手续。CIF(Cost, Insurance and Freight)成本加保险费、运费，按此术语成交，货价的构成因素中包括从装运港至约定目的港的通常运费和约定的保险费，故卖方除具有与CFR术语的相同的义务外，还为买方办理货运保险、支付保险费等。

⑬ 不可抗力条款(Force Majeure)。不可抗力条款 = 不可抗力时间 +（当事方）采取的行动。在运输中，或许会遇到一些非人为因素的影响或者破坏，这个时候合同当事人双方需要事先协商好如何解决，以免发生不必要的争执。请看下列两个例子：

例1：如果遭遇无法控制的时间或情况应视为不可抗力，但不限于火灾、风灾、水灾、地震、爆炸、叛乱、传染、检疫、隔离。如要是不可抗力一方不能履行合同规定下义务，另一方应将履行合同的时间延长，所延长的时间应于不可抗力事件的时间相等。

译文：Any event or circumstance beyond control shall be regarded as Force Majeure but not restricted to fire, wind, flood, earthquake, explosion, rebellion, epidemic, quarantine and segregation. In case either party that encounters Force Majeure fails to fulfill the obligation under the contract, the other party should extend the performance time by period equal to the time that Fore Majeure will last.

例2：如果不可抗力持续6个月以上，合同双方应尽快通过友好协商的方式调整继续履行合同事宜。如果双方不能达成协议，则根据合同中第12条款通过仲裁决定。

译文：If the Force Majeure last over 6 months, the two parties of the contract should settle the case of continuing the contract by friendly negotiation as soon as possible. Should the two parties fail to reach an agreement will be settled by arbitration according to Clause 12 of the contract thereof.

⑭ 延期交货和惩罚条款(Late Delivery and Penalty)。合同中,如果有一方未能完全履行合同,或者按照合同规定交货,应该受到惩罚。请看下列两个例子：

例1：如果乙方因自身原因而未准时完工,乙方应付违约罚款,每天按总价的千分之一计算,即一千二百六十美元整。

译文：If party B fails to finish the work on schedule due to its own reason, he shall pay to the other party the penalty at 1‰ of the total value of the work per day, that is USD one thousand two hundred and sixty dollars.

例2：如果合资一方未能按本合同第5条规定按期付款,违约方应在逾期后一个月付给另一方10%的利息。如果违约方逾期3个月仍未如资,合同另一方根据本合同第53条规定有权终止合同并向违约方索赔损失。

译文：Should either joint-venturer fails to pay the contribution on schedule according to Clause 5, the default party should pay the other 10% of the interest one month after the dead line. The other party shall hold right to terminate the contract or to claim the damage against / to him according to Clause 53 thereof, if the default party has not done so three months after the deadline.

⑮ 仲裁条款(Arbitration)。如果合同双方产生争议,往往有以下几种解决方法：

a. Negotiation 协商,这也是最好的解决方式。

b. Consultation / Mediation 调解,这个时候会有第三方的介入。

c. Arbitration 仲裁,这是组织或者机构的介入。

d. Litigation 起诉。

请看下面这例合同中的仲裁条款：

凡因本合同引起的或与本合同有关的任何争议应协商解决。若协商不成,应提交中国国际经济贸易仲裁委员会深圳分会,按照申请时该会当时施行的仲裁规则进行仲裁。仲裁裁决是终局的,对双方均有约束力。

译文：Any dispute arising from or in connection with the Contract shall be settled through friendly negotiation. In case no settlement is reached, the dispute shall be submitted to China International Economic and Trade Arbitration Commission (CIETAC), Shenzhen Commission, for arbitration in accordance with its rules in effect at the time of applying for arbitration. The arbitral award is final and binding upon both parties.

(3) 合同的语言特点

"法与法律制度是一种纯粹的语言形式,法的世界肇始于语言。"依据修谟的这一观点,我们可以看到,合同最终还是要外在地体现为语言,因而在其语言这一表述工具上,体现出其鲜明的特色,即合同规范语言的严谨准确性、庄严规范性和简洁朴实性。

奈达认为语言是是由语音、语汇、句法和篇章四种结构组成的。依据这一看法,合同语言的特点主要可以从语汇、句法和语篇三个结构层加以分析。首先,从语篇层面上来看,英汉两种合同语言都具有高度程式化的特点,其语篇结构的构成形式和内容大体相当。依据一般的习惯表达,合同采用的都是从宏观到微观、从总则到条款的语篇结构。以这种高度程式化的形式来布局谋篇、承载合同,有助于让双方当事人掌握合同的构式特点,创造理解文本内容的语篇语境。请看下列例子:

例1：SIGNED by _____(签约人是自然人时,自然人签名); SIGNED for and on behalf of _____(法人或非法人单位时,授权代表签名); In the presence of _____(证人签名)。

国际商务合同篇章结构程式化,包含约首(head)、正文(body)和约尾(tail)三部分。约首前部分为签订合同的时间、地点及签订方的住址称为"前提"(Commencement or premises),后部分为"引述语""前言"(Recitals/Preamble)或"鉴于条款"(Whereas Clause);正文是"协议条款"(Agreement Clause)。约尾是合同的证明部分(attestation),即结尾条款(Witness Clause),是签约方和证人签字或盖章的地方。合同一直按这种前言后语格式的方式规范制作并延续至今,形成了正式威严、保守陈旧的文体风格。

例2：Article 47 Following items shall be covered in the financial accounts books:

1) The amount of overall cash receipts and expense of the joint venture company;

2) All material purchasing and selling of the joint venture company;

3) The registered capital and debts situation of the joint venture company...

从这个例子可以看出,合同语言高度程式化,通常采用从总则到条款的先宏观后微观的语篇结构;而且就整体结构形式而言,商务合同英语采用了分条列款的形式,平行性条款结构使用极为频繁。这种平行结构呈现出各种层次,有单词或词组之间的平行性结构,也有句式甚或段落之间的平行性结构,具有层次清晰、前后衔接、相互照应、结构对称、脉络分明、节奏明快等特征。

其次,从句法层面来看,由于合同的作用主要在于明确陈述和规定不同当事人在有关活动中的权利和义务,所以英汉两种合同语言的句式都规范严谨、相对固化。合同句式主要特点有:一般采用陈述句,常使用被动句,以符合合同重在陈述客观事实的特点,表现出语义上的准确与严谨;使用含有许多分句或定语、状语等附加成分的简单句或复合句所形成的完整长句,以准确界定权利和义务关系,排除曲解或误解的可能性;采用定语对名词性术语的内涵和外延进行精确地界定;采用状语对履行权利和义务的条件、方式、地点和时间进行准确界定等。具体请看下列例子:

例 1: Any award rendered by the arbitrators of the Commission shall be enforceable by any court having jurisdiction over the party or parties against whom the award has been rendered, or having jurisdiction in the place where assets of the party or parties against whom the award has been rendered can be located.

译文:仲裁委员会仲裁员的任何裁决均应由下类法庭进行强制性执行:对受到判决的一方或数方具有法律管辖权的,或对受到判决的一方或数方的资产所在地具有管辖权的任一法庭。

我们知道,经贸合同的制作是为了对交易各方协商妥当的每一事项用文字加以清楚地阐述,为了使规定明确,排除被曲解的可能性,合同使用的句子常用含有大量定语、状语结构的复合句,句子完整而且都较长。合同文字使用的大量的定语结构,用以精确说明一些名词。同时,合同文件中还常出现定语套定语的复杂结构,比如本例,因此在阅读或翻译当中,必须反复推敲,才能确定哪个定语修饰哪个词。为了避免误解,定语应尽量靠近所形容的词语。

例 2: Should the goods be found, on their arrival at destination, to be different from the sample, if by that difference their character is not altered, or if they are in merchantable condition though inferior in quality to the sample, the buyer shall take delivery of the goods on condition that a reasonable allowance to be made on the contract price by subsequent mutual negotiation.

货物到达目的地时,如发现与样品不符,但货未发生质变,或货物仍可销售,买方仍应照常提货,但合同价将酌予削减,其数额由双方议定。

由上例可以看出,合同文字要求明确、详细规定在什么情况下、什么时间或地点应该以什么方式做什么事,这就需要使用大量的时间、地点、条件、方式等状语。在合同文字中,状语的位置通常是紧接它所形容的动词,而不考虑较正常的语序。

例3: Should any cases happen and prevent either party from executing the Contract, such as war, serious fire, typhoon, earthquake, floods and other cases which could not be foreseen, controlled, avoided and overcome, the prevented party shall inform the other party by fax and send by registered airmail a certificate issued by competent authority concerning confirmation of the force majeure within fourteen working days following the occurrence of the case of force majeure.

译文:如果任何一方当事人受战争、严重的火灾、水灾、台风、地震、洪水以及其他不能预见、不能控制、不能避免且不能克服的事件的影响而无法执行合同,受影响的一方当事人应以传真方式通知另一方当事人并应在不可抗力事件发生后14个工作日内以航空挂号信将有关当局出具的证明文件提交给另一方当事人。

这个例子是个复杂的复合句,包含有主句和两个从句,修饰语较多,主句是the prevented party shall inform。在should 置于句首的倒装型条件从句中(Should any cases happen and prevent),使用了并列结构,如 such as war, serious fire, typhoon, earthquake, floods and other cases,并使用了定语从句 which could not be foreseen, controlled, avoided and overcome 修饰 other cases。而对语句中对遇有不可抗力一方的通知义务在方式、期限、有效证明的出具等方面进行了界定。在翻译时,先把复杂的结构理出主句(主干),分出主、从句的修饰成分关系,把握全文语义及语序,译出条理清楚、符合逻辑的句子。

再次,从词汇层面来看,合同是正式的、拥有法律特性的文件,它明确规定、要求并且保护合同签订者的权利、义务等项目条款,因此其词汇使用体现出法律语言的显明特征,主要体现在:使用专门术语及"行话"以显职业化及严肃性;使用特殊连接或修饰用语以示正式、严谨、规范;使用古语词或外来语以示庄严、凝重、保守、权威;使用重复词语、成对同义或近义词,以及平行语法结构以使法律性条文在措辞上更为准确、严密,避免误解;常用"Shall"表示法律上可强制执行的义务或正式的规定;常使用缩略词以便信息传递过程中的有效交流、记忆;不排除有意识的模

糊词语和句法结构的使用,以便表达特定的意图等。请看下列例子:

例1: Payment of penalty made by the Licensor to the Licensee in accordance with the stipulation in Clause 8.4 to the Contract shall not release the Licensor from his obligations to continue to deliver the Technical Documentation and Software which is subject to penalties for late delivery.

译文:让与人按第8.4款向引进方交付迟交罚款后,并不能免除让与人继续交付迟交部分的技术资料和软件的义务。

这个例子中使用了"licensor"等专业词汇。在英文合同里,常出现法律术语及"行话",它们在合同中是指有明确的特指含义。由于商务合同是具有法律约束力的文件,所以在拟定商务英语合同时常常需要使用专业词语、法律术语;其表达无感情色彩,意义单一明确,不产生晦涩歧义。比如:damages(赔偿金)、tort(侵权)、discharging liability(偿还债务)、judicial decree(司法判决)、winding up(结业)、quasi-contract(准合同)、immunity(豁免权)、instrument(票据)、assignment(转让)、specific performance(实际履行)、unilateral contract(单方合同)、claim(索赔)、party(当事人)、open(有效的)、advance payment(预付款)、action(诉讼)、orders(订单)、for your reference(供你方参考)、for one's file(供某人存档)、in your favor(以贵方为受益人)、by separate post(另外邮寄)、now these presents witness/in witness whereof(兹特立约为据)、in the presence of(见证人)、for and on behalf of...(代表)、without prejudice(相当于 without affecting、"在不损害……原则下""在不影响……的情况下")等经贸或者法律专业术语。

例2: WHEREAS, Party A desires to export to Party B the goods as specified in Exhibit A hereof (hereinafter referred to as the "goods"); WHEREAS, Party B desires to import the Goods from Party A; NOW, THEREFORE, the parties hereto do hereby agree as follows:

(NOW THEREFORE THIS CONTRACT WITNESSETH that it is hereby agreed by and between the parties hereto as follows:)

译文:鉴于甲方愿意向乙方出口本合同附录A中所规定的物品(以下简称"货物");鉴于乙方愿意从甲方进口上述货物,因此,双方特同意达成协议如下:

这个例子中使用了"whereas"等古体词。古体词是正式用语风格的词,其频繁使用是商务英语合同的一大语言特色。商务英语语言比较正式,书面语使用较多,在单证和合同中经常使用在其他领域已不再使用的古体词。例如很多由 here, there, where 与 in, under, of, to, by 等构成的复合副词：hereby(因此,借此)、herein(于此处)、hereinafter(在下文)、hereof(于此、关于此点)、hereunder(在……以下)、herewith(同时,因此)、thereafter(其后)、therefore(因此)、whereas(鉴于)、Whereby(为何,凭什么)、whereof(关于它)、whereof(关于那个)、aforesaid、abovementioned(如前所述)、henceforth(自此以后)等。这些古体字的使用,反映了契约性行文正式、庄重、古板的文体特征,在翻译时应有意识地使译文再现法律文书的这种风格,使用"兹""特""特此""谨""谨此"和"之"等。这类公文语副词如果按照对应的中文意思翻译比较困难,但如果理解了它们的结构与意思之间的联系,掌握起来就较为容易。这类词中的 there 可译为 that, here 可译为 this, where 可译为 which; 所以 therein 可译为 of that, hereafter 可译为 after this, whereby 可译为 by which。例如：hereto=to here(对于这个), hereby=by means/reason of this(特此), thereafter=afterwards(后来,此后), wherein=in what/in which(在哪点上,在哪里), whereby=by what/by which(由是), whereto=to where/to which(对于那个)。在这些词语中, there 代表 that, here 代表 this, where 代表 which,并引出从句。

这些古体词语的使用除了体现其庄重严肃以外,还可避免不必要的重复,使意义更加清楚、简明。例如："依照本合同相关规定"在英文商务合同中几乎见不到"according to relevant terms and conditions in the contract"这种表达方式,常见的表达方式是"pursuant to provisions contained herein"或"as provided herein"等。对"合同任何一方当事人不得转让本合同",英国国家工商界一般会选择使用"Neither party hereto may assign this contract",而较少使用"Neither party to the contract may assign this contract",这正是古体词语精炼准确的体现。

例3：Please quote us your lowest price for the under mentioned, CIF Shanghai, and the earliest shipment.

译文：请报上海下列货物的最低运费保险费在内价,及最早交货日期。

在这个例句中, CIF 表示 cost, insurance and freight。常用的缩略词还有很多,比如：S/N=shipment note(装运通知); BIS = Bank of International Settlement(国际清算银行); FX =foreign exchange(外汇)等。另外需要特别强调的是,国家名称可以缩写,如 CA= Canada(加拿大),但翻译长度、体积、重量等丈量单位时不用缩略,而且街道名称 street、road 尽量不用缩写。

The Buyer has the right to lodge a claim against the Seller and all the expenses incurred therefrom shall be borne by the Seller. The claim mentioned above shall be regarded as being accepted if the Seller fails to reply within 15 days after the Seller received the Buyer's claim.

上述例句一共有 50 个单词,但是 the buyer 出现了 2 次,claim 出现了 3 次,而 the seller 竟然出现了 4 次之多,足以说明名词的重复率之高。

例 4：The original and duplicates of the tender shall be typed or written in indelible ink and shall be signed by a person or persons duly authorized. Proof of authorization shall be furnished in the form of a written Power of Attorney which shall be accompanied with the tender documents.

译文：标书的正本和副本应使用不易褪色的墨水打印或书写,并应有正式授权过的一个活几个人签字。授权证明应按书面委托书的格式提交,并应附于投标文件中。

本例是招标合同中的一个条款,该例句中一连用了 4 个 shall,均表示"必须履行的义务",可见其使用之频繁。在招标过程中,招标方处于居高临下的地位,在对投标人提出要求时总倾向于使用含有强制性含义的 shall 或 must。招标文件中不少条款都是针对招标人的,要求他们必须做这做那。该条文充分体现了招标文件的权威性和约束性。可见,商务合同是具法律效力的正式文件,其目的是为了明确合同双方的权利、义务与责任,因而其情态表述一般指意义陈述并非感情的表达。因此,要注意熟练掌握并简单明了运用限定性情态动词,以避免产生歧义而引发合同纠纷。例如：May 在合同中通常描述合同上的权利(Right)、权限(Power)或特权(Privilege)。如果表示具有强制性的权利,一般用"be entitled"。Shall 在合同中一般意指条款上的义务(Obligation),意为该做的事情,翻译为"应该"或者"必须"。Must 在合同中一般意指强制性权利,译为必须做的事情,在表达语气上比 may 更强烈。Should 一般意指假如,表达语气上比 must,shall 弱,译为"万一"或者"假使"。

3. 涉外诉讼文书

在我国,诉讼分为民事诉讼、行政诉讼和刑事诉讼,从而诉讼文书也分为民事诉讼文书、行政诉讼文书和刑事诉讼文书三类。每类诉讼文书按照法定程序又分为若干种。例如,民事诉讼文书主要分为民事起诉状、民事答辩状、传票、上诉状及民事判决书等。英美法系国家的诉讼文书种类与我国大致相同但又有所差别。例如：英美国家的诉讼文书也包括 Civil Complaint(民事起诉状)、Answer to

Complaint(民事答辩书)、Civil Judgment(民事判决书)、Indictment(刑事控诉书)、Answer to Indictment(刑事答辩状)、Criminal Sentence(刑事判决书)、Information(公诉书)、Writ of Summons(传票),等等。但是也有些诉讼文书是英美国家所特有的,如 the Interlocutory Judgment(诉讼中间裁决书)、the Interlocutory Injunction(诉讼中间禁令)等。

涉外民事诉讼是指具有涉外因素的民事诉讼;涉外民事诉讼程序,是指人民法院受理、审判及执行具有涉外因素的民事案件所适用的程序。所谓涉外因素是指具有以下三种情况之一:第一,诉讼主体涉外,即诉讼一方或者双方当事人是外国人、无国籍人或者外国企业和组织;人民法院在审理国内民商事案件过程中,因追加当事人或者第三人而使得案件具有涉外因素的,属于涉外民商事案件。符合集中管辖规定的,有关人民法院应当按照最高法院《关于涉外民商事案件诉讼管辖若干问题的规定》的规定,将案件移送有管辖权的中级人民法院审理。第二,作为诉讼标的的法律事实涉外,即当事人之间的民事法律关系发生、变更、消灭的事实发生在国外;第三,诉讼标的物涉外,即当事人之间争议的标的物在国外。具备上述三个因素之一的民事诉讼就属于涉外民事诉讼。

对于涉外诉讼案件而言,无疑要涉及语言问题,《中华人民共和国民事诉讼法》(1991年版)第 240 条规定:"人民法院审理涉外民事案件,应当使用中华人民共和国通用的语言、文字。当事人要求提供翻译的,可以提供,费用由当事人承担。"而作为证据提交给法院的文件更是要求文件的准确性和真实性,译本必须准确真实,不得随意增删、杜撰或推测。

可见,如果在涉外诉讼中,以及英汉法律翻译中,对中英文各类诉讼文书及其相关知识缺乏充分的掌握和理解,那么我们很可能就不能正确表述,给出的译文很有可能会出现不少漏误,会出现不少外行话,难以实现有效的跨文化法律翻译。

(1)诉讼文书的结构特点

英美国家所制作的诉讼文书在首尾格式上与我国有较大的不同,在进行涉外诉讼写作和翻译时一定要特别留意。我们可以从对两种诉讼文书的对比中发现一些文书差异和翻译技巧。在我国,民事诉讼状的内容和结构大致如下:

1)首部:包括标题("民事诉讼状"或"民事诉状")和当事人基本情况两个内容。

2)请求事项即案由:主要写明请求解决争议权益的争议的事物。

3)事实和理由部分:这个部分要围绕诉讼目的,全面反映案件事实的客观情况。理由部分主要是列举证据,说明证据的来源、证人的姓名和地址。

4)尾部及附项。

下面就是一份我国民事起诉状的基本格式和内容的示例:

例1:我国民事起诉状的基本格式及内容

民事起诉状

原告×××(单位写明名称、住所地、法定代表人或负责人姓名职务;自然人写明姓名、性别、出生年月日、民族、职业、服务处所、住所地、居住地、公民身份证号)。联系电话×××

被告×××(写法同上)

诉讼请求:(写明向法院起诉所要达到的目的)

  1. 判令被告×××;

  2. 本案诉讼费用由被告负担。

事实与理由

  ×××(扼要写明时间、地点、当事人、案情经过、结果、主张的理由及法律依据,包括证据情况和证人姓名及联系地址)

此致

×××人民法院

具状人:×××(签名或盖章)
委托代理人:
××××年××月××日

附:1. 本状副本××份;

  2. 书证××份;

  3. 证人姓名和住址。

而英美国家的诉讼文书与我国的诉讼文书在格式和内容上都存在着不少差异,请看下面这份英美国家民事起诉状基本格式和内容的示例:

例2:英美国家民事起诉状基本格式及内容

U. S. DISTRICT COURT RECEIVED AND FILED

(DATE): _____ BY DEPUTY

CLERK _____

UNITED STAES DISTRICT COURT OF SOUTHERN DISTRICT OF OCEANA

Plaintiff(s):

VS.

Defendant(s):

COMPLAINT

I Nature of the Action

II Parties

III Jurisdiction and Venue

IV Factual Allegations

Court 1: First Cause of Action

Court 2: Second Cause of Action

...

V Prayer for Relief

VI Jury Demand

Dated _____

RESPECTFULLY SUBMITTED

_____(Signature of Plaintiff)

Attorney of Plaintiff(s) _____

了解英美民事诉讼状的基本格式和内容,对翻译诉讼状显得尤为重要。在实践中由于案情的差异,具体民事起诉状的内容会有所不同,比如:如果起诉状很长,往往在标题之下附上一个"内容目录"(table of contents)以方便阅读;如果原告一方要求案件由陪审团裁决,则在"PRAYER FOR RELIEF"部分之后会增加标题为"DEMAND FOR JURY TRIAL"(要求陪审团裁决)的一项内容,然后在该项内容下写明:"Plaintiffs demand a trial by jury on all issues of fact and damages in this action."(原告要求本案中所涉的所有事实及损害赔偿的问题交由陪审团裁决。)例如,以下是一份从中文翻译成英文的民事起诉状基本格式:

Civil Complaint

To:_____ People's Court

Plaintiff:

Domicile:

Legal Representative:

Position:

Defendant:

Domicile:

Legal Representative:

Position:

CLAIMS:

1. To order the Defendant to pay to the Plaintiff the due amount of RMB _____ for the dispatched products, plus the interests of RMB _____ thereon, in the aggregate of RMB _____.

2. To order the court fees to be borne by the Defendant.

FACTS AND REASONS:

The Defendant was one of the distributors of the Plaintiff for various kinds of products in the territory of _____, China. From September, 2007 to October, 2008, the Plaintiff dispatched various kinds of products in the aggregate values of RMB _____. (see Exhibit I)

Each of the said transactions was duly signed and received by the Defendant (see Exhibit II). Though the Plaintiff has repeatedly demanded payment, the Defendant fails to liquidate the outstanding debts in due time.

It is the Plaintiff's position that the indebtedness arising out of the transactions between the Plaintiff and the Defendant shall be under the jurisdiction of the Chinas laws. The Defendant's refusal to satisfy the agreed amounts after receipt of the above-mentioned lubricants resulted in tremendous economic losses on the side of the Plaintiff (see Exhibit III). Therefore, pursuant to the relevant PRC laws and regulations, the Defendant shall assume the civil liabilities accordingly for such nonpayment.

By reason of the forgoing, in accordance with Articles 106 and 112 as set forth in the PRC General Civil Law, www.legaltranz.com Article 108 as set forth in the PRC Civil Procedural Law and other applicable laws and regulations, the Plaintiff hereby files this case with the Court for your adjudication.

Plaintiff:

Date:

ATTACHMENTS:

1. One copy of the Plaintiff's business license;

2. One copy of the original Certificate of the Legal Representative;

3. One copy of the original Power of Attorney;

4. Exhibit I: Invoices for each transaction;

5. Exhibit II: Receipts for each transaction; and

6. Exhibit III: List of Losses

通过如上中美民事起诉书可以看出,中文的民事起诉状原被告的身份事项是放在文书最开始的部分,正文结束后的结尾部分是提交的法院名称,并在文书末尾的右下方填写具状人和委托代理人的签名及该诉状呈交的日期。而在英文起诉状中,诉状提交的日期和法院受理人的签名位于文书首部的左上角,紧接着的是受理该诉状的法院名称及原被告的身份事项,与之相对应处于并列位置上的是该文书的性质和案件编号,正文内容叙述详尽后便是结尾部分的原告和原告律师的签名。可见,中英文诉讼文书在格式上有很多的差异,那么在翻译首尾部分的时候应该遵循什么样的原则呢?关于格式的问题,有观点提出"客随主便"的原则,主张译文应当适应原文,不应打乱原文的格式及总体安排。这种主张秉承了普通翻译所提倡的基本原则,即所谓的"信",但是涉外诉讼文书的翻译毕竟不同于普通翻译,因为它涉及翻译后的文本是否与原来的文本具有同等法律效力的问题。所以针对中英文诉讼文书格式上的具体差异,可以做一些适当的调整。比如把一份中文的涉外起诉状翻译成英文时,可以将送达法院移至首部,紧接在标题之后,这样的调整符合英美国家法律工作者行为规范和阅读习惯,让相关的外籍当事人看起来一目了然,以同样严谨的态度来看待翻译过来的英文诉讼文本。

为了进一步加深对中英文司法文书的认识和理解,我们再就民事答辩状分别从中英文中各举一例进行探讨。

在我国,民事答辩状包括首部、答辩理由和结尾三个部分:

1)首部。写明下列事项:标题写"民事答辩状";答辩人的基本情况。列答辩人姓名、性别、年龄、民族、籍贯、职业或职务、单位或住址;答辩事由。具体行文为:"因某某一案,提出答辩如下:"下面转入正文。也可以这样行文:"答辩人于某年某月某日收到某某人民法院交来原告因某某一案的起诉状,现答辩如下。"

2)答辩理由。答辩状的内容没有统一的规定,要根据原告的诉状内容来确定。除被告愿意承认原告的诉讼请求外,答辩状的理由部分要针对原告在诉状中提出的事实和理由进行答辩,并可提出相反的事实、证据和理由,证明自己的理由和观点是正确的。

3) 写完答辩理由后,另行写"此致",再另一行写"某某人民法院"。由答辩人签名盖章,注明年月日。

英美国家民事答辩状的格式和主要内容与我国的民事答辩状相似。下面分别是我国的民事答辩状和美国的民事答辩状。

例1:我国民事答辩状的格式和主要内容:

答辩状

答辩人:××人民医院

住址:××市××路七号

因×××要求×××人民医院人身损害赔偿一案,现提出答辩意见如下:

1. 答辩人与×××之间不存在直接的合同关系,答辩人1998年6月10日与××第二建筑安装工程公司订立了一份口头合同,由××第二建筑安装工程公司负责把答辩人的一个高压电表柜拆除,×××是受××第二建筑安装工程公司的委托来拆除高压电表柜的,与答辩人之间不存在直接合同关系。

2. ××的伤害赔偿应由××二建筑安装工程公司负责,其一,根据我国法律和有关司法解释规定,××第二建筑安装工程公司对其职工在履行合同的范围内所受到伤害应负责任,×××的伤害并不是由于合同客体以外的事物造成的。其三,受××第二建筑安装工程公司委托的×××在拆除高压电表柜的过程中,存在着严重违反操作程序的行为,未尽一个电工应尽的注意。

3. 答辩人对×××伤害赔偿不应承担责任。根据我国《民法通则》的规定,从事高度危险作业的人致他人损害的,应负赔偿责任。而本案中答辩人与××第二建筑安装工程公司订有合同,高度危险来源已通过合同合法地转移给××第二建筑安装工程公司。××第二建筑安装工程公司成为该危险作业物的主体,××在操作过程中受到伤害,这是××第二建筑安装工程公司在履行合同过程中,合同客体造成自己员工的伤害行为,与答辩人无关。

综上所述,×××人民医院为不适合被告,请贵院依法驳回原告起诉。

此致

××市中级人民法院

答辩人:×××人民医院

日期:××××年××月××日

英美国家民事答辩状的格式和主要内容与我国的民事答辩状相似。请看下例：

例2：美国民事答辩状的格式和主要内容：

IN THE CIRCUIT COURT OF COOK COUNTY,
ILLINOIS COUNTY DEPARTMENT
INDEPENDENT TRUST CORP. Plaintiff,
VS.
LAURENCE W. CAPRIOTTI, et al., Defendants
No. 00 CH08270
ANSWER TO COMPLAINT

NOW COMES the Defendant, _____, by and through his attorney, _____, and for his Answer to the Complaint of the Plaintiff, states as follows:

1. The Defendant invokes his Fifth Amendment privilege against self-incrimination as to each and every allegation contained in Paragraphs 1 through 75 inclusive.

2. As to Count I, the Defendant makes no answer, as the allegation in Court I are not directed towards Defendant.

3. As to Count II, the Defendant invokes his Fifth Amendment privilege against self-incrimination as to each and every allegation contained in Court II.

4. ...

5. ...

6. ...

WHEREFORE, the Defendant prays that the Complaint of the Plaintiff be dismissed in its entirety and that no relief be afforded whatsoever thereunder.

RESPECTFULLY SUBMITTED,

By _____ (Signature of Defendant)

Attorney for Defendant _____

民事答辩状的翻译需要注意一些要点，比如标题和惯用语等。首先来看"民事答辩状"标题，一般情况译为 Answer to Civil Complaint。但在法律翻译实践中，也经常采用其他的表达方式，比如："Answer to Complaint""Reply Brief for Defendant(s)""Answer on Merits"等等，译者可以根据具体情况和需要进行使用。

与民事起诉状相似，英美国家的民事答辩状也会经常使用一些惯用语。在开始陈述答辩内容之前,经常会有诸如此类的表达:"Now comes/Comes now the Defendant, _____, by and through his attorney, _____, and for his answer to the Complaint of the Plaintiff, states as follows:" 这段表述可以试译为:被告×××现到庭,通过其律师就原告的诉称做出如下答辩。在"PRAYER FOR RELIEF"与结尾部分所使用的惯用语与民事起诉状大致相同。

(2)诉讼文书的语言特点

诉讼文书是适用范围广泛且使用频率很高的一种非规范性法律文书,因此其结构特点、文体特点和翻译问题很值得我们去探究。但是,需要注意的是,很多法律翻译者把起诉书和起诉状当成一回事。而事实上,二者之间是有区别的。首先,在司法实践中,起诉书(bill of indictment)是指人民检察院对侦察终结的案件进行审查,认为被告人的犯罪事实清楚,证据确实充分,依法应当追究刑事责任,做出起诉决定后,代表国家将被告人交付人民法院审判时制作的法律文书。其次,起诉状则包括民事起诉状、行政起诉状、刑事自诉状、刑事附带民事起诉状。尽管这些诉讼文书的作用、性质不同,但其主要内容及格式却差别不大。在此,我们仅以最具代表性的民事诉讼状为例进行探讨。民事起诉状(civil complaint)是指与民事案件有直接利害关系的公民、法人或非法人团体,为维护其民事权益,就有关民事权利义务的争议,向有管辖权的人民法院提起诉讼,请求追究被告民事责任时所制作的诉状。民事起诉状作为使用频率颇高的一种司法文书,在涉外翻译时一定要注意其结构特征、文体特点和翻译特点。

1)格式规范

诉讼文书属于应用文体,一般都有固定的行文格式,有些虽然没有特别规定,但是在实践中逐渐形成了被普遍采用的格式。不同类型的诉讼有不同的诉讼文书与之对应,如民事诉讼文书的起诉书格式就不同于刑事案件中的起诉书格式;上诉书的格式也不同于起诉状。

2)叙事明晰,论据充分合法

诉讼文书中叙述具体要素时不能含糊不清,因为这些要素是构成案件事实的重要组成部分,从一定程度上来讲,它们是案件事实在法律关系和法律特征上的体现,特别是与犯罪构成或民事法律关系有着密切关系的要素,更应该详细叙述。叙述事实时必须把因果关系交代清楚,民事和刑事纠纷中的因果关系往往复杂,要善于透过现象找出行为和结果之间有无因果关系。叙述事实的过程也是说理的过程,就是所提的论点要符合法律规定,不能与法律相悖,说理上承事实,下启结论,是诉讼文书的灵魂所在。翻译诉讼文书难于普通翻译就在于它必须把语言特点、法律知识和逻辑思维三者紧密结合才能达到比较好的效果。

3) 朴实庄重，忌夸张渲染

诉讼文书的文风是朴实无华，是非分明，实事求是，开门见山，一针见血。其首要目的就是清楚地表明当事人的观点和立场，提供合理合法的论据支持。在一些议论性的诉讼文书中，偶尔运用修辞性的华丽辞藻可以起到强调观点的作用，但是千万不要因用了华丽的表达而丢掉或混淆了重要的法律观点。观点重要性远远大于表达形式。

汉语中的四字词语随处可见，如：丧尽天良、迫不得已、万般无奈等等，这些词语如果频繁出现在民事诉讼状中，让人读起来觉得好像在抒发个人的情感而非说明及叙述事实。在刑事案件中也有类似的情况出现，比如一个罪犯被宣判为终身监禁或者死刑(life imprisonment or death)时，该判决书往往被译为：性质极其恶劣，情节极为严重，民愤极大；惨无人道，社会影响极大；罪大恶极，处以死刑，立即执行。

诉讼文书应当避免使用描述性语言，因为文书所要表达的是客观事实而不是主观思想。此外，对文书内容的大势渲染也不符合诉讼文书朴实无华和庄重严谨的文体风格。诉讼文书不是文学作品，这一点是毋庸置疑的，而且诉讼文书的文风朴实已是当今世界共同的要求。专家建议，司法文书应当使用客观朴素、通俗易懂、简单明了的中性语言文字。

在了解了诉讼文书的总体文体特征之后，我们再从翻译视角，看一些微观方面的语言表达及其翻译问题。

1) 首部和尾部

诉讼文书种类较多，按照文书体式分类，主要分为起诉状、答辩状、裁决文书、上诉状、执行文书、证票、笔录等。诉讼文书的结构都相对比较稳定，有些是以固定的表格形式出现，比如传票(summons)，有些虽没有固定格式，但基本上是由首部、正文、尾部三部分构成。此类文书的首部一般包括文书标题、当事人身份事项，尾部则包括送达单位及具状人、具状时间等。

诉讼文书的标题和其特点非常重要，因为通过这些即可了解该诉讼文书的主要类型及法律性质，这也使得标题的翻译显得尤为重要。由于英语国家大多有与我国类似的诉讼文书，因此翻译标题时可以采用套译法，这一主张现已为司法实践所普遍接受。例如：民事判决书可译为 Civil Judgment，刑事判决书译为 Criminal

Sentence,授权委托书译为 Power of Attorney,宣誓书译为 Affidavit,民事裁定书译为 Civil Order,等等。但是,对于有些标题的翻译也没有完全统一的标准,例如:民事起诉书就有好几种译法,Complaint, Statement of Claim, Bill of Complaint 或 Petition,这主要是因为英美国家对起诉书名称有不同的规定,如美国《民事诉讼法》就规定称为 Complaint,而在英国又被称为 Statement of Claim。我们认为可以拟定使用范围最广、在英美国家属于标准名称的作为标准译法,如民事起诉状可译为 Complaint 或 Statement of Claim,不宜再译为其他名称。在翻译实践中,可根据当事人的国籍和送达法院所在国进行取舍,把普遍性和特殊性结合起来,注意各国法律的差异,灵活变通(李克兴,2007)。又如:在美国,法院在正式审理刑事案件之前,会根据行政执法部门调查的结果确定是否起诉所指控的被告人。如果理由充分,大陪审团会制作并向法院提交起诉被告人的正式书面文件 Indictment。这里值得一提的是,并不是所有的刑事起诉书都翻译成 Indictment,实际上 Indictment 的准确翻译应当是控诉书(a formal written document showing criminal charges brought by a grand jury),美国《联邦民事诉讼规则》规定所有涉及重罪(felony,假定量刑在一年以上)的刑事案件都必须有大陪审团出具控诉书。Indictment 不同于由检察官制作并提交给法院的指控刑事犯罪的公诉书 Information(a formal criminal charge brought by the U.S. attorney alone, that is, without any participation by the grand jury in the charging decisions. Misdemeanor cases are ordinarily prosecuted by the filing of an Information)。在大多数州,Information 适用于针对轻罪 Misdemeanor(假定量刑在一年以下)的案件。可见在翻译汉语诉讼文书标题的时候,首先必须找到英语中与之相对应的同类型的诉讼文书标题的准确翻译。

当事人的称谓在文书的开头部分需要第一次列明。诉讼文书中使用的称谓一定要符合法律规定,不能想当然地随意乱用。在我国,民事诉讼法和行政诉讼法规定当事人为"原告""被告""第三人",而刑事诉讼法规定称"自诉人""被告人"。多一个字少一个字,在法律上的实际身份也不同。法人或者其他组织的主要负责人在诉讼中的称谓也是不一样的,依照有关规定,法人的主要负责人称为"法定代表人",其他组织的主要负责人称为"代表人"。同样地,根据英美国家法律规定,在不同类型的案件中当事人的称谓也是有区别的,因此对于当事人称谓的翻译必须准确规范。请看下列例子:

例1:陪审团宣告被告人误杀罪名成立。

原译:The jury declared the defendant the charge of manslaughter.

第五章 中西法律语言语篇对比

在这个例句中,"被告"译得不够准确,上文已经提到在我国的刑事案件中称"被告"为"被告人",从句子中出现的"被告人"以及罪名可以肯定这是一起刑事案件。而在英美国家刑事案件中当事人为 prosecutor 和 the accused;在民事案件中称为 plaintiff 和 defendant;离婚案属于民事案件,当事人也可称为 petitioner 和 respondent;在海事案件中则称为 libellant 和 libellee。因此这个例子中"被告人"正确的译法应该是 the accused。

例 2:现在见证的委托书是本人委托住在中华人民共和国武汉市 × 路 × 号的 ×× 为我正式合法代理人。

原译:Now THIS DEED WITNESSTH that I (the principal) appoint ×× of No. ×, × Road, Wuhan, the People's Republic of China, (the agent) to be my true and lawful agent.

在这个例句中,代理人译为 agent,多用在商务领域,在语义上是不对应的,事实上授权人为授权人利益而从事某类行为或某一特定行为的是 attorney,所以较为对应的译文应该是 attorney。

除了以上所列举的特定称谓外,某些及物动词加后缀"-ee"表示一类人,这类人是动作的承受者。以"-ee"结尾的词在法律英语中使用的频率是很高的。例如:

assignee	受让人,受托人
appointee	被指定人
bargainee	买主
blackmailee	被勒索者
detainee	被拘留者,判决的囚犯
devisee	受遗赠者
employee	雇员
licensee	领有执照者
murderee	被谋杀者
offeree	受盘人
testee	测试对象
trustee	受托人

在法律英语中有些称谓也可以通过加上名词后缀"-ant"来表示,例如:

appellant 上诉人

applicant 申请人

defendant 被告

litigant 诉讼人

inhabitant 居民

attestant（契据等的）连署人，证人

总之，不管法律英语中的称谓如何构成，在翻译汉语诉讼文书中的称谓时一定要符合英美法的表达习惯，力求精准，任何模糊的或意义有偏差的称呼都是不符合要求的。

2）诉讼专业词汇

诉讼文书中涉及大量的专业词汇，熟悉并掌握这些专业词汇是翻译涉外诉讼文书的前提和基础。诉讼文书中的专业词汇大体上可以分为两大类：第一类是诉讼文书中特有的词汇，第二类是法律活动中经常出现的法律术语。

首先，我们来看一下诉讼文书中特有的词汇。诉讼文书中的特色词汇有很多，例如：送达(service)、起诉(file a case)、诉讼(litigation)、诉讼代理人(agent ad litem)、提起公诉(institute a public prosecution)、刑事拘留(criminal detention)、刑事自诉状(self-incriminating criminal complaint)、诉讼时效(statute of limitation)、上诉(appeal)，等等。请看下列例子：

例 1：A defendant who waives service must within the time specified on the waiver form serve on the plaintiff's attorney (or unrepresented plaintiff) a response to the complaint and must also file a signed copy of the response with the court. If the answer or motion is not served within this time, a default judgment may be taken against that defendant. By waiving service, a defendant is allowed more time to answer than if the summons had been actually served when the request for waiver of service was received.

译文：放弃送达的被告必须在格式放弃书所确定的时间内，向原告律师（或无代理人的原告）送达对起诉状的回应书，并须将签字的回应书提交于法院。如果在该时间内没有送达答辩状或者申请书，法院将会下达对被告不利的不应诉判决。与传票已实际送达相比，当放弃送达的请求收到时，放弃送达允许被告有更多的时间做出答辩。

上例原文中出现很多诉讼词汇，比如：waive service(放弃送达)、complaint(起诉状)、answer(答辩状)、motion(申请书)、a default judgment(不应诉判决)、summons(传票)，等等。如果不懂这些词汇特有的法律意义，诉讼文书的翻译便将

是空中楼阁,无从谈起。

例2:外国当事人向中国法院提交的离婚起诉状、离婚答辩状、委托书、意见书和上诉书等诉讼文书,必须经过其本国公证机关公证,并由中国驻该国使领馆认证。中国法院依据中国法律予以判决,如果在中国境外的外国当事人对一审判决不服,可以在收到判决书次日起30日内提出上诉;上诉期经申请可以延期,但延期最长不超过30日。

译文:Litigation documents, submitted by the foreigner to a Chinese court, such as complaint for divorce, the bill of defense, the power of attorney, the legal opinion and the instrument of appeal must be notarized by the notary office of his or her country and confirmed by the Chinese Embassy or Consulate to the said foreign country. The Chinese courts make a judgment in accordance with Chinese law. If the foreigner residing outside the People's Republic of China disagrees with the judgment of first instance, he or she may file an appeal within thirty (30) days from the date of receipt of the judgment. The specified time limit can be extended upon application of the foreign party, but the maximum time for an extension is no longer than thirty (30) days.

上例的原文中含有很多的诉讼词汇,比如:提交诉状、予以判决、一审,等等。这些都是中文诉讼文书中经常出现的字眼,熟练掌握它们相应的法律英语表达方式是很有必要的。

其次,我们再来看一下诉讼文书中经常出现的法律术语。法律术语的翻译是法律翻译里面最难的部分之一,因为这些术语与普通法系国家的法律渊源和法律制度密不可分。如在英美国家的诉讼文书中经常提及的 breach of contract(违约)、tort of negligence(过失侵权)、strict liability(无过错责任)、damages(损害赔偿金)、joint and several liability(连带责任)、probable cause(合理依据),等等。请看下列例子:

例1:Since contributory negligence is an affirmative defense, the complaint need contain no allegation of due care of plaintiff.

译文:因共同过失为积极抗辩,故起诉书无须包含关于原告应有注意的声明。

例2:一审法院在审理案件的过程中,严重违反了民事诉讼法的程序规定,错误地认定与案件有关的事实,裁决我公司承担根本不存在的损害赔偿责任,侵犯了我公司的合法权益。

译文: In the trial course of this case, the first-instant court committed grave violation of the Civil Procedure Law of the People's Republic of China; its finding of relevant facts is erroneous and its decision ordering this company to pay certain non-existent damages is quite a violation of this company's legal rights.

3)诉讼文书中时间表述方式

我们需要注意诉讼文书中有关时间表述方式的翻译。在诉讼文书中,与表述时间联系最密切的一些词语便是介词 on, after, before, by 等等。在法律文书中使用这些介词比较复杂,因为法律文书中的时间表述要求很准确,翻译的时候要审视所提的时间是否包括在内,尽可能地避免产生歧义及因此而产生的麻烦。请看下列例子:

例1:你已被本法院传唤,请于接到本传票之日起20日内到本院出庭。

原译: You are summoned to appear in the Court within 20 days from the service of this summons.

改译: You are summoned to appear and answer this action in the Court named above by filing an Answer along with the required answer fee with twenty (20) consecutive days from the service of this summons, not accounting the days of the service. If the twentieth day is a Saturday, Sunday or legal holiday, the time will run until the end of the next day which is NOT a Saturday, Sunday or legal holiday.

上面这个例子,显然改译后的句子优于原译,因为改译的句子中20日不仅用 twenty days,而且同时用数字20表述,以避免这一关键性的日期轻易被涂改,更值得一提的是,译者对一些可能产生的争议做了明确界定,如20日这一期限是否包括本日,如果第20日为节假日怎么办。一般说来,如果要完成一项行动的时段的最后一天正好是星期六或星期日,那一天就不计算在内,那项行动可以合法地在下一个工作日或营业日完成。

例 2: The appointee may exercise his right between July 1, 2015 and July 30, 2015.

Between 一般用来表示以两个指明的日子或日期为界限的时段,是不包括提出作为界限或终端的日子或日期的。然而这条规定不是绝对的,有的场合也表达包括两个终端,或者表示第一个日期要表示在内,最后一个日期不要包括在内。这个例中用了 between，是否包括 July 1 和 July 30 不清楚，因此为了避免歧义，我们可以将本句改成下面两种表达方式：

  a. The appointee may exercise his right after July 1, 2015 and before July 30, 2015.
  b. The appointees' right begins on July 1, 2015 and ends on July 30, 2015.

  除了上述这些表述之外，诉讼文书中还有一些有关时间的表述，比如：after 不包括所提到的日子；before 不包括所提到的日子；on 一词被解释为包括所指的日期。短语 on and after 和 on and from 经常连用。"在某一天"有时也用 on or about 这个短语。By 这个词表示到某一日期履行的行为可在该日之前或者甚至在当日履行。From...to... 也是常用来表示时间的介词短语，从某一天或指定的日期（例如某一特定行动的日子）开始计算一段时间，开始计算的那个日子或日期要排除在外，而这一时段的最后一天要包括在内。Within 这个词排除第一天而包括最后一天，它后面也可接 of, after 或 from 等介词，在每种表述中，所述日子都不计算在内。As of 意为"截至"，是一个注明日期的行话，as of 用来把一件事情定在一个时间而在另一个时间承认这件事情，用在对当前到以后某个时期的趋势作预测。

  法律文书中对时间翻译的准确性要求很高，有些与时间有关的词语意思比较清楚，如 on, before, after, through, starting, ending, terminating, expiring 等，译者在翻译时应尽量使用这些词而不是那些容易引起歧义的词，或者在可能引起歧义的地方特别加以说明。

五、英汉法律语篇对比的启示

  我们以上主要探讨了法律语篇的文本类型化特征和英汉法律文本的典型特征及其翻译等问题。下面再从语篇层面对英汉法律文本的外部特征和内部特性作一个小结对比，主要以法律语言中最具典型性和规范性的立法语篇作为范例。

  1. 英汉法律语篇程式的对比

  立法语篇的程式，主要指构成立法语篇的各种外部结构。在英语法律语言研究中，通常对形成完整法律语篇外部结构的创作过程及其相应方法有不同的界定和称谓，比如"legal writing""Science of legal writing""forensic oratory"和"legal drafting"，等等。一般总体统称为"lawyer's discourse"（法律人语篇）。在汉语法律语言研究中，通常将这种形成完整法律语篇外部结构的创作过程及其相应方法称为"法律文书写作"或者是"法律文书写作学",并根据不同性质和类型的法律语篇,具体进一步划分为立法文书写作和司法文书写作两大类,而且在司法文书范畴之下还可以细分成不同从属类型的法律语篇,并有特定的语篇程式与之对应。概括来说,法律语篇的文书属性和形式多样性决定了其写作属性的特质和研究视角的多样性特质。

(1) 英汉立法语篇程式的共性

立法语篇的程式性(format)指其外部框架形式,是文本最终形成合格语篇产品必然具有的外部特征,也是立法语篇区别于其他语篇的重要标志。英汉立法语篇的外部特征主要体现在其语篇结构上。英汉法律体系立法文本格式的共性决定了其不同立法语篇外部结构特征的共性。从法律语言与翻译的研究角度出发,法律语篇的基本直观形态是其首先的着眼点,主要体现在两个方面:外部形态和内容层次。这里我们主要从这两个方面出发来分析英汉立法语篇的基本特点和共性特征。

1) 英语立法语篇的外部形态

法律语篇的外部形态,指构成完整法律语篇首尾照应的固定语句或其他结构形式。在法律语篇当中,除了法的内容主体之外,还有首部和尾部两部分内容。虽然这两个部分在内容和形式上不占主导地位,但也是法律文本结构必需的外部形式要件。

首先,立法语篇的首部一般标明法律文本的法律名称、性质、立法日期、生效日期以及授权立法单位、法案和令状等,使法的内容、来源和适用范围清晰明确。因规模和体系不同,英汉法律语篇依据其首部形式一般分为两类:第一类是简单型法律语篇,第二类是复杂型法律语篇。

简单型法律文本,法学界也称"简式结构",其首部一般只有立法名称、立法授权机关、立法日期等,之后即是法律条文,不设目录。对比英美国家和我国现行的立法文本可见,即便是英汉法律文本的简式结构,具体情况也有所不同,如有的法律语篇将生效日期放到首部,有的则放到尾部。请看例子:

例1: UNIFORM ARBITRATION ACT

ACT RELATING TO ARBITRATION AND TO MAKE UNIFORM THE LAW WITH REFERENCE THERETO

SECTION 1. Validity of Arbitration Agreement. ...

SECTION 2. Proceedings to Compel or Stay Arbitration.

例 2: FOREIGN SHIPPING PRACTICES ACT
SEC. 10001. SHORT TITLE
This subtitle may be cited as the Foreign Shipping Practices Act of 1988.
例 3:《中华人民共和国工会法》
(1992 年 4 月 3 日第七届全国人民代表大会第五次会议通过)
例 4:《中华人民共和国职业病防治法》
(2001 年 10 月 27 日第九届全国人民代表大会常务委员会第二十四次会议通过)

与简单型法律文本所具有的构成要件相比,复杂型法律文本一般法律规模较大,管辖范围较广,因此相对于其他法律文本而言,其首部一般会增加较为复杂的序言和详细的目录等。比如《中华人民共和国刑法》(2014 年版)和美国《模范刑法典》(The Model Penal Code)就是规模相对较大,首部设置更为复杂的法律文本。请看例子:

例 1:《中华人民共和国刑法》(2014 年版)

(1979 年 7 月 1 日第五届全国人民代表大会第二次会议通过,1997 年 3 月 14 日第八届全国人民代表大会第五次会议修订。根据 1999 年 12 月 25 日中华人民共和国刑法修正案,2001 年 8 月 31 日中华人民共和国刑法修正案(二),2001 年 12 月 29 日中华人民共和国刑法修正案(三),2002 年 12 月 28 日中华人民共和国刑法修正案(四),2005 年 2 月 28 日中华人民共和国刑法修正案(五),2006 年 6 月 29 日中华人民共和国刑法修正案(六),2009 年 2 月 28 日中华人民共和国刑法修正案(七)修正,根据 2009 年 8 月 27 日《全国人民代表大会常务委员会关于修改部分法律的决定》修正,根据 2011 年 2 月 25 日中华人民共和国刑法修正案(八)修正)

目录

第一编　总则

　　第一章　刑法的任务、基本原则和适用范围

　　第二章　犯罪

　　　　第一节　犯罪和刑事责任

　　　　第二节　犯罪的预备、未遂和中止

　　　　第三节　共同犯罪

　　　　第四节　单位犯罪

......

　　第五章　其他规定

第二编　分则

　　第一章　危害国家安全罪

　　第二章　危害公共安全罪

　　......

　　第十章　军人违反职责罪

　　附则

例2：The Model Penal Code

PART1. GENERAL PROVISIONS

　Article1. Preliminary

　§ 2.01. Requirement of Voluntary Act: Omission as Basis of Liability; Possession as an Act

　　...

　§ 2.08. Intoxication

　§ 2.09. Duress...

由如上的例子比较可以看出，美国《模范刑法典》的首部由"编"（Part）、"条"（Article）、"款"（号'§'）组成；而《中华人民共和国刑法》则由"编""章""节""条""款"等组成。《中华人民共和国刑法》的首部形式比美国《模范刑法典》内容更为丰富，形式更为复杂。

其次，立法语篇的尾部则通常标明法律的生效日期、对旧法的废止、附录或其他说明等。比较而言，法律汉语文本的结尾一般只有生效日期或废止旧法的说明，很少有附录之类的条款，而较复杂的英美法律文本里，有时会有许多附录。比较：

例1：316.（1）This Act may be cited as the Merchant Shipping Act 1995.

（2）This Act shall come into force on 1st January 1996.

SCHEDULES 1-11

（The Merchant Shipping Act 1995）

例2：《中华人民共和国政府采购法实施条例》

财政管理实行省直接管理的县级人民政府可以根据需要并报经省级人民政府批准，行使政府采购法和本条例规定的设区的市级人民政府批准变更采购方式的职权。

本条例自 2015 年 3 月 1 日起施行。

以上例子只是英汉法律文本中具有代表性的语篇结构的表现形式,需要注意的是,由于法律文本的不同,其具体语篇结构和表现形式也有许多变化和差异。

2)英汉立法语篇的层次结构共性

法律语篇的内容框架也指"法的格式",主要突出对法律文本首尾部分以外的"框架"形式的分析,不关注具体法律条文的词语、术语、句法以及其他法律含义的具体分析。法律文本自其产生以来,其内容框架的形式就不断随着社会历史的发展而丰富,逐渐演变成现代法律语篇卷、编、篇、章、节、款、项、目、段等不同层次构成的多元化法律语篇(熊德米,2011:81)。从法律形式的传承上看,中国是沿袭传统中华法系(Chinese Legal Genealogy)的成文法,在不同时代均有较为完善的立法文本,遵循依法判案的传统;英美国家所遵守的是以判例法(case law)为主的普通法传统(即英美法系,Anglo-American law system),其判案不是依既定法律条文,而是"遵循先例"(stare decisis),或"先例原则"(doctrine of precedent)([日]望月礼二郎,2005:83),但是随着时代和社会的发展,英美法系的国家事实上也制定了许多成文法,由此也为英汉法律语篇层次形式比较提供了便利条件。

根据法律文本的具体形式,英汉立法语篇的篇章层次也可以分为简单型和复杂型两类。在通常情况下,英汉立法文本的简单型篇章层次,在内容上都只包含"立法名称+条+款+项+段"等,并且大多数立法文本都不设目录。例如:

例 1: Uniform Partnership Act

Part Ⅰ PRELIMINARY PROVISION

§ 1. Name of Act　　This act may be cited as Uniform Partnership Act.

§ 2. Definition of Terms　　In this act, "Court" includes every court and judge having jurisdiction in the case. "Business" includes every trade, occupation, or profession. "Person" includes individuals, partnerships, corporations, and other associations. "Bankrupt" includes bankrupt under the Federal Bankruptcy Act or insolvent under any state insolvent act. "Conveyance" includes every assignment, lease, mortgage, or encumbrance. "Real property" includes land and any interest or estate in land.

……

例 2:《中华人民共和国消防法》

第 1 条　　为了预防火灾和减少火灾危害,加强应急救援工作,保护人身、财产安全,维护公共安全,制定本法。

第2条 消防工作贯彻预防为主、防消结合的方针,按照政府统一领导、部门依法监督、单位全面负责、公民积极参与的原则,实行消防安全责任制,建立健全社会化的消防工作网络。

第3条 消防工作由国务院领导,由地方各级人民政府负责。

......

英美法系(普通法系)由"普通法"(common law)、"衡平法"(equity)和"制定法"(statutory law)组成。但是要注意的是,由于法制史、立法思想和法律渊源等各个方面的差异,英美法系制定法的立法文本与我国的立法文本之间的语篇共性在一定程度上只存在于宏观层面,即便是其法律语篇格式大体相同,也会存在细微差异。

(2) 英汉立法语篇程式的差异

由于法制史、法系归属、立法渊源等各个方面的差异,英汉法律语篇,尤其是立法语篇,在构建程式、立法技术和篇章层次等各方面也存在着诸多差别,由此也给英汉两种法律文本的理解和翻译增加了不少难度。

我国于2000年颁布的《中华人民共和国立法法》对立法语篇的层次方面做出了相应的技术要求,比如法律语篇层次按照详细规定应当是:"编→章→节→条→款→项→目"。依据一些学者的观点,西方法律语篇在其层次上可以分为"卷、编、章、节、条、款、项、目"(曹海晶,2004:313)。然而实际上,英美国家在法律语篇的程式上并没有统一的立法技术标准,以英国《商船航运法》(Merchant Shipping Act 1995,简称 MSA)和美国《统一商法典》(the Uniform Commercial Code 2001,简称 UCC)为例,英国法律语篇格式通常倾向于用 part →阿拉伯数字→(1)(2)(3)→(a)(b)(c)→(i)(ii)(iii);美国法律语篇则倾向于用 article → part →阿拉伯数字→(a)(b)(c)→(1)(2)(3)等(熊德米,2011:83-84)。从英美两国法律语篇层次的对比可见,尽管二者同属一个法系,但在立法层次安排技术上却存在明显的差异,这也给我们的翻译工作带来了不少的困惑和难度。比如在我国的翻译实践中,就对这两个语篇中相同的词给出了不同的翻译。请看下表:

语篇层次	英国《商船航运法》（MSA）		美国《统一商法典》（UCC）	
	原文	译文	原文	译文
第一级	part	第一部分	article	章
第二级	1.2.3.	第一条	part	篇

第五章 中西法律语言语篇对比

（续表）

语篇层次	英国《商船航运法》（MSA）		美国《统一商法典》（UCC）	
	原文	译文	原文	译文
第三级	（1）（2）（3）	一、二、三	1.2.3.	条
第四级	（a）（b）（c）	1.2.3.	（a）（b）（c）	1.2.3.
第五级	（i）（ii）（iii）	（1）（2）（3）	（1）（2）（3）	（a）（b）（c）

由此可见，即使同属于英美法系法律语篇的项目层次，也存在较大的差异，让人感觉有些杂乱。而汉语法律语篇的项目层次则要相对清晰得多，即"卷、编、章、节、条、款、项、目"。现行汉语法律语篇的篇章层次一般安排顺序为"编→章→节→条→款→项"，规模大的法律语篇可以从"编"到"项"，规模小的法律语篇一般从"章"到"条"，更小规模的语篇直接用"条"和"款"。例如：

原文：《中华人民共和国民事诉讼法》（2013年版）

第一编　总则

　　第一章　任务、适用范围和基本原则

　　第二章　管辖

　　　　第一节　级别管辖

　　　　第二节　地域管辖

　　　　第三节　移送管辖和指定管辖

　　……

　　第十一章　诉讼费用

第二编　审判程序

　　第十二章　第一审普通程序

　　　　第一节　起诉和受理

　　　　第二节　审理前的准备

　　　　第三节　开庭审理

　　　　第四节　诉讼中止和终结

　　　　第五节　判决和裁定

　　……

　　第十八章　公示催告程序

第三编　执行程序

　　第十九章　一般规定

　　第二十章　执行的申请和移送

　　第二十一章　执行措施

　　第二十二章　执行中止和终结

第四编　涉外民事诉讼程序的特别规定

　　第二十三章　一般原则

　　第二十四章　管辖

　　第二十五章　送达、期间

　　第二十六章　仲裁

　　第二十七章　司法协助

译文: Civil Procedure Law of the People's Republic of China(2013)

Part One General Principles

　　Chapter 1 Purposes, Scope of Regulation and Basic Principles

　　Chapter 2 Jurisdiction

　　　　Section 1 Jurisdiction by Levels of Courts

　　　　　　Article 18...

　　　　　　Article 19 An intermediate people's court shall have jurisdiction as courts of first instance over the following civil cases:

　　　　　　　　(1) Major cases involving foreign elements;

　　　　　　　　(2) Cases that have major impacts in the area of its jurisdiction; and

　　　　　　　　(3) Cases under the jurisdiction of the intermediate people's courts as determined by the Supreme People's Court.

　　　　Section 2 Territorial Jurisdiction

　　　　Section 3 Jurisdiction by Transfer and Jurisdiction by Designation

　　　　...

　　从翻译实践来看,将我们的《中华人民共和国民事诉讼法》英文译本与 MSA 和 UCC 原文层次对照可以发现,汉语的"编"基本上既可以翻译成 Article,又可以翻译成 Part;"章"既可以翻译成 Article,也可以翻译成 Chapter(UCC);汉语的"节"既可以翻译成 Article (UCC)也可以翻译成现有的 Section。总之,对英美国家和我国制定法法律语篇层次共性与差异的区分,具有十分重要的意义。通过把握其来龙去脉和层次叠置关系,可以为英汉法律互译中语篇层次安排的语言表达提供相关借鉴和启示,避免生搬硬套带来的法律语篇层次混乱。

2. 法律语篇衔接手段的异同

语篇是一个交际活动中的语义整体,按照英语语言学界有些学者的观点,它有七大基本特征,但在语篇的结构性上,主要体现在如下两个方面:"衔接"(cohesion)和"连贯"(coherence)。衔接关系主要体现在语篇句子之间语言的形式上,而连贯关系则主要体现在语篇各个句子之间的语义逻辑上。在汉语语言学界,对语篇的这两大主要特征有不同的术语界定和表述:语言形式上的衔接关系被称作"语脉"(linguistic liaison),语义上的前后逻辑关系被称作"义脉"(semantic liaison)(潘文国,1997:56)。作为现代语言学方法论上的重要分支学科,语篇分析可以对法律文本特征和语篇特性提供必要的研究视角、理论框架和分析路径。法律语篇分析,旨在研究作为常态的法律语言现象及其所反映的法律语篇和文体特征,尤其是法律语言语法与词汇方面的表现规律。对连接英汉两种法律语篇关系的语法手段和词语手段的共性和差异进行对比分析,可以有效把握两种法律语言语篇的文体规律,有利于英汉法律语言工作者在翻译时,有效避免照搬原语词语和语法,从而使得其译语的意义和形式更加符合目标语读者的行文表述和阅读习惯,以便从语篇形式上达到法律意义的最佳接受效果(熊德米,2011:86)。

(1)英汉法律语篇衔接手段的共性

衔接语篇的表层结构,在语篇特征的形成和功能分析中具有十分重要的作用,其实现手段主要有词汇和语法两个层面。依据 Halliday(1976)的观点,衔接可以分为两大类:第一类是"语法衔接"(grammatical cohesion),主要包括照应(reference)、替代(substitution)、省略(ellipsis)和连接(conjunction)等;第二类是"词汇衔接"(lexical cohesion),主要包括重复(repetition)、同义/反义(synonymy/antonymy)、上下义(hyonymy)、互补(complementarity)、整体与部分(meronymy)等。这些词汇与语法的衔接方式,为语篇分析提供了直接的、显性的符号理据,对于语篇的产生和理解、语篇连贯的建立以及英汉语言对比和翻译等都具有重大的理论和实践意义。对于英汉法律语言的对比与翻译而言,法律语言语篇的衔接手段也是重要的分析框架和对比参照。鉴于英汉语篇衔接的手段众多,限于篇幅,这里只以法律语言当中比较常见而重要的"词汇重复"来进行对比分析,请看下例:

原文: Chapter II Preventive measures

Article 5 Preventive anti-corruption policies and practices

1. Each State Party shall, in accordance with the fundamental principles of its legal system, develop and implement or maintain effective, coordinated anticorruption policies that promote the participation of society and reflect the principles of the rule of law, proper management of public affairs and public property, integrity, transparency and accountability.

2. Each State Party shall endeavour to establish and promote effective practices aimed at the prevention of corruption.

3. Each State Party shall endeavour to periodically evaluate relevant legal instruments and administrative measures with a view to determining their adequacy to prevent and fight corruption.

4. States Parties shall, as appropriate and in accordance with the fundamental principles of their legal system, collaborate with each other and with relevant international and regional organizations in promoting and developing the measures referred to in this article. That collaboration may include participation in international programmes and projects aimed at the prevention of corruption.

(United Nations Convention against Corruption)

译文: 第2章 预防措施

第5条 预防性反腐败政策和做法

(1) 各缔约国均应当根据本国法律制度的基本原则,制订和执行或者坚持有效而协调的反腐败政策,这些政策应当促进社会参与,并体现法治、妥善管理公共事务和公共财产、廉正、透明度和问责制的原则。

(2) 各缔约国均应当努力制订和促进各种预防腐败的有效做法。

(3) 各缔约国均应当努力定期评估有关法律文书和行政措施,以确定其能否有效预防和打击腐败。

(4) 缔约国均应当根据本国法律制度的基本原则,酌情彼此协作并同有关国际组织和区域组织协作,以促进和制订本条所述措施。这种协作可以包括参与各种预防腐败的国际方案和项目。

(《联合国反腐败公约》)

在上述例子当中,所节选的法律条文原文语篇采用了非常明显的三个并行的语法衔接重复所构成的"词汇链": each party(parties)、shall 和 corruption,将法律义务承担主体具有的不容推脱的法定责任以及应当予以坚决预防解决的问题等进行反复强调,交代得清楚明确。这种重复对整个语篇段落起到了良好的衔接作用,使得其在逻辑上前后有机联结。利用相同词语重复达到逻辑上和意义上的紧密衔接,在英汉法律语言中是常见的语篇手段。对比与之相应的汉语译文语篇,可以看到,也是用"(各)缔约国均……""应当""腐败"等相同词语的重复手段翻译出来,总体上达到了与原文相同的效果,同时也在一定程度上体现了英汉法律语言衔接方式上的共性。

(2)英汉法律语篇衔接手段的差异

在衔接手段上,英汉两种语言总体上来说具有一致倾向和同性特征。然而,我们知道,英汉法律语言分别从属于"印欧语系"和"汉藏语系"两种截然不同的语言家族,在语音、音系、词汇、语法和语篇等各个层次上都存在着非常明显的差异。在语篇层次上,由于东西方人们的思维习惯、遣词造句和谋篇布局等方面的观念、文化和传统不同,英汉两种语篇构建的具体表现方式必然存在着内在和外在的差异。比较来看,英语是一种"形合"语言,注重形式和意义的统一,句法逻辑与意义关系的一致,是一种典型的"主语—谓语"语法体系,在语法表达形式关系上严谨规范;而汉语则是一种"意合"语言,注重意义而轻视形式,注重义脉轻视形脉,是一种典型的"话题—说明"语法体系,在语法表达关系上总体而言重凌虚轻实证,即我们通常所说的"意以句立"或"意先于言、意大于言、意重于言"。因此,在英汉两种不同语言表现方式的影响下,其法律语篇的衔接手段差异通常十分显而易见。这里我们以人称照应(personal reference)衔接词为参照点来对比分析英汉法律条文语篇所存在的差异,例如:

原文:第114条 在本法第111条规定的旅客及其行李的运送期间,因承运人或者承运人的受雇人、代理人在受雇或者受委托的范围内的过失引起事故,造成<u>旅客</u>人身伤亡或者行李灭失、损坏的,承运人应当负赔偿责任。

请求人对承运人或者<u>承运人</u>的受雇人、代理人的过失,应当负举证责任;但是,本条第3款和第4款规定的情形除外。

旅客的人身伤亡或者自带行李的灭失、损坏,是由于船舶的沉没、碰撞、搁浅、爆炸、火灾所引起或者是由于船舶的缺陷所引起的,承运人或者<u>承运人</u>的受雇人、代理人除非提出反证,应当视为其有过失。

旅客自带行李以外的其他行李的灭失或者损坏,不论由于何种事故所引起,承运人或者承运人的受雇人、代理人除非提出反证,应当视为其有过失。

(《中华人民共和国海商法》)

译文:Article 114 During the period of carriage of the passengers and their luggage as provided for in Article 111 of this Code, the carrier shall be liable for the death of or personal injury to passengers or the loss of or damage to their luggage resulting from accidents caused by the fault of the carrier or his servant or agent committed within the scope of his employment or agency.

The claimant shall bear the burden of proof regarding the fault of the carrier or his servant or agent, with the exception, however, of the circumstances specified in paragraphs 3 and 4 of this Article.

If the death of or personal injury to the passengers or loss of or damage to the passengers' cabin luggage occurred as a result of shipwreck, collision, stranding, explosion, fire or the defect of the ship, it shall be presumed that the carrier or his servant or agent has committed a fault, unless proof to the contrary has been given by the carrier or his servant or agent.

As to any loss of or damage to the luggage other than the passenger's cabin luggage, unless the carrier or his servant or agent proves to the contrary, it shall be presumed that the carrier or his servant or agent has committed a fault, no matter how the loss or damage was caused.

(Maritime Code of the People's Republic of China)

在这个例句的原文语篇中,"承运人""旅客"等是显性出现的、作为句子主要成分的一些词语,在译文中采用了所有格人称代词"his"和"their"与"承运人"和"旅客"来替换出现,保持了前后一致的衔接,体现了法律英语的逻辑关系。相对而言,在译文中采用这样的隐性衔接,比原文的显性衔接更加简洁明快,在逻辑关系上也更清楚准确。

3. 名词化结构

英语在理论上以动词为中心,而实际上是名词占优势;汉语理论上以名词为重点,而实际上动词占有一定优势。这两个违背民族心理的语言事实是各自语言的特点决定的(潘文国 2002:376)。从语言变体的角度来说,比较复杂的语言关系,比如科技英语(EST),主要表现在普遍使用被动语态和分句的经常名词化

(nominalization)方面(Quirk,1982)。其实这种名词化结构在法律英语中也表现得非常突出。

名词化(nominalization)是指"从其他某个词类形成名词的过程或指从一个底层小句得出一个名词短语的派生过程"(Crystal,2000:24)。名词化本身是一个派生或者转化过程,名词化结构可以由派生基本词或从属向心结构即修饰语加中心词构成,属于名词类,充当句子的一个语法成分,只有在句法系统中才有意义。简单来说,名词化就是一个转化或者派生的过程,其结果是名词的产生或者出现。

以 Halliday 为代表的系统功能语言学派从语境的角度对名词化结构进行了研究,认为该现象与语篇类型有着密切的关系。如 Hasan(1977:125)认为,语篇类型与语境配置中的语场有关,而语场在很大程度上决定了交际中词汇的选择和语言的语法特征,语篇中的名词化结构的数量必然反映在语篇类型上。对科技、法律、新闻、小说、童话和寓言五种不同类型的语篇进行的实证分析和统计数据(王晋军,2003)表明,法律英语中的名词化比例最高(见下表)。

语篇类型	科技	法律	新闻	小说	童话、寓言
小句总数	197	79	236	250	418
名词化总数	143	66	95	68	3
名词化比例	72.6%	83.5%	40.3%	27.2%	0.7%

法律英语作为专门用途英语(ESP)中特色鲜明的代表,其语篇类型与规范性和权威性的法律语域相对应,在句式和词汇的选择使用上相当正式。请看下例:

No obliteration, interlineation or other alternation made in any will after the execution thereof shall be valid or have effect except so far as the words or effect of the will before such alteration shall not be apparent, unless such alternation shall be executed in like manner as hereinbefore is required for the execution of the will; but the will, with such alternation as part thereof, shall be deemed to be duly executed if the signature of the testator and the subscription of the witness be made in the margin or on some other part of the will opposite or near to such alternation or at the foot or end of or opposite to a memorandum referring to such alternation and written at the end or some other part of the will.

简要分析即可发现,这个法律条文的长句总计有 132 个英文单词,其中名词化的使用共有 10 处,主要涉及由 5 个动词转化而来的名词表达。值得注意的是,其中 execution 重复了 2 次,alternation 重复了 6 次,而 alternation 也正是本句的话题。根据 Bhatia(1992:217)的分析,立法起草人使用名词化主要出于以下两种考虑,一是通过重复一些相同的概念来避免重复与之相配的冗长的司法解释从而加强语篇的连贯性,二是立法语篇较为典型的做法,即用一种便利的手段在相同概念的不同位置加入修饰词来表达人类行为的诸多方面。

名词化结构使得语言具有更强的社会符号性,能够表达更为抽象和复杂的事物,以及更为复杂的经验思想和逻辑关系。从英汉法律语言对比与翻译的角度来看,名词化结构主要起着两方面不同的作用,在英汉翻译时,要用名词化结构,也就是英语名词短语转化成汉语的一个句子,从而符合汉语语言结构和表达习惯;在汉英翻译时,也要用名词化结构,以英语名词短语来代替汉语的一个句子,它可以避用人称主语,从而防止句子结构过于臃肿。法律英语常用结构复杂的长句,从句子特征来看,还是名词结构占优势,而不是从句或动词占优势。并且,名词化结构除了使语言表达更加紧凑之外,还可以帮立法者使法律条文表述更加明确。同时还可以使句子看起来更加客观。例如:

第 134 条:承担民事责任的方式主要有:(1)停止侵害;(2)排除妨碍;(3)消除危险;(4)返还财产;(5)恢复原状;(6)修理、重作、更换;(7)赔偿损失;(8)支付违约金;(9)消除影响、恢复名誉;(10)赔礼道歉。以上承担民事责任的方式,可以单独适用,也可以合并适用。人民法院审理民事案件,除适用上述规定外,还可以予以训诫、责令具结悔过、收缴进行非法活动的财物和非法所得,并可以依照法律规定处以罚款、拘留。

(《中华人民共和国民法通则》)

Article 134: The main methods of bearing civil liability shall be: (1) <u>cessation</u> of infringements; (2) <u>removal</u> of obstacles; (3) <u>elimination</u> of dangers; (4) return of property; (5) <u>restoration</u> of original condition; (6) repair, reworking or replacement; (7) <u>compensation</u> for losses; (8) <u>payment</u> of breach of contract damages; (9) <u>elimination</u> of ill effects and rehabilitation of reputation; and (10) <u>extension</u> of apology. The above methods of bearing civil liability may be applied exclusively or concurrently. When hearing civil cases, a people's court, in addition to applying the above stipulations, may serve admonitions, order the offender to sign a pledge of repentance, and confiscate the property used in carrying out illegal activities and the illegal income obtained therefrom. It may also impose fines or detentions as stipulated by law.

(General Principles of the Civil Law of the People's Republic of China)

如上所示,法律英语中使用了许多名词化结构,而在法律汉语中这些意义的表述通常都是通过动宾结构或主谓结构来完成的。名词化结构可以理解为,在没有具体人物执行某一动作,或表述重点在于动作本身而不在于动作执行者的情况下,把动词转化为抽象化的名词,以及使用被动语态,这些都十分适合法律英语庄重刻板的文体特点。从英汉法律互译的角度来看,在翻译汉语法律时,考虑将动宾结构转化成英语的"名词化+of短语结构"将是一种非常合理又实用的方法。

名词化结构是法律英语语体的一大特征,具有"囊括(encapsulation)和浓缩(condensation)的功能"(Thompson,2000:170)。在法律英语语篇中,该结构具有如下功能:

首先,增加语句的信息含量。名词词组的特性之一就是信息的高密集性(Halliday 1979:221)。名词化的原理就是把小句变成名词或者名词词组,从而使表示过程的动词和表示属性的形容词具有了名词的特征,而名词化结构代替小句后,可使小句单位的信息密度增大,表达更多的内容(刘国辉、余渭深 2007:23)。名词化能高度"浓缩信息"这一特点,与法律条文中抽象名词居多,名词在法律英语语篇中所出现的频率比其他任何词性都高,且常用主题做主语的特点相吻合。因此,在信息量相同的情况下,名词化结构的表达方式更简洁。

例1:The formation of this contract, its validity, interpretation, execution and settlement of the disputes shall be governed by related laws of the People's Republic of China.

译文:本合同的订立、效力、解释、履行和争议的解决均受中华人民共和国法律的管辖。

该条款中使用了5个短语来修饰、限制名词contract/disputes,但是没有出现谓语动词,其中的 formation, validity, interpretation, execution, settlement,都是由相应的动词 form, validate, interpret, execute, settle 演变而来的,分别表示一种动宾关系或限制关系,使语句的信息量大大增强,也符合合同文本简练、准确的特点。

其次,能体现法律英语语篇正式、准确、严谨、程式化的特点。英语语篇的正式程度越高,名词化结构的使用频率就越高。法律英语语篇中名词化程度更高,名词化程度越高就越抽象越正式,也就越书面化。名词化程度越高,词汇密度越大,从而使语篇呈现出正式性(杨丰宁 1996:55)。法律英语语篇涉及对社会关系的调整和规范,这就要求法律英语语言简明扼要、严谨、富于权威性。"名词化的过程没有语气的选择,使得表述具有不可协商性"(Thompson 2000:172)。这样一来,在法律英语这一正式语体中,人际功能被尽可能压制,经验功能得以突显,程式化成为其显著特征。同时,在名词化的过程中当表示过程的动词结构或表示属性、特征的形容词结构转化为名词化结构后,就具有了名词的属性,可由修饰词去修饰,可被量化或质化,可以进行分类等,从而使表达更加准确和严谨,适宜于法律英语语体表达抽象的法律思维(范文芳 1999:10)。

例 2:In the event of any corruption and a serious dereliction and of duty on the part of the General Manager, he may be removed and replaced at any time upon a resolution passed at a meeting of the Board of Directors.

译文:如果总经理发生任何腐败和严重的渎职行为,董事会可以在任何时间通过决议将他罢免。

在该条款中,corruption, dereliction 是相应动词 corrupt 和形容词 derelict 名词化而来,从而具有了名词的属性,它们可以由修饰词 any, serious 进行修饰,可被造化(由 any 和 a 表示),质化(由 serious 表示),从而使法律表达更准确严谨。

再次,突显主题,实现语篇的衔接功能。Halliday 指出名词化能使语篇一步步展开,其主要手段就是将复杂的语篇"打包"成名词化结构做小句的主位。名词化使得可以进入主位的选择项更加多样化,一个过程可以转变为一个小句的语义起点,从而成为一种有效的衔接手段。在语篇中,信息的传递是通过主位系统来实现的。名词化结构在法律英语语篇中的衔接功能是通过建立"主位—述位"衔接而完成的。在使用名词化结构时,把名词化结构主题化,前一句述位或述位的一部分被名词化后,可做下一句的主位或主位的一部分,使叙述层层递进,从而实现语篇的衔接功能(范文芳 1999:12)。

例 3:The party A shall establish the staff and remunerate for them, who prepare and construct office. The establishment, remuneration and construction office, when by both parties, shall be covered in the project budget.

译文:甲方负责招募员工筹建并支付报酬,筹建处工作人员的编制、报酬及费用,经甲乙双方同意后,列入工程预算。

在该条款中,第一句的动词 establish 和 remunerate 是述位,经过名词化后成为 establishment 和 remuneration,在第二句中做主位,通过建立新的"主位—述位"关系来达到衔接的目的,从而使语篇有很强的连贯性。

从上面的例句可以发现，名词化结构就是汉语的动宾结构或主谓结构与英语名词化"名词 + of 短语结构"之间的一种转化方式。在阅读和翻译法律条文时，必须掌握和善于把握这种句式结构。法律英语的用词、语义、语法、修辞等特点形成了法律英语语域的共性语体特点，这是由法律语言特有的功能所决定的。研究法律英语的这些语体特点，有助于我们更好地学习法律英语，更准确地阅读、理解和翻译法律英语文书，审阅和签订法律英语合同等。

第六章 法律文化

◇ 法律是一切人类智慧聪明的结晶,包括一切社会思想和道德。
——[古希腊]柏拉图
◇ 食有劳而禄有功,使有能而赏必行、罚必当。 ——李悝

一、语言与文化

1. "文化"的概念

文化是一个广泛的概念,很难给它下一个严格和准确的定义。自20世纪以来,不少哲学家、社会学家、人类学家、历史学家和语言学家一直都在努力地想从各自学科的角度,给文化下一个令人满意的定义,然而,迄今为止仍没获得一个公认的定义。据克罗门和克勒克洪在1963年出版的《文化——关于概念和定义的评论》一书中的统计,有关"文化"的各种不同的定义至少就有150个之多。可见人们对"文化"一词的理解所存在的差异。

人们普遍都依照奥斯瓦尔特(Oswalt,1970)的"大写字母的文化"和"小写字母的文化"这一区分来理解"文化"这一概念。也就是说,人们一般都将"文化"的概念分成广义和狭义两类。广义的文化指的是人类在社会历史发展过程中所创造的物质和精神财富的总和。它包括物质文化、制度文化和心理文化三个方面。物质文化是指人类创造的种种物质文明,是一种可见的显性文化,如生产和交通工具、服饰、日用器具等。制度文化和心理文化属于不可见的隐性文化。前者指的是种种制度和理论体系,如生活制度、家庭制度、社会制度以及有关这些制度的各种理论体系等;后者则指思维方式、宗教信仰、审美情趣、价值观念等。狭义的文化指的是人们的社会风俗习惯、生活方式、相互关系等。

文化是一种社会现象,它是人们创造活动的产物。文化同时又是一种历史现象,是社会历史的积淀物。每一代人都继承原有的文化,同时又在不断扬弃和更新原有的文化,对社会文化的发展做出贡献。

第六章 法律文化

文化具有鲜明的民族性、独特性,是民族差异的标志。各个民族由于地域、生态环境、社会政治经济制度、历史背景、风俗习惯、价值观念、行为模式等的不同,其文化也具有各自的特点。例如,在受到别人赞扬时,根据英语民族文化,被赞扬的人应表示接受,以表明自己认为对方的赞扬是诚心诚意的或所赞扬的事是值得赞扬的。然而,对中国人来说,受到别人赞扬时,通常要表示受之有愧,做得很不够等等,而一般不能直接地接受赞扬,否则就意味着有骄傲自满情绪或缺乏教养。

由于文化是一个非常复杂的综合体,不同学科对它的概念和范畴的探求都不可避免地带有明显的倾向性和侧重性。以外语教育语言学为例,对文化概念和范畴的界定需紧紧围绕目的语特点,目的语教学的特点,以及影响目的语学习、理解、交际的种种语言和非语言的文化要素来进行。这就是说,外语教育语言学所研究的文化,相对来说是一种狭义文化。

2. 语言与文化的关系

语言与文化有着十分密切的关系。早在20世纪20年代,美国语言学家萨丕尔在他的《语言》一书中就指出:"语言有一个环境,它不能脱离文化而存在,不能脱离社会继承下来的传统和信念。"语言学家帕尔默也曾在《现代语言学导论》一书中提到"语言的历史和文化的历史是相辅而行的,他们可以互相协助和启发"。我国著名语言学家叶蜚声又指出:"一门语言是探索一种文化的灯火,一门语言正是了解那个国家,那个民族的一个窗口。"可见,语言受文化的影响,受其赖以存在的社会、社团的习俗及生活方式、行为方式、价值观念、思维方式、宗教信仰、民族心理和性格等文化因素的制约和影响,它随着民族的发展而发展。同时。作为一套符号系统,语言又是文化的载体,是社会民族文化的一个组成部分。不同民族有着不同的文化、历史、风俗习惯和风土人情等,而这些又都在该民族的语言中表现出来。语言离不开文化,文化依靠语言。

古德诺夫在《文化人类学与语言学》中强调了语言和文化的密切关系:"一个社会的语言是该社会文化的一个方面,语言和文化是部分和整体的关系,语言作为文化的组成部分,其特殊性表现在:它是学习文化的主要工具,人在学习和运用语言的过程中获得整个文化。"换言之,语言中储存了一个民族所有的社会生活经验,反映了该民族文化的特征,人们在习得语言的同时,也在了解该民族的文化。语言本身就是一种文化现象,古人云:"文以载道。"现代语言学家说:"语言是文化的载体。"今古如一。语言受文化的影响,又是文化的一个重要组成部分,二者紧密相连,不可分割。

我国英语专家胡文仲对英语教育工作者明确表示,语言"是传达文化的媒介,语言教学必然包含文化教学"。法律英语作为专门用途语言的一个分支,在其教学中更应该重视文化的导入。

语言与文化的关系大致可以从以下三个方面来看:

1)语言是文化的一个十分重要的组成部分。之所以这样说,是因为语言具有文化的特点。首先,从文化的内涵来看,它包括人类的物质财富和精神财富两个方面。而语言正是人类在其进化的过程中创造出来的一种精神财富,属于文化的一部分,二者都为人类社会所特有。其次,正像文化一样,语言也不是生物性遗传,而是人们后天习得和学得的。再次,文化是全民族的共同财富,语言也是如此,它为全社会所共有。古德诺夫在《文化人类学与语言学》一书中也明确地指出了语言与文化的这种关系,他说:"一个社会的语言是该社会文化的一个方面。语言和文化是部分和整体的关系。"

2)语言是一面镜子,它反映着一个民族的文化,揭示该民族文化的内容。透过一个民族的语言,人们可以了解到该民族的风俗习惯、生活方式、思维特点等文化特征。举个简单的例子来说,在对父母两系的兄弟姐妹的称谓这一语言表现形式上,英语与汉语存在着较大的差异。英语中仅有 uncle 和 aunt 两个词,而在汉语中,伯、叔、姑、舅、姨秩序井然,不得混淆。汉语中对父母的兄弟姐妹的这一复杂的称谓体系正反映了中国人的宗族观念和宗法文化的特点。

3)语言与文化相互影响、相互制约。它们之间的这种双向关系可以从语言与思维的关系、语言作为文化的传播工具这两个方面来加以认识。

语言是思维的工具,而文化的构成又离不开思维(精神文化是思维的直接产物,物质文化是思维的间接产物)。作为思维的工具,语言在一定程度上影响和制约着思维的方式、范围和深度。然而,当思维发展到一定的程度,语言形式不能满足其需要或阻碍其发展时,人们也会自觉或不自觉地改造思维工具,促使语言发生变化。从这个意义来说,思维又影响和制约着语言。

文化的生命力在于传播。语言作为文化传播的工具,自然对文化的传播有着极大的制约作用,是文化得以生存的力量。另一方面,由于文化的传播,尤其是异族文化的传播,语言中又会出现一些新的词语、新的表达方式,这样文化又影响和制约了语言。

文化与语言的关系在具有不同文化背景的人们的交际活动中表现得最为明

显。对语言与文化的关系的研究,从 20 世纪 50 年代开始,在美国得到了十分迅速的发展。1959 年,随着霍尔《无声的语言》一书的出版,跨文化交际学(Intercultural Communication)这门新兴的学科便确立了其学科的地位。

跨文化交际学除研究文化和交际的定义与特征以及文化与交际的关系,还着重研究干扰交际的文化因素。这些因素至少包括:1)语言方面的,如词语的文化内涵、篇章结构、逻辑思维以及翻译等值等方面;2)非语言手段,如手势、姿势、服饰、音调高低、微笑、沉默、对时间与空间的不同观念等;3)社交准则,即人们交往中必须遵循的各种规则以及某些风俗习惯;4)社会组织,即家庭中各成员的关系、同事朋友关系、上下级关系等;5)价值观念,如人与自然的关系、宗教观念、道德标准以及人生观、世界观等(胡文仲,1994)。

3. 语言的使用与文化背景因素

人总是生活在一定的社会文化环境之中,因此,人的一切行为不可避免地要受到社会文化模式的制约,言语交际行为也不例外。格拉斯通也曾指出:"语言和文化紧密地交织在一起。语言既是整个文化的产物或结果,又是形成并沟通文化其他成分的媒介。我们从小学会的语言不仅为我们提供了交际的体系,更为重要的是,它制约着我们交际的类型和方式。"由此可见,不同的语言因其文化背景的不同,在使用上自然也存在着很大的差异。例如相识的人见面打招呼时,操汉语的人一般可以根据对方的具体状况即景即情地问话:吃饭前后可用"吃了吗?"路上相遇可问"去哪儿?"对方在看书时则可说"在看书啊?"或"看什么书啊?"等等。而英美人则通常说一句 Hi, Hello 之类的问候语即可。又如在实施"邀请"这一言语行为时,文化背景的不同对语言的使用也有很大的影响。根据贾玉新的描述,在美国文化中,邀请别人参加宴会或某些活动等于借用别人的时间,因此对别人的时间安排要充分尊重,所涉及的时间则是双方协同的结果。这种文化观念在语言使用上体现为"邀请"是一个围绕着"时间"进行协同的过程,例如:

  S: I'd really like to make a date with you to have lunch and talk things over.

  A: Fine, when are you free?

  S: How about Monday?

  A: I'm trying not to come in Monday.

  S: Okay, but it has to be after one.

  A: Okey, I don't teach on Thursday.

S: One-fifteen?

A: Fine. I'll write it down.

S: Good. We have a lot to catch up on.

(W. Nessa, 1989, Perspective, P. 121)

而在中国文化中,邀请别人参加宴会或某种活动等一般被认为是牺牲自己的时间或给别人一个面子。被邀请者把"邀请"看做一种荣誉。时间通常不是由双方协商来定,而是由主人一方来确定。这一文化特征反映在语言使用上便是交谈双方尽量说一些程式化的客套话等。

二、法律文化的定义

法律既是一个规范、规则与制度的概念,同时也是一个理念、思想与文化的范畴。法文化或法律文化(legal culture)是近年来法学界日益关注的一个课题。在世界范围内,此概念的出现大约是 20 世纪 60 年代的事情。在美国,这一概念最早始于 1969 年(Finder,1989:63),以美国法学家劳伦斯·弗里德曼在当年发表的《法律文化与社会发展》为标志;在苏联,这一概念最早始于 1962 年(范思深,1989:63);在日本,最早始于 60 年代(何勤华,1989:53)。而在中国,将法律文化作为一个新的概念和问题进行研究,则最早则始于 20 世纪 80 年代中期(刘作翔,1992:30)。经过多年的研究,这一概念基本得到中国学术界的认可,获得了作为一新文化概念的"合法性"地位。

无论是在哪里研究、从哪个角度入手来研究法律文化,都离不开"法律文化"这一最重要、最核心的概念。然而,由于一方面,法律文化作为一个新的概念和问题进入理论研究领域的历史较为短暂,另一方面,文化概念本身也具有多义性、歧义性和不确定性等特征,对其子概念法律文化自然会产生影响,而且由于语言、思维方式和民族心理的差异性,各国家、民族对同一事物、同一名词的理解、概括和表述往往存在很大差别,所以法律文化是一个多义概念,法学界对法律文化的界说也有多种。但是,关于法律文化概念所引起的一些学术分歧,从另一方面恰好说明了它是一个很重要的概念,是一个值得我们重视的理论问题。

时至今日,关于什么是法律文化,法律文化的内涵和外延是什么,法律文化应该从哪些视角来加以考量等等,国内外学界还没有形成统一的认识,也未达成一致性的界定。通常的做法是,大家都普遍比较认同将比较法作为考量法律文化的视角,将法律文化视为是一个国家或民族一定历史时期内所形成的或存在的法律现象、法律生活,以及人们对于这种存在的反映的总和。法律文化这个概念的提出与发展,重要的价值在于:"它强调了包容当代国家法律制度的社会本体所具有的极度复杂性和多样性"(罗杰·科特雷尔,2003:48-49)。

美国法学家劳伦斯·弗里德曼是在西方首创"法律文化"一词的学者。他在《法律文化与社会发展》一文中最先提出并界定了法律文化的含义。他认为,法律文化是指"与法律体系密切关联的价值与态度,这种价值与态度决定法律体系在整个社会文化中的地位"(Friedman, 1969: 34)。根据他的观点和阐释,这种"价值与态度"主要关乎如下问题:"律师和法官的训练方式如何?民众对法律有何想法?团体或个人是否愿意求诸法院?人们为何求助于法律职业者、其他官员或仲裁者?人们是否尊重法律、政府以及传统?阶级结构与法律制度的运用与否之间存在着怎样的关系?正规社会管理手段之外还有哪些非正规方式?哪些人喜欢哪些管理方式,为什么?"(Friedman, 1969: 34)弗里德曼后来对法律文化的含义有一些变通的表述,如"法律文化是关于法律体系的公共认知","法律文化是一般文化的组成部分"等,但总体上他坚持了这个概念的基本含义。

劳伦斯·弗里德曼教授又于1975年出版了《法律制度》一书,更加全面地探讨了法律文化,认为法律文化是指公众对法律制度的了解、态度和举动模式。弗里德曼关于法律文化概念的理解,主要指社会中不同阶层的人们对法律制度的态度、看法和行为方式,是有关法律现象的观念形态,它既反映了人们对静态的法和动态的法的知识性认识,又包括人们对它的价值判断,还包括人们对它的实际运用的心理基础。它触及的范围,涵盖了法和法律权利、司法机构与司法者、司法制度与司法程序,以及对社会主流价值的预期性回应等各个层面(程波,2005)。

美国学者马利曼尽管没有直接使用"法律文化"这个术语,但却采用了与这个术语在含义上相当的"法律传统"来进行论述,按照他的观点,一种法律传统指的是"关于法律的性质、关于法律在社会和政治体制中的地位、关于法律制度的专有组织和运行,以及关于法律实际或应该被如何制定、适用、研究、完善,及教授的一整套植根深远、并为历史条件所制约的观念。法律传统将法律制度与它只是其中一部分的文化联系起来"(Merryman, 1969: 2)。

中国学者武树臣认为"法律文化是人类文化的组成部分之一,它是社会上层建筑中有关法律、法律思想、法律制度、法律设施等一系列法律活动及其成果的总和。它是以往人类法律活动的凝结物,也是现实法律实践的一种状态和法律完善程度";"法律文化由法律思想、法律规范、法律设施和法律艺术组成。这四种要素相互联系和矛盾运动,成为法律文化发展变化的直接动因"(武树臣,1987)。

贺晓荣认为"法律文化作为一个系统,它是由法律制度、法学理论和法律观念三个因素组成的一种特有的文化机制"(贺晓荣,1987)。

梁治平认为"所谓法律文化,既是一种现象,又是一门科学,还是一种方法。谈论法律文化,首先是把法律作为一种文化现象来把握。任何一种有效的法律,都必定与生活于其下的人民的固有观念有着基本协调的关系"(梁治平,1987)。

"法律文化是社会观念形态、群体生活模式、社会规范和制度中有关法律的那一部分以及文化总体功能作用于法制活动而产生的内容——法律观念形态、法制协调水平、法律知识沉积、法律文化总功能的总和";"法律文化的结构可以分解为表层结构、中层结构、深层结构三个部分",它们分别是"法律活动以及由此形成的法律制度、法律机构和更外在的法律条文、判例等";"法律规范、法律思想和法律经验与技术";"法律心理以及与此相连的法律思维方式、行为方式和法律心理的最高表现——法律观念等"(刘学灵,1987)。

"法律文化的完整定义是指一种渊源于历史的法律生活结构的体系,由赋予法律过程以秩序、形式和意义的特殊取向模式所组成";法律文化的组织结构呈三维立体形状:即一维纵向层次,二维横向层面,三维时间序列。前者分为表象层次(法律体制、法律规范、法律操作)、导向层次(法律思想、法律教育、法律传播)、潜隐层次(法律心态、法律认同、法律行为);它们又各含三个横向层面。时间序列包括法律传统和法律经验。总共由"三个纵向层次、九个横向层面,两个时向序列共同组成一张内涵丰富、关系复杂的法律文化结构网络"(蒋迅,1987)。

"法律文化是人类文化系统中不能缺少的一个组成部分,是社会精神文明的重要构成;法律文化是人类在漫长的文明进步过程中从事法律活动所创造的智慧结晶和精神财富,是社会法律现象存在与发展的文化基础;法律文化是由社会的物质生活条件所决定的法律上层建筑的总称,即:法律文化是法律意识形态以及与法律意识形态相适应的法律制度、组织机构等的总和"(刘作翔,1988a);法律文化由深层结构和表层结构组成,深层结构包括法律心理、法律意识、法律思想体系;表层结构包括法律规范、法律制度、法律机构、法律设施(刘作翔,1988b)。

美国学者H.W.埃尔曼认为,法律文化是"它们文化环境中的次级制度","无论在初民社会还是在发达社会里,法律文化都是传递行为传统的重要工具"(埃尔曼,1990:20, 22)。

美国学者格雷·多西则自己独创了一个术语"Jurisculture"（法文化）来论述法律文化，他认为法文化表明："社会和法律的哲学将不被看成是纯粹的观念体系，而是组织和维护人类合作的事例都被包括进来，这样就可以提出一种世界观，以之为基础去确定对于各种社会和法律哲学普适性主张的限制"（格雷·多西，1994：240）。他还指出，"法文化采取的立场着眼于组织和维护人类合作的所有形式。从这一世界性立场出发，每一种文化都不过是存在的丰富和复杂意义的一个方面而已"（格雷·多西，1994：263）。

德国汉学家何意志在其《中国法律文化概要》一书中论述说，法律文化是"在一个社会中存在的，与法律相关的价值观念、规范、制度、程序规则和行为方式的总和"，按照他的观点，法律思想、法律规范、法律设施及法律方法论等则构成法律文化不可或缺的要素（何意志，1999）。

概言之，法律文化是一个民族或国家在长期的共同生活过程中所认同的、相对稳定的、与法和法律现象有关的制度、意识和传统学说的总体。广义的法律文化是指一个国家中与法律有关联的所有内容，包括法律本身。在结构层次上，法律文化可以分为制度法律文化和精神法律文化两个层面。从具体构成要素上看，制度法律文化包括法律规范、法律组织、法律器物设施、法律标志、法律行为等。精神法律文化包括法律心理、法律观念、法律思想、法律理论等要素。

法文化是在特定的环境中存在的规范人的行为的法律制度以及以此为中心的文化现象的综合反映，是法律的文化属性的表现，是法律与文化相互作用的体现。法律文化主要有以下几个比较明显的特征：① 系统性，即一定时空条件下的法文化是对该环境中存在的一切法律现象的综合的描述；② 变异性，法律是社会存在的需要，它必然随着社会的发展变迁而不断变化。而法文化与法律发展有着密切的联系。这就使得法文化不断发生变异。在某种条件下，法文化的变化可能始终保持在一定的限度内。但是，有时法文化的发展可能由于社会的急剧变化，而发生较大的转型或变迁。或许正是由于这个原因，法文化问题总是引起研究社会和法律发展的学者的极大兴趣。最后，法文化的系统性与变异性，决定了法文化的不同状态。所谓法文化的状态，可以认为就是由产生和维持某种法律文化的特定环境（时空因素）及主体（即民族或社会群体）的差异（变化）所形成的法文化的特殊表现形式（郭守兰、曹全来，2007：1-3）。

三、西方法律文化简史

人类从历史中走来,人类的法律文化也是从历史中走来。要理解我们当代的世界和社会,离不开对历史的追溯。同样,要理解和掌握当代的法律文化,我们要去追溯一下法律文化发展的历史。因此,为了深入认识英美法,我们就需要去回顾一下西方法文化的历史。

西方法文化起源于古希腊和古罗马。古希腊人贡献给后世的是其关于自然和人类社会的理性主义哲学,在法律领域,主要表现为理性主义自然法思想。古希腊的三位圣人——苏格拉底、柏拉图和亚里士多德,都是这一思想的维护者和阐扬者。自然法思想通过西塞罗等人的传播,对古罗马法的发展起到了重要作用,是它奠定了罗马法的法哲学基础。罗马法不仅适用于当时一个地跨亚非欧三大洲的罗马帝国,而且,在其后来的历史发展中,逐渐成为大陆法系和英美法系的基础,而正是这两大法系奠定了影响至今的西方法律传统的基本格调。

西方法律文化的第二个发展阶段是中世纪。这是西方世界走向近代社会的前夜。在中世纪,以基督教经典《圣经》为中心的宗教法是整个西方世界的主流,代表世俗生活的罗马法仅以地方习惯法的形式,对人们的世俗生活发生影响。但是,如果对中世纪的法律文化全盘否定,是不恰当的。西方的学者们已经研究发现,中世纪是理解西方近代史的关键。法律文化领域也是如此,比如,关于法律的信仰问题,如果不是中世纪人们对上帝的信仰的延续,恐怕难以形成近代西方人的法律信念。同样,如果没有中世纪人们关于上帝面前人人平等的观念,近代西方人"法律面前人人平等"的观念也很难出现,至少不会那么坚定和彻底。事实上,只要将"法律"替换"上帝",上述命题就自然成立了——在启蒙时代,思想家正是这样的,他们只是将对法律的理解,从上帝的理性转化为人的理性而已。

中世纪晚期,出现了罗马法复兴、文艺复兴和宗教改革——由于这三件事在英文中都是以"R"开头,史称"三R"运动。由于这三大因素的共同推动,逐步形成一个强大的社会潮流——启蒙运动,并最终发生了英国的资产阶级革命、美国的独立战争和法国的大革命,由此开始了近代西方的历史。这是西方法律文化发展的第三个重要阶段,也是西方法律文化的黄金时代。启蒙运动最重要的作用,是促使人们的思想解放,进而对中世纪的思想方式和生活方式形成批判,并肯定了人们对个性、财富和世俗生活的追求,这两方面都是资本主义发展必不可少的。以理性主义为象征的启蒙主义法系是西方法律文化的核心。这一时期产生了许多里程碑式的法律思想家,霍布斯、洛克、卢梭、孟德斯鸠等人,都是这些重要人物的代表。

在近代西方法律文化的发展中,需要注意的一个问题是,启蒙运动的发展并不是一帆风顺的——启蒙主义法律文化思潮在发展中,受到了保守思想的抵制。保守主义法律思想,以德国和英国的历史法学为代表,在19世纪上半叶逐渐兴起,德国的萨维尼、英国的伯克、法国的托克维尔等人均为其代表人物。但是,这些法律文化思潮并没有完全阻挡理性主义法学的发展。启蒙运动自身发展到18世纪末期出现衰落:一方面理性主义发展,出现了黑格尔的国家主义法学理论。另一方面,随着资本主义的发展趋于保守,社会问题的出现而产生了实证主义、功利主义法律文化思潮——边沁、密尔和贡斯当的法学思想是这一历史转折点的重要代表。

20世纪上半叶,西方法律文化的一个重要变化是非理性主义法学的兴起。首先是存在主义法学,后来是批判法学。它们都属于广泛意义上的后现代法学。从整体上来说,20世纪西方法学一方面在拯救、综合中发展,另一方面又受到批评。前者表现为新自然法学、新分析实证主义法学与社会法学、综合法学,后者表现为20世纪后半期兴起的批判法学运动。20世纪末期,出现一种新的法律文化现象——法律全球化。关于这一现象的关注,已经构成新世纪之初对法律未来发展的重大学术动向。

西方法律文化的历史表明,任何一个时代,在某种主流文化思想盛行的同时,必然同时存在另一种异样的声音。但是这种声音未必就是未来取代那主流文化思潮的先声——它们往往仅仅是一个时代占据主流地位的社会价值观念和文化思潮的副产品(郭守兰、曹全来,2007: 4-6)。

四、法律文化族类分类

由于世界各民族的法律文化是在不同的地理环境、历史环境和社会环境中形成和发展起来的,因此有其不同的性质和特征,因而其所从属的类型也并不相同。按照一定的标准,世界上的法律文化可以划分为不同的类型。同时,由于所依据的标准不同,法律文化又可以做出不同类型的划分。

1) 依据"法系"和"法统"这两个概念作为标准,世界上的法律文化划分为罗马—日耳曼法律文化、普通法法律文化、社会主义法律文化以及其他或非西方法律文化,这种分类方法是由美国学者H.W.埃尔曼所提出的。他认为"如果人们试图对法律文化进行一个适当的分类,便必须将有关建立有用模式的各种观点牢记心中",并且在他看来其著作《比较法律文化》中"所采用的分类得到了广泛的接受,尽管其他模式声称它们更为细密或更具有包容性。"之后他还指出,"最后一种分类看来殊难令人满意,表面上看,它显然有西方中心论倾向。但是,在20世纪,源于西方的三种法律制度遍及全球,并且改变了差异很大的亚洲和非洲的法律文化,这却是一个事实。在法律领域,由于尚在继续讨论的原因,现代化与'西方化'之间的关系比起在政治或经济发展方面更为密切"(H.W. 埃尔曼,2002:20)。

2)我们可以区分外部和内部的法律文化。外部法律文化是一般人的法律文化,内部法律文化是从事专门法律任务的社会成员的法律文化。每个社会都有法律文化,但只有有法律专家的社会有内部法律文化。传统的法律制度有独特的合法性理论,使他们与现代法律相区分。……然而,现代法律把有关法律的基本假定颠倒了。法律不断在变动。外部法律文化集聚了社会变迁过程所释放出来的力量,并以某种方式和强度对法律制度施加影响和压力,内部法律文化控制着法律制度在何种程度接受这种影响和压力,从而把握着法律制度的发展方向(梅里曼、克拉克、弗里德曼,1990: 60)。法律制度的确立,在很大程度上是由内部文化形成的。法律职业圈(如律师、法官、检察官)的法律文化对整个社会的法律实践有很大的指引作用。当一个法律程序产生以后,作为外部法律文化组成部分的看法和行为必须符合内部法律文化的要求(弗里德曼,1994: 223, 239)。

3)依据社会形态为标准,又可以将法律文化分为奴隶制的、封建制的、资本主义的和社会主义的法律文化。依据法律文化所反映的精神不同来分类,法律文化可以分为宗教法律文化和世俗法律文化,世俗法律文化又可以划分为伦理型法律文化和现实型法律文化。按时代划分,法律文化还可分为传统法律文化和现代法律文化(石泰峰、张恒山,2000: 292)。

4)显型结构层面上的法律文化和隐型结构层面上的法律文化。法律文化作为人类整体文化的重要组成部分,应有其自身内部构造或内容的有机构成。参照美国文化人类学家克鲁克洪的文化结构理论,即文化包含有形的,也包含无形的,有形的是显型文化,无形的即隐型文化(克鲁克洪,1986:8),法律文化亦可分为显型结构层面上的法律文化和隐型结构层面上的法律文化两大结构,如果我们将制度性文化看作显型文化,把理念性文化看作隐型文化,那么就可以构造出法律文化的结构模式。隐型结构层面上的法律文化分为三个次级层面:法律意识、法律心理(法律观念)和法律思想;显型结构层面上的法律文化分为:法律法规、法律制度和法律设施三个次级层面(刘作翔,1999:114, 118)。

5) 义务本位模式和权利本为模式两类。法律文化模式是在对不同时代、不同民族的法律文化进行比较、分类时所使用的一个范畴。从古至今的各种法律文化,可以大致分成义务本位模式和权利本为模式两类。古代社会的法律文化是义务本位模式,现代社会的法律文化是权利本位模式。简要地说,以义务为法的逻辑起点和宗旨并以差别对待的原则去安排权利义务关系,就是义务本位模式;以权利为法的逻辑起点和宗旨并以平等对待(无论是实际上还是形式上)的原则去安排权利义务关系,就是权利本位模式,义务本位模式的法律文化强调的是法律的制裁机制,它着眼于如何迫使社会成员以消极的臣民意识被动地接受自上而下的单向社会控制,法律在确认臣民的有限权利时,只是为了使他们更好地履行对统治者的义务。权利本位模式的法律文化更注重法律的激励机制,它允许甚至鼓励(至少在法律规定上)人们以积极的公民意识去参与社会公共事务的管理,用义务来源于、从属于、服务于权利的逻辑去安排权利与义务的关系。从义务本位到权利本位模式是法律文化的历史进步和必然规律(张文显,1993:300-301)。

6) 依据法制观念、客观法律以及运作中法律这几个方面的差异,法律可以分为如下三种。① 法观念方面的差异,正义法和暴力法。这是法律意识层次上的差异。西方法观念的核心是正义,把法作为正义的化身,法用来限制任意暴力,用来维持公平交换,法应当符合外在的客观标准:自然法或客观法,或事物的关系或规律等等。……中国法观念文化的核心与西方恰恰相反:暴力为核心,法与暴力贯通,法是推进暴力的工具。始终未能确立限制立法权的外在标准,只要是由皇权制定的,就是法律就应当遵守。② 客观法方面的差异,这种差异主要表现为法律总体精神上的差异,以及法律结构上的差异。法律总体精神上的差异可以归纳为理性法和意志法。……总的说来,西方法从古希腊开始就较讲科学、理性、尊重人(当然只是具有法律人格的人)所以有民主立法,……中国法则将"专制""特权"视为天经地义之事,帝王的立法权没有任何实质性限制,为了巩固统治可以不择手段,所以随着王朝更迭和同制经验的增长,其专制程度日益提高,法网日趋缜密,对人的禁锢更加严密、有力、高效,以至无法实现自我更新。在法律结构方面,表现为私法主杆和公法主杆,"王法"和"民法"的差异。③ 运作中法律的差异,在立法方面,西方法或多或少承认民众立法,代议立法,而中国皇帝是唯一立法机关,西方长期承认"法学家法""教授法"。……在法律实施机构方面,古希腊罗马实行分权,中世纪后期已分化出来专司司法之职的法院,现代西方无一不实行分权,司法独立。……而中国,行政官历来兼任司法官,即使中央的专指司法部门(大理院、刑部之类),其地位也只是行政机关的一个部门而已,更不用说王权集立法、行政、司法于一身。在实施过程中,西方法较早走出纠问制,采用审问制、对抗制,而中国法却长期未能迈出这一步(周永坤、范忠信,1994: 148-149)。

7)在横向划分时,以"法统"为标准,可以将人类法律文化分为三种类型:宗教主义型、伦理主义型和现实主义型。宗教主义型法律文化的代表是古印度法律文化、阿拉伯国家的伊斯兰法律文化和中世纪欧洲教会法律文化。其主要特征是:政教合一,国家君主即是宗教领袖,教徒等于臣民,国家意志就是神祇意志,宗教教义、教条等于国家法律。伦理主义型法律文化即中国传统法律文化。他根植于自然经济土壤上的宗法社会组织,是古代社会的基本细胞。要维护国家的安宁,必须维护宗法家族的稳定。……伦理等于法律,"礼"的作用类似于宗教教义。现实主义性法律文化即没有宗教、伦理色彩的法律文化,现在世界大多数国家都属于这一类型。其特征是以现实的社会关系为基础,其中主要包括财产关系和政治关系(武树臣,1994: 45-51)。

8)以产生、实现法律规范的基本程序和方式为标准,也可以将人类法律文化分成三种类型:成文法型、判例法型和混合法型(武树臣,1994: 51-52)。

9)官方与民间法律文化、主流与非主流文化、本土与外来法律文化。① 法律文化可分为官方法律文化与民间法律文化。官方法律文化常常是正统的法律文化,民间法律文化是非正统的法律文化。内行法律文化往往与官方法律文化重合,但有时基于职业的背景和观念模式可能与官方法律文化不一致甚至冲突。……民间法律文化与外行法律文化部分重合,但也不一致。严格讲,外行法律文化是指非法律职业者即"外行"群体的法律文化,外行人群除了包括"民间"群体,还包括属于具有"官方"身份的非法律职业者。② 法律文化可以分为主流法律文化和非主流法律文化。主流法律文化通常是官方法律文化,但有时民间法律文化可以成为主流法律文化,例如在习惯法占主导地位的社会就是这样……主流法律文化也常常是内行法律文化,但有时内行法律文化不是主流法律文化,而外行法律文化是主流法律文化。例如伊朗现代的法律改革移植西方法律制度,把其奉为官方的法律文化,但作为民间法律文化的传统伊斯兰法律文化仍然是主流法律文化。非主流法律文化与主流法律文化有时是"道并行而不相悖",互动互补,但有时会发生分歧和冲突。在分歧和冲突的场合,主流法律文化常常将非主流法律文化视为"异端"加以排斥和打压。例如在中世纪的西方,主流法律文化将一切与基督教界法律文化相悖的法律文化都斥为异端。与异端法律文化相对应的是正统法律文化,而正统

第六章　法律文化

法律文化通常是主流法律文化和官方法律文化。③ 法律文化的本土与外来之别是关于法律文化的另一种分类。本土法律文化是指一个民族或国家土生土长的法律文化；外来法律文化是指从外族或外国传入、引进或输入的法律文化。本土法律文化与外来法律文化的接触可大体分为四种形式，即：冲突融合型（如中世纪西方的罗马法律文化、教会法律文化和外来的日耳曼法律文化）、逐渐渗透型（如香港沦为英国的殖民地之后，外来的英国法律文化对本土法律文化逐渐渗透，最终成了主流法律文化）、自愿接受型（如古代日本和朝鲜，以及东南亚国家接受中国的法律文化）、强制推行型（分为两种情形：一种是一国向另一国强行输出法律文化，另一种是一国迫于压力，为了迅速发展而强行引入他国法律文化）（高鸿钧，2007:29-31）。

第七章　中西法律价值观对比：和谐与正义

◇　德礼为政教之本,刑罚为政教之用,犹昏晓阳秋相须而成者也。
　　　　　　　　　　　　　　　　　　　　　　　——《唐律疏议》
◇　使人民幸福就是最高的法律。　　——［古罗马］《十二铜表法》

一、概述

法律价值是在法哲学研究中处于核心地位的问题。更进一步来说,法律价值观又是处于法律价值研究中的本质层面的问题。对中西法律价值观的差异进行探析,并对其特征进行理性的审视,必将对党的十八届四中全会以来我国正在全面推进的中国特色社会主义法治体系建设和社会主义法治国家建设有所启迪。

所谓法律价值,指的是法律对社会主体的需要和利益的满足,即法律对社会主体生存和发展所具有的积极作用和意义。简言之,法律价值是法律与作为社会主体的人之间的关系。一个社会的法律价值,一方面来说,"是由该社会占统治地位的阶级的根本利益和意识形态决定的";而从另一方面来说,"它也决定着国家的立法政策、义务及其界限的合理参数"。由此可以看出,法律价值具有两个层面上的含义,它既是"为了评判法律规则和法律行为的选择",又是"统一各个部门法的目标组织原则"(张文显,1987:187)。

所谓法律价值观,指的是人们对法律价值的基本看法,它属于社会意识形态范畴。法律价值观,从更为具体的界定上来说,指的是法律与主体需要之间的关系在人们意识中的反映。法律价值观,就是人们对法律价值的主观判断、情感体验和意志保证等各个方面以及这些方面的综合体。在法学科学研究中,法律价值观问题是一个必须要重视的、具有根本性的理论和实践问题。法国法学家 F. 惹尼对此所做的精辟论述就是一个佐证:"我认为法学的一个根本问题,即评价利益的尺度"(庞德,1984:4)。

从其涵盖内容来讲,法律价值观主要包括两个方面的基本内容:一是法律价值

第七章　中西法律价值观对比：和谐与正义

追求,或称为法律价值目标,二是法律价值尺度,或称为法律价值标准。这两个方面的内容之间具有不同的相对地位,也具有不同的影响和作用。在这两者之中,法律价值追求(或法律价值目标)是更为根本的,它决定了主体的法律价值尺度(或法律价值标准)。具体来说,两者是目的与手段的关系。法律价值追求(或法律价值目标)是目的,而法律价值尺度(或法律价值标准)则是手段。当然,在一定意义上,法律价值尺度也会对法律价值追求产生影响,如果法律价值尺度降低了,则法律价值追求也就不会高。也就是说,法律价值追求与法律价值尺度之间相互作用、互为影响,共同构成了法律价值观这一不可分割的有机整体。

法律价值追求(或法律价值目标)在法律价值观中居于主导地位,对于法律价值观具有根本性的意义。法律价值追求的含义,实质上就是指法律所要达到的价值目标。需要注意的是,这种价值目标并不是从法律本身而论的,而是从主体方面的需要与利益角度向法律所提出的价值要求。因为从其形成本质上来说,法律不是自发出现的,是人们自觉创设的一种特殊的社会现象。因此,一方面,法律总是要适合于人们一定的需要或者目的。而另一方面,人们的这种需要或者目的一旦内化到法律之中,就构成了法律的价值追求。由于人们所赋予法律的希望是多元的,而不是单一的,所以法律的价值追求也就必然表现为一种多元化的价值取向。比如安全、秩序、个体自由、公共幸福、公平与正义等,都是法律价值追求的重要方面。法律价值尺度(或法律价值标准)作为一项重要内容,在法律价值观的构成当中也不可缺。法律价值尺度,就是指人们对已往的或现存的法律与主体之间的价值关系所进行的评价。不言而喻的是,在对法律价值给予评价时,人们首要的关注点就在于法律是否达到了人们所赋予其中的目的或希望;与此同时,人们的关注点还在于法律在实施中是否产生了其他社会效应。由此可以看出,作为法律价值标准,首先就是法律价值追求,其次还包括法律的其他社会效应。

随着人类社会历史的发展和时代的进步,以及人们实践能力的增强和科学认识水平的提高,法律价值观也在不断地发展和进步。因此,法律价值观具有鲜明的社会历史性和时代差异性。一般而言,在法律价值观和社会发展二者之间,存在着不可分割的因果关系和相互作用的内在机制。这种因果关系和内在机制具体体现为如下两个互为关联的方面:一方面,法律价值观是社会发展的产物,是一定社会的某种法律价值取向的标志;社会发展包含着法律价值观的内在实质。另一方面,法律价值观在不同的国家也经历着不同的发展道路。各国由于生产力水平、文化传统、历史条件和政治制度等的不同,也就形成了不同的法律文化,这就决定了这些国家的不同法律价值观(袁贵仁、梁家峰,2000:84-90)。

法律文化是"一种特殊的法律财富",它表现在"法的调整素质、积累起来的法律价值以及法和法律技术水平中属于精神文明、法律进步内容的那些特点已经达到的发展水平上"(阿列克谢耶夫,1988:220)。由此可见,由于法律价值观与社会发展之间存在着的不可分割的内在机制,以及法律价值观在不同国家所呈现出的不同形态,这些方面决定了中西法律价值观必然存在各自不同的特点,形成鲜明的差异。

二、中西法律价值观对比

在中西方法律文化比较中,价值取向的比较是十分重要的组成部分。对价值的关注也是一种人文关怀,价值问题具有十分关键的地位。法律价值不仅能立体地反映出每一法律体系在各自文化系统意义结构中所处的位置,还能恰当地表达出不同法律文化之间的终极差异。

那么,法律文化的根本价值取向是怎样反映出不同法律文化的根本差异呢?从中国的法律文化发展历史来看,我国的法律主要是担当社会控制的重大任务。所以,中国法的价值取向是通过对社会的控制,追求一种没有诉讼的和谐状态。传统中国法律文化是以和谐、秩序与无讼作为其根本价值取向的。从西方的法律文化发展历史来看,西方的法律是通过相互权利的一种博弈而达成合理的、正当的社会安排,也就是所谓的正义。所以,西方传统法律文化则是以正义和自由为其法律最高宗旨。哲学的差异是文化基因的差异,因此要想全面而深入地理解中西法律文化的差异,还需要我们首先对这两种法律文化在哲学上的差异形成基本的认识。概括来说,中西方法律价值取向的形成和发展的逻辑大致可以描述如下。传统中国的"无讼"文化遵循:和谐——经由德、礼等非法律途径——无讼;西方的"诉讼"文化:正义——经由法律——好讼或法治。

1. 中国传统法律文化的价值取向:和谐

在中国传统的法律文化中,和谐是其主导性价值取向,也是其终极目标,而与之相应的就是中国传统诉讼观念中对于"无讼"状态的追求。顾名思义,所谓"无讼",就是指在人们发生纠纷时不主张利用法律诉讼手段来解决问题,而是利用法律之外的传统、风俗及伦理道德等规范加以调节,将法律搁置不用。从更深层次上

来说,就是不需要诉讼,不需要法律。"听讼,吾犹人也,必也使无讼乎!"(《论语·颜渊》)

在中国的传统文化中,人们所憧憬的理想社会就是大同世界。对此,《礼记·礼运》中有过生动的描绘。这样的理想社会就是,"大道之行也,天下为公,选贤与能,讲信修睦。故人不独亲其亲,不独子其子。使老有所终,壮有所用,幼有所长,鳏、寡、孤、独、废疾者皆有所养。男有分,女有归。货恶其弃于地也,不必藏于己;力恶其不出于身也,不必为己。是故谋闭而不兴,盗窃乱贼而不作,故外户而不闭。是谓大同。"这种大同世界,虽然近乎是乌托邦而难以实现,但始终是中国传统文化所不断讴歌和追求的对象。对于一个像中国这样崇尚道德的社会来说,这种理想社会的大同世界具有无尽的魅力和深远的影响。因此,自西周以来,中国历朝历代的思想家和各式各样的法律,都在为大同世界,特别是这个世界中"谋闭而不兴,盗窃乱贼而不作"的和谐社会而探索和运作(张中秋,2009:336)。

中国传统法律文化中和谐无讼的价值取向形成有多种因素,不仅有生产方式的因素,而且也有社会的和文化的深刻背景。要深刻理解和全面把握这种价值取向的形成,需要从传统中国社会的生产方式、社会结构和文明属性等方面来着手。

首先,从生产方式角度来看,中国传统社会封闭的农业自然经济和以家庭为单位的生产方式,客观造成了经济流动的封闭性和稳定性,农耕生活方式使社会法制的发展相对简单而缓慢,导致诉讼的减少。其次,从社会结构角度来看,传统中国社会结构的突出特点就是家与国同构,或者说,家国一体化。这种独特的社会结构可以追溯到青铜时代的国家形成,后来由于宗法农业生产生活方式的普遍化而不断得以加强。这种社会结构所产生的影响就是,国家政治的原型即为家务,国法乃是家规的放大,而国家内乱和国民争讼乃是家内不睦的延伸。因此,一国即如一家,以安定和睦为上;处理国民争讼就像排解家庭纠纷,最好是调解,不得已辅之以刑,目的是求得和谐(张中秋,2009:337)。宗法文化和宗族制度在一定程度上起到维持社会秩序,解决社会纠纷的作用,使得整个社会在无纷争的状态下运行而形成无讼。再次,从文化属性的角度来看,传统中国文明提倡法自然。"道法自然",在中国传统文化中,人们一直孜孜追求对自然属性的认识,并努力寻求自然秩序中的和谐,换句话说,就是与自然秩序保持一种和谐相生的关系。古代中国的文化传统崇尚和谐,正如儒家学派所倡导的那样:"礼之用,和为贵。"法律辅助道德教化,要求人们按照礼的规则行事,追求"和合"境界,培育了人们"忍为上""和为贵"的法律心态,从而使得社会缺乏经由法律,也就是诉讼而达到普遍正义之追求。中国传统法律文化也以所谓"天人合一"的和谐理念为宗旨,追求人与自然、人与人、人与社会的和谐而无纷争,无讼文化即是和谐理念在司法上的要求和体现(王晓广,2009:33)。

由此不难看出,自然经济的生产方式、家国一体的社会结构,以及现实政治的治理需求这三个方面形成了内在的契合,从而赋予了中国传统法律文化鲜明的特点和独有的内涵。中国古代的思想家们很自然地从观察"自然"出发,来倡导和阐释他们内心深处所向往的大同世界,所追求的和谐与统一的社会理想。总体来说,传统中国的正统法律思想是"礼法结合""德主刑辅"。这种法律意识历史悠久,影响深远。而这种"礼法结合""德主刑辅"的基本模式的创建和确立,是"百家争鸣"的先秦时期诸子百家的政治学说和法律理论交流与碰撞之后凝结形成的归宿。不同的学派从人性中发现了不同之处。比如,孔孟从人性中发掘出的是礼仪之道;法家从人性中寻出的是以刑去刑;荀子儒法兼容,从人性中引出的是礼仪和法度(陈坤林、何强,2012:132-133)。

众所周知的是,中国传统法律思想和意识深受儒家思想的影响。自汉武帝起,法制指导思想由汉初的黄老为主,儒法为辅,转变为以儒为主,礼法并用。在立足孔孟的仁义道德,吸收荀子儒法兼容的思想,汇集道家的阴阳之学的基础上,董仲舒在《春秋》大一统"中主张,在思想上"罢黜百家,独尊儒术",在法律上要求"大德而小刑",明确提出了"德主刑辅""礼法并用"的治国之策,并得以实践。这种法律原则经过历朝统治者的认可,得到长期不断沿用,成为封建正统法律思想,也成了传统中国追求无讼的基本制度。礼法并用成熟的过程就是中华法系形成的主脉,同时也是法律儒家化的发展过程。

儒家思想为中国传统的法律文化打上深深的烙印,儒家的"无讼"思想则对我国的法律价值和诉讼观念产生了久远的影响。"无讼"一词出自《论语·颜渊》:"子曰:'听讼,吾犹人也,必也使无讼乎。'"需要注意的是,孔子此处的"无讼",意思是指通过长期的德礼教化和为上者以身作则,使争讼者耻于争讼来达到"无讼",而不是人为地禁止诉讼,反对诉讼。孔子把"无讼"视为审判活动所追求的价值目标。诉讼的终极目标,或者说是根本的出发点,是停息诉讼,消灭诉讼。《周易·讼卦》中论述说:"讼,有孚,窒。惕,中吉,终凶。"以及"讼不可长"。"听讼"是实现"无讼"的一种手段,"无讼"才是"听讼"的最终目的。这其中也包含对诉讼的否定性评价,"无讼"的社会才是理想中的大同世界。

在长达两千多年的中国封建社会中,儒家学说的和谐和无讼的观点成了一以

第七章 中西法律价值观对比：和谐与正义

贯之的基本诉讼理念，深深影响着中国古代的诉讼立法和司法实践。具体来说，这种"无讼""息讼"的观点，主要受儒家的"重义轻利"和"忠恕"思想的影响。

首先，我们来看儒家重义轻利思想对于传统诉讼理念的影响。孔子认为："君子喻于义，小人喻于利。"孟子论道："生，亦我所欲也；义，亦我所欲也；二者不可得兼，舍生而取义者也。"宋明理学更提倡"存天理、灭人欲"，极力排斥人们正当的物质利益要求。在这样的观念影响之下，一般个人的权利与义务观念遭到完全排斥。当人们为权利义务关系发生争执与冲突时，"君子怀德，小人怀土"。也就是说，君子讲求义理，而小人才追逐利益。因此，为了争财夺利，为了关乎个人利益得失的小事而去争执、寻求诉讼，是小人的做法，是为君子所不齿的行为。这种义的重要性胜过财富与生命等一切个人利益的思想倡导，使得人们耻于争取自己的利益，更耻于为了利益去求诸诉讼。"无讼即德"这样的观念使得人们不愿或不敢轻易涉及诉讼，不愿或不敢用法律来维护自身的合法权益，进而导致中国古代社会权利意识的普遍淡薄。因此可以说，中国古代的普通民众厌讼、息讼，"畏进公堂、耻于诉讼"已成为其生活习惯和思维定式。人们在遇到争讼特别是民事争讼之时，大多依家族家规、风俗习惯由长辈裁断，或通过亲友族邻出面调解说理，而不愿告之官府，通过诉讼加以解决。此外，"无讼"的理想状态也是中国历代官吏所梦想与追求的。因为这关系到其政绩与形象的优劣，当然也会对其升迁产生十分重要的影响。如果一个地方的百姓争讼不断，常被视为该地官吏德化不足、政绩不佳。因此，劝讼、止讼、息讼也成为中国历代官府、吏史的重要使命和断案宗旨，力图以此实现"完赋役、无讼事"的"天堂世界"。比如，东汉时吴祐为胶东相时，即"民有争讼者，必先闭合自责，然后断讼，以道譬训谕之，或亲到闾里重相和解。自是争讼省息，吏人怀而不欺"《后汉书·吴祐传》。更有甚者，不少清官循吏还以地方诏告的方式来劝阻诉讼，以实现"无讼"的目的。比如，明代的王守仁在《禁省词讼告谕》中明确指出："一应小事，各宜念忍，不得辄兴词讼。……若剖断不公，或有亏枉，方诉申诉，敢有故违，仍前告扰者，定行痛责，仍照例枷号问发，决不轻贷。"再如，海瑞在《兴革条例·吏属》中慨然写道："各衙门日日听讼，迄不能止讼者何？失其本也。……今日风俗健讼，若圣贤当于其间，当必须止讼之方，而不徒听讼之为尚也"（宋英辉、吴卫军，2001）。字里行间也表达了他内心深处"化有讼为无讼"的理想。

其次，儒家的"忠恕"观是处理人与人之间关系的准则。忠恕的思想要求人们推己及人，将心比心。比如，宋代朱熹在《四书集注》中论述说："尽己之谓忠，推己之谓恕。"《论语·卫灵公》中所记述的"己所不欲，勿施于人"更进一步则要求人们宽以待人,成人之美。《论语·公冶长》中论述说"不念旧恶,怨是用希",也提倡人们宽恕容忍。值得注意的是,"忠恕"观所极力反对的是念旧恶,痛恨仇人,哪怕是痛恨不仁的人。《论语·秦伯》中记载道,孔子认为"人而不仁,疾之已甚,乱也"。可以看出,对待不仁的人连痛恨过甚也不可以,当然更不用提修身成仁的人参与诉讼了。至于获得对方给予的损害赔偿,更是儒家"忠恕"观所不容的。由此可见,在"无讼"的传统法律文化的形成中,儒家所提倡的正心、诚意、修身、养性的立人、达人的道德观也是一个十分重要的思想原因。

所以,中国传统法律文化的"无讼"价值观和"息讼"之术,经过权势者们的泛化和强化,"无讼""讼则凶"就变成了至高无上又普遍适用的"经训",它与孔子的"和为贵",以及《老子》的"不争""曲则全""不敢为天下先"的处世哲学相结合,形成了强烈的民族性的"贱讼""耻讼"和"厌讼"的心理,使得人们不敢主张权利,是造成我国传统法律"义务本位"的重要因素;"无讼"的法律文化意识使我国传统法律体系中诉讼法制不健全,阻碍法律自身的发展。德主刑辅的模式和无讼目标的召唤,引发了对待争讼都以调解为重要纠纷解决手段的传统习惯和思维定式(马雯,2006:124-128)。因此,以和谐为目标的调解与调判,成了中国的司法传统。这种传统法律文化价值取向的力量至今还在影响着国人的思想,影响着国人对于诉讼的态度及其反映在语言中的习惯和思维方式。

2. 西方法律文化的价值取向:正义

与中国传统法律文化的和谐无讼相比,西方法律文化的最高价值取向则是"正义"。西方传统诉讼文化中诉讼的价值取向,使得人们在西方社会更多地利用诉讼的方式来解决纠纷,通过运用法律实现正义。从法律文化源起的角度来看,相对于中国传统法律文化的宗法农业生产方式、家国同构的社会结构、道法自然的文化属性,西方法律文化,则是缘起于古希腊的理性精神,是生成于商品经济和民主政治较为发达的社会背景基础上,从最早的城邦社会经济生活和民主实践中孕育起来的公平合理的法律观,对后世的法律正义理想和法治文化起到了重要的影响。

与传统中国社会的情形不同,自古希腊时期源起之时,"法"(jus)就与"正义"(justia)紧密联系在一起,正义及其实现问题、法与正义的关系问题等就始终是思想家们探讨和追寻的重点话题,并构成了西方法学与法律发展的主线。即便在中世纪时期,正义的探求也并未停息,正义被诠释为理性的上帝意志。尤其需要指出的是,自16世纪起,崇尚理性、追求正义似乎成为自然法学的永恒命题。可以这么总

第七章　中西法律价值观对比:和谐与正义

结,尽管时间在不断推移,然而从源起之时到近代以来,法律正义始终是西方法律文化的传统。

在西方,正义是一个人们十分熟悉的词,但却不是一个十分清晰的概念,用博登海默的话来说,"它有一张普洛透斯似的面孔。"正义是一个极富生命力的社会性事物,它随着社会的发展而变化。在西方历史发展进程中,思想家们不断投入到探讨法与正义关系的行列之中。作为历来公认的西方文明的思想奠基者,古希腊的柏拉图和亚里士多德对于法的论说,可以说都是开始于正义论。柏拉图的著作《理想国》有一篇标题为"论正义",主要围绕正义来阐述其法律、政治思想。而亚里士多德认为"法律就是正义的体现,法律的好坏完全以是否符合正义为标准,服从法律就是服从正义,立法的根本目的在于促进正义的实现"。到了古罗马时期自然法思想得以萌芽并发展起来,正义开始被视为法的目的和衡量标准。塞尔苏斯说:"法是善良和公正的艺术。"西塞罗就明确指出:"法是正义与非正义事物之间的界限,是自然与一切最原始的和最古老的事物之间达成的一种契约;它与自然的标准相符并构成了对邪恶予以惩罚,对善良予以捍卫和保障的那些人类法。"罗尔斯认为"正义是社会制度的首要目标。"到了马克思那里,"正义(公正)主要指人与人之间的关系,也就是指处理社会问题和协调他们彼此间和对一切人的关系"(袁贵仁,1996:264)。"正义是西方法律的最高价值目标,法律的所有其他价值,都是正义原则的具体化"(孙国华,1995:163)。随着近代古典自然法学的诞生,法与正义的关系进一步得到了延伸。"自然法"被视为是正当的理性准则。根据自然法的观点,任何与理性与社会性相一致的行为就是道义上公正的行为。由此可见,自然法一词诞生于思想家们对自然的运转变化及其规则与契约性的社会关系和城邦制度的联系的思考,然后又与商品经济和城邦制度中的合理相结合而转生出理性;理性又与社会经济关系内公共生活和城邦法律中的公平、竞争、平等以及权利义务的对等性相结合而化生出正义。法、理性、正义在一定意义上是互通的,乌尔比安认为:"法(jus)的称谓……来自'正义'(justitia)。实际上(正如塞尔苏斯所巧妙定义的那样),法是善良和公正的艺术"(盖尤斯,1996)。由此可以看出,正义作为西方社会法律价值取向符合人类文明的进步,是西方文化中一个贯穿始终的主题,也是一直以来人们孜孜追求的理想之一。

那么,法律正义如何实现? 西方存在一个很普遍的传统观念:即通过法律来实现正义。但正义只是一种抽象的理想和价值,不管它以何种方式表现,它却不能自我实现。作为一种理想和价值,它只能以抽象的形式存在于人们的观念中,驱动文明发展。然而,要实现这种驱动,还须借助它自身之外的载体和人这一历史活动主体的参与,否则,它就不会迸发出实现自我同时又改造他物的力量,只能以一种抽象的形式永远存在于悬空的精神世界之中。

正义的载体是法律而且只能是法律,原因主要在于如下四个方面:① 正义以善良、公正为特质,而公正、善良是以一个社会中绝大多数人的利益和愿望为基础的,这也就意味着正义具有最大的社会性,而世俗社会中符合这一属性的唯有法律和道德。② 正义以善良为特质。而人性却是险恶的,要排除这一障碍只有法律才能胜任。③ 正义的核心是自由。没有自由就无所谓正义,但是任何自由都易被滥用,因此为了社会福利,自由必须受到某些限制,能够实行限制的只能是法律,因为具有社会强制性和大众意志性的法律是协调人们自由的最好保障。④ 对正义构成最大威胁的是权力(特权),而法律恰好是对权力的制约。

依据大多数西方学者的观点,最普遍的正义须经由法律或诉讼等司法程序才能够得到充分实现。诉讼的最大特点就是,在用尽了一切诉讼手段后,对讼争的双方当事人权利与义务能够做出最为恰当和正义的裁判。通过诉讼而达到的结果——各个当事人获得什么或者对什么负责才被认为是恰当的那些结果,就是西方所谓"法"这种东西原初的意义,即"正义的结果"(滋贺秀三,1988:20)。

正如约翰·罗尔斯在其名著《正义论》开宗明义所说:"正义是社会制度的首要价值,正像真理是思想体系的首要价值一样。……每个人都拥有一种基于正义的不可侵犯性,这种不可侵犯性即使以社会整体利益之名也不能逾越。因此,正义否认了为了一些人分享更大利益而剥夺另一些人的自由是正常的,不承认许多人享受的较大利益绰绰有余地补偿强加于少数人的牺牲。所以,在一个正义的社会里,平等的公民自由是确定不移的,由正义所保障的权利决不受制于政治的交易或社会利益的权衡。允许我们默认一种有错误的理论的唯一前提是尚无一种较好的理论,同样,使我们忍受一种不正义只能是需要用它来避免另一种更大的不正义的情况下才有可能。作为人类活动的首要价值,真理和正义是决不妥协的。"由此不难看出,西方历来的法律文化与中国的传统的法律文化存在着十分明显的差异。

三、中西法律价值观对比的启示

由于生成机理和哲学基础等方方面面的不同,中西方法律文化则分别呈现出鲜明特征。西方法律文化以正义为其价值取向,具有个体本位、私法化、宗教性、开放性等特征;与此相反,中国法律文化追求无讼的境界,以集体本位、公法化、伦理性、封闭性等为特征。当然,需要承认的是,在中国传统法律文化中,并非仅仅是为了实现和谐而排斥甚至否定正义,"正义"仍然也是其所追求的基本价值,因为和谐社会的形成当然离不开社会正义的实现。同样需要承认的是,在西方传统法律文化中,和谐也是其追求的价值之一,社会正义的实现也以社会普遍和谐为其达至的手段。由此看来,中西方法律文化的价值指向存在相通之处。但是,需要引起注意和特别强调的是,如果从基本价值指向的比较这个角度来审视中西法律文化,可以十分清楚地看到:中国传统法律文化将和谐作为其根本价值追求;而西方法律文化则是以正义作为其根本指向的。

我国传统的和谐无讼的法律文化思想对于当前建设社会主义法治国家,在某种程度上具有一定的积极意义,这一点我们需要正确看待。例如"无讼"法律文化重视多渠道、多元地解决纠纷,把调解作为解决民间纠纷,恢复人际关系和谐的重要手段,从而有助于我们建立以调解为主导的多元纠纷解决手段。另外,我国传统法律文化注重道德教育,主张治理国家采取"德主刑辅"手段,使得中国传统法律道德化,伦理对法律具有统领作用。批判借鉴无讼法律文化的伦理本位思想,有助于建立法律的内在权威,增加法律的亲和度,有助于消减因法律移植而带来的现代法律逻辑化、体系化的弊端。

然而,我们还要看到我国传统法律文化中的无讼思想对我国法治建设的消极影响。这主要体现在以下方面:

1)无讼法律文化维护等级制度的目的性,导致人人平等法治观念的认同障碍。儒家文化把社会关系分为五伦:君臣、父子、兄弟、夫妇、长幼。在这五伦当中,君臣代表社会关系的贵贱,父子、夫妇、兄弟、长幼代表了家族中地位的尊卑。不同的关系被赋予不同的行为规范,而不同地位则存在高低贵贱的严格差别。由此可见,中国古代的社会秩序不是靠法来维持的,而是靠宗法、靠纲常、靠下层对上层的绝对服从来加以约束的。在中国古代社会这样一个身份社会中,主体身份的差异决定了其社会地位的高低。这一点反映到如今的经济社会建设中,市场交换主体事实上的不平等仍大量存在,严重制约了市场公平竞争秩序的形成;"官本位""权力至上"观念严重损害执法、司法的公正性,身份不同区别对待现象仍旧存在。法治社会要求尊重市场经济规律,在法律面前一视同仁、人人平等,严格按照公正的司法程序协调人与人之间的关系,解决社会纠纷,维护社会公平正义。

2)"无讼"法律文化"道德至上"的价值取向,导致民众权利意识匮乏,缺乏法律信仰。源于西方的"权利"这一概念,指受法律保护的个人利益,本身含有道德"正当"的意味。权利一语,"表达的是尊重个人,尊重他的尊严和价值,以及尊重他作为自主的道德行为者的地位"(陈弘毅,1998:120)。然而中国传统法律文化是道德至上价值取向的文化,在传统思想中根本容不下个人权利观念。个人是家庭中的一分子,国只不过是家的放大。人处在复杂的关系网络中,处处存在按礼的原则确定的责任。一个道德高尚的人在与他人的利益冲突面前,懂得谦让和妥协。在儒家思想影响下,法律的目的不是对矛盾的双方进行公允的评判来保护人的私欲,而是抑制、消灭人的私欲,使民不争。在古人观念中,争财成讼历来是不可容和不可取的。"无讼"就是从根本上否定人的欲望的合理性,忽视人的权利诉求,加上失礼则入刑的威慑,这是导致人们缺乏法律信仰的重要原因。正像美国汉学家费正清所说,中国古代"很少甚至没有发展出民法保护公民;法律大部分是行政性和刑事的,是民众避之唯恐不及的东西"(高道蕴、高鸿君、贺卫方,1994:2-3)。另外,在中国传统中,对于法的地位界定从来不是至高无上的。法律承载大量伦理道德,是施行教化的工具。中国古代官员深知伦理对法律的统领作用,善于用抽象的道德取代法律,判断是非的标准是"善""恶"而不是"合法""非法"。法律在行政官兼司法官手中具有极大的自由裁量权,"曲法以伸情"屡见不鲜。"耻讼""畏讼"的民众只有把申冤昭雪的希望寄托于海瑞式的清官,而不是法律本身。现代法治的基本内涵是法律至上,法治社会以保障人权为宗旨。在我国"尊重和保障人权"虽已写进宪法,作为"权利法"的民法体系亦较为完善,但各种民事权利还只是停留在立法层面。很多官员和普通人意识中远没有形成"权利至上""法律至上"的观念。忽视公民基本权利的保障,践踏公民权利的事件时有发生。普通人往往只以"守法"为念,遇到权利遭受公权力侵害,勇于维权的仅是凤毛麟角。而在某些官员眼中,像拆迁"钉子户"一类的"身体维权者"无异于"刁民",因此为权利而斗争的正当性并没有获得社会普遍共识。在建设法治社会的过程中,应当摒弃"无讼"法律文化中的不良影响,在社会上倡行人人平等、"法律至上"理念,塑造人们对法律的普遍信仰。要增强法律的权威,使法律能够有效约束国家和党的机关及公务人员,使司法部门享有真正的独立性,从而提高司法公信力(张金玲,2012:83)。

3)"无讼"对行政管理相对人和行政主体的诉讼行为产生一定的影响,而且间接地妨碍了人民法院依法独立行使行政审判权,从而妨碍了行政诉讼法立法目的的实现。行政管理相对人对于"民告官"的官司的胜诉缺乏信心,因为传统法律文化中并不存在"民告官"的诉讼类型,老百姓认为官是管人的,民不可以告官;即使告了官府,也担心会出现"赢一时,输一世"的结果,从而产生了"不敢告、不想告、不愿告"的心理,使自己受损害的合法权益得不到及时的法律救济。作为行政主体来说,由于自身具有的优越感,认为行政主体被行政管理相对人告上法庭是一件非常不光彩的事,这不仅影响先进单位的评比,也有损在老百姓心目中的形象。行政主体还认为人民法院受理违法的行政管理相对人的起诉就是干扰行政执法工作,包庇违法行为人;人民法院撤销违反法定程序的具体行政行为是吹毛求疵;甚至认为人民法院支持了行政管理相对人的请求表明人民法院在政治立场和政治方向上有问题。所以为了不当被告,有的行政主体不愿依法行政,在某些情况下甚至放弃自己的法定职责。一旦被行政管理相对人起诉,又想方设法"私了",千方百计劝原告撤诉。人民法院由于人、财、物受制于地方政府,在受理行政案件也受到行政主体的干涉,表现为限制行政管理相对人的诉权,有案不收,非法干预立案。受理案件后,往往出现超过审限结案、不坚持被告举证的原则、重实体轻程序、违法准许原告撤诉的情况(张文艳,廖文秋,2003:50-52)。

所以,为了实现依法治国、依法行政、公正司法、全民守法,就需要我们在法治的视野下审视中国传统法律文化中的无讼思想,继承传统法律文化中的有益成分,摒弃传统法律文化中的"无讼"的消极影响,革除弊端、创新思路,树立现代的民主与法治思想,这对于建设社会主义法治国家具有十分重要的意义。

诚然,文化只是人们面对共同的世界而采取的不同生活方式,因此如果过分强调中西法律文化的差异,将会过犹不及,产生不妥的影响。然而需要清醒地认识到,当今世界是一个多元化的世界,文化、法律文化也应当是一个多元化的、各具特色的相互影响的文化体系。在中西文化沟通互动的过程中,需要我们意识到彼此的异同,这样才能更好地促进双方的交流。因此,中国在进行法治国家建设的进程中,应当根据我们的国情和时代发展的要求,有针对性地批判继承自身传统的法律文化;与此同时,我们还要积极吸收和移植符合时代精神的西方法律文化。只有这么做,中国的法律文化才能有所创新,才能与时俱进,才能使得一个正致力于通过全方位法治化而实现国家治理现代化的中国更好地融入世界和时代的潮流之中。

第八章　中西法理观念对比：法自然与自然法

◇ 自然法是真正理性的命令,是一切行为善恶的标准。
　　　　　　　　　　　　　　　　　　　　——[荷]格劳秀斯
◇ 尽其心者,知其性也。知其性,则知天矣。　　　——孟子

一、概述

中国法文化体系源远流长,而支撑这个体系的内在精神就是萌芽于道家的"法自然"的法哲学观。西方法文化体系同样历史悠久,而在这个体系内部起着同等重要的架构作用的是源自古希腊的"自然法"的法哲学观。中国道家"法自然"思想与西方自然法学说诞生于两种不同的文化土壤中,凝结了生活于不同社会习惯中的人们的智慧,闪耀着各自不同的历史文化的光芒,是各自文明背景之下社会结构、政治、经济、文化等因素合力的产物。因此,在对中西方法思想文化的探究上,我们有必要从文化的视角,对这两种同样影响深远的基本观念进行比较,来考量其文化渊源和思想蕴义,从而对我国中国特色社会主义法治体系建设和社会主义法治国家建设的全面推进来提供比较视角的借鉴和启示。

中国的"法自然"观念与西方的"自然法"学说,虽然看似表述上只是文字排列顺序的不同,但其蕴含的内在差异却是根本性的,以至促发了两种截然不同的法文化传统的形成。概括而言,自然法通过对永恒正义和理性的追求,推动了近现代民主制度的创生;"法自然"所崇尚的"自然"是在"天"的统辖之下所形成的自然界,法自然必尊天为上。故法自然所维系的是专制秩序,恰与自然法的追求背道而驰。因此,对中国"法自然"观与西方"自然法"说的比较,在客观层面上来说,不仅有些正本清源的意味,而且具有十分重要的价值。

二、中西法理观念对比

世界上每一个民族都有着自己在长期发展中产生、形成的观念和对世界的认识,包括法哲学法观念在内的民族文化呈现出鲜明的地域性、时代性的特点,因此我们不能将世界上各个民族的观念、思想作简单对比而不加以甄别,否则这样的做法就有悖科学探究的精神。就世界上各民族的人们而言,他们所面对、探讨和思考的可能是他们所共享的世界中的同一个对象,然而由于人们思考问题的角度和探求问题的方法或有不同,因而对问题的答案和形成的认识也不可能是完全统一的,总是带有各自的印记,这样的结果可能并非是负面的,因为正是通过这样的方式,人类文明的灿烂和丰富从而得以显现。

中国传统法律文化的法理观念与西方法律文化的法理观念之间的区别,主要体现为以"法自然"和"自然法"为代表的两个方面:其一,自然法和实在法相统一的"法自然观"与自然法和实在法相分离的"自然法说";其二,法律的伦理化和道德的法律化。这里我们先简要了解一下中西法理观念在这两个方面的差异。

第一,自然法和实在法相统一的"法自然观"与自然法和实在法相分离的"自然法说"。在中国所形成的法自然的观念,是一种独特的、自然的而非理性的宇宙观和秩序观。法自然的意思是效法自然法则,形成了重感情(伦理、血缘关系)轻理性,重集团轻个人的法价值标准,建立了理想法与实在法相统一的天人合一的理想境界(袁贵仁、梁家峰,2000:86)。而在西方的自然法的法理观念看来,自然法和实在法是相分的,二者之间具有不同的地位和作用。其中,自然法是理性法,是至高无上的,是制定、评价人定法的标准、最终依据和来源,自然法代表正义。而相对之下,实在法只有符合自然法时才是正义的。因此,从这个意义上来说,这也是为什么法律正义理念能成为西方自然法理念的重要内核而得以广为流传的原因。第二,法律的伦理化和道德的法律化。在中国社会,"儒家伦理的原则支配和规范着法的发展,成为立法与司法的指导原则,法的具体内容渗透了儒家的伦理精神"(张中秋,1992:119)。从法理观念的角度来审视中国古代社会,可以发现其中并不存在纯粹的法律意识和法律评价,而是道德意识统率法律意识,伦理评价左右法律评价。这种法理观念的支配地位和一贯存在,就使得法律的伦理化成为必然的可能。一旦礼教的精神和原则贯彻到了法律中,成为立法与司法的指导思想,外化为具体的法律制度和原则,就等于实现了法律的伦理化。而与之相对的是,西方社会从主流上讲,是一个理性化的社会,这种理性化的社会存在,就内在决定了西方社会走的是道德法律化的道路。西方人认为,"法律调整人们的外部关系,以有形的强制手段进行威胁,是他治的(从外界强加于人物的),是被动的,属于他律;道德则是支配人们内心生活的动机,是自治的(产生于人的内心),是主动的,属于自律"(博登海默,1987:357)。

通览中国法文化的发展史,不可否认的是,儒家法律思想是我国法文化的主导,但道家法律思想尤其是《老子》的"法自然"观,也对中国传统法文化的形成和发展有着内在而深刻的影响。在探讨中国科技史时,英国学者李约瑟曾经说过:"中国如果没有道家,就像大树没有根一样"(李约瑟,1980:255)。从法文化的角度来看,这样的论述也同样并不言过其实。有鉴于此,我们这里重点就第一个问题展开论述,探讨一下中国传统法律文化中的自然法和实在法相统一的"法自然观"与西方法律文化中的自然法和实在法相分离的"自然法说"之间的不同点之所在。

1. 中国传统法律文化的法理观念:法自然

中国法律文化中的法理观念是"法自然",究其本意来说,就是效法自然,以自然的固有规律、真谛作为人类社会生活的基本法则。为了理解我国法律文化中的这一法理观念,需要对其形成缘由和发展历史进行简单的回顾。

首先,中国传统法律文化"法自然"的法理观念包含有天人合一的内容。中国传统所特有的关于社会秩序的概念与西方有着极大的不同。在19世纪之前,中国传统所特有的关于社会秩序的概念一直封闭独立、不受外来影响地演化和发展着。中国古代天人合一的思想传统,也同样经历了一个逐步演进的过程。作为一种思想观念,天人合一之说的产生和形成可以远远地追溯至先秦时期。与西方社会不同的是,作为中国传统社会基础的一些最根本的、最核心的思想,都与任何宗教的教义没有关系。中国传统思想公开的设想是认为存在一种天理,包含着天、地、人三者之间的相互关联和彼此作用。其设想的天理的运作方式是,在这种天、地、人三者之间的相互关联和彼此作用中,天地都听命于不变的规律,人则是自己行为的主宰;世界的安定与否取决于人的行为,决定世界安宁和人的幸福的是和谐。这里所认为的和谐,主要包括两个方面的内容:首先是人与自然之间的和谐,人的行为应该与自然秩序协调一致;其次是人与人之间的和谐,在社会交往关系中最应该讲究的是和谐精神与协调一致(勒内·达维德,1990:458)。在这种天理之中,位于天、地、人三个维度之中的"天"具有多重含义。它的意思包括自然之天、神灵主宰之天、道理之天、天国之天等。在中国传统哲学中,人们一直普遍思索的一个核心问题就

第八章 中西法理观念对比：法自然与自然法

是天人关系问题。例如，孟子认为："尽其心者，知其性也。知其性，则知天矣"（《孟子·尽心上》）。而作为"天理"学说创始人"二程"之一的程颐，则持有这样的观点："道未始有天人之别，但在天则为天道，在地则为地道，在人则为人道"，"道与性一也。性之本谓之命，性之自然者谓之天"（《二程全书·语录》二上，二五）。由此可以看出，中国古代天人合一的思想认为，人只是自然的一个组成部分，与大自然浑然一体。物我之分、自然与我之分，在根本上来讲，是并不存在的。人与自然之间，并非割裂对立的关系，而是和谐和统一的关系。根据这样的思想出发点，人是生活于天之秩序当中，天之法则也即人之法则，因此，人没有理由，无须理由，也没有必要来自行创立维系秩序的法律。

其次，中国传统法律文化"法自然"的法理观念包含有伦理即自然的内容。中国传统文化认为，自然的本质并不是理性或者自然理性，而是伦理，也就是以血缘关系为纽带所形成的宗法伦理。依据这样的思想，伦理就是人的本质，就是人的理性，也就是人的自然。由此可以看出，我国传统法理观念中的法自然就是效法自然中所体现的伦理。简言之，所谓"法自然"，其实就是"法伦理"。在中国文化的传统看来，天地自然的阴阳五行之道，究其根本含义，探其根本实质，就是伦理纲常之道。自然的阴阳秩序，实为效法伦理的用以调整社会秩序的制度。周公所说的"亲亲"和"尊尊"，孔子说的"君君、臣臣、父父、子子"，董仲舒所说的"君为臣纲、父为子纲、夫为妻纲"等调整社会秩序的制度，无一不是效法于伦理，更准确地界定的话，应该是效法于家庭伦理。陆贾认为："天生万物，地以养之，圣人成之……于是先圣乃仰观天文，俯察地理，图画乾坤，以定人道，民始开悟，知有父子之亲，君臣之义，夫妇之道，长幼之序。于是百官立，王道乃生"（《新语·道基》）。上述传统中国哲学思想也构成了传统法理观念的哲学基础，反映在中华法系的法律领域之中，就形成了独特的"无讼"的法律价值倾向，这一法哲学观念集中体现于《礼记·礼运》所描绘的大同世界。这种中国传统文化所推崇和倡行的大同世界，一方面反映了传统中国文明中内在的"天人合一"的法自然的观念；另一方面也反映了传统中国社会结构的家国同构的这一鲜明特点。在这种家国同构的理念之下，国政乃为家务，国法是家规的放大，国家内乱或国民争讼是家内不睦的延伸。因此，一国就如一家以安定和睦为上；处理国民争讼一如排解家庭纠纷，调解为主，辅之以刑，以求得和谐。"在任何情况下，解决争端的办法应不受法律框框的局限，而要符合公正和人情的原则"（勒内·达维德，1990：486）。传统中国的文化所遵循的思维轨道是首先由自然（天地宇宙）而及社会，然后由社会、人生而及政治。究其产生的根源，之所以以自然立论,是因为传统中国是一个自然农业经济的社会,这种经济一方面天然地形成了人对自然的依赖和亲近关系;另一方面也塑造了中国人直观、模糊、对称、整体的思维特征(成中英,1996)。

综上可见,中国"法自然"观念是中国的一种独特的宇宙观和秩序观,它是经验的而非超验的,是自然的而非理性的。法自然观的蕴义为"效法自然法则",即"天垂象,见吉凶,对人象之"(《周易本义·卷二·系辞》上)。它表明人类社会存在与运行法则的自然根据与渊源。"法自然"观以"道德法"作为法的主要内容和价值取向思路,大力倡扬由圣人通过直觉、顿悟、体认的自然法则,作为君子道德规范的内容,并以此安身立命,成就人的德行觉醒与社会秩序的和谐,最终参同于宇宙大秩序,达到"天人合一"的理想境界。"圣人造法"是"法自然"的实现途径,在法自然观中,理想法与实在法(人定法)是融为一体的。

2. 西方法律文化的法理观念:自然法

西方法律文化的法理观念是"自然法"。所谓自然法,"是哲学家和法学家所共用的术语,通常指人类所共有的权利或正义体系。作为一般承认的正当行为的一组原则,它常和国家正式颁布及一定法令施行的'成文法'(即人定法)形成对照"(戴维·M. 沃克)。一般说来,"自然法"表示一种对公正或正义秩序的信念,这种正义秩序普遍适用于所有为宇宙间最高控制力量支配的人(中美联合编审委员会,1986:569)。

西方文明的源头是古希腊文明,而古希腊对西方文明影响最深远的是其理性与正义思想。西方传统的形而上学具有主体哲学性质,强调主客体二分,突显人的主体性,正如普罗泰戈拉所认为的那样,"人是万物的尺度"。依据柏拉图的观点,"理念"乃万物的本质,它独立存在于一切事物和人之外,理念世界是原型,是第一性的;而物质世界则是第二性的,是由理念世界派生出来的。而根据近代哲学创始人笛卡尔的看法,理性是人人都具有的"自然之光",人们意见的分歧不在于理性禀赋的多少,而是由于时代、情感、想象、意志等对理性的影响所导致的。笛卡尔认为,一个判断或结论,只有在它是可以确定的、可靠的、明确的知识为基础的情形下,才能被认为是"理性的"。

与此同时,对于人类所共同孕育、栖生并发展于其中的共同的自然,古希腊的思想家们对于自然也形成了各种不同的认识和见解,例如:自然虽然也是一个和谐统一的整体,但它是一个均衡的统一体,处于不断的运动变化之中,有它自身的规

第八章 中西法理观念对比：法自然与自然法

则。自然规则或自然法是客观的，它不受任何地域、民族、时代的限制而独立存在。它是一种自然规律、理性或普遍的知识道德标准；它具有不证自明的公正性，始终与正义性相联系，其存在和发展不依任何人的意志和权势为转移。自然法是无形的，它渗透于自然界与人类社会之中，人们常常能感觉它的威慑力，却无法捕捉它和真正了解它（严存生，1989：16）。

　　古希腊哲人苏格拉底、柏拉图和亚里士多德等，都坚定地认为存在永恒不变的标准，以作为评价人定法的标准。柏拉图断定，必然独立存在着正义和勇敢这样永远不变的实在，他认为这些实在不是由感觉或经验观察所能领悟的，而必须由纯理性，亦即由哲学通过逻辑推理而获得。亚里士多德提出，有一种无论在哪里都具有同样权威的、运用理性可以发现的自然法或正义。斯多葛学派则明确提出了自然法学说，认为自然法是理性法，理性支配整个宇宙，人们只有按照理性去生活才是过上自然的生活。作为理性主义自然法的代表人物，西塞罗同样认为法律应该代表理性。后世学者对什么是永恒不变的"自然法"形成了不同的观点。在中世纪，自然法被抹上浓厚的神学色彩，确立了"天人分立"的思维模式。如托马斯·阿奎纳认为自然法是神法的一部分，神法自身体现了自然理性，作为理性的存在，人的任务是将这部分神法即"自然法"运用到人的事务上去。他认为自然法就是上帝统治人类的命令，人们接受上帝的统治命令才能达到至善的生活。到近代西方社会历史发展的潮流中，自然法理论剥落了神学的外衣，直截了当地指向了现实，成为政治革命的理论武器，表现出浓厚的理性主义和个人主义色彩。格劳秀斯、斯宾诺沙、孟德斯鸠、洛克、卢梭等思想家都认为在自然状态中，人们具有自由、平等、安全等天然的权利。如古典自然法学家格劳秀斯认为，"自然法是正当的理性准则，它指示任何与我们理性与社会性相一致的行为就是道义上公正的行为"（西方法律思想史编写组，1983：143，189）。在当代，自然法学家在复兴自然法的口号下，重新关注法律的价值问题。新康德派代表人物施塔姆勒提出新的正义观，认为自然法的内容要随着时代的变迁而不断变化。霍布斯理解的"自然法"不是凌驾于实在法（人定法）之上的客观命令，而是一系列自然权利，即基于人的本性之上的主观要求。新自然法论者融合了其他法学派的思想，注重法的实证要素，富勒将"自然法"分为"程序自然法"和"实体自然法"。"程序自然法"即法律的内在道德，是指法律的解释和执行的方式问题；"实体自然法"即法律的外在道德，是指法律的实体目标。他所提出的"真正的法律制度"理论使"实体自然法"实现向"程序自然法"的转变（梁治平，2002：207）。

可以说,"自然法"一词诞生于思想家们对自然的运转变化及其规则与契约性的社会关系和城邦制度的联系的思考,然后又与商品经济和城邦制度中的合理相结合而转生出理性;理性又与社会经济关系内公共生活和城邦法律中的公平、竞争、平等以及权利义务的对等性相结合而化生出正义。法、理性、正义在一定意义上是互通的,例如乌尔比安就认为:"法(jus)的称谓……来自'正义'(justitia),实际上……法是善良和公正的艺术"(西方法律思想史编写组,1983:143,198)。

从自然法学说的历史发展轨迹我们可以看出,虽然各个阶段的理论有所区别,但其出发点和核心要素基本不变。首先,一切西方"自然法"学说的出发点是"理性"和"人性",运用理性发现"自然法"的观念成为一种共识在西方长期传延下来——在人类人定法之外有一套永恒不变的标准,通过纯理性,亦即通过逻辑推理而获得,并且成为人类理性的体现,因此"自然法"便是"理性法"(罗昶,1996:88-89)。在形式上,自然法不是实在法;换言之,不是人为法,不是成文法,不是具体的社会规范,也就无所谓制裁方式。同时,自然法是理性与正义的化身,它高于一切人定法(实在法),指导着人定法(实在法),是人定法(实在法)的最终根据和来源,是评介、批判人定法(实在法)的标准与武器。任何人定法(实在法)不得与自然法的基本精神原则相违背,否则就是无效的法律。在价值内涵上,自然法是"人类所共有的权利或正义体系",是一种抽象的、永恒的、普通的精神体系和价值原则,其地位是至高无上的,是一种绝对的理念和超验的信仰(刘洁章、刘梁波,2013)。

三、中西法理观念对比的启示

通过如上对于中国传统法理观念"法自然"和西方法理观念"自然法"的比较,我们可以发现两者之间存在的明显差异。概括来说,主要体现为以下方面:其一,西方"自然法"说是认同于以理性为核心的永恒标准和法则,中国"法自然"规则以"自然法则"为学习与效法标准;其二,西方"自然法"说充分肯定人类自身的认知能力——理性,中国"法自然"观把自然秩序视为最完美的楷模;其三,西方"自然法"说与其说是认同"自然法",毋宁称之为"理性法"观念,而中国"法自然"观与自然的关系更为密切,的确可算是真正意义上的"自然法"观念。

因此,在法自然观和自然法说之间存在着十分重要的界限,需要我们加以清醒的认识,从而在今天我们的法制改革、法律移植和法治建设中能够因地制宜,因时制宜,不自满,不误用,不盲从,切实有效地提高我们的法理观念,推进我们的法治

第八章 中西法理观念对比：法自然与自然法

建设。综合来看,这二者之间的不同方面的差异可以简要概括如下：

(1)"天人合一"与"天人相分"

从方法论角度来看,中国"法自然"观来源于"天人合一"的思维方法。强调自然法则与人事规律的一致性,借天道循环说明人事变迁的法则;强调以天人合德实现天人合一,认为天地是道德的本体,是一切德行的根源,君子及圣人则能体认此而成就美德;在天人关系上意识到人是能动的主体,强调主观的诚心对事情成败的重要意义。西方"自然法"说是建立在"天人相分"的思维方法基础上的。强调自然与人类的对立;由于人类从自然那里获得的知识的积累,形成独立于自然之外的人类纯理性的知识体系;知识体系的建立,人类理性的发现,使人类的独立意识逐渐地被强化,并自觉地、明确地将人类与自然区分开来;人渴望在社会中和平地生活,"自然法"来自于人的理智的本能。

(2)"灵感、直觉、顿悟"与"推理、演绎、论证"

中国"法自然"观是通过灵感、直觉、顿悟实现效法自然之道的。认为经验上的贯通与实践上的契合即为真的证明;注重生活中的实证或内心神秘的冥证,而排斥抽象的逻辑论证,主要体现了艺术的精神。因此,中国"法自然"观主要指"法圣人"及"法圣人之法"("法先王"及"法先王之法")。西方"自然法"是通过理性即通过严密的、科学的、逻辑形式的纯粹知识性的推理、演绎及论证的程序,理智地抽象出"自然法"的准则。注重通过自己大脑的严谨思辨的才智;服从科学的理性,而排斥情感式的感觉与顿悟;体现追求知识与真理的科学的理性精神。因此,西方"自然法"体系完全是外在于自然世界的纯知识与理性的系统。

(3)"理想法与实在法的融合"与"理想法与实在法的区别"

中国"法自然"观认同"理想法"与"实在法"(人定法)的融合;既有对自然规律的体悟与认同,又有对具体自然现象及其变化的直觉感受和效仿(如刑狱时令制);认为既没有绝对抽象的"理想法",也没有绝对独立存在的"实在法"(人定法),强调"礼"本身既是理想准则,又是一整套可供操作的现实规范。西方"自然法"说明确强调"理想法"与"实在法"(人定法)的区别,认为"理想法"高于"实在法"、"理想法"优于"实在法";强调"实在法"之上预设一个永恒不变的、至高无上的、至真、至善的"理想法"("自然法"),对人的现实行为及"实在法"不断评介与鞭策,促进其发展与完善。

(4)"因时而异"与"永恒不变"

中国"法自然"的前提观念,即其所要契合的天道是因时而异、与时俱进的;强

275

调的基本原则是"礼、法以时而定,制、令各顺其宜";强调法律控制始终随着政治统治的需要变化运动;因时而变就是道,此外则再无永恒不变的规则。西方"自然法"则是一种永恒的理性,相信有一个只能显示于理智而不能显示于感官的永恒世界;自然法的前提是存在于一切普遍知识背后的最初原则,这些原则普遍且可证,以此作为演绎基础所得出的自然法,是某种永恒不变的原则。

(5)"制定法"与"发现法"

中国"自然法"观体现"制定法"的观点,强调由国家自己创立和精心设计强制推行的规范;考量法律的可行性和有效性,法律体现统治者的需要,无须正义,也无须考虑法律与正义的契合。西方"自然法"说体现"发现法"的观点,坚持法律体现一种实质性的永恒不变的正义,因而强调法律至上性;宣称权利和正义的特定原则并非由人制定,存在于所有意志之外,与理性本身却互相浸透融通,永恒不变,其自身具有内在优越性而值得普遍遵循;人法不过是这些原则的记录或摹本,制定人法不是体现意志和权力,而是发现和宣布这些原则的行为。

(6)"法受制于权力"与"法对权力的制约"

中国"法自然"观认为自然法与制定法的融合,造成君主不受法律的管辖,"口含天宪""法自君出";法律只可能受制于权力,希望用法律来制约权力的结果是权力任意地删改、扭曲法律。受这种传统影响,即便是在今天纸面上的法律如此众多的情况下,人们心目中法律依然无法与权力匹敌,更不论高于权力。大量的法律制定出来之后并未有效实施,直到与权力密切关联的政策出台,这些法律才被激活,开始发挥作用。西方"自然法"说强调自然法高于人定法,所以人定的权力或权利,必然受制于法律。对自然正义的信仰和对世俗权力的制约在自然法中占据主导地位。"国王在万人之上,却在上帝和法律之下"(布雷克顿)。在自然法学说下"君主的意志具有法律效力"这一准则没有容身之处;法律无论在什么情况下,都宣布支持"自由"这一上帝在其创世时馈赠于人的礼物。

综上所述,二者之间所存在诸多不同方面的差异,尤其是要看到,中国"法自然"哲学观影响下的中国式法律缺乏理性基础,无法评断实在法的优劣,缺乏自由的思想。这就更应该引发我们对于我国传统法理观念中的不足和西方法理观念中的经验之思考,从而为我们的法治中国建设提供借鉴和启发。

首先我们来看一下西方自然法思想对中国法治建设的启发。从前文的比较可以看出,西方自然法的精神是自由、理性与公平。而中国传统法哲学思想则缺乏这种精神,主张的是人治与礼治。所以借鉴西方的自然法思想,可以有效促进我国的现代法治建设。这种启发作用主要体现在以下三个方面：

1）可以促进我国的立法工作。自然法观念主张自由、平等、权利和契约等观念，我们要建立与社会主义市场经济相适应的法律体系，那么必须引进自然法观念，以其作为立法的指导思想和基本原则。在立法和执法的活动中，放松对个人权利的束缚，尊重人的自由选择、平等竞争和以权利为本位，不但可以促进社会主义市场经济的发展，还可以直接巩固和推动我国法律制度的建立和完善。

2）有利于我们制定良法。西方自然法认为"理想法"高于"实在法"，"理想法"优于"实在法"，并在"实在法"之上预设了一个至高无上的、至真至善的"理想法"——"自然法"，作为评价"实在法"的标准，它是理性和正义的体现。因此自然法是实在法的价值归属，它也有助于引导人类实现自身的社会主体价值，追求自由、平等和秩序，引导我们制定良法。实在法和国家权力都要接受自然法，即任何一种社会规范都要受到道德原则的约束。良好的道德有利于法律调整的顺利进行及法律秩序的实现，而且有些道德也是法律所极力追求的价值。所以我们在进行法律制度的硬件建设时，不能缺少自然法的支持。一种完善的制度背后，必然需要某种特定的价值理念的支持；否则，即使是我们能够将西方的法律制度移植进来，却也无法让它开花结果。因此，我们要建成宪政国家，实现民主与法治就需要倡导自然法理论。

3）可以促进公民现代法治意识的形成。要想取得民主和法治现代化的最终成功，就要提高公民的法治意识，然后推进制度变迁，保证法律制度的实现。中国传统的法律文化无法完成此项任务。自然法学说以正义、理性、自由、契约和民主等作为信念追求，这些不仅启发了人类的美好理想，而且对人们形成权利意识、自由观念和法治思想起到了促进作用。任何事情都具有相对性，法律的制定也不可能是尽善的，社会在不断发展，制度不可能解决所有问题。因此要靠有正义观、道德感的公民来维护社会的稳定和促进法治的建设。法律的尽头是道德，自然法倡导的对正义的永恒追求是法治的原动力（肖静，2009：54）。

第九章　中西法理精神对比：人治与法治

◇ 我反复思之,唯有大声疾呼,推崇真正的哲学,使哲学家获得政权,成为政治家,或者政治家奇迹般地成为哲学家,否则人类灾祸总是难免的。
　　　　　　　　　　　　　　　　　　　　——[古希腊]柏拉图
◇ 法律是最优良的统治者,法律能尽其本旨做出最恰当的判决。
　　　　　　　　　　　　　　　　　　　　——[古希腊]亚里士多德
◇ 法者,天下之公器也。变者,天下之公理也。　　　　——梁启超

一、概述

　　因为中西法律文化所属文化模式的不同,近代中西法律文化不期而遇必然会产生排斥、冲突的现象。我们必须要分析中西传统法律文化的差异及形成基础,才能够准确把握近现代中西法律文化冲突的实质和特点。中国传统法律文化的核心是礼和法的相互渗透与结合,基本构成因素是宗法家族本位的伦理法,基本精神是自然和谐与天人合一思想,哲学基础是人本主义,形成以儒家为主,杂糅法、道、释各派学说的综合性的法律文化(张晋藩,2005:142)。作为不同区域的具有不同价值观念、不同模式的两种法律文化,中西方近代法律文化之间所存在的冲突,不仅体现在法观念之间的对抗,也体现在法制之间的较量。中西法律文化的差异不仅体现在其物质基础和社会条件层面,而且更主要地体现在其根本的价值取向和精神实质层面,尤其是二者之间法理精神的差异。

　　就基本内涵而言,精神一词在于表征事物的灵魂和实质;由之,法理精神一词在于揭示法的质的规定性和本质特征。张中秋(2009:291)认为,构成并决定法的精神的最基本因素是法的意志。审视中西方法律之间法的意志,我们可以发现,在中西传统法律文化的比较中二者之间的法理精神的差异充分体现在如下方面:其一,从宏观层面上来看,是代表中国法律文化传统的"专制性意志"与代表西方传统法律文化的"民主性意志"之间的差异;其二,从微观层面来看,具体表现为政治

形态和治国策略上所谓的"人治"与"法治"之间的对立和冲突。可以说"人治与法治是法的精神最一般、最本质的表现",也是中西法文化最为本质的差异。

党的十八届四中全会通过的《中共中央关于全面推进依法治国若干重大问题的决定》(在本章节内简称《决定》),从立法、执法司法、守法三个角度,将国家机关及国家工作人员(尤其是领导干部)违反法治原则的情形做了描述,如:"有的法律法规未能全面反映客观规律和人民意愿,针对性、可操作性不强""一些国家工作人员特别是领导干部依法办事观念不强、能力不足,知法犯法、以言代法、以权压法、徇私枉法现象仍然存在"等。从中国共产党第十一届三中全会上邓小平在主题报告中强调"法治"的重要性开始算起,法治成为邓小平理论的重要内容之一而不断得到强调,时至今日,已经过去了三十多年;从党的十五大报告把"法治"上升为治国方略的高度算起,时间也已过去将近二十年。但是,我们需要清醒地看到的是,近二三十年来,虽然法治一词一直都在党和政府文件、法律文本、学术著作中反复出现,十分热门,推进法治建设的举措在立法、执法、司法领域中也幅度大增,屡见不鲜,然而法治的实现条件遭遇了不应有的忽视,而且实行法治的必要性似乎仍在一些人心中存疑。我国法治建设仍然陷于相当难以跋涉而出的困局,究其深层原因,一方面是由于法治的含义不彰,另一方面是由于传统思维方式不是让渡而是挤占了"法治思维"的运行空间。鉴此,我们要深入学习贯彻《决定》精神,至少需要对一些核心问题展开追问,对其可能的答案进行重申或探讨,这其中就包括法治的含义问题,而对这一问题答案的追寻离不开与之密切相关的"人治"与"法治"问题的历史比较和现实思考。

二、中西法理精神对比

在传统中国,国家制度最初以氏族关系为依据、以血缘关系为纽带得以建立,其特点是由家及国,家是国的本位与原型,国只是放大了的家。这种国家具有浓厚的家族色彩,国家的统治是家长制统治体制,形成了一种人治体系,皇权在根本上支配着法权。而古希腊人的海外领土扩张与殖民运动,以及本土的居地统一与城邦运动,使得古希腊发生了剧烈变化,有力地促进了其对西方影响深远的城邦文化的逐渐形成。随着古希腊城邦政治的逐步确立,使得以亲情、血缘关系为基础的原来的氏族体制被以地缘为基础的原本毫无关系的人组成的社会团体所取代,相对于氏族规则,法律的社会调控手段更适合城邦的健康发展,西方法治精神由此得以形成,法亦在贵族与平民的不断斗争与相互妥协中生长起来,因此法治是基于西方传统文化所产生的一种现象。

1. 我国的法理精神在于人治

我国春秋战国时期,诸子百家,彼此争鸣,思想学术流派繁荣昌盛,成绩斐然,与同时期的古希腊文明交相辉映。以孔子、老子、墨子为代表的三大哲学体系不仅在当时影响广泛,而且在几千年的历史长河中构建起了中国社会的整体价值观。在关乎法理精神的学说中,我们这里需要提及的是法家和儒家的学说,以期更好地对我国传统法理精神的沿袭和影响形成更好的理解。

(1) 法家的"法治"观念

在中国古代,法家学派也有"垂法而治""缘法而治""任法而治"的思想,提出了系统的法治理论,主张运用法律来治理国家。春秋战国时期的封建化改革,以及秦始皇统一六国建立中央集权专制的封建国家,都是在法家学派法治理论的作用下实现的。秦朝统治时期,法家理论得以全面实践并成为秦王朝的统治思想。因此有的学者依据秦国重用法家学,任法而强,灭六国而成一统的史实,误认为这是法治的作用的体现。但是这样的法治,与我们今天所说的法治有着本质的不同。

法家学派拥有众多的代表人物,其中不同时期的代表人物在具体主张方面存在着认识的差别。然而,法家学派的代表人物都认为,任人而治则"千世乱而一治",任法而治则"千世治而一乱"(《韩非子·难势》),因而主张"以法治国"。法家学派代表人物对于法律本身和执法活动也大致存在着共识,比如"刑无等级""法不阿贵""一断于法"等等。因此可以看出他们强调立法的平等性和执法的公正性。但事实上,如果对法家的理解和探究仅满足于此,就容易让人误解,将他们所提出的"以法治国"等同于法治。首先,法家学派所讲的法并非保护人民权利的良法,而是惩治百姓的严刑峻法。比如,商鞅就曾论述说:"法制明,则民畏刑""民众而奸邪生,故立法治,为度量,以禁止"。其次,这样的法并不具有至高无上的权威,帝王是凌驾于法律之上的。因此法律被称作"王法",是"钦定"的。

由此可以清楚地看到,法家的代表人物明明白白地道出了任"人"而治的弊端,商鞅就认为"故明主慎言法制,言不中法者不听也,行不中法者不高也,事不中法者不为也"(《商君书·君臣》),并因此对君王提出了守法的要求。但是,殊不知除了商鞅之外,其他代表人物大都对任"君"而治所引发的危险后果讳如莫深。不仅如此,李斯甚至还极端地怂恿君王"独行恣睢之心"(《史记·李斯列传》)。法家学派明知"法之不行,自上坏之",却最终还是无奈地将法律作为治人的工具交给封建君王,由一国之君为所欲为,肆意作弄。法家"以法为本"的梦想,最终也未能逃脱"生法者君也,守法者臣也,法于法者民也"(《管子·任法》)的人治路数。这样,在法家"以法治国"的理论和实践中,君王具有绝对的权威,法律只不过蜕变成了君王治"人"的便利工具,可以随意取舍,毫无约束。

究其根本,秦国任法而强,灭六国而成一统,缘于人治;秦国历二世而亡,商鞅、韩非身死而名显,李斯身死而名败,也是祸起于人治。"法家亡秦论"揭示了法家"以法治国"的理论与实践不能确保秦国长治久安的必然命运,蕴含着对法家理论和实践的深刻批判。再换一个角度来看,自从汉朝罢黜百家、独尊儒术之后,我国古代社会中还出现了很多变法运动,但却在"家天下"的人治社会中,都难逃历史的周期率。所以,"法家亡秦论"对法家的归责其实又是一种刻薄的挑剔。法家的错误,乃是一种时代错误,他们留给我们的教训是:在一个社会中,不管法律的位置被摆得多高,只要它不是最高的权威,那么,这个社会实行的就是人治;人治不仅不能帮助君王摆脱历史的周期率,而恰恰是人治铸就了历史的周期率(夏泽祥,2015:80-98)。

黄宗羲对这种现象的论述鞭辟入里,他说:历朝历代的法律都是"一家之法",而不是"天下之法"。由于"法生于君",它就只能成为"帝王之具"(《韩非子》)。随帝王意志的变化而变化,随帝王的变化而变化,完全归依于君主专制。"君主高居于封建统治金字塔之巅,傲然俯视着地面上正在向自己下拜的臣民。臣民只有对君主顶礼膜拜,而不能对他的统治构成任何威胁,这就是法家学派的理想与企盼"(姜建设,1998:250)。因此,以现代人的眼光来重新审视法家学说,可以看到他们所鼓吹的"以法治国"实质上属于"贤人政治",归根到底,还是人治。一言以蔽之,古代中国所谓的法治,关注的核心问题是国家的权力和秩序,根本不是人民的权利和自由,因此古代中国的法治不过是专制政治的附庸,其御用性质是显而易见的,归根结底还是属于人治。

(2)儒家的"人治"观念

在中国传统社会中,以孔子、孟子为代表的儒家思想成为正统,统治汉族思想与文化两千余年(田宏伟,2011:158-160)。中国传统社会,从其根本性质上来讲,是一个以儒家的"礼"或礼教伦理所架构与维系的社会,实行等级特权政治制度。依据《礼记·大传》的说法,中国传统文化中"礼"的基本精神就是:"亲亲也,尊尊也,长长也,男女有别,此其不可得与民变革者也。"儒家所推崇的"礼"特别强调

"礼有等差"(《礼记·曲平》),强调差别,这一点从荀子的观点也能清楚地看到:"礼者,贵贱有等,长幼有差,贫富轻重皆有称者也"(《荀子·富国》)。儒家学派具有非常鲜明的道德价值和伦理规范的二元化特质,具体来说就是,强调特殊性原则的"礼",讲究私人关系,主张家庭伦理等级,强调道德标准内外有别。显而易见,这样的法律思想与"法治"强调法律的普遍性、强调法律平等适用于任何个体的理念截然不同。所谓"礼治",就是用奴隶制时代的社会规范、道德规范和政治制度来统治。随着奴隶经济的瓦解,奴隶制的上层建筑出现了"礼崩乐坏"的局面,世卿制度瓦解,"礼治"开始动摇。

人治主张始于春秋战国时代的儒家。儒家的经典《礼记》上说:"文武之政,布在方策,其人存则其政举,其人亡则其政息。"对于人存政举中的人应是什么样的,儒家和墨家都有一些论述,这就是以君主为最高代表的"仁人""贤人"。他们强调要由负有"天命"的圣主贤君以"礼"来治理国家,实行所谓"德政"或"仁政"。仁人贤者的统治的模式无非是仁治、礼治、德治。可见这种法理精神强调当权者个人的作用,提倡贤人政治,认为国家必须由贤者当政(刘新,1981:78)。儒家学说的创始人孔子被认为是提倡人治的代表人物之一,例如他曾经这样论述说:"为政在人"《礼记·中庸》,"善人为邦百年,亦可胜残去杀矣"(《论语·子路》)。"子为政,焉用杀,子欲善,而民善矣"(《论语·颜渊》)。儒家学派的另一位代表人物孟子也就此论述说:"君仁,莫不仁;君义,莫不义;君正,莫不正;一正君而国定矣"(《孟子·离娄》)。他们的着眼点是人,得其人就能治,不得其人就会乱。所以国家的治乱,系于统治者个人的好坏。孟子说:"徒法不能以自行……惟仁者宜在高位"(《孟子·离娄》)。那么,如果不仁不义的人身居高位,那就会祸国殃民了。所以他又说:"上无道揆也,下无法守也,朝不信道,工不信度,君子犯义,小人犯刑,国之所存者幸也"(《孟子·离娄》)。这里所谓的"上、下、朝、工、君子、小人",都指的是人,国家的存亡兴衰,全在乎人。所以,人治论夸大了当权者个人的作用,把治理国家的希望完全寄托在少数所谓"明君""圣主"身上,鲜明地体现了人治的基本特点。儒家并非不要法,而是把法置于礼之下位,作为礼的补充,也就是《汉书》中的"礼者禁于将然之前,而者禁于已然之后"。

同时,在关乎社会结构中不同身份的人们在法律面前的关系时,孟子这样论述道:"君子犯义,小人犯刑"(《孟子·离娄》)。而简子论述说:"由士以上,则必以礼乐节之,众庶百姓,则必以法数制之"(《荀子·富国》)。由此可以看出,他们的人治思想十分显见,法律面前不同的人存在着贵贱之分,公开申明法律只是用来对付平民百姓的,而"君子大人"则可以不受法律的约束。在长达几千年的专制和极权为特征的历史时期,统治阶级可以为所欲为,可以根据自己的好恶和取舍任意颁布和废止所谓法律,特权阶层可以不受法律的管束,所谓"礼不下庶人,刑不上大夫",而广大下层人民,连生命健康权都得不到保护,更无财产权可言,这一历史时期就是典型的人治社会时期。

孔子还说道:"君君臣臣,父父子子。"其本意是强调名副其实、各司其职,意为:作为君主、臣僚、父亲、人子,都各自应当有自己的样子,并奉行自己的职责。然而中国封建社会的统治阶级出于巩固自身地位的目的,对此做了一定程度的曲解,突出身份地位对于社会等级划分的意义,强化自身统治的上天赋予的合理性,迫使被统治阶级从观念上接受与生俱来的不平等地位,并安于现状,甘受奴役。这样一来,儒家思想中劝导君主做"明君、仁君、仁人、贤者"的治国理念,就被刻意地添加了拥护君主统治地位的内涵,从而与"人治"的理念不谋而合了。以儒家伦理为核心的传统伦理精神主导着中国传统社会的行为模式。作为"人治"理念的思想基础,儒家伦理精神在中国几千年的政治生活中一直都在为封建统治者维护稳定其统治保驾护航。

综上所述,人治,作为一种治国方式,是指以人格化权威为国家的支点,把治理国家的希望寄托于人格化权威的圣明与贤能上。它无限夸大圣人明君的作用,把国家的兴旺发达和长治久安完全寄托于执掌最高权力的人。当然人治并不排斥法律的作用,而是认为法律必须服从最高统治者的权威,最高统治者的意志才是至高无上的。在对人的引导上,人治把教化放在第一位,教化没有效果时,才诉诸法,叫做"德主刑辅"。人治所要实现的理想社会是以明君、贤臣、顺民为标志的社会,但这种社会事实上从来也不曾出现过。中国几千年来走的就是人治的道路,人治之祸的贻害不根除,我国当下法治国家和法治社会建设就无法顺利地开展下去。

2. 西方法理精神在于法治

在西方,"法治"观念源远流长,系统的法治理论形成与发展也已经有了很长的历史。柏拉图的人治思想被其学生亚里士多德的思考所否认,亚里士多德提出的"法治应当优于一人之治"的法治观念在其时代已经得以理论化。古罗马的法学家、思想家同样主张"以法为据",他们除制定了完备的法律,尤其是反映发达的简单商品生产关系的私法之外,在法治理论上也建树颇丰。古希腊、罗马的法治思想对西方法律文化产生了深远的影响,近代资产阶级法治理论很大程度上就是以古代法治思想传统为基础而形成和发展起来的。

作为欧洲文明的"精神家园",古希腊"民主政治"和"法治国家"的治理状态对后世影响深远。古希腊的法学家们最初对法律的研究多集中在法与自然、理性的关系之中。然而伯罗奔尼撒战争的爆发让他们认识到雅典民主制的缺陷,这种原始、直接的民主,虽相对于当时奴隶制社会较为先进,但一定程度上形成了对国家治理与发展的桎梏,因而国家治理的问题进入了政治家的视野。

柏拉图是竭力推颂并在理论上加以系统论证"人治"优越性的第一人。他早期政治法律思想的一个重要内容就是"哲学王治国"。他在《理想国》中提出,由"哲学王"或那些"能严肃认真地追求智慧,使政治权力与聪明才智合二为一"的自然人来统治国家,是国家治理的最理想状态。可以看出,他这种建立在美德(正义)和知识两大基石之上的"哲学王"学说,一厢情愿地比较了人治社会的长处和法治社会的劣势。然而,他怀揣美好设想的政治改革实践却均以失败告终:劝说叙拉古国王施行改革时遭到碰壁;两次西西里之行险些成为囚徒;希腊的政治现实不仅没有出现他想象的"如果一个国家完全由好人来治理,就可以避免当今之世为获取职位而争权夺利"(朱德生,1991:21),相反,总是政治上尔虞我诈、暴乱迭乱。这一经历使他不得不放弃"哲学王""理想国"的幻想,并转而抨击人治的政治现实。他告诫人们:"不要让西西里或任何其他城市服从人类的主子(虽然这样的服从是我的学说),而要服从法律。服从对主子和臣民都是不利的,对他们本身、对他们的子孙后代统统是不利的"(乔治·霍兰·萨拜因,1986:97)。"哲学王"治国存在的重大缺陷直接导致柏拉图晚年法律思想的变革。在其生命的最后10年,他开始对那种依靠个人才智和品德不受约束地治理国家的模式与统治者的自由裁量权受到法律限制的国家形式进行比较,最终承认法治比人治好。他在《法律篇》中指出:"如果当一个国家的法律处于从属地位,没有任何权威,我敢说,这个国家一定要覆灭;然而,我们认为一个国家的法律如果在官吏之上,而这些官吏服从法律,这个国家就会获得诸神的保佑和赐福"(西方法律思想史编写组,1983:25)。此时,柏拉图已不再指望现实生活中出现"哲学王"这个理想状态,而认为法律的统治是最好的选择,因为法律是理性的,而现实的人却不可能完全是理性的。不过,需要注意的是,即便是在《法律篇》中,柏拉图也不是彻底的法治主义者,因为在他关于国家和法律的整个设计之中,占主导地位的是唯智论的政治贵族主义,即具有真正知识的统治者居于法律之上,法治只不过是人治条件不具备之时迫不得已的选择。

亚里士多德堪称法治思想的集大成者。他在柏拉图的思想的基础上,第一次明确提出了"法治"的概念,并赋予其法律至上与良法之治的内涵,坚持"法治应当优于一人之治",建立了系统的法治主义法律哲学。他断定"法治"优于"人治",并且论述说:"凡是不凭感情因素治事的统治者总比感情用事的人们较为优良。法律恰正是全没有感情的;人类的本性(灵魂)便是谁都难免有感情。……那么,这就的确应该让最好的(才德最高的)人为立法施令的统治者了,但在这样的一人为治的城邦中,一切政务还得以整部法律为依归"(亚里士多德,1965:163)。他还论述道:"让一个人来统治,这就在政治中混入了兽性的因素。常人既不完全消除兽欲,虽最好的人们(贤良)也未免有热忱,这就往往在执政的时候引起偏向。法律恰恰正是免除一切情欲影响的神祇和理智的体现"(亚里士多德,1965:169)。

亚里士多德之所以推崇"法治"而摈弃"人治",究其原因,主要有三:其一,法律是经过众人的经验审慎考虑后制定的,同一个人或少数人的意见相比,更具正确性。其二,任何人即使最伟大最贤明的人,也会受个人感情这种主观因素的影响,从而做出一些不利于民众、不利于国家的事,而法律却是不受主观愿望影响的理性。就是说,法治有利于排除因感情用事而偏私的问题。其三,法律具有稳定性。因为人不免凭感情行事,而感情又是常常变动的,那当然就谈不上什么稳定的问题,而依照法律办事,恰能避免这一缺点。而且,法治还可以防止君主的继承人是庸才而危害国家(侯少文,1998:3-4)。亚里士多德指出:"法治应当包含两重意义:已成立的法律获得普遍的服从,而大家所服从的法律又应该本身是制订的良好的法律"(亚里士多德,1965:199)。这里,亚里士多德实际上提出了法治政治必须具备的两个基本要件:其一,法律必须是良法;其二,良法具有至高无上的权威。这两大要件可视为法治理论代代相传的"基因",至今仍为法治论者所坚持。在洛克、卢梭、孟德斯鸠等西方著名法学家的著作中,几乎处处可以找到亚里士多德思想的影子。近现代西方国家的法治实践也留下了亚里士多德思想的痕迹,随着自由、平等、人权等人文主义精神的弘扬,人们重在原则和制度层面讨论法治问题,而把法治的核心归结为"依法对国家权力进行限制和制约"。内容大体包括:法律至上,权力在法律之下;法律公开;依法行政;司法独立;保障权利和自由;实行"正当程序"等。

法治,作为一种治国方式,是指主要依靠良好完备的法律来治理国家,把国家的长治久安维系于国家的法律和制度上,认为法律和制度比领导人的素质更靠得住。"法治"并不排斥领导人个人的权威和作用,但认为这种权威和作用必须置于法律之下。人治和法治的分歧,并不在于治国的过程中要不要法律,也不在于要不要领导人的权威,而在于法律和领导人的权威哪个更大。领导人的权威至上便是人治,法律至上便是法治。二者必居其一,不可能平分秋色。法治包含形式意义的法治和实质意义的法治两个部分。形式意义的法治强调"依法治国""依法办事"的治国方式、制度及其运行机制;实质意义的法治强调"法律至上""法律主治""制约权力""保障权利"的价值、原则和精神。形式意义的法治应当体现法治的价值、原则和精神,实质意义的法治也必须通过法律的形式化制度和运行机制予以实现,两者均不可缺(何云峰,2005:16)。

三、中西法理精神对比的启示

综上所述,中西法律文化,尤其是法理精神之间存在着较大差异。中国传统文化是指在中国几千年传统农业文明中占主导地位的以"天人合一"和伦理中心主义为本质特征的经验主义和自然主义文化。西方传统文化是商业文明条件下自由自觉的理性文化。

1. 中西法律文化传统的差异

中西文化传统的不同,决定了中西法律文化传统的差异。中国的传统社会主要依"礼"和依"习惯"而治,国家制定的法律与民众的生活经验脱离,法律只是人治的辅助工具。西方有着悠久的法治文化传统,法治思想已经成为西方政治法律文化的核心思想,并与西方社会发展休戚相关。中西法律文化分别支撑起了人治与法治两种治国与法律传统(丁志,2011:121-123)。二者之间存在着诸多的差异,例如:

(1)"权力至上"传统与"法律至上"原则

中国传统文化强调道德的内在超越,法律只是一种辅助德礼之所不及的工具。在中国传统法律文化中,"君权"大于"法"。"法"自君出,主要作用表现在刑法领域,成为暴力维护"礼"所代表的道德伦常等级秩序的手段。法律成为统治者治民驭民的工具,缺乏自然法的超验批判,不能拥有神圣性和权威性地位,没有走进人心,贴近社会。家长式等级制的政治权力垄断整个社会,模铸了中国人对世俗政治权力的极端神化和超常崇拜,积淀而形成了"权大于法"、权力就是真理的政治文化和法律文化传统。西方人一直深受自然法观念的影响,相信法是由上帝或理性创造的,是上帝或自然的某种更高级命令在人间的体现,人既由上帝创造,就必须服从上帝所立之法,因此,在西方的法律文化中,法从某种意义上就代表着对上帝的信仰,而不只是一种外在的工具。人只是发现法律而不是创制法律,宗教信仰在西方价值系统中的神圣性和崇高性,确立并且巩固了法的神圣与权威。这一切,都是法律成为"统治者"、法律拥有正义和获得"至高无上"地位所必须的价值基础和文化来源,使后来的法治与宪政的发展成为可能。

(2) 人治的特殊性、等级性精神与法治的普遍性、平等性原则

中国传统社会是一个以儒家的"礼"或礼教伦理维系的社会,"礼"特别强调等差,强调差别。因此,儒家强调特殊性原则的"礼",讲究私人关系、主张家庭伦理等级、强调道德标准内外有别的道德价值和伦理规范的二元化特质,形成了与"法治"强调法律的普遍性、强调法律平等适用于任何人的理念的截然对立。西方从来没有建立过像中国古代那样严密的伦常观念基础,而是较多地把犯罪置于现实的社会危害性的因素上。西方法律文化注重主体间订立的契约,在契约关系中,各主体享有充分的选择自由,一旦同其他个体建立契约关系后,彼此的权利义务非常明确,并因此受到相互制约。显然,契约型社会关系就比较适合现代法治的精神和非人格化特征。

2."法治"治国理政之基本方式探索

党的十八大报告提出:"法治是治国理政的基本方式。"在关于《决定》的说明中,习近平总书记又重申了这一提法。这一提法的言外之意是:由于法治优于人治,我国只能实行法治,不能重复人治的老路。这是我们党在吸取中西方法理精神发展历史经验与教训的基础上所作出的重大而正确的举措。

关于法治与人治孰优孰劣的争论,如前所述,在西方,最早见于柏拉图与亚里士多德师徒之间。"法治优于人治"成为柏拉图与亚里士多德的共识之后,尽管西方政治思想学说流派众多,政体形式亦多种多样,但对法律权威的推崇成了西方政治文化的基调之一。在西方政治思想史上,虽然有像中世纪晚期的马基雅维利以《君主论》怂恿君主为攫取权力和巩固权力而不择手段,以及启蒙时代初期的霍布斯在《利维坦》中鼓吹建立强大的、极端君主专制的国家等那样为人治张目的学者,但其学说别有用心,而并非挑战法治,所以都被同时代人视为异类,其学说因对现实政治影响甚小,无由发展成为人治理论。可以说,自古希腊至近现代,法治优越论是以默示的方式被接受并流传下来的。法治实践肇始于英国,《大宪章》等一系列世俗社会中法律的制定,开启了以法律限制王权的传统。英王成了"统而不治"的虚位元首,法律则成了权力最大的国王。"日不落帝国"的荣耀使追求法治成为

西方国家的一种政治潮流,英国的"宪政之母"之誉也可换言为"法治之母"(夏泽祥,2015:86)。

"刑为盛世所不能废,而亦盛世所不尚",比较准确地概括了法律在中国传统社会中的从属地位。我国漫长的古代社会实行的是人治。清末仿行宪政,是我国由专制向民主、由人治向法治转型的尝试。在这次尝试中,"法理派"与"礼教派"围绕法制改革的指导思想发生过一场激烈的争论,前者主张用西方近代法治原则指导立法,后者主张在改革中坚持纲常礼教原则,保留"亲""尊"者的特权。这场争论最终以妥协而告终,"法理派"主张有限度地采纳法治原则的主张落空。随着清政府被推翻,我国由人治向法治转型的第一次尝试归于失败。尽管制度转型没有成功,但是中国必须走民主法治道路的观念在那个时期就已经牢固地确立下来。民国期间是一个动荡的时代,"枪炮响,法律亡",法治无法提上议事日程。

新中国的法治建设是一个曲折的过程。1954年宪法的制定和实施是新中国重视法治的标志性事件。1956年9月,《中国共产党第八次全国代表大会关于政治报告的决议》提出进一步加强人民民主法制,逐步地系统地制定完备的法律,充分保护人民的民主权利。然而1957年夏季开始的反右整风运动中,"以阶级斗争为纲"的口号成了一切工作的指导思想,法律被当作阶级斗争甚至敌我斗争的工具。到1959年初,"要人治,不要法治"的口号已广为流传,立法工作陷于停顿,司法体制也解体了。此后,法律虚无主义逐渐盛行,党的决议、领导人讲话逐渐取代了法律的位置。此后十年成为中华民族历史上一场空前的浩劫。造成的深重灾难对那些稍有理性的人而言,至少有两点警示意义:其一,人治是一条死胡同;其二,中国必须实行法治。1978年12月召开的党的十一届三中全会标志着我国重新回到了法治的轨道。全会之后,法学界关于法治与人治问题的讨论,与其说是关于法治与人治孰优孰劣的论争,毋宁说是对"法治优越论"的确认和重申(夏泽祥,2015:87-88)。继"依法治国"被载入党的十五大报告、《党章》和第13条宪法修正案之后,党的十六大、十七大、十八大一以贯之地强调法治的重要性。凡此种种,足以印证这样的判断:"法治作为治国的基本方略,是人类法律文化的结晶。实行法治、依法治国是人类文明、社会进步的标志"(孙国华,2002:1)。十八届四中全会专题部署依法治国问题,是党中央顺应历史潮流的明智之举。

3."法治"的含义

回顾历史,可以清晰地看到,"法治与人治根本对立,无法结合""要法治,不要

第九章 中西法理精神对比：人治与法治

人治"已经成为沿袭至今的主流观点。"凡是法律权威高于任何个人意志的治国方式都是法治，凡是法律权威屈从于个人意志的治国方式都是人治"已经成为公认的区别人治与法治的标准。"要法治，不要人治"已经从学术公理上升为我党的政治宣言和治国方略。

诚如《决定》所指出的那样，"增强全民法治观念"，"推动全社会树立法治意识"是树立法律权威、推进依法治国的必要条件之一。而要增强法治观念，树立法治意识，必须首先弄清法治的含义。

作为法理学上一个语义复杂的概念，法治的一般意义是指："法的统治"（Rule of Law），与"依法治国"同义，指一国之中的所有人（包括国王）都要守法，都要依法办事。我国所要建设的是社会主义法治。根据《决定》的表述，我们党"坚持依法治国首先要坚持依宪治国，坚持依法执政首先要坚持依宪执政"。那么，需要我们理解"依宪执政""依法执政"的基本含义。宪法"序言"第13个自然段宣示："全国各族人民、一切国家机关和武装力量、各政党和各社会团体、各企业事业组织，都必须以宪法为根本的活动准则，并且负有维护宪法尊严、保证宪法实施的职责。"宪法第5条第3、4款规定："一切法律、行政法律和地方性法规都不得同宪法相抵触""一切国家机关和武装力量、各政党和各社会团体、各企业事业组织都必须遵守宪法和法律。一切违反宪法和法律的行为，必须予以追究"。根据这两段文字，我们可以肯定，"依宪执政""依宪治国"意味着，执政党同所有公民、国家机关、社会组织一样，都应当遵守宪法和法律。因此，这两个规定体现了法治的字面含义，社会主义法治与法治具有相同的含义。

法治的深层含义可归纳如下：法治——并不意味着由法来统治人，法并不具备主体资格；而是意味着，即使是掌握国家最高权力、具有最高权威的国王也不能具有绝对的权威，他是最高的统治者，可以统治别人，同时也受某种公认的规则的统治，是被统治者。如果说人治是一种特权者的治理方式，那么，法治就是一种反对特权的治理方式。换言之，法治是一个侧重表达国王与法律之间关系的范畴，即法律具有最高的权威，而国王在法律之下。法谚"王在法下""法律至上""法律是法官唯一的国王""在专制社会中，国王就是法律；在法治社会中，法律就是国王"等等，所表达的正是这种意义。通俗地说，法治的深层含义是依法治官。我国宪法第5条第4、5款规定："一切国家机关和武装力量、各政党和各社会团体、各企业事业组织都必须遵守宪法和法律。一切违反宪法和法律的行为，必须予以追究。任何组织或者个人都不得有超越宪法和法律的特权。"这一规定体现的是法治的深层含义。依法治国意味着,在国家工作人员与老百姓之间,国家工作人员首先要守法;在上、下级国家工作人员之间,上级首先要守法;在同级国家工作人员之间,一把手首先要守法。否则,党中央提出的"依法治国"目标就会衍化为古代法家的"以法治国"。

4."依法治国"与"以德治国"的结合

法的特征之一是只能调整人的行为,不能规范人的思想。以法律制裁人的思想是赤裸裸的暴政。马克思的精辟论述可为有力佐证:"对于法律来说,除了我的行为以外,我是根本不存在的,我根本不是法律的对象"(《马克思恩格斯全集》,1956:16-17)。按照法治原则,对思想的规范,不能诉诸法律,只能诉诸道德。人的思想与行为之间的密切联系,决定了法律与道德的不可分离。因此,《决定》指出,建设社会主义法治国家,必须坚持"依法治国和以德治国"相结合,实现"法治和德治相得益彰"。

美国法学家富勒曾对法律和道德的结合做过经典论述,他指出法律应当在两个层面的意义上体现道德的要求:其一是法律的"外在道德",指的是法律在内容上必须体现道德观念,如:正确、好、公平、正义等;其二是法律的"内在道德",指的是法律必须在形式上或程序上满足以下八个方面的要求或特点:法律规则的普遍性;法律规则必须公布;法律不能溯及既往;法律规则必须明确,能够被人理解;法律规则不能相互矛盾;法律规则要求的行为必须是人们的力量所能及的;法律规则必须具有相对稳定性;法律规则的规定与实施必须一致(张宏生、谷春德,1990:462)。在这里,法律的"内在道德"本身不一定与具体的道德规范相关,它主要是对立法工作的要求;通过落实《决定》"科学立法、民主立法"的要求,即可使法律具备"内在道德"。法律的"外在道德"涉及具体的道德规范,是对法律的实体性要求,博登海默对此做出了更为清楚的理论说明。博登海默将道德规范分为两类:第一类包括社会有序化的基本要求,它们对于有效地履行一个有组织的社会必须承担的义务来讲,是必不可少的,如忠实地履行协议、协调家庭关系、对群体的某种程度的效忠。第二类包括那些极有助于提高生活质量和增进人与人之间的紧密联系的原则,这些原则对人们提出的要求远远超过了那些被认为是维持社会生活的必要条件所必需的要求,如慷慨、博爱、无私、富有爱心。在所有的社会中,第一类要求都被法律化而赋予了强制性力量(博登海默,1999:373-374)。

我们置身其中的是一个道德滑坡的时代,如路边摔倒的老人讹诈伸手帮扶的好心人事件层出不穷,从而使得"任何人不能从他的恶行中受益"这一道德常识早已被公然颠覆,再如像彭宇案一审判决中法官根据"日常生活经验"和"社会情理"所做的推理显偏离主流价值观等荒唐案件屡有发生,从而使得民法上的"公序良俗原则"在司法实践中竟然也会失灵等。当今道德的滑坡如此严重的主要原因之一是一些问题官员的不良风气带坏了民风。然而,如何将道德和法律结合在一起,其可操作性却仍然缺乏。在法律与道德的结合方面,国家工作人员的带头作用至关重要。我们既要区分道德规范本身的层次高低,也要区分遵守者的"国家工作人员"与"普通公民"之不同。

因此,可将我国当下的道德分为社会公德与干部道德两个层次。社会公德是普通公民无须特别的付出即可轻易达到的伦理要求,因其具有普泛性而构成法律之正当性的基础,故社会公德必须被法律化。如尊老爱幼,诚实守信,不乱扔垃圾,遵守公共秩序等等。社会公德是对普通公民的要求。对于普通公民违反社会公德的行为,通过严格执法就能使其受到制裁,从而实现法律与道德的结合。在这个意义上,只需强调依法治国即可,"以德治国"成为赘言。干部道德是指普通公民不付出特别的努力就不能达到的伦理要求,同时也是普通公民之外的特殊主体必须达到的伦理要求,因其不具有普适性而无法被法律化,如拾金不昧、见义勇为、大义灭亲、勇于牺牲等等。干部道德是对特殊主体的要求,只有在这个意义上,"以德治国"才有被申明的必要。例如,为了避免借口被诽谤、被侵权而规避群众监督甚至对监督者进行打击报复,有必要对领导干部个人隐私保护、家庭财产保密等方面做出限制性规定;为防止腐败分子转移来源不明的财产以及其他非法收入,有必要对官员置办房产、投资赢利行为进行限制等。因此,正如依法治国的深层含义是"依法治官"一样,只有将"以德治国"的精义理解为"以德治官",则"以德治国"与"依法治国"才能有机地结合在一起。

将"以德治国"的精义理解为"以德治官",不仅具有明显的现实意义,而且具有很强的可操作性。"以德治官"的文化基础是传统的"清官"精神,包括"守道""爱民"和"无私"等要求(徐祥民,2004:155),规范依据则是党规党纪。如《党章》中对党员"全心全意为人民服务"的要求,《党政领导干部选拔任用工作条例》第7条关于党政领导干部应当具备的"基本条件"的规定,关于《中国共产党党员领导干部廉洁从政若干准则》八个"禁止"52个"不准"的规定等等,都是高于社会公德的干部道德。可以说,严格执行党规党纪,将严重违反者移交司法机关处理,就体现了"依法治国"与"以德治国"的有机结合(夏泽祥,2015:94)。

第十章　中西法律本位对比：义务与权利

> ◇ 在法律上，权利能力是指一个人作为法律关系主体的能力，亦即是作为权利的享有者和法律义务的承担者的能力。
> ——[德]卡尔·拉伦茨
> ◇ 认真地对待权利。
> ——[美]德沃金

一、概述

在如何理解和看待法的本位的问题上，至少可以有两个视角：其一，是从法律所首要维护的利益主体的角度来看，法的本位可以划分为集团本位和个人本位两种。在集团本位法律文化的模式中，群体利益（国家、社会等）是法律首要考虑和保护的价值层次，在这里个体利益要服从群体利益；而在个体本位法律文化模式中则与此正好相反。其二，是从作为法律核心范畴的权利和义务二者之间如何安排为线索来理解，法的本位就是"关于在法这一规范化、制度化的权利和义务体系中，权利和义务何者为主导地位（起点、轴心、重点）的问题"（张文显，2001：345）。

因此，可以将人类历史上从古至今的法律文化，依据如上的视角划分为义务本位模式和权利本位模式两类。"以义务为法的逻辑起点和宗旨并以差别对待的原则去安排权利义务关系的，就是义务本位模式；以权利为法的逻辑起点和宗旨并以平等对待的原则去安排权利义务关系的，就是权利本位模式。义务本位模式的法律文化强调的是法律的制裁机制，它着眼于如何迫使成员以消极的臣民意识被动地接受自上而下的单向社会控制，法律在确认臣民的有限权利时。只是为了使他们更好地履行对统治者的义务；权利本位模式的法律文化更注重法律的激励机制，它允许甚至鼓励（至少在法律规定上）人们以积极的公民意识去参与社会公共事务的管理，用义务来源于、从属于、服务于权利的逻辑去安排权利与义务的关系"（张文显，2003：262）。由此看出，集团本位法就是指向义务本位的，而个人本位法则是指向权利本位的，这两者之间尽管划分的视角不同，但在本质上是相通的。

第十章 中西法律本位对比：义务与权利

以法的本位为出发点来对比中西法律文化，可以看到二者之间不同的历史发展轨迹和当今运作状况。在中西法律文化发展历史上，循着不同的演化逻辑，分别形成了以义务为中心的集团本位法的中华法律文化模式和以权利为中心的个人本位法的西方法律文化模式。在人类社会最早的时期，无论东方还是西方，在远古社会最基本的单位是"个人的集合"（梅因，1959:73)，中西法律都是以氏族或扩大了的氏族（部族、部落联盟等）为本位。但在古代世界的转换过程中，中西法律文化却按照不同的逻辑和轨道走上了两条日益分离的道路。中国法律走上了一条从氏族（部族）到宗族（家族）再到国家（社会）的集团本位道路，其特点是日益集团化。西方的法律本位则经历了一条从氏族到个人再经上帝（神）到个人的道路，其特点是日益非集团（个人）化。20世纪以来，中西法律的本位都有了很大的变化。在中国，个人在法律中的地位愈益提高，而连带主义、民族主义则对西方法律本位一度产生了非个人化的影响（张中秋，2004:31）。

二、中西法律本位对比

在中西法律文化中最具差异、最受关注的就是轻权利重义务的法的"集团本位"与权利至上的法的"个人本位"的法律本位关系问题。

中国社会缺乏西方那样的与他人分立对抗的、绝对的个体人（individual person）的概念（夏勇，1992:184）。也就是说，在中国传统法律文化中，个人权利缺乏独立性，义务神圣，并且权利和义务是以社会和家庭为单位设定的。所以，中国传统社会所强调的是以家族、国家的利益至上为基点，个人始终是以"义务主体"的身份出现的。中国传统的法律思想，无论是主张"缘法而治"的法家理论还是儒家法律文化传统，在理论上都以尊君、卑臣和愚民为前提，以维护家天下的专制统治、为专制君主服务为目的，不承认个人利益的合理性和正当性，体现出了鲜明的法律的工具性取向。从《秦律》到《大清律例》，数千年来官方制定和颁布的全部法律规程，都以惩罚、镇压和恐怖的严刑峻法特征，以义务性、压制型法而非权利性、救济型法为主要导向。

与之不同的是，尽管西方社会也存在着一个"从身份到契约"的历史进程，但从其所呈现的总体趋势说，其个人权利逐步加强。古代西方文明的正义观念中包含个人权利的思想，即视个人权利为正当的、合理的。个人权利实质上是个人自由本性在法律上的体现，因此，古代西方文明的正义观念中蕴涵着人类自由本性的因子。尤其需要提到的是,西方社会一方面揭示了法律以权利为目的,另一方面又强调权利以法律为保障,尤其是近代以来对个人地位从法律上给予了充分的维护与重视,并逐步完善了法的权利理念,权利理念的深化和发展又促进了人权理念的产生,诸如契约自由、人权天赋、私权神圣等一系列法律原则的确立,极大地张扬了个人的权利和自由。权利论与契约论结合,充分表达了一种个体的而非群体的观念。这种个人主义观念既与西方宗教改革运动中新教精神相契合,更是整个西方文化自近代以来的主导观念,它充分倡扬了个体的地位、尊严、权利、价值和自由,符合现代"法治"理论所体现的人道、自由、平等和博爱等人本主义观念(丁志,2011:121-123)。可以说,权利与人权的理念是西方法特有的理念,也成为西方社会对法制文明的独特贡献。

依据马克思主义的观点,法律是社会的产物,是一种导引性的社会制度和社会规范。任何社会的法律都是为了维护并巩固其社会制度和社会秩序而制定的,只有充分了解产生某一种法律的社会背景以及文化因素,才能了解这些法律的意义和作用(杨复卫,2013)。中国的法治文化建设亦离不开对传统法律文化的考量和反思以及对中西法律文化的对比和借鉴,认可并直面历史传承下的法律文化,认识并理解中西社会差异所形成的不同法律文化,并以此为基础来考量其对法治文化构建影响的思路,恰好与十八大报告提出的坚持中国特色,"既不走封闭僵化的老路、也不走改旗易帜的邪路"的精神不谋而合,具有十分重要的理论和实践意义。

1. 我国轻权利重义务的法的"集团本位"

从世界范围看,义务本位的价值模式在东方辐射的范围广泛,历史久远。义务本位的价值模式在我国有着长久的建构历史。我国的义务本位的价值模式建立在世俗的基础上,具有典型的社会意义。

中国古代法是部族集团本位法,后期逐渐演变为宗族集团本位法。中国传统社会的自然经济条件,为宗法制度的形成和发展提供了基本的物质前提和经济基础,使得中国法沿着宗族制度发展的轨迹得以形成。宗族制度与国家制度的结合始终构成了中国早期最重要的政治制度。这种早期政治制度家国一体、家国同构,其突出特点是贯彻宗法至上、家族本位、集体主义和义务第一的指导思想和原则。在我国的封建社会,统治者一直将政治上的君臣等级制、家族中的宗亲嫡长制和经济上的分封继承制合为一体,用法律维护以皇权为中心的金字塔式家族统治结构。在这种法律精神的统治与桎梏下,人的价值尊严、权利自由等都被剥夺和限制,个

第十章 中西法律本位对比:义务与权利

人主义被家族主义的汪洋大海所湮灭。

从历史发展的进程来看,中国古代的国家是通过氏族之间的征战杀伐来得以产生和建立的,战争双方的命运与归处因战果的不同而产生分化,胜利一方地位提升成为国家的统治者,被征服者地位丧失而沦落为被统治的奴隶。西周王朝是我国历史上通过征战而建立起来的第一个部族政权,其最大的特色就是宗法家族制度,宗族的血缘关系与政治统治合而为一,成为国家制度的基础,即家族(宗族)本位。

之后,经过春秋战国的频仍战乱与社会变迁,宗法家族与政治国家开始分离,以皇权为核心的国家集权日益显现。随着具有血缘关系的宗法家族统治的局面被打破,在新的政治制度建立中最具有影响力的儒家和法家的学说与思想的作用逐渐得以彰显和强化。首先,儒家对宗法制度中的"忠"与"孝"两个基本原则的关系的解释,弥补了宗法家族与政治国家分离的空缺。而法家的国家主义政治法律观是以国家为主位的,由于其理论与中国传统的宗族社会相抵触,最终没有成功。儒家吸收了法家的国家本位思想,创建了家族本位与国家本位共存的理论。中国传统法律本位走的是从部族到宗族再到国家与家族共同的集团本位道路。直至汉代,法律文化本位开始转向家族本位与国家本位共存,国家本位优于家族本位的时期。

然而,直至清朝末年,中国法律文化遭受西方法律文化的冲击才发生了根本性的动摇。在清末"变法修律"肇始之后,随着近代西方法律文化对我国传统法律文化的影响逐渐加剧,家族制度的影响受到巨大的冲击,逐步退出了国家法律的舞台。之后,根据社会的发展需要,国家本位逐渐被强化,由于社会历史文化传统的影响,其后的法律中深刻体现着集团本位。从其实质来看,集团本位法是义务本位法,这种法律意识集中体现出的特征是,法律是用以保护统治者的利益不受侵犯,而公民个人利益则受到限制。

中国传统文化的价值指向是集体主义,作为中国传统文化中重要代表的儒家思想,其核心思想和最高境界就是"仁"。《孟子·离娄》中说道:"仁者爱人。"《礼记·中庸》中论及:"仁者人也。"这些论点的实质就是倡导以人为本,关爱他人,营造良好的人伦关系,非常鲜明地体现出了一种集体道德的价值观。实现这一核心和境界的社会规范统称为礼。孔子曰,"克己复礼"为"仁"(《论语·颜渊》),"夫仁者,己欲立而立人,己欲达而达人"(《论语·雍也》)。所以,仁字的核心是"爱人"。然而,"爱有差等",这正是礼之精义所在。《礼记·曲礼》讲:"夫礼者,所以定亲疏,决嫌疑,别同异,明是非也。"显而易见,礼的基本价值和功用在于使社会主体有"分",从而各安其位,各行其责。由于儒家伦理对主体的等级制划分,使得礼的一切功能在于对高等级社会特权的维护,即"少事长,贱事贵,不肖事贤"(《荀子·仲尼》)。因此,从社会一般主体的角度而言,礼教规则对他们设定的是无限的义务,而这便是儒家伦理规则的"义务本位"。在中国的农耕经济模式下,自给自足的小农经济以家族为单位,传统的中国家庭崇尚的是四世同堂,提倡的是天伦之乐,在这样的家庭组成形式之下,长幼尊卑,父慈子孝,兄友弟恭等观念自然而然就产生了。推而广之,家庭是国家的基本单位,国家的道理和家庭的道理也是一样,讲究君君、臣臣、父父、子子。封建的等级制度就在集体主义观念中孕育出现了。在传统中国社会,从农耕经济模式到儒家仁爱和集体主义观念产生,再到等级制度出现,是必然的历史发展趋势。中国传统文化中的道德观主张义务本位。在日常的人伦关系中,蕴含着各种特殊的义务观念,父子、兄弟、夫妇、君臣,彼此之间存在着相对的关系,因而就具有相当的义务,这就体现为义务本位。不难看出,这种义务本位强化了君主专制政体。所有社会主体必须无条件地服从于高高在上的君主一人的训导,同时,因为权利源自权力的设定,它便变得越来越少,直到根本没有;而其政治服从越来越多,以至舍此无他。此外,这种义务本位还导致了社会主体的盲从观念,它使人们在日复一日的他人训谕中,只有一种是非观念,即"非礼勿听,非礼勿视,非礼勿行"。而这种盲从的一元价值观又导致社会主体没有任何选择性思维,也不愿设法去进行选择,从而严重压抑了社会主体应有的潜能(王平,2003:10-13)。

作为中国法律传统的集团本位,产生于特定的自然环境和社会环境中,它一定程度上适应于中国社会的需要,平衡了社会的发展,世界著名的比较法学家威格摩尔说过:"中国人作为一个民族之所以能够顽强地生存下来,很大程度上应归因于它们强有力的宗族和家庭组织"(威格摩尔,2004:112)。然而,我们更要看到的是,在宗法家族制度与国家政治制度相融合的条件下,个人主义完全被家族主义与国家主义所吞灭。在这种义务本位的法律文化中,个人权利意识是极其淡薄的,个人权利的行使是以其对义务的充分履行为基本前提,个人权利缺乏应有独立性。对主体来说,义务是绝对的、首要的、神圣的。这种义务本位的传统法律文化使得传统法律秩序具有很强的义务强制特征。

2. 西方权利至上的法的"个人本位"

从世界范围来看,古代的欧洲及近代的欧、美都对权利的价值表现出特别的偏好。这种偏好,在权利的价值体系及价值意识上都有明显的表现倾向。这种偏好和倾向经过长期的积聚、沉淀、整合逐渐定型为一种模式。这种模式就是通常所说的权利本位。

追溯西方法律文化的渊源,可以发现其根系缘于具有自由精神的希腊法和具有个人主义特征的罗马法。因此,西方法律文化形成了保护个人权利和自由的传统。需要指出的是,个人本位法在西方社会的形成也经历了一个反复曲折的过程。

在西方法律发展史的早期,古希腊法从雅典氏族本位法过渡到城邦本位法。由此许多希腊城邦确立了自由主义的法律原则,通过法律保护私人财产所有权,允许动产、不动产自由买卖。同时,以雅典为代表的城邦民主,还赋予了公民参政议政的权力,完善了公民代表大会制等奴隶制民主形态。

在之后的古罗马时代,以氏族为本位的罗马法目的旨在维护氏族利益。然而,由于后来古罗马的不断对外扩张,社会性质的转变,随着罗马氏族的分崩离析,罗马法中的氏族本位也土崩瓦解了。因而通过塞维阿·塔里阿的改革,作为农业罗马社会产物的家庭本位法,填补了氏族本位法的这个空缺,家庭本位法表现为以男性为中心的父权至上及夫权主义。之后随着经济与社会的发展,家庭本位法逐渐过渡并演化为以个人为本位的法律制度。个人本位法取代家庭本位法,其标志表现为罗马万民法的产生和发展,其意义"是在于它对'个人'的重视,它对人类所做的伟大的贡献,就在于它把个人从古代社会的权威中解放出来"(梅因,1959:146)。罗马的个人主义法律观是现代西方法律个人本位的思想渊源。这种由氏族本位法到家庭本位法,再由家庭本位法到个人本位法的演进,将西方的个人主义精神进行了系统精确的发挥和张扬,将调整个人间财产关系的"私法"从"公法"中分离出来,建立了罗马私法的完备体系,形成了西方以维护私权为中心的个人主义传统。

其后,特别是进入中世纪时期,西方法本位经历了一个团体本位法和上帝本位法的发展过程。具体来说,日耳曼人建立国家以后,所设立的日耳曼法是以氏族集团为本位的法,同时其制度法又以上帝的意志为指导,即上帝本位。文艺复兴通过古典自然法学说提倡反神权的个人本位法,批判神本位的法律思想。人权开始取代神权成为自然法的基础,思想家们认为人权是人的基本权利,是与生俱来的,不是上帝赐予的,是不可剥夺的,这种思想使得西方的个人本位法有了重大发展。

进入早期自由竞争资本主义阶段,个人本位法有了空前的发展。经济领域所奉行的自由主义政策导致了个人主义法本位大行其道。例如,在这一时期,西方国家多数采纳了亚当·斯密的自由主义经济政策,私人资本可以自由投资、自由生产和自由贸易等,国家对私人资本不过多进行干涉,国家力求做最小的政府,充当资本主义的守夜人的角色。由此,立法以突显个人权利和利益作为最高的尺度。"权利第一""天赋人权"等法律理念成为西方资本主义国家的政治理想和立法主旨(张中秋,2009:76)。

西方文化的价值指向则是个人主义。个人本位法从其本质上来讲是权利本位法,注重于对个人权利的保护,强调个人利益。在西方社会,最早的占主导地位的经济模式是海洋贸易。这种商业经营模式属于赢利性生产方式,注定其具有鲜明的利己主义价值取向。而且相对于农业生产,商业活动的流动性又很强。因此,商业社会的家庭关系不可能像农业社会一样庞大复杂、盘根错节,只能以夫妇子女为中心,也就是所谓的核心家庭。商业文明的道德,也由此以个人本位为标志。西方文艺复兴时期高扬个人主义的旗帜,以反对中世纪确立的神本位思想,唤起人们对人的价值和尊严的重视。平等观念也从个人主义中衍生出来。西方文化的另一基点基督教宣称,人人在上帝面前生而平等。平等的理念在西方人中的确是深入人心。在西方社会,从海洋贸易模式到个人主义观念和基督教平等精神的确立,也是必然的历史发展趋势。

西方道德观主张权利本位。西方人重权利,有天赋人权之说,远在希腊斯多葛学派便开始萌芽。"到罗马帝国时期,西塞罗更把它发扬光大。到了近代,英国的弥尔顿和洛克,法国的孟德斯鸠和卢梭,美国的杰斐逊,都以提倡人权著称"(郁龙余,1989:192)。1688年英国人权宣言、1775年美国独立宣言、1789年法国人权宣言,这些标志性的法律文件,更是彪炳史册,向全世界宣告主要资本主义国家维护人权,政府有保障维护人权的责任。权利的观念在西方人中逐渐深入人心。

最能体现权利价值崇尚的法律性文件是1776年的《美国独立宣言》。宣言一开头便申明美国民族的独立与平等的地位是由"自然法则"和"自然神明"所规定给予他们的,并郑重宣布:"我们认为这些真理是不言而喻的;人人生而平等。他们都从他们的'造物主'那边被赋予了某些不可转让的权利,其中包括生命权、自由权和追求幸福的权利。为了保障这些权利,所以才在人们中间成立政府。"该宣言以如此明白、确定的言辞申明人的自然权利的存在并把这种权利的保障与国家的目的性联系起来,足以表明它对人的权利价值的崇尚。毫无疑问,这是建构以权利为本位的权利价值体系的重要开端,并直接影响了美国宪法的权利价值体系。

1787年颁布的《美利坚合众国宪法》,完全是按照自然法学派的思想,特别是洛克和孟德斯鸠的政治设计起草和通过的。该宪法浸润着权利价值的崇尚态度，使它成为一部建构以权利为本位的价值体系的重要法律文件。它的权利本位的价值体系主要体现在两个方面：一是规定了一套完整的权利体系，而缺乏相应的义务体系，对权利保护有加，而对义务则置之度外。这种反差，绝不是制宪者们的无知或疏忽，恰恰相反，这正是他们刻意追求和精心设计的，是他们自然权利崇尚的价值观在宪法文件上的必然反映。二是以相对严格的禁止性规范而不是一般性的授权规范来规定公民的权利。如规定："人身保护令状的特权不得停止之"；"公权剥夺令或追溯既往的法律不得通过之"；"无论何州，不得行使下列权力：……通过公权剥夺令，追溯既往的法律或损害契约义务的法律"，等等。所有这些，都淋漓尽致地体现了制宪者们的权利价值偏好（陈云生，1989：233）。由此可见，美国宪法是一部体现权利本位主义价值观的宪法。

三、中西法律本位对比的启示

所谓义务本位，指的是以义务为法律的中心观念，义务本位的立法都是禁止性规定和义务性规定，且民刑责任不分。目的在于对不同身份的人规定不同的义务，以维护身份秩序。所谓权利本位，指的是在国家权力与公民权利的关系中，公民权利是决定性的、根本的；在法律权利与法律义务之间，权利是决定性的，起主导作用的。权利本位的精神源于商品交换的本质和规律，同时也是市场经济模式下的利益机制的必然结果。

论述我国传统的法律文化，并将之与西方的法律文化进行对比，除了要有利于我们认识到古典法律文化中有些观念价值已经不适合现代社会之外，也要认识为什么不同的社会选择那样一个制度、一种文化，同时认清这些文化传统和文化差异对今天有何启示。承认、理解继而超越传统法律文化，认识、对比并借鉴不同的法律文化是构建我国现代法治文化的应有之义。

在十八届四中全会提出全面推进依法治国宏伟设计的时代背景下，我们中国的法律界已经深刻地认识到，要建立中国特色社会主义法治体系，就需要现代法治精神的重塑和价值合理性的确立，现代法治精神和信仰是建立现代法治国家的法观念基础。这就需要我们来认真地看待并理解义务本位模式和权利本位模式这两种不同的法律精神和文化。古代社会的法律文化是义务本位，现代社会的法律是权利本位。相比于以自然经济、宗法家族和专制独裁为基础的义务本位模式，权利本位模式代表了现代社会的基本法律精神,它主张"法律面前人人平等"、人民主权、尊重和保障人权、以权利限制权力、罪刑法定、无罪推定等等。毋庸置疑,权利本位模式代表了西方启蒙运动以来的基本价值理念和法律精神。随着法的权利本位论在中国法学界的广为流行、接受以及发挥重大影响,在法律的价值内核上,现代西方民主的、法治的、正义的、理性的法律价值观已经成为我国法学价值体系的重要的、有机的组成部分。

西方法律思想对于我国法学的影响,首先是一种认识论上的重构。在我国改革开放之初,通过对"人治与法治""阶级性与继承性"的大讨论,法治被初步树立为一种具有价值规定性的普遍共识。这一共识的作用就在于,在认识论上,打破了教条式的马克思主义和苏联法学的"法律工具主义"和"法律虚无主义"的认识和限制。直到后来,伴随权利本位思想的引入和法制现代化理论的兴起,又进一步在实质上确立了法治的普遍主义内涵,从而在认识论上,把法治确立为一个根本的"治国方略"和具有价值性的"存在方式"。

我国改革开放四十多年,法学理论和法律文化建设的发展和进步,是在全社会的权利意识觉醒,对权利问题的理论关注以及对现实权利问题的理论化解决的基础上取得的。法学界对权利问题的自觉与全面检讨,构成了法学理论发展和法律实践展开的主旋律,权利问题研究取得的丰硕成果也推动了法律文化的巨大发展。可以说,未来的法律文化发展也将仍然需要进一步深化权利问题研究。

当代中国权利问题研究经历了一个不断发展的过程。从泛泛地讲"权利"到对作为法律概念之"权利"的科学界定;从权利外围探究到权利本身向内挖掘;从宏大叙事的权利问题研究渐渐走向具体权利的深入论证;权利问题研究从注重权利的呼唤、宣传、论证转移到重视权利的实现问题。同样,人权研究经历了从不赞成人权口号,到谨慎探寻、小心论证,再到大胆宣扬,从将人权与社会制度捆绑到对普遍人权的普遍认同,从人权理念介绍、人权制度借鉴到人权理论、人权规则和人权实践三者研究的齐头并进的发展过程。有关权利问题研究的学术交流也逐步从静态的文本解读、自言自语,走向了动态的理论对话与建构的内涵型发展之路。再有,权利问题研究对法理学的影响也在逐步发酵,法理学的基本理论从"以阶级斗争为纲"到"权利义务法理学"的萌芽,到权利本位论的论述与论争,到权利本位范式的提出,再到权利本位范式扩展到各个部门法领域,权利本位理论逐步由观念走向"实证",由逻辑的推衍转向部门法学的践行(王岩云,2010:72-81)。

权利问题研究的深入,尤其是权利本位理论的提出,深化了人们从权利视角对法的本质的理解,彰显了现代法律文化的价值取向,提高了国家、社会和公民的现代法律意识和观念水平,从而促进了法律文化从传统向现代的转变。我国传统法律文化以政府的绝对权力和私人的绝对义务为内核,其法律价值以秩序为依归;而现代法律文化则以民主、自由、平等、权利、法治等为基本价值取向。权利是人类文明社会所具有的一种实质性要素,它既是人的基本价值追求,也是社会文明演化进取所不可少的力量(伯恩斯,1983:6-27)。权利与民主、自由、平等、法治等现代法律价值交融共生。权利与法治息息相关,"法治的基点在人","对于人来说,权利始终是并且也不能不是第一位的"。因此,"法治也就当然要求所有的社会活动主体高度重视和珍视自己的权利,同时又要对他人的权利彼此给予同样的尊重与珍视"(姚建宗,2000:9)。只有权利成为目的、权力成为手段的地方,才谈得上法治(周永坤,1997:101)。权利与自由、平等关联紧密,不仅自由和平等均可体现为权利,而且自由和平等的实现要通过权利保障。所以,权利问题研究的开展和深化,有助于与民主、自由、平等、法治等问题研究的同步深化、提升与拓展,从而促进法律文化从传统向现代的转变。

从义务本位到权利本位是其法律文化发展的历史进步和必然规律。权利问题研究强烈的实践向度推动而且践行着先进法律文化的社会化。法学是权利义务之学。法律应当是以权利为本位的当代法哲学思想,引领着人们在宪政、人权、法治政府、社会自治、罪刑法定、刑法人道化、民法理念、经济民主、社会公正、程序正当、无罪推定等方面将权利制度化、具体化的价值分析和实证研究。改革开放以来,权利问题研究从权利言辞的论证到对权利实践的关怀,从大写的权利到具体的权利,权利本位理论逐步由观念走向"实证",由逻辑推衍转向部门法学运用,是先进法律文化的社会化、大众化和实践化的明证。由此可见,权利问题研究带来了当代中国法律文化基调的华丽转变,成为一种权利文化,一种以"以权利为本位的文化",一种"崇尚人权的文化"。"权利文化对人权的保护和尊重,不仅表现在对人们正当权利要求的精神支持与制度保障方面,更重要的是权利文化内在地具有限制、规范政府权力的基因和机制","只有权利的要求成为社会的普遍要求,只有权利的制度成为社会的中枢制度,只有权利的文化成为社会的主流文化,法治才能由社会理想变为社会现实"(齐延平,2003:215-216)。

1. 良法之治

十八届四中全会《中共中央关于全面推进依法治国若干重大问题的决定》(本

章节内简称《决定》)旗帜鲜明地提出:"法律是治国之重器,良法是善治之前提。"对良法的强调是此次公报的一大亮点。尽管"依法治国"的方略早在十五大便已确立,但良法善治的提法无疑令"依法治国"的内涵更为深邃。《决定》引人良法理念并与良法之治相联系,表明我们已意识到实体与程序统一、立法与司法结合是判定良法的"试金石"。而中国特色社会主义良法与良法之治的实现,离不开从义务本位到权利本位理念的转变。

中国特色社会主义良法必须以保障人权,尤其是弱势群体的权益,实现社会正义为根本宗旨。良法之治的基本理念必然是以人为本和权利保障,这是对我国古代法制文明中义务本位的深度反思。如前所述,我国古代法制文明的宗旨,从上到下,是以维护国家、宗族和家族的整体利益为核心。因此,为了强制个体服从家族、宗族和国家利益,刑事法律异常发达,而调整平等主体之间权利义务关系的私法体系则发育不良,并趋于萎缩。这就造成中国传统社会中人们的权利意识被压制和淡化,与之相对的则是公权力机构的高度发达。人们在权利受到不法侵害时,多数选择漠然视之或逆来顺受,或者求助于代表权力的官宦阶层而非法律,法律被架空的后果最终只能使良法之治成为空中楼阁。在这种背景下,《决定》强调法治建设"以保障人民根本权益为出发点和落脚点,保证人民依法享有广泛的权利和自由"。这无疑具有非比寻常的意义。改革开放以来,我国综合国力大幅提升,人民生活水平不断提高,但也应看到中西部一些地区人民的生活仍比较贫困,社会保障体系仍有待完善。为此,切实保障和扩大人民群众的民主权利、切实保证和加强人民群众的广泛的经济权利与社会权利,使人民能真正享受到国家富强带来的惠益,仍是当前法治建设的一个重点,这关系到国内政治和社会制度合法性的证成,也是良法之治的一个重要体现。

2. 司法体制改革

对于我国法律文化中义务本位和西方法律文化中权利本位差异的理解,有助于在我国法治中国建设的现代背景下,对我国的司法制度不足及改进之处进行思考,从而有利于司法改革的顺利深入开展。

在西方司法制度中,个人本位和权利本位是其最为核心的文化内涵。个人本位的价值观认为,每一个人都是理性的自然存在,任何人都无权将他人视为达到主观目的的手段,每个人都是自治的主体人、目的人,个人价值应当优于社会价值。权利本位是伴随着个人本位而产生的价值观。这种价值观认为,国家权力来源于公民,公民有权主宰国家,国家应优先保障公民的主人地位及相应权利的取得。西方国家的诸多诉讼原则、规则都是对个人本位、权利本位的一种回应。例如,确立了被告人独立的诉讼主体地位,被告人不再是诉讼的客体,不得对其进行刑讯逼供和有罪推定;被告人不仅有权就自己无罪、罪轻或减轻、免除刑罚作自行辩护,还有权聘请律师协助辩护或接受法律援助。再如,确定国家刑事诉讼的主要目的是保障人权,尤其是个人利益与国家、社会利益发生冲突时,更多的是强调对个人利益的保护,比较突出的一个表现是非法证据排除规则和疑罪从无规则。

与西方个人本位、权利本位相反,我国的传统法律文化强调家国本位、义务本位,推崇家族、国家的利益,认为家族、国家利益是个人利益之本,远远优先于个人利益;个人应为家族、国家的利益而充分履行自己的义务。这种传统法律文化仍然影响着中国现代社会,在一定程度上排斥引入西方司法制度,进而阻碍了中国司法改革的顺利进行。例如,受家国本位、义务本位价值观的影响,我国的诉讼目的偏向于惩治违法犯罪行为,维护社会整体利益,而对个人尤其是被告人的权利保障不力。我国引入了辩护制度,赋予被告人辩护权,但是在司法实践中,被告人的辩护权并没有得到真正实现。被告人的自行辩护权利受到种种限制,辩护律师没有充分的调查取证权,诉讼权利也得不到应有的保障。法官无视辩护意见,先判后审的现象屡禁不止。另外,法律虽然规定举证责任在于控方,但又规定被告人应当"如实供述"。还有,为了尽快查明案件,违法取证、刑讯逼供的现象也较为常见等等。

司法体制改革正处于攻坚阶段,我们一定要汲取聂树斌案的沉痛教训。中共十八大以来,以习近平同志为核心的党中央,切实践行以人民为中心的执政理念,扎实推进全面依法治国,全面深化司法改革,大力加强人权司法保障,高度重视纠正和防范冤假错案。聂树斌案是一起历时22年且重大疑难复杂的案件,从另案被告人王书金2005年自认真凶以后,社会公众对如何处理聂树斌案十分关注,聂树斌案再审正是在这样一个时代背景下启动并进行的。今天,最高人民法院公开宣判聂树斌无罪,具有重大的历史和现实意义。

3. 行政改革

从1978年十一届三中全会至今,我国的行政法律文化正处在由传统到现代的历史性嬗变过程中,其中比较重要的表现之一就是由权力本位逐步在走向权利本位,现代行政法律文化形成、繁荣与发展,将有力推动我国法治社会的建设。

随着改革开放和商品经济的发展,人们对权力本位提出了质疑,权利意识逐渐突显,权利本位的现代行政法治理念在法学研究领域逐步得以形成、确立与发展。时至今日,权利的呼声空前高涨,而且在全社会逐步形成共识。权利本位的思维模式和理念在行政立法上得以体现,权利保护、权力制约的立法思想跃然纸上。比较有代表性的有:1990年10月实施的《行政诉讼法》,标志着我国行政诉讼制度的正式建立,进一步确立了公民权益受到行政侵犯的司法救济权,"民不告官"已成为历史。1994年5月,八届全国人大常委会通过《国家赔偿法》,建立了政府承担行政侵权赔偿责任的国家赔偿制度,公民的合法权益无辜受到行政侵害需要赔偿。1996年颁布了《中华人民共和国行政处罚法》,规范了涉及公民权益最为普遍的行政处罚活动,从而加大了保护公民利益的力度。综上可见,通过一系列法律的出台,使立法上传统的权力本位思想逐渐让渡与现代的权利本位思想。与此同时,由于法的权利本位思想的指引,权利的行政保障的思维模式和理念在实践中得到认同。在行政生活领域,人们从畏权厌讼的低谷走向了维权意识的高峰。在法的权利本位确立之前,由于受传统法律文化的权力至上、行政即"命令"与"服从"等思想观念的影响,我国的行政改革面临诸多困难。比如:行政的权利保障意识、百姓的维权意识还是相当薄弱,行政诉讼法的颁布实施遇到推行艰难的尴尬局面,人们还存在着传统的厌讼心理,官官相护的理念使百姓不敢与权力较量等等。随着法律文化中权利本位的确立,权力迷信得以逐步破除,权利意识得以逐步觉醒,司法审查和行政监督的理念逐步建立,权力应受到制约的观念和要求逐步强烈起来,权利保护已成为人们内心的渴望。由于法的权利本位的影响,近年来我国现代行政法律文化正在向新的深度和广度拓展,现代依法行政和以人为本的理念与要求不断强化与推进。比如,1999年九届全国人大二次会议将"依法治国"写入宪法,依法行政有了宪法保障,行政法治理念进一步强化;2004年3月,十届全国人大二次会议审议通过的宪法修正案,将"国家尊重和保障人权"载入宪法,明确私权受宪法保障。揭开了中国人权事业发展的新篇章,也进一步强化了以人为本、权利本位的行政理念。

随着"自上而下"的政府主导型驱动以及法律思想的活跃与传播,加速了中国公民法治意识的觉醒。依法治国和权利本位,传统的"臣民"角色已逐渐改变,并且正实现着由"平民"向"公民"身份的转变。面对不公,人们不再选择沉默,而是选择积极捍卫自身的权利。例如2003年,报考公务员的安徽芜湖市考生张先著一纸诉状把人事局告上法庭,"中国乙肝歧视第一案"在社会上掀起一股强烈的反歧视浪潮。一两年之后,《公务员录用体检通用标准(试行)》正式颁布实施,乙肝病原携带者、艾滋病毒携带者获得平等录用权。再如2004年4月1日,北京一位63岁的黄老汉手持新修正的宪法,抵制有关部门的强制搬迁等等。这些近几年来不胜枚举的事例,说明权利本位、服务行政、法治行政已成为人们的生活需求和根本理念,行政法治已悄然进入民众的内心深处(李蕊、丛淑萍,2008:18-23)。

4. 权利泛化

现代化蕴涵了个人主义、多元主义、合理化和市场化这四个相辅相成的要素,而权利观念与其中的每一个要素都紧密相关。因此,权利观念与权利主张的兴起是一个国家现代化进程中的历史必然。伴随着我国现代化和社会主义法治建设的进程,公民权利在各级立法者"快速立法"推出的法律文本中,得到了大规模的承认和保障,中国社会也迅速迈向了一个权利的时代:一个权利观念高涨、权利主张不断张扬的时代。"一元钱索赔案""三毛钱厕所收费案""一元钱电话费案"等诉讼不断涌现,新的权利诉求屡见不鲜。这些新兴的权利诉求,包括探视权、隐私权、知情权、生育权和"常回家看看"等逐渐得到法律确认的权利,也包括亲吻权、贞操权、送葬权、悼念权等充满争议的诉求。这些权利诉求不但对既有权利体系与权利理论提出了质疑与挑战,也与既有权利体系不断地发生冲撞,以致权利冲突已成为一个日益普遍的社会现象。究其原因,设定权利的法律相互冲突、不恰当的权利配置和权利的倾斜性保护等责无旁贷。我们知道,作为法治建构的基础形式和核心内容,将权利作为达成整个社会秩序的核心方法,离不开一套权利形成、配置、实践、反馈的具体方法。然而,中国的各级立法者恰恰缺少那套方法,只关心权利的"可欲性",而缺少"可行性"考量,甚至在不适合法律调整的领域设置权利。这种不严谨的权利设置带来的"权利泛化",助长了一般意义上的、规范层面的权利冲突现象,不仅会造成"立法愈多而秩序感愈少"的悖谬,还会在权利设置的目标与实效、权利的分类保障、国家与社会、权利与道德等各个方面造成冲突。

这种权利的"乌龙"效应,有碍于权利成为达成整个社会秩序的核心方法,也有碍于法治的实现。例如,一个典型的实例就是《中华人民共和国老年人权益保障法》(2013年7月1日实施、2012年修订)第18条的规定:"家庭成员应当关心老年人的精神需求,不得忽视、冷落老年人。与老年人分开居住的家庭成员,应当经常看望或者问候老年人。用人单位应当按照国家有关规定保障赡养人探亲休假的权利。"在该法实施当天,无锡市北塘区法院对一起老年人赡养案开庭审理,当庭判决当事子女必须每两个月回一次家看望老人,否则可能被强制执行并处以拘留。从规范层面看,原告的权利主张和法院的判决显然是有法可依的,因为立法者对"常回家看看"的内容做出了明确规定。但从权利的运作层面考虑,这种权利设定却是不严谨的,是一种典型的"权利泛化"。这种权利主张不仅会与被主张人的其他权利相冲突(例如宪法规定的劳动者休息权等),也会与用人单位的经营管理权相冲突。尤其是,这种权利主张事实上无法"强制执行"。合肥市庐阳区法院在判决当事子女定期看望老人后,就遇到了当事人不执行判决的尴尬。在法官的劝导下,子女虽然同意"回家看看",却只在门口"看看"老人。那些执行不了的判决,不仅维护不了当事人的权利,反而会对司法和法律造成一种戕害。另外,在"郭美美事件"之后,有理由推断在以"社会权利"或"民生"为名目进行资源再分配的诸领域,例如养老保险、医疗保险、失业保险、社会救助、社会福利和社会优抚等,都程度不一地存在乌龙效应(陈林林,2014:10-13)。由此可见,在中国特色社会主义法治建设进程中,我们在重视权利观念与权利主张的同时,也要重视权利合理设置的问题,杜绝权利泛化现象的发生。

对比中西法律文化中的法律本位,我们可以发现,市场经济和民主政治建设的深入,社会物质生产方式的变化,使义务本位观念的经济政治根基发生动摇,权利本位观逐渐找到了适应自身发展的土壤,并成为法学界最为关注的热点问题之一。然而,同时需要看到的是,虽然以权利本位取代义务本位已成为当前社会共识,但是从根本上消除义务本位观念尚待长期的努力。反映在现实生活中,当前公民的平等、权利观念淡薄而权力崇拜观念浓厚,甚至出现权力左右经济发展的"权力经济"现象。总之,只要义务本位观念未能彻底根除,权利本位观念没有根本树立,法律文化的现代化就不可能真正实现。

第十一章　中西法律属性对比：公法与私法

❖ 从事物的性质来说，要防止滥用权力，就必须以权力约束权力。

——[法]孟德斯鸠

❖ 对国家机关，法无授权即禁止；对人民大众，法无禁止即许可。

——[德]马克思

❖ 立国于大地，不可无法也。立国于20世纪文明竞进之秋，尤不可无法。所以障人权，亦所以遏邪僻，法治国之善者，可以绝寇贼，息诉争。

——孙中山

一、概述

公法与私法的划分传统是西方法律制度文明的重要结晶。今天，公法与私法的区分是法理学的基本问题之一，是法律理论和法律实践最重要的区分之一(马克斯·韦伯，2006：1)，是投身于法学领域研究者不言而喻的常识，也是学习法律者所需了解和掌握的划分。在社会历史的发展和法律理论与实践的演进中，公法和私法这一重要的划分经久不衰，历久弥新。究其原因，就在于它"源于社会生活的需要反映了法律调整的规律性"(孙国华，2009：137)。由此可见，从理论和实践意义来说，当前在我国全面推进依法治国方略、建设中国特色社会主义法治体系的时代伟业中，对于公法和私法的区分、认识和运用也是我们必须解决的一个基本问题。

基于公法与私法的性质、内容及运行机制的不同，法律文化也可分为公法文化和私法文化。众所周知，公法以刑法为典型，私法以民法为代表。因此从法律文化学的角度进行考量，公法文化是以刑法等公法为主要内容、占主导地位的法律文化体系；而私法文化则指以民法等私法为主要内容、占主导地位的法律文化体系。从二者的性质来看，公法文化是主要体现和维护国家利益的刑法化的法律文化，具有鲜明的国家化色彩；而私法文化则是重点突出个人利益的民法化的法律文化，呈现出浓郁的个人化特质。

从这个意义上对中国传统法律文化与西方法律文化进行比较,我们可以看到,两种法文化之间存在着极其鲜明和突出的对极性。从法律的本质属性来看,西方法律文化是一种以发达而独立的民法为主体的显明的私法文化;而与之相对的是,中国传统法律文化则是一种以源远流长、系统完整的刑法和官制法而著称的典型的公法文化。关于中国传统法律文化和西方法律文化之间的这一醒目对照及其各自的独特性,日本著名法学家、东京大学教授滋贺秀三曾做出如下精当的论证:"纵观世界历史,可以说欧洲的法文化本身是极具独特性的。而与此相对,持有完全不同且最有对极性的法文化的历史社会似乎就是中国了。这一点大概已为大多数人所肯定。在欧洲,主要是以私法作为法的基底和根干;在中国,虽然有悠久的古代文明历史,却始终没有从自己的传统中生长出私法的体系来。中国所谓的法,一方面就是刑法,另一方面则是官僚制统治机构的组织法;由行政的执行规则以及针对违反规则行为的罚则所构成的"(滋贺秀三,1988)。由此可以非常清晰地看到,公法和私法是中国传统法律文化和西方法律文化在性质和内容上的重要对比特征。

我们知道,无论是社会主义市场经济的进一步发展,还是政治文明、先进文化和社会的不断进步都离不开法律的完善和发展,离不开法律文化建设对法治精神的弘扬。而在法治中国建设和现代法律文化建设中,我们一方面需要认真地关注和思考我国传统的法律文化,对其进行合理地继承和发扬,另一方面也需要理性地考察世界各国尤其是西方国家的法律文化,对其进行借鉴和移植。这既对我们提出了不同法律文化比较的任务和要求,同时又赋予了不同法律文化比较的价值和意义。

公法和私法的区分是我们需要认真看待的一个基本问题,具有重要的价值和意义。公法和私法的划分,有利于构建良好的社会秩序,有利于法律关系主体的准确定位。一个法律关系的主体该适用何种法律规范,首先要确定是公法主体还是私法主体,准确确定法律关系的性质,判断适用哪一种法律规定,采用什么样的救济方法或制裁手段,案件由何种性质的法院审理,适用何种诉讼程序。公法和私法的划分,有利于构建法律体系,完善法律部门。法律体系是指一国全部现行法律规范分类组合的不同法律部门形成的有机整体。不同社会关系,以及同一社会关系的不同方面,有不同的调整方法构成不同的法律部门。社会关系的复杂化和利益的多元化促使公法和私法的划分。公法和私法的划分,有利于保护人权,实现人与人之间的真正平等。我国自古公法和私法不分。所谓权力本位反映到社会主体上,就是重视义务轻视权利,这不仅导致我国法律体系的混乱,更本质的是对人权的摧残。公法私法的划分是经济发展的产物,是商品经济的内在要求。社会主义市场经济中,市场是资源配置的基础,国家的宏观调控只是辅助的手段。公法和私法的划分有利于建立完备的法律体系,实现依法治国。重公法,趋向专制。重私法,倾向于无政府,因此一个理性的社会不能只重公法也不能只重私法。公法和私法的划分也是准确寻找外国准据法的前提。在冲突法上,学者普遍认为冲突规则不能延伸到公法领域,即一般情况下法院不能适应外国公法。因为这不符合冲突法解决国际私人法律关系的性质。如果坚持准据法中包括公法规范,有可能与法院的强制性公法规范发生正面的、直接的冲突。

二、中西法律属性对比

总体来说,从法律文化所体现的属性上看,中国传统法律文化是一种公法文化,西方法律文化传统上是一种私法文化。所谓公法文化本质上是一种刑事性(刑法化或国家化)的法律体系;私法文化则是一种民事性(民法化或私人化)的法律体系。中国传统法律中确有关于民事、婚姻、家庭、诉讼等方面的规定,但这些规定在性质上都被刑法化了,即以刑法的规定和方式来理解和处理非刑事问题。西方法律文化作为一种传统的私法文化,其主要标志是民法和商法的发达。此外,我们还应看到,西方法律在近代以前的刑事民法化和近代以来公法的发展及其私法化现象(张中秋,2004:31)。

1. 中国法律文化的法律属性:公法

中国传统法律文化是伦理法文化、礼法文化,这已为学术界所共识。而从现代公、私法的分类及作用机制来看,中国传统法律文化又是典型的公法文化。它以源远流长、系统完整的刑法和官制法为主要内容,具有鲜明的国家化色彩:在传统法律文化体系中,"民法"往往被刑法化了,没有独立的法律地位;正是因为中国传统法律文化的强大的"公法性",古代中国一直未能形成和发展出可以与公法(刑法、官制法)文化相匹敌的私法(民法)文化。

关于中国法律的起源问题,有很多不同的解释和说法。在这之中,"刑起于兵""兵刑合一"是比较有代表性的。从处理国家大事的习惯中提炼、演化而来的中国法律,诸法合体,民刑不分,但是内在却是以刑为主,重刑事轻民事。历代法典实质上就是以刑法规范为核心的诸法合体。因此,这也就意味着,中国古代法从其诞生伊始就具有典型的公法性质和公法文化特色。

中国是一个成文法发达的国家,法律存在的表现形式基本上是法典。早在春秋以前就有《禹刑》《吕刑》等成文法。随着历史的发展,到春秋末期,分封制、井田制瓦解崩溃。随着奴隶制的分崩离析和封建制在各诸侯国的逐渐确立,各诸侯国在社会制度变革的压力和推动之下,纷纷变法改革,相继颁行了一批具有封建性质的成文法,比如最著名的就是由法家的创始人李悝所作的魏国《法经》。它从律典结构来看以惩罚盗贼犯罪为核心,堪称是一部代表性的刑法典。后来商鞅吸收了战国时期法家所主张的重刑思想,提出"重刑少赏,上爱民,民死赏",并将其运用于秦国的变法,因此秦国迅速崛起,横扫六国,天下一统。二世覆灭,之后"汉承秦制"。而此后历代均在这一基础上继承和发展。可见在中国的法律文化发展史中,从《吕刑》到《法经》《秦律》,再到汉代的《九章律》,刑法这一惩罚犯罪的法律,在封建国家法律中始终占据主要部分。之后的《北齐律》《开皇律》在学习《法经》《秦律》等基础上承袭了中国传统法律以刑为主的公法性质。在《北齐律》和《开皇律》的基础上"改造"而成的《唐律疏议》,是我国古代封建立法的巅峰。它也是一部规定犯罪和刑罚的法律,例如封建法律中维护统治阶级利益和家庭伦理道德的"十恶"就位于其篇首的《名例律》之中。作为中国传统法律的集大成者,《唐律疏议》承上启下,继承并发展了中国传统法律诸法合体、以刑为主的公法性质,成为后世封建国家立法学习的范本。后来的《大明律》《大清律例》虽然在体例、内容上相对有所变动和创新,但是终究没有打破中国传统法律所一脉相承的公法性质。由此可见,从产生到消亡,我国传统法律这一公法性质的本质始终没有改变。

此外,值得注意的是,我国传统法律对于本应属于私法调整的民事行为公法化,也就是通过刑罚的手段来解决民事纠纷、调整民事关系,这也更加充分体现出了其公法性质的本质。在今天,财产分割和婚姻家庭关系等都是民事行为,属于民法调整的范围。例如,祖父母与子孙之间进行财产分割,属于正常行为,无可厚非。然而在《唐律疏议》中却要用体现国家强制力的刑法来调整,"诸祖父母、父母在,而子孙别籍、异财者,徒三年",甚至被规定为十恶中的不孝。与此类似的规定在《唐律疏议》的户婚篇中也是随处可见。显而易见,相对于西方传统法律中人身、财产之类的法律早已属于私法调整的对象而言,这就是用刑法来调整民事行为,由此也足以说明我国传统法律之中公法的主导地位。

在清末的法律改革中,大臣善耆在给清廷的奏折中指出:"查东西各国法律,有公法、私法之分。公法者定国家与人民之关系,即刑法之类是也。私法者定人民

第十一章 中西法律属性对比：公法与私法

与人民之关系，即民法之类是也。二者相因，不可偏废"（公丕祥，1993：105）。中国在民国时期，仿照18-19世纪法典编纂运动下大陆法系逐渐形成的现代法律体系的雏形（包括宪法、行政法、刑法、民法、商法、民事和刑事诉讼法等法律部门），也相应制订了包括宪法、民法、商法、刑法、民事诉讼法和刑事诉讼法在内的《六法全书》。应该看到，这些部门的划分，虽然与它们调整的社会关系有关，但这几大部门不像通常的那样划分为政治法、军事法、经济法、文化法、教育法等，这一方面决定于历史传统，另一方面是由调整方法的特点所决定的。由于调整方法的不同，在宪法与部门法、民法与行政法、确认权利法（包括宪法、行政法、民法）与保护权利法（刑法）、实体法与程序法之间的差别中，似乎可以看到这几个法律部门的基础性和纯粹性。

新中国成立之初，由于苏联法学观点和"左"的思想的巨大影响，我国同当时其他所有社会主义国家一样，也曾有一段时间不主张划分公法和私法。人们认为公法和私法的划分是同资本主义的私有制相联系的，而社会主义法所建立的基础是以社会主义公有制为核心的，因此社会主义法是同私有制水火不相容的。并且人们还坚持从法律的阶级意志性出发，认为公法、私法的划分抹杀了法律的阶级本质。法律被视为"是统治阶级意志的表现，是阶级斗争的工具"，它被统治阶级运用于市场经济中去规范人们的行为，因此从来就不存在什么"公法"与"私法"之分。从法律的历史类型上看，公、私法的划分是资本主义特有的现象，所以在资产阶级法制的废墟上建立社会主义法律，就不应当再沿用公法与私法的划分。因此，在那一时期，我们实施社会主义公有化、人民公社，并在很长一段时间内不允许个人买卖，把私人交易看做"资本主义的尾巴"。

改革开放以来，人们对原来传统的法律理论观点不断进行反思，尤其是《中华人民共和国民法通则》的颁布使得私法的角色逐步明确。关于社会主义法能否划分公法和私法的问题，又进一步展开了广泛讨论。在这些讨论之中，形成了两种不同的意见。一种意见认为，社会主义市场经济的法的体系应当划分为公法和私法。其理由在于以下三个方面：① 不能以绝对化的方式来理解苏联建立之初时反对社会主义国家划分公法和私法的论断。因为这一论断是在实行计划经济体制的情况下产生的。在计划经济体制下，政企不分，政府的权力伸入到经济活动的每一个角落，一切的经济活动和经济关系都自然打上了"公"的烙印。因此，自然而然就不承认公法和私法的划分。但实行改革开放之后，情况已经发生了变化。经济体制的转换，政企的分开，使得政府不再直接参与或干涉企业的经济活动和经济关系。

作为市场经济主体的企业,其经济活动和经济关系就具有了"私"的性质。而且随着改革开放的深入,私人利益逐渐受到重视,私人或个体企业的规模又不断发展壮大,这就必然对"私法"的有效保护提出了要求。② 公法和私法的划分在一切商品经济社会里都是公认的。由于我国目前实行的也是商品经济,所以我们也需要相应地对公法和私法做出划分,以适应经济和社会发展的需要。③ 划分公法和私法具有十分重要的意义。公法和私法二者在调整对象、调整范围、通行原则等方面具有很大的不同。公法和私法的划分有利于避免把公法领域里的强制性原则和方法运用于平等互利的私法领域。另外,公法和私法的划分还有利于明确私权的独立地位,确认私人权利和义务的协商性,以及确立私权的不可侵犯性,从而有效的保护公法以及整个法治的法律基础。

另一种意见认为,搞市场经济不一定必须划分公法和私法。首先,普通法系就不崇尚公法和私法的划分,但英美法系国家的市场经济并未受到影响,发展反而十分强劲。其次,20世纪以来,公法私法的划分出现了很大的变化,这种状况来自两个方面:一方面,由于资本主义经济的迅速发展,自由放任的经济发展模式已不适应时代的要求了,资本主义国家加强对经济的广泛干预,在立法上也干预经济,出现了所谓的"私法公法化"或所谓的"公法私法化",在经济、社会保障、劳动关系等方面形成了与私法的相互交错,从而出现了作为中间领域的新型经济法和所谓的社会法,如垄断法、证券交易法、社会保险法、环境保护法等。另一方面,社会主义国家法律将民法全部统一于公法范畴之中,原苏联1922年民法典和1964年民法典都是这样做的。东欧各国民法典也深受影响。在我国,这种理论也是法学界解释中国法的一种主导理论。"私法公法化"和"公法私法化",二者成了大陆法系国家的公私法划分危机。

2. 西方法律文化的法律属性:私法

西方法律文化中的大陆法系是与中国传统法律体系完全对立的法律体系。与中国传统法律的公法性质相对应,西方大陆法系属于私法性质。要想探究西方法律文化的私法性质,需要追溯罗马的法律发展历史。众所周知,罗马法源远流长,对后世法律的发展影响巨大。德国著名法学家耶林曾在《罗马法精神》中这样论述道,"罗马帝国曾三次征服世界,第一次以武力,第二次以宗教,第三次以法律。武力因罗马帝国的灭亡而消失,宗教随着人民思想觉悟的提高、科学的发展而缩小了影响,唯有法律征服世界是最为持久的征服"(周相,1994:12-13)。而将法律

第十一章 中西法律属性对比：公法与私法

划分为公法与私法，并将这种划分作为整个法律体系的内在结构，也是罗马法的首创。

据考证，最早做出这种划分的是3世纪罗马五大法学家之一的乌尔比安。在《学说汇纂》中引用他的论述达2464条，其中，他这样写道："它们（指法律）有的造福于公共利益，有的造福于私人。公法见之于宗教事务、宗教机构和国家管理机构之中"（彭梵得，1992：9），并且提出"公法是关于罗马国家的法律，私法是关于个人利益的法律"（何勤华，1997：91）。这意味着公法规范是强制性的，当事人必须无条件地遵守；私法是任意性的，可以由当事人的意志而更改。

乌尔比安的这一划分其后又为6世纪的查士丁尼所肯定。他所钦定的《法学总论——法学阶梯》共有四卷：人法、物和物权以及遗嘱、法定继承、由侵权所生之债和诉讼。罗马私法体系的基本内容可以概括为人法、物法和诉讼法。不难看出，《法学总论——法学阶梯》就是私法，可以说是早期的民法典。在该法典中，查士丁尼确认说："法律学习分为两部，即公法与私法。公法涉及罗马帝国的政体，私法则涉及个人利益"（查士丁尼，1989：5）。这种划分确立了公法和私法的职能分工，确认了各自的调整范围，并分别形成了各自特有的规则"，并且其中进一步规定："公法的规范不得由个人之间的协议而变更"，而私法的原则是："对当事人来说，'协议就是法律'"（周相，1994：92）。

随着时代的发展，罗马法中公法与私法的范围及它们二者之间的关系也有所变化。例如，最初罗马法把诉讼法放在私法中，认为民事诉讼是为了私人的利益，有关诉讼程序的规定属于私法的一部分；同时它还把盗窃、诽谤等看做侵犯私权的行为，属于私法的规范对象。后来随着国家管理职能的逐步健全，一些原属于私法的问题也逐渐纳入了公法的范畴。但是，总体来看，因为诉讼法划归私法，致使私法比较发达，形成了一套比较完善的、独立的体系，而公法则相对滞后，其完整性、系统性和完善程度都远不能与私法相比。

中世纪，罗马公法、私法的划分理论丧失了存在的条件和基础。实际上，在这一历史时期，欧洲国家的法律中并不存在公法与私法的划分。随着公元476年后日耳曼人征服西罗马帝国，西欧进入了封建时代。中世纪主导性的法律随之也发生了变化，罗马法逐渐被日耳曼习惯法所取代。在其后六个多世纪，有关公法与私法的划分已经基本消失。

由于受到当时政治经济发展水平的限制，罗马法学家所创立的公法、私法的法律分类并没有能在西欧各国的法律实践中得以实施。例如，从立法角度看，德国的

《士瓦本法典》《加洛林纳法典》,法国的《博韦习惯法》都没有提到公私法的划分。从法律关系上看,当时的私法运作中并不区分公法关系和私法关系,所有的法律问题,不管是公共领域还是私人领域,都是用相同的方式处理的,而且实际上所有私人领域的法律问题都处于公共权利的控制之下。在这种情况下,法律实际上被划分为庄园法、教会法等诸多以管辖机关为标志划分的类别。

尽管中世纪时期,教会势力占据统治优势,不愿再像罗马人那样强调私法,法律实践也对公私法的分类方式缺乏兴趣,不过在中世纪的法学家那里,发端于11世纪的罗马法复兴,使得他们通过对查士丁尼《法学总论——法学阶梯》和《学说汇纂》的研究、继承和传播,在肯定罗马法的同时也重提公法与私法划分理论,从而也让这一划分作为一种学理分类得以延续(曹险峰,2007:210-219)。并且这些法学家从其需要出发,很可能有意或无意地抬高了罗马法及其理论的地位。在中世纪,教会权力和王权至上,公法没有发展空间;公法关系主要由王室立法和习惯法来调整,但这种调整方式体现在对教会权和王权的维护上,这些法律也不具有现代意义上公法的属性。而且由于罗马法中本来就缺少有关公法的内容,所以尽管罗马法对中世纪西欧法律制度发展的影响不可忽视,但在公法方面的贡献却乏善可陈(孙国华、杨思斌,2004:100-109)。

17—18世纪以来,资产阶级革命在一些欧美国家先后爆发。伴随着资本主义商品经济的发展和以民主政治为主旨的近代法治国家的建立,欧陆国家政治经济发展的命运本质上得以改变,以罗马法为基础构建近代资本主义法律体系的理想也变成现实。罗马法公私法划分的理论获得充分发展,其价值和功能受到充分重视和肯定,成为欧陆国家法律与法学划分的重要基础,并在法律实践中得到充分适用。因此,近代也被认为是公法与私法划分理论发展的黄金时期。

就私法而言,资本主义商品经济的发展为私法发展提供了经济基础。古罗马发达的私法和中世纪对私法的研究成果为私法发展奠定了比较成熟的法律基础。资产阶级掌握政权之后对于私法权利的要求为私法发展提供了社会机遇,他们在主张自己政治权利的同时,也积极要求通过法律手段,确认其在经济生活领域的私法权利,例如主张私有财产神圣不可侵犯、契约自由、自由竞争等。这些都为私法在近代充分而迅速的发展提供了巨大的推动力。

就公法而言,资本主义商品经济的发展和中央集权统一国家的形成,为公法的发展奠定了基础,极大提升了公法的地位,使传统中仅具有工具地位和附庸意义的公法获得了真正与私法相对意义上的价值。首先,资产阶级启蒙思想家有关国家主权及宪政的理念在欧陆各国日益深入人心,为公法的崛起营造了社会和政治环境。在与封建势力的斗争中,资产阶级不仅积极要求私法上的权利,同时强烈要求人身自由,言论、出版、集会、结社自由以及选举权和被选举权等公法上的权利,使得国家主权及宪政的理念成为近代国家的立国之本。其次,资产阶级在革命胜利后面临的首要问题是如何通过法律手段巩固取得的政权成果,防止封建势力复辟。法国大革命中资产阶级颁布的法令和条例就是公法在国家建立中的重要地位和作用的明证。再次,资产阶级民主政体的建立,在本质上对公法制度的建立健全提出了客观要求。在这一政体下,经济活动被看作是纯粹的私事国家对经济领域的控制和干预需要加以限制,而国家的任务则被认为只是"守夜人"或"仲裁者"。这样,近代资产阶级需要以公法的手段、效力及制度全方位建立和组织国家政体中的各类机构,而大量的国家行政机构也需要依据相应的法律确立其职能范围和运作机制,这是近代公法得以兴盛发展的最重要的原因。

在这一历史机遇下,公法实现了立法的独立化,地位与效力显著提升,尤其是作为国家根本大法、用以配置国家权力运行的宪法得以制定,在此基础上规范政府行为、保护个人权利的行政法得以产生,以及刑法与诉讼法的重大革新得以发生。宪法和行政法在近代公法内的产生和发展,不仅对防止权力滥用和保障公民合法权益具有不可替代的作用,而且进一步发展和完善了公法的理论及其制度,使公法与私法之间的平衡更加稳固。这种近代意义上的公法,作为限制和制约国家权力的有力武器,从它的指导思想到概念、原则、制度都是启蒙思想和资产阶级革命的产物。这种公法的内在含义已经超越了罗马法上的公法理论,不再是统治者任意处置的领域,而是以法律限制统治者权力与规范其行使为主旨。由此,公法与私法的区分日益明显,分类最终确立,并且在法律理论和法律实践中获得了巨大的生命力量(马明贤,2011:146-159)。

19世纪,在以法德等为代表的大陆法系的法典编纂与法制改革过程中,公法私法划分得到广泛应用。"19世纪末,当法学家们开始认真研究现实的法律规范和制度时,公法私法划分就成为他们重建法律制度的基础"(梅利曼,1984:109)。事实上,并非只是大陆法系如此,英美法系也在很大程度上利用了公私法观念及其划分来改进古老的普通法体系,而这一过程恰好也就是普通法现代化的过程。例如,从1628年开始英国以《人身保护法》《权利法案》以及《王位继承法》等一系列宪法性文件为基础形成了不成文的宪法体系。1787年美国制定的《美利坚合众国宪法》、1791年生效的《权利法案》以及1789年法国的《人权与公民权宣言》等文件的颁布则标志着宪政运动在实践中的全面展开。宪政制度在通过法律程序来制约政府权力的制度和程序运行上的确起到了不可估量的作用。这使得公法和私法的划分获得了极为重要的地位。而行政法的诞生、发展、完善则完全是拜公私法划分而得以实现的。现代西方国家的"三权分立"政权正是孕育出行政法的最好土壤。行政法产生的最基本的条件即行政相对独立;没有行政的相对独立,也就没有行政法。在大陆法系中从其他法律部门脱颖而出的行政法,独立于私法系统独立行使着自己一部分的司法管辖权,在发展中巩固和扩充了公法的理论和现实基础。综上所述,以宪法和行政法之实践基础和法律体系之理论支持,公私法才做出了具有法治意义上的划分(邓波,1998:84-87)。

19世纪中后期开始,随着西方资本主义国家社会的巨大变化、科技的快速发展以及工业生产的发达,纷繁复杂的社会问题逐渐浮出水面,如环境污染、公害处理、消费者合法权益的保护、不正当竞争行为的限制以及契约关系中弱势方利益的维护等。尤其从19世纪末20世纪初开始频繁来临的经济萧条、经济危机、自然灾害以及战争灾难,给资本主义国家造成重创,引发产业工人的失业、贫困、饥饿、疾病等严重问题,社会混乱不堪。亚当·斯密的理论让资本主义国家的生产力在过去空前发展的同时,也累积了各种棘手的社会经济问题,如社会发展严重失衡,社会的公平正义面临严峻考验等,而且两次世界大战的发生也与这些因素有着直接关系。因此,资本主义社会开始了全面的自我反省,人们对市场机制"失灵"的认识愈发深刻,纷纷寄希望于国家开展的积极干预。1929-1933年席卷资本主义世界的空前的经济危机,宣告了自由放任主义经济理论的衰落,凯恩斯主义经济理论开始兴起。他所提倡的国家干预论,契合了当时社会发展的需求,迅速上升为国家主流经济学说思想。国家积极改变了传统的"守夜人"角色,逐渐采用扩张性的经济政策,通过增加需求促进经济增长,加强了其在社会经济生活领域的全面深入干预。因此,法的社会化逐渐成了时代发展的潮流,人们开始更多关注市民社会与政治国家之间相互融合、相互渗透的问题。这种"法律社会化"现象表现为公法和私法相互融合、逐渐渗透,一些新兴法律部门比如经济法、劳动法、环境法依次兴起。这些公法和私法交错的法律部门,独立于公法和私法的框架之外,被归为第三领域,即社会法。公法、私法和社会法构建成为现代法律体系。国家权力的"有形之手"介入"私人"的生活,使得本来界限清晰的公私法划分方法遭到质疑,从而出现所谓"私法公法化"和"公法私法化"的现象。公私法在各个层面开始相互融合与渗透(邓波,1998:84-87)。

"公法私法化"指由于政府职能的扩大,传统的私法调整方式被部分地或间接地引入了公法领域,私法关系向公法领域延伸。尤其随着社会与公共服务事业的扩大,要求公共机构根据私法准则执行公共职能。"私法公法化"指公法对私人活动控制的增强,从而限制了私法原则的效力,如为了公共利益而对私人财产的使用加以限制,对当事人契约自由的限制等。"社会法",即新的、混合性法律部门的出现,指既不是公法关系也不是私法关系的法律部门已经产生和完善起来,如经济法、劳动法、土地法和社会保障法等。从法律调整方法界定公私法的角度来看,所谓"私法公法化"实际上是在"放"的方法中加入了"管"的因素,即"放中有管";而"公法私法化"是在"管"的方法中加入了"放"的因素,即"管中有放";"社会法"实际上是"管""放"的高度结合。"管""放"的相互渗透和结合适应了当今社会经济、政治发展的新趋势(孙国华、杨思斌,2004:102)。

三、中西法律属性对比的启示

中西法律文化的重要差异之一就表现在对于法律属性的观念上,形成公法文化与私法文化的鲜明对比。中国古代对个人权利领域高度压抑,国家成为"王者之政",而不是表现为凌驾社会之上的中立性,所以,社会中的一切领域几乎都成了公共领域。这种公法文化的特点主要表现在两个方面:一是刑、法、律三者同一化,二是民事的刑事化(吕世伦,2006:301)。西方传统的法文化主要是私文化。在西方,社会很早就分化为非血缘的利益集团,即个人集团。因而国家一开始就表现为凌驾于社会之上的力量,特别是国家通常被看做个人之间订立契约的产物。它不仅要维护公的利益,也以第三者的地位解决私的利益;不仅要求公民对国家尽义务,也保障公民的权利。在了解中西法律文化属性差异的基础上,我们可以借鉴人类法律普遍、合理而有效的经验,同时也可以澄清一些误解和偏见,对法的内在结构形成更为清晰正确的认识,为我国的中国特色社会主义法治体系建设带来启示。

1. 英美法系不存在公法与私法划分的理论误区

首先需要注意澄清英美法系不存在公法与私法划分的理论误区。法学界长期以来流行的一种观点认为,公私法的划分并不是具有普适性的法律分类方法,而只是大陆法系国家法律的分类,英美法系并没有公私法划分的传统。其实,英美法系中衡平法和普通法的划分是基于其历史发展,根据法的形式渊源而形成的法的另一种分类方法。事实上,英美法系之所以长期不重视公私法的划分,正是因为对于划分公私法的误解所造成的。有些英美国家的学者认为,法律只有一个,国家机关和公民遵守同一法律是法治和自然公正的要求,划分公私法意味着政府追求自己的特权,企图与人民受制于不同的法律。英国思想家培根曾希望通过公私法的划分来推进英国的法律改革,只是当时实力有限的国会担心接受公私法划分会导致国王高于法律而对国会不利而未被接受(周一良、吴于廑,1972:14-24)。公私法的划分是一个国家和地区法律的内部结构问题。不管一个国家或地区法律的外在表现形式(即法的形式渊源)看似多么杂乱无章,其内部结构各构成部分之间总是存在内在的联系。对不同的部分最基本的切分,就形成两个相互关联的群体:公法和私法。由此,无论英美法的渊源如何,其内部公私法的结构仍是存在的,主要体现为以下三个方面:

1)英美法系同样存在公私法的划分,整个法律体系也可大体分为"管"的法律和"放"的法律,只不过不像大陆法系那样明确地用公法和私法来加以指称。比如英国财产法,自19世纪以后,英国议会开始打破由普通法、衡平法和原有的制定法所维持的财产自治的局面而不断干预,具体体现在公共健康、住房供给和贫民窟清理、城乡规划、强制购买和税制等方面。调整这些政府干预财产关系的法律(判例、法规和原则等),就是用集中的方法调整财产关系,属于公法。再比如美国,通过判例或法典、法规而体现出来的财产法、合伙法、契约法、侵权法、担保法和亲属法等基本采取任意(非集中)的调整方法,奉行"私法自治"原则,属于私法;而宪法、刑法、反垄断法等基本采用集中的调整方法,属于公法。

2)从理论的角度来看,在实行市场经济的国家都涉及政府与市场、自由竞争和国家干预的问题。在现代市场经济条件下,一方面需要充分发挥市场这只"看不见的手"对资源配置所起的基础性作用,另一方面需要充分利用国家这只"看得见的手"来弥补市场的缺陷和不足,纠正市场失灵。这种经济上的客观规律反映在法律上层建筑领域,就自然要求法律内部结构分为私法和公法两大部分。这二者之间在调整对象、方式、原则和理念上有所不同。私法采用非集中的、任意的方法,公法采用集中的、纪律的方法;私法以平等主体的横向关系为调整对象,公法以国家与公民、社会组织及国家机关之间的纵向关系为调整对象;私法领域通行的原则是平等、自愿、等价、有偿,公法领域通行的原则是权威与服从、民主与集中、自由与纪律的双向互控。因此,尽管不像大陆法系那么划分明显并得到普遍认同,英美法系中同样也存在公法与私法的划分问题。

3) 从实证的角度来看,有许多事实可以佐证英美法系承认公法和私法的划分。例如,美国法学界著名学者伯纳德·施瓦茨在其主编的《美国法律史》这一经典之作中,就是在将美国法律发展分为五个阶段的基础上,再在每个阶段划分出公法和私法来进行论述的。英国著名法学家丹宁勋爵把发生在 20 世纪法官进行司法审查的新判例称为公共权力机构与公民之间的一场宪法革命,认为"在现代社会我们逐渐认识到法律的两个分离的领域:一个是私法,另一个是公法。私法调解臣民之间的事务。公法调解臣民与公共权力之间的事务"(丹宁,2000:21)。另外,英、美两国的制定法也开始使用"公"和"私"的概念来确定法律所保护的权利,以及以什么样的程序来保护法定权利。比如,英国 1998 年人权法出现了"公共权威""从事公务行为的个人""私行为"等术语。可见,英美法系尽管不存在像大陆法系那样对公私法的明确划分,但在法学研究和法制实践中都意识到了将二者加以区分的意义。"由于法律传统不同,英美没有公、私法划分的学理概念,在法律体系上也不做公、私法区别……然而,英美在社会形态方面,国家与社会是分离的,美国更是典型的自由主义国家,在保护权利和限制权力并在实践中对两者做出严格界分的二元法律结构的实质方面,英美是具备这一特征的"(刘楠,1996:57)。

我国有些学者认为,英美法系传统和实践中不存在公私法的划分,而只有普通法和衡平法之分,可是其市场经济和法制建设并没有因此受到丝毫不利影响,所以他们断言不承认公私法的划分,也不会影响我国的市场经济和法制建设。现在来看,以此来否认公私法划分的论据和逻辑都是错误的。在经济全球化迅猛发展和两大法系日渐融合的时代背景下,公私法的划分将会变得愈发显明与重要。明确公私法的各自含义及划分根据,认识到公私法的划分是法的内在结构,对于我们当今及未来的法治中国建设和社会主义法治体系建设具有重大的理论价值和实践意义。

2. 公私法的划分对中国特色社会主义法律体系建设的重要意义

和资本主义的自发形成相适应,西方法律体系的形成经历了漫长过程。以大陆法系为例,宪法、民商法、行政法、刑法、诉讼法经过了几百年,新兴的法律部门经济法、社会法、环境法也经历了一百多年。中国作为一个后发国家,经过"文化革命"的惨痛教训,在确定走法治道路之后,要改变无法可依的局面,使社会生活法制化,必须加快立法的步伐。西方立法发展几百年的道路,中国浓缩在改革开放以来的 30 几年。在党中央的领导下,把形成中国特色社会主义法律体系作为一项政治使命,使立法工作有计划有步骤地进行,一直是中国立法的鲜明特色。与西方法律体系相比,中国特色社会主义法律体系形成的时间性、阶段性特别明显。西方法律体系的形成也有阶段性,其中立法者的目的也起着重要作用,但是总的来说这种阶段性是后人总结出来的,而中国则是按预期计划有步骤推进的。当然,这种计划性不是盲目的,它来源于并且受制于社会的实际需要。

中国特色社会主义法律体系形成的这种有计划性在中国共产党一系列重要的会议上都得到了充分体现。1978年十一届三中全会在提出"有法可依,有法必依,执法必严,违法必究"法制建设方针的同时就指出,从现在起,应当把立法工作摆到全国人民代表大会及其常务委员会的重要议程上来。从此之后,党的历次全国代表大会都把法制建设和立法工作放到重要地位。1997年十五大、2002年十六大明确提出,到2010年形成中国特色社会主义法律体系。2007年十七大进一步提出完善中国特色社会主义法律体系的任务。党中央所提出的这些目标在全国人大的工作中得到贯彻。2003年九届全国人大常委会宣布,中国特色社会主义法律体系初步形成。2008年十届全国人大常委会宣布中国特色社会主义法律体系基本形成。2011年吴邦国委员长宣布中国特色社会主义法律体系形成,这是中国法制建设史上的里程碑。2014年十八届四中全会提出"坚持走中国特色社会主义法治道路,建设中国特色社会主义法治体系","全面推进依法治国,总目标是建设中国特色社会主义法治体系,建设社会主义法治国家","形成完备的法律规范体系、高效的法治实施体系、严密的法治监督体系、有力的法治保障体系,形成完善的党内法规体系","加强重点领域立法。依法保障公民权利,加快完善体现权利公平、机会公平、规则公平的法律制度,保障公民人身权、财产权、基本政治权利等各项权利不受侵犯,保障公民经济、文化、社会等各方面权利得到落实,实现公民权利保障法治化",以及强调"社会主义市场经济本质上是法治经济。使市场在资源配置中起决定性作用和更好发挥政府作用,必须以保护产权、维护契约、统一市场、平等交换、公平竞争、有效监管为基本导向,完善社会主义市场经济法律制度"。

建设中国特色社会主义法律体系是我国法制建设的重要任务和目标。对于建设有中国特色社会主义法律体系而言,研究公私法的划分,对正确选择和确定最佳的法律调整方法,正确确定法律部门的划分,建立适合社会生活需要、结构合理、内在协调、统一规范的法律体系,具有直接的指导意义。

一个国家现行的全部法律规范可以划分成不同的法律部门,它们之间相互联系、制约、协调,形成一个有机整体,这就是法律体系。理想化的法律体系应该门类齐全、内容完善、结构严谨、关系和谐。现代国家的法律规定纷繁复杂,因此必须依据一定的标准对整个法律体系进行分类,使之条理化,从而利于法典编纂、立法等。在不同的标准中,公法和私法正是一个最基本的划分,其原因主要体现在以下几个方面:① 公法和私法的划分反映了法的内在结构,国家立法与法的内在结构相吻合是提高法律调整效果的标尺,有助于建立科学的立法体系。② 公法与私法界限的科学划分有助于法律体系条理化,减少法律制度之间的矛盾与冲突,降低法律运行成本。依据这一界限,法的内部结构首先分为公法和私法两大部门群,从而为部门法的划分奠定了基础。

社会的发展与法律规范的增多,对公法与私法内部分别进一步划分出相对独立的法律部门提出了要求,如公法中的宪法、刑法、行政法、诉讼法等,私法中的婚姻家庭法、劳动法等。这样,整个法律体系大体可分为五个基本法律部门,即宪法、民法(包括婚姻家庭法、劳动法)、行政法、刑法和诉讼法(程序法)。社会发展的高度分化和法律调整的深入细化,使得基本法律部门又逐渐分化或组合出若干个派生部门。例如从民法中分出劳动法、婚姻家庭法;从行政法与民法的组合中产生经济法、财税金融法、生态法等。法律部门划分的细化体现了人类在法律文化方面积累的经验和智慧,反映了当代社会发展既高度整合又高度分化的趋势。基于公私法划分的基础,可以考虑把我国的法律划分为宪法、行政法、民商法、经济法、财政金融法、生态法、婚姻家庭法、劳动和社会保障法、刑法、诉讼法等十个部门。其中有的属于基本的法律部门,有的则是与基本部门联系密切的派生性、组合性的法律部门。这十个法律部门构成中国特色社会主义法律体系的主干(孙国华、杨思斌,200:108)。

我国社会主义法治国家的建设离不开在法的内部结构和外在规范性文件体系两方面都完善和现代的法律体系。公法与私法是法律体系不可分割的两个方面,其划分实质上是有关国家权力使用的范围和方式问题,因为国家权力不可不用,但也不可滥用。私法体系通过确立主体的权利与社会自治的原则和规范来实现法律的价值和法治国家的目标。公法体系通过约束国家权力确保权利主体的行为自由。因为权利主体,不论是个人还是组织,其自治的最大障碍来自国家权力的滥用。公私法的划分是社会生活的内在需要:私法体现其所要求的非集中的、自由的一面;公法则体现其所要求的集中的、纪律的一面。

正确理解公法与私法划分的原理,紧跟社会经济形势的发展,借鉴人类法律调整的有效经验,选择和创新合理的法律调整方法,是我国建立中国特色社会主义法律体系重中之重的问题。因此,公法与私法的划分,对于探索和建立中国特色社会主义法律体系影响深远,意义重大。

十八届四中全会《中共中央关于全面推进依法治国若干重大问题的决定》指出,"目前,中国特色社会主义法律体系已经形成,法治政府建设稳步推进,司法体制不断完善,全社会法治观念明显增强。同时,必须清醒看到,同党和国家事业发展要求相比,同人民群众期待相比,同推进国家治理体系和治理能力现代化目标相比,法治建设还存在许多不适应、不符合的问题,主要表现为:有的法律法规未能全面反映客观规律和人民意愿,针对性、可操作性不强,立法工作中部门化倾向、争权诿责现象较为突出……部分社会成员尊法信法守法用法、依法维权意识不强,一些国家工作人员特别是领导干部依法办事观念不强、能力不足,知法犯法、以言代法、以权压法、徇私枉法现象依然存在"。因此,我们需要与时俱进,不断完善中国特色社会主义法律体系,尽快解决法治建设中与国家治理体系和治理能力现代化目标不适应与不符合的问题。不能否定,我国的法律体系建设中在私法和公法方面仍存在一定程度的缺失。在私法体系方面,民商法还很不完善,物权制度、企业制度、知识产权制度等存在诸多不如人意之处;在公法体系方面,宪法实施机制、行政程序立法、国际公约实施及社会立法等方面尚待完善,法律规范相互冲突的现象时有出现等。

我国法治精神的匮乏既表现为缺少对社会关系参加者的权利和自由、对人权的尊重和保障的"私法"精神,也表现为缺少对公共权力进行制约的"公法"精神。建设中国社会主义法律体系既需要私法制度的健全,也需要公法制度的完善,更需要在公私法划分的基础上,推陈出新,创造出新的不违背社会和法律发展基本规律的新的法律调整方法甚至部门(孙国华、杨思斌,200:109)。

3. 我国法律体系中公私法变革的中国特色

中国特色社会主义法律体系形成和发展的原因不能从体系自身理解,因为法律体系的协调和完善毕竟是第二位的。中国立法的实践表明,不能为体系而体系,它必须服从于中国社会本身的变化(江平,2010:276-311)。法律领域的变化不是在封闭真空的领域中进行,也不是在书斋纸上的创作,而是发生在改革开放这一特殊的历史阶段,市场经济、民主政治、和谐社会、生态文明、法制建设和全球化等一系列变革是出现公法与私法、实体法与程序法之间相互影响、相互渗透的社会基础。

第十一章　中西法律属性对比：公法与私法

中国法律变革中关于公法与私法的关系,明显受到市场经济和民主政治的双重影响。中国私法公法化的发生原因与西方国家有相似之处,也有自身特殊性。

西方私法公法化是在资本主义由自由竞争发展到垄断,特别是在国家垄断的背景下发生的。西方原有私法高度发达,私权自治的原则具有普遍性,因此对市场造成的社会不公需要用国家干预来加以改变。与此不同的是,我国之所以会出现私法公法化,主要是由于两种不同的情况:其一,在由计划经济向市场经济过渡的时期,私法性质的规范初步产生,尚欠发达,调整市场和商品关系难免有浓重的国家干预的色彩,私权主体平等的原则经常遭遇挑战,因此,所谓私法公法化只不过表明向市场化经济的过渡不够彻底,还带有许多计划经济的痕迹,公私不分;其二,在中国市场化的改革中,一些领域的确出现了类似当代资本主义国家的那种"市场失灵",再加上腐败、寻租,"看不见的手"需要用"看得见的手"加以辅佐,需要通过国家干预加以纠正。

需要指出的是,我国社会主义市场经济改革不是单向度的,而是双向度的,一方面建立市场经济,另一方面加强宏观调控。这两种情况需要采用不同的手段治理,对前者需要进一步推进市场化改革,减少国家行政干预;对后者则需要通过国家干预,防止私权自治所带来的危害国家、社会和他人利益的后果。这两种情况都是客观存在的事实,无论否定哪一方面都是片面的。今后,中国民商法的改革仍会在这两个维度上推进,最终目标应该是建立把市场经济与宏观调控有机结合的社会主义市场经济新秩序。中国公法私法化的发生背景也与西方不同。西方的公法私法化是发生在"行政国家""科层制"建立以后,需要通过公民的积极参与、民主化克服职业垄断、精英政治,需要通过"软"的办法、私法的手段,体现政府除了刚性的手段还有柔性、人性的一面,增加行政亲和力,也需要通过行政机构包括监狱、劳动教养机构的民营化减轻庞大的财政负担。然而这种变革带来的不仅仅是效率,还有职业垄断,排斥公众参与。职业团体不是没有自身利益的技术官僚或不食人间烟火的社会精英,为了赢得自身利益的最大化,他们往往依托社会的强势集团而背离良知(Martine Shapiro,1993:37-64)。

我国改革开放前虽已建立了庞大的行政管理系统,但其专业化、职业化、技术化水平并不高,之后才逐步加快。这与西方公法私法化的背景差异巨大。从这种意义上来说,所谓公法私法化可能表明"公"与"私"之间还处在相互交融的状态,职业化、专业化、技术化的过程还不完全,市民社会与政治国家的分离还不发达,由于政治运动的影响,始终有"脱离群众"的担心。然而,不可否认的是,职业化进程中我国也确实出现了脱离群众、以权谋私等问题。正是在这种意义上,中央近年来一再强调"立党为公,执政为民""执法为民"。针对这两种情况所采取的策略也不同:针对前者,需要进一步加快职业化进程,增强行政管理的科学化水平,增强行政效率;针对后者,则需要促进行政管理的民主化、亲民化,防止官僚化和精英政治的弊端。中国行政体制改革的目标也不是单一的。中国公法改革应该朝着既增强行政效率、增强行政的专业化、科学化水平,又增强行政民主化的方向发展。因此在中国实行公法变革,特别是在增强行政科学化、专业化时,千万不要忽视行政的民主化,不要忘记中国共产党的立党之根、执政之本(朱景文,2011:36-38)。

4. 良法之治与公权力的规范化

《中共中央关于全面推进依法治国若干重大问题的决定》旗帜鲜明地提出"法律是治国之重器,良法是善治之前提"。良法善治的提法无疑令"依法治国"方略的内涵更为深邃。为了保障人民群众的权利和自由,对于中国特色社会主义良法来说,其应有之义就是要将公权力规范制度化。依据人们一般的观点和理解,对公民的基本权利所形成的最严重的侵犯通常是来自公权力。有鉴于此,要为公权力的行使划定界限,以严防政府机构越界而侵犯公民的权益。这一思想早已为许多学者所论证和明确。英国思想大师以赛亚·柏林就坚定地认为,"我们应当在个人的私生活与公共权威之间划定一条界线"(Isaiah Berlin, 1969:123)。进一步追溯这一思想的生发源头,英国新兴资产阶级和新贵族的政治理论家洛克在论证社会契约论时就早已明确地指出,人们通过订立社会契约,将部分权力让渡给国家和政府,其目的仅在于保护他们的生命、自由和财产。如果政府在行使权力时,未能按照公众福利所要求的程度加以处理,就违反了社会契约,人民就有权进行反抗。而且洛克在其对于立法权限问题的鸿篇巨论中指出,立法权虽是每一个国家中的最高权力,但是,它对于人民的生命和财产不是也不可能是绝对地专断的。未经本人同意,最高权力不能取去任何人的合法财产的任何部分(洛克,1964:131,135,138)。

尽管并非一种现实的建构,然而社会契约的内涵即使在当下仍然具有深远的思想影响和重要的启示价值。当前我国在和谐社会和法治中国的建设中仍然面临不少问题和挑战,社会矛盾日渐凸显,群体性事件频繁发生。当然,引发这些问题的原因是方方面面的。但是从很大程度上来说,公权力行使不规范,过多干涉民众的私人领域,甚至违反法定程序褫夺民众的正当权益,不能不说是一个重要的因素。同时,现阶段我国职能部门之间积极冲突与消极冲突的现象普遍存在。由于部门利益和集团利益作怪,各个职能部门之间对有"好处"的事项争先恐后、趋之若鹜,对没"好处"的事项则避犹不及,竞相推诿。中央三令五申要求一些部门或地方不能做的事情,到了一些部门或地方的官员那里,或是置若罔闻,不理不睬,不去作为,或是阳奉阴违,上有政策,下有对策,或是按取所需,采取实用主义态度,导致中央的政令不行,许多问题久拖不决。"中南海制定的东西出不了中南海",形象地说明了政令不通的现象。有令不行和有禁不止的状况,已到了不能容忍的地步。这种现象的实质是违规的作为与不作为,既极大地损害了政府部门的公信力,也令民众无所适从,甚至导致民怨激增。因此良法之治必然要求从制度层面对公权力的运作进行规范和制约,部门与部门之间要划清管辖权限与职责范围,并健全问责机制,使一些官员恣意滥用职权和"扯皮"的现象从根本上被杜绝。如果对公权力的滥用或不作为熟视无睹、不加规制,将严重损害人们的法律信仰,更遑论良法的构建(谭宇生,2015:33)。因此,正确对待公私法的划分,规范公权力的行使,实施良法善治,遵循中国特色社会主义良法来建设现代化法治中国,才能更好地全面推进依法治国,实现中华民族伟大复兴的中国梦。

第十二章　中西法律正义对比:实体与程序

> ◇ 法律就是秩序,有好的法律才有好的秩序。
> 　　　　　　　　　　　　　　　——[古希腊]亚里士多德
> ◇ 自然公平的第一个原则是:必须给予诉讼当事人各方充分的机会来陈述本方的理由。这意味着必须将诉讼程序告知他们,并及时通知其任何可能受到的指控,以便于他们行使权利。　——[英]彼得·斯坦
> ◇ 程序决定了法治与恣意人治之间的基本区别。　——[美]道格拉斯

一、概述

"法律是治国之重器,良法是善治之前提。"——这是习近平总书记在十八届四中全会上提出的重要观点,也是《中共中央关于全面推进依法治国若干重大问题的决定》中的一大亮点。社会主义现代化建设需要法治的引领和规范;中华民族伟大复兴需要法治的支撑和保障。

事实上,法治是人类以人性为基础,对自己的生存方式做出的理性选择。人类数以千年的历史也已经充分展现了这样一个规律:法治是迄今为止人类所能找到的治国理政的最好方式。早在两千多年前的古希腊,苏格拉底就主张法律是人类幸福的标准,法律应体现善恶是非,守法是美德的要求。柏拉图进一步指出,法律的内容应包含整体的美德,因而美德成为法律的理想标准也就是其应有之义。亚里士多德则明确地对"良法之治"做出了经典论述:"法治应当包含两重意义:已成立的法律获得普遍的服从,而大家所服从的法律又应该本身是制订得良好的法律"。

今天,"法治"已经成为治理国家的基本方略,而且在依法治国、依法行政的基础之上,中共中央又提出了法治中国这一宏大命题,使得中国特色社会主义法治建设具有了更为丰富的内涵。而公平正义是社会主义法治的价值追求,其解决的是"建设什么样的法治国家"的问题(张志铭,2006:2-4)。因此,法治应首先关注公正

问题,而司法公正更是关乎社会主义法治公正的最主要方面。法治应当是程序之治,形式化、程序化是实现法治的必备条件之一。"法治整体活动目标的实现是程序活动所达成的过程"(黄捷,2008:89)。因为法治必然是一系列的立法、司法、执法的活动,任何活动都离不开相应程序的规制。

那么何谓实体正义和程序正义? 首先来说,法律有实体法和程序法之分。实体法是规定人们在政治、经济、文化、婚姻家庭等方面的权利和义务关系的法,主要关系到结果和目的意义上的权利与义务分配;程序法是关于过程性权利和义务的法的规范。法的正义性或正义价值是实体正义与程序正义的统一。其中,实体正义是我们追求的结果,而程序正义为实体正义提供保证。法的实体正义即裁判结果的公正,是说法的规范及其实施结果,体现了权利、义务分配的正义原则,执法部门裁判必须符合实体法的规定,使合法的权益受到保护,违法行为受到应有的追究。只有做到实体正义,才能维护正常、稳定的社会关系和社会秩序。可以说,实体正义是公平公正执法的基本目标。法的程序正义即形式的公正,是说法的制定与实施过程,体现了正义原则,指执法程序必须公正、公开、民主,符合有关程序法的规定,保护当事人的听证、申诉等参与权利,并充分体现效率的原则。程序是否公正是当事人、执法者以及社会公众普遍关心的问题。程序正义一向被看做是"看得见的正义"。如果连"看得见的正义"都缺乏,实体正义将无从谈起。实际上,程序正义具有独立于实体正义的价值。程序正义的独立价值应该得到足够重视,但同时也不能把程序正义绝对化。

程序正义主要包括以下几个方面的内容:① 程序的独立性。是指程序的开启和运作应当以实现法律目的为依归,免受其他法外程序的干扰和影响。在办案过程中,只服从法律,不受其他国家机构及其有关人员的干预。程序独立性是程序正义的首要保障,它使程序可以对抗其他国家机构的法外干涉。② 程序的民主性。是程序正义的要义,它包括:程序设置是否以大多数人利益为重, 是否体现大多数人的意志,是否方便大多数人;程序能否体现和保障公民权益在实体上的实现;程序性义务是否给当事人带来不必要的负担等等。③ 程序的制约性。程序的目的和功能之一是制约权力的运行。权力失控将导致不公正,因此,程序正义要求办案人员的行为不应当是反复无常或专横武断式的。现代程序法通过法定时限、时序、原则和制度来制约权力行为,防止办案人员主观臆断和偏听偏信。④ 程序的公开性。案件审理的过程和结果对当事人和社会公开。程序公开可以发挥当事人和社会舆论的监督作用,防止徇情枉法,并促进当事人以及社会公众对执法结果的信任

(于法昌,2010:16-17)。

然而,由于中西方传统的基本法律理念和原则不同,中西法律文化在对待实体正义与程序正义的关系上体现出很大的不同。中国传统法律文化一个比较典型的特点,就是重视实体正义而轻视程序正义,甚至认为实体正义决定程序正义。在中国古代,法官在进行案件审判时,通常是依靠自己内心的体验和直觉去做出裁判,而不是严格依照法定的程序所进行。相比之下,西方法律文化则更加重视程序正义。法官在审判活动中,通常不是依据体验和直觉,而是按照严格的诉讼程序进行。中国古代以儒家思想为主导的传统法律文化以惩恶扬善、强调令行禁止为特征。因此,在诉讼过程中,重结果、轻过程,重实体、轻程序;在诉讼方式上,主观臆断,刑讯逼供,缺乏严格的诉讼程序。

鉴此,目前国内法学界试图对这一传统进行矫正,对程序法给予较多的关注,并且形成了较有影响力的共识:认为程序正义是依法治国的标志,是从人治到法治、从传统法文化到法制现代化、从计划经济到市场经济的转变过程中至关重要的一种价值,从而确立程序正义的观念并以此作为审判方式和司法制度改革的基本理念,而且在行政法学领域,"法即程序"的观点也已初露端倪(肖凤城,1997:4-7)。

二、中西法律正义对比

中国法律现代化的进程也是法律移植的过程。在西方法律文化的不断输入过程中,程序正义这一生长于西方的法律理念也随之被引入,在诉讼法制定的过程中从制度上得到确认,并且在当今的社会越来越得到重视和强调。在一定意义上讲,中国法律现代化的节点也是难点,就在于如何很好地解决本土的中国法律传统与移植的西方法律精神之间的关系。从对比的角度来看,西方法律文化传统中程序法十分发达,重视程序正义和程序价值,而相对轻视实体权利;中国法律文化传统中,"重实体,轻程序"的观念历史久远,根深蒂固,程序正义或程序价值一直极端匮乏,程序法一直没有独立于实体法之外,获得自己应有的独立价值。因此对程序正义进行审视,对其在我国法律中的移植进行思考,我们首先需要做的就是对这两种截然不同的程序价值观念的传统根源进行分析和比较。

1. 西方法律文化中的"程序正义"

自亚里士多德以来,"大多数理论,不是用平等就是用自由作为探讨正义问题的焦点";"正义有着一张普洛透斯似的脸,变幻无常,随时可呈现不同形状并具有极不相同的面貌"(博登海默,1999:252-255)。

西方法治的历史无疑是一部奉行程序法制的历史。按照 F. 弗兰克·福特法官的说法"争取自由的历史,其中绝大部分是遵守程序性权利保障的历史"(季卫东,1999:8-9)。程序正义的法律观念源起于西方法律文化,在近八百年的时间里,它经历了形成、发展并在实践中日臻完善,目前已经形成了比较系统完备的理论和应用体系。

从程序正义产生的理论渊源来看,程序正义观念的古典表述主要有两个,一个是英国的"自然正义"(natural justice),一个是美国的"正当程序"(due process)。在英国,基于其独特的普通法传统,人们相信"正义先于真实"(justice before truth)、"程序先于权利"(process before rights),由此体现出英国人运用法律程序对公共权力加以限制的思想。而其注重法律程序最集中的体现就是对自然正义原则的严格遵守。这一原则有两项基本内容:① 任何人均不得担任自己诉讼案件的法官;② 法官在制作裁判时应听取双方当事人的陈述。英国普通法上的程序正义观念在美国得到继承和发展。程序正义在美国的法律中表述为"正当法律程序"。1791年的宪法第 5 条修正案规定:"除非根据大陪审团的报告或起诉书,任何人不得受判处死罪或其他重罪之审判,唯发生在陆、海军中或发生在战时或出现公共危险时服现役的民兵中的案件不在此限,任何人不得因同一罪行而两次遭受生命或身体的危害,不得在任何刑事案件中被迫自证其罪,不经正当法律程序,不得剥夺生命、自由和财产。不给予公平赔偿,私有财产不得充作公用"(Akhil Reed Amar,2006:491)。1868 年的宪法第 14 条修正案规定:"凡在合众国出生或归化合众国并受其管辖的人,均为合众国的和他们居住的州的公民,任何一州,都不得制定或实施限制合众国公民的特权或豁免权的任何法律,不经正当法律程序,不得剥夺任何人的生命、自由或财产,对于在其管辖下的任何人,亦不得拒绝给予平等法律保护"(Akhil Reed Amar,2006:493)。这两条修正案分别针对联邦政府和州政府做出规定。从其表述的精神要义不难看出,美国正当法律程序原则旨在制约和限制公权力,在最大程度上保护公民的个人权利。程序正义在美国得到了进一步发展和完善,许多相关的程序规则都在其实践中得以形成和确立。

在美国,正当程序可分为"实体性的正当程序"(substantive due process)和"程序性的正当程序"(procedural due process)两大理念。其中前者是对联邦和各州立法权的一种宪法限制,它要求任何一项设计剥夺公民生命、自由或者财产的法律不能是不合理的、任意的或者反复无常的,而应符合公平、正义、理性等基本理念;而后者则涉及法律实施的方法和过程,它要求用以解决利益争端的法律程序必须是公正、合理的。在美国人看来,实体性的正当程序体现了正义的基本要求,而程序性的正当程序则体现了程序正义的基本观念。

总体来说,程序正义最初在英国法律实践中创建,之后在美国法律实践中发展、完善,并发挥无可替代的作用。当今随着全球化的发展,国家之间经济、政治、文化的合作与交流,国际立法的增多,以及超国家组织法律的出现,西方国家普通法与大陆法两大法系正在逐步靠拢。程序正义作为现代法治理念的重要组成部分,已经由普通法系国家走向大陆法系国家,并被欧洲大陆法系国家吸收、接纳,与本国原有法律制度结合并完善。作为一项基本的法律原则,程序正义"被越来越多的国家写入宪法,按照其要求制定修改刑事诉讼法规"(邓继好,2012:224-225)。

作为一种西方法律观念和信仰,乃至民主法治的基因,程序正义是与西方社会悠久而浓厚的法治优良传统密不可分的。在一定意义上,程序正义就是西方法治的硕果之一。

程序正义源于英国悠久的法律至上、"王在法下"的法治观念。在英国的法律文化中,重视程序价值,轻视实体权利是一个传统,"程序先于权利"是英国法律中的一个基本原则,正如英国著名法学家梅因所描述的那样,普通法是"在程序的缝隙中渗透出来的"。这一原则的形成有其深厚的文化渊源。

对于程序正义的最早论述,英国法学家科克认为其源头见于1215年的英国《自由大宪章》(*Magna Carta*),该法律文件的第39条规定:"凡自由民,如未经其同级贵族之依法裁判,或经国法判决,皆不得被逮捕和监禁、没收财产、剥夺法律保护权、流放或加以任何其他损害。"1354年英国议会重申《自由大宪章》的一项制定法,英王爱德华三世签署第28号法令,即《伦敦西敏寺自由法》,其中正式提到了我们现在所说的"正当程序"条款,其第三章规定:"未经法律的正当程序进行答辩,对任何财产或身份的拥有者一律不得剥夺其土地或住所,不得逮捕或监禁,不得剥夺其继承权,或剥夺其生存的权利。"该条规定首次以法令的形式表述了程序正义的雏形——正当法律程序原则。在英国,正当程序对"纠纷的审理和解决的实现方式有决定性的影响,也对第三者接受和使用劝导性纠纷的材料有决定性影响"(马丁·P.戈尔丁,1987:231)。

"众所周知,西方中世纪开始后形成了一种多元权力景观,进而造成特有的权力均势与张力"(基佐,1998:22-23)。在这一时期,王权、教权、封建贵族的多元权

第十二章　中西法律正义对比：实体与程序

力并存、合作又对立，形成了一种特有的均势与张力。这不仅导致一切政府都是以契约为其建立基础，而且"反对绝对权威"，从而抑制和消减了特权和专权的滋长。近代时期，商品经济蓬勃发展，市民社会力量日益增长，逐步成长为议会的主角的新贵族和市民阶层新兴的资产阶级，不断通过斗争来争取他们自由和民主的权利。随着启蒙运动的有力推动，以及民主契约价值原则的感召，人民主权得以确立，国家权力服从并服务于市民社会的私人利益和权利的需要，国家权力的合法性也得以重新定义，由上帝神谕变成民众享有。国家不再高于人民，参政属于人民固有的权利；而且"人民应受法律的统治，判决只有凭借对滥用权力负有责任的这样一些法律来实施，在此，这些被进一步解释成，一切涉及这个国家所有自由人们的生活、自由、财产的诉讼，均应以该国家的法律为依据；议会不应该干涉正常的行政管理或者法律的执行，因为法律只是权力的原则部分，正如以往的议会一样，议会的职能是规定人们的自由以反对政府的专断"（哈耶克，1999：253）。由此，国家权力需要服从法律，依法行事，以确保其权力来源和运行的合法性。法律也不再只是上帝的理性，而逐步转化为追求自由、平等、人权、正义的产物。法律具有了普遍有效性，法的统治、法律至上的治国原则也逐步得以确立。据此，为了保障私人权利，西方法治当中"自然正义"与"正当程序"原则的确立也就成了其内在要求。

西欧中世纪后期，在市民社会自由化和权利保护运动的有力推动下，法律程序逐步得以理性化。这一时期的英国，为克服传统法律程序的非理性，人们把希望寄托于皇室法院，以便获得迅速而强有力的救济。这从客观上不但促进了"程序先于权利"的令状制度的创立，也推动了统一的普通法的形成。在长期的历史发展中，普通法形成的韧性、烦琐的和形式主义的技术，使得它能够顽强地抵制住来自上级的进攻，成为同专制王权的斗争中议会政党手中的强大武器。自从那时起，英国人便把普通法看作基本自由的保障，用它保护公民的权利，对抗专制权力的肆虐（茨威格特·克茨，1992：355）。之后，随着法治的进展，"确立了大陪审团制度，重申小陪审团的独立性，严格尊重与证人对质的权利，同时传闻证据否定法作为一项制度，也成为一种新的、合理的法庭诉讼程序基础"（泰格·利维，1996：256-260）。这些诉讼程序有效地限制了封建权力，保障了社会权利，并为市民社会权利之间的平等保护、法律的公平适用提供了必要性和可能性。在近代西方国家，程序正义的确立是与其良好的法治基础、物质基础和人文环境密不可分的。市民社会的发展、个人权利的张扬、私人人格的尊重以及法律至上的精神，使得法律程序的合理设计和科学探求变成了可能。对此，美国联邦最高法院大法官道格拉斯曾经精辟地论述说:"权利法案中的大多数条款都与程序有关,这并不是没有任何意义的,正是程序决定了法治与恣意的人治之间的基本区别。坚定地遵守严格的法律程序,是我们赖以实现法律面前人人平等的主要保证"(William,1991:858)。

为了增强对英美法程序正义的进一步理解,我们将其中与几个原则密切相关的代表案例摘选如下(张梦雪,2015:116-118):

(1)英国

在1610年博翰姆大夫案中,作为外科医生的博翰姆大夫未经医师协会许可便在伦敦开了诊所,医师协会因此将其监禁并罚款。对该案判决的法官认为,因为罚款中的一半是交给医师协会的,医师协会在判决中有自己的利益,所以医师协会的裁决不成立。在1852年格兰特案中,由于负责该案件的法官是当事人一方的股东,与其有直接的经济联系,因此,尽管案件的审理和判决都被普遍认为没有徇私,这名法官的判决还是被上议院撤销、并宣布无效了。在司法者们看来,任何人都不应该成为与自己利益相关案件的法官的原则是"自然的正义原则",哪怕是权威制定的法律,如果违法了这一原则,该法律也是无效的,因为自然法则是法律的法律(Leges Legum),不可更改。这项原则经过不断阐述和充实,成为程序正义的基本原则之一,即前文所提到过的"裁判者中立原则"。

法官在制作裁判时应听取双方当事人的陈述,这一原则是援引于圣经的典故:上帝在惩罚偷吃禁果的亚当和夏娃之前,也给了他们陈述的机会,并倾听了他们对处罚的看法。1655年伯纳迪斯顿案中,最后的判决认为,在免除伯纳迪斯顿的职位前,应该给予他陈述的机会,并听取他的陈述。1723年剑桥大学案中,法官认为剑桥大学在剥夺控方当事人博士学位之前,没有给予其陈述与被倾听的机会,因此即便其开除员工的规则依然适用,剑桥大学的做法也是无效的,随后,王座法院通过颁布强制令,恢复了控方当事人的博士学位。当事人在裁决前陈述与被倾听的权利要求法官在做出裁决前,必须对双方当事人都予以陈述的机会。这一原则发展成为程序正义的参与性原则与对等性原则。

(2)美国

在1920年的银角木材公司案中,联邦最高法院认为:如果允许适用违反宪法的方式搜查和扣押,并将获得的线索作为证据在案件中使用,那么宪法的规定就成为一纸空文。1939年的纳多恩案中,由于确认纳多恩犯罪行为的证据是电话窃听录音,因而初审法院的判决连续两次被联邦最高法院驳回。联邦最高法院在其裁决中指出:执法人员最初行为的违法性一旦被证实,那么其根据违法行为获得的所有证据都是"毒树之果"。美国由此确立了名为"毒树之果"的非法证据排除规则。

在1963年的米兰达案中,联邦最高法院在判决中说明:无论是否有罪,除非有证据表明,被告人"不自证其罪"的权利在程序上得以充分保障,否则其在被羁押的情况下所做的陈述不能作为审判的证据。由此确立了如今耳熟能详的米兰达规则,使其成为警务人员羁押逮捕犯罪嫌疑人的程序中必不可少的因素。此外,在长期的司法实践中,美国还确立了陪审团独立审判权利、及时审判权利、获得律师帮助权利等多项体现程序正义原则的规定。

2. 中国法中的"实体正义"

中国的传统法律文化是以儒家思想为主导和核心的,即"德礼为政教之本,刑罚为政教之用,犹昏晓阳秋相须而成者"(《唐律疏议》),"在德主刑辅、明刑弼教、出礼入刑等原则下,实行儒法合流"(沈宗灵,2009)。孔子继承并发展了西周"礼治"和"明德慎罚"的思想,提出"为政以德";在此基础上,董仲舒吸收了法家等其他学派中有利于维护皇权的思想,引经断狱,开始将儒家经义应用于法律实践,使我国传统社会的法律具有了伦理法的性质。其主要特征就是追求惩恶扬善,维护等级特权,强调命令服从,强化了"德"与"礼",强化了宗法制度下"父家长"的权力。体现在法律上则是侧重定名止纷的实体合法,轻视权利,追求"无讼"的理想境界。我们知道,诉讼是法治社会的一项重要内容,诉讼过程是"对人类事务中合理性的势力由法律机构做出的正式表达的一种手段"(Fuller,1981)。在法治社会,"通过诉讼维护国家利益,维护公民和组织的合法权益是维护社会秩序的一个重要手段"(季卫东,2011)。然而,在《周易·讼卦》中却说:"讼,终凶","讼不可妄兴","讼不可长"。传统社会中,所有"与诉讼有关的事物都被贬义化了"(陈金钊、张其山,2008),在人们的眼中,宗法制度下的家族利益高于一切,将"家事"诉诸法,有伤和气。因此,出于维护"家庭和睦"和社会稳定的目的,人们宁愿放弃对于自身权利的诉求,从而使得"无讼"变成整个社会所推崇的、最理想的状态。在处理民事案件时,调解变成了纠纷解决机制的核心。然而,需要注意的是,调解的目的并非在于保护权利,而是平息矛盾。调解的作用在于利用国家公权力,迫使当事人退让和妥协,竭尽全力避免因一方不满而引起再诉的情形出现,从而实现社会秩序的稳定。同时,在传统社会,诉讼还被看成是官吏德化不足和政绩缺乏的表现。比如东汉陈宠就曾经说道,"西州豪右并兼,吏多奸贪,诉讼日百数"(《后汉书·陈宠传》),将诉讼的增多看成是吏治败坏所致。由此可见,"厌讼"和"耻讼"基础上形成的无讼思想,使真正意义上的法治社会的诉讼程序没能在我国传统社会中建立起来,造成了长期的"轻程序"倾向。

"德主刑辅"的思想在对道德教化起着积极作用的同时,却也包含了对法律的漠视和消极因素。在古代,法即是刑。中国传统社会的法律史,主要就是一部刑法史。法律就是规定什么样的人犯什么样的罪该受到什么样的惩罚。在法律形式上,诸法合体,民刑不分,诉讼法与实体法难辨,法与礼相融。代表中华法系最高成就的《唐律疏议》也未见有"诉讼"的专门规定。仅在《大元通制》中方见"诉讼"名篇。

司法权受制于行政权的影响。宗法制度下,作为"天子",皇帝是"家天下",拥有至高无上的绝对权力和权威;作为"父母官",一般行政权司法权执行者的州县官员是其下辖百姓的"家长",负责维护家庭的稳定,集众多角色于一体,不仅负责日常的行政工作,也负责执法司法工作。在审判组织上,司法权与行政权合二为一。在法律地位上,行政权长期凌驾于司法权之上。讼的政治化与审判的政策功能被无限扩张,对公权力执行者本身却多用道德原则来规范。在诉讼方式上,主观臆断、刑讯逼供司空见惯,当事人的口供是诉讼的唯一目的。百姓理所当然地对行政和司法产生畏惧与膜拜的心理,认为行政执法人员必然是对的。加上"讼"即"凶"的认知,有罪推定的原则,官员在执法司法中可以肆意专断,其行为无视程序。如此,重实体轻程序、重打击轻保障、重口供轻调查便成为必然。久而久之,实体法相对发达,程序法极度落后,法官无证据规则的制约,当事人对法一窍不通,国家对不同等级的人采用不同的规则。

在行政权和司法权合二为一的情况下,行政权对司法权的干预,还会使"民愤"极易成为裁判和量刑的依据。"从一定意义上讲,民愤代表着群众意愿,代表着社会大多数人对于少数人的一种道德判断(并非法律判断)"(李叶宏,2008)。在我国的社会历史发展当中,一向十分重视"民愤"问题。在我国的传统社会中,由于行政司法合一,官员在对案件进行裁判时,就不得不对情理上的因素进行衡量和考虑,在案件审理过程当中要体察民意、关注民情、考虑民愤,以赢得并增加民众对于司法和行政的认同感,维护社会秩序和稳定。即便是在现代社会中,行政权出于考虑社会效应、维护社会稳定的需要,在遇到有民愤情况存在时,都对其予以高度重视,并且对司法权行使干预,从而使得民愤常常成为"某些案件处以极刑的内在动力"(胡铭,2013)。有鉴于此,也就不难理解为何我国以前许多死刑案件的判决书里会明确出现"不杀不足以平民愤"的字眼,比如张金柱案就是这样。随着社会的发展和司法的进步,这样明显有悖法治精神的表达,在我们今天的判决书中已经不会出现。但在对社会影响深远的重大案件中进行裁决和量刑时,"民愤"仍是重要依据之一。诚然,"民愤"可以作为法官自由裁量的参考,但绝不能成为裁决的依据和量刑的标准。因为民愤未必是正确的,可能会造成冤案,比如佘祥林案的重要原因之一就是民愤。而且,在司法审判中,这种民众的愤怒情绪不仅难以衡量,并且容易产生误导和干扰,甚至对民愤过分偏重会让舆论绑架司法成为可能,造成司法独立地位的进一步丧失,不利于法治社会的建立。

从总体上看,我国传统社会法制受实质中心主义法律文化的影响,"形式主义的要素十分稀薄"(季卫东,2011)。成文法更侧重于实质性的规定,地方官员在办案时没有"正当法律程序"的限制,会按照个案的具体情节进行变通性的操作,并且还会因此而被整个社会所推崇。如此一来造成的后果就是,我国长期缺乏程序法和程序正义的理念,法律特别是程序性法律的权威也被弱化。而且中国传统社会法制强调"天理""国法""人情"的统一,司法文化偏重于对实质正义的追求。这种实质正义是指结果正义:在裁决上追求结果,在量刑上追求"合情"。也就是说,案件的处理结果不仅要"合法",还要"合情"。比如,古代社会各级衙门公堂上"明镜高悬"的匾额,暗示着对官员"明察秋毫"的基本要求。他们在案件审理遇阻时,可以采取欺诈取证、刑讯逼供等任何手段求得真实。此外,由于古代行政兼礼司法,因此司法更多是追求"解纷止争",看重所在辖区的稳定和个案处理的社会效应,而不是现代意义上的公平正义。另外,对于相同案情的审理,也会由于当事人的身份、背景等不同,而有不同的裁决结果。这成为中国历史上对程序法制发展危害最大的因素,之所以这么说,原因在于"程序的实质是管理和决定的非人情化,其一切布置都是为了限制恣意、专断和过度的裁量"(季卫东,1999:157)。

同时,在程序价值观上,传统的工具诉讼观念根深蒂固。在这种观念的影响下,程序只是被看作一种工具,认为程序的目的无非在于保证实体正义的实现。以此推理,只要能够解决实体问题,就算是采用违反诉讼程序的裁判做法,不但不存在不妥之处,而且往往还是必须为之的。在对程序正义的应用上,我国司法实践通常相对于程序正义而言,更加注重程序的工具价值,按照传统宗法制度维护权力、突显权威的主张和要求,将程序正义加以曲解,称作是普通民众严格尊重公权力机关的办事程序和步骤,并且依据这一理解向社会和民众进行宣传。这在相当大的程度上,也是造成部分民众对程序正义的内涵形成误解、对程序正义的理念进行排斥的原因之一。受这种程序工具主义观念的影响,在我国的司法实践中,往往事情到了既违反诉讼程序,又因此严重影响实体公正解决的地步时,才会引发足够重视和关注,当作一个需要考虑解决的问题。

我国法律文化中程序正义之所以缺失,传统纠问式诉讼模式的影响也是主要原因之一。在我国古代社会,刑事诉讼最根本的价值取向,就是维护国家统治和社会稳定,实现对社会的有效控制,迅速、及时、有效地打击危害社会秩序的行为,而不是维护民众的个人权利和私人权益。为了实现这一价值理念,封建专制社会统治者必须建立一种强力遏制犯罪的司法机制,因此设计出了以国家主动追诉犯罪为内容的纠问式诉讼模式。这种纠问式诉讼模式的主要内容,是确认君主至高无上的权威,维护界限分明的等级制度和实现对民众的严密控制。纠问式诉讼模式重视封建宗法伦理,坚持礼教中心地位,实行刑罚强制。所以中国传统的纠问式诉讼模式的价值目标和本位不是保护人的基本权利,而是确认人的职责和义务。从这个意义上来说,传统诉讼程序只是作为一种工具,作为一种打击犯罪、维护皇权的手段,作为一种维护社会稳定的武器。只要能够达到这些目的,不论采取任何手段,不管这种程序设计本身是否科学合理、合乎伦理人道,都是法律所允许的,都是正当合法的。由此便不难理解,为何程序法会成为实体法的附庸,个人权利会成为集团本位的牺牲品。

由于成文法的传统,我国传统的纠问式诉讼模式与大陆法系职权主义诉讼模式具有天然的相似性,"大陆法系的职权主义诉讼模式本身就起源于罗马帝国特别是西欧中世纪宗教法庭所实行的纠问式程序"(谢佑平,2002:172),都可以视为是独特的强职权主义诉讼模式。在这种模式下,"侦、诉、审等国家职权活动均受'实体真实主义'的支配,不仅侦查程序完全由侦查法官和检察官控制,辩方的调查取证和证据保全权非常有限,而且法院对于既经起诉的案件有责任依职权调查一切证据,务求公诉在事实同一性的范围内查清全部事实,裁判结果不受控辩双方法庭上举证范围的限制"(孙长永,2000:84)。在这种情况下,作为公权力代表的司法官员的主动性,传统的"实体真实主义"的支配力,及时有效解决纠纷的任务性等,这些因素和压力交织在一起,极其容易让司法走入自觉不自觉地违反法定诉讼程序的怪圈。这也就不难理解为何会有如下问题的存在:"在我国目前和今后相当长时期的实际生活中,从总的情况看,在社会价值观上,程序还很难与实体抗衡。老百姓所关注的、党委和政府所关心的、人民代表大会所监督的,还是法院是否定错性、判错刑、杀错人。至于程序上有什么错误,只要不发生大的问题(如刑讯逼供致死人命),则不认为是很重要的。常常被视为技术性问题由司法部门自己注意即可。而法院自身也是适用类似的标准:关键在于是否判错案,至于程序上的合法性与适当性则是次要的"(龙宗智,2001:129)。

除此之外,我们还要看到的是,程序正义在我国法律文化之所以缺席,除了传统的法律文化、诉讼模式和程序制度的原因之外,还在于其赖以形成的法治基础的缺失。也就是说,市民社会与国家的分离与互动发展的缺失,这才是其最深厚、最根本的原因。从其经济根源来说,在我国漫长的封建社会中,由于自给自足的自然经济始终占据主导地位,加上历朝历代的统治者推行"重农抑商"的政策,使得商品经济一直没有得到充分的发展,从而最终导致了国家和市民社会难以分离、高度统一的困局。"从国家于社会中产生之时便反过来侵吞了社会,形成了国家同化、吞噬市民社会的东方专制主义,它不具有西欧中世纪国家吞并市民社会所附有的那种多元权力斗争的复杂性和脆弱性,而是坚固的'东方专制主义'的单一性"(马长山,2001:15)。这种单一性的形成和存在,不仅造成了社会发展的停滞和延宕,而且也使得民主法治无从产生和进步。社会权利成为国家权力的附庸,个人权利意识为社会集团本位所扼杀,那些保护个人权利的法律程序即便真的存在,也只是为社会阶层中享有至高地位和特殊权利的一部分人所服务的。从西方舶来的程序正义,在传统社会个人权利意识淡薄和民主法治基础薄弱的不利条件下,不仅不能正常发展,而且有可能被异化。由于程序工具主义观念的盛行,相对于实体正义而言,程序正义总是屈居附属地位,以致程序法仅是沦落为维护社会秩序的一种工具。在这种情形下,"权利保障条款处处面临受到拆解的危险,而在相应的配套措施与条件阙如的情况下,国家与个人之间的强弱悬殊对比就必然使这种危险变为事实"(左卫民,2003:190)。

三、中西法律正义对比的启示

法的正义性或正义价值是实体正义与程序正义的统一。实体正义是我们追求的结果,而程序正义则为实体正义提供保证,并且程序正义自身也有其独立的价值。英国的法律格言说:"正义不仅应得到实现,而且要以人们看得见的方式加以实现。"这句格言的意思是说,在案件的审判中,不仅要裁判得正确、公平,完全符合实体法的规定和精神,而且还应当使人们感受到裁判过程的公平性和合理性。换言之,司法机构对一个案件的定性、判决,即使非常公正、合理、合法,也还是远远不够的。要使诉讼过程最后得出的结论受到人们的普遍认可,司法者必须确保整个诉讼程序符合公正、正义的要求。因此,这句话中所谓的"看得见的正义",实质上就是指法律的程序正义,指的是以这种方式来最大限度的实现正义。将程序正义视为"看得见的正义",是英美法系的优良法律传统。在这种法律思想和信仰的支持下,很多具有代表性和示范性的审判制度和原则也不断随之建立,比如审判公开、陪审团制度、一事不再理、对沉默权的认可、律师在场咨询等等。基于这一法律精神和理念,西方社会的法律文化长久以来都是程序优先于实体,并且形成了许多成功的、经典的案例,为不同文化的人们所熟知、称颂和借鉴。

在我国传统社会与文化的长期深远影响下,"重实体、轻程序","程序虚无主义"在我国法律文化中一直占据主导地位,对我国法制运行的各个阶段都有着深刻影响。如今,有关程序性法律制度的缺失成为我国法治建设最大和最核心的问题,进而导致法治建设整体的制度化程度不高。在法治实践中,尽管在诉讼制度层面上我们取得了不少的成果,然而与之形成鲜明对照的是,在司法实践上还长期存在很多问题,并且有些普遍现象日益突出,比如"下跪喊冤、进京上访、网民激辩、司法腐败"等等。毋庸置疑,许多亟待解决的维权艰难、司法不公等诉讼实践难题,其实都与我国法律发展历史和传统司法法律文化的影响密切相关,特别是我国传统法律文化与现代法治实践在程序正义上的阶段性脱节,尤其值得我们去反思、变革与完善。

显而易见,在程序和结果的关系上,中西方法律之间存在着十分显明的制度差异和文化差异的问题。例如,在美国,根据"米兰达规则"的要求,警察在对嫌疑人采取拘留逮捕的强制措施时,必须口述"你有权保持沉默"的警告,否则被告人可以此为理由推翻所有的证供。这种口头警告,不仅在形式和意义上在中国人看来无足轻重甚至多此一举,而且在其效力和后果上同样让人觉得难以理解甚至无须思虑。

再如1994年轰动一时的"辛普森案件"。辛氏杀人嫌疑极重,仅仅因为警察取证的方法有瑕疵便被否决了证据的效力,1995年10月3日,辛普森案陪审团裁决结果公布辛普森无罪,最后法院只能宣判辛氏无罪。检方证据确凿,但最终却因程序上的失误而输掉了官司,主审法官伊藤曾悲怆泣下,却只能服从法律。民众以及法律界都对裁决结果表示尊重和接受,美国社会特别是白人社会并没有为此掀起巨大的舆情反弹。这体现了司法正义至高无上的原则,在美国人看来是可以接受的。但是在中国人看来这是不可思议的,是"不公正"的,在几乎可以确定的犯罪事实面前,仅仅由于调查取证有悖所谓的"毒树之果"原则,就确定其在民事审判中予以赔偿,刑事审判中则无罪释放,分明是程序正义阻碍了实体正义的实现。

第十二章 中西法律正义对比:实体与程序

国内甚至还有包括专家学者在内的不少人纷纷撰文,认定这样的结果是"不公正"的,并以此作为证明美国重视程序而不看重结果、为了程序正义而牺牲实体正义的论据。这实际上是以中国法律文化观念的视角审视美国的法律文化观念,自然或不自然地所体现出的是"重实体,轻程序"的法制思维模式,而没有看到中西两种不同的法律文化之间的鲜明对照,以及分别所体现出的法治观念的截然不同。事实上,在西方人的观念里,程序和实体并不是这样一个截然对立的关系。一个案件的审判结果是否符合正义原则,应当是程序和实体两方面的统一与结合,如果一方面有违正义原则,则就不能说该案件的审理和判决是正义的。由此来看,辛普森案件的结果并非不公正,因为没有证据表明这个实体的结果是不公正的,而程序的公正只不过是一个"理所当然"的过程。

再对比中国的"辱母杀人案"。2016年4月,女企业家苏银霞借款后无法偿清欠款,招致辱骂、殴打、限制人身自由和露出下体等暴力催款行为。苏银霞的儿子于欢因无法忍受追债人对母亲身心的欺辱,用水果刀乱刺,致一人休克死亡,其余三人受伤。2017年3月山东省聊城市中级人民法院一审以故意伤害罪判处于欢无期徒刑,同时,于欢还需赔偿死者家属30598.5元和伤者53443.47元。判决见诸国内各大媒体后,一石激起千层浪,网友们纷纷表达了对判决的不满,争论的焦点集中在法律适用问题上,他们认为于欢的行为应属于正当防卫。这与美国社会舆论对于辛普森案件审判结果的态度形成了戏剧性的反差。辛普森一案证据确凿,但逃脱了法律的制裁,结果反被舆论接受;而于欢案是判决结果大致符合司法公正,却不被舆论所接受。以这种舆情反差为切入点,我们可以从深层次上挖掘出其背后的文化原因,透视出中美两国在法律文化上的巨大差异。中国法律文化追求道德上的正义,力求最大限度地保证客观真实,满足民意对于道德感的需求。

从美国宪法第5和第14条修正案的内容中可以清晰看出,与追求结果真实和判决"合情"的我国传统法律文化不同,美国法律中"正当程序"的核心在于限制公权力、保护私权利;当限制公权力和确定犯罪、惩罚罪犯发生矛盾与冲突时,应当以前者作为最优先确保的对象。联邦探员和各州警务人员的工作职责在于寻求案件真相,法官和法院系统存在的目的在于确保公民是在合法权利不被侵犯的条件下进行审判。从法官的理念和职责的角度来看,与政府公权力违法执法的行为相比,罪犯逃脱法律制裁的罪行要轻得多;而政府的权力滥用和司法腐败对国家与社会的危害,远远高于普通的犯罪分子所造成的影响。因此,美国宪政法治的核心是对政府权力加以程序性的约束和制衡,防止执法者和权力者凌驾于法律之上,利用手中特权和国家机器侵害公民的个人权利,滋生权力腐败滥用,破坏社会公平正义,有碍社会信任建立。

不可否认的是,随着西学东渐,作为与实体正义相对的概念,程序正义的理念与理论自19世纪后期开始引入中国之后,已经逐渐为我国学界所熟知,而且已经在较大程度上影响了我国的司法实践,并由此促进了我国司法活动朝向更为趋于合理的方向变革和发展。1996年我国修正了《中华人民共和国刑事诉讼法》,同年10月实施了《中华人民共和国行政处罚法》,2003年制定了《中华人民共和国行政许可法》,2004年制定了《全面推进依法行政实施纲要》,2005年出台了《中华人民共和国公务员法》,2012年8月通过了《关于修改〈中华人民共和国民事诉讼法〉的决定》等。近年以来,人们的程序意识有了进一步的提高,具体的立法层面也有了较大的进步,对程序的重视日渐成为大家的共识,这些可喜变化是有目共睹的。

但同样不容忽视的是,国外法律理论的移植与输入绝非能够一蹴而就。近二十年来,我国以审判方式改革为主线的司法改革,虽然取得了一定的让人倍感鼓舞的成果,但是在现实当中,违反程序正义的做法却屡有发生。即便通过一项较早的数据也很能看出问题:1998年1-10月,我国各级法院共复查各类案件441万件,其中有实体错误的12045件,只占复查案件总数的0.27%,有超审限、管辖等程序性问题的73143件,占错案总数的85.86%(肖建国,2006)。如果将违反公开审判、开庭审判、独立审判、回避制度、证据规则要求等程序规定的案件涵盖在内的话,错案的总体数量会更多,由此足见司法程序问题的严重性。

公正是司法的最高价值,是司法的生命线和灵魂。司法公正既包括实体公正,也包括程序公正。当前我国的司法实践,对实体公正较为重视。然而这样做有时会产生极为严重的后果,尤其在刑事诉讼领域,司法人员有时因为过于追求客观事实和裁判结果,而漠视当事人在司法过程中的诉讼权利和程序权利,往往违反了司法的程序正义,甚至有时引发了重大的冤假错案。正如英国大法官莱特·布鲁斯所言,"真理,与一切美好的事物一样,可能被人欠考虑地热爱,过分强烈的追求,从而付出的代价可能太大"(道森,1983)。从国内目前的总体情况来看,当事人的诉讼权利未能受到足够重视,并且仅仅作为实现裁判结果公正的手段,程序公正被极端漠视,效力大打折扣。而这种"重实体、轻程序""程序虚无主义"的现象"几乎散见于法制建设的各个领域或环节"。程序公正的缺失无疑给司法公正带来严重影响,总结中国近十年来出现的重大的司法冤案,比如佘祥林案、聂树斌案、赵作海案、李庄案等,都是程序正义丧失的典型案例。弗朗西斯·培根的名言说道:"一次不公正的判决,其恶果相当于十次犯罪。"以牺牲程序正义换取个案的侦破、审结,其代价往往是对整个法律秩序的破坏以及整个法律尊严的亵渎。过分追求实体正义而忽视程序正义最终的结果是没有了正义。可以看出,在英美法系中被奉为圭臬的程序正义,在我们国家还没受到充分的重视与尊重,上述关于程序正义的两个极端观点的广泛存在,恰恰说明程序正义的真正含义与地位尚未得到充分理解,更没有融入我们司法过程,这也是程序正义在我国司法实践中的——乃至在我国整个法律体制中的——困境所在(马玉丽,2014:94)。造成这种困境的主要原因就是过分看重实体的公正,没有重视程序的价值,忽视了当事人的程序性权利,漠视了程序正义的内在诉求,进而损害了整个司法正义的实现。

《中共中央关于全面推进依法治国若干重大问题的决定》首次提出"坚持走中国特色社会主义法治道路,建设中国特色社会主义法治体系"的目标,并指出:"公正是法治的生命线。司法公正对社会公正具有重要引领作用,司法不公对社会公正具有致命破坏作用。必须完善司法管理体制和司法权力运行机制,规范司法行为,加强对司法活动的监督,努力让人民群众在每一个司法案件中感受到公平正义。"通过"规范"和"监督"实现"公平正义"已成为我国今后司法改革的价值取向。

正处于深刻变革与转型之当前中国,"需要司法又怀疑司法"已然成为一大悖论。从某种程度上说,当代中国正在进行的司法改革,实际上是一场司法程序的改革。因为现代司法作为宣示正义的过程,更多的是通过程序正义来实现的。对司法程序正义的正视和追求实现司法的程序性是当代中国司法改革中一个无法绕行的重大课题。

十八届四中全会要求推进严格司法,"明确各类司法人员工作职责、工作流程、工作标准,实行办案质量终身负责制和错案责任倒查问责制,确保案件处理经得起法律和历史检验"。这些要求均为司法的程序性要求。司法作为维护社会正义的最后救济方式,完全是以程序为核心的:起诉、受理、审理、评议、宣判、上诉、申诉等环节,均是通过诉讼程序而推进的;在诉讼程序的推进过程中,诉讼参与人之间的关系得以明确,案件的客观事实得以再现,诉讼结果得以呈现。如果没有诉讼程序的正当性,就没有诉讼结果的正当性。因此,必须充分重视司法实践中的司法程序正义问题,应通过建立司法程序性裁判机制加以保障,并以此为重要突破口来推进我国的司法改革。

司法作为社会主义法治建设的重要一环,是保障公民权利的最重要途径。而缺乏程序保障的司法公正将无从谈起。真正的司法公正应该是兼顾实体正义与程序正义,二者要统一并举,甚至程序正义有时更为重要。"程序是实体之母,程序法是实体法之母"(谷口安平,1996:6)。不能以牺牲程序来换取所谓的实体正义。在中国当前的司法改革中,要实现真正的司法正义,需要做好以下几个方面的工作。

1)培育司法人员的程序伦理。"程序伦理主要在于判断法官是否信服并尊重程序正义"(叶堂宇,1997:50-52)。程序正义既可以体现为理念,也可能体现为法律条文,更可能体现为一种思维习惯与行为方式。这种看似软性的习惯却发挥着刚性的拘束力,其权威并不亚于成文规范。程序正义除了在制度上有成文的体现外,还应该成为司法人员的一种伦理要求,而不仅仅是在情感上和理智上将其作为一套规定,因为规定往往是容易规避的(华忆昕、苏新建,2011:49-52)。因此培育程序理论,将程序理念内化为信仰,才能指导司法实践活动。

2)司法人员要严格遵守法定程序,保障当事人的程序性权利。目前的司法实践中,关于保障当事人权利的程序性规定并非缺失,恰恰是这些程序性规定未被严格遵守甚至完全漠视。比如,在司法实践中,法官应中立、无偏私,遵守回避,原因很简单,正义必须来源于信任,当正直人认为"法官偏袒"时,信任即遭到破坏(丹宁勋爵,1999:98-99)。目前大量冤假错案的形成,主要原因在于司法人员未严格遵守法定程序,比如刑讯逼供、剥夺陈述和申辩权利等,严重侵害了当事人的权利,对司法公正造成极大的负面影响。保障当事人的程序性权利,是实现司法公正的重要方面。当时引发国内外舆论极大关注的薄熙来案,其审理的公开程度以及遵守程序化程度前所未有,庭审的对抗性表现突出,法官给予各方充分的诉讼权利保障,既重视实体正义,也关注程序正义,消除了人们的猜疑,提升了司法公信力,成为司法改革关注程序的示范。

3)建立"有参与的程序正义"。在我国长期以来普通民众未能作为司法公正的参与者、贡献者;司法公正与当事人息息相关,而事实上裁判结果的形成缺乏当事人参与,造成真正主体对其只能被动接受。大多数人认为程序不公正的原因主要是抱怨没有足够的机会来陈述自己的意见(Musante, Gilbert, Thibaut, 1983: 223-238)。以开放的心态吸收当事人充分参与司法过程,体会实际操作流程,发表意见和建议,唯有如此,才能使司法的示范作用发挥效用,也才能使民众成为司法公正的贡献者。正如霍布豪斯所言"理想的社会被设想为一个整体,它依靠各部分的协调生长而存在并繁荣昌盛,每个部分在按照自己方式和性质发展的过程中也促进其他部分的发展","任何一个和平秩序下都有使许多好事情欣欣向荣的余地。

但是社会进步的丰硕成果只有这样一个社会才能摘取,在这个社会里,大多数人不仅是消极的接受者,而且是积极的贡献者"(霍布豪斯,2005:68)。

总之,司法程序的正义关乎每个人的权利,是人类社会法治精神的重要体现。在人类社会的法治进程中,程序也是从首先作为实现个体公正的手段和方法嬗变成法治的最高价值取向的。程序正义既有利于防止国家权力的滥用,避免人治在立法、行政、司法活动中膨胀,又有利于对立法、司法活动中的民主和人权保障,还体现了国家法律制度的公正与否,成为衡量国家法治程度的标准。正是在这个意义上,依法治国被主张为"依程序法治国",法治的实现过程被强调为"从实体到程序"或"法治的程序化"过程。可见,实现程序正义是贯彻社会主义法治的必由之路,也是践行现代司法文明的应有之义。

第十三章　中西法律信仰对比：伦理和宗教

> ◇ 一切法律只要与真正的理性相一致，就必须从永恒法中产生。
> ——[意]托马斯·阿奎那
> ◇ 在中世纪，一切按照神学中的通行原则来处理。教会教条同时就是政治信条，圣经词句在各法庭中都有法律的效力。　——[德]马克思
> ◇ 法律需要被信仰，否则它将形同虚设。　——[美]伯尔曼

一、概述

法律文化从历史的角度可以粗略地划分为西方的信仰主义文化和中国的工具主义文化。现代的中国，走法治之路已成为国人的共识，并且已经上升到了治国理政方略的高度，而传统工具主义的法律文化又是与法治格格不入的。因此改良传统的工具主义法律文化，培养现代的法律信仰主义文化是实现法治现代化的关键所在，而培养现代法律信仰主义文化则应先从认识中西方法律信仰的异同开始。

法律信仰以信仰为基础，涉及法学、心理学、伦理学等很多方面；而且论及信仰，总是难免让人关联起宗教或主义。既然法律信仰既包括主观范畴，又包括对主体的客观能动性，那么借助辞海对信仰的解释，我们可以较为笼统地认定法律信仰其实是两个方面的有机统一：一方面是指主体以坚定的法律信念为前提并在其支配下把法律规则作为其行为准则；另一方面是主体在严格的法律规则支配下的活动（谢晖，1997）。在心理学领域，强制力对于确保遵从规则来说远不及其他因素如信任、公正和归属感等重要，这一点已经获得广泛证明。由此不难推理得知，在法律领域也是如此，人们遵守法律，依法享受权利，承担义务，其真正原因未必一定是因为害怕受到法律制定者的惩戒或制裁，而更多的是因为受一种发自内心的崇尚公正与秩序的信念支配，这种信念，正是法律信仰的终极目的。

伯尔曼（2003）曾经做出了极为经典的论述："法律必须被信仰，否则它将形同虚设。"要使得法治真正形成，使得法律人生成强大内在精神力量，使得人治、官本

位、权大于法等一系列与法治社会相悖的陈旧观念得以根本改变,使得法律有效运行以实现法制状况从恶劣走向完善,其根本性的标志应该是法律信仰的形成。有了法律信仰,法的价值和功能也才能最终得以体现;有了法律信仰,奉公守法也才能真正落到实处。对于法律领域的从业者来说,法律信仰则代表了一种理性追求,表明人类控制和驾驭自身能力的增强。法律至上的确认是法律信仰的核心内容,这种确认使得法律成为最高的权威,没有这种确认,法律文化就很难构建出一套完整的体系,而失去了文化根基的法律注定无法经受时代的考验,最终只能成为一纸空谈(张燕,2015:83-85)。

伦理化与宗教性可以说是中西法律文化比较上最具对极性的差异。传统中国的法律在西汉以后逐渐为儒家伦理所控制,儒家伦理的精神和原则日益规范着法律的变化和发展,至隋唐终使中国法律完全伦理化,这一情形延及清末而毫无变化。儒家伦理使传统中国的法律成为一种道德化的法律,法律成为道德的工具,道德成了法律的灵魂。这不仅使传统中国法律丧失了独立的品格,也从根本上阻碍了它向现代的转变。西方法律文化从罗马开始就受基督教的影响。到中世纪时,基督教逐渐控制了世俗的法律,虽然近代资产阶级革命使政教分离,法律在整体上摆脱了基督教的束缚与控制,但基督教对西方法律的影响至今仍然存在,并且深入到西方法律文化的思想和制度深处(张中秋,2004:31)。

二、中西方法律信仰对比

1. 中西方法律与宗教、伦理的关系

(1) 中国法律文化的儒教特点

传统儒家思想对中国文化的影响可谓源远流长,传统中国法律的伦理化也表现为"儒家伦理或者说宗法伦理,内化在传统中国的法律之中并在精神和原则上支配着它的变化和发展,表现为儒家伦理成为国家立法与司法的指导思想,法律内容和人们的法律意识渗透了儒家伦理的意蕴"(张中秋,2009:121)。

儒学学说强调"天人合一"。"天"是宇宙自然界,是神秘莫测的自然法则,是一切生命的本源,因而具有神圣性,尽管"天"有形而上的超越层面和道德属性,但决非人格意义上的神。人是天之所生,又是德行的存在,人以完成德行来实现"天德合一"的境界,这可以说是一种自我超越,但这却不是离开现实人生而进入彼岸世界。儒学主张的是在现实人生中追求无限和永恒,这正体现了它的理性色彩。因此,儒家学说本质上是一种理性务实的人文主义学说,而决非神学意义上的宗教,甚至可以说它从来都站在宗教的对立面。

儒家思想除了作为学说存在之外,还外在化为一整套封建宗法伦理规范,始终与中国传统法律交织渗透,关联密切。自西汉时起,传统中国法律开始为儒家伦理所渗透,儒家伦理的精神和原则也日益影响和支配着法律的变化和发展,特别是大儒董仲舒提出"罢黜百家,独尊儒术"的治政方针,以及"德主刑辅""重德轻刑"的法律思想,并寻求到"天"这种形而上的根据和"性"这种形而下的根据,通过结合"阴阳说""性有贪仁说""性三品说"以及"德刑说",形成了其逻辑结构颇为严密的法律思想体系。"德刑"论与"天"论的紧密联系,使得其被视为宇宙规律的"天道"而获得了神圣和绝对的权威,成为历朝历代封建王朝极力标榜的政统和法统。由此,儒家以其价值重塑法律,将其至上道德的"法之大分,类之纲纪"的"礼",与法相互交融,实现了"以礼入法""出礼入刑"的"礼法合一",直至隋唐时期,儒家伦理的制度化与法律化得以系统形成。这一局面延及清末西方法律文化的大举入侵才被逐渐打破,自此才逐渐摆脱了儒家伦理的束缚并走上了现代转型之路。传统中国的儒家伦理即为宗法伦理或称礼教。中国传统法律文化的伦理性即表现为"以礼入法"或法的礼教化,礼教精神贯彻到法律中。具体表现在儒家的"亲亲""尊尊"思想,提倡忠君、孝悌,恪守"三纲五常"。在政治领域中,确认皇权至上;在社会领域中,则是确认父权、夫权及族权等的宗法制度。

但是,道德是基于选择而产生的,强迫的道德并非道德。黑格尔曾对中国传统法有过经典评述:"道德的规定表现为各种'法则',但主观的意志受着这些'法则'的管束,仿佛是受一种外界力量的管束。一切内在的东西,像'意见''良心''自由'等主观的东西都没有得到承认。因此,司法只是依照表面的道德行驶,只是当作强迫的特权而存在","在中国人那里,道德义务本身就是法律、规律、命令的规定。所以中国人既没有我们所谓的法律,也没有我们所谓的道德"。事实上,中国传统法律文化中过分强调道德法律化,不仅压制了人们良好法律意识的形成和发展,更压制了人们对正义、自由等永恒的、普遍的、超验的理念的向往与追求,给法治文明和道德文明带来了损害,并最终造成了中国传统法律文化中宗教性的缺失。

在《法律与宗教》一书中,伯尔曼指出,在人类所有的文化里,法律与宗教都共同具有四种要素:仪式、传统、权威和普遍性。这四种要素的存在决定了法律与宗教的共通性。与西方法律文化相比,那样与宗教相互融通,中国传统法律文化虽然

第十三章 中西法律信仰对比：伦理和宗教

同样也包含了这四个要素，但在法律与宗教融通方面却相去甚远。首先，从传统上看，中国古代法律中始终贯彻着大量儒家"礼法"内容，例如"免老"，"亲亲相隐"，"不孝"，禁止"别籍异财"等；儒家思想是一种"入世"文化，强调在现实中积极进取，"修齐治平"以建功立业。因而中国法律传统本质上是一种伦理传统，体现着家国一体的"纲常"伦理，实现着"礼法合一"的最高追求。其次，从权威性上看，中国传统法律从来都是靠强制力来表达的，无论这种强制力量出自国家还是出自家族。而且中国法律传统上是司法权出自行政权，并且处处受制于行政权，因此用以保障法律权威性的司法权，自古至今往往与行政权相混杂，这也相当程度上导致了中国当代的司法权威无法得以建立。再次，从普遍性上看，受儒家"德主刑辅"思想的左右，中国传统法学多注重道德性命之学，几乎很少涉及法理研究，从而很难生长出关乎法律与绝对真理之间联系的普遍的形式上的超验洞见。最后，从仪式上看，在中国传统的司法过程中，尽管在各个衙门里面，"明镜高悬"的匾额，"肃静"之类的木牌，惊堂木，特别是各式刑具的铺陈一应俱全，但其目的却是突显"父母官"生杀予夺的绝对权力，营造阴森肃杀的气氛，造成被审者的恐惧，从而有利于按照官员的意愿完成案件审理。

(2) 西方法律文化的宗教特点

相比之下，西方法律文化则带有明显的宗教性特点。伯尔曼(2003:40)在其《法律与革命：西方法律传统的形成》中指出，西方法律传统产生于宗教革命，宗教特别是基督教对西方法律发展起到主要的影响作用。西方的法律制度和基本法律概念在其漫长的历史发展中逐步形成其主要意蕴，而宗教在这个过程中起着举足轻重的作用。实际上，法律不断演进的观念，植根于犹太教和基督教的宗教观念。同时，宗教观念也成为法律革新的动力。虽然，近代资产阶级革命使政教分离，法律摆脱了基督教的束缚与控制，但其对西方法律的影响至今仍然存在，并且深入到西方法律文化的思想和制度深处。

法律与宗教的矛盾贯穿于整个西方文明发展史。这种矛盾与其说是非物质领域的两个方面，不如说人们已经把它们愈发地看成是互不相干、两相分裂的独立专属领域：法律是"世俗的、理性的、功利的制度，也是一种达到某种目的的手段"；而宗教则是"社会关于终极意义和生活目的的直觉知识和献身"（伯尔曼，1993）。按照《法律与宗教》一书中伯尔曼的阐述，法律正趋于被理解为一种世俗化的工具，而宗教是脱离任何规则束缚的日趋私人化的精神自由。

在西方，法律的存在离不开信仰的支撑。宗教、道德与法律三者都是调控社会最有效的手段,在西方社会中曾长期交融在一起,且尤以宗教与法律的联系甚密。西方基本的法律概念和法律制度在历史发展过程中因深受宗教濡染而被蒙上了一层神圣的光环(尽管这层光环在当代西方社会中已逐渐褪色)(汪洋,2011:59—62)。伯尔曼在其著作中也不止一次提到,西方法律的形成离不开宗教然而又不完全与基督教隔离。当然,西方法律制度能取得今天的成就主要功绩归因于基督教文明。实际上,法律跨越诸多历史时代不断向前进化的观念主要根植于基督教的宗教观念。在伯尔曼眼中,法律与宗教之间并非只在少数领域有关联,这种千丝万缕无法割断的联系具体表现为"法律以其稳定性制约着未来;宗教则以其神圣观念向所有既存社会结构挑战。……法律赋予宗教以其社会性,宗教则给予法律以其精神、方向和法律获得尊敬所需要的神圣性"(伯尔曼,2003)。如前文所提及的那样,伯尔曼认为人类所有文化的法律与宗教中,其共通性主要体现为仪式、传统、权威和普遍性四种要素。《法律与革命:西方法律传统的形成》一书所要指出的关键即为:"尽管这两方面(法律与宗教)之间存在紧张,但任何一方的繁盛发达都离不开另外的一方。没有宗教的法律会退化成一种机械的法条主义。没有法律的宗教,则会丧失其社会有效性。"

现代法律理念和制度,源自西方古老的自然法思想。在西方历史上,存在过宗教和法律两种文明秩序。这两种同源自人类秉性的社会规范体系,在其不同历史时期交替作用、互为表里。因此,同中国法律文化中单一的道德文明秩序一贯数千年的传统形成极大反差的是,现代西方法律文明秩序的形成离不开法的神圣化及其宗教渊源。

法的神圣化是指将法律与上帝相提并论,使其蒙上神秘的面纱,成为上帝和正义的化身,从而至高无上,无所不能。它具体体现在法律文本的圣化和解释者的圣化上。比如依据《旧约》的记载,公元前14世纪,上帝授摩西以"十诫"于西奈山上。由此,"十诫"得以圣化,不仅成为犹太教、基督教的基本教义,也成为希伯来奴隶制国家的基本法律文献。此外,作为权威文件的解释者以及神意的传达者,犹太教中的"拉比"和基督教里的教士也因此获得了神圣性。

西方历史进入中世纪,随着基督教的兴起,罗马帝国的崩溃,大一统的局面宣告终结,林立的小社会逐步兴盛。这些小社会各自拥有其统治者和法律制度,权势相对独立,只有基督教会具有普遍的号召力。此时,对法律神圣化贡献最大的正是基督教会,因为"最先让西方人懂得现代法律制度是怎么回事的正是教会",是"基督教会在其发展的各个阶段成功地使法律制度适应于人类的需要","中世纪时期的教会法……乃是西方最早的现代法律制度"。

11世纪末期,教会法逐渐得以创立并完备起来。它是一套适用于教皇法庭之下的各级教会机关和司法机构的法律体系。自1075年起,教会法不仅成为教会的生效法律,为教皇诏书和敕令以及教区议会的立法所补充,而且直接运用于基督教世界里世俗生活的许多方面。例如,中世纪的英国衡平法院的大法官几乎总是由大主教或主教担任,他们判决的主要依据便是教会法、基督教教义、以及基于教义产生的独创性和正义感。而衡平法院大法官的管辖权则是直接建立在由基督信仰导出的三个原则之上:对穷人和无助者的保护;对由信任和信心产生的关系的执行;对直接作用于人的救济的实施。

在之后的几个世纪当中,基于原罪理论和公平理论而产生的许多教会法基本原则逐渐为世俗法律所采纳。比如,源自11世纪末至12世纪初教会法的现代契约法一般原则,就是一个典型的明证。契约精神是西方文明社会的主流精神,"契约"一词源于拉丁文,原义为交易,其本质是一种契约自由的理念。所谓契约精神是指存在于商品经济社会,而由此派生的契约关系与内在的原则,是一种自由、平等、守信的精神。契约精神就是自由的精神,就是平等的精神,也是司法的精神。契约精神本质上就是遵守规则的诚信精神,源自基督教的"神人立约"(人在神面前才能实现真正的平等及敬畏),是西方文明的基石。

"契约法的理论起点是:由允诺产生了对神的义务,神为救赎灵魂设立了教会和世俗法庭,给它们的任务是在契约义务正当的范围内强制执行这些义务。"在此基础之上,12世纪的教会法学家们逐步总结推出了一整套契约法一般原则,具体体现在以下方面:"诺言必须恪守,只要其目的为公平合理;协议若是由于一方或双方的欺诈而达成,则不具有法律约束力;协议达成若有乘人之危行为的,不具有法律约束力;协议若因一方或双方对足以影响协议达成的重大事项有误解而达成,则不具有法律约束力;……作为契约受益人的第三方的权利应予保护;在特殊情况下为实现正义,契约内容可以修改;契约的订立、解释和执行应遵循诚实信用等等。这些教会法的契约原则中,蕴涵了可称之为契约法道德的原理。"这种宗教与法律相互融合的现象不仅仅只存在于契约法领域,在刑法、民法等许多部门法的领域当中也是俯拾皆是。有鉴于此,布莱恩·梯尔尼论述说:"12世纪的司法文化——罗马和教会法学家们的著作,特别是宗教思想和世俗思想所交融的教会法学家们的著作——为枝蔓横陈的早期现代宪法思想的茂林提供了某种温床。"

诚然,西方社会进入15世纪以后,社会框架发生了根本变化,路德宗教改革确认了上帝与世俗的范围,使得神的世界与人的世界开始剥离,而且其历史观、价值观也因 17 世纪科学技术的发展而彻底改变,但是毋庸置疑,自然法的神圣化对现代法律制度的形成产生了巨大推动作用,宗教与法律之间自古至今所存的千丝万缕的联系也因此而不容割裂。正如沃克在《牛津法律大辞典》中对此所做的分析那样:"这种影响,至少表现在以下五个不同方面:第一,它对自然法理论产生了影响;第二,直接提供经过整理、并付诸实施的行为规则……;第三,强化伦理原则和提出一些基本依据,以支持国家制定法或普通法的规则;第四,在人道主义方面影响法律,包括强调个人的价值,对家庭成员和儿童的保护,生命的神圣性等;第五,证明和强调对道德标准、诚信观念、良好的信仰、公正及其他方面的维持"(汪洋,2011:59-62)。

从伯尔曼所认为的所有文化中法律与宗教都具有的仪式、传统、权威性和普遍性共同要素角度来考量,西方文化中法律与宗教的相互融通的传统要远胜于中国传统法律文化。首先,现代西方法律文明秩序的形成,离不开法的神圣化及其宗教渊源。西方法律传统产生于宗教革命,追求彼岸世界的宗教特别是基督教,深深植根于西方法律传统之中,对西方法律发展起到了重要的影响作用。西方的法律制度和基本法律概念在其漫长的历史发展中逐步形成其主要意蕴,而宗教在这个过程中起着举足轻重的作用。其次,从权威性上看,西方法律的权威性不仅来自世俗法庭的处罚,更来自神灵的惩戒,因为在基督徒看来,违法首先意味着对上帝的背叛和疏远。这也使得西方社会中司法权威牢固建立。再次,从普遍性上看,理想的法律是合乎人性和人类社会发展要求的,它应该包含象征法律与绝对真理之间联系的普遍有效的概念,如自由、正义、权利等。西方法律传统中的这些概念充满了宗教的超验性和普遍性。最后,从仪式上看,西方国家的庭审富有浓烈的宗教色彩,不论是法庭的布置、法官的装束,还是庭审的程序、所用的辞令,这一切无不散发着法律神圣的光辉,意味着"正义是在眼见着被伸张",激发着人们敬畏法律并视其为人生终极意义的信仰。

2. 性善与原罪

(1) 中国传统文化的"秉彝"说:"人性本善"

中国文化与西方文化在对于人的本性的认识和观点上存在着截然不同的观点。中国传统文化认为"人性本善",秉持"秉彝"的观点;而西方传统文化则认为"人性本恶",秉持"原罪"的观点。这样的哲学思想和文化思考相应地会影响法治

第十三章 中西法律信仰对比：伦理和宗教

理论和法律制度。中西方在哲学思想和宗教文化方面的差异与分歧，使得他们在法治理论和法律规范方面形成了不同的体系和类型。

中国传统文化突出性善，儒家学派的创始人孔子所提出的"仁"，就是一个包含了各种美好人性的集合。儒家思想的集大成者孟子所提出的"性本善"，更是对儒家学说的一种进一步的发展和补充。孟子认为"无恻隐之心，非人也；无羞恶之心，非人也；无辞让之心，非人也；无是非之心，非人也。恻隐之心，仁之端也；羞恶之心，义之端也；辞让之心，礼之端也；是非之心，智之端也。人之有是四端也，犹其有四体也。……凡有四端于我者，知皆扩而充之矣。若火之始然，泉之始达。苟能充之，足以保四海；苟不充之，不足以事父母。""仁义理智非由外铄我也，我固有之也"（《孟子·公孙丑上》）。按照孟子的观点，人之所以为人，而有别于禽兽，关键就在于人的本性之中存在着这四端。而这四端，若能经过后天的发展和补充，就会变成四种"常德"，因而人人都具有成为贤圣的潜质和可能。这就是孟子所论述的"人之所以异于禽兽者几希，庶民去之，君子存之"（《孟子·离娄下》）。儒学思想家荀子，尽管与孟子持有相反的观点，认为人性恶，认为人生来就有求利求乐的欲望，但是他同时认为"涂之人也，皆有可以知仁义法正之质，皆有可以能仁义法正之具，然则其可以为禹明矣"（荀子·性恶）。可见，荀子承认人除了恶端之外还有智能，还是肯定了人道德方面的善。墨家学派提倡兼爱，在儒家有差等的仁爱之基础上，百尺竿头，更进一步，将性善论提高到了极致，提倡"有福同享，有难同当"的无差等的爱，并从功利的角度证明兼爱具有践行的价值，"夫爱人者，人必从而爱之；利人者，人必从而利之；恶人者，人必从而恶之；害人者，人必从而害之"（《墨子·兼爱中》）。西汉时期的董仲舒，借助于阴阳学和五行学的视角，来探讨人性求善的奥秘，"天道之常，一阴一阳。阳者天之德也，阴者天之刑也。""天之任阳不任阴，好德不好刑"（《春秋繁露·阴阳义》）。天道如此，人也是如此，因为"天、地、人，万物之本也。天生之，地养之，人成之。"在社会生活中，人一方面通过礼、乐成就天地，另一方面人心也包括性、情；人之性，就好比天之阳，人之情，则犹如天之阴。"性者，质也。""善如米，性如禾，禾虽出米，而禾未可谓米也。性虽出善，而性未可谓善也。米与善，人之继天而成于外也，非在天所为之内也。天所为，有所至于止。止之内谓之天，止之外谓之王教。王教在性外，而性不得不遂"（《春秋繁露·实性》）。

站在儒家思想对立面的其他一些哲学思想，在关乎人性的看法上，也有形成默契与不谋而合的地方。比如，老子鄙弃儒家所提倡的仁、义之说，认为这样的观念是"道""德"的沦丧和堕落。老子主张"失道而后德，失德而后仁，失仁而后义，失义而后礼。夫礼者,忠信之薄,而乱之首"(《老子》第三十八章)。人是如此,社会亦然。老子认为"绝圣弃智,民利百倍。绝仁弃义,民复孝慈。绝巧弃利,盗贼无有"(《老子》第十九章)。圣王无为而治,无为而无不为。老子认为"我无为而民自化,我好静而民自正,我无事而民自富"(《道德经》)。在老子这样貌似矛盾的论述背后,实际所反映出的是对孝慈而非盗贼的肯定,所折射出的是对人性善的肯定。再比如,庄子认为要充分发挥人之本性,提倡人之顺乎自然,他论述说"闻在宥天下,不闻治天下也。在之也者,恐天下之淫其性也。宥之也者,恐天下之迁其德也。天下不淫其性,不迁其德,有治天下者哉?"(《庄子·在宥》)由此可见,庄子还是首肯人的德操和本性。

性善论在中国文化中一直以来都占据着统治地位,深刻地影响了中国古代政治法律思想,构成了中国古代社会德治、人治的理论根基。比如,法家学派主张采用"势""术"来管理国家,认为之所以需要采用如此治理方式的原因不仅仅是人民的恶,而是因为民多而物寡,所以引起纷争,他们认为古代"人民少而财有余,故民不争",而"今人有五子不为多,子又有五子,大父未死而有二十五孙,是以人民众而货财寡,事力劳而供养薄,故民争"(《韩非子·五蠹》)。为了解决这样的问题,法家认为需要采用赏、罚"二柄"来加以控制。在汉代采取罢黜百家独尊儒术的国家治理方式之后,统治者实际施行的是内法外儒的统治手段,具体来说,就是表面上大力倡导礼、德,实质上采用"法"来控制百姓。但是需要注意的是,这种所谓的"法",并不是西方人眼中所认为的"法",而是中国古代的"王法",在这种王法的治理体制下,每一位作为统治阶级代表的"王",尤其是朝代更迭、权势罔替之后,新登大宝的王,都可以施行新政,颁布新"法",以彰显自己贵为天子,地位至上的权威,带有强烈而浓重的人治色彩。究其根本来说,无论是人治还是德治,它们的根本特点不外乎是维护既定的统治秩序,禁止挑战王上,引发纷乱。从这一根本来说,这样的人治、德治的统治具有两方面的特征。首先,这样的统治方式内在地要求"为政在人",十分重视统治者个人的角色和作用,期望每一位统治者都能比肩唐尧虞舜、文武周公等圣贤,能够德治天下,万民景仰,而不期望在统治者中出现夏桀商纣等昏君,导致天下穷苦,民不聊生,因此这样为政在人、期待贤圣的统治思想与方式的结果往往是"其人存则其政举,其人亡则其政息。"其次,这样的统治方式也深刻地揭示了德在人类社会生活中的作用和法的局限性。一方面,尽管人们对于法的作用有着充分的认识和肯定,认为"法者,治之端也",法对于人类社会而言十分关键,但是由于法终究是由人来制定,由人来执行,自始至终渗透着人的影响,"故法不能独立,令不能自行。得其人则存,失其人则亡"(《荀子·君道》)。另一方面,尽管法的制定通常并非轻易为之,是在结合了人类社会生活的方方面面,反复酝酿与综合考量之后而产生的。但是法并非能够事先将一切情况都全部考虑并做到一无疏漏,所以,比较而言,德治、人治在中国这一传统农业文化的社会之中,就显露出了它的相对的优越性。

(2)西方传统文化的"原罪"说:"人性本恶"

与中国文化形成鲜明对照的是,西方文化认为人性恶,比如其最主要的宗教"基督教",就宣扬"原罪"的思想,认为人们生来即是有罪的,因此应该努力赎罪,以此求得上帝的宽恕。依据《圣经·创世纪》中的记述,在宇宙天地尚未形成之前,黑暗笼罩着无边无际的空虚混沌,上帝孕育生命的灵投入其中,施造化之功,展成就之初,使世界确立,使万物齐备。上帝在创造天地万物之后,看到万物并作,生灭有继,就按照自己的形象创造了亚当,并由亚当的肋骨创造出夏娃。亚当的含义是"人",夏娃的含义是"生命之母",他们是中东和西方人传说中人类的生命之初,是人类原始的父亲和母亲,是人类的始祖。上帝在东方的伊甸,为人类的始祖亚当和夏娃造了一座乐园,并将他们安置在园中。伊甸园中遍地金银珠宝,河流淙淙流淌,林木郁郁葱葱,开满奇花异卉,结满累累硕果。上帝让亚当和夏娃修葺和看守乐园,他们过着丰足的生活。但上帝也向他们吩咐道,园中各种甘美的果实你们尽可以品尝享用,但是分辨善恶树上的果实却禁止偷吃,因为这是上帝为考验人的信心而设置的。后来魔鬼与恶灵的首领撒旦化身为蛇形诱惑夏娃,说她吃下那禁止人摘的果子之后,就可以具有与上帝一样的智慧。于是在诱惑难禁之下,夏娃吃了果实,之后还让亚当也吃了下去。这两颗果实让二人混沌蒙昧的心顿时澄清,他们开始分辨物我,产生"自我"与"羞耻"概念。盛怒之下,造物者上帝将亚当和夏娃扫地出门,赶出了伊甸园。从此,上帝失落了人;人也失落了上帝。从此,人失去了天真烂漫、无忧无虑的童年,注定要经历酸甜苦辣的洗礼,体验喜怒哀乐的无常。智慧是人类脱离自然界的标志,也是人类苦闷和不安的根源。由于亚当和夏娃偷食禁果,犯下罪恶,因此他们的后代子孙,生生世世,自呱呱坠地,来到世间那一天起就有罪,也就是原罪的思想,这些始祖的后裔一生下来就要赎罪。"偷食禁果"不是一般道德意义上的善或恶,而是人对神的悖逆。其造成的直接后果是神、人关系的失和,即人与神的隔绝。基督教神学家奥古斯丁据此认为,罪从此由亚当一个人进入世界,众人因此都遗传了他的罪性(因全人类均是他的后代),这罪就是悖逆神。在人里面的"神的形象"遭到破坏,人无法依靠自身摆脱此罪,从此以后也无法不再犯罪,而生活在罪苦之中无力自拔。在"原罪"之下的人,只有依靠基督的救赎,才能释罪称义。"原罪说"是基督教强调人必须依靠外在拯救而无法自救的理论根据。这种"性恶论"的思想为西方占主导地位的基督教的基本教义奠定了基础,并且在其后对西方文化产生了不可磨灭的重要影响。例如,著名的英国哲学家霍布斯就认为,人类的本性是自私自利的,当他们在面对有限的财富的时候,人与人之间所展现出来的狼与狼之间的关系,争得头破血流,你死我活。

建立在这样人性本恶与人类原罪的基础之上,西方文化在鼓励与激发人类的创造性、积极勇敢地向大自然索取的同时,用宗教对人类的行为加以约束和规范,用上帝的威严和惩戒来遏制人类的贪婪欲望,来制约人类的恣意妄为。由此,在某种程度上来说,西方文化的发展史,就是一部以"人"为中心和以"神"为中心,或者说是以发挥人的创造性和规范人的行为之间相互角逐、斗争、缓和、妥协的历史。从这样的角度来看,人类自诞生之日起,就需要毕其一生,持续不断地来忏悔自己的罪过,祈求罪过的解脱,从而得到灵魂的救赎,这样的一种基本原理,在西方的历史发展中,历经沧桑但始终没有改变。尽管西方历史上出现过宗教改革,形成了路德教、加尔文教、英国国教等,但它们的出发点都是同前文所述一样的基督教的基本原理,只不过是采用了不同的赎罪的方式。这一基督教的基本原理,在不同的学者和领域衍生了不同的表现形式。美国的著名政治家、科学家富兰克林将这一基督教原理世俗化了,提出勤奋、简朴可以成为响应天启、进行赎罪的最佳方式。以卢梭为代表的法国启蒙思想家们则在他们的著作中论述认为,社会契约可以成为控制人性恶的一种方法。美国宪法的制定者们则设计并采取联邦制和三权分立的方式,用以防止无序无法的"暴民"和野心勃勃的政客大权独揽。而英国哲学家和经济学家约翰·密尔则以另一种方式来演化这一基督教原理,对功利主义做出了重要的富有创见性的诠释。在功利主义的约束力上,他看重内在约束,并将这种约束放在人类社会情感的基础之上。对于功利与正义的关系,他则认为正义只是一些社会功利的代名词,正义即社会功利。德国哲学家黑格尔明确肯定性恶在历史发展进程中所起的作用。依据他的观点,一方面,每一种进步必然表现为对某种神圣事物的亵渎,对业已陈旧的、日渐衰亡的但是为习惯所奉行的秩序的叛逆;另一方面,自从阶级对立产生以来,正是人类对于肉体眼目的情欲、对物质生活的贪欲、对社会占有的权势欲,正是这人类的"恶",构成了历史发展的杠杆(贺毅,2007:330)。

西方人性恶的文化传统是西方法学家建立起法治理论的基础。因为人性本恶,人生来是自私自利、排斥他人的,人与人之间在社会生活中必然会引发矛盾,产生纠纷,带来冲突,所以需要人们制定一系列的法律规范来加以约束和解决,从而能够维护人类社会的秩序和稳定。在西方史中,可以看到这样用法律来规范社会关系的一个个法治发展印记。西方法治的端倪出现在梭伦变法之时,而将法治理论化则是由亚里士多德在否定柏拉图的人治理想的基础上所完成的。在治国的问题上,柏拉图的思想与孟子有些相似,主张哲学家的王上地位,认为用法律条文束缚王上的手脚是愚蠢可笑的,就好似强迫一个有经验的医生从医学教科书的处方中去抄袭处方一般荒谬之极。在对"由最好的一人或最好的法律统治,哪一面更有利"的问题进行认真思索和仔细考量之后,亚里士多德明确提出"法治高于一人之治"的主张。他之所以提出这样的论说,其原因主要在于三个方面:首先,法治代表理性的统治,可以免除一切情欲的影响;其次,法治的基础是民主共和,众人比个人更能做出更优更准的裁断,这就如同物多则不易腐败、大泽水多则不易干朽一样,多数人在一起比较不容易腐败;再次,法治内含平等、正义、自由、善德等社会所推崇尊重的价值,执行法律实际上也就等同于在体现与推行这些社会价值,因此"法律不应该被看作自由相对的奴役,法律毋宁是拯救"(亚里士多德,1996:276)。在古罗马时期,法学家们制定了非常完备详细的法律条文,并且还对法的本质及其权威作用进行了卓有见识的论述。比如,西塞罗论道,"既然法律统治长官,长官统治人民,因此确实可以说,长官是能言善辩的法律,而法律是沉默寡言的长官",从这个意义上来说,"我们是法律的仆人,以便我们能够获得自由",因此上,"握有统治权杖的人可能更替,而罗马法却没有改变"。在这些论述的基础上,他更是断言"罗马帝国成功的秘诀在于罗马法的魔力"(萨拜因,1990:206-208)。

在西方历史的中世纪时期,尽管神学统治一切,然而法学仍在其夹缝中存在、发展。黑暗的中世纪摧毁了罗马法的殿堂,法律的严明在战乱中丧失,世俗的法律被宗教的审判所替代,秩序井然的诉讼程序被封建割据的领主肆意践踏,但是人们寻求法律和正义的努力却始终没有终止。因此,西方的中世纪,从制度层来讲,是一个神治和人治混合的时代。然而,在教会与国王的竞争和对抗中,教会总是力图借助法的力量抑制王权的膨胀,于是将法律上升为终极意义上的神的理性,并且宣称人的法律乃是整个神圣统治体系的一个重要组成部分。基督教神学一方面不仅对于法律的理性、正义和权威的思想进行反复重申,另一方面也使得法律神圣、权力服从法律、法律至上等理念从中衍生出来。中世纪提出的"法律至上"观念,作为现代各个方面发展的背景,有着极为深刻的意义。这一观念明确提出,"国家本身并不能创造或制定法律,当然也不能废除法律或违反法律,因为这种行为意味着对正义本身的否定,而且这是一种荒谬之举,一种罪恶,一种对唯一能够创造法律的上帝的背叛"(哈耶克,1997:204-205)。"国王在万人之上,而在上帝和法律之下。"这在中世纪就已经被公认为一条政治定律,按照这个定律,国王不是法律的创造者,而只是法律的宣布者;他们只能遵从神意和依据法律来统治国家。因此,西方中世纪这些笼罩着神秘色彩的法治理念和思想,最终经阿奎那而演绎成了系统的神学法治学说,并在一定程度上奠定了西方法治主义的基础。例如,"君权神授"的荒谬却为"君权民授"的正义埋下了伏笔,宗教对于世俗社会的粗暴干涉反而为现代社会的三权分立提供了线索。

在西方历史进入现代社会之后,一方面出于对教会和封建贵族统治的憎恨,另一方面出于对新兴资产阶级利益的拥护,启蒙思想家们高高地竖起了"理性""民主""法治"的旗帜,向教会与封建专制统治提出了强有力的挑战。这也促使人们对于什么是法治、如何实行法治等问题进行了深入的理性思考和理论探索,从而使得法治的观念在人们的心中生根发芽,成为占据主导和支配地位的意识形态。英国思想家们明确提出"每一个政府的基础或中心就是它的法律","一个共和国的自由存在于法律的王国之中,缺乏法律便会使它遭受暴君的恶政",并进一步第一次大胆地提倡"法的统治",把杜绝专断、法律至上、人人在法律面前一律平等作为法治的基本原则(哈林顿,1996:20,104)。法国思想家们把法治视为自由、平等的保护神,认为没有法治就没有政治自由和个人的平等。比如,孟德斯鸠提出了三权分立之说,主张将权力划分为立法权、行政权和司法权,这三种权力分别属于不同的机构,依据法律分别得以行使,这样一来可以起到制约个体之恶的为所欲为的作用。在这一思想论述的基础上,美国的政治家潘恩和杰斐逊开展国家治理的实践,把来自人民同意、契约的宪法作为国家的权力,从层级上将政府分为联邦政府、州政府、县政府、市(镇)政府,各级政府都在宪法和国家法律、地方法律规定的职权范围内活动,不得僭越;在结构上将政府分为了立法、行政和司法三个部分。立法部门是国会的众议院和参议院,众议员代表某个特定的地区,每州可选举两名参议员;行政部门由总统率领;司法部门以最高法院的形式出现,可以进行违宪审查,是法律的终极负责者,如果国会、总统颁布的法律违背了宪法,最高法院可以将其撤销。立法、行政、司法这三个部门在系统复杂、条款众多的法律之下运作,实现相互制约与彼此协同。

相比于西方文化中的"原罪"之说,中国历来就没有与之相类似的观念,而是有与之相对立的"秉彝"说,依据《诗经·大雅·烝民》的记载,"天生烝民,有物有则;

民之秉彝,好是懿德",这段表述的意思是说,人民具有恒常之性,喜好有美德之人。总体来看,西方的"原罪"之说在历史上曾经起到了鼓励教徒和信众努力向善的作用,而中国的"秉彝"之说在历史上更是起到了激励人们奋发向上、积极进取的作用。例如,儒家学派把"圣贤"和"君子"作为追求的理想人格,立足现实,脚踏实地,不重鬼神,自强不息,以天下为己任。儒家学派高度评价人类的价值和人的价值,认为"大地之性人为贵",以立德、立功、立言为三不朽,因而对中国人文精神的发展和养成起到了积极的推动作用。

除此以外,西方法治的观念还引发了人们对于正义的追求。正义是人们实施的正当行为和以正当方式行事,希望有正当的东西,正当的行动是合法的,公正的,因而与法一致。这种对正义的追求表现在经济上,就是非平均思想。亚里士多德用正义的观点看待财产的分配,也就是说,把一个人应当得到的部分与其所做的贡献联系起来,这就是分配正义,用正义分配社会成员应得的名誉、金钱和财产;同时又用纠正正义对各种交易进行调整,也就是说,用法律将非正义的不平等加以平等化,从而使得实施非正义的一方受益减少,使得遭受非正义一方的损失减少。这种西方法治观念所引发的对于正义的追求,最初影响经济,之后影响政治,使得西方社会在19世纪时期就形成了私有财产神圣不可侵犯、过错责任原则、契约自由三大民法原则,这些原则都深刻而又充分地体现出了西方文化非平均的思想特点。而反观我国的情况,中国的哲学教育如"秉彝"说、性善论等,在经济方面所引发的是平均主义思想。例如,从先秦时期开始人们就追求在经济上的平等,人人富足,"衣食足而后知荣辱,仓廪实而后知礼仪"。而当人口负担逐渐加重之时,人人富足,难以实现,则会讲"均贫富"等。

综上可见,西方的"原罪论"和中国的"性善论"各成体系,分别构成了两种不同文化传统的基础,对各自的思维模式和法治观念等都产生了深远的影响。

三、中西法律信仰对比的启示

法律信仰是中国法学发展过程中的一个重要"关键词"。美国法学家伯尔曼提出了"法律必须被信仰,否则它将形同虚设"的观点。这一源自西方的术语一经传入中国,便产生了意想不到的重要影响。法学界就法律信仰问题进行了持续的讨论,中国的法律信仰论一度"占据了当代中国法理学的半壁江山"(魏敦友,2011:408)。中国学者认识到,中国现代法律体系的建立,同样需要现代法律精神的重塑和价值合理性的确立,中国法制现代化需要确立其精神依归。而法律信仰属于法律精神的范畴,现代法律信仰是建立现代法治国家的法观念基础。因此,我们借助这一术语,诉求的是通过唤起主体对法律的信仰来树立法律的终极权威,进而型塑中国法治的精神维度(公丕祥,1994:12-13)。确实,这一诉求在一定程度上也得到了实现,比如有关法律信仰的讨论,主要在以下几个相互联系的方面推动了对中国法治精神维度的型塑:对法律工具主义的批判;法律至上权威的树立;现代法律价值的输入和确立;通过对人们法律观念和法律意识的培植最终在观念层面实现现代化等(刘小平、杨金丹,2014:42-50)。

然而,法律信仰的主张在中国也引起了巨大的争论。大体而言,反对者主要从两个方面对法律信仰论展开了批判。一是法律信仰论在西方具有浓厚的基督教背景,在缺乏宗教背景的中国讨论法律信仰,无疑是一种空间上的误置(张永和,2006);二是在理性祛魅的现代,信仰本身已被消解,再谈法律信仰无异于时间上的穿越(魏敦友,2011)。法律信仰论在中国的发展似乎在某种意义上也印证了反对者的观点,如杜宴林(2011)教授就指出:"尤其是近年来,关于法律信仰的反思、批判、质疑的成分居多,正面肯定的较少。"

伯尔曼在《法律与宗教》一书中曾提及对法律传统的尊重方面所发生的危机。目前在西方的情况也已证明了这一点,法律的生存环境的逐渐恶化让许多法学家和社会学家为之深感担忧。这种担忧并非针对以健全为傲的西方法律制度,而是法律工具主义盛行背后所埋下的隐患。法律的权威性正在不断受到实用主义的冲击与挑战,法律被当成用以贯彻执政者政治、经济和社会意志的工具,而法律让人信仰的和遵守的神圣性也因此黯然失色。

我国的法律信仰现状也更为令人担忧:尽管人们的法律意识普遍有所提高,开始懂得运用法律来保护自身权益;但是整个法制体系仍然缺乏透明性和系统性,导致民众对于法律的认识仅停留在其工具性的一面,并对其具体操作和具体内容充满疑虑和困惑。诚然,法律的高度职业化大有裨益,因而不应也不能够漠视和排斥。但是,从另一个角度来看,如果人们对于法律信仰和理念的追求一旦被忽视,便很有可能导致人们对法律本质的误解,重蹈西方法律思想危机的覆辙。

法律信仰的缺失已经成为当前我国法治建设的瓶颈。想解决这一困难,仅仅依靠加强法律制度建设,不断推出新的法律法规是远远不够的。法律权威与法律至上的理念要深入人心,必须有深厚的法律精神和文化底蕴做基础。在中西法律文化的对比中,我们要正视法律信仰的问题,也要正视西方法律文化中宗教对于法

第十三章　中西法律信仰对比：伦理和宗教

律的重要的推进作用，因为"即使是最富神秘色彩的宗教里面，也存在并且必定存在着对社会秩序和社会正义的关切"，而"法律赋予宗教以其社会性，宗教则将其精神、方向和法律赖以获得尊敬的神圣性给予法律"，也要正视我国法律宗教性的缺失和法律儒家化所带来的影响。

梁治平教授在翻译伯尔曼的《法律与宗教》一书时，曾用"死亡与再生"的隐喻为中国的法律信仰论赋予了一种特有的拯救意识。在他看来，中国五千年的文明及其"固有"的文化价值与现代法律制度及其精神格格不入，行将死亡；中国语境下的法律信仰论就是要"自觉地面对死亡，运用我们的全部力量与勇气去获取再生"（梁治平，2003：14）。当然，借以再生的资源自然是西方现代法律精神。这种面向西方的拯救意识一直伴随着中国主流的法律信仰论，成为其内在的根本关切和理论意旨之所在。

关于法律信仰问题，我们需要正确看待和合理解决：首先，法律信仰唤起了我们对法治的精神维度的关注，对于我国现代法治的建设有着十分重要的价值和作用；其次，我们不能完全面向西方来寻求对法治的精神维度的塑造，因为这样不可能实现理想中所要达致的救赎，而且文化移植论式的寻求会从根本上导致悖论的出现；再次，法律信仰问题的探讨不能只限制在法治自身的层面，不能只对法治及其信仰问题作一种扁平化的、单薄的讨论，而要把法律信仰乃至法治问题本身与更大的中国问题语境和思想视野进行深刻的勾连，从而能够超越中国法律信仰论的内在悖论，真正在中国语境下贴切地思考法治的精神维度这一问题。

法律信仰命题的重提以及法律信仰论的重建，对于中国的意义而言，不在于其为中国法治找寻到并提供了任何一种现成的"精神维度"，而在于致力于重新塑造一种宽泛意义上的新信仰。这种新信仰必须从传统、从西方、也从当下中国社会所处的深层结构当中吸取资源，但又不同于任何既存的方面。这种信仰有待于我们自己的创造。换言之，法律信仰命题在中国如果要有意义的话，就需要把它与百余年来中国文明重建与社会转型这一根本问题深刻地勾连起来，进行法律信仰的再造。这就需要我们重新认识传统，认真对待自身的历史和文化记忆。尽管近代中国以摧毁自身的法律传统为代价，全面被迫继受西方法来建设"法律文明秩序"，是一种"不得不然"（许章润，2001：1-50）。但这并不意味着法律的历史之维永断不续。从整体上来说，正如於兴中教授所指出的，传统文明秩序一定会被法律文明秩序所代替，但法律文明秩序需要传统文明秩序赋予其意义。没有放弃传统而仅仅拥抱现代的必要（於兴中，2006：20）。因此，如许章润教授所言，思考法律信仰问题必须重拾中国的文化自觉,甚至在更大的视野下与整个汉语文明及其未来发展命运联系在一起。

其次,中国法律信仰论的自我救赎必须立基于当下中国的社会结构和思想结构。要进行法律信仰的再造,寻找当下中国人赖以安定人生、建立制度的思想根据,当然需要对中国人及其生活于其中的社会结构乃至世界结构进行关注和思考。然而,中国转型社会的复杂性意味着这一问题并没有现成的理想答案。传统、新传统和现代性等观念虽然构成了我们思考现实中国问题的极其重要的思想资源,但它们本身都不足以构成我们的思想根据。这一思想根据需要我们立基于中国当下的社会结构和思想结构,进行创造性的思考和追问。

最后,中国法律信仰论的自我救赎以及法律信仰的再造,还需重新思考信仰再造的主体以及谁的信仰的问题。在目前主流法律信仰论的普法模式下,以法律家阶层或者说法律职业共同体为代表的精英阶层是当仁不让的主角,而一般社会民众不过是被塑造的对象,需要以现代法治精神来取代被称之为落后的民众观念。这种对主体观念层面的改造完全无视和排斥民众对生活理想、人生意义和道德直觉的日常理解,而以一种居高临下的方式实现对他们的教导或曰"启蒙"。显然,这一精英主导的单向灌输模式既是对社会民众之"主体性"的人为矮化,更重要的是,它与思考中国人之赖以安定人生、建立制度的思想根据的深层努力背道而驰。在信仰再造的问题上,一般社会民众不应只是被动的对象,而应是价值规范、生活意义、理想图景和秩序想象的承担者和参与者,学者所做的在某种意义上不过是对此的直观反映、理性分析和深度思考而已(刘小平、杨金丹,2014:42-50)。

今天,法治之于中国的意义几乎是不言自明的。在规范层面,《中华人民共和国宪法》在总纲中明确规定"中华人民共和国实行依法治国,建设社会主义法治国家";在现实层面,中国需要法治这一理念在中国学界、实务界和民众中已经形成共识,围绕法治的内涵和如何实现法治的探讨开展得轰轰烈烈,如火如荼,甚至有的地方已经开始迫不及待地建设"地方法治"(孙笑侠、钟瑞庆,2010:80-84)或设定"法治指数"(李蕾,2012:25-30)。但是,现实一再告诉我们:法治秩序和法治国家是需要我们长期努力奋斗的目标,就当前的实际而言,称其为"预法治"似乎更为确切。之所以叫"预法治",是因为法治作为一种整体性制度方向,得到普遍认同,并且其形式与内容具有比较一致的普遍共识;但是,就实际情况而言,这些共识在制度性事实或运行层面遭遇种种困难或阻碍,法律仍未被全面、切实有效地实施。预法治和法治之间的距离,主要体现在法律的有效实施方面,亦即"法律获得普遍

第十三章 中西法律信仰对比：伦理和宗教

的服从"方面,体现在"纸上的法"和"活法"之间的巨大张力,体现在虽有法律文本却"它没有法律"或"它没有宪法"(冯象,2000:21-27)这样的现实上。影响法律有效实施的因素有很多,但无论将其归结为法律文化和法治传统的缺失、立法的民主化与科学化程度不够,还是包括司法在内的政府(广义)缺乏权威、既有的法律体制缺乏彼此的相互制约,乃至法律职业共同体和程序性法律的缺位,这些都和法律,尤其是法律实施者的被信任度较低有关(郭春镇,2014:3-10)。

法律必须被信仰,法律信仰需要培植。对法律产生信仰是一个法治国家的终极标志,正如卢梭所言:"法律既不是铭刻在大理石上,也不是铭刻在铜表上,而是铭刻在公民们的内心里。"现代法律的构建,绝不能仅限于作为表层结构的制度建设,最为基础、最为关键的,乃是其精神层面的意识与观念的确立。否则,便如黑格尔所比喻的那样:"就像一座庙,其他方面的装饰都富丽堂皇,却没有至圣的神。""法律必须被信仰,否则它将形同虚设。它不仅包含人的理性和意志,而且还包含了他的情感、他的直觉和献身,以及他的信仰"(汪洋,2011:59-62)。在中国法制现代化的语境中,确立法律信仰的逻辑前提是建立良法之治,在法律移植中实现法律的价值重建;法律信仰的力量之源并不是建立政府的权力型权威,而是建立法律权威,确立"法律主治"理念;法律信仰的实现路径在当下中国并不是从宗教信仰中嫁接信仰的精神动力,而是建立国家与社会的良性互动关系,打造人民信任的法律和政府。

相对于更高层面的法律信仰,较为基层和具象的法律信任,对于当前的中国来说是一个更易实现,更易起步,也更为基本的一个选择。法律信任也是一个系统工程,需要从法律内和法律外两个方面进行"综合治理"。需要我们经由更加公平的法律程序来实施法律;需要我们让所有人都能公平地分享经济成果,实现经济成长的包容性,让人们感到能够掌控自己的未来、对自己的前途有乐观的情绪,进而能够信任法律和法律的实施者;更需要作为道德权威的中国共产党和道德榜样的中共领导干部能够以身作则,约束权力,惩治腐败,这是构建社会信任、法律信任和法治国家,打破法律不能有效实施和不被信任这一恶性循环的切入点,也是法律信任和法治秩序建构的肯綮(郭春镇,2014:3-10)。以习近平同志为核心的党中央重视强调对权力运行的制约和监督,"将权力关进制度的笼子里","既要打蚊子也要打老虎",形成不敢腐的惩戒机制、不能腐的防范机制、不易腐的保障机制,同时以身作则去奢靡、倡简朴,强调牢记任何人都没有法律之外的绝对权力,任何人行使权力都必须为人民服务、对人民负责并自觉接受人民监督。我们有理由相信,"法治中国"的春天已经来临。

第十四章　中西立法机构对比

◇ 谁握有国家的立法权或最高权力，谁就应该以既定的、向全国人民公布周知的、经常有效的法律，而不是以临时的命令来实行统治；应该由公正无私的法官根据这些法律来裁判纠纷。——［英］洛克
◇ 法律是使人类行为服从于规则之治的事业。——［美］富勒
◇ 恰如其分地确定证人和犯罪证据的可信程度，这是一切优秀立法的显著特点。——［意］贝卡利亚

一、概述

立法机构，又称为立法部门或立法机关。从现代意义上来说，立法机构是指在现代社会的一国范围内负责依照法定程序制定、修改、废止法律的国家机关。立法机构属于一种合议性团体，通常由所在地公民按人口比例所组成。立法机构通常称为"国会""议会""立法院"等，但也使用其他不同的名称。根据各国宪法的一般规定，立法机构所被赋予的职能除了汇集并代表民意，负责法律的审议和制定之外，通常还负责各式法案（比如审批政府的公共预算要求等）、监督政府运作（比如听取施政报告与质询、召开公听会或听证会等）、同意司法首长的任命等。作为国家层级的立法机构，一般还负责执行宣战、媾和、批准条约、批准紧急状态、选举与罢黜政府高级官员、甚至立废国家元首等国家权力。而有些政府间的国际组织也往往设有立法机构。在不同的政体中，立法机构的作用方式有所不同。例如，在议会制国家，行政部门也是由立法部门所产生，并向立法部门负责。而在总统制国家，行政首长并不是由立法部门所产生，行政首长和立法部门分开进行选举。但不管是在怎样的制度中，由于立法部门掌握了公共财政大权，因此可以说立法机构是最根本的权力来源。

现代意义上的立法机构是在经历了不同的历史阶段之后发展和形成的。首先，在原始氏族社会时期，由于人们遵循主要的行为规范是在长期共同生活中所自发

形成的习惯和惯例,因此在这一人类的最初社会时期,也就不存在立法权以及与之相应的立法机构。其次,在奴隶社会时期,成文的法律已经出现和形成,但是在这一时期,立法权的归属在不同的国家情况也有所相同。在独裁君主国家,立法权属于君主;在古代印度,立法权属于神权,具体掌握在祭司阶层的婆罗门手中;在古代雅典,立法权则由奴隶主组成的议会所掌握。之后,在封建社会时期,立法权通常掌握在君主手中,君主集多重权力角色于一身,既是立法者,也是执法者,还是最终的司法者。然后,欧洲君主最初不定期召开的贵族集会,逐渐演变成为正式的集会组织,并于19世纪形成了作为新兴民族国家独立标志的议会。最后,现代社会时期,立法权一般都是掌握在各国的议会手中,尽管在不同的国家其议会制度也存在着不同之处。就我国的立法机构演变历史而言,立法机构也经历了从无到有的逐步发展过程。在我国的古代社会,不存在独立的立法机构,基本沿袭一种由君主诏令、臣僚草拟编撰、君主裁决颁行的立法模式。至于清代末年,我国才开始出现了现代意义上的立法机构。在中华民国成立之后,开始采用三权分立的机制,设立立法机构,用以行使立法权。根据《中华民国临时政府组织大纲》《中华民国临时约法》《中华民国约法》《中华民国宪法》等的规定,行使中华民国立法权的机关分别为参议院、国会、立法院。这些机关的设立也标志着现代意义上的立法机构在我国的出现(张志京,2014:210)。

二、我国现行的立法机构

由于立法可以划分为广义和狭义两个不同的层面,所以与之相应的立法机构也具有广义和狭义两种不同的分类。从广义层面来说,凡是有权制定法律、行政法规和部门规章或者是地方性法规等广义上的法律机关都可以称为立法机构。例如,就我国的具体情况来说,有权制定宪法和法律的全国人民代表大会及其常务委员会、有权制定行政法规的国务院、经授权可以制定部门规章的国务院各部委、有权制定地方性法规的各省、自治区、直辖市的人民代表大会等,都是广义层面上的立法机构。从狭义层面来说,所谓立法,是指专门的立法机构根据特定的程序制定法律的行为。根据《中华人民共和国宪法》第58条和《中华人民共和国立法法》第7条的规定:"全国人民代表大会和全国人民代表大会常务委员会行使国家立法权。"由此可以看出,在我国狭义的立法机构就是指全国人民代表大会和全国人民代表大会常务委员会。下面具体来看一下我国的立法机构。

1. 全国人民代表大会

中华人民共和国全国人民代表大会是中华人民共和国的最高国家权力机关，通常简称"全国人大"，它的常设机关是全国人民代表大会常务委员会。全国人民代表大会和全国人民代表大会常务委员会行使国家立法权。全国人民代表大会由省、自治区、直辖市、特别行政区和军队选出的代表组成。在全国人民代表大会中，各少数民族都应当有适当名额的代表。全国人民代表大会代表的选举由全国人民代表大会常务委员会主持。全国人民代表大会代表名额和代表产生办法由法律规定。全国人民代表大会总代表人数保持在3000人以内。

全国人民代表大会每届任期5年，每年举行一次会议。全国人民代表大会也可以临时召开，条件是全国人民代表大会常务委员会认为必要，或者有五分之一以上的全国人民代表大会代表提议。全国人民代表大会会议由全国人民代表大会常务委员会召集，于每年第一季度举行。全国人民代表大会举行会议时，选举主席团主持会议。

全国人民代表大会行使的职权主要包括下列方面：① 修改宪法；② 监督宪法的实施；③ 制定和修改刑事、民事、国家机构和其他的国家基本法律；④ 选举中华人民共和国主席、副主席；⑤ 根据中华人民共和国主席的提名，决定中华人民共和国国务院总理的人选；根据国务院总理的提名，决定国务院副总理、国务委员、各部部长、各委员会主任、审计长、秘书长的人选；⑥ 选举中央军事委员会主席；根据中央军事委员会主席的提名，决定中央军事委员会其他组成人员的人选；⑦ 选举最高人民法院院长；⑧ 选举最高人民检察院检察长；⑨ 审查和批准国民经济和社会发展计划和计划执行情况的报告；⑩ 审查和批准国家的预算和预算执行情况的报告；⑪ 改变或者撤销全国人民代表大会常务委员会不适当的决定；⑫ 批准省、自治区和直辖市的建置；⑬ 决定特别行政区的设立及其制度；⑭ 决定战争和和平的问题；⑮ 应当由最高国家权力机关行使的其他职权。

全国人民代表大会有权罢免下列人员：① 中华人民共和国主席、副主席；② 国务院总理、副总理、国务委员、各部部长、各委员会主任、审计长、秘书长；③ 中央军事委员会主席和中央军事委员会其他组成人员；④ 最高人民法院院长；⑤ 最高人民检察院检察长。《中华人民共和国宪法》的修改，由全国人民代表大会常务委员会或者五分之一以上的全国人民代表大会代表提议，并由全国人民代表大会以全体代表的三分之二以上的多数通过。法律和其他议案由全国人民代表大会以全体代表的过半数通过。

就具体立法而言，根据《中华人民共和国宪法》第 62 条的规定，全国人民代表大会有关立法的职权包括：① 修改宪法；② 监督宪法的实施；③ 制定和修改刑事、民事、国家机构和其他的国家基本法律。

2. 全国人民代表大会常务委员会

全国人民代表大会常务委员会，简称"全国人大常委会"，是最高国家权力机关。全国人民代表大会的常设机构，在全国人民代表大会闭会期间履行全国人大的职责。全国人民代表大会常务委员会的人员组成主要包括委员长、副委员长若干人、秘书长、委员若干人。全国人民代表大会常务委员会组成人员中，应当有适当名额的少数民族代表。全国人民代表大会选举并有权罢免全国人民代表大会常务委员会的组成人员。全国人民代表大会常务委员会的组成人员不得担任国家行政机关、审判机关和检察机关的职务。全国人民代表大会常务委员会对全国人民代表大会负责并报告工作，每届任期为 5 年，目前全国人大常委会的组成人员名额为 175 名。

全国人民代表大会常务委员会行使的职权主要包括下列方面：① 解释宪法，监督宪法的实施；② 制定和修改除应当由全国人民代表大会制定的法律以外的其他法律；③ 在全国人民代表大会闭会期间，对全国人民代表大会制定的法律进行部分补充和修改，但是不得同该法律的基本原则相抵触；④ 解释法律；⑤ 在全国人民代表大会闭会期间，审查和批准国民经济和社会发展计划、国家预算在执行过程中所必须作的部分调整方案；⑥ 监督国务院、中央军事委员会、最高人民法院和最高人民检察院的工作；⑦ 撤销国务院制定的同宪法、法律相抵触的行政法规、决定和命令；⑧ 撤销省、自治区、直辖市国家权力机关制定的同宪法、法律和行政法规相抵触的地方性法规和决议；⑨ 在全国人民代表大会闭会期间，根据国务院总理的提名，决定部长、委员会主任、审计长、秘书长的人选；⑩ 在全国人民代表大会闭会期间，根据中央军事委员会主席的提名，决定中央军事委员会其他组成人员的人选；⑪ 根据最高人民法院院长的提请，任免最高人民法院副院长、审判员、审判委员会委员和军事法院院长；⑫ 根据最高人民检察院检察长的提请，任免最高人民检察院副检察长、检察员、检察委员会委员和军事检察院检察长，并且批准省、自治区、直辖市的人民检察院检察长的任免；⑬ 决定驻外全权代表的任免；⑭ 决定同外国缔结的条约和重要协定的批准和废除；⑮ 规定军人和外交人员的衔级制度和其他专门衔级制度;⑯规定和决定授予国家的勋章和荣誉称号;⑰决定特赦;⑱在全国人民代表大会闭会期间,如果遇到国家遭受武装侵犯或者必须履行国际共同防止侵略的条约的情况,决定战争状态的宣布;⑲决定全国总动员或者局部动员;⑳决定全国或者个别省、自治区、直辖市进入紧急状态;㉑全国人民代表大会授予的其他职权。

就立法而言,根据《中华人民共和国宪法》第67条的规定,全国人民代表大会常务委员会的相关立法权限主要包括:①解释宪法,监督宪法的实施;②制定和修改除应当由全国人民代表大会制定的法律以外的其他法律;③在全国人民代表大会闭会期间,对全国人民代表大会制定的法律进行部分补充和修改,但是不得同该法律的基本原则相抵触;④解释法律。

为了保证全国人民代表大会及全国人民代表大会常务委员会依法履行职权,全国人大常委会设立办事机构和工作机构,作为全国人大及全国人大常委会的助手班子,为全国人大会议、全国人大常委会会议、委员长会议服务,也为全国人大代表和常委会组成人员依法行使职权服务。在这些全国人大常委会的办事机构和工作机构中,法制工作委员会是全国人大常委会的法制工作机构,它的主要职责是:受委员长会议委托,拟定有关刑事、民事、国家机构以及其他方面的基本法律草案;对提请全国人大及其常委会审议的法律草案进行调查研究,征求意见,提供有关资料,提出修改建议;对省级人大常委会及中央有关国家机关提出的有关法律问题的询问,进行研究答复;开展法制宣传工作。

3. 全国人民代表大会专门委员会

全国人民代表大会专门委员会是全国人大的常设专门机构,其职权主要由宪法和全国人民代表大会组织法赋予。在全国人民代表大会闭会期间,各专门委员会受全国人民代表大会常务委员会的领导。各专门委员会在全国人民代表大会和全国人民代表大会常务委员会领导下,研究、审议和拟订有关议案。

依照《中华人民共和国宪法》的规定,全国人民代表大会设立民族委员会、法律委员会、财政经济委员会、教育科学文化卫生委员会、外事委员会、华侨委员会和其他需要设立的专门委员会等。专门委员会的历史发展主要经历了以下阶段:第六届全国人大设立了民族委员会、法律委员会、财政经济委员会、教育科学文化卫生委员会、外事委员会和华侨委员会;第七届全国人大增设了内务司法委员会;第八届增设了环境和资源保护委员会;第九届增设了农业与农村委员会。目前全国

第十四章 中西立法机构对比

人大共有9个专门委员会。

依据《中华人民共和国全国人民代表大会组织法》第37条的规定,专门委员会享有以下五项职权:① 审议全国人民代表大会主席团或者全国人民代表大会常务委员会交付的议案;② 向全国人民代表大会主席团或者全国人民代表大会常务委员会提出属于全国人民代表大会或者全国人民代表大会常务委员会职权范围内同本委员会有关的议案;③ 审议全国人民代表大会常务委员会交付的被认为同宪法、法律相抵触的国务院的行政法规、决定和命令,国务院各部、各委员会的命令、指示和规章,省、自治区、直辖市的人民代表大会和它的常务委员会的地方性法规和决议,以及省、自治区、直辖市的人民政府的决定、命令和规章,提出报告;④ 审议全国人民代表大会主席团或者全国人民代表大会常务委员会交付的质询案,听取受质询机关对质询案的答复,必要的时候向全国人民代表大会主席团或者全国人民代表大会常务委员会提出报告;⑤ 对属于全国人民代表大会或者全国人民代表大会常务委员会职权范围内同本委员会有关的问题,进行调查研究,提出建议。

作为全国人民代表大会的专门委员会之一,法律委员会设立于1983年6月。鉴于全国人民代表大会及其常务委员会是中华人民共和国法律的立法机关,所以相对于其他委员会而言,法律委员会在全国人大及其常委会的立法乃至整个法制

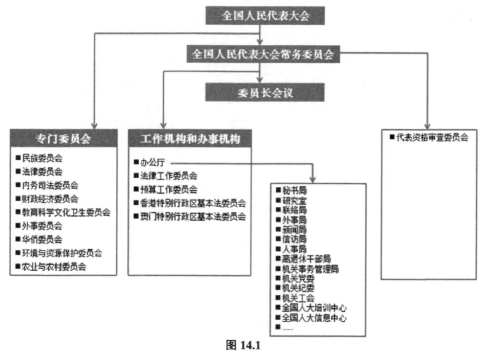

图 14.1

活动中,担负着更为重要的责任。其他专门委员会负责审议的相关法律案,必须经由法律委员会的统一审议并提出意见,才能提请全国人大及其常委会审议。到目前为止,法律委员会内部还没有单独设立办事机构,所以法制工作委员会办事机构同时也是法律委员会的办事机构。

三、美国立法机构

根据美国宪法的规定,美国是一个立法、行政、司法"三权分立"的联邦制国家。在这种三权分立的体制下,国会行使立法权,以总统为首的政府行使行政权,法院行使司法权。国会是美国的联邦最高立法机关(legislative branch),执行美国联邦宪法所规定的立法权,实际所在地是华盛顿特区国会大厦,由参议院(the Senate)和众议院(the House of Representatives)组成,每两年为一届,议员总数为535人。美国国会的参议员(senator)由各州选民直接选出,每州名额为2名,实行各州代表权平等原则。现有议员人数为100名。当选参议员的条件主要是必须年满30岁,作为美国公民已满9年,当选时为选出州的居民。参议员的任期为6年,每2年改选1/3,如果连选则可以获得连任。美国国会的众议员(congressman)人数按照各州的人口比例进行分配,众议员由直接选举产生,每州的名额至少为1名,众议员人数

图 14.2

第十四章 中西立法机构对比

固定为435名,当选条件是必须年满25岁,作为美国公民已满7年,而且当选时为选出州的居民。众议员的任期为2年,同样也是如果连选则可以获得连任。在美国国会的两院议员长期获得连任现象极为普遍。国会议员不得兼任其他政府职务,他们代表其所在选区的选民,但是作为一个整体代表整个国家的选民,通过立法来规范政府与人民的行为。国会两院在各自议长(speaker)的主持下进行工作。众议院议长由全院大会选举产生,副总统是参议院的当然议长。两院均设有许多委员会,还设有由两院议员共同组成的联席委员会,国会工作大多在各委员会中进行。

美国宪法规定国会是美国最高立法权力机构,具有立法、代表选民发言、监督、公众教育、调解冲突等任务。美国国会最主要和最明显的任务就是立法。国会行使立法权,通过立法,批准政府年度财政预算并进行拨款,批准政府赋税、贸易、征兵、财政、汇率和医保改革等重要的内外政策,批准政府及总统与外国政府和国际机构缔结的条约、协定。国会还拥有宪法所赋予的其他权力,如对外宣战权,决定战争与和平,以及修改宪法权,国会须经过众议院和参议院两院三分之二以上议员提议,方才能够修改宪法,宪法修正案须经过四分之三以上的州议会批准之后方能予以实施。美国宪法规定国会还有权提出、审议和通过大量无须总统签署的各类决议案。参众两院各自还拥有特殊权力。如总统与外国缔结的条约及总统任命的高级官员须经参议院"咨询和同意";参议院还有权审判弹劾案,有权在特殊条件下复选副总统;众议院有权提出财政案和弹劾案,有权在特殊条件下复选总统。国会立法活动常受院外活动集团的影响。

根据美国宪法和美国国会众议院、参议院的议事规则,美国国会的领导层主要由如下人员组成,即参议长、众议长、临时参议长,两院多数党领袖和督导、少数党领袖和督导等。美国国会众议院和参议院还分别有下设的委员会和小组委员会,数量多达200多个,这些委员会和小组委员会依照美国法律的规定承担国会立法、监督、调查和自身管理等四项主要工作。历经两个多世纪的发展和演变,如今的美国国会委员会已经成为国会工作的中心,成为美国民主党和共和党两个党派政治竞争和较量的舞台,也成为各种利益集团、游说集团、院外集团以及外国政府施加影响的工作对象。

美国国会的立法范围与我国的立法情况不同,美国国会的"立法",并不仅仅指制定成为法,其立法涉及国家所有重要的内外政策的决策,包括财政预算、赋税、经济、贸易、征兵、宣战、外交、文化等等,都属于立法范畴。美国政府(包括国会、行政机关和司法机关)使用国家款项从事如投资、项目建设、专门拨款等有关的活动,都要通过立法来进行。在美国,立法实际表现为一种直接的管理行为,行政部门只是按照国会所制定通过的法律来加以执行,行使由法律所赋予的职权。美国国会的立法经常需要针对一些具有争议的问题,制定影响每一个美国公民的法律。为了保证法案的科学性和可行性,美国国会制定法律实行一套严格的程序。因此法案需要经过一系列的审议程序之后才能成为国家的法律。根据美国国会众议院和参议院的议事规则,一项议案自其提出到最终成为法律要经过如下的立法程序。

(1)议案提出

首先要注意议案、法案和法律这几个相关术语的区别。在美国,由议员所提出的法律案称为议案,在参众两院审议和表决过程中称为法案,由总统签署生效则称为法律。在美国,只有议员才有权向参议院或众议院这两院提出法律案。因此,除每年的预算案之外,其他任何部门、机构、特殊利益团体和个人均无权提出议案;需要注意的是,即便是预算法案,也是由与总统同属于一个党派的议员根据总统所提的预算草案向议会提出的。由此可见,若是有任何其他部门、机构、特殊利益团体和个人希望国会通过某一部有关的法律,他们所能做的工作只能是去向议员们进行游说,说服并动员某一位议员去向所属的参议院或众议院提出议案,从而通过这种途径达到促成立法的目的。通常情况下,议员会对这一议案的必要性及其能否在公众中引发关注,尤其是会考虑对自己连任的影响和党派意见等各个方面的情况,从而最终决定是否提出该议案。议员如果需要提出议案,则必须将该议案的内容以法律的形式,用法律的语言表述出来,而且要做到与宪法精神相一致,不能背离宪法的要求,因此议案要制定成法律草案的形式方能提交到议会。法律草案的制定一般来说,是由议员的助手或参众两院的立法顾问机构来完成的,两院的立法顾问室是一个立法咨询机构,其成员主要由律师组成,他们又分为若干个小组与参议院或众议院进行对口服务。两院的立法顾问室的职能不仅包括从事法律草案的起草工作,而且要负责起草法律议案的追加案和各种决议案,并依照议员的要求对法律草案进行修订等工作。

(2)议案审议

在议案得以起草拟定完成之后,参众两院的议员即会将议案投入参众两院分别设立的议案箱中,参众两院之后即按照各自规定的议事程序对议案进行审议。下面我们来了解一下众议院和参议院的审议程序。

1)众议院审议程序。在议员将议案投入议案箱之后,议案将首先由相关工作人员提交给议长,接下来议长会将议案分发给各位议员,然后由提出议案的议员在众议院大会上宣读议案文本。待议案文本宣读完成之后,议长会将议案分别交给相关的常设委员会。委员会待接到议案之后,即将议案交给有关业务小组委员会进行具体的审议工作。在议案审议过程中,委员会可以根据具体情况的需要举行有关的听证会,由与该议案相关的各个部门、机构、利益团体和其他被认为有必要作证的单位或个人到会作证,这些作证的部门或机构必须进行宣誓,确保其所陈述的内容真实、准确和可信。委员会的这种听证会相当于我国立法过程中的征求意见会,但是与我国的立法意见征求会相比,美国国会的这种听证会的作证部门或团体所作的证词即被视做是本部门或团体的意见,并且在公开场合表达(如电视直播),如果所作证词存在不够准确之处,则其责任要由该部门或者团体加以承担。在审议过程中,小组委员会可以依据听证内容以及议员的意见对议案进行相应修改,并在修订之后将议案提交给全体委员会再次进行讨论。委员会对于议案的讨论通常包括修改、议案的说明等方面的内容。议案经过全体委员会讨论通过之后,即将议案提交到众议院全体大会讨论。在众议院对于议案进行讨论之前,先由规则委员会对该议案讨论的有关规则做出安排和布置,例如讨论时间、程序和追加案的数量等。这里所说的追加案,指的是对原方案进行内容追加和修正案等。在众议院全体大会接受该规则之后,审议即会开始。如果对规则存在争议,则由议长事务办公室和规则委员会负责予以处理,决定是否需要付诸表决。全体大会允许审议该议案的专门委员会再次对议案进行一次修改,也就是说,提出一个与原来议案内容相关的追加案,在全体大会讨论之后,即进行投票表决。在追加案表决通过之后,再将通过的法案移送参议院进行进一步的审议。如果一项议案在众议院,逾期2年仍未能获得通过,则会因为超过众议院的任期而成为一项废案。

2)参议院审议程序。从法案的审议程序上来说,参议院与众议院基本相同,然而在参议院的法案审议上没有众议院那么严格的规则。我们知道,参议员是美国各州利益的代表。根据美国国会的传统,参议员在讨论和审议议案的时候不受时间限制,所以参议员得以充分发表意见,同时在追加案的数量和内容上也不加限制。由于没有发言限制,所以会出现当某一参议员不同意一项议案时无休止占用时间,导致其他参议员无法发表意见的情况。比如,1956年至1964年的国会参议院在讨论《平权法案》法案时,就曾有一名议员连续进行21小时发言的情况出现。由于没有追加案数量和内容的限制,所以参议员通过不断增加追加案以达到阻止某一议案通过的目的的例子也屡见不鲜。为了杜绝参议员在大会上过多占用发言时间的情况出现,近年以来,参议院规定在有16名以上的参议员签名联合动议,60

票以上通过的条件下,可以中止某一参议员的发言,但该名参议员仍然有 30 小时的发言权利。相应地,参议院通过的法案也需要移送到众议院进行审议。与前文中所提及的众议院的情况一样,鉴于参议院的任期为 6 年,因此如果某一法案未能获得一次性通过,在参议院任期的 6 年时间内可以继续提请审议,但是如果逾期 6 年仍未能够通过,则也会成为一项废案。

3) 两院联合审议程序。由于美国国会系两院制,所有的法案都必须获得参众两院的一致通过,方能提交总统签署。因此,参议院通过的法案要交到参议院进行表决,由众议院通过的法案也要交到参议院进行表决。鉴于参众两院对于国会立法议程的观点、立场、出发点各不相同,参众两院通过的法案往往存在着文本形式和内容上不一致的问题。如果两院就统一法案意见不同,将召开两院联席会议,对分歧意见进行调解,由两院安排原来开展审议的专门委员会议员出席,两院中该专门委员会的主席主持会议,进行讨论协调,待取得一致意见之后,协商统一文本,再提交一份协调报告,呈交两院的议长。如果经过这一环节之后,双方的协调意见仍然不能达成,则该项法案即不能得以成立。

(3) 总统签署

法案经过参众两院讨论通过后,则由议长签字送交美国总统处。总统收到两院通过的法案或联合决议案之后,如果签署,该法案或联合决议案即成为国家法律。如果总统对法案或联合决议案内容有异议,则他也可予以否决,并连同否决理由一并驳回众议院或参议院,要求对法案或联合决议案进行复议。参众两院可接受总统的意见,组织对该法案或联合决议案重新修改后再送交总统签署。参众两院也可以 2/3 多数票推翻总统的否决,使该法案或联合决议案自动成为法律。如果总统在 10 天内(星期日除外)既不签署,也不否决,而此时国会仍处于例会之中,那么该法案或联合决议案将自动成为法律;如果此时国会已经休会,那么该法案或联合决议案则被视为否决,这样的否决既不需要理由,也不能够被推翻。

四、中美立法机构对比的启示

在我国,人民当家做主是社会主义民主政治的本质和核心,人民代表大会制度是人民当家做主的主要形式,是中国的基本政治制度。与西方国家立法机构相比,人民代表大会制度具有自己的特点和优势,符合中国的具体国情。我们不能全盘照搬西方的政治体制;但是在积极稳妥地推进政治体制改革的进程中,进一步了解西方政治体制,特别是立法机构的设置、功能及运行机制,并从中吸取经验教训,借鉴有用之处,则是完全必要的。

美英等西方国家的议会基本上都采取两院制。两院制是历史上形成的,一般分为下议院和上议院。因各国的具体国情不一样,下议院的称谓、职能及其选举产生的办法也不完全一样。下议院在有的国家称为众议院、人民院、国民议会、联邦议院等。上议院有些国家称作参议院、联盟院。西方两院制的形成,是历史上社会各阶级、阶层、利益集团相互博弈的结果。两院制也体现了立法机构内部在立法的过程中权力的相互制约。西方议会两院的权力和职能,大体相同,但也有差别。一般的议案均需两院审议通过方能生效。两院在审议议案的过程中,难免会产生意见的分歧,乃至完全对立,从而导致审议工作搁浅。为此,西方议会还设立了两院的协商机构。在西方,一般是先有议会,后有政党。议会是政党的摇篮;而现代政党政治的不断发展使得其逐渐成为议会的组织基础和活动的主角。

从法律程序上讲,西方的议员主要通过直接选举产生。议员都是专职的,由国家支付工资,有专门的办公室和活动经费,议员可利用这些经费进行调查研究,聘请助手,从事职权范围内的各种公务活动。因此,他们可以专心致志地做好议员工作。相对来说,他们熟悉法律、法规以及议会运行的各种具体制度、规则,他们具备一定的专业知识和丰富的从政经验。所以,他们是专职的"政治家",在议会的各项活动中,包括立法、通过人事任免、审议年度预算,以及其他各项议案中,均能比较有效地发挥作用。但由于政党,特别是大的政党,例如美国的共和党和民主党两党,直接影响乃至控制选举,西方议会也存在着难以克服的问题。

首先,议会缺乏广泛的代表性。各政党都是特定阶级、阶层、利益集团的代表,在议会中不可避免地要维护他们的利益,忽略、排斥甚至损害其他阶级、阶层、利益集团的利益。长期以来,几大政党垄断议会的议席,这些政党之外的社会群体就很难有代表进入议会,一些小党也因得不到政府的拨款,很难发展起来,因此,尽管几大政党之外的群众人数众多,但其合法的权益很难通过议会的渠道得以表达和维护,甚至还可能会受到损害。其次,议会结构性的矛盾使其决策缺乏必要的协调性。由于各政党代表不同的阶级、阶层和利益集团,这就使议会讨论和通过议案始终伴随着争论、争吵乃至对立。而争论的核心不是议案本身的对错好坏,而是对各方有利还是不利。

我国的全国人民代表大会由省、自治区、直辖市、特别行政区和军队选出的代表组成。各少数民族都应当有适当名额的代表。省、市、自治区各地方人民代表大会也由下属的地区选出的代表组成。人大代表来自中国社会各阶层、各行各业、各个领域,具有广泛的代表性和包容性。他们是广大人民群众的代表,根本目标一致,就是维护选民合法权益、推进国家与社会科学发展,因此具有内在的协调性和一致性,避免西方议会的"结构性不足"以及相互掣肘等弊端。同时,全国人民代表大会选举产生其常务委员会作为常设机关,这种两级结构设置,既体现了广泛的代表性,又保障了其立法和其他各项工作的实效性,符合中国的具体国情,比西方议会制更具优越性。与此同时,中国还不断建立和发展完善共产党领导的多党合作和政治协商制度。尽管政协是政治协商机构,不是立法机关,但其组织和运行方式又对人大的工作起着重要的补充和推动作用。人民代表大会制度和共产党领导的多党合作与政治协商制度相互结合,从而构成了中国特色的政治运行和决策体系。

然而,中国的人民代表大会制度也有值得改进和完善的地方。人大代表包括绝大多数人大常委都是兼职的,他们有自己的原单位和"本职"工作。人大代表的工作仅仅是其社会兼职,其主要的工作精力并没有,实际上也不可能全部放在人大的工作上。这无疑就制约了他们参政议政的水平和能力,也直接或间接影响了各级人民代表大会,特别是常务委员会的工作。相对于专职的西方议员,我们兼职的人大常委在工作效果上必然存在着差距。正因为如此,不少专家学者提议逐步实现人大常委的专职化。虽然第十届、十一届全国人民代表大会开始进行遴选专职常委的试点,但由于各项具体制度和政策不配套,这些专职常委实际上并没有真正"专"起来。这项工作推进面临许多实际困难,其原因也是多方面的,所面临的困难也是非常实际的。在我国现行的干部管理体制和人力资源管理体制下,没有给专职常委设计和预留出进入和退出的机制,专职常委一旦不能连任,其退路就有问题。因此,人大常委的专职化是一个牵扯到人民代表大会制度、干部管理体制、人力资源管理体制等众多因素的复杂工程,其改革难以单项推进。然而,这项工作又十分重要,有必要在中央的统一领导下,结合相关部门和相关制度体制的改革,稳步推进,逐步扩大专职常委的比例。如果这项人大制度改革与完善的工作能够取得突破,我国人大制度将有一个质的飞跃。

西方国家普遍实行三权分立,议会是最高立法机关,但由于各国的具体政治体制不同,其行使立法权的方式方法也存在着差别。例如,在实行总统制的国家,总统(包括副总统)是由选民直接(或通过选举人间接)选举产生的。议会的议员也是由选民直接选举产生的。这两种选举是相互分开、相互独立的。总统负责组织政府,选拔和推荐政府的主要组成人员。这些人员要经过议会审议通过才能走马

第十四章　中西立法机构对比

上任,其人选如遭议会否决,总统必须提出另外的人选供议会审议。如果总统所在政党是议会的多数党,其政府组成的议案一般都能通过。反对党尽管少不了就人选问题"挑毛病",乃至故意"唱反调",但因处于少数地位,还是难以阻挡议案的通过。如果总统所在的政党处于少数地位,那么情况就复杂了。总统提出的政府组成议案,恐怕就难以顺利通过。再如,在实行内阁制的国家,内阁制还造成执政党垄断组阁权的现象,执政党不仅掌握着新内阁的组织权,而且还控制着内阁及其主要成员的轮替,即使这些人的民意支持率比较低,甚至达不到百分之五十,其他政党也无法介入,只能被动地接受执政党提出的人选。这样,立法机关的运作往往脱离广大选民。

中国的全国人民代表大会是最高权力机关和立法机关,国家和政府所有重要官员均由人民代表大会选举产生。这些人员都要对全国人民代表大会负责,并有义务向全国人民代表大会报告工作,接受质询。全国人民代表大会有权罢免其中一些不称职的人员。地方各级人民代表大会依法选举产生同级政府,并有权要求其汇报工作,接受质询,有权罢免其中的不称职人员。然而,人民代表大会行使选举、质询和罢免官员权力的情况,距离宪法的规定和人民的期待还有一定的差距,不同程度地存在着"走过场"的现象。其根本原因就在于相关的信息不灵,相关的体制不顺,相关部门的沟通不畅。比如,官员是由人民代表大会选举或任命的,但其上任后的表现因缺少必要的信息而无法了解。直到一些官员贪污腐败,触犯党规国法,最后才提交人民代表大会或常务委员会予以罢免。中国共产党是执政党,历来实行党管干部的原则。而依照法律,各级政府官员均由各级人民代表大会选举产生。这两者如何有机结合起来,既直接关系到干部管理体制的改革与完善,也关系到人民代表大会制度的改革与完善。作为改革的尝试,应建立具体的制度和机制,使各级党委有义务向同级人民代表大会详细通报有关干部的情况,使其有权通过一定的渠道和程序了解相关干部的情况。与此同时,各级政府作为同级人大选举产生并对其负责的执行机构、行政机构,更有义务向其及时报告工作,接受质询,让人民代表大会随时掌握政府各相关部门的工作情况,以及相关干部的表现情况。这样才能保证人民代表大会选举和罢免的正确性。

西方议会不仅是立法机关,也是重要的监督机构。它主要通过权力的相互制约,发挥监督功能。西方三权分立的一个核心要素就是权力的相互监督、相互制约。议会对于行使行政权的总统和政府及其所属的部门、人员进行监督与制约,以保证其依法行政,保证议会审议通过的各项议案能够正确地贯彻落实。同时,议会对政府官员、公职人员进行监督,发现其中违法、违纪者可以启动质询和弹劾机制。议会不仅可以质询一般的官员,而且可以质询总统、政府首脑等高官;不仅可以提出罢免一般官员的议案,而且可以弹劾总统、政府首脑或对总统和政府提出不信任案。一些不称职的政府官员,乃至总统和政府首脑都是通过议会的罢免或弹劾下台的。因此,在西方的政治体制运作中,议会的监督功能既十分重要,也非常有效。当然,要做到这一点,议会本身要具备监督能力,否则就无法发挥监督功能。这种监督能力是与议员的专职化,以及专门委员会的专业化密切相关的。换句话说,议会之所以能够充分发挥监督功能,在很大程度上取决于议员有充足的时间和精力,有必要的资金和条件的支持,能够进行与监督相关的调查取证、信息收集等工作。

《中华人民共和国宪法》明确规定,全国人民代表大会及其常务委员会监督宪法的实施。全国人民代表大会既是最高权力机关,也应该是国家的最高监督机关。但事实上,人民代表大会的立法功能得到了比较充分的体现,而其监督功能却尚未得到应有的重视和发挥。人大的监督功能不仅是宪法所赋予的,有法可依,而且也是迫切需要的。迄今为止,尽管中央高度重视并采取了多方面的措施,但一些官员贪污腐败、以权谋私仍然屡禁不止。一些部门知法犯法、执法犯法,仍然难以遏制。其中一个重要原因就是缺乏强有力的监督。或者说,我们的监督体系存在着薄弱环节和不足之处。其中最明显的就是,缺少权力之间的相互监督制约,以及来自体制之外的监督。实际上,要加强这两方面的监督,人民代表大会都可以大有作为。

十八届四中全会《中共中央关于全面推进依法治国若干重大问题的决定》对于完善以宪法为核心的中国特色社会主义法律体系,加强宪法实施提出了具体的精神和要求。建设中国特色社会主义法治体系,必须坚持立法先行,发挥立法的引领和推动作用,抓住提高立法质量这个关键。要恪守以民为本、立法为民理念,贯彻社会主义核心价值观,使每一项立法都符合宪法精神、反映人民意志、得到人民拥护。要把公正、公平、公开原则贯穿立法全过程,完善立法体制机制,坚持立改废释并举,增强法律法规的及时性、系统性、针对性、有效性。从立法机制与制度的角度来说,主要体现为如下几个方面:

1) 健全宪法实施和监督制度。宪法是党和人民意志的集中体现,是通过科学民主程序形成的根本法。坚持依法治国首先要坚持依宪治国,坚持依法执政首先要坚持依宪执政。全国各族人民、一切国家机关和武装力量、各政党和各社会团体、各企业事业组织,都必须以宪法为根本的活动准则,并且负有维护宪法尊严、保证宪法实施的职责。一切违反宪法的行为都必须予以追究和纠正。完善全国人大及其常委会宪法监督制度,健全宪法解释程序机制。加强备案审查制度和能力建设,把所有规范性文件纳入备案审查范围,依法撤销和纠正违宪违法的规范性文件,禁止地方制发带有立法性质的文件。将每年十二月四日定为国家宪法日。在全社会普遍开展宪法教育,弘扬宪法精神。建立宪法宣誓制度,凡经人大及其常委会选举或者决定任命的国家工作人员正式就职时公开向宪法宣誓。

2) 完善立法体制。加强党对立法工作的领导,完善党对立法工作中重大问题决策的程序。凡立法涉及重大体制和重大政策调整的,必须报党中央讨论决定。党中央向全国人大提出宪法修改建议,依照宪法规定的程序进行宪法修改。法律制定和修改的重大问题由全国人大常委会党组向党中央报告。健全有立法权的人大主导立法工作的体制机制,发挥人大及其常委会在立法工作中的主导作用。建立由全国人大相关专门委员会、全国人大常委会法制工作委员会组织有关部门参与起草综合性、全局性、基础性等重要法律草案制度。增加有法治实践经验的专职常委比例。依法建立健全专门委员会、工作委员会立法专家顾问制度。加强和改进政府立法制度建设,完善行政法规、规章制定程序,完善公众参与政府立法机制。重要行政管理法律法规由政府法制机构组织起草。明确立法权力边界,从体制机制和工作程序上有效防止部门利益和地方保护主义法律化。对部门间争议较大的重要立法事项,由决策机关引入第三方评估,充分听取各方意见,协调决定,不能久拖不决。加强法律解释工作,及时明确法律规定含义和适用法律依据。明确地方立法权限和范围,依法赋予设区的市地方立法权。

3) 深入推进科学立法、民主立法。加强人大对立法工作的组织协调,健全立法起草、论证、协调、审议机制,健全向下级人大征询立法意见机制,建立基层立法联系点制度,推进立法精细化。健全法律法规规章起草征求人大代表意见制度,增加人大代表列席人大常委会会议人数,更多发挥人大代表参与起草和修改法律作用。完善立法项目征集和论证制度。健全立法机关主导、社会各方有序参与立法的途径和方式。探索委托第三方起草法律法规草案。健全立法机关和社会公众沟通机制,开展立法协商,充分发挥政协委员、民主党派、工商联、无党派人士、人民团体、社会组织在立法协商中的作用,探索建立有关国家机关、社会团体、专家学者等对立法中涉及的重大利益调整论证咨询机制。拓宽公民有序参与立法途径,健全法律法规规章草案公开征求意见和公众意见采纳情况反馈机制,广泛凝聚社会共识。切实完善法律草案表决程序,对重要条款可以单独表决。

通过中西立法机构的比较,我们既要看到西方议会制度的"结构性不足"、内在不协调性及其他弊端,又要看到它在决策机制、监督功能等方面的作用与效率。我们既要看到我国人民代表大会制度的优势与特点,又要看到它在决策机制、监督功能方面的不足。要积极借鉴西方国家议会在这方面的一些好的做法,进一步改革和完善我国人民代表大会制度,努力提高人大代表的履职尽责能力。

第十五章　中西司法机构对比

❖　一次不公的裁判比多次不平的举动为祸尤烈。因为这些不平的举动不过弄脏了水流,而不公的裁判则把水源败坏了。　　　——[英]培根
❖　法院是法律帝国的首都,法官是帝国的王侯。　　　——[美]德沃金
❖　证明责任乃诉讼的脊梁。　　　——[德]罗森贝克

一、概述

司法(Justice)是指国家司法机关及其司法人员依照法定职权和法定程序,具体运用法律处理案件的专门活动。司法是实施法律的一种方式,对实现立法目的、发挥法律的功能具有重要的意义。在西方资本主义国家,由于"三权分立",司法与行政、立法之间有严格界限和区分。司法机构,从其通常意义上来讲,指的是在一个国家内部行使司法权的国家机构。司法机构可以在广义和狭义上有不同的理解和范围。从其广义的层面来说,司法机构不仅包括法院、检察院,也包括负责侦查和执行的公安机关(含国家安全机关)和监狱机关,甚至还包括公证机关、仲裁组织、律师事务所等提供司法服务的组织。从其最狭义的层面上来说,司法机构仅指审判机关,也就是法院。一般意义上理解,司法机构通常是在包括了法院系统的基础上,还包括了检察机关(张志京,2014:216)。

欧美国家依孟德斯鸠的三权分立学说,司法有别于立法及行政,是"处罚犯罪或裁决私人争讼"的权力,性质上属于纯粹的法律作用,而非政治作用。法官不过是法律的传声筒,只能依三段论法精确地适用法律条文,不具有违宪审查权,甚至连解释权亦严格受到限制。但从现代各国司法体制及司法机关的职权来看,孟氏对司法的定义方式显然与现实已有了很大的不同。考察现代各国对"司法"概念的具体实践,大体上,美日与德法堪称两类典型。日本战后对美国司法制度全盘照收,因此,在对司法的理解上,也大致采取与美国相同的态度。法国自1789年大革命以来,就将司法范围限定于民、刑事裁判,当时的法律规定,法官干预立法权及执

行权行使的,即构成渎职罪。同时,法院"解释"法律也被绝对禁止,法官只能机械地适用法律。1958年法兰西第五共和国宪法才引进违宪审查制度。德国类似于法国,也将行政法院排除在司法体系之外。

我国司法体制本仿苏联的模式而设置。苏联解体后,其原有的司法体制亦分崩离析。现今的俄罗斯和独联体、东欧各国在司法体制上也业已全盘接收西方的"三权分立"学说,并已完成相应改制。中国司法体制面临着巨大考验,构建有中国特色的司法体制成为我们努力的方向。

二、我国现行的司法机构

1. 人民法院

根据《中华人民共和国宪法》和《中华人民共和国人民法院组织法》的规定,中华人民共和国人民法院是国家的审判机关,依法独立行使审判权。我国的法院组织体系包括最高人民法院、地方各级人民法院和军事法院等专门人民法院。

首先,最高人民法院是中华人民共和国最高审判机关,其主要职责在于依法审理各类案件,制定司法解释。最高人民法院监督地方各级人民法院和专门人民法院的审判工作,并依照法律确定的职责范围,管理全国法院的司法行政工作。其次,地方各级人民法院主要依据行政区划进行设置,在各省、自治区、直辖市设立高级人民法院;在省、中央直辖市、自治区按地区设立中级人民法院;在县、自治县、不设区的市、市辖区内设立基层人民法院。再次,专门人民法院是指根据实际需要而在特定的部门所设立的审理特定案件的法院,我国目前主要设置有军事、海事、铁路运输等专门人民法院等。上级人民法院监督下级人民法院的审判工作。最高人民法院对全国人民代表大会和全国人民代表大会常务委员会负责。地方各级人民法院对产生它的国家权力机关负责。

(1)最高人民法院

根据《中华人民共和国宪法》《中华人民共和国人民法院组织法》及其他相关法律的规定,作为国家最高审判机关,最高人民法院职责权限包括如下方面:① 审判下列案件:法律、法令规定由最高人民法院管辖和它认为应当由自己审判的第一审案件;对高级人民法院、专门人民法院判决、裁定不服的上诉和抗诉案件;最高人民检察院按照审判监督程序提出的抗诉案件。② 核准死刑。杀人、强奸、抢劫、爆

第十五章 中西司法机构对比

炸以及其他严重危害社会公共安全和社会治安判处死刑的案件的核准权,最高人民法院在必要时,可授权高级人民法院行使。③监督地方各级人民法院和专门人民法院的审判工作。④对各级人民法院已经发生法律效力的判决、裁定,如果发现确有错误,有权提审或指令下级法院再审。⑤对刑法分则没有明文规定的犯罪,在适用类推上,有核准权。⑥对于在审判过程中如何具体应用法律等问题,进行解释。最高人民法院的职能除了审判案件外,还包括负责统一管理和统一协调全国法院的执行工作。在目前阶段,每年全国法院都会受理大量的申请强制执行的案件。而这些案件主要由地方人民法院执行。最高人民法院设立执行局,负责这项工作的管理、监督、协调。

(2)地方各级人民法院

从分类上来说,根据《中华人民共和国人民法院组织法》的规定,地方各级人民法院包括:基层人民法院、中级人民法院、高级人民法院。

首先,基层人民法院。基层人民法院包括县、自治县人民法院、不设区的市、市辖区人民法院。基层法院的基本职权主要有下列几个方面:

1)审判刑事、民事和行政案件的第一审案件,但是法律另有规定的除外。对于所受理的案件,认为案情重大应当由上级人民法院审判的,可以请求移送上级人民法院审判。

2)处理不需要开庭审判的民事纠纷和轻微的刑事案件。

3)指导人民调解委员会的工作。人民调解工作与人民法院的审判工作一方面既相互独立,另一方面又互相促进。人民法院作为指导人民调解工作的重要部门,担负着如何发挥人民调解工作效果,切实保护当事人合法权益的重要任务。

另外,为了人民诉讼便利起见,基层人民法院通常设立若干人民法庭,作为其派出机构,但人民法庭不是一个审级。人民法庭的职权是审理一般民事和轻微刑事案件,指导人民调解委员会的工作,进行法制宣传,处理人民来信,接待人民来访。它的判决和裁定就是基层人民法院的判决和裁定。

其次,中级人民法院。中级人民法院包括在省、自治区内按地区设立的中级人民法院,在中央直辖市的中级人民法院,省、自治区辖市和自治州中级人民法院。中级人民法院的基本职权主要有下列几个方面:

1)审判下列案件:①法律规定由它管辖的第一审案件。按照刑事诉讼法的规定,中级人民法院管辖的第一审刑事案件是:危害国家安全案件;可能判处无期徒刑、死刑的普通刑事案件;外国人犯罪或者我国公民侵犯外国人合法权益的刑事案件。按照民事诉讼法的规定,中级人民法院管辖的民事案件是重大的涉外案件,在本辖区内有重大影响的案件,最高人民法院指令中级人民法院管辖的案件。按照行政诉讼法的规定,中级人民法院管辖的第一审行政案件是:确认发明专利权案件;海关处理案件;对国务院各部门或者省、自治区、直辖市人民政府所做的具体行政行为提起诉讼的案件;本辖区内重大、复杂的案件。②基层人民法院移送的第一审案件。③对基层人民法院判决和裁定的上诉案件和抗诉案件。中级人民法院对它所受理的刑事、民事和行政案件,认为案情重大应当由上级人民法院审判的时候,可以请求移送上级人民法院审判。

2)监督辖区内的基层人民法院的审判工作。对基层人民法院已经发生法律效力的判决和裁定,如果发现确有错误,有权提审或者指令基层人民法院再审。

再次,高级人民法院。高级人民法院设立于省、自治区、直辖市。高级人民法院的基本职权主要有下列几个方面:

1)审判下列案件:①法律规定由它管辖的第一审重大或复杂的刑事案件、民事案件和行政案件。②下级人民法院移送审判的第一审案件。③对下级人民法院判决和裁定的上诉案件和抗诉案件。海事法院所在地的高级人民法院有权审判对海事法院的判决和裁定的上诉案件。④人民检察院按照审判监督程序提出的抗诉案件。⑤审判辖区内的监狱及劳改场所报请减刑、假释的案件。

2)监督辖区内下级人民法院的审判工作。对下级人民法院已经发生法律效力的判决和裁定,如果发现确有错误,有权提审或者指令下级人民法院再审。

(3) 专门人民法院

专门人民法院是指根据实际需要在特定部门设立的审理特定案件的法院,目前在我国设军事、海事、铁路运输法院等专门法院。

首先,军事法院。军事法院共设有三级:基层军事法院,大军区、军兵种军事法院,中国人民解放军军事法院。

1)基层军事法院。基层军事法院包括陆军军级单位军事法院、各省军区军事法院、海军舰队军事法院、大军区空军军事法院、在京直属部队军事法院等,其基本职权有下列两个方面:①审判正营职以下人员犯罪,可能判处无期徒刑以下刑罚的第一审案件;②上级军事法院授权或指定审判的第一审案件。

2)大军区、军兵种军事法院。大军区、军兵种军事法院包括各大军区军事法院,海军、空军军事法院,二炮部队军事法院,解放军总直属队军事法院等。这些法院属于中级层次的军事法院,其基本职权有下列三个方面:①审判副师职和团职人员犯罪的第一审案件;②审判可能判处死刑的案件以及上级军事法院授权或指定审判的案件;③负担上诉、抗诉案件的审判。

3)中国人民解放军军事法院。中国人民解放军军事法院是军内的最高审级,其基本职权有下列四个方面:①审判正师职以上人员犯罪的第一审案件;②审判涉外刑事案件;③最高人民法院授权或指定审判的案件以及它认为应当由自己审判的其他第一审刑事案件;④负担二审、死刑复核、再审的审判任务。

其次,海事法院。海事法院是为行使海事司法管辖权而设立的专门审判一审海事、海商案件的专门人民法院。依据1989年5月最高人民法院所做出的《最高人民法院关于海事法院受理案件范围的规定》,海事法院受理中国法人、公民之间,中国法人、公民同外国或地区法人、公民之间,外国或地区法人、公民之间的海事商事案件,包括5大类14种:

1)海事侵权纠纷案件10种。主要有:船舶碰撞损害赔偿案件,船舶触碰海上、通海水域、港口的建筑物和设施的损害赔偿案件,船舶排放、泄漏有害物质或污水造成水域污染或他船及货物损害的赔偿案件,海上运输或海上、通海水域、港口作业过程中的人身伤亡事故引起的损害赔偿案件。

2)海商全国案件14种。主要有:水上运输合同纠纷案件,水上旅客和行李运输合同纠纷案件,海员劳务合同纠纷案件,海上救助、打捞合同纠纷案件,海上保险合同纠纷案件等。

3)其他海事海商案件11种。主要有:海运、海上作业中重大责任事故案件,港口作业纠纷案件,共同海损纠纷案件,海洋开发利用纠纷案件,船舶所有权、占有权、抵押权,或者海事优先请求权纠纷案件,涉及海洋、内河主管机关的行政案件,海运欺诈案件等。

4)海事执行案件5种。主要有:海洋、内河主管机关依法申请强制执行的案件,当事人申请执行仲裁裁决的案件,依据《承认及执行外国仲裁裁决公约》的规定,当事人申请中国海事法院承认、执行外国或者地区的仲裁机构仲裁裁决的案件,依照中国与外国签订的司法协助协定,或者按照互惠原则协助执行外国法院裁决的案件等。

5)海事请求保全案件2种。即诉前申请扣押船舶的案件和诉前申请扣押船载货物或者船用燃油的案件。

再次,铁路运输法院。铁路法院初建于1954年。2009年7月,中央下发关于铁路公检法管理体制改革的文件,要求铁路公检法整体纳入国家司法体系,铁路法院整体移交驻在地省（直辖市、自治区）党委、高级人民法院管理。截至2012年6月底，全国铁路法院完成管理体制改革，整体纳入国家司法体系。铁路运输法院是设在铁路沿线等的专门人民法院。其主要审判下列两类案件：1）由铁路公安机关侦破、铁路检察院起诉的发生在铁路沿线的刑事犯罪案件。2）经济纠纷案件。根据最高人民法院的规定，共有12类，包括：铁路货物运输合同纠纷案件，国际铁路联营合同纠纷案件，铁路系统内部的经济纠纷案件，违反铁路安全法规对铁路造成损害的侵权纠纷案件；铁路行车、调车作业造成的人身、财产损害，原告选择铁路运输法院起诉的侵权纠纷等。

人民法院作为我国的国家审判机关，其主要职责就是依法审判本院所管辖的民事、刑事、行政案件和上级人民法院交由其审判的案件，并且依法执行已经发生法律效力的判决、裁定以及国家行政机关依法申请执行的案件。中级以上法院依法按照审判监督程序审理当事人提出的申诉、申请再审和人民检察院提出抗诉的刑事、民事、行政案件，依法审理减刑、假释案件。

(4) 人民法院的审判组织

根据《中华人民共和国人民法院组织法》和其他法律的规定，人民法院的审判组织目前有三种形式。

1）独任庭。独任庭是指由审判员一人审判简易案件的组织形式。仅限于基层法院适用。依照法律规定，独任庭审判的案件是：①第一审的刑事自诉案件和其他轻微的刑事案件；②基层人民法院和它派出的人民法庭审判简单的民事案件和经济纠纷案件；③适用特别程序审理的案件，除选民资格案件或其他重大疑难案件由审判员组成合议庭审判外，其他案件由审判员一人独任审判。

2）合议庭。由三人以上审判员（审判长必须是审判员以上职务的人员，另外两人可由助理审判员或人民陪审员组成，但中级以上人民法院没有人民陪审员制度）集体审判案件的组织形式。合议庭的组成，按照案件的审级不同而有所区别。审判第一审案件，由审判员组成合议庭，或者由审判员和人民陪审员组成合议庭进行。审判上诉和抗诉的案件，由审判员组成合议庭。上级人民法院撤销原判，发回重新审理的案件，原审人民法院应当另行组成合议庭。

3）审判委员会。是人民法院内部对工作实行集体领导的组织，它的主要任务是总结审判经验，讨论重大、疑难的案件和其他有关审判工作的问题。根据《中华人民共和国人民法院组织法》及诉讼法的有关决定，各级人民法院均设立审判委员会。审判委员会由院长、庭长和资深审判员组成。地方各级人民法院的审判委员会委员,由院长提请本级人民代表大会常务委员会任免;最高人民法院审判委员会委员,由最高人民法院院长提请全国人民代表大会常务委员会任免。审判委员会的任务是总结审判经验,讨论重大的或疑难的案件和其他有关审判工作的问题。审判委员会讨论、决定案件时,实行民主集中制,必须获得半数以上的委员会同意方能通过。对审判委员会的决定,合议庭应当执行,如果仍有意见的,可以建议院长提交审判委员会复议。

合议庭和审判委员会的工作实行民主集中制,即对案件的处理意见分歧时,实行少数服从多数的原则。此外,院长可以将合议庭发生重大分歧的案件提交审判委员会讨论决定,对审判委员会的决定,合议庭必须执行。

(5) 人民法院审判工作的主要制度

根据《中华人民共和国宪法》和《中华人民共和国人民法院组织法》等相关法律规定,人民法院审判工作的主要制度有公开审判制度、辩护制度、两审终审制度、合议制度、回避制度、死刑复核制度、审判监督制度、司法协助制度。

1) 公开审判制度。根据《中华人民共和国宪法》第 125 条规定,公开审判制度是指"人民法院审理案件,除法律规定的特殊情况外,一律公开进行"。对依法不公开审理的案件也要一律公开宣判。所谓"公开",就是对社会公开,对于开庭审判的全过程,除合议庭评议外,都允许公民旁听,允许新闻记者采访和报道。对依法应予公开审理的案件,法院在开庭前要公布案由、当事人的姓名、开庭时间和地点。依照《中华人民共和国人民法院组织法》第 7 条规定,下列三种案件不公开审理:①涉及国家机密的案件。②涉及个人隐私的案件。③未成年人犯罪的案件。此外,根据《中华人民共和国民事诉讼法》的规定,离婚当事人和涉及商业秘密案件的当事人申请不公开审理的,可以不公开审理。

2) 辩护制度。《中华人民共和国宪法》和《中华人民共和国人民法院组织法》规定,被告人有权获得辩护。《中华人民共和国刑事诉讼法》进一步规定,人民法院有义务保证被告人获得辩护,并对实行这一原则和制度做了具体规定。犯罪嫌疑人、被告人除自己行使辩护权以外,还可以委托一至二人作为辩护人。可以作为辩护人的有:①律师;②人民团体或者犯罪嫌疑人、被告人所在单位推荐的人;③犯罪嫌疑人、被告人的监护人、亲友。但正在被执行刑罚或依法被剥夺、限制人身自由的人不得担任辩护人。公诉案件自案件移送审查起诉之日起,犯罪嫌疑人有权委托辩护人。自诉案件的被告人有权随时委托辩护人。公诉人出庭的公诉案件,被告人因经济困难或者其他原因没有委托辩护人,人民法院可以指定承担法律援助义务的律师为其提供辩护。被告人是盲、聋、哑或者未成年人而没有委托辩护人的,以及被告人可能被判处死刑而没有委托辩护人的,人民法院应当指定承担法律援助义务的律师为其提供辩护。

3) 两审终审制度。《中华人民共和国人民法院组织法》第11条规定:"人民法院审判案件,实行两审终审制。"两审终身制是指一个案件经过两级法院审判就宣告终结的制度。如前所述,我国设立有四级法院,但我们实行的是两审终审制,即四级法院、两审终审。然后,根据案件的性质和难易划分审级管辖。如果当事人对第一审案件的判决或裁定不服,可以在法定期限内向上一级人民法院提出上诉;如果人民检察院认为一审判决或裁定确有错误,可以在法定期限内向上一级人民法院提出抗诉。如果在上诉期限内,当事人不上诉,人民检察院不抗诉,这个一审判决或裁定就是发生法律效力的判决和裁定。上级人民法院对上诉、抗诉案件,按照第二审程序进行审理后所做的判决或裁定就是终审的判决和裁定,除判处死刑的案件需要依法进行复核外,其他就立即发生法律效力。根据法律规定,下列案件实行一审终审:①最高人民法院审理的第一审案件;②基层人民法院按照民事诉讼法的特别程序审理的选民资格案件、认定公民无行为能力或限制行为能力案件、宣告失踪案件、宣告死亡案件和认定财产无主案件。

4) 合议制度。《中华人民共和国人民法院组织法》第9条规定,"人民法院审判案件,实行合议制。"除第一审的简单的民事案件和法律另有规定的案件外,都要组成合议庭进行。合议制度是指由3人以上审判员或3人以上审判员和人民陪审员组成合议庭审判案件的制度,又称合议制,它是与一个审判员独任审判相对而言的。合议庭组成人员必须是单数,一般为3人,实行少数服从多数的原则,可以保留少数人的意见,但须记入笔录。审判员和人民陪审员有同等的权利。合议制度的优点在于,因为它是一种集体审判制度,从而可以避免由一人审判可能产生的不足,有利于提高审判质量,保证案件的正确处理。合议制度具有以下特点:合议制度是法院审判民事案件的基本组织形式。根据《中华人民共和国民事诉讼法》的规定,合议制度适用范围是:①就适用的案件而言,合议制适用于审理除简单的诉讼案件外的各种民事案件,包括一般、重大、复杂和疑难的案件。②就适用的法院而言,我国四级法院都可以采用合议制。其中,中级以上法院审判民事案件,只能采用合议制。③就适用的程序而言,合议制既适用于一审程序,也适用于二审程序。具体包括一审普通程序、二审程序以及重审和再审程序,应当采用合议制。特别程序中的选民资格案件和重大疑难的非讼案件以及企业法人破产还债程序,应当采用合议制。

5) 回避制度。根据《中华人民共和国人民法院组织法》等相关法律规定,回避制度是指司法人员与其经办的案件或者案件的当事人有某种特殊的关系,可能影响案件的公正处理,因而不得参加处理这个案件的制度。根据《中华人民共和国刑事诉讼法》规定,审判人员、检察人员、侦查人员有下列情形之一的,应当自行回避,当事人及其法定代理人也有权要求他们回避:①是本案的当事人或者是当事人的近亲属的;②本人或者他们的近亲属和本案有利害关系的;③担任过本案的证人、鉴定人、辩护人或附带民事诉讼当事人的代理人的;④与本案当事人有其他关系,可能影响公正处理案件的;上述规定也适用于书记员、翻译人员和鉴定人。民事诉讼法和行政诉讼法有类似规定。审判人员的回避,由本院院长决定;院长的回避,由本院审判委员会决定。

6) 死刑复核制度。死刑复核制度指的是审查核准死刑案件所遵循的程序和方式方法的规则。《中华人民共和国人民法院组织法》和《中华人民共和国刑事诉讼法》规定,死刑案件必须报请最高人民法院核准。

7) 审判监督制度。审判监督制度又称为再审制度,是指人民法院对已经发生法律效力的判决和裁定依法重新审判的一种特别的审判工作制度。审判监督制度是实行两审终审制度的一个补救。根据人民法院组织法和民事、刑事、行政三个诉讼法的规定,审判监督制度包括以下四个方面的要点:①提起审判监督程序的前提,是发现已经发生法律效力的判决和裁定,在认定事实或适用法律上确有错误。②有权提起审判监督程序的是各级人民法院院长、上级人民法院、上级人民检察院、最高人民法院和最高人民检察院。③提起审判监督的方式是各级人民法院院长提请审判委员会处理;最高人民法院提审或指定下级人民法院再审;最高人民检察院、上级人民检察院按照审判监督程序提出抗诉。④人民法院按照审判监督程序重新审判,应当另行组成合议庭进行,如果原来是第一审案件,应当依照第一审程序进行审判,所做的判决裁定,可以上诉、抗诉;如果原来是第二审案件,或者是上级人民法院提审的案件,应当依照第二审程序进行审判,所做的判决、裁定,是终审的判决、裁定。

8) 司法协助制度。司法协助制度指的是一国的司法机关(主要是法院)根据国际条约或双边、多边协定,在没有条约的情况下则按互惠原则,应另一国司法机关或有关当事人的请求,代为履行诉讼过程的一定司法行为。我国的司法协助主要包括三个方面的内容:①送达文书和调查取证;②相互承认和执行法院判决和仲裁裁决;③刑事司法协助,包括送达文书、调查取证和引渡犯罪等。

我国审判制度的特点主要体现在两个方面,即:① 两审终审制度。两审终审制度指的是一个案件经过两级法院审判就宣告终结的制度。② 审判监督制度。审判监督制度又称再审制度,是指人民法院对已经发生法律效力的判决和裁定依法重新审判的一种特别的审判工作制度。审判监督制度是实行两审终审制度的一个补救。

(6)巡回法庭:司法改革的最新成果

作为我国司法改革的重要创新举措之一,2014年12月2日,中共中央全面深化改革领导小组第七次会议审议通过了《最高人民法院设立巡回法庭试点方案》和《设立跨行政区划人民法院、人民检察院试点方案》,并且建议根据会议的讨论情况,在进一步修改完善之后按照程序报批实施。2014年10月20日至23日,中国共产党第十八届中央委员会第四次全体会议举行。全会审议通过了《中共中央关于全面推进依法治国若干重大问题的决定》,并且提出优化司法职权配置,推动实行审判权和执行权相分离的体制改革试点,最高人民法院设立巡回法庭,探索设立跨行政区划的人民法院和人民检察院,探索建立检察机关提起公益诉讼制度。在法院审级上,最高法院设立的巡回法庭,相当于最高法院的派出机构,在审级上等同于最高法院。巡回法庭的判决效力等同于最高法院的判决,均为终审判决。

巡回法庭的职责是负责审理跨行政区域重大行政和民商事案件。具体来说,按照十八届四中全会对最高法巡回法庭受理案件的要求,巡回法庭受理下列两类案件:① 重大的民商事和行政案件。这本身即是现行人民法院组织法、三大诉讼法规定的范围,在司法实践中主要是最高法受理的二审案件以及对全国法院适用法律具有重大指导意义的案件;② 跨行政区划的案件,案件的特点是中国十八届三中、四中全会设立巡回法庭的主要目的,即为了解决地方保护主义、地方主客场等潜规则对司法公正的影响,将原告与被告分属两省的案件,如果可能存在地方保护主义的影响,通过提级管辖的方式由巡回法庭审理。

习近平总书记2016年11月1日主持召开中央全面深化改革领导小组第二十九次会议。会议同意最高人民法院在深圳市、沈阳市设立第一、第二巡回法庭的基础上,在重庆市、西安市、南京市、郑州市增设巡回法庭。会议强调,要注意把握好巡回法庭的定位,处理好巡回法庭同所在地、巡回区以及最高人民法院本部的关系,发挥跨行政区域审理重大行政和民商事案件的作用,更好满足群众司法需求,公正高效审理案件,提高司法公信力。

2. 人民检察院

根据《中华人民共和国宪法》和《中华人民共和国人民检察院组织法》的规定，人民检察院是国家的法律监督机关，依照法律规定独立行使检察权，不受行政机关、社会团体和个人的干涉。我国设立最高人民检察院、地方各级人民检察院和军事检察院等专门人民检察院。各级人民检察院设检察长一人，副检察长和检察员若干人。检察长统一领导检察院的工作。各级人民检察院设立检察委员会。检察委员会实行民主集中制，在检察长的主持下，讨论决定重大案件和其他重大问题。如果检察长在重大问题上不同意多数人的决定，可以报请本级人民代表大会常务委员会决定。

首先，最高人民检察院是国家的最高检察机关，领导地方各级人民检察院和专门人民检察院的工作；上级人民检察院领导下级人民检察院的工作。最高人民检察院对全国人民代表大会和全国人民代表大会常务委员会负责。地方各级人民检察院对产生它的国家权力机关和上级人民检察院负责。

其次，地方各级人民检察院分为：1) 省、自治区、直辖市人民检察院；2) 省、自治区、直辖市人民检察院分院，自治州和省辖市人民检察院；3) 县、市、自治县和市辖区人民检察院。

再次，专门人民检察院包括军事检察院、铁路运输检察院。各级人民检察院都是相对应于各级人民法院而设立的。依据刑事诉讼法的规定，人民检察院、人民法院和公安机关按照其规定的程序办理刑事案件，分工负责，互相配合，互相制约，以保证准确有效地执行法律。

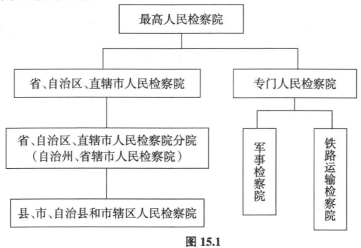

图 15.1

作为国家法律监督机关,各级人民检察院行使下列职权:①对于叛国案、分裂国家案以及严重破坏国家的政策、法律、政令统一实施的重大犯罪案件,行使检察权。②对于直接受理的国家工作人员利用职权实施的犯罪案件,进行侦查。③对于公安机关、国家安全机关等侦查机关侦查的案件进行审查,决定是否逮捕、起诉或者不起诉。并对侦查机关的立案、侦查活动是否合法实行监督。④对于刑事案件提起公诉,支持公诉;对于人民法院的刑事判决、裁定是否正确和审判活动是否合法实行监督。⑤对于监狱、看守所等执行机关执行刑罚的活动是否合法实行监督。⑥对于人民法院的民事审判活动实行法律监督,对人民法院已经发生效力的判决、裁定,发现违反法律、法规规定的,依法提出抗诉。⑦对于行政诉讼实行法律监督。对人民法院已经发生效力的判决、裁定发现违反法律、法规规定的,依法提出抗诉。

按照法律规定和业务分工,人民检察院内部设立有若干业务机构,包括控告申诉检察部门、举报中心,反贪污贿赂部门,反渎职侵权部门,侦查监督部门,公诉部门,监所检察部门,民事行政检察部门,职务犯罪预防部门,检察技术部门,纪检、监察部门。如上这些人民检察院的职能部门分别分担不同的工作职责。在这些不同的机构部门中,业务工作较多,分担任务较重是侦查部门和公诉部门,他们也在当下的反腐工作中发挥着重要的作用。

1) 侦查部门。在人民检察院的业务机构中,反贪污贿赂部门和反渎职侵权部门,都是人民检察院负责职务犯罪侦查的部门。反贪污贿赂部门主要负责对国家工作人员的贪污、贿赂、挪用公款、巨额财产来源不明、隐瞒境外存款、私分国有资产、私分罚没财物等职务犯罪案件进行立案侦查等工作。反渎职侵权部门,则主要负责对国家机关工作人员的渎职犯罪和国家机关工作人员利用职权实施的非法拘禁、刑讯逼供、报复陷害、非法搜查、暴力取证、破坏选举等侵犯公民人身权利和民主权利的犯罪案件进行立案侦查等工作。

2) 公诉部门,主要负责对公安机关、国家安全机关等侦查机关移送审查起诉的案件和人民检察院侦查部门移送审查起诉、移送审查不起诉的案件进行审查,决定是否提起公诉或不起诉;对侦查活动实行监督;出席第一审法庭支持公诉,审查办理第二审公诉案件;对人民法院的审判活动实行监督;对确有错误的刑事判决、裁定提出抗诉等工作。

三、西方的司法机构

1. 美国的法院系统

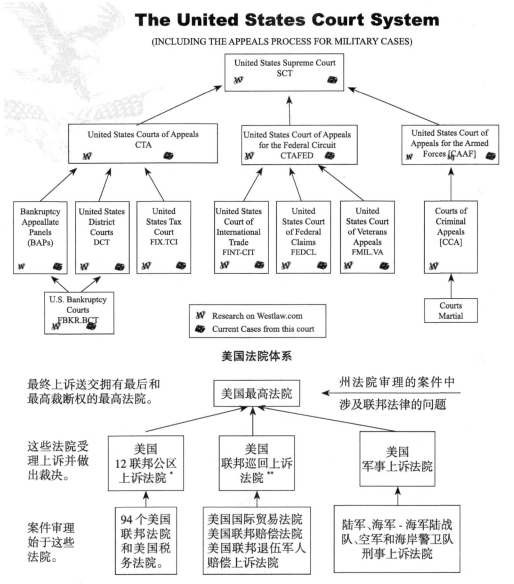

图 15.2

美国是由 50 个州组成的联邦国家,实行"立法权、司法权、行政权"三权分立。在法律渊源上,美国属于普通法系国家。行使司法权的司法机构仅属法院,检察权属于行政权,附属在司法部内。美国法院制度分为两个相互独立的法院系统:联邦法院系统和各州法院系统。美国共有 52 个相互独立的法院系统,包括联邦法院系统、首都哥伦比亚特区法院系统和 50 个州法院系统。虽然联邦最高法院是全美国的最高法院,其决定对美国各级各类法院均有约束力,但是联邦法院系统并不高于州法院系统,二者之间没有管辖或隶属关系。从一定意义上讲,美国的法院系统为"双轨制",一边是联邦法院,一边是州法院,二者平行,直到联邦最高法院。联邦法院设三类法院:根据《美利坚合众国宪法》规定设的普通法院;根据法律设的特别法院;由参议员组成的弹劾法院。美国法院的名称和审级不尽相同,管辖权限错综复杂。法院一般是民事、刑事兼理。

联邦法院和州法院管辖的案件种类不同。联邦系统法院管辖与审理的案件主要为:在刑事领域内,涉及联邦宪法、法律或国际条约的案件;在民事领域内,涉及一方当事人为联邦政府的案件,涉及外国政府代理人的案件,公海上或国境内对外贸易和州际贸易之用的通航水域案件,不同州之间,不同州公民之间的争议以及州政府向他州公民提起诉讼。州法院的管辖权比较广泛。按照美国宪法的规定,凡是法律没有明确授予联邦法院的司法管辖权,都属于州法院。在实践中,绝大多数刑事案件和民事案件都是由各州法院审理的。在诸如加利福尼亚等大州,州法院一年审理的案件总数可以高达百万;而所有联邦法院一年审理的案件总数不过其四分之一。

联邦和大多数州的法院系统都采用"三级模式",只有内布拉斯加等几个州采用两级模式。所谓"三级模式",就是说法院建立在三个级别或层次上,包括基层的审判法院、中层的上诉法院和顶层的最高法院。当然,各州所使用的法院名称并不尽同。例如,在纽约州,基层审判法院叫"最高法院";中层上诉法院叫"最高法院上诉庭";实际上的最高法院则叫"上诉法院"。

"三级模式"并不等于"三审终审制"。实际上,联邦和大多数州采用的是"两审终审制",即诉讼当事人一审败诉后只有权提起一次上诉。从理论上讲,当事人在一审之后可能还有两次甚至三次上诉审的机会。但是,请求上诉法院再审是当事人的权利,请求最高法院再审就不是当事人的权利,而是最高法院的权力了。"权利"与"权力",虽仅一字之差,但意义相去甚远。在前一种情况下,法院必须受理当事人的上诉;在后一种情况下,法院没有受理的义务,只有当法院认为必要时才受理。当事人若想获得后一种上诉审,必须得到法院的"上诉许可令"(Leave to Appeal)或者"调卷令"(Writ of Certiorari)。

当然,也有一些州的法律明确规定了"三审终审制",或者规定在某些种类的案件中采用"三审终审制"。例如,在纽约州,绝大多数案件的当事人都有两次上诉的权利;在加利福尼亚州,法律规定凡是被告人被判死刑的案件都适用"三审终审制"。另外,某些在州法院系统败诉的当事人还可以得到联邦最高法院的"四审"。当然,究竟什么案件可以得到这种特别的关照,法律上一般不做明确规定,决定权掌握在联邦最高法院那9名大法官的手中。

无论是联邦法院还是州法院,无论是普通法院还是特别法院,都可以根据基本职能不同而分为两种:一种是审判法院(Trial Courts),一种是上诉法院(Appellate Courts)。一般来说,美国的审判法院和上诉法院之间的职责分工是明确和严格的。审判法院只负责一审;上诉法院只负责上诉审。但是联邦最高法院和某些州的最高法院例外,它们既审理上诉审案件,也审理少数一审案件。

美国的审判法院一般都采用法官"独审制",即只有一名法官主持审判并做出判决。上诉审法院则采用"合议制",即由几名法官共同审理案件并做出判决。合议庭的组成人数各不相同。一般来说,中级上诉法院的合议庭由3名法官组成;最高法院的合议庭则由5名、7名或9名法官组成。此外,根据案件的种类和当事人的意愿,审判法院的审判可以有两种形式:法官审(Bench Trial)和陪审团审(Jury Trial)。

为进一步厘清美国法院系统的构成方式和运作机制,这里再分别对联邦系统法院和州系统法院分别进行具体介绍。

(1)联邦系统法院

联邦系统法院包括:联邦地方法院(普通民事,刑事案件的初审法院)、联邦上诉法院、美国最高法院(全国最高审级,由总统征得参议院同意后任命的9名终身法官组成,其判例对全国有拘束力,享有特殊司法审查权)、专门法院。三级法院均设首席法官,在联邦最高法院称首席大法官。联邦法院系统共有法官1200名,其中,首席大法官9名,联邦地区法院法官860名,联邦上诉法院法官331名。与州法院法官通常由选举产生不同,联邦法院的法官——包括最高法院的大法官们——是由美国总统提名,由参议院批准。所有的联邦法官都是终身制(这是由美国联邦宪法第三条"他们品行端正因而受任终身"所规定的)。"在行为良好的情况下",法官除非违反法律或自己辞职,均可终身任职。

1) 美国联邦地区法院(U.S. District Court)

在联邦法院的体系中,与享有普遍管辖权的州初审法院相当的是地区法院。每个州至少有一个联邦的地区法院。地区法院的数目在不同的时期不尽相同,首要因素是人口数量的变化,还有待处理案件的数量。迄今为止和,联邦地区法院共有 94 个。

美国联邦地区法院审理涉及联邦事务的案件,例如联邦刑事犯罪和执行联邦法律的事项。大部分的联邦刑事犯罪是反政府刑事犯罪和侵犯联邦财产的刑事犯罪。例如,绑架儿童的刑事犯罪,就是联邦刑事犯罪,即便这宗犯罪不一定是涉及若干个州的。联邦对于绑架罪的管辖是根据受害者跨州或跨国界以及制定法规定的在受害人成为人质 24 小时之后仍没有被释放的这个反驳性假设来推定的,这个人已经被转运到他州或者外国领地。

另外,如果原告和被告是来自于不同的州或国家,那么即使这个案件可以根据州的法律来主张权利,它仍可以诉诸联邦法院来予以解决。当原告来自于一个州,而被告是另一州的公民;或者当事人一方是外国国家;再或者一方是外国公民而另一方是美国公民,就存在多元管辖的问题。多元管辖的案件中,当事人所主张的损害赔偿不得低于 75,000 美元。

另外,还有一些法院拥有特别或有限的司法管辖权,例如破产法院等。

2) 联邦上诉法院(U.S. Courts of Appeals)

在美国联邦法院体系中,一共有 13 个联邦上诉法院——也叫做联邦巡回上诉法院。它包括 11 个巡回区和 1 个哥伦比亚特区巡回法院。这些法院负责审理其所在的巡回司法管辖区内的联邦地区法院的上诉案件。第十三个巡回审判区的上诉法院叫做联邦巡回法院(United States Court of Appeals for the Federal Circuit),对于某些类型的案件,例如涉及专利权法的案件或者是以美国联邦政府为被告的案件,拥有国家上诉管辖权。这类法院也审理特别法院的上诉案(如美国联邦索赔法院和美国联邦国家贸易法院)和联邦行政机构的判决引发的索赔案。

美国联邦上诉法院经常被看做为美国司法系统中最具有影响力的法院之一。因其具有创建判例及听取地区法院上诉的权责,所以上诉法院对于美国司法有着极大的影响。由于美国最高法院每年仅接受少于 100 个司法案件的上诉,因此大多数案件的终审判决均来自于美国上诉法院。上诉法院通常由三位法官组成的合议庭,有权审理审判法院及基层法院的上诉;它可以根据特别法院规则安排当事人在庭上做口头辩论;并且,当一个案件涉及多个法律问题时,上诉法院在案件审判前还拥有选择权。上诉法官审判案件要做到公正,不受外界干扰。法官的职责就是维护法律尊严。上诉法官都能清醒地认识到他们所做的任何审判对全州乃至全国都有一定影响,因此法官必须要保证对案件分析透彻并且要客观公正。上诉法官守护着社会公平正义的最后一道防线,其地位尤为显要,对整个司法系统的完整性做出了很大的贡献。

3) 美国联邦最高法院(The United States Supreme Court)

在此值得专门介绍的是合众国最高法院即联邦最高法院。美国联邦法院的三级体系模式中最高的一级就是美国联邦最高法院。根据美国宪法第3条的规定,联邦只有一个最高法院。它是美国唯一由联邦宪法直接设立的法院。联邦系统中其他所有的法院都被认为是低于最高法院的法院组织。国会认为必要时有权创设较低级的法院。国会创设的较低级的法院包括体系模式中的第二级别——美国联邦上诉法院——还有地区法院和具有有限管辖权和特别管辖权的其他法院。联邦最高法院位于首都华盛顿。其职能包括审理联邦上诉法院的上诉案件,审理各州最高法院的上诉案件(如果涉及联邦法律问题的话),以及审理宪法规定其可以直接审理的一审案件。最高法院只对几类有限的案件具有初审管辖权,因此其一审案件的数量很少,不足其审理案件总数的十分之一。一审案件往往涉及两个或多个州之间的纠纷,而且多与地界有关,如因河流改道而引起的土地归属权纠纷;也有些案件属于两个或多个州对某亿万富翁的财产征税权纠纷;或者涉及大使的案件等。它的大部分案件是受理上诉。联邦最高法院可以审查任何已经由联邦上诉法院做出判决的案件,它也同样有权受理经由州法院判决生效的上诉案件。

最高法院受理上诉案件的途径有二:其一是上诉权;其二是调卷令。当事人有权上诉到联邦最高法院的案件非常少。按照法律规定,只有当联邦地区法院的判决是由3名法官组成的特别合议庭做出的时候,当事人才有权上诉到联邦最高法院。如前所述,审判法院一般都采用独审制,但是在两种情况下可以组成合议庭。一种情况是重新划分立法区;一种情况是国会希望快速解决某个宪法争议问题。在1990年的"合众国诉伊奇曼"一案中,为了迅速解答国会禁止非法焚烧美国国旗的法律是否违宪的问题,联邦地区法院就采用了合议庭审判。这种合议庭由两名联邦地区法院法官和一名联邦上诉法院法官组成。

调卷令,或称调案复审令,是最高法院受理上诉案件的主要途径。在案件被送至最高法院以前,当事一方要求法院出具一份由上级法院发出的诉讼文件移送命令书(调案复审令)。调案复审令是最高法院要求下级法院移送案件的记录用以审查的命令状。除非是九位大法官中的至少四位同意，否则一般不会发布调案复审令。这个被称作四人规则。最高法院是否发布调案复审令，全凭它的自由裁量。最高法院不必一定发布调案令，大部分的调案复审诉请都被拒绝了。这个拒绝并不是表示这个案件有价值与否，也不表示最高法院对下级法院意见的认同。当最高法院拒绝对一个案件进行复审的时候，产生的实际结果是同意了下级法院的判决，这个判决对双方当事人是具有约束力的。最高法院每年收到的调卷令申请在6000件左右，但是其受理的案件一般不超过200件。最高法院认为其主要职责不是纠正下级法院的错误判决，而是在更广泛的意义上维护联邦法制。因此，其发布调卷令的案件中往往涉及不同法院对联邦法律的不同解释，例如，两个联邦上诉法院对某一法律的解释有冲突；联邦上诉法院和州最高法院对某一法律的解释有冲突；或者联邦上诉法院对某一法律的解释与联邦最高法院以前的判决有不一致之处等。

自成立以来，美国最高法院大法官的人数并不是固定不变的，最少时为5人，最多时为10人，目前由9名大法官组成，其中一人为首席大法官。最高法院审理案件时由9名大法官共同组成合议庭。包括首席大法官在内的9名大法官的主要职责就是审判，他们并不承担中国法院院长们所熟悉的行政管理职能。

审判是司法活动的核心。为了保证司法活动有效的执行，联邦法院实行审判与执行相分离的原则。围绕审判职能有两个部门为其服务。一是联邦法院行政事务管理局，该局根据国会的专门立法于1993年成立，主要负责联邦法院所有的行政事务，此前联邦法院的行政事务由司法部负责，为了使司法进一步独立才设立这一部门。二是司法部执行官局，该局于1789年根据第一届国会的专门立法与司法部一起成立，是司法部所属，但相对独立的一个执法机构。目前，执行官局由1名局长，1名副局长，11名助理局长领导，共有140名工作人员。此外，在联邦94个司法区设有94个执行官局办公室，有94名执行官，600名副执行官，1200名行政管理人员。另外，该局还与私营保安公司签约雇佣了3000名保安人员。局长为政治任命，由参议院议员提名并由参议院确认，总统任命。

执行官局的主要职能是：① 保障司法安全。保障联邦法院审判活动的安全进行，保障法官、检察官、陪审员等的人身安全，保障法庭安全。② 缉拿逃犯。缉拿已进入司法程序的逃犯一直是执行官局的一项重要职能。同时，还负责对外国政府提出的缉拿要求开展调查，并对美国通缉的逃犯负责押解回国。③ 负责刑事被告的押运。④ 保障证人安全。⑤ 扣押、没收犯罪所得及管理和扣押、没收财产。

根据法官的命令,扣押、管理有关财产,并对民事判决实行强制执行。管理由 FBI、移民归化局扣押、没收的财物及相关收益。执行官局必须保证扣押、没收财物不受损坏,并对扣押、没收财物进行处理,如变卖或退还。⑥ 其他特别事项。为使公民打得起官司,受理民事案件不以诉讼标的收费,美国统一收费标准,每起民事案件150 美金,由败诉方承担。收取的诉讼费用均上缴财政,与法院经费无任何关系。

(2)州系统法院

州系统法院名称各州不一,一般分 3 级,其下设有各种不列为审级的小型法院。 州系统法院一般包括: 基层法院(州管辖的一般民事、刑事案件的初审法院)、州上诉法院、州最高法院(州的最高审级)。

一般来说,案件的任何一方当事人都有申请初审法院予以审理案件的权利,如果败诉,还可以将案件上诉至上诉法院。最后,如果州最高法院的判决涉及联邦制定法和联邦宪法性的事项,这个判决还可以被上诉至联邦最高法院。

1)初审法院(Trial Courts)

初审法院是进行审判和采集证据的法院。州初审法院有普遍和有限司法管辖权之分。拥有普遍管辖权的初审法院就受理的诉讼标的的不同分别叫做郡县法院、地区法院、高级法院和巡回法院。这些法院所拥有的司法管辖权范围是该法院所在郡县的大小来决定的。具有普遍管辖权的州初审法院对各种事物都有管辖权,包括民事争议和刑事指控。在某些案件中,具有普遍管辖权的州法院可以受理具有有限司法管辖权的法院的上诉案件。

一些有限管辖权的法院被称为特殊低级法院或者是次级法院。小额索赔法院都是只听取包括数额在某一特定范围内如 5000 美元以下索赔的民事案件的低级法院(这个数额各州不尽相同)。小额索赔法院受理的诉讼案通常都采用的是非正式审理,一般不允许律师代表出庭。低级初审法院的另一种形式是主要负责处理交通案件的地方市镇法庭。小额索赔法院和市镇法院的判决可以上诉至具有普遍管辖权的州初审法院。

另外,有限管辖权法院还包括根据受理的诉讼标的不同,包括只处理离婚诉讼的法院、子女监护权案件的家庭关系法院和遗产检验法庭。

2)上诉法院(Courts of Appeals)

每一个州都至少有一个上诉的法院(appellate court, or reviewing court),它可能是居中仲裁的上诉法院或者是州的最高法院。大概有 3/4 的州都有仲裁法院。通常来说,上诉法院不受理新的案件,因为新的案件需要收集证据和询问证人。相反,上诉法庭将有三名或更多的法官重审案件在上诉阶段的纪录,包括检查初审诉讼程序中的副本,并对初审是否有误做出裁决。

通常,上诉法院不审查事实问题,(例如事实上,一方当事人是否做了某种行为),但是可以审查法律问题(例如某一行为是否是美国联邦宪法第一修正案中有关言论自由的一种表现形式)。只有法官,而非陪审团成员,才可以对法律问题做出裁决。正常情况下,在事实问题的查明上,上诉法院要尊重初审法院的意见,因为初审法院的法官和陪审团在调查证据的时候处在一个更有利的位置——他们可以在审理中直接观察证人的姿势,行为举止,还有非语言的动作。在上诉阶段,法官重审的是初审法院提供的书面纪录,这当中当然不包括那些非语言的要素。

上诉法院只有当发现初审法院所查明的事实明显错误(查出的"事实"与证据所证明的相反)或者根本就没有证据支持这些"事实"时,才能对其事实问题提出质疑。如果陪审团得出结论认为一个商家的产品对原告造成了损害,但是法庭却不能提供相应的支持这个结论的证据,上诉法院就将裁定初审法院的这个判决错误。

3) 州最高法院(State Supreme Courts)

州的最高上诉院被叫做最高法院,但其实也有其他的名字。比如,在纽约州和马里兰州,州最高法院叫做上诉法院。各州的最高法院的判决对于所有问题的审理都是终局的。只有当州最高法院的判决涉及了联邦法律问题的时候,联邦最高法院才能够将其推翻。

2. 美国的检察体系

美国的检察体制具有"三级双轨、相互独立"的特点。所谓"三级",是指美国的检察机关建立在联邦、州和市镇这三个政府"级别"上。所谓"双轨",是指美国的检察职能分别由联邦检察系统和地方检察系统行使,二者平行,互不干扰。美国的检察机关无论"级别"高低和规模大小,都是相互独立的。

美国的联邦检察系统合并在联邦司法部中,其职能主要是调查、起诉违反联邦法律的行为,并在联邦政府作为当事人的民事案件中代表联邦政府参与诉讼。联邦检察系统的首脑其实就是联邦的司法部长。虽然他是联邦政府的首席检察官,但他只在极少数案件中代表联邦政府参与诉讼,而且仅限于联邦最高法院和联邦上诉法院审理的案件。其主要职责是制定联邦政府的检察政策并领导司法部的工作。实际上,司法部中的大多数部门都与检察工作无关。美国共有 95 个联邦司法

第十五章 中西司法机构对比

管辖区,每区设一个联邦检察官办事处,由一名联邦检察官和若干名助理检察官组成。他们是联邦检察工作的主要力量。在一般案件中,他们自行决定侦查和起诉,但要遵守联邦司法部长制定的方针政策。美国的地方检察系统以州司法部为主,由州司法部长和州检察官领导的机构组成。州司法部长是一州的首席检察官,州检察官的司法管辖区一般以县为单位。他们是各州刑事案件的主要公诉人,通常也被视为所在县区的执法行政长官。一般来说,各地警察机关在刑事案件的调查中都会接受检察官的指导乃至指挥。

市镇检察机关是独立于州检察系统的地方检察机关,但并非美国的所有市镇都有自己的检察机关。在有些州,市镇没有检察官员,全部检察工作都属于州检察官的职权。在那些有自己检察机关的市镇,检察官员无权起诉违反联邦或州法律的行为,只能调查和起诉那些违反市镇法令的行为。这些违法行为被称为"微罪",多与赌博、酗酒、交通、公共卫生等有关。不过,市镇法令中有关"微罪"的规定与州法律中有关"轻罪"的规定相重复的情况屡见不鲜。

多样性是美国检察机关的基本特征。这有三个方面的原因:其一,检察机关的职权范围不同,或者说其负责的案件种类不同,所以其职能部门的设置有所不同。例如,联邦检察机关和州检察机关负责调查和起诉的分别是违反联邦法律的犯罪和违反州法律的犯罪,因此其设置职能部门时必然要以其负责的案件种类为依据。其二,检察机关的规模大小不同,或者说其工作人员的数量不同。例如,伊利诺伊州库克县(含芝加哥市)检察官办事处的工作人员多达900人;而内布拉斯加州斑纳县检察官办事处的工作人员仅1人。芝加哥市检察官手下有230名"助检";而与之相邻的埃文斯顿市检察官手下只有3名"助检",而且该检察官本人还同时兼任另外两个城市的检察官。其三,检察机关的专业分工不同,或者说其人员的专门化程度不同。毫无疑问,小型检察机关内很难有正式的专门化分工,因此这种分工主要在大中型检察机关中。专门化分工有两种基本模式:一种是以纵向分工或程序分工为主;一种是以横向分工或案件分工为主。检察人员根据工作程序上的阶段划分,分别负责收案、预审听证、大陪审团调查、法庭审判、上诉等阶段的检察工作。横向分工是根据案件种类进行的分工。而这种分工可有不同层次:首先,一般检察官办事处负责的刑事案件可分为重罪和轻罪两大类;其次,重罪和轻罪都可以分为侵犯人身罪和侵犯财产罪;再次,侵犯人身罪和侵犯财产罪又可以具体划分为杀人罪、强奸罪、抢劫罪、盗窃罪、诈骗罪等,而且每一种犯罪仍可以进一步划分。目前,美国的大中型检察机关多采用纵向分工与横向分工相结合的模式,但具体情况又有所不同。检察机关的多样性有利于充分发挥各种检察人员的专业能力和积极性,可以使不同检察机关的内部结构更好地适应机关的任务性质和工作量,防止出现人浮于事和工作分配不均的现象。但是,检察机关的多样性也在很大程度上阻碍了整个检察系统的协调发展。在这种体制下,人们很难制定出行之有效的整个系统的运作标准,也很难提高整个系统的效率水平。由于检察机关在社会的执法活动中起重要作用,所以美国检察系统的这种不平衡发展也对社会产生了消极的影响。近年来,美国一些学者在不断呼吁改变检察系统的不统一现状,一些地区也做出了改革的努力。然而,分散制仍然是美国地方检察系统的基本特征。

四、中西司法机构对比的启示

1. 司法行政制度比较的启示

随着中国改革开放向纵深发展,旧的司法行政体制就开始暴露出越来越多的问题。例如,以律师制度为例,许多亟待改进之处主要表现为对律师考核时对律师从业者的品行、道德没有要求,对律师在法庭上的权力不够尊重。比如在审判重庆黑恶势力主要嫌疑人龚刚模时,为其辩护的律师李庄被当地检察院怀疑涉嫌制造伪证,教唆犯罪嫌疑人制造伪证,以及令嫌疑人谎称被警方刑讯逼供。检察院随后以诉讼代理人毁灭证据、伪造证据、妨害作证等罪名对其提起公诉,最后李庄被判刑2年6个月,而当时由于证人没有到场,李庄根本就没有对证人进行必要的质问和辩论。事后法院却对外宣称,"重庆警方是在拘留证人的情况下取得的证词,拘留证人取证这种方式本身就不合法。"杭州市律师协会副会长陈有西对这些最后被法院采信的证据的真实性、合法性和关联性深表怀疑。这足以说明我国的法院对律师的权利和义务的尊重程度不够。虽然之后进行了李庄遗漏罪行的审理,并最后以因证据存疑,检方撤诉,李庄刑满出狱而宣告结束,但这一刑事案件所引发的争议和思考却远未结束。李庄伪证案被中国诸多媒体所报道,其关于法治、司法独立和程序正义、律师职业道德和人身权利、金钱利益和腐败、媒体"通稿"及更多内幕的争议,在社会上,特别是中国法律界引起了广泛的关注和讨论。尽管社会的根本制度不同,但是美国的司法体制可供中国借鉴之处很多。

首先,美国法院系统的行政管理主要由法院系统自行组织和管理。这在客观上有利于保持法院在诉讼中的中立地位,同时又有助于保证法院工作的正常运转,提高工作效率和工作质量。这一点恰恰是中国法院系统的薄弱环节,中国目前的法院都是由所在地政府拨付办公经费,并对其进行管理,这样就使得法院受制于政府,没有独立性,同时也不利于司法的公正性,使得更容易滋生出腐败现象。今后的改革,可以考虑法院经费由全国人大或者是省级人大统一拨付,在法院系统内部成立统一的司法行政机构,并对目前的法院内部机构进行精简。这样就可以使我国的法院具有和美国法院一样的独立性,从而加强了司法的公正性和独立性。

其次,法院系统的双轨制和上诉法院按巡回区设置有利于避免地方势力对法院尤其是联邦法院的影响。中国目前的法院设置基本上还是依附于行政区划,这既不利于跨区域案件的管辖,也使法院难以摆脱来自行政机构的不必要的压力和制约。十八届四中全会提出:最高人民法院设立巡回法庭,审理跨行政区域重大行政和民商事案件。探索设立跨行政区划的人民法院和人民检察院,办理跨地区案件。随着跨行政区设立巡回法院等实践的开展,有必要进一步实行司法管辖区和行政区划的分离。

再次,就法官的任免而言,中国有必要学习美国的做法,我国曾经有过把退伍军人直接安置到法院当法官的做法,这就使得法官的素质能力低下,不能适应其的工作,使得法院的工作效率和质量都不能让人满意。十八届四中全会提出:推进法治专门队伍正规化、专业化、职业化,提高职业素养和专业水平。完善法律职业准入制度,健全国家统一法律职业资格考试制度,建立法律职业人员统一职前培训制度。建立从符合条件的律师、法学专家中招录立法工作者、法官、检察官制度,畅通具备条件的军队转业干部进入法治专门队伍的通道,健全从政法专业毕业生中招录人才的规范便捷机制。加强边疆地区、民族地区法治专门队伍建设。加快建立符合职业特点的法治工作人员管理制度,完善职业保障体系,建立法官、检察官、人民警察专业职务序列及工资制度。建立法官、检察官逐级遴选制度。初任法官、检察官由高级人民法院、省级人民检察院统一招录,一律在基层法院、检察院任职。上级人民法院、人民检察院的法官、检察官一般从下一级人民法院、人民检察院的优秀法官、检察官中遴选。根据中国的国情,应当重新配置地方法院法官的任免权,何家弘先生就曾经提出:"可以把法官的任免权统一至省级人大常委会"(宝成,2010:112-114)。

尽管中国的司法行政制度目前正在进行一系列的改革,但是原来的某些问题以及在改革过程中出现的新问题都还没有得到很好的解决,中国的司法行政制度改革不能只是自顾自地低头探索,还要充分学习和借鉴别国司法行政制度的成功之处,再结合中国的国情才能真正找到一条具有中国特色的司法行政改革之路。

2. 检察制度与文化比较

所谓检察制度体系,指的是国家检察机关的性质、任务、组织体系、组织和活动原则以及工作制度的统称。从本质上来说,检察制度体系是诉讼制度发展到一定阶段的必然产物,体现了制衡和监督思想在国家法律制度中的应用。由于国与国之间在经济、政治、文化、意识形态等因素存在诸多差异,因此作为国家基本法律制度的重要组成部分,检察制度在不同国家之间也存在着较大的差异。比较中西检察制度,在世界法制发展进程中求同存异,兼容并蓄,是推动我国检察制度与文化快速有力成长与发展的必由之路。中西检察制度与文化的主要区别体现在如下几个方面:

(1) 检察机关的职能定位不同

总体来说,大陆法系国家将检察机关纳入司法机关行列;英美法系国家则强调检察官的行政性。我国的检察机关的定位,应当是司法机关而非行政机关。这主要是由于以下原因:① 检察机关是我国的法律监督机关。② 刑事诉讼是以控制犯罪、保障诉讼参与人的合法权益为目的的国家司法程序,其中侦查和起诉与法院的审判和处罚行为之间有着紧密的联系。检察官代表国家行使的侦查权和公诉权在广义上属于司法权,检察机关属于广义的司法机关。③ 检察官的公诉活动必须履行客观义务原则,公正适用法律。检察机关在收集证据和审查起诉时,应注意全面性。④ 根据刑事诉讼法第5条的规定,我国的检察院与法院一样,在法律范围内享有独立权,不受行政机关、社会团体和个人的干涉。

(2) 检察机关的性质不同

在英美法系国家,检察机关被定性为公诉机关,或是被冠以国家法律监督机关之名,却只有公诉机关之实。具体表现在职权范围上相对狭窄,即代表国家作为刑事诉讼原告参与实施诉讼行为。例如英国检察机关并无权领导刑事侦查活动,而美国检察机关虽有权领导刑事侦查活动,但在法庭上无权监督法院的审判活动,不能对法院判决提出异议,不能有效监督判决执行,实质是附属于司法或行政系统。与之相对的是,我国的检察制度则更大程度上代表了大陆法系国家检察制度的特点。我国宪法和人民检察院组织法明确规定,人民检察院是国家的法律监督机关,通过行使检察权,维护国家的统一,维护社会主义法制,维护社会秩序、生产秩序、工作秩序、教学科研秩序和人民群众生活秩序,保护公民的人身权利、民主权利和其他权利。从实际情况来看,我国的检察机关并非行使完整的法律监督权。检察院更多的是行使司法监督权,而较少行使对立法、执法机关的监督权,因此,广义上我国检察机关是司法机关的一部分,但检察机关更为合适的定性是公诉和司法监察机关。

(3)检察机关的设置不同

大体来说,大陆法系国家倾向于将检察机关设置于审判机关,英美法系国家更倾向于将检察机关设置于司法行政机关。例如法国最高检察院设在最高法院,德国联邦检察机关设在联邦法院。英国创立的皇家检控署,下设13个地区机构,这些地区机构直接对检察长负责;美国检察机关不存在独立的检察系统。联邦、州以及州以下的县、市、区都设有自己的检察机关,但相互之间并不存在上下隶属关系。在检察机关组织体系的严密性方面,大陆法系国家的检察机关具有高度的统一性和一致性,英美法系国家检察机关则表现出相当的松散性。例如:法国全国检察机关、全国检察官内部实行一体化原则;德国实行联邦制,其检察机关分联邦和州两个体系,两个体系内部则是一种严格的统一领导关系。美国的检察机构无论是级别高低和规模大小,都是互相独立的;英国没有一个从中央到地方的完整的检察机关体系。同大陆法系的法国和德国类似,我国人民检察院是一个独立的组织体系,由下列检察机关组成:全国设立最高人民检察院、地方人民检察院和专门人民检察院。根据宪法和人民检察院组织法的规定,人民检察院实行双重从属制,既要对同级国家权力机关负责,又要对上级人民检察院和最高人民检察院负责。检察系统实行最高人民检察院领导地方各级检察院和专门人民检察院的工作,上级人民检察院领导下级人民检察院的工作的领导体制。在人民检察院内部实行检察长统一领导与检察委员会集体领导相结合的领导体制。

(4)检察机关的职能不同

在各国政治体系中,检察机关始终处于检察制度的中心地位,而检察机关的职权则是检察制度的重中之重。由于各国统治阶级需求不同,加之政治制度和社会制度等方面存在差异,检察机关行使职权的种类以及同一职权的行使范围和程度也就有所区别。①侦查权,是指国家侦查机关以及侦查人员为实现侦查目的,依法定程序,运用特定侦查手段开展侦查活动的权力。英美等国的检察机关只对少数重大刑事案件行使侦查权。《中华人民共和国人民检察院组织法》规定,检察院对于一般刑事案件移交公安机关侦查,对于重大刑事案件或是国家工作人员的职权犯罪自行侦查。该种制度一定程度上减轻了检察机关的工作压力,但在实际操作过程中,可能引发检察机关和公安机关的职权纠纷。如何做好工作程序上的衔接是一个关键性问题。② 公诉权,是指检察机关对侦查机关侦查终结后移送起诉的案件,有权进行审查,并依法做出提起公诉、不起诉决定的权力。在法国等一些大陆法系国家,检察机关在公诉过程中始终起到主要作用,而被害人自诉则起到辅助作用。在英美法系国家,检察机关只对于重大刑事案件提起公诉。在我国,检察机关经过审查侦查终结的案件,根据法律规定决定提起公诉或是自诉。近代以来国外刑政诉讼的发展已经形成了控、辩、审的平衡模式。在这一平衡模式中,审判机关能行使的只是判断权,而检察机关作为控诉机关也并不比律师具有更大的或更多的法律上的特权。这应该对我们完善审判制度是有借鉴意义的。③ 参与民事、行政诉讼权。英国凡是涉及公共权利和利益的诉讼,并要颁布训令或宣言加以保护的,须有检察长参加。英国检察长在行政诉讼中可能是原告,也可能是被告。检察机关在行政诉讼中享有提起诉讼、参与诉讼、在法庭上发表评论、提出意见、向上级法院或主管法院提出控诉、上诉或复审请求等的权力。我国的检察机关是法律监督机关,同时是刑事公诉案件的公诉机关,还拥有一些刑事案件的自侦权。检察机关对于刑事案件不仅有侦查权,还有公诉权,同时对整个刑事诉讼过程拥有监督权。我国采取"起诉便宜主义",说明我国的检察机关拥有一定的自由裁量权(龚志坚、李海燕,2014)。

(5) 检察官的任免制度不同

在检察官的任免制度上,我国检察机关与西方检察机关有明显的不同。西方的检察官任免有的不论其级别高低,一律采取任命的方法,比如:美国根据检察官级别的不同分别采用选举制和任命制,联邦总检察长(美国司法部长)和联邦司法区检察长是由总统提名,经参议院同意后任命,各州的检察长和检察官则除四个州外均由选举产生。我国关于检察官的任免制度与西方有所区别,是既采用任命制、选举制,又采用选举与任命结合制。根据我国人民检察院组织法的规定,我国最高人民检察院检察长实行选举制,即由全国人民代表大会选举产生。我国的地方各级人民检察院检察长(除省一级检察院分院)实行选举和任命结合制,既分别由地方各级人民代表大会选举产生,又报上一级检察院检察长提请该级人民代表大会常委会批准任免。而其他各级人民检察院的副检察长、检委会委员、检察员、军事检察院检察长和省一级检察分院的检察长,均分别由法定的相应一级检察院检察长提请该级人民代表大会常委会任免。

(6)检察机关的司法解释权

论及中外检察制度区别时,有一点不可不提及,即中国检察机关独有的司法解释权。我国最高人民检察院有权解释在检察工作中具体应用法律方面的问题。国外的检察机关普遍不拥有这一权力,尽管如俄罗斯等个别国家的检察机关有权向立法机关提出立法建议(但伟、黄芳:2000:60-61)。

通过比较各国检察制度的利弊,研究各国检查制度的发展趋势,可以发现我国的检察制度目前仍存在一些有待完善之处,主要体现在下列三个方面:

1)扩大检察机关的职权范围。不断扩大检察机关的职权范围,强化其干预社会生活的职能,不仅有助于将社会生活完全纳入法制轨道,最终也有利于促进我国依法治国方略的早日实现。从世界目前的发展趋势来看,我国的检察制度在以下两个方面的职权还需要扩充:一是在民事和行政诉讼领域,检察机关介入的深度有限;二是在社会事务的其他方面,检察机关干预的力度不够。我国的民事诉讼法与行政诉讼法都在总则中将人民检察院有权对诉讼活动实行法律监督作为一项基本原则规定下来,但在分则中规定:只有在审判结束后,人民检察院才能对生效的违反法律、法规规定的判决裁定提出抗诉。这意味着在判决生效前的整个诉讼过程中人民检察院都不能参加,显然这项规定与确立的监督原则之间存在着不一致,这不利于法律监督作用的充分发挥。如前所述,世界各国一般都确认检察官在民事和行政诉讼中有提起诉讼、参加诉讼的权利,而我国检察机关对诉讼活动的有限介入既不利于法律确立的监督原则的真正贯彻落实,也不符合世界检察制度的发展趋势。因此,有必要在立法上规定对于那些违反公共利益或侵犯公共利益的民事、行政诉讼,检察机关可以根据案件性质、情节、社会影响等情况在诉讼的任何阶段参加诉讼,切实履行其法律监督职能。

2)提升检察系统的独立性。检察权地方化削弱了检察系统的独立性,严重干扰了检察机关职权的行使。按照我国宪法和人民检察院组织法的规定:检察机关的领导体制是实行"垂直领导、横向监督"的体制,即地方各级人民检察院受上级人民检察院和最高人民检察院的统一领导,并受同级人民代表大会权力机关的监督。但在实践中,宪法、人民检察院组织法规定的这一领导关系仅仅体现在业务方面,而对于检察机关具有直接影响和切身利害关系的权力内容,如人事权、财权等,最高人民检察院和上级人民检察院对下级检察院却无能为力,这些权力都掌握在地方各级党委、政府和人大的手中,使得地方党委和政府都自觉或不自觉地将检察机关纳入自己的管理之下。如果检察权和检察机关对行政权力过分依赖,将会受制于行政机关和地方势力,就不可能公正无偏地履行法律监督职责,国家法律统一正确实施就会成为空谈。

3) 加强检察机关监督权的力度。我国检察机关虽然有广泛的法律监督权,但是监督的手段不多,监督的效率不高。尤其是在行使民事审判活动和行政诉讼监督权中,连从法院调卷的权利都不能保障,如何提高这类案件的诉讼质量就很成问题。加强检察机关监督权的力度,首先需要从根本上改革我国检察机关的双重领导体制。该制度虽然在我国法制建设中发挥过很大作用,但目前越来越显现不足。故检察机关现在虽然不必走过去那种垂直领导的老路,但是,学习工商、技术监督部门管理体制改革经验,研究省级以下检察机关直接领导的可行性是很有必要的。其次也要不断加强检察队伍的素质建设。保证检察人员培训和学习的机会,提高检察人员的专业水平,只有这样,检察人员手中的监督权才能够得到恰当有效的行使。最后,检察机关监督权的强化是与检察机关的地位相对应的。因此,对检察机关的组织体系和管理方式上的改革,都可以提升检察机关监督权的权威性(刘毓,2007:118-119)。

总之,在法治中国建设方兴未艾之际,以比较的视角来审视和完善我国的司法制度,立足国情,博采众长,发展特色,是推进司法体制改革和社会主义法治建设的重要内容。

第十六章　中西执法机构对比

- 法律应该是铁的,像铁锁那样。　　　　　　　　　——［苏］高尔基
- 法律必须依靠某种外部手段来使其机器运转,因为法律规则是不会自动执行的。　　　　　　　　　　　　　　　　　　　——［美］庞德

一、概述

执法具有广义和狭义之分。首先,从广义的角度来说,执法,也即法的执行,指的是国家行政机关、司法机关及其公职人员依照法定程序实施法律的活动。其次,从狭义的角度来说,执法,则专门指国家行政机关的公职人员依法行使管理职权、履行职责、实施法律的活动,也即行政执法。从一般意义上来理解,人们通常所指的是狭义的执法含义,因此,行政机关也被称为执法机关。

在通常情况下,执法机构的概念主要在三种场合当中使用。第一种场合,为了说明现代行政的性质和功能而使用"行政执法",这是相对于立法和司法来说的,指国家行政机关对法律的执行和实施,包括整个行政行为。从这个意义层面上来说,"行政执法"就等于"行政"。第二种场合,为了区别行政的不同内容而使用"行政执法"这一表述方式,这是相对于"行政立法"和"行政司法"来说的。在这个意义层面上,行政执法指行政机关实施的行政处理行为;行政立法指行政机关制定行政法规和规章的行为;而行政司法指的是行政机关裁决争议和纠纷的行为。第三种场合,作为行政行为的一种特定方式而使用"行政执法",指行政监督检查、行政处罚和行政强制措施行为,不包括行政审批、行政许可、行政征收、行政给付等其他行政处理行为。这个层面上行政执法与人们的生活关联最为密切,也是国家强制力最为突出的体现,同时也是最易于侵害人们正当权益的一种行政行为和方式。有鉴于此,现代社会世界各国在对行政执法越来越倚重的同时,也纷纷对行政执法权予以法律限制。概括而言,执法机构是指依法享有国家行政执法权的机构,通常情况下主要包括警察机构、安全机构、监狱、海关,以及各种行政执法部门等。下面将

对中美两国的行政执法机构总体进行概要介绍,并对其警察机构和监狱系统分别进行具体说明。

二、我国现行的执法机构

1. 我国的司法行政体制

司法行政机关是我国国家政权的重要组成部分,在我国司法体系和法制建设中占有重要地位。新中国成立后,根据《中华人民共和国中央人民政府组织法》,于 1949 年 10 月 30 日设立中央人民政府司法部。1954 年《中华人民共和国宪法》颁布后,改称中华人民共和国司法部,同时在各大行政区成立了行政区司法部,大行政区撤销后,又陆续建立了省、自治区、直辖市司法厅、局,地区、市一级设有专管司法行政工作的机构。建国初期的一年里,各级司法行政机关在改革旧的司法制度,建立健全地方各级人民法院,建立律师公证制度,创办政法院校,培养法律专门人才,培训司法干部,开展法制宣传等方面做了大量工作,为巩固人民民主政权,促进社会主义革命和建设做出了积极的贡献。但是,1959 年全国司法行政机关被撤销,直至"文化大革命"结束,这种状况整整延续了 20 年。1979 年 9 月召开的第五届全国人民代表大会常务委员会第 10 次会议决定,加强司法行政工作,重建司法部。同年 10 月,中共中央和国务院发出《关于迅速建立地方司法行政机构的通知》。我国的司法行政工作揭开了健康发展的新篇章。

司法部是主管全国司法行政工作的国务院组成部门。根据《国务院办公厅关于印发〈司法部主要职责内设机构和人员编制规定〉的通知》(国办发〔2008〕64 号),主要承担以下职能:① 拟订司法行政工作方针、政策,起草有关法律法规草案,制定部门规章,制定司法行政工作的发展规划并组织实施。② 负责全国监狱管理工作并承担相应责任,监督管理刑罚执行、改造罪犯的工作。③ 负责指导、监督司法行政系统戒毒场所的管理工作。④ 拟订全民普及法律常识规划并组织实施,指导各地方、各行业法制宣传、依法治理工作和对外法制宣传。⑤ 负责指导监督律师工作、公证工作并承担相应责任,负责港澳的律师担任委托公证人的委托和管理工作。⑥ 监督管理全国的法律援助工作。⑦ 指导、监督基层司法所建设和人民调解、社区矫正、基层法律服务和帮教安置工作。⑧ 组织实施国家司法考试工作。⑨ 主管全国司法鉴定人和司法鉴定机构的登记管理工作。⑩ 参与有关国际司法协助条约的草拟、谈判,履行司法协助条约中指定的中央机关有关职责。⑪ 指导司法行政系统的对外交流与合作,组织参与联合国预防犯罪组织和刑事司法领域的交流活动,承办涉港澳台的司法行政事务。⑫ 负责司法行政系统枪支、弹药、服装和警车管理工作,指导、监督司法行政系统计划财务工作。⑬ 指导、监督司法行政队伍建设和思想作风、工作作风建设,负责司法行政系统的警务管理和警务督察工作,协助省、自治区、直辖市管理司法厅(局)领导干部。⑭ 承办国务院交办的其他事项。

2. 我国的警察机构

我国现行的警察制度的组织机构及权限如同新中国其他的政治、经济体制一样,其管理体制也是高度集中。1949年10月15日召开的全国公安高级干部会议(后定位第一次全国公安会议)确定了权力集中的公安管理体制,明确国家设公安部,省、自治区设公安厅,市设公安局,地区设公安处,县设公安局,城镇、农村设公安派出所,实行"统一领导,分级管理,条块结合,以块为主"的领导体制。

中国现行的警察包括武警和人民警察两大类。"公安"广义上是指人民警察,分为公安部门管理的公安警察(即狭义"公安",包括治安、户籍、刑侦、交通等)、国家安全部门管理的国家安全警察、司法行政部门的司法警察以及法院、检察院系统的司法警察四大类。人民警察是国家公务员,实行警监、警督、警司、警员的警衔制度,服装以藏黑为主色调。武警全称中国人民武装警察部队,是中华人民共和国武装力量的一部分,是担负国家赋予的安全保卫任务的部队,受国务院、中央军事委员会双重领导。

根据我国宪法及相关法律、法规的规定,公安机关的机构设置是由中央公安机关、地方各级公安机关和专业公安机关组成。

(1)中央公安机关

根据国务院组织法规定,我国设公安部,是最高公安机关,隶属国务院。在国务院的领导下,领导和管理全国公安工作。按国务院组织法的规定,公安部设政治部、办公厅以及法制、刑事侦查、治安、保卫、预审、消防、出入境管理、边防、教育科技、警卫等司、局。随着国务院机构改革,公安部也实施了机构改革。其主要职责是负责实施社会治安管理,保卫国内安全;统一领导全国公安机关和人民武装警察部队;在本部门的权限内制定方针政策和规则制度;指挥协调跨省的重要刑事案件的侦查;管理、教育、培训、考核和奖惩人民警察等。

(2)地方各级公安机关

根据《中华人民共和国地方各级人民代表大会和地方各级人民政府组织法》规定,地方各级公安机关,受本级人民政府和上一级公安机关的双重领导,以本级人民政府领导为主。

各省、自治区设公安厅,直辖市设公安局;各市(地、自治州、盟)设公安局(处);市辖区设公安分局,接受上级公安机关直接领导;各县(市、旗)设公安局,分别接受同级人民政府和上级公安机关领导。县(市、区、旗)公安局下设公安派出所,由县(市、区、旗)公安机关直接领导和管理。

省、自治区人民政府的派出机构地区行政公署之下,则设公安处。它们的主要职能是在同级党委、人民政府和公安部的领导下,领导和管理本省、自治区、直辖市的公安机关、人民武装警察部队的工作;负责侦破在本省内发生的重要刑事案件;为地方公安机关提供司法鉴定服务及警察培训等。

各市设立公安局,市辖各区设立公安分局,各街道设立派出所。它们的主要职责是负责管理所在地区的治安工作;侦破刑事案件;维持社会秩序,进行户籍登记,控制特种行业,打击、预防犯罪行为;为社会提供广泛服务及对公民进行法制教育等。

(3)专业公安机关

是指经国务院批准,在国家有关部门内设的专门从事具有一定专业内容和范围内公安警务活动的公安机关。专业公安机关是中央公安机关的派出机构,依法行使相应的公安职权。我国的专业警察机关名称虽同为公安局,但并非隶属于公安部,而是设在各个行政部门。目前我国已经在铁道部、交通部、林业部、民航总局、海关总署等部门设置了公安的派出机构。这些公安局,业务上主要受公安部领导,党政则受本行政部门领导。例如:

1)铁路警察机关:铁路公安局;铁路局、工程局设公安局(处);铁路分局、工程处设公安处(段);车站、货物等单位设公安派出所。分别管辖铁路系统内发生的案件与侦查,确保铁路运输生产的安全。

2)交通警察机关:交通部设交通公安局。另在交通部直属的长江转运局、各海运局、港务局设立公安局(处),各港口、码头设公安派出所。分别管辖危害、破坏水上交通运输,设备安全的刑事案件与船舶上发生的犯罪案件侦查,港口、码头和客轮的治安秩序维护,确保客货运输的安全。

3)林业警察机关:林业部设林业公安局,配合林木水运局及森林连片地区设立公安处、分局及派出所。主要负责保卫森林资源和林业生产安全,预防灾害事故。

4) 民航警察机关:民航总局设立民航公安局,在各地民航管理局和国际航空站设立公安处,主要负责民航及机场安全,制止破坏机场设施,劫持飞机等暴力犯罪,确保机场、飞机航行过程中旅客的人身安全。

5) 海关警察机关:海关总署设立走私犯罪侦查局,在各地海关设侦查分局,缉私警察由海关总署和公安部双重领导,以海关领导为主。在中华人民共和国海关境内,缉私警察依法查缉涉税走私犯罪案件,对走私犯罪案件和走私犯罪嫌疑人依法进行侦查、拘留、逮捕和预审工作。

我国公安机关的职责主要包括如下这些方面:预防、制止和侦查违法犯罪活动;防范、打击恐怖活动;维护社会治安秩序,制止危害社会治安秩序的行为;管理交通、消防、危险物品;管理户口、居民身份证、国籍、入境事务和外国人在中国境内居留、旅行的有关事务;维护国(边)境地区的治安秩序;警卫国家规定的特定人员、守卫重要场所和设施;管理集会、游行和示威活动;监督管理公共信息网络的安全监察工作;指导和监督国家机关、社会团体、企业事业组织和重点建设工程的治安保卫工作,指导治安保卫委员会等群众性治安保卫组织的治安防范工作。上述职责主要由刑事警察、治安警察、户籍警察、交通警察、巡逻警察、外事警察、消防民警、武装警察八大警种的警察及其他警种的警察实施执行。

在依法治国、深化改革、扩大开放的中国,为维护社会的稳定,为经济建设保驾护航,我国的公安教育培训工作需要进一步加大改革力度,更快地进行完善发展。新中国60多年的公安教育发展,经历了单一的在职民警培训教育(1949—1976)、中等普通全日制学历教育与在职民警培训教育并存(1976—1984)和高等普通学历教育与培训教育并存(1984年至今)三个发展阶段。经过几十年的建设发展,逐渐形成了部属公安高等院校和地方公安高等院校相互补充、共同发展的格局(李光文,2007:82-85)。迄今,公安教育已经基本形成了包括研究生教育、本专科教育、职业教育等在内的多层次、多形式的较完整的办学体系,从其发展现状来看,虽然总体上符合国情,但仍然存在很多不足之处。具体来说:

(1) 公安学历教育

目前,全国有公安本科院校十所,除了两所公安部属院校外,还有山东警察学院等八所省属公安本科院校,同时还有公安部属的铁道警官高等专科学校等专科学校和一些省属公安高等专科学校。这些警校一般都有几十年从事警察学历教育的办学经验,也已经形成了一套基本符合公安实践要求的理论体系。两所部属院校现在已经开展研究生教育,公安大学还有了博士点。通过公安院校的学历教育,我国公安民警的政治素质、业务能力和人文素养从总体上说都有了很大的提高,公安机关的破案水平和执法水平也有了大幅度提高。目前我国警察队伍中的骨干力量绝大多数毕业于公安院校,他们不但有一定文化根基,而且是懂方针政策、懂法律法规、懂业务知识、会擒敌自卫、会执法执勤、会管理服务、会群众工作的执法者。我国公安工作取得举世公认的成绩得益于公安学历教育,但公安学历教育还存在诸多的不足之处,主要表现为:一是公安学科体系还不完善,还没有成为学界公认的独立学科;二是公安学历教育的资源过于分散,各省市都有自己的警察培养院校,难以形成合力;三是公安院校的科研能力比较差,不能有效解决当前公安工作的热点、难点问题,不能将最新的科技成果合理转化为公安战斗力,带动公安工作发展进步。

(2) 公安职业教育

随着时代的发展、科学技术的进步,公安民警的知识要经过无数次的更新,其工作能力才能与时俱进,跟上时代的步伐。而更新知识主要靠公安职业教育。从公安工作的特点上看,其实战性强,经验较之于理论有时更能解决眼前的问题,而经验除了自身的积累外,主要来自于和他人的交流。经验的交流和传授正是职业教育的重要特点。因此,必须大力加强公安职业教育。我国现在的公安职业教育主要以两种形式进行:一是由单独设立的公安职业院校进行;二是由公安普通高等院校进行。前者由于办学实力、师资力量等原因,在培训的内容、形式、层次等方面都难以达到对公安人才培养目标的要求。后者由于是公安普通高等院校承担的,而从全国公安教育的发展历程看,我国的公安高等教育一直是以学历教育为核心来设计其办学模式的。职业教育在整个公安教育中只有从属的、次要的地位,在职民警培训不规范,流于形式难保质量。由于担任学历教育的院校是将学历教育参照地方高校的办学标准和评估规则,上万人的学生自然成了学校主体,对他们的教学、管理当然就成为中心和重点,教师队伍、教育资源的配置必然以他们为依据;再则,公安部"三个必训"的制度是民警接受培训的终身教育机制,但缺乏翔实的细则相配套。公安院校无论在培训规模确定,培训内容安排还是在培训效果上都没有严格的评估指标和评价体系,没有相应的措施保证(王松贤,2008:49-50)。

3. 我国的监狱系统

新中国监狱分类制度以1994年监狱法颁布为分界,可以分为前后两个阶段。前一阶段的监狱分类制度延续了较长时间。1954年9月政务院颁布的《中华人民共和国劳动改造条例》将监狱类型规定为监狱、劳动改造管教队、看守所和少年犯管教所四种。这一分类体系中,劳动改造管教队关押罪犯的比重最大,是主要的监狱类型。这一分类体系奠定了我国现行监狱分类制度的基本框架,也是由法规形式确定下来具有法律地位的分类制度。1982年公安部颁布试行的《监狱、劳改队管教工作细则》对监狱、劳改队和少管所的收押范围进行了修订,并提出女犯应当单独设立女监或女分监,将女犯监狱从普通监狱中分离出来,成为一种独立的监狱类型。后一阶段以1994年12月29日颁布并施行的《中华人民共和国监狱法》为标志。监狱法取消了劳改队的称谓,将监狱和劳改队统称为"监狱",同时将少管所改称为未成年犯管教所。监狱类型为男犯监狱、女犯监狱和未成年犯管教所。这一简单分类将监狱分类制度提升到国家法律的高度,在名称上与国际社会接轨,也体现了行刑理念的发展变化。2006年,国务院下发了《研究监狱布局调整和监狱体制改革试点有关问题的会议纪要》(以下简称《纪要》),随后,为了落实《纪要》提出的有关政策和工作要求,司法部、国家发改委、财政部、国土资源部和建设部制定了《关于进一步推进监狱布局调整工作的意见》。2007年3月在北京召开的全国监狱工作会议则确定了今后监狱工作改革与发展的两大目标:2008年全面推行监狱体制改革,2010年基本完成监狱布局的调整任务。此次监狱布局调整主要关注的是监狱布局的科学性问题、经济性问题、平衡性问题等。今后我国监狱设置的工作重点应是在借鉴国外监狱设置的通行做法以及根据我国监狱分类实践的现实需要的基础上,建立不同警戒度等级的不同类型的监狱,以满足矫正不同类型犯罪服刑人员的需要(田兴洪,2013:1-6)。总体来看,新中国成立后我国监狱类型的变化速度缓慢,幅度较小,监狱类型也比较单调(王翠凤,2012:70-74)。

我国广义的监狱指关押一切犯人的场所,包括监狱、看守所、拘留所等。狭义的监狱指依照刑法和刑事诉讼法的规定,被判处死刑缓期两年执行、无期徒刑、有期徒刑的罪犯,在监狱内执行刑罚。一般认为,监狱是国家的刑罚执行机关,其主管部门是监狱管理局,最高行政主管部门是司法部。

由于法律规定中的监狱类型比较简单,难以适应罪犯矫正工作的需要,因而,在工作实践中,出现了在现行监狱类型基础上的进一步分类。在现实工作中,被普遍认可和广泛应用的监狱类型有如下几种:按照罪犯性别、年龄分为:男犯监狱、女犯监狱、未成年犯管教所;按照刑期长短分为:重刑犯监狱、轻刑犯监狱;按照罪犯生产行业分为:工业监狱、农业监狱;按照行政隶属关系分为:部属监狱、省属监狱、地方监狱。除此而外,有的省成立了入监监狱,主要负责罪犯的入监教育和分类;

还有的省设立了罪犯技术培训中心,主要负责技术型罪犯的技术和技能培训;各省监狱局所属的中心医院,是对病犯进行关押和强制治疗的医疗性监狱。我国监狱的设置主要分类具体如下:

1) 按照押犯性别分为男犯监狱和女犯监狱,多数省(直辖市、自治区)设有一所女犯监狱,也有少数省没有设置单独的女犯监狱,而是在某一监狱设置与男犯监狱区完全隔离的女犯监区。

2) 按照押犯年龄分为成年犯监狱和未成年犯监狱(称为未成年犯管教所),前者关押年满 18 周岁的罪犯,后者关押不满 18 周岁的罪犯以及满 18 周岁时剩余刑期已不足 2 年的罪犯。我国对未成年人一贯给予特殊的保护,对犯了罪的未成年人同样如此,未成年犯管教所采用与其关押对象相适应的管教原则及方法。目前,一般每个省(直辖市、自治区)设置一所未成年犯管教所,个别押犯较多的省设有两所。

3) 按照押犯劳动生产的主要方式分为工业型监狱和农业型监狱。在工业型监狱里,大部分罪犯的劳动生产活动是在厂房或车间里进行的;在农业型监狱里,大部分罪犯是在室外从事农业、林业、畜牧业劳动生产活动。近些年来,在许多监狱犯人的劳动已从生产型转向劳务加工型,或者部分劳务加工活动,工业型监狱和农业型监狱的划分已越来越模糊。

4) 按照押犯原判刑罚的轻重分为重刑犯监狱和轻刑犯监狱。重刑犯监狱关押被判处较重刑罚,通常包括被判处 10 年以上有期徒刑、无期徒刑和死刑缓期两年执行的罪犯,这类监狱多是工业型监狱;轻刑犯监狱关押被判处较轻刑罚,通常是 10 年以下有期徒刑的罪犯,这类监狱多是农业型监狱。

三、西方现行的执法机构

1. 美国的司法行政体制

美国司法部(Department of Justice)是美国政府的一个部门,其部长享有阁员地位。美国司法部的任务是保障法律的施行,维护美国政府的法律利益和保障法律对美国所有公民都是平等的。美国司法部是美国司法系统中不可分割的一个组成部分,是美国最高检察机关和最高执法机关。司法部长是联邦政府法律事务的主要官员,由总统经参议院任命,司法部长兼任联邦总检察长,也是联邦政府法律事务首脑,在法律上代表美国并充当总统和政府行政首长的法律顾问,向总统和政府行政首长提出法律咨询意见,监督司法行政管理,指导有关国家安全法律问题的解决,监督监狱和其他惩办机关以及各地区检察系统的工作,作为联邦总检察长,在联邦法院审理重大案件时代表政府参加诉讼。现任部长是杰夫·塞申斯(特朗普政府,2017年2月)。

美国司法部的职能主要包括:① 负责法官选任的具体工作,民事、行政裁决的强制执行,以及部分法院的司法行政工作;② 管理和监督联邦检察系统;③ 管理和监督联邦警察系统;④ 管理和监督联邦所属的全国监狱及其他惩罚机构;⑤ 对违反联邦法律的各种罪犯活动包括颠覆活动等案件进行调查和起诉;⑥ 负责调查并向总统汇报有关假释、缓刑、赦免的请求;⑦ 执行移民法、国籍法和有关麻醉品管理的法律;⑧ 协助起草联邦法律规程,应总统或政府首脑的请求,提供有关法律问题的意见;⑨ 依法对公民予以法律上的保护和帮助;⑩ 保护商业正常竞争;⑪ 归口管理对外司法协助与交流。在美国司法部内,下级机构向上级机构负责并受其监督,下级官员做出决定时可以求助上级官员。工作人员分为文职和非文职两类。

美国司法部的机构设置主要如下:司法部设有反托拉斯局、刑事局、民事局、民权局、国内安全局、环境和自然资源局、税务司、移民归化局、联邦调查局(FBI)、联邦监狱管理局、毒品管理局、法律顾问局、立法事务局、司法援助局、司法管理局、移民检查执行局、法务计划局、国际刑警组织等。

2. 美国的警察机构

在美国,警察机关常常被称为执法部门,负责调查犯罪和维持治安。机关无论大小,都是相互独立的,在辖区内享有同等的执法权。在联邦、州、县和市镇都设有警察机构,司法部里的联邦调查局是典型的警察部门,而财政部的烟、酒、火器管理局,联邦保密署,海关及内政部下属的公务员管理局和森林管理处也都是负责不同职能的执法机构。在州里,警察机构分别隶属州、县和市镇政府。

美国的50多万名警察分属近两万个相互独立的警察机关,平均每个警察机关的警员不足30人。然而,一些大的警察机关人员上万,所以,实际上美国有很多警察机关的人员不足10人,其中最小者只有警察局长1人,真是名副其实的"光杆司令"。然而,这些警察机关无论大小,都是相互独立的,在辖区内享有独立执法权。美国的警察机关分别隶属于联邦、州、县、市镇四级政府。

美国联邦负有警察职能的机关多称为执法机关。主要的执法机关分别隶属于司法、财政、内政和国防四个部。其中,司法部下属的有6个,即联邦调查局、毒品管理局、移民归化署、监狱管理局、联邦法院管理局和联邦法警局;财政部下属的有5个,即烟酒火器管理局、国内税收署、联邦保密署、联邦海关署和总督察署;内政部下属的有5个,即印第安人事务局执法处、国家公园管理局森林警务处、鱼类和野生动物管理局、国家公园警察局和总督察署;国防部下属的有8个,即总督察署、国防调查署、陆军部犯罪调查局、陆军部情报及保安局、陆军部军事警察总队、海军部调查局、空军部保安警察处和特别调查处。此外还有联邦邮政总局的邮政稽查署等等。

美国各州法律制度的传统和现状并不相同,因此其警察机关的体制也不一样。从名称上来看,有的叫州警察局,有的叫州公路巡警队,有的叫州执法局,有的叫州公安局。这种名称上的不统一也在一定程度上反映了美国分散型警察体制的特点。

美国的州警察机关主要有三种模式。第一种是巡警模式,或称巡警型警察机关。这种州警察机关的主要职责是实施州交通法规、调查和预防交通事故、纠正和处罚交通违章行为、保障公路安全。加利福尼亚州的公路巡警队就是这种模式的代表。第二种是执法模式,或称执法型警察机关。这种州警察机关负有完全的执法职责,包括犯罪侦查、维护治安、实施法令、公路巡逻等。伊利诺伊州警察局是这种模式的代表。第三种是两元模式,或称巡警—执法模式。这种州警察机关分为两个独立的实体,一个负责公路巡逻,一个负责一般执法工作。例如,佛罗里达州的公路巡警队负责州公路的巡逻和发生在州公路上的轻微刑事案件的侦查;而佛罗里达州执法局则负责一般性执法工作,包括发生在州公路上的严重刑事案件的侦查。

除上述三种类型的州警察机关外,美国各州还有一些较小的州警察机关和负责某个领域的专门执法机关。前者如州立公园警察局和州立大学警察局;后者如州毒品管理局。从理论上说,州执法机关有权在全州范围内执行警务。但是在实践中,州警察机关一般都避免介入市镇警察局的管辖范围,而把执法力量集中于没有建立自治警察局的地区和州属公路上。当然,由于州警察机关往往具有经验丰富的侦查人员和先进的仪器设备,所以它们经常向州内较小的警察机关提供疑难案件侦查、法庭科学鉴定、信息情报检索和各种专业培训等方面的服务。

美国共有大约3000个县级执法机关。这些执法机关主要有两种模式:一种是县司法局模式;一种是县警察局模式。前者是美国传统的县级执法机关模式,县司法行政官是县的执法长官,负责本县的警务。目前美国的绝大多数县都采用这种模式。后者是一种较新的县级执法机关模式,县警察局长是县的执法长官,负责本县的警务。目前美国仅在一些县市合一的地方采用这种模式,如佛罗里达州的杰克逊韦尔县。这种县警察局的体制与一般市镇警察局的体制相同。

根据执法权力的大小,县司法局模式又可分为两种:其一,县司法行政官的职权仅限于管理监狱和维持法庭秩序,即仅有狱警和法警的职能;其二,县司法行政官的职权包括犯罪侦查、维护治安和交通管理,即负有全部执法职能。在第二种情况下,县司法行政官手下多建有专门的警察局,有些地方的司法行政官就兼任警察局长。

市镇警察是美国警察的最主要力量,其人数约占美国警察总数的四分之三。美国的城市一般都建有自己独立的警察机关,或称"自治警察机关"。不过,这些市镇警察机关的规模相差甚远。例如,库克县境内有121个市镇警察局,共有警员1.6万多人。其中,芝加哥市警察局有警员近1.3万人;此外还有5个警察局的人数在百人以上;而绝大多数警察局的人数只有几十人或几个人。

近年来,一些美国学者呼吁加强执法机关之间的合作和提高执法活动的统一性,甚至建议合并警察机关。他们指出,"零散型"警察体制不利于犯罪侦查工作。一方面,那些"微型"警察机关根本无力开展有效的侦查破案工作;另一方面,这种警力"割据"状态也是犯罪侦查工作的障碍。特别是在对付跨地区犯罪的问题上,侦查工作缺乏统一指挥,有时甚至还存在警察机关之间的"消极竞争"。他们提出用"都市警察""城镇警察"和"乡村警察"这三个有机联系的系统来代替现行地方警察体制的设想。然而,这种合并警察机关的建议受到许多美国人的反对,特别是地方政府和地方警察局的反对。他们认为,合并警察机关的做法违反了美国传统的"自治警察"和"当地居民有权选择警务方式"的原则;不利于根据各地的特点开展警务工作,而且会损害地方政府和当地居民的利益。总之,分散制是美国社会的传统,是美国现行法律制度的基本特征,因此要改变它是十分困难的。

美国警察权的配置具有高度自治、执法体制分散、执法主体和运作模式多元化、没有全国统一的执法规范等特点。但尽管如此,美国警察的执法权威性和公信力却得到社会普遍认可。美国警察规范的执法模式主要是通过以下几个方面实现的:① 立法方面。为了防止警察滥用其手中极大的执法权限,美国的立法形成了严密的法律体系对其执法行为加以约束,例如:美国宪法是美国警察执法活动的最高准则,宪法修正案(1791)更是对警察执法做了很多程序性规定,此外还有大量的州法律法规与宪法和修正案等。② 司法方面。作为判例法国家的代表,美国享有司法审查权的联邦最高法院通过一系列著名的案例确立了一些重要的制度,以保障公民基本的宪法权利,并限制警察的执法权限,例如:著名的"马菩诉俄亥俄州案件""米兰达一案""泰瑞诉俄亥俄州"等案例分别确立了"非法证据排除规则""米兰达警告""拦阻与搜拍权限"等重要制度。③ 政府监管方面。《暴力犯罪控制和执法法案》(1994)授权美国司法部可以起诉侵犯公民宪法权利的警察机构,该授权赋予了联邦政府影响州和地方警察机构的权力,有力推动了地方警务的改革,也使得联邦政府能够有效限制和约束地方警察的执法活动。此外,美国县、市警察机构的财政支持来自于本级政府,同时警察机构的首脑也是由本级政府直接任命的。因而地方政府对于当地警察机构的监管是最直接有力的。因此,美国州级政府对警察执法的影响力则要相对小得多。④ 内、外部规范、控制和监督方面。美国警察机构注重通过纪律约束来规范警察的执法行为。《执法道德规范》《执法人员职业道德规范》《警察行为规范》等都对警察的执法权力进行了限制,并且要求警察必须要严格遵守这些规范,自觉约束个人行为和执法行为。在美国警察机构内部,为了提高警察执法的专业性和规范性,警察机构都会制定各种内部的执法行为规范,明确规定了每个岗位的职责和工作程序。这些操作性和实用性都很强的实体规范和程序规范通过严格的培训和信息化执法得以最终实现。除了这些纪律约束和内部规范以外,警察机构内部还设立了专门的监督机构,负责调查和处理警察的各种违规违纪行为。而市民审查委员会则是对警察进行外部监督的机构,该审查委员会主要负责调查和处理公民对警察机构出台的各种执法政策以及警察执法活动的相关投诉(李丽娜、赵华明,2014:57-59)。

现代警察制度起源于英国。美国警察体制是按照英国警察的模式建立起来的,经过二百年的不断发展,已成为当今世界最复杂、最具特色的一种警察体制。同样,美国的早期警察教育传承了英国的警察教育体制,进入20世纪,在继承传统的基础上经过发展演变形成了具有美国特色的警察教育训练体系。20世纪90年代,约900所普通大学设置了刑事司法专业,美国没有统一的部门主管全国警察教育培训,而联邦、各州、市和县警察局分别设置警察学院或培训中心,主要负责警察的职业教育。目前,从事警察教育培训的联邦调查学院和各州、市、县的警察学院、培训中心约600多所。

从宏观上看,美国的警察教育可划分为两个自成体系的、独立的部分。一是在普通大学设置刑事司法专业或犯罪学专业,主要承担警察的学历教育。但是,具有警察学历者并非可以直接从事警察工作,还必须参加招募考试,录用后,经过专门培训才能进入警察队伍。二是在警察机关设置警察学院或训练基地,主要负责警察的职业教育。各警察学院是警察局的一个组成部分,直属警察局领导,由一名副局长分管或任院长。警察学院的任务主要是:负责对新招募警察的培训;对在职警察包括文职人员进行培训。

美国警察的职后教育也分为两个部分。一是法执行学院、刑事司法学院、犯罪学院、行政管理学院、公共安全学院等普通大学为在职警察提供包括本、硕、博各个层次再教育深造的机会,警察若想进大学学习或攻读学位,可以申请办理停薪留职或在职学习,警察所就读的大学和他们自身都能获得国家的经费补助,部分地区获得学历的警察还可享受全额报销进修学费。二是非学历性在职培训,具体包括两类:一是定期对在职警察进行新法律、新知识、新技能的训练提高;二是晋职晋级培训,美国实行职务、警衔与培训相结合的制度,任何一名警察每晋升一级都必须到警察院校培训,经考试合格后才能晋升。

美国警察学院有严格的师资选聘制度。教师必须具有学士、硕士以上学历,有从事实际工作的年限规定,还要经过严格的考试。警察学院教师与警察机关人员具有完全相同的待遇和权力,可以双向流动。普通大学的刑事司法专业教师也可由具有相当资历的在职警察担任。美国警察院校、培训中心的经费都由政府直接拨款,有的警察局还从罚没款中拿出一部分用于教育培训。其教学设施都比较齐全,标准也比较高(李光文,2003:73-76)。

美国警察的职责与中国警察的职责类似,其核心是执法,维持社会秩序和为社会提供广泛的服务,其具体的职责主要包括如下这些纲领性的方面:调查、侦查罪犯和犯罪行为,逮捕罪犯并参与后来的法庭诉讼活动;通过预防性的巡逻和其他措施以减少人们犯罪的机会;救援那些生命处于危险境地的人;帮助那些忽视了自己安全和自己财务的人;排除纠纷和冲突;疏通人员和车辆的流动;促进和维护社会秩序;履行法律和保护个人权利。上述职责主要由军事警察(又称宪兵)、制服警察、便衣警察(又称特工警察)、外事警察、防暴和消防警察五大警种及其他警种的警察实施执行。

3. 美国的监狱系统

美国的监狱系统分为联邦监狱、州监狱和市县监狱,有的称之为看守所,有的称为矫正院。联邦监狱负责关押根据刑事法律而被定罪的罪犯,州监狱负责关押根据州刑法而被定罪的罪犯,县市监狱负责羁押未决犯和关押刑期较短的罪犯。联邦监狱不负责关押未决犯,通过签订合同委托县市监狱羁押未决犯。

美国的监狱系统由司法部的监狱局负责管理,监狱系统通过自己的工作实现三个基本目标:① 保护社会和守法公民免受侵害;② 为被监禁者和监禁工作者提供一个安全舒适的环境;③ 提高罪犯的改造质量,减少和预防重新犯罪。

除了在押犯之外,美国还有更多的罪犯在社区服刑。处于社区矫正之下的服刑人员数量是各类监禁机构服刑人员数量的 3.5 倍,处于缓刑和假释之下的社区矫正对象都规定了明确的条件,这些社区矫正对象必须认真履行,否则就可能重新投入到监狱服刑。各州和地区都设有专门的机构和人员对社区矫正对象进行管理和矫治。联邦监狱系统没有专门的社区矫正机构,但与一百个地区社区矫正中心签订了合同,这些社区矫正中心对轻微犯罪进行监督、管理和矫治。

关于罪犯生产劳动的管理,监狱局下设一个监狱工业公司,专门负责罪犯的劳动和对罪犯的就业培训。各州也设有类似的监狱工业公司。监狱工业公司是一个企业,"国家在该公司进行一次性投资后,便不再进行投资",公司自己承担职员的工资、罪犯的报酬和培训费用。如果公司盈利,就可以扩大就业机会,为更多罪犯提供就业项目;如果公司亏损,就减小规模,削减工厂,减少罪犯的培训项目,甚至实行内部裁减,减少公司的人员。公司的工作人员属公家公务员,其收入与联邦监狱工作人员一样,但政府支付的工资实际上由监狱工业公司提供的。由于这些官员同时承担了一定的安全职责,因此,他们可以提前退休并享受政府提供的全额退休金。为保证监狱工业公司的生产经营,联邦政府对该公司实行特殊的优惠政策:一是通过国家立法,在保证质量的前提下,政府采购要优先考虑监狱工业公司的产品;二是对监狱工业公司的生产经营免税。

四、中西执法机构对比的启示

美国是世界上犯罪问题最严重,犯罪形式多样化、犯罪手段现代化的国家之一。美国警察积极应对形势发展的需要,在提高维护社会治安稳定、强化执法规范、打击犯罪的能力,在依法管理、遏制腐化、加强教育与培训方面形成了良好的运行机制。对中西执法机构进行多维度、多视角的对比无疑有助于为我国执法机构的建设和发展提供有意义的借鉴和启示。

第十六章　中西执法机构对比

1.加强执法规范化建设,建立监督控制机制,严惩腐败行为,提升服务意识

制定人民警察廉政监督法,以及其他行为准则和执法规范,把公安机关有关反腐倡廉的制度从宏观角度,用法律形式固定下来,增强警察法律意识规范和约束警察的个人行为和执法行为,对权力进行有效的监督和控制。增强反腐化斗争过程的强制性和权威性,预防和减少腐败行为的发生。设立专门的独立的监督机构对警察的执法活动进行监督,监督警察对规范的履行情况,处理公民对警察执法活动的投诉,并对违规违纪的警察做出相应的处罚,有效建立一种内部约束机制。进一步完善有中国特色的党内监督制度,尽快实施督察制度。制定相关职业道德准则和执法行为准则,强调对警察队伍的纪律要求,坚持履行公平、正义、依法行使职权、文明执法等执法理念。在公安内设机构改革中,合并公安政工、纪检(监察)机构,同时还在警察机构内部设立专门的监督机构,减少重复教育,避免交叉管理,形成监督合力,统筹强化队伍建设,建立为警清廉的奖励制度等。

兼顾实体性规定与执法程序性规定,加强实体规范与程序规范建设。警察既要严格遵守实体性的规定,也要严格遵照程序性规定开展执法活动。如果违反了执法的程序性规定,违规的警察同样会依据问责制受到相应的处罚,逐步解决我国公安工作中重实体轻程序的问题,实现实体和程序上的双重公平,从而保证公正、文明和规范化执法的最终实现。兼顾公平与效率,既要严格按照法律规定的各项程序进行执法活动,防止警察权力滥用;又要避免英美国家中规中矩的遵照程序办事而导致执法效率低下并引发公众不满现象的出现。在立法中借鉴英美国家的成功经验(例如美国联邦最高法院在确立了排除法则之后,为了减少排除法则的负面影响又确定了排除法则规定的例外情形),一方面,要制定各种执法程序性规定,保障公平公正执法,另一方面也要兼顾执法活动的效率。

打击与服务并重,逐步扩大服务职能,依靠公众,服务助民,是现代西方关于警察角色辩论的结论,也是世界警务改革的大趋势之所在(潘光政,1996:6-10)。因此,应该树立警察"保护和服务"的执法理念,不仅要承担维护国家安全,维持社会秩序稳定,保护公民的人身安全、人身自由和合法财产,保护公共财产,预防、制止和惩治违法犯罪等职责,而且还要发挥警察的公共服务职能,向公众提供各种各样的日常服务,更加积极、更富实效地参与社会救险、救急活动和其他便民利民活动,促进社会关系和谐与稳定。同时也要杜绝警察参与类似拆迁等非警务活动,坚持警察职责本位,增强全心全意为人民服务的意识与实效,奠定遏制警察腐化的良好思想基础,为警察执法创造良好的工作环境。

2. 改革公安教育机制,提升公安教育及培训水平,促进公安队伍建设可持续发展

英美警察教育对我国公安教育的启示,主要体现为以下几个方面:① 改革现有学历型公安教育体制。我国公安教育的主模块是学历教育,是国民教育的一个组成部分,在学校设置、办学模式、教学、招生等多方面受到国家教育部门的制约,在教学与管理上都难以突出其专业特色,无法与公安队伍的建设要求和公安实战的需要紧密结合。因此,为达到英美等国警察教育培训所具有的实切性的效果,就须改革现有公安教育体制,将其主模块定位于非学历教育,将主要人力、物力、财力从学历教育中剥离出来,自成公安培训体系,发展职业教育,强化培训机制。而公安学历教育则由公安本科院校承担,集中力量办大办好,增强其竞争力。② 完善落实警察录用、晋升与职后教育培训制度。细化对于《中华人民共和国人民警察法》《中华人民共和国人民警察警衔条例》《公安机关人民警察训练条令》等制度的实施要求,避免落实过程中的形式化、变异化现象。转变重学历、轻培训的公安教育培训理念。一方面保持好公安学历教育课程合理、计划缜密、师资良好的优势;另一方面要改善公安培训计划性、系统性和层次性欠科学,师资质量难以保证,培训流于形式,针对性和实切性不足的状况。③ 优化教师队伍结构。学习英美国家公安教育思想明确、重视教师队伍建设、提升教师专业化程度和实践经验的优点。一名合格的专业教师必须是公安专业某一领域的专家。公安专业是一门实践性极强的专业,公安专业的教师也应该是一名实战经验丰富的公安工作的行家里手。将最优秀的人才送去办学,才能保证建立一支高素质的警察队伍。④ 拓展公安教育的经费渠道。改变目前我国公安院校经费单一依靠政府拨款、办学经费严重不足的状况,适应公安学科大投入、大消耗的专业教学、实战技能训练以及教学发展迫切需要现代化的特点,缩小我国公安教育在教学环境、教学设备、教学手段等多方面与英美国家的显著差距,落实公安部所给予的"要在国家政策允许的范围内,支持和鼓励学校多渠道筹措教育经费,改善办学条件,提高教育培训质量"的教育经费筹措的政策支持。

由以上对比发现,西方执法机构有许多先进的理念、经验和做法值得我们去大胆吸收和借鉴。然而,由于中西方社会制度、政治体制、历史条件、文化背景、现实国情等各方面的差异,对于这些经验我们只能参考而不能照搬。继续加强中美、中西方执法机构对比分析研究,将有利于进一步拓宽我们执法机关的工作思路,更好地服务于有中国特色的执法机构建设、队伍发展和工作拓展。

第十七章　中西法官文化对比

- ✧ 任何定在,只要是自由意志的定在,就叫做法。所以,一般说来,法就是作为一般理念的自由。　　　　　　　　　　　——[德]黑格尔
- ✧ 在今后的案件中,如果普通法和衡平法的规则发生冲突,衡平法优先。但是,衡平法必须尽可能地遵循普通法规则,只有在普通法未能提供足够的救济时,衡平法才能干预普通法。　　——[英]詹姆斯一世
- ✧ 法者,天下之程式,万事之仪表。　　　　　　　　　　　——管子

一、概述

美国学者德沃金指出:"法院就是法律帝国的首都,法官是帝国的王侯。"在人类追求司法公正这一永恒的价值目标过程中,法官是"法律由精神王国进入现实王国控制社会生活关系的大门。法律借助法官而降临尘世"。而司法公正要从一种理念倡导变为生动的社会现实,法官便是其中最活跃、最关键的因素。法治社会的实质是良法之治,而良法之治的根本保障在于作为有"法律的守护者"之美誉的法官。现代法治社会下法官的角色不可或缺,然而法官"与行政官员、立法官员不一样,甚至与检察官也不一样。这种差别不仅体现在所管辖或处理的事务方面,更体现在人们处理事务或行使权力所用的方式、思考和分析问题的方式、语言的风格、外部行为的风格等诸多方面"(贺卫方,2002)。这些差异实质上即是法官文化之所在。

"法官文化"是近年来法学界的一个新兴概念。其产生是文化——法律文化——法官文化概念模式演化的结果,这也就决定了法官文化必然带上其母概念即文化概念的包容性、歧义性和多义性等特征。从更广泛的意义上来说,法官文化是指以法官职业为载体,包括外显的法官制度和内隐的法官意识两个层面的内容的一种法律文化现象。其中,法官制度是指有关法官的法律制度规定,如法官的选拔制度、任期制度、权责制度、教育制度、升迁制度等。法官意识,即法官的观念形

态,包括法官的角色意识、角色品质和知识构成三个要素。也有不同的观点认为,法官文化是一个内涵和外延都较宽广的概念,主要包括制度的、物质的和精神的三个层面的内容。

而国内对于法官文化的研究总体并不系统和充分,很少对其外在层面的法官制度的研究进行对比视角的深入的探讨,对于法官制度的内涵还没有达成应有的共识,对其外延也没有一个清晰的界定。法官制度是现代法治的基本制度之一,也是现代司法制度的基础(范愉,2003:126)。法官制度是否完备,在很大程度上影响到司法公正是否能够真正实现。概括来说,法官制度是以法官为核心、调整和规范这一特殊群体实现其职责和功能的准则,是维护公平正义的制度,"是国家最重要的法律制度之一,是上层建筑的重要组成部分"。有观点认为,法官制度是国家对法官的资格条件、任免晋升和法律保障等方面进行全面规定和科学管理的制度(熊先觉、刘运宏,2007:73)。也有观点认为,所谓法官制度是指国家为了保障法官依法行使审判权而设定的有关法官选任、培训、奖惩、职业道德、工资待遇以及罢免等一系列管理规则的总称(陈海光,2002)。在当前司法实务界和法学理论界,对法官制度概念比较一致且科学的界定是,"法官制度是审判制度的重要组成部分,是指关于法官的选任资格、选任方式、任职期限、奖励惩处、物质待遇等方面的规章制度的总称"(赵小锁,2003:16)。其外延包括了法官选任制度、法官助理制度、法官奖惩制度、法官保障体制、法官培训制度、法官考核制度以及法官职责、法官职业道德等方面的内容。我国的法官制度相比过去而言,有了很大发展和进步,但同时也存在一些比较突出的问题。从我国国情出发,逐步推进我国法官制度的改革和完善,是解决我国现阶段群众打官司难问题的必然之路,也是实现司法公正、提高司法效率的必然要求。与法官选任制度密切相关的是法官人事管理制度和法官考试制度。在我国,对法官进行人事上的管理主要包括法官的任职录用、级别升降、福利奖励、惩罚处分、离职退休等。我国长期以来并没有建立法官考试制度。2001年6月30日全国人大常委会通过了《中华人民共和国法官法》《中华人民共和国检察官法》修正案,规定凡是要从事法官、检察官、律师职业的人员,都必须参加全国统一的司法考试,两院一部各自从通过考试取得资格的候选人中挑选自己需要的法律人才。

相对于外在层面的法官制度的研究,对于法官文化内在层面的法官意识的关注则更是少之又少。首先,从法官的角色意识层面(又称使命意识)来说,法官文化指的是法官如何对自己进行角色定位,如何认识自身的历史使命。包括两个层面:其一,法官如何看待自己与法律的关系,这决定着法官在审理案件中自由裁量权的发挥程度,影响着法官的法律功能;其二,法官如何对自己在政治国家中进行定位,这决定着法官运用司法权影响政治经济文化发展,影响社会、国家和民族命运的政治功能。亚里士多德在其《伦理学》中指出:"法官就是公正的化身";以色列人则以上帝的名义发出了同样的谕旨:"正义,只有正义才是你们应当追求的"(周小明,1992),这些都反映了对于法官角色意识的一种应然的期盼。在司法现实当中,各国的法官角色意识大致有三种类型:第一种,法官的使命是实现正义。因此,法官不仅适用法律,而且有权审查法律是否符合基本正义原则。对于恶法,法官有权不予遵循;第二种,法官自身的使命在于实现法律正义,至于法律是否具有正当性,则非法官职权范围之事;第三种,法官认为自己是现有政权的工具,其使命就是遵循领袖的意志,维护政权稳定。

其次,从法官的角色品质层面来说,法官文化指的是法官通过职务活动显示出的心理素质和职业品格。亚里士多德在其《伦理学》中列举了法官应当具备的四项美德——公正、节制、谨慎和坚韧,并把公正视为法官的首要品质。此外,法官应当具备的最根本的品质还有其他的一些内容,具体来说:其一,仁爱。法官的"仁爱"是指法官在行使司法权审判案件时,不以目的论为指导,而以实现对人(无论是受害人还是被告人)的关怀为己任,让公正之光平等地照耀每一个人,不因种族、性别、阶级、身份、地位的差异而有所区别。拉德布鲁赫指出,即使刑事法官也应当铭记:"他应惩罚,他应宽容;他必须以人性度人"(拉德布鲁赫,1997:99)。法律是理性的化身,而法官的仁爱恰是其理性的前提,是法官中立与公正的心理基础。其二,忠诚。法官对正义、法律的忠诚,将使法官内心产生虔诚的信念从而忘记个人私利。在这种信念的基础上使他具备谦逊、勤勉、自制以至为信念而牺牲的勇气等品质。其三,勇气。勇气之于法官,是必不可少的品质。为维护正义、维护法律,法官必然需要与强权斗争,面临自我利益与社会正义之间的选择。缺乏勇气品质的法官职业共同体会屈从于淫威沦为强权工具。

再次,知识构成。指法官的文化层次和知识结构。不同国家由于其经济发展程度不同,国民素质高低不同,尤其法官培养和选拔方式的不同,使得不同国家的法官职业群有着不同的知识背景。作为法官,最起码的要求是懂得法律,而要成为好法官,仅仅懂得法律还不够。美国联邦最高法院大法官布兰代斯说:"一个法律工作者如果不曾研究经济学与社会学,那么他就极容易成为一个社会公敌"(周小明,1992)。罗斯科·庞德则宣称:"历史、哲学和分析,是法学家军械库中的三大武器"(K.茨威格特、H.克茨,2003)。历史上各国的知名法官,都具有广博而精深的知识。这样在其角色定位中才能做到不仅适用法律,而且运用普遍的正义原则审查法律。同时,优秀法官所需要的角色品质也因其知识而较易培养和获得(庄晓华,2006:107-109)。反之,法官文化层次越低,知识构成越单一,他们对自身的角色定位就越有失准确以及缺乏高度。并且,由于其受教育程度低,很难形成法官职业共同体和具备优良的职业品质。

法官文化中的制度和意识这两项内容是紧密相连,相互影响的。现代的法官制度可以快速移植,但优秀的法官文化却只能长期培养。我国当下的法官文化距离现代法治国家法官文化的标准还十分遥远,塑造新型法官文化是我国实现法治的当务之急。有鉴于此,对中西方法官文化进行对比分析,从中发现我国法官文化以及西方法官文化发展之相同与差异、优势与不足,促进中西法律文化的有效和深入交流,助力我国依法治国方略的时代进程,具有十分重要的意义和价值。

二、中西法官文化对比

1. 中国法官文化

(1) 法官称谓演变

我国对"法官"的称谓经历了不同时期变革,名目繁多。依据传说,在尧舜时代,出现了管理诉讼职务的"士"或"士师",是我国法官最早的名称。皋陶是在那个时期最著名的法官,《论衡·是应》记载道:"(皋)陶治狱,其罪疑者,令羊触之。"神羊"见人斗则触不直者,闻人论则咋不正者"。"法官"一词最早被明确记载的出处,是战国时期的一本法学著作《商君书·定分》,其中说道:"天子置三法官,殿中置一法官,御史置一法官及吏,丞相置一法官。诸侯郡县,皆各为置一法官及吏。""吏民(欲)知法令者,皆问法官"(郭建,2008:1)。但需要说明的是,以后中国历代,没有一个朝代的法律对其司法官员是用"法官"来作为称谓的,而被冠以"司寇""廷尉""法曹""尚书台""御史大夫""大理寺卿或少卿"等头衔。

从这个意义上看,"法官"一直只是司法官员的通称。正因为如此,《辞海》将"法官"定义为"旧时对司法官吏的通称,如旧法院的院长、推事、承审员等。新中国成立后,对人民法院的审判人员,有时也沿称法官";《现代汉语词典》将法官的外延有所扩大,指"司法和审判人员"。"法官"的称谓被正式使用并规定在法律条款中是1995年制定、2001年修订的《中华人民共和国法官法》。该法第2条特别规定:"法官是依法行使国家审判权的审判人员,包括最高人民法院、地方各级人民法院和军事法院等专门人民法院的院长、副院长、审判委员会委员、庭长、副庭长、审判员和助理审判员。"根据上述对法官称谓的考察,无论用何字眼表达,法官的职责和功能都基本上是相同的,即代表国家对各种纠纷行使裁判权,起着定纷止争、实现社会公正的作用。

(2) 法官选任制度

法官遴选制度是法官制度的重要组成部分,是指规定法官资格、选任法官机制的行为准则,主要包括两方面的内容:第一,法官的任职资格,包括:一般性的条件,如年龄、国籍、健康状况等;法律专业学习经历和法律职业经历,如对法律专业学历、司法考试资格、法律职业经验、法律执业资格等的要求;品行资格,要求品德高尚,操守良好。此外,还有限制性规定,不能从事法官的情形及法官回避性规定。第二,法官的选任机制,包括:选任法官的主体,是指由谁来审查考核法官候选人、任命法官;选任法官的方式;选任法官的具体程序。法官遴选制度在一个国家的社会生活中占有非常重要的地位,严格、科学、合理的遴选程序是选出高素质法官的保障,它对司法权的正确行使,保障法律的正确实施,维护社会正义,促进社会和谐进步具有重要的意义。1995年颁布的法官法中对法官任职资格的规定可以说是对法官任职制度的初步确立,该法第九条规定:"担任法官必须具备以下条件:① 具有中华人民共和国国籍;② 年满23岁;③ 拥护中华人民共和国宪法;④ 有良好的政治、业务素质和良好的品行;⑤ 身体健康;⑥ 高等院校法律专业毕业或者高等院校非法律专业毕业具有法律专业知识,工作满两年;或者获得法律专业学士学位,工作满一年的;获得法律专业硕士学位法律专业博士学位的,可以不受上述工作年限的限制。"就目前而言,比较1995年法官法增加了必须通过国家司法考试这一项,但对法律实践方面未做要求,只是简单规定相应工作年限,并未对职业进行区分。可以看出,近些年中国在法官的选任方面较为注重法官的品德、工作作风和法律知识水平,而对于法官应当具备相应的社会经验相对并未给予足够重视。

目前我国对法官的任职资格实行的是"两考入官制",即只要通过国家统一司法考试和国家公务员考试,即可任命为法官。从司法考试的运行来看,并未真正实现制度设计者的初衷。有学者通过对现行司法考试的实证调研,指出其存在"重记忆、理解,追求'唯一正确答案'和轻运用,并造成'分能不符'"的问题,因此,"仅仅通过司法考试这样一个环节、一种并不完备的制度(包括出题思路和考试形式等),是很难筛选出真正合格、优秀的法律人才的"(李红海,2012),"法律的生命在于经验",法官是一门需要具备专业法律知识、积累多年法律实践经验、具有丰富人生阅历和卓越沟通技能的职业,法律知识只是最基本的条件。"法学主要是一种实践理性,它无法完全通过讲授的方式传达,而必须依靠大量的实践才能逐渐掌握"(苏力,2000)。

尽管从 1995 年法官法的颁行,到 2001 年法官法修正,到 2008 年《公开选拔初任法官、检察官任职人选暂行办法》发布,我国对法官职业经验的任职要求在不断提高。根据现行规定,拟任基层人民法院法官,应当具有 2 年以上法律工作经历;拟任中级人民法院法官,应当具有 3 年以上法律工作经历;拟任高级人民法院法官,应当具有 5 年以上法律工作经历;拟任最高人民法院法官,应当具有 8 年以上法律工作经历。这说明我国对法官任职的职业经验有了基本要求,无疑是个巨大的进步;但总体来说,仍存在法律工作经历认定范围过宽的问题(王琦,2011:84-89)。

从法官遴选程序来看,我国目前的法官遴选程序出现严重的公务员化倾向,把法官遴选与其他公务员招录混用同一程序。法官和政府公务员是两个截然不同的群体,有不同的任职资格要求,行使的职权内容和特点均各不相同:法官行使司法权,要求独立;公务员行使行政权,要求服从。法官的思维是客观的,遵循着他的法律观念;行政官的方法是经验式的,是权宜之计(韩波,2003:62)。国外法官遴选普遍采用不同于公务员的选任方式和程序。而且与许多法治化国家设有专门负责法官遴选的机构相比较,我国目前缺乏这种专门机构,导致在法官遴选过程中出现遴选程序不规范、不公开透明,各地做法差别巨大,人大对法官的任命与其所掌握的信息不对称等问题。

(3)法官管理制度

我国的法官管理主要体现为外部管理地方化和内部管理行政化的特点,因此造成地方各级法院人、财、物均受制于地方党政部门的现状。这是我国法院体制的最大缺陷,也是不适应依法治国方略的最大问题。首先,法院外部管理地方化。我国法院层级共有四级:最高人民法院、高级人民法院、中级人民法院和基层人民法院。每级法院都是对应其所在地的行政区域设置的。在这一设置架构下,一方面,各级法院必须接受当地党委的领导;另一方面,各级法院的院长由各级人民代表大会选举和罢免,副院长、审委会委员、庭长、副庭长、审判员均由院长提请人大常委会任免。法院干部管理也由地方有关部门负责;法官的晋升由本院党组确定后,须经同级党委有关部门考察;法官的职业特点使得对于其政治业务素质的要求及管

第十七章　中西法官文化对比

理应与其他公务员有别,然而多方面受制于地方势力的法院,对所需人才的素质及结构等方面无法自主把关,地方党委组织部门及政府人事部门把法院视为一个普通职能部门,任意安排调配法院的人员。此外,法院的财政预算由地方编制与管理,法院的司法活动经费来源于地方财政的保障,取决于地方财政;甚至于法官子女的上学、医疗、就业等一系列问题,都无一不受制于地方的党政部门。这些方面就在很大程度上加剧了地方法院"属地性化""行政化"的色彩,为法院的独立设置了体制性的障碍,使得地方各级人民法院无力抗衡地方权力的干预,并且很大程度上为权法交易制造了土壤。当地方利益与国家利益发生冲突时,法院便成为保护地方利益的工具,由此造成地方保护主义、执行难、行政案件审理难、司法腐败等一系列问题,最终破坏了国家法律的统一与尊严。

其次,法院内部管理行政化。建国至今,我国对法院内部管理体制就是按行政模式来设计的,各法院内部管理体制与行政机关大体相当,这种一刀切的做法给法院和法官均带来了不少负面的影响。我国在法官的级别上,套用行政级别,设置了从科级法官到厅级法官等不同级别的法官职位;在法官的职务上,建立了由普通法官到法院院长的权力阶梯。一级法院有院长,下设副院长、庭长、副庭长,并设若干业务庭、室和综合处、室。院长、副院长又分管几个庭、室或部门工作,这与行政机关极为相似。更为严重的是这样的金字塔似的结构产生了一个金字塔似的权力结构,法院内部法官之间也像行政机关一样存在着领导与被领导、支配与被支配的关系。在法官的工资等物质待遇方面,也是对应行政级别,按照部级、厅级、处级、科级、股级等级次确定物质待遇和工资标准;在法官的录用上,不是组织专门的法官考试,而是与其他行政系统一样,进行公务员考试;在着装上,除法警外,无论是行政人员还是法官,均统一穿法官制服(中国法官管理制度改革研究课题组,1999:23)。法官一职除工作内容与其他公务员不同外,其他几乎毫无差别。这种法官管理上的行政化问题显而易见:其一,导致法官的不独立,使独立审判的原则无法得到实际贯彻;其二,造成审判工作实行请示、汇报、签批制度,打破了上下法院之间的必要分权,影响了主审法官的责任界限,干扰了法官的独立思考和勤思慎断,消减了业务发展和进取精神,造成"审的不判,判的不审"的怪象以及审判质量普遍不高;其三,使法官追求目标多元化,除了司法公正和社会正义,还寻求个人职位的提升和物质待遇的丰厚等;其四,强化了级别划分与差异,徒增了法官的"上司",使得法官服从的不仅是"法律",还包括法官的上级法官以及行政领导,加剧了其对行政官员的依附性。

(4) 任期、待遇

我国法律对法官的任期并没有统一明确的规定。我国宪法规定:"最高人民法院院长每届任期同全国人民代表大会每届任期相同,连续任职不得超过两届。"《中华人民共和国人民法院组织法》规定:"各级人民法院院长任期与本级人民代表大会每届任期相同。"至于地方各级人民法院院长任期是否有连续任职次数的限制,我国法律没有做出具体规定。从实际的运作来看,我国地方各级人民法院院长连续任职的次数是不受限制的。对于各级人民法院院长以外的法官,我国法律既没有规定其任期必须与相应各级人民代表大会每届任期相同,也没有规定其任期是终身制的。从实际的运作来看,这部分法官一经任命,除非被罢免、免职、辞退、自愿辞职或者被组织部门调出法院系统从事其他工作,他们可以任职到退休。但是,在"党管干部"原则的要求下,我们还是将法官等同于一般的干部,强调其政治表现,注重行政级别的安排,而忽视法官职业的专业性和技术性,在干部组织系统的管理下,各地法院尤其是基层法院的院长、副院长经常被调进调出,这种状况不利法官职务的稳定和专门化。

我国法官退休制度尚未有规定,实践中比照国家行政工作人员的退休制度来执行,即男性法官60周岁退休,女性法官55周岁退休。相比于世界各国法官退休年龄的规定,我国法官的退休年龄是很早的。法官作为一种"越老越有智慧"的职业,年龄越大,司法经验越丰富,可能越适合从事裁判工作;因此,法官退休年龄应当比一般行政人员的退休年龄适当延长。同时,由于历史的原因,我们的法官队伍中还有一批数量不少的法律专业知识不高的法官。在目前,应选择"适当延长专业水平较高的资深法官的退休年龄",而不是一刀切地延长全部法官的退休年龄。

我国目前并没有对法官实行高薪制,究其原因:首先,我国法官队伍过于庞大,现有法官21万左右,都实行高薪,过大的支出可能令国家难以承受;其次,我国法官素质良莠不齐,并没有像英美发达国家法官那样享有崇高的社会威望,若单独对法官实行高薪,必然招致我国其他文官的不满,同时也难令社会公众心服;再次,高薪制本身并非万能药,西方发达国家法官薪金虽然高于相应级别的文官,但若与相应能力的从业律师的收入相比,法官的薪金并不算高。尽管我国现在不能立刻实行法官高薪制,但提高法官待遇是我国司法改革的方向之一。改革的措施主要有两个方面:一方面,在精简法官数量的基础上,逐步提高法官待遇;另一方面,改革法院人财物管理体制,使法院业务经费由国家财政统一保障。

法官司法豁免权是指法官在行使审判职权时,因非主观故意的原因而造成裁判的错误,法官得享有免于被追究刑事及民事责任的权利。我国法律对法官司法豁免权的问题尚没有明确的规定。《中华人民共和国法官法》规定:"法官依法履行职责,受法律保护。"这一条规定过于抽象,无法作为我国法官享有司法豁免权的法律依据。1998 年最高人民法院出台的司法解释《人民法院审判人员违法审判责任追究办法(试行)》罗列了法官在行使审判职权时不须承担责任的五种行为;但因为此办法为最高人民法院制定,效力位阶过低,在法律上无法制约公安机关和检察机关,因此,不能使法官的豁免权得到充分的保护(干朝瑞、郭珣,2003)。前几年,全国闻名的莫兆军法官案就是一件反映我国法官缺乏司法豁免权的典型案件。

(5) 法官控制体系

我国现行的法官控制规范体系,主要包括以下几个层面。首先,宪法规范。《中华人民共和国宪法》第 127 条规定:"最高人民法院是最高审判机关。最高人民法院监督地方各级人民法院和专门人民法院的审判工作,上级人民法院监督下级人民法院的审判工作。"宪法第 5 条规定:"一切国家机关和武装力量、各政党和各社会团体、各企业事业组织都必须遵守宪法和法律。一切违反宪法和法律的行为,必须予以追究。任何组织或者个人都不得有超越宪法和法律的特权。"宪法第 62 条和第 67 条同时赋予全国人民代表大会和全国人民代表大会常务委员会监督宪法实施的权力。且依据此两条之规定,我国各级法院院长都由同级人民代表大会选举产生,各级法院法官则由同级人民代表大会常务委员会任免。由此可知,各级人大及其常委会是宪法规定的法院和法官监督机构。其次,法律规范。我国有不少有关法官控制的法律规范,比如 2005 年制定的公务员法里面的很多规定在实践上完全适用于法官,但最主要的法官规制法律当属法官法。该法第 3 章和第 11 章在控制法官方面有很具体的规范化规定。其目的旨在起到一种事前的规范、警示和威慑的作用,使那些有违纪违法之动机和心理的法官知道行为后果而有所自制,做到知法敬法,执法守法。第三,条例与规章。国务院和最高人民法院有许多有关控制法官的行政立法,比如:2007 年国务院依据《中华人民共和国公务员法》制定了《行政机关公务员处分条例》。最高人民法院发布了《最高人民法院关于"五个严禁"的规定》(2009)、《关于规范法官和律师相互关系维护司法公正的若干规定》(2004)、《最高人民法院关于严格执行〈中华人民共和国法官法〉有关惩戒制度的若干规定》(2003) 等等。

(6) 法官服的变化

我国法官服的变化从一个侧面生动形象地体现了我国法制发展的过程。新中国成立后的一段时期,我国法官一直没有统一的制服。当时,稍加改良的中山装成为男装的主要款式,而女装也只是在男装的款式上稍做修改。这就是为当时人们所称道的"干部服",那一时期人民法院在审判过程中就是穿着这种服装。1980年底,最高人民法院特别法庭在审判林彪、江青反革命集团案的10名主犯时,中央曾专门为特别法庭的法官设计了3种法官服的款式:黑袍式、制服式、西服式。但在当时的司法工作人员眼中,这种制服不伦不类,就被否定了。最后,特别法庭的法官、检察官、书记员在开庭时穿的都是藏青色毛料中山装,不戴帽子。时代的特点决定了时代的观念。司法理念上的滞后性决定了这时期法官的服装不可能突显法官作为司法裁判者的职业特色。

我国法官在审判活动中统一穿着制服的历史开始于1984年5月1日,当时的审判服式样为肩章和大盖帽式制服。在其后的10余年中曾有过3次改变,但一直沿袭了肩章和大盖帽等军事色彩较浓的装饰标志,由于在外形上与军警制服颇为相似,无意之中强化了法院本不应有的军事色彩。实际上,法官是和平年代的主角,现代司法的逻辑和理念是以和平年代及和平环境的存在为前提和条件的,法官属于典型的国家文职人员,如果混淆了法官与军警之间的角色差别,就会遮蔽了法官作为正义守护神的"庐山真面目"。而且这种服饰也仍然没有脱离出行政机关工作人员的着衣特色,导致在老百姓心中,法院仅仅只是政府的一个普通行政部门。公检法制服上的同质性似乎印证着公检法是一家人,司法权与行政权并没有明确的分工制衡,法院缺乏超然、独立的地位,这对人民法院公平、公正行使审判权产生了负面影响。这个时期法官制服的特点表明法院已经逐步走向规范化,但许多观念和外在表现形式依然跟不上时代的步伐。法官制服在样式上近似军警制服,阻碍了普通百姓对法院、法官功能的认知,也遭到了各界人士特别是法律学界的严厉批评,改变不可避免。

随着我国社会主义法制建设的不断发展和完善,与国际社会特别是与英美法系国家司法交流活动的增多和深入,人们开始充分认识到了西方一些国家法庭的威仪。而这种威仪的主要表征之一则是法官的服装。这也给我国的法官形象提出了更高的标准和要求。为了体现中国法官的公正廉明形象,在借鉴国外合理经验的基础上并结合我国国情,经国务院批准,从2000年开始人民法院的审判服开始进行改革。这次服装改革的主要内容是:新式审判服取消大盖帽、肩章,采用胸徽作为审判人员的司法标志;新式审判服为佩戴胸徽的西服式制服,颜色选用国际上司法人员通用的深色;人民法院审判人员开庭审理案件时,逐步改着黑色法官袍。

这种"2000 式审判服"相比以往有了质的变化,其各种别出心裁的设计有不同的意义:法官袍为黑色散袖口式长袍,黑色代表庄重和严肃;红色前襟配有装饰性金黄色领扣,与国旗的配色一致,体现人民法院代表国家行使审判权;四颗塑有法徽的领扣象征审判权由四级人民法院行使,同时也象征着人民法院忠于党、忠于人民、忠于事实、忠于法律。2000 式审判服还包括西服式制服,夏装为深灰色,春秋装和冬装为黑色,审判人员身着西服式制服执行职务时需同时佩带专用徽章作为其身份标志。

法官审判服堪称最形象、最独特、最直观和最具隐喻色彩的司法符号,中国法官制服的演变在一定程度上反映了司法理念的蜕变和司法文化的更新,中国法官的形象正变得更加文明和成熟,中国司法审判制度也正走向完善、开放和权威。2000 式审判服的正式亮相表明中国在积极构建与国际司法文明相适应的新型司法文化方面终于有了重大进展。法袍让审判人员感受到了一种强烈的和国际司法接轨的大趋势。在一个开放的国际司法大环境中,法袍的出现代表着民主、开放和国际化的潮流。法袍这种特殊的服饰意味着这种职业的特殊性和极端重要性,穿上法袍能让法官意识到自己的权力只能在法庭上行使,只能在穿上法袍的时候行使,而且有助于启发暗示法官,追求法律解释原则的统一性,有利于塑造公正严明的法官形象,但同时也给法官素质提出新要求,那就是与之匹配的成熟的思想和独立的判断能力,并表示始终遵循法律,对国家和社会负责。而且法官制服是没有等级差别的,这意味着法官袍是一种非等级化象征。法院不是行政机构,法院院长并非法官的上级,无等级的法官袍还表明对于具体案件的处理和具体法律条文的解释,在不同的法院和不同的法官之间必须是统一的。身披法官袍的法官可以给人一种超然于世俗的距离感和神秘感,而这种必要的距离感和神秘感有助于强化司法审判权的独特性、权威性和神圣性。庄严的法官袍完全符合司法审判这一特定领域的职业审美标准,张扬了一种超越于职业范畴的鲜明的内心信仰。

2. 西方法官文化

(1)英美法官的特点

英美法系国家悠久的历史文化传统,塑造了色彩鲜明的法官文化,对于发展普通法,维护司法公正和捍卫社会正义起到了良好的作用。在法官制度文化方面,英美法系与大陆法系一样,都建立在分权、司法独立的基础上。事实上,更能体现英美法官文化特点的,主要集中在物质和精神的层面。

以美国为代表的法官文化中,法官的造法意识是其显著的特色。该类型的法官尊崇"正义高于法律",通过违宪审查权的积极运用实现正义。美国的大法官在解释和运用法律时往往采用比较灵活的解释方法,对宪法也不例外。庭审活动中,法官实际担负着造法功能,他们兼具创造法律的勇气与强烈的责任感。"美国法律的历史,其实就是曾经伟大法学家和法官的历史"(培根,1998)。美国成立、发展的历史进程和国家政权形式与这种积极的法律文化关系密切。美国宪法将"权力分立"与"权力制衡和监督"原则确立为基本原则,有效的司法独立保障制度也为法官独立性奠定了坚实的物质基础。同为普通法系的英国,在法官文化上与美国有着许多差异之处。英国法官文化类型的突出特点在于:法官无权对法律是否违反了正义进行审查,有忠于法律的职责和义务。英国的法官文化类型对于其法官队伍的个人品行有较高的要求,需要他们严格按照法律规范,谨慎裁断,司法活动中恪尽职守,忠诚谨慎。在普通法系的语境下,法官非常注重经验,以判例形式表现的普通法,其本身就是司法经验的积累。正如哈佛大学著名的司法程序专家查菲所说的那样,在普通法国家,为了预测一个未来的法官的行为,最好看看他图书室里的藏书,而不是看他事务所里的诉讼委托人名单。英美国家优良的职业化教育,在长期的司法实践中基于知识背景、训练方法、法律思维方式的积淀,以及特定的概念、逻辑推理形式,造就了其专业化、高素质的法官队伍,使得法官能够娴熟地运用各种法律及法律适用技术,来维护司法公正和社会公平。

(2)法官选任程序及任期

英美国家任命法官对候选人的资历要求非常高。英国所有各级法院的法官都从出庭律师中产生,均由最高法院大法官提名,英王委派或任命。即英国法官必须从英国4个律师公会的成员即出庭律师中任命。高级法官基本上都在名牌大学(主要是其中的四大法学院)中接受过法律基础教育,他们的父辈的职业基本上都属于资产阶级。在美国,法官的选任因联邦和州法院体系不同,法官产生的程序也有所不同。联邦法院系统的三级法院,即最高法院、巡回上诉法院、地区法院的法官均由总统提名,参议院批准。如果参议院不批准,总统就要另行提名,再交参议院审议、批准。在法官提名过程中,政党、司法部长、美国律师协会(ABA)和参议员等因素都在其中起着十分重要的作用。州法院系统的最高法院、上诉法院、初审法院(包括具有普通管辖权的法院和有限管辖权的法院)的法官产生的方式,由本州宪法规定。大多数州的法官是通过选民选举产生,也有的由议会选举或者州长任命。

第十七章　中西法官文化对比

美国法律没有明文规定法官的任职资格,但在司法实践中,联邦法院系统的法官除要求取得竞争极其激烈、难度很大的 J.D. 学位以外,还必须通过严格的考试取得律师资格,且已从事律师工作若干年。在美国,经验是衡量是否授予法官资格的一个重要因素,这在其法官遴选制度中体现得淋漓尽致。通常情况下,法官在从事这一职业以前,需要拥有大约 15 年到 20 年职业律师的经历,统计数据表明,大约有近三分之一的法官在担任法官之前具有担任检察官的经历。美国法官界的实际情况也很能说明这一点,在美国大多数法官是律师,要想成为一名法官,具有法学学位和职业律师的经验是其中最普遍的资格要求。而能否出任法官,还要考量到其他诸多因素,比如他在律师执业中的成功与否、在律师同行中的声望地位以及政治影响情况等。所有联邦系统的法官(包括最高法院、上诉法院、地区法院的联邦法官)均由总统任命,参议院批准。

美国法官的任期因联邦法院和州法院体制不同而有所不同。首先,联邦法院系统的法官实行终身制。美国宪法第三条规定:"最高法院与低级法院之法官如忠于职守,得终身任职。"因此,法官除非因违法犯罪受弹劾或者自动辞职,其职务是终身的,工作也是终身的。这是美国政府为保证联邦法官的独立性而采取的重要措施之一。它有利于解除法官的后顾之忧,使法官无须考虑因认真执法而可能在未来的选举中落选或者是否继续留任的问题。这样尽管总统可以任命在政治上接近他的法官,但总统却无法控制他所任命的法官。

(3) 法官年龄、待遇、地位

英国的《王位继承法》中规定法官只要行为良好便可终身任职。在英国,法官是终身职务,只有在违反正当行为原则并在上下两院共同要求下才能由国王予以免职。被任命为法官的人服务的年龄可以达到 70 或 75 岁。美国法官的任期因联邦法院和州法院体制不同而有所不同。首先,联邦法院系统的法官实行终身制,这种思想在美国宪法第 3 条第 1 款有明确规定。其次,州法院法官一般实行任期制。任期长短各州规定不一。一般任期为 4 年到 15 年。此外,现有 7 个州对法官的任命是终身的。

普通法国家法律职业的特点决定了主要法律人之一的法官的特点,其中法官的年龄问题比较突出。法律的生命不在于逻辑而在于经验,因此普通法对法律职业者尤其是法官的社会阅历和经验要求非常高。在英国,法官的年龄通常都不会年轻,因为要想成为一名出色的法官,需要经历漫长而规律的进程。一般来说,在英国很难会碰到 40 岁以下的法官,而一个人要想被任命为高等法院法官的话,那他至少要在律师界开业达到 15 年以上。显而易见的是,法官的职位越高,平均年龄也就越大。高等法院法官的年龄很少低于 50 岁,上诉法院法官的年龄很少低于 55 岁,而上诉法院高级法官的年龄则不低于 60 岁。"在这三级法院中,许多法官的年龄要比上述年龄大得多"(阿蒂亚,1998)。"美国与英国的情形相类似,但法官在最初就任时平均年龄比英国要年轻些,不过,据 1970 年的一项调查,也达到了 47.3 岁"(大木雅夫,1999)。法官经验多,年龄大,有利于树立法律审判的权威性。

另外需要提及的是美国特色鲜明的联邦法院的资深法官制度。根据美国宪法,联邦法官只要品行端正,即可终身任职,只有"因叛国、贿赂或其他重罪和轻罪而受弹劾并被定罪"后,才能免职。但法官年事渐高后,审判工作肯定会受到疾病、衰老影响。为了让老龄法官能够体面卸任,国会 1869 年通过法律,规定年满 70 岁,担任联邦法官满 10 年者;或年满 65 岁,担任联邦法官满 15 年者,可以申请退休。但是,有些法官还愿意"发挥余热",承担一部分审判工作。所以,国会 1919 年又通过新法,设立了资深法官(Senior Judge, Senior status,也有人译作优遇法官)席位。

转任资深法官。根据法律,满足退休条件的法官可以直接退休,也可以申请转任资深法官。资深法官相当于一个"半退休"性质的过渡岗位。转任资深法官后,原来的席位会空缺出来,不再占据法官编制,总统可以任命新的常任法官补缺。

资深法官的待遇。资深法官享受一定优待。联邦法官退休后,可以领取与最后工作年度年薪相同的退休金。而资深法官可以继续享受之前的薪酬,不因办案量降低而减少。如果中间遇到加薪,薪酬与退休金也会相应增加。

资深法官的工作量。资深法官可以视体力、精力,审理适量案件(约为过去的 50%),法院会根据工作量,为资深法官配备专门的办公室、助理和秘书。有的法官转为资深法官,只是为腾出法官席位,但他们的工作量一点儿也没减少。根据统计,2006 年 9 月 30 日,全美 1018 名地区法官中,约有 364 人(36%)是资深法官。从 2005 年 7 月 1 日到 2006 年 6 月 30 日,资深法官处理了 17% 的案件,主持了 18.3% 的一审庭审。

资深法官的考核。资深法官能否继续从事审判工作,由其所在法院的首席法官进行考核。考核标准由法律规定:1)资深法官一年的工作量,约等于或大于常任法官三个月的工作量;2)参与过主持和解、撰写书面判决意见,处理过首席法官指派的司法行政任务。

就待遇而言,"先于大陆各国形成的对法官优厚的物质待遇,成为英美法各国的传统"。英国法官的薪俸非常优厚,大法官的年薪与首相一样。各级法官之间的

第十七章 中西法官文化对比

待遇相差不大,经济利益方面的刺激很小,法官对升迁并无多大的兴趣。《美利坚合众国宪法》甚至对法官的"俸金于任期内不得减少"都做了明确的规定。"在美国,美国联邦最高法院首席法官的年薪与副总统相同",总体而言"法官的薪俸优厚,如果在高一级的法院任职,还会配有秘书和研究助手"。联邦法院法官的工资是统一的,法官的工资是由宪法和法律予以保障的(梅利曼,2004)。

根据 2013 年的最新统计,全美 874 名联邦法官中,最高法院首席大法官年薪为 22.35 万美元,其他大法官则是 21.39 万美元,巡回上诉法院法官为 18.45 万美元,地区法院法官为 17.4 万美元。而联邦参议员和众议员年薪均为 17.4 万美元,只与地区法院法官持平。再看行政机关,总统奥巴马年薪 40 万美元,副总统拜登 23 万美元,司法部长等主要内阁成员约 18 万美元。副部长们约 16 万美元,已低于联邦法官最低工资。美国各州法官待遇又如何呢?根据"全国州法院中心"2012 年的统计,美国 50 个州的基层法院法官人均年薪为 13.08 万美元,上诉法院法官为 14.07 万美元,最高法院法官为 14.69 万美元。由此可见,无论在联邦层面,还是各州层面,基于法官平等原则,基层法院法官与最高法院法官的收入差距并不太大。

美国联邦最高法院在 Bradley v. Fisher 一案中首次确认了司法豁免(judicial immunity)原则;在 19 世纪 70 年代,美国以 Stump V.Sparkman 案再次确认和明晰了司法豁免原则。在此案中,最高法院认为,如果法官的行为是在其权限之内的,或者甚至"超过其权限的",只要他已履行的行为是"司法行为",那么他对于赔偿诉讼将享有绝对的豁免,除非是"明显缺乏所有的权限"(clear absence of all jurisdiction)(Stump v. Sparkman, 435 US349(1978))。

英国也有所谓"司法人员免予民事诉讼"(Judicial Immunity from Civil Action)的制度。丹宁勋爵说:"只要法官在工作时真诚地相信他做的事是在他自己的法律权限之内,那么他就没有受诉的责任。法官可能弄错事实,可能对法律无知,他做的事情可能超出他的司法权限——不管是在事实上,还是在法律上——但是只要法官真诚地相信他做的事情是在自己的司法权限之内,他就不应承担法律责任"(丹宁,1984:36)。当然,司法豁免权也并不意味着法官完全不受法律惩罚,"倘若法官受贿或者哪怕有一点点腐化行为,或者法官滥用司法程序,那他将受到刑事法庭的惩处。但是除此以外,法官不受要求赔偿的起诉。这倒不是因为法官有任何犯错误和办错事的特权,而是因为他应该能够完全独立地履行职责而无须瞻前顾后"(丹宁,1984:50)。英国不存在对判错案的法官追究刑事或民事责任的情况,已经生效的刑事案件如果被改判并给予国家赔偿,原审法官不会被追究刑事、民事责任,也不会影响其业绩或奖惩。

(4) 美国的法官控制理念与制度

英美法系国家,法官决定着法律的效力,就是说,已通过的法律只有经法官运用时,才成为法律。法官办案时,不按新法律,而按早就实行的不成文法是司空见惯的事。比较而言,欧美等法治成熟国家法官违纪违法现象明显较少,且多数发生在基层低级法院或州低级法院,高级法院或联邦法院法官违纪——违背司法职业伦理——现象甚为罕见,至于违法犯罪则自第二次世界大战以来尚未有先例。在美国,对法院法官进行约束的行为准则主要是《司法道德准则》和《司法行为与资格丧失法案》这两个法案,但是,在实践过程中,并不只有这两部法案,还有民间的监督机构、联邦法院等。多管齐下,监督法官的任职情况,这也保证了美国法官队伍的纯洁性和高效率。

联邦制的美国是世界上典型的二元司法体制国家,即其司法体系由州法院系统和联邦法院系统组成。由于彼此是根据不同的宪法和法律建立起来的,所以这两套法院系统之间存在较大差别,而与联邦法院和州法院之间的差异相比,州法院系统之间的差异未必不同样明显,因为各州法院系统是根据其所在州的宪法和法律建立起来的。无论是联邦法院系统还是州法院系统,都没有旨在监督法官司法裁判的法官控制制度。不管是联邦国会制定的《司法行为与资格丧失法案》(28 U.S.C. Section 372)还是各州《司法法》中有关规范法官行为的规定,都为法官的行为留下了充裕的自由空间,"规定法官的裁判行为不得成为惩戒法官的依据"(严仁群,2004)。在美国,评判联邦法官候选人职业能力和道德品性的一个重要机构是由法官和律师组成的民间组织——美国律师协会(American Bar Association, ABA)。至今尚无被该协会评定为"不合格"的联邦法官候选人被正式提名,更遑论成功任命之先例,该协会的影响力由此可见一斑。美国律师协会制定的"模范司法行为准则"尽管不具有法律拘束力,但无论是法定联邦法官行为规则还是各州法官法定行为规范均对此模范准则多有借鉴和参考,有的立法甚至直接照搬该模范准则。在理念上,美国律师协会的模范司法行为准则将司法独立或者说法官独立置于至高无上之地位,视独立为司法或法官的最高原则。

在美国,所有涉及法官惩戒的行为准则都以保障司法和法官独立为前提,绝不容许任何个人和机构染指、干扰和妨碍法官的司法裁判权。这导致法官事实上只对法律负责,而无须对任何个人和机构负责。由此,"美国没有检察官监督司法这种说法,美国的检察官都是律师,只是作为公诉人,在诉讼中,办案人包括检察官都要受到法官的监督"(柏恩敬,2005:307)。美国联邦法官的任命过程非常复杂,足以保证被任命者在职业能力、思想观念和个性举止等方面均完全适合、胜任法官这个职业。而终身任职及法官报酬相同(首席大法官略高一点)等制度又足够保证法官在其整个司法生涯过程中既免受"胡萝卜"的诱惑又不必恐惧"大棒"的打压威胁。再加上美国的对抗制诉讼模式,使得法官与一方当事人及其代理人之间的一切言行举止都处于对方当事人及其代理人的自觉监督之下,由此决定了美国的法官没必要且几无机会去利用手上的裁判权做交易。从1789年联邦司法正式建立至今,美国没有一个联邦法官在法官任职期间因违法犯罪而被判有罪,至于因某些行为不检点而辞职或被除名的联邦法官至今亦只有8名。

(5) 法庭仪式及法官装束

在英美法律传统里,宗教与法律具有天然的亲缘关系,因此司法仪式具有宗教般的神圣色彩。举法庭装束为例,在英国,法官至今仍然保留着出庭穿长袍戴假发的传统,"在欧洲大陆国家人士的心目中,关于英国法官,常常有这样一幅浪漫的图像:他们身着绯红色的长袍,头戴巨大的假发,在一所镶嵌华丽的法庭上进行审判"(茨威格特、克茨,2003)。在美国,也继承了英国法官出庭穿法袍的传统,但进行了一些改革,法官出庭一般都穿黑色长袍,但不戴假发。

西方法官袍具有鲜明的象征意义,主要体现在以下几个方面:① 神秘。法官是世俗之人,但是由于法律授予法官巨大的权力,因此需要用法官袍把法官包装起来,不与案件当事人在庭外接触,与其他不应接触的人也需要保持一定的距离。让法官与世俗世界借距离产生神秘感,树立权威和公正。② 独立。法官是法律之下的法官,只对法律负责,独立思维,独立裁判。③ 中立、被动、消极。法官袍是一种不适合野外工作的服饰,意味着法官的权力只能在法庭内行使,只可以在当事人有求于法庭时才能行使。④ 庄重。严肃黑色代表凝重、理性,法官在裁判时必须逻辑严谨,时刻警惕激情和偏见。⑤ 文化品位。法官袍与硕士服、博士服最为接近,具有较高的文化品位,同时穿长袍的人有长者风范、经验丰富,也体现出法官是一种文职官员。另外,在英美两国,证人宣誓作证的传统在司法实践中一直被传承。

有些国家尤其是英美法系国家,法官在诉讼中须戴假发。之所以戴假发,其隐喻是因为要给公众——无论是庶民还是嫌疑犯——以一种经验老到的感觉。事实上,英美法系的法官,就是经过严格的考试、培训和长期的审判经验造就出来的,大部分法官都经过几十年的锤炼,不但具有一流的法学知识,而且具备了高超的法律操作技术,在长期的审判中获得了国家和社会的尊重。法官的高贵和神秘是立法的吵闹、总统的风光所不可比拟的,其背后的司法权力可与立法、行政并行不悖,而又相互独立,假发是体现法官这种独立权力的桂冠。银色的假发还代表德高望重。法官戴上假发才会给人忠厚、持重、信守法律而又主持正义的威严形象感,才会引申出法律的神圣与威严之意。假发与人的结合,塑造了法律的特殊意义,它具有表达法律文化和法律精神的符号,揭示了法律在特定场合下的实践,修饰、美化了法律实践的正义环境,象征法官在这种实践中的权威性力量,也喻示了法律作为实践中的知识,在对待是非问题上不但持守正义,而且也是相当稳重的(易军,2008)。

(6) 对法官的称谓

在美国法庭上,律师通常称呼法官 Your Honour 或 Judge,但例外的是,按照洛杉矶高等法院的规矩,不能当面称呼法官 Judge。在联邦最高法院,大法官必须被叫做 Justice,首席大法官 Chief Justice,如果哪个出庭律师叫错了,会被大法官当庭呵斥。除了最高法院的出庭律师,纽约律师必须注意到:在纽约,法院的级别称谓是倒过来的,所谓"纽约最高法院"(Supreme Court of the State of New York)实际是基层法院,但法官却以 Justice 自居,而上诉法院的法官反而被称作 Judge。英国法官的称呼更加讲究,与法官所在法院的级别有密切关系。在英格兰和威尔士,只有高等法院 High Court 以上的法官才被称 My Lord/My Lady,有时也可称为 Your Lordship/Your Ladyship。一般的 Crown court 的首席法官因具有高等法院法官的地位才被称为 My Lord。香港律师对法官的称呼承袭了英国传统。在高等法院,诉讼双方都会尊称法官为 My Lord/My Lady 或 Your Lordship;在区域法院,则称法官为 Your Honour;在裁判法院会称法官为 Your Worship 或 Sir。律师对法官称谓不恰当,虽不会被视为藐视法庭,但将会被视为很不礼貌,很不专业的表现。

三、中西法官文化对比的启示

在中国普通民众眼里,法官是一个令人艳羡的职业,工作稳定,待遇优厚,基本上是个"铁饭碗"。对今天的大多数法科学生来说,毕业之后能进入法院,那简直是最理想的职业选择!然而,吊诡的是,不少法官正辞职而去,以至于"法官流失"成了引人关注的新闻。这还真有点儿像是司法领域的"围城"(王建勋,2014:21-23)。这就是在全面推进依法治国上升到治国理政方略的高度,法治中国建设奏响时代最强音的当下,我们的司法改革和司法建设所面临的一个真实而严峻的现实状况的缩影。

第十七章　中西法官文化对比

任何一项法律制度,只有在处于其中的人是最好的时候,它才能呈现出好的状态。司法制度是一国法律的基本内容及核心。在现代社会,法院被誉为社会正义的最后一道防线,而法官则是这道正义防线的最后一个守护者。因此,要实现司法公正,一方面需要有良好的司法体制来保障审判权完整和独立行使;另一方面更需要有一定职业化的、高素质的法官队伍来正确适用法律。

作为法制运行的基础,法官是司法制度中最核心的部分;作为社会纠纷的最终裁决者,法官手中握有最终解决纠纷的审判权和裁判权。法律适用的过程,实际上是法官公正地运用法律知识解决社会冲突的理性思维过程,是通过自己的思维活动与理性判断,把法律规定正确地适用于案件的过程。因此,高素质的法官是保障法律正确运行的关键。为此,各个国家和地区都很重视法官制度的建设,以保证公平、正义、秩序、自由等法律价值得到实现。

法官制度设置科学与否,直接关系着我国法官队伍职业化建设的进程,也影响着我国司法改革的公正与效率目标的实现。当前,社会民众对我国司法公正的现实情况评价不高,对我国法官队伍的整体素质和形象充满期待。相对而言,西方国家,尤其是美国的法官却享有极高的社会地位和社会威望,赢得了民众普遍的认可与尊敬。这与其具备科学完善的法官制度息息相关。美国作为当今世界法治文明最发达的国家之一,在法官制度的设计上积累了丰富的实践经验,其中有许多方面会给我国法官制度的改革带来有益的启示。因此,对中美两国不同的法官制度进行比较,探讨法官制度的发展规律及趋势,对于我们在立足于法治本土资源的基础上客观审视我国的法官体制,确立科学的、符合审判规律和特点的法官制度,深化司法改革,将具有重要的借鉴意义。

(1)健全法官保障制度

中国法官经济保障制度应当着眼于制度土壤,首先解决法院与行政的同质化和审判事务与非审判事务的区别化问题,进而才能讨论法官价值和与之匹配的待遇问题。具体来说:① 去行政化是法官保障制度改革的发展方向。法官保障制度应当与法官的角色和作用相一致。中国法官的作用应当逐步改变,成为政治平衡中重要一极,因此制度分权的需要已经势在必行(方绍伟,2013:263)。保障法院系统的独立,确保依法、独立、公正行使审判权,使之真正能制衡同级政府,克服各级地方的信息隐蔽、权力截留、司法割据的问题,防止严重的政府官员腐败危害政党执政的合法性。法官应当从政府的维稳工具转化为社会的平衡器,还原社会正义化身的形象。给予法官较公务员更丰厚的收入保障以彰显法官地位,赋予中国法官职业新的内涵,同时为之支付相应的成本。②去地方化是法官保障制度改革的突破口。法官保障制度应当是能够强化司法的独立性。原美国司法委员会主席考夫曼有句名言:"不能让法院为了经济问题手捧帽子,向他们的主要诉讼当事人(指政府)乞讨"(考夫曼,1981)。法官转换角色的最重要目的之一就是要让法官制衡地方政府,法官的经济保障来源必须来自更高级别的财政。高级人民法院的法官应当以较高标准,由国家财政予以保障。基层和中级的法官经济保障应当由国家或者省一级财政予以保障。

(2)创新法官选任制度

虽然自1995年法官法颁布实施以来,我国法官遴选制度在规范化、科学化方面有了很大进步,但是基于历史和现实等诸多因素的影响,我国法官遴选制度仍然存在不少弊端。西方国家的法官遴选制度对完善我国法官遴选制度具有如下借鉴意义:①成立专门的法官遴选机构,增加遴选程序规范性、公开性和透明度。该专门机构负责法官遴选工作,包括对候选人的审核、提名、考察、上报,同时负责相关事务和政策的协调。名称可以是"法官遴选委员会",分为最高人民法院和各省两级"法官遴选委员会",分别负责最高人民法院和各省市辖区的法官遴选工作。委员会成员由同级人大、党委组织部门和法院等部门人员以及社会公众代表组成,在同级人大领导下开展工作。主要负责法官遴选过程中的公告、报名与资格审查;组织必要的考核和考察;提出任命建议等。②统一并确立科学规范的法官遴选程序。首先,拓宽法官遴选的来源和渠道,建立和完善从优秀法律人才中选拔法官的制度。初任基层法院法官主要从大学本科法律专业毕业的执业律师或在法官学院参加过法官职业培训的人员中选拔,具体由各省"法官遴选委员会"负责,遴选的重点在考试环节。考试内容和形式必须科学设计,突出法律的实践性,重点考核应试者是否具有法官的内在素质。在坚持法官基本任职资格条件的前提下,积极扩大法官遴选的来源和渠道,除了从法院的优秀工作人员(如法官助理)中选任、从下级法院的法官中选任外,特别要逐步建立和完善从法院以外的社会上优秀法律人才中选任的制度。《人民法院第三个五年改革纲要(2009–2013)》提出:"最高人民法院、高级人民法院和中级人民法院遴选或招考法官,原则上从具有相关基层工作经验的法官或其他优秀的法律人才中择优录用。"优秀法律人才应限定为检察官、律师和法学教授,取消目前法官法和《公开选拔初任法官、检察官任职人选暂行办法》中的"法律工作经历"的含糊和宽泛规定。③领导职务的法官应从法官队伍中产生,提高人民法院管理水平。法官是一个职业化、精英化的特殊群体,特殊的职业特点和规律决定了法院的领导层也必须是谙熟审判业务、了解审判规律的人员,只有这样才能保证领导的素质和效果。④ 改革现行法官选举和任命机制,确保法官独立地位。为了克服地方保护主义,摆脱行政干扰,应当改变目前我国地方各级法院法官由同级人大产生的做法(王琦,2010:128-134)。比如,可以考虑取消选举方式产生法院院长的做法,所有法官以及法院领导职务均通过严格的程序任命产生。

(3)法官工作专业化,经济保障量化和层次化

法官工作应当专业化。审判事务与非审判事务应当科学区分,非审判工作不应当占用法官的工作时间。如财产保全、调查取证、送达等非审判事务应当从法官的工作任务当中剥离出来,如征地拆迁、结对帮困、下乡扶贫等行政事务更不应当让法官负担。"调处矛盾,化解纠纷,扶贫救助,解决弱者的困难和问题"等事务,不应该由法官来负担,法官应当的职责仅仅是依法裁判。筛减非一线审判人员,优化法官经济保障成本占国家管理的人力资源成本的比例,确保财政中法官经济保障改革的投入。量化和层次化法官保障制度改革。根据实际状况,有计划、有步骤地逐步提升法官保障水平。① 逐步提升法官的收入水平,可以考虑比普通公务员高 50% 的标准(孙伟良,2012),以与公务行政人员形成明显区别,并有效提高法官的职业荣誉感和生活质量。② 维持法官退休后收入保障水平。为保障法官无后顾之忧,按照国际惯例,法官退休后应当保持其原有保障水准不变。③ 对四级法院按不同标准予以保障,让少数的司法精英职位外看显贵,里子丰裕,突显对司法精英的尊重(丁文生,2014:112-116)。

(4)建立资深法官制度

美国的资深法官制度,是在法官终身制前提下,为方便高龄法官提前退休而进行的制度设计。但是,由于这项制度能够腾出法官编制,充分利用审判资源,对我国亦有借鉴意义。根据《中华人民共和国法官法》第 42 条的规定:"法官的退休制度,根据审判工作特点,由国家另行规定。"但实践中,我国对法官退休年龄的要求,仍沿用与公务员相同的规定。2010 年 5 月 12 日实施的《关于切实解决法官、检察官提前离岗、离职问题的通知》部分解决了法官提前离岗、离职的问题。但是,一些年纪偏大,或已不再担任领导职务的法官虽然审判经验丰富,却既占着编制,又不愿办理具体案件,导致"老人不能用,新人不能进"。因此,建议在争取有关部门批准延长法官退休年龄的同时,探索建立中国特色的"资深法官"制度。即法官符合退休条件后,可以申请转任"资深法官"。资深法官由本院院长任命,不再占用法

官编制,享受与退休前相同的工资福利,但工作量应逐年考核,符合预设标准。资深法官既可以留任原审判部门,也可以根据个人资历、健康状况,常驻法庭或社区,处理婚姻家庭、相邻纠纷、小额借贷等特定类型的案件。对资深法官年工作量的要求,应低于一般法官。资深法官主动申请,或无法完成规定工作量时,可彻底恢复其退休法官待遇(何帆,2012:41-42)。

　　法科学生难以从事法律职业,而熟练的法官因为缺乏激励机制而流失的司法领域的"围城"现象亟须重视和改变。法官为何出走,原因很简单,缺乏激励机制,法官的工资和行政级别挂钩,而行政升迁是一件极难的事情。法官应该从优秀的律师或者其他法律人士中产生,让法官与公务员区分开来,让法官成为一种为行政脱钩的职业。如此一来法官的激励机制也理顺了,法官的收入必须与其提供的法律服务相适应。当然法官的收入是应该增加,法官的选任与数量也都应该变化,让真正的法律精英担任法官,让法官与其他工作人员区别开来。法官精英化之外应该更多地增加法官助理,这样法官的职业荣誉感才能更加凸显,有助于遏制法官的流失,从而让法官更加精英化。

　　"在省一级设立法官、检察官遴选委员会,对法官、检察官实行有别于普通公务员的管理制度,法官、检察官须对所办案件终身负责……"中央决定,就完善司法人员分类管理等4项改革,在上海、广东等省市先行试点。这样的改革思路就是对法院、检察院工作人员实行有别于普通公务员的管理制度。

　　中西方司法制度,尤其是法官文化的对比和交流,意义重大,影响深远。对欧美国家先进理念、经验和做法的成功借鉴,已在立足我国本土法治资源优势的基础上,开始迈出了可喜的一步。被业内寄希望于打造成为"中国未来法院样本"的前海法院,从酝酿成立到正式挂牌,都广受公众和业内人士的关注。2015年2月2日开始,前海法院正式受理案件。前海法院除管辖前海辖区一审民商事案件、行政案件和执行案件外,还集中管辖原由深圳市辖区其他基层人民法院管辖的一审涉外、涉港澳台商事案件。这是根据前海法院成立初期人员配备情况确定的案件管辖范围,未来将根据深圳及前海经济、社会发展以及前海法院人员配置情况,争取上级法院授权,管辖部分第一审金融案件和知识产权案件。前海法院正式掀开面纱,不负众望多项举措创全国先河:在全国率先建立任期制法官制度;建立立案登记制,实现有案必立;不设审判业务庭,直接设立主审法官审判团队;机构设置也极尽精简:只设两个综合管理部门……作为一个新设机构,前海法院没有历史包袱,可以大胆创新改革,打造中国未来法院样板(蔡佩琼、王东兴,2015)。

第十八章 中西律师文化对比

- 法律的生命在于经验,而不在于逻辑。——[美]霍姆斯
- 在一个法治的政府之下,善良公民的座右铭是什么?那就是"严格地服从,自由地批判"。——[英]边沁
- 法律用惩罚、预防、特定救济和代替救济来保障各种利益,除此之外,人类的智慧还没有在司法行动上发现其他更多的可能性。

——[美]庞德

一、概述

律师是指依法取得律师执业证书,接受委托或者指定,为当事人提供法律服务的执业人员。律师应当维护当事人合法权益,维护法律正确实施,维护社会公平和正义。律师是中国特色社会主义法律工作者,律师队伍是落实依法治国基本方略、建设社会主义法治国家的重要力量。我国律师制度是中国特色社会主义司法制度的重要组成部分,党中央、国务院历来高度重视律师工作和律师队伍建设。律师制度作为司法行政制度的重要组成部分,与司法体制改革密不可分。深化律师制度改革是深化司法体制改革应有的题中之意。

为适应新形势、新任务的要求,推动新时期律师工作实现新发展,中央做出了进一步加强和改进律师工作的决策,2010年9月17日中共中央办公厅、国务院办公厅原文转发了《司法部关于进一步加强和改进律师工作的意见》。意见阐述了律师工作在全面建设小康社会和社会主义现代化建设全局中的重要地位和作用,阐明了坚持律师工作社会主义方向的根本要求,进一步明确了健全完善律师工作体制机制的主要内容和途径,强调了对律师行业发展的扶持和保障政策,回答了律师事业发展面临的重大理论和实践问题,是新时期推动律师事业又好又快发展的重要指导性文件。

2014年10月23日,中国共产党第十八届四中全会《中共中央关于全面推进

依法治国若干重大问题的决定》(本章节内简称《决定》)提出加强法律服务队伍建设。加强律师队伍思想政治建设,把拥护中国共产党领导、拥护社会主义法治作为律师从业的基本要求,增强广大律师走中国特色社会主义法治道路的自觉性和坚定性。构建社会律师、公职律师、公司律师等优势互补、结构合理的律师队伍。提高律师队伍业务素质,完善执业保障机制。加强律师事务所管理,发挥律师协会自律作用,规范律师执业行为,监督律师严格遵守职业道德和职业操守,强化准入、退出管理,严格执行违法违规执业惩戒制度。加强律师行业党的建设,扩大党的工作覆盖面,切实发挥律师事务所党组织的政治核心作用。各级党政机关和人民团体普遍设立公职律师,企业可设立公司律师,参与决策论证,提供法律意见,促进依法办事,防范法律风险。明确公职律师、公司律师法律地位及权利义务,理顺公职律师、公司律师管理体制机制。《决定》中有关社会主义法治队伍建设,尤其是律师队伍建设的规定,为律师制度的改革指明了方向,对于坚持和完善中国特色社会主义律师制度、促进律师工作更好地服务党和国家工作大局正起到十分重要的作用。

二、中西律师文化对比

1. 我国的律师文化

(1)律师的称谓演变及发展历史

从术语来源上来说,"律师"一词在我国古代社会就已出现并使用,不过只是一个宗教用语,与法律无关。依据《涅槃经·金刚身品》的记载:"能否佛法所作,善能解说,是名律师"(昙元谶、破瞋虚明,2003:83),即把能善解戒律的人称为"律师";另据《唐六典·祠部郎中》的记载:"道家修行又三号,其一曰法师,其二曰威仪师,其三曰律师"(李林甫等,1992:125)。在这处文献当中,"律师"指的是道家修行品号之一。

中国传统社会也存在着特定的诉讼服务者,他们具有一定的法律辨识力和诉讼知识及技巧,擅长在诉讼文字上下功夫,通过帮助细民百姓撰写诉状、出谋划策、参与诉讼,在某种程度上能够满足传统社会民众打官司、"申冤"的诉求。人们习惯上将他们称为"讼师""状师""法家"等(滋贺秀三等,1998;Macauley,1998;党江舟,2005)。但是与西方资本主义国家律师不同的是,他们处于传统体制之外,不被官方认可和承认,其活动没有相应的法律依据,不成其为一种职业,职业伦理与素养尤其令人担忧。具体来说,在古代中国,与律师从事相类似活动的人有两类,一是官代书,二是讼师。

官代书是官府认可的相关人员,他们专为百姓代写状书,从其为民代写状书的职业身份而言,他们毫无疑问有为百姓服务的一面,客观上满足了那些文化不高乃至不识字的民众打官司的要求。但除此之外,他们不会为百姓做更多的事情,更不会为当事人出庭辩护。即使是代写状书,作为一种官府行为,更有着自己的目的,因为通过官代书为民代写状书,可以规范状书的书写格式以符合衙门的要求,与此同时对提交的状书进行一定的筛选,删去那些在他们看来不符合要求的诉状。另一方面,还有一个重要的目的,那就是为了杜绝讼师的活动。这种设置完全与当时的政治体制相适应。

讼师生长于民间,尽管他们大都为追逐利益而来,但由于百姓有需求,其存在同样有着比较充分的理由。他们以帮人撰写状书并为其出谋划策为生。与官代书相比,讼师的民间性决定了他们的行为缺少规范,并带有着更多的随意性。但由于没有合法的职业身份,他们的"挑词唆讼"又最为官府所忌讳和反感。在官方话语中,正是由于受到讼师的唆使,善良民众才会到衙门进行"刁告",这种观点已经形成普遍的社会共识;不仅如此,地方官甚至认为自身工作量的加重也是由于讼师的介入致使诉讼案件不断增加。因此,讼师的活动受到很大的限制。

鉴于讼师的活动已经影响地方官的审判,在一定程度上动摇了官府在民众中的权威地位,冲击了国家的司法秩序,对传统国家权力尤其是司法权形成严重的挑战。因此,一方面,自专门替人誊写诉状的"代书"在宋代成为官方特许经营的行业并取得合法地位以后,那些非经官方允许便帮人参与诉讼的讼师一直是历代官府积极取缔的对象,不仅历朝官员取缔讼师的呼声不断,官府也以立法的形式惩治讼师,特别是在清代更是加大了严惩讼师的力度,将积惯讼棍视为危害社会的重大犯罪,并下令查禁民间流传的讼师秘本。另一方面,历代政府还相当注意防范已经取得合法地位的代笔行为所可能产生的弊端,始终没有放松对"代书"的监管。清政府就曾通过加强"官代书"的管理,对代书与讼师之间相勾结的行为进行严惩,从而压缩讼师的活动空间(林乾,2005)。

官代书与讼师的法律活动,或被合法地限制在一个十分狭小的范围内,或根本就没有合法身份,因此,无论是官代书还是讼师都不能像律师那样通过自己合法的职业身份进入到实际的司法过程中,也无法像他们那样,在法律的保护下去处理各项法律事务。在近代以前,中国之所以没有出现律师这样的职业,是由其特殊的法律文化和政治体制所决定的。从传统的官府意识中,我们一方面更多看到的是强调官为民做主,人们的独立意识受到压制。另一方面,贱讼、息讼观念在历代官府中弥漫,所以律师在法庭上为当事人辩护是当然不能被接受的;同时在传统体制的条件下,也绝不会容忍在官府之外还有一支法律从业者队伍的存在(陈同,2014:161-169)。

概言之,"讼师"概念本身是一个中性词汇,一开始并未承载太多的负面意涵,但受官方话语的构造、控制与影响,"讼师"往往与"刀笔吏""讼棍"等明显具有蔑视意味的词汇等同,"讼师"才逐渐流为贬义,被视为是不敬"道德文章"、专长于"操两可之说,设无穷之辩"的道义小人,在观念、制度及道德上均缺乏正当性(夫马进,1998:389)。但一些讼师在某些案件中也发挥一定的积极作用,以至于最晚到清代,已有一些士大夫开始正面评价讼师的作用,有的学者还为"讼师"正名,界定"讼师"与"讼棍"之不同,如清人王有孚指出"彼播弄乡愚、恐吓良善,从而取财者,乃讼棍耳,安得以师字加之",认为"讼棍必当惩,而讼师不必禁"(王有孚,2006:462-464)。甚至一些讼师还成为地方戏剧中的英雄,例如京剧传统剧目《四进士》中所刻画的明代著名讼师"宋士杰",就是熟知法律并富有正义感的形象。

作为"西学东渐"的舶来品,中国近代律师制度是清末变法改制效仿西方典章制度的产物。该制度的引进既是源于当时中国经济、政治及社会发展的内在诉求,也受到一系列外在因素的刺激,并且有着力倡律师的观念和思想氛围作为精神支撑。事实上,源自西方的律师制度在近代中国确立之前,英文中的lawyer等概念已经通过各种途径在中国译介并传播,且出现"讼师""状师""法家""律师""辩护士"等不同译法。早期译介者以"讼师"这一传统概念对译lawyer一词时,并没有给予其明显的价值判断,但由于传统社会中讼师的不良形象,以及在中国官方话语的构造之下,"讼师"这一词汇本身承载的根深蒂固的负面意涵便被无限放大。这种负面意涵直到民国时期律师制度确立、律师阶层产生之后依旧存在,影响了律师阶层在近代中国地位、身份的确立。

近代晚清社会的翻译,将lawyer确定为"律师",这一用法使其具备了现代意义,主要是指依法取得执业资格为社会提供法律服务的执业人员(何勤华,2009:493)。译词的选择与使用,反映国人对律师制度及律师职业认知历程的嬗变。具体来说,"律师"一词严格意义上作为法律用语确定下来,则是始于1906年沈家本、伍廷芳拟定《大清刑事民事诉讼法草案》的时期。依据该草案的规定,允许律师参加诉讼,从而使得"律师"一词正式进入国家法律文献。然而由于过于激进,该草

第十八章 中西律师文化对比

案招致流产,致使其后的《各级审判厅试办章程》不得不后退一步。之后律师的法律地位在《法院编制法》中得到正式承认。1910年《大清刑事诉讼律草案》和《大清民事诉讼律草案》正式确立了律师制度(周成泓,2013:53-56)。当然,现在看来,lawyer 并不仅仅指律师,译为"法律工作者"更准确。

1912年9月,北洋政府颁布《律师暂行章程》,这是我国第一部专门的律师法。从历史上看,1912年律师制度的建立在中国是一项重要的开创,因为律师职业此前在中国传统体制下还从未有过,即使传统中国有讼师存在,但它与律师却是十分不同的两种概念,体现着十分不同的两种体制及两种法律文化。律师得以合法执业既是新法制在近代中国建立的一种体现,同时这也成为观察近代以来中国社会民主发展的一个重要指标。

1949年新中国成立后,源自西方的律师制度被废除。1954年,随着第一部宪法的实施,一些大中城市成立了律师协会和法律顾问处,但很快中断。1979年,司法部恢复成立不久,就下发了恢复律师制度的通知。改革开放以来的30多年,是"中国律师行业发展的黄金时期"。新中国1980年颁布了《中华人民共和国律师暂行条例》,将律师规定为国家法律工作者。1996年颁布《中华人民共和国律师法》(下文简称《律师法》)时,将律师界定为"依法取得律师执业证书,为社会提供法律服务的执业人员",还"律师"以本来面目(戴拥军、魏向清,2014:111-114)。经过对《律师法》2001年、2007年和2012年3次修改,律师制度逐渐完备,修订后的法律称律师是"依法取得律师执业证书,接受委托或者指定,为当事人提供法律服务的执业人员"。

从新中国对律师定义的变更,不难看出我国由计划经济向市场经济、由民主专政向民主法制社会转变的轨迹。但对律师的定义不论如何变化,我国律师制度的社会主义属性没有变,现在定位是"中国特色社会主义法律工作者"。经过多年的发展,当下中国律师业的整体状况已非往昔可比。律师业在整体上已经脱离国家怀抱,融入社会大家庭,变得更加自主自立,更有交涉力;律师的生存根基和命脉,已经从单纯的政治忠诚,转向了参与社会分工、回应社会需要的职业理性。尽管如此,顺着律师业社会化和行业化的发展轨迹,寻根于社会,植根于社会,在社会的广阔天地中根深叶茂,仍然是中国律师业今后不能不予以清醒认识和自觉行动的主题。

(2)律师人数、服务市场、律所规模

中国和美国是世界上律师绝对数量最多的两个国家。我国律师数量全世界律师人数总量的20%,仅次于美国,居世界第二位。律师是依法治国的重要力量。在全面推进依法治国的历史进程中,律师扮演着越来越重要的角色。近年来,在党中央、国务院的正确领导下,我国律师事业发展迅速,取得了长足进步。根据中华全国律师协会的统计,截止到2016年底,我国律师队伍已发展到32.8万多人,律师事务所达到2.6万多家。从2007年到2016年,律师人数保持年均9.5%的增速,律师事务所保持年均7.5%的增速。应该说,中国律师人数在近几年有了较大幅度的增长,但是与美国律师的数量相比,差距还较大。虽然有人置疑律师多并不是一个好事情,比如林语堂就曾经表示"存在过多警察时,就没有自由可言;存在过多士兵时,就没有和平可言;存在过多律师时,就没有正义可言。"然而,事实上,律师对于推动国家法治进程的意义却是绝对不可忽视,而且相反应当着力重视的。今天,我国律师广泛介入政治、经济和社会生活各个领域,发挥了越来越重要的作用,已经成为全面推进依法治国的一支重要力量。

中国律师虽然人数还不是很多,但是律师所面临的竞争压力却很大。由于受经济发展程度制约,法律服务市场有限。预计潜在的法律服务市场为200亿美元,但是需要经济的培育。当然,我们也高兴地看到,随着中国经济的发展和律师商业意识的提高,市场在拓展、薪酬在增长。根据《2006年法律职业薪水调查报告》,律师年平均薪酬增长率达到17.3%,内资律师事务所的薪酬增长率最高。

中国90%以上的律师事务所人数都在50人以下。律所规模太小,缺乏与世界性大律师事务所抗衡和竞争的实力,难以适应WTO形势下法律服务市场的需要。目前,中国律所也有规模化发展的趋势。在目前中国律师业中规模较大并居于领先地位的一些综合性律师事务所,一般拥有400-600余名律师、代理人及专业人员。有规模化意向的律师事务所,通常是优秀的律师事务所、成功的律师事务所,他们居安思危,准备更上一层楼。但是中国律师事务所在发展中需要注意的问题是,如果盲目招兵买马,扩大规模,不顾及自己的实力,不顾及吸纳人员的层次素质,良莠并蓄,规模化可能是昙花一现。

(3)律师地位、组织形式、营销策略

我国律师制度恢复初期,"律师是国家的法律工作者",编制在政府机关,能进律师事务所或当时的法律顾问处工作是让人们非常羡慕的。随着律师体制的不断改革,绝大多数律师辞去国家公职,脱离"束缚"变为"自由人",经济收入大大提高,随之理想信念、道德价值观和其行为准则也在发生不断改变,引发的社会评价也随之变化,律师的社会形象大打折扣。

我国主要是合伙制。在"老三制"律所中,国资所数量极大地萎缩,合作所已被淘汰,合伙所成为主流。近年又有一种新的组织模式诞生,那就是个人律师事务所。较早成立的"个人所"主要集中在北京和上海。北京的"个人所"定位于社区服务层次,上海则是引导"个人所"成为专业性强、有特色的品牌所。对于合伙所,《律师法》规定由合伙律师承担无限连带责任,这在一定程度上阻碍了律所的发展。合伙企业法新增加了"有限责任合伙"的规定。规定一出台,有人分析,其可以更好地推动我国专业服务机构的发展,比较典型的就是注册会计师事务所、律师事务所等。但是,目前比较一致的意见是合伙企业法并不适用于律所。律所是否承担有限责任还是依赖于律师法的修改。

在中国,对于律师营销观念的接受还存在一些障碍,更不用说系统完善的律师营销策略了。一些律师不同意律师营销,一般是在律师行业占有一定地位的律师,其已经形成了一个相对稳定的利益团体,并不希望其他律师进入。律师的商业化只要进行有效的控制,可以促进律师的职业化,促进律师行业的发展。

(4)律师资格制度

我国《律师法》第5条规定:"律师执业,应当取得律师资格和执业证书。"一般来说,律师资格是律师执业的条件之一,是指国家通过考试的方式,授予特定的公民从事律师执业的身份资格。

根据《中华人民共和国律师法》第6条以及司法部的有关规定,在我国取得律师资格应当具备以下条件:第一,国籍条件,即必须是中华人民共和国公民,外国人和无国籍人目前尚不能在我国取得律师资格;第二,政治条件,即必须拥护中华人民共和国宪法,享有选举权和被选举权;第三,业务条件,即必须通过国家统一的司法考试。律师法第七条规定了取得律师资格的特许条件,即:"具有高等院校法学本科以上学历,从事法律研究、教学等专业工作并具有高级职称或者具有同等专业水平的人员,申请律师执业的,经国务院司法行政部门按照规定的条件考核批准,授予律师资格。"这一规定因公平性受质疑,于是新律师法修改时做了调整,体现了原则性和灵活性的统一。修改为:"具有高等院校本科以上学历,在法律服务人员紧缺领域从事专业工作满十五年,具有高级职称或者同等专业水平并具有相应的专业法律知识的人员,申请专职律师执业的,经国务院司法行政部门考核合格,准予执业。具体办法由国务院规定。"

律师法第8条规定,拥护中华人民共和国宪法并符合下列条件的,可以申请领取律师职业证书:①具有律师资格;②在律师事务所实习满一年;③品行良好。

另外律师法还对律师职业做了禁止性规定。律师法第九条规定,申请人有下列情形之一的,不予颁发律师职业证书:①无民事行为能力或者限制民事行为能力的;②受过刑事处罚的,但过失犯罪的除外;③被开除公职或者被吊销律师职业证书的。

可以看出我国对律师资格取得制度的规定也较严格,但侧重点有所不同。我国律师资格取得的途径有两种:一是全国统一司法考试,二是通过考核授予,主要适用于在法律服务人员紧缺领域从事专业工作满15年,具有高级职称或者同等专业水平并具有相应的专业法律知识的人员。

(5)律师管理体制

在我国,主管律师工作的行政机关是各级行政机关,包括国务院司法部和省、自治区、直辖市下属的司法厅(局)、地级市的司法局、县区的司法局等。各级司法行政机关的律师管理部门主持律师行业的日常管理工作,在组织律师资格考试、律师执业许可证的颁布、律师事务所的标准设立、律师及律师事务所的日常业务监督与奖惩、律师规章制度与职业道德的制定、纪律检查和年检注册、律师收费标准与财务制度的管理等方面具有多项行政权力,进行全方位的行政型管理。

1993年,国务院批准了《司法部关于深化律师工作改革的方案》,首次提出了司法行政机关和行业协会"两结合"的律师管理体制。在1996年颁布,然后又在2001年修订的律师法对律师协会做了专章规定,确立了两结合的管理体制。律师法第4条规定:"国务院司法行政部门依照本法对律师、律师事务所和律师协会进行监督、指导。"这里实际上表明国务院司法行政机关在律师管理体制中的地位和职权,基本上处于律师管理的核心地位,享有对律师、律师事务所以及律师协会的监督权和指导权。律师法第37条规定:"律师协会是社会团体法人,是律师的自律性组织。全国设立中华全国律师协会,省、自治区、直辖市设立地方律师协会,设区的市根据需要可以设立地方律师协会。"第39条规定:"律师必须加入所在地的地方律师协会。加入地方律师协会的律师,同时是中华全国律师协会的会员。律师协会会员按照律师协会章程,享有章程赋予的权利,履行章程规定的义务。"确立了律师协会在整个律师行业管理当中的地位角色。

新的《律师法》已于2007年10月28日修订通过。该法的主要内容集中于加强律师监管和对于律师权利的保障。但是"两结合"的律师管理体制仍然保留下来。不过在律师的监管方面加强了律师协会的权力。①律师执业准入环节。新律师法46条第5项将组织管理申请律师执业人员的实习活动,对实习人员进行考核的权力明确给予了律师协会。这就使得律师协会能够在律师执业准入环节发挥更为重要的作用。②在对律师的惩戒和考核方面也给予了律师协会更为明确的权力。新《律师法》的第46条第4项和第6项对此做出了明确规定。基于该规定,在新《律师法》开始实施后,律师协会将能够行使制定行业规范和惩戒规则的权力,并可对律师和律师事务所实施奖励和惩戒。这就使得律师协会的行业管理职能有了明确的法律依据。它对律师和律师事务所的惩戒权力也就更具权威性,从而有利于其职能的发挥。尽管如此,"两结合"的精神仍然统领着现行的律师管理体制,仍局限于把律师协会作为司法行政机构的协助机构,与外国的律师行业的自治管理还有很大差距。"自律"与"自治"的差异主要表现在能否对律师职业进行真正有效的管理。律师行业的自治管理是法治社会发展的一个趋势,中国正努力地在这条道路上前行。

(6)纪律与惩戒制度

我国的律师惩戒程序是行政处罚程序与纪律处分程序相互并存,行政处罚程序为主。没有统一的法律来规定惩戒律师的程序,中国对律师惩戒的规定主要是一些规定和办法。如司法部颁布的《司法行政机关行政处罚程序规定》《律师违法行为处罚办法》《关于反对律师行业不正当竞争行为的若干规定》规定了对律师或律师事务所进行惩戒的种类、惩戒的事由、惩戒的机构和惩戒的程序(涂明辉,2013:32-35)。《司法行政机关行政处罚程序规定》,规定了对违法行为进行处罚的步骤:①投诉的受理;②调查取证;③组织听证;④制作行政处罚决定书;⑤行政处罚的执行。简言之,在我国,律师违反律师法的行为要受到行政处罚,违反协会章程的要受到行业处分。律师头上虽然悬着两把利剑,但一般受到处罚和处分的很少。主要因为投诉人往往提供不出被投诉律师违法或违纪的证据,所以在处理投诉时,行政机关和行业协会不得不放弃处罚。另外,律师协会的惩戒委员会成员都是由执业律师组成,面对可能在他们律师事务所内或他们身上出现或出现过的问题,不会拿刀革自己的命。

(7)律师维权

我国律师执业权益得不到保障甚至受到侵害的现象屡见不鲜。到看守所会见犯罪嫌疑人或被告人,可能会跑上数次也见不到。到工商、税务、房产、银行、土地等政府部门调查取证,都会听到律师被刁难的怨言。虽然律师法修订后增加了一些保障条款,如"受委托的律师根据案情的需要,可以申请人民检察院、人民法院收集、调取证据或者申请人民法院通知证人出庭作证。律师自行调查取证的,凭律师执业证书和律师事务所证明,可以向有关单位或者个人调查与承办法律事务有关的情况"。但多数情况下落实不了。律师到法院开庭,要和当事人一样排队接受安检,有的律师因和法官辩解几句而被法警铐起来。为此,律师协会设立了权益保障委员会,律师人大代表和政协委员也多次提建议或议案,反映律师的苦衷(李宏翔,2011:78-80)。

2. 西方的律师文化

(1) 律师的称谓演变及发展历史

在西方社会,律师制度的萌芽,最早始于公元前2-3世纪的古罗马,当时出现了advocatus一词(陪同被告人到法庭,在开庭审理时给被告人提供意见的亲戚或朋友)。律师职业的形成,则是近千年以后,发生在12-13世纪的英国。在其肇始时期,英国就存在着两种不同的法律职业者,即法律辩护人(narrator)和法律代理人(attorney)。法律辩护人是指协助当事人进行法庭陈述和辩论的法律职业者。对于辩护人在法庭上的所言所行,当事人可以承认代表自己,也可加以纠正或补充,甚至予以否认。法律代理人则是代表当事人完成整个诉讼过程的全权法律"代表";代理人在法庭上所说所做的一切,均代表着当事人的意志,具有充分的法律效力。就二者比较而言,由于代理人一旦在诉讼中出现失误往往导致败诉,而辩护人出现失误时当事人还有补救的机会,所以辩护人受到普遍欢迎,由此推动辩护人职业更快地发展起来,与此同时,他们与代理人职业间的距离也逐渐拉大。

14世纪,随着法庭辩护权越来越集中于辩护人,一套专门培养法庭辩护人的法律教育制度开始成型,伦敦建立了四大律师会馆,即:林肯会馆(Lincoln's Inn)、格雷会馆(Gray's Inn)、内殿会馆(the Inner Temple)和中殿会馆(the Middle Temple)。会馆学员称做"法律学徒"(apprentices of the law),由称作主管委员(benchers)的开业资深律师负责管理和教学。至少学习7年后,经主管委员批准,学徒获得出庭辩护资格,成为出庭律师(barrister)。不过,普通出庭律师只能代表普通当事人在巡回法庭、各郡季会法庭或城市法庭提起诉讼和出庭辩护,三大中央法庭的出庭辩护权垄断在御用状师(sergeant-at-law)手中。御用状师是律师界的精英和法官的后备力量,人数极少(程汉大,2005:40-44)。

自16世纪,英国的律师职业进入了大分化、大改组、大发展的历史时期。一是出庭律师人数越来越多(Wilfrid,1986:7)。二是御用状师迅速衰落。他们作为律师界最高领导层的地位为新兴起的总检察长(Attorney-General)、副总检察长(Solicitor-General)和国王法律顾问(King's Counsel)所取代,总检察长、副总检察

第十八章 中西律师文化对比

长和国王法律顾问逐渐垄断了国王法律咨询权和王室诉讼的启动权,成为律师界公认的最高权威。三是代理人与出庭律师分道扬镳。通常的做法是,代理人接受诉讼并准备好必要的文件后,代表当事人聘请出庭律师。出庭律师的报酬称做"酬金"(honorarium),代理人的报酬称作"讼费"(fee),前者不能直接向当事人收取,而由代理人代为收取和支付。四是事务律师(Solicitor)异军突起。Solicitor 最初指怂恿者、教唆者,与法律无关。15 世纪时,该词则专指那些既非出庭律师又非代理人而只是协助当事人或代理人完成辅助性工作的低级法律职业者。16 世纪中叶,事务律师队伍日益壮大,发展为堪与代理人相提并论的新兴律师集团,只有从业 5 年以上的事务律师才能取得法律代理人资格。五是代理人与事务律师融为一体。17 世纪起,国家法律和社会民众都把他们看作同类。18 世纪后,二者之间的差异越来越小,融合过程进一步加快。1750 年的一项议会法案透露出,事务律师资格和代理人资格可以通用(Holdsworth,1924:457)。后来二者融为一体,构成了英国现代律师的第二大分支,即事务律师。

在很长一段时间内,事务律师没有自己的职业组织,这种状态既不利于自身利益的保护,也不利于同行间的联系和职业纪律的维持。为此,他们在 1739 年建立了自己的职业组织,即"在普通法庭和衡平法庭开业绅士协会"(Society of Gentlemen Practices in the Court of Law and Equity)。1823 年,以布赖恩·霍姆为首的一批普通事务律师另成立了"伦敦法律协会"(London Law Institution)。1832 年,两个协会合并,旧协会名称保留下来,简称"事务律师协会"(the Law Society)。至此,一种独特的二元律师制度出现于英国。比较而言,出庭律师的资质条件和社会地位较高,组织性较强,可以在任何法院出庭辩护,有资格出任法官,但不能与当事人直接接触。事务律师无权在中央法庭出庭辩护,只能从事诉讼前一般性法律事务,如提供法律咨询、制作法律文书、准备诉讼材料等。有关材料准备完毕后,便交由出庭律师完成之后的庭审辩护工作。20 世纪 60 年代末期以来,从立法到司法实践开始出现了一系列打破上述传统区分的立法规定或举措,但到目前为止,并没有产生多大的影响(车雷、薛波,2005)。

美国的法律源于英国法,但美国人在制定法律时,糅合进大量的本土因素,与英国法区别较大。美国沿袭了英国的抗辩式律师制,在 19 世纪中期以前,曾经采用过英国的出庭律师和事务律师分离的制度,之后逐渐被统一的律师制度所取代,目前实行的是一元化的律师制度。律师通常称为 attorney(attorney at law)、counsel、counselor(counselor at law)或 member of the bar,分为政府律师和私人律师。政府律师(government lawyers)在行政机关、法院、检察院任职,只对所在的部门负责,不面向社会服务,包括司法部长(Attorney General)、副总检察长(Solicitor General)、地区检察官(district attorney)或类似县级的地方检察官(county attorney; county prosecutor; prosecuting attorney; public prosecutor; state's attorney)等。私人律师(private lawyers)包括首席法律顾问(general counsel,企业的首席律师)、企业法律顾问(house counsel /in-house counsel,企业正式雇员)、公益律师(public interest lawyer,受雇于公益律师事务所)等。随着法律分工的细化,近年来,美国出现了专门研究某门法律、专门办理某类案件的律师(expertise/specialization),如专门代理专利案件的"专利律师"(patent lawyer)、专门代理离婚案件的"婚姻律师"(divorce lawyer)等。

美国律师的行业组织是"律师协会"(Bar Association),联邦有联邦的律师协会(成立于1878年),州有州的律师协会。联邦和州的律师协会没有隶属关系。美国律师和英国律师突出差异在于美国的顶尖律师并非出庭律师,而是"事务律师"(litigator)。美国的律师"贵族"集中在华尔街的大律师事务所中,多为白人,一般是全美最著名的法学院,如哈佛、耶鲁等大学的毕业生。

(2)律师人数、服务市场、律所规模

美国是世界上律师绝对数量最多的国家之一。美国律师界给人的第一印象,就是它的庞大数量,这是一个令许多评论者大为吃惊的特征。根据美国律师协会对于律师数量的调查,截至2016年,美国律师约有130万人,约占全世界律师人数总量的70%,居世界第一位。每约300个美国人中就有一个人是律师!美国律师对于美国人民的重要意义就如同"盐"一样不可或缺。据《远大前程》一书中描述,美国人从生到死都离不开三种人——医生、律师、税务官。

美国有令人羡慕的法律服务市场。而巨大的法律服务市场首先是来源于经济的发达。"随着经济的发展,法律关系复杂,才需要律师。"而且在美国,几乎所有的政治问题都会演变成司法问题。这也为拓展市场提供了有利的政治环境。虽然美国律师人数巨大,但是,广阔的市场还是造就了律师的高工资。律师是美国收入最高的职业之一。根据2007年《财富(福布斯)》杂志公布的数据,美国所有职业年平均工资为39190美元。而律师年平均工资达113660美元;哥伦比亚特区年平均工资最高,达131570美元;律所合伙人的平均工资是593758美元。最著名的辩护律师每小时收费650美元,他们专门替有钱的名人和大老板打官司。

众所周知,美国盛产"航空母舰"式的律师事务所。美国最大的一家律师事务所仅合伙人就有 800 多个,律师有 2000 多个。在美国,一个中等规模的律师事务所也有律师 50 人左右。一个律师事务所租用一整幢摩天大楼并不罕见。而且,美国的律师事务所的趋势是越来越大。

(3)律师地位、组织形式、营销策略

纽约电影导演罗伯特·阿特曼在他拍摄的一部影片中对美国的律师做过这样一个评价:美国律师专门被用来做两件事情,一方面帮助人们澄清是非曲直;另一方面帮助人们混淆是非颠倒黑白。这样,谁也离不开美国律师。这种评价代表了美国律师目前的公共形象。在美国水门事件中,牵涉了很多臭名昭著的律师行为,因此该事件也被称为"律师门"。在水门事件后,美国法学院开设律师职业道德必修课程,以提高律师的公共形象。

尽管美国律师没有值得骄傲的公共现象,却有令人羡慕的地位。托克维尔在《论美国的民主》一书中就写道:美国的贵族是从事律师职业和坐在法官席位上的那些人。"美国律师在政治、经济生活中的地位是令其他国家叹为观止的。很多律师担任政治要职,立法者、总统、州长、政府官员的顾问和智囊团都是由律师担任。"而律师营销等商业化的运作模式并没有影响到美国律师的地位。在美国,律师被视为是治理国家和社会的智力资源。律师的地位之所以如此之高,不仅是因为美国律师的经济收入远远高于公务员,更主要的是因为美国是判例法国家,法律体系和法律条文非常复杂,不是每个人都能掌握和了解的。人们在政治、经济和社会事务中遇到的各种问题,都需要律师的帮助。无论是政府、企业、社会团体还是个人,在做出重大决策前,都要征求律师意见。正是由于美国律师的社会地位极高,美国 44 位总统中,有 23 位有过律师执业的经历,国会中 60% 以上的议员曾担任过律师职务,法官、检察官都是由具有律师资格的人担任,以至于有人说在美国的"依法治国"是"律师治国"了。

美国公司制律所的产生有一个过程。在 1960 年以前,美国没有一个州允许律师事务所公司化。现在,每个地区都允许律师事务所进行公司化,有限责任成了律师事务所采用公司制最主要的好处。

在 19 世纪 70 年代,针对律师广告问题美国律师业界曾经有过的激烈冲突。但是,许多国家逐渐认识到了规范化的律师广告行为所能够带来的积极作用而修改了禁止律师广告行为的规定,允许律师在一定范围内通过广告进行业务宣传。这已经成为一种世界性的趋势,受到了各国的普遍重视。而对于一般意义上的律师营销,美国是没有争议的,且非常重视律师营销策略。

(4) 律师资格取得制度

美国作为联邦制国家,其国家体制决定了联邦和州都要参与对律师资格的管理,但州的管理起主要作用,各州对律师资格的取得条件的规定也不尽相同。美国没有全国统一的律师资格考试,各州律师资格考试由各州最高法院组织,具体由最高院的两个委员会负责。一个是法律委员会,负责州律师考试。另一个是律师委员会,负责对要从事律师职业的申请者进行道德、心理上的训练,同时对那些在其他州通过律师考试而在本州从事律师职业的人进行考核,以决定是否免考授予其律师资格。而在联邦设有律师资格考试小组,负责协调律师资格考试的试题和评分。

关于申请者必须具备的条件一般规定如下:①在国籍的规定上,申请者必须是美国公民(少数州规定必须在本州居住2个月或6个月以上)或是有永久居住权的外国人(少数州无此规定);②在学历的规定上非常严格,要求申请律师资格的人在大学受到至少3-4年的高等教育,并且圆满完成所修课程,成绩合格,在正规学院或大学获得学士学位,然后再通过专门的考试进入美国律师协会核定的大学法学院经过3-5年的专业学习获得法律博士学位(JD),此时才能达到获得律师资格的学历要求。根据美国律师协会的规定,自学、函授学习或是在律师事务所受训练等因素都不能取代法学院受教育的学历;③对申请者年龄的规定,各个州的要求也不统一,但一般规定必须是年满18到21周岁;④对申请者道德品质由考试机构进行调查,证明其没有劣迹。

关于考试的规定,各州规定不一,甚至连考试时间规定也不同,有的州一年举行一次考试,有的州一年举行两次考试。考试分两部分,一般以笔试的方式进行。第一部分法律专业知识考试。包括联邦法律知识和本州有关的法律知识。资格考试的科目、范围一般要通知法学院和考试申请者;第二部分是律师职业道德规范。通过律师职业道德规范考试并非是参加法律专业知识考试的前提,但却是取得律师资格的必要条件。

(5) 律师管理体制

美国采取的是单一的律师行业管理模式,基本没有将行政手段渗入到律师管理中去(黄大辉,2010)。美国对律师管理是非常宽松的,政府没有设置律师管理的部门,律师是自由职业者。除各州法院掌握本州登记执业的律师外,没有哪个政府部门或组织掌握在本州有多少个律师事务所。政府对行业协会这种社会自治组织也没有任何监督指导的责任。律师协会对律师的管理职能也很有限,因为美国多数州的律师协会都是由律师自愿加入而组成的。全美律师协会也只有 2/3 的律师加入。

在美国实践中,律师管理以律师协会为主,法院为辅,形成法院与律师协会共同管理律师的制度,联邦政府的司法行政部门并不管理律师。美国的联邦和各州设有律师协会,联邦和州的律师协会没有隶属关系;在一个地区可能同时存在数个律师协会,有当地的律师协会、公司律师协会、亚洲律师协会等,名称不同,组成人员也不同。一个律师只要交会费就可以同时参加数个律师协会。会费也很低,年会费不超过 10 美元,有的郡律师协会年费只有 40 美分。各律师协会有各自的职能。联邦律师协会,也就是所谓的美国律师协会,是美国也是当今世界上最大的律师行业协会。美国律师协会有一个主席委员会,执行政策管理职能。还有一个代表委员会,作为政策制定机构。议会的代表来自各州和大地区的律师协会。美国律师协会的常务委员会来处理其大量的事务。这些事务主要是职业道德、继续教育、法官选举、律师服务、职业惩罚、临时议案等。由于美国律师协会拥有实际管理律师的权限,现实生活中它对法学教育进行监督和管理,负责对律师的后续教育,同时制定律师职业道德规范、执业责任,律师资格申请标准,律师的惩戒标准,以及律师和法官的职业准则等。州律师协会职能主要在律师考试和审查、法学教育、执业管理、惩戒处罚等。在实践中由州律师协会实施对律师的从业管理,执行惩戒处罚程序,而法院则行使颁发律师执照,惩戒以及行使司法权监督管理律师。各郡和市的律师协会主要是组织律师开展以交流和娱乐为主的活动。另外,律师组织在繁荣法学、促进法律政策、加强会员交流、维护法律职业的荣誉等方面,都发挥了十分重要的作用。

(6) 纪律与惩戒制度

从历史上来看,监督法律事务活动是美国法院的固有权力,其监管职责囊括从批准予以开业到取消资格为止的一切事务,对律师的惩戒也理所当然的包含在其中。随着历史的不断变迁,对于律师的惩戒越来越基于律师自律,对律师实质惩戒权的行使从法院转移到律师协会已然成为历史发展的必然趋势(但形式上最终惩戒决定仍需法院做出)。在美国,律师协会包括自愿性和非自愿性,自愿性律师协会由律师自愿参加而成立的。非自愿性律师协会则是指律师必须加入的,如州律师协会。在设有统一律师协会的州,统一律师协会的惩戒委员会主要具体负责律师惩戒,但决定权还是掌握在最高法院手里。在没有设统一律师协会的州则由州最高法院的律师管理机构来负责对律师的惩戒,惩戒委员会内设有听讯委员会负责行使裁决职能和检控委员会行使检控职能(涂明辉,2013:32-35)。

多数州把律师惩戒委员会放在州的律师协会,由律师协会对被投诉律师进行调查。律师协会受理来自于法院、检察院、当事人的投诉,通过调查取证,最后决定是否进入审理程序。审理类似法院的诉讼程序,由协会惩戒委员会作为"原告",被投诉律师作为"被告",还可以委托律师做代理人。"庭审"一般在律师协会惩戒委员会的办公场所进行,"主审官"是惩戒委员会以外的律师。经审理后如果认定构成违规,就提出处罚意见报州最高法院,只有州最高法院才有权决定是否给予律师处罚。对于违反职业道德和职业纪律的律师的惩戒与我国相差不大,主要有四种:不公开批评、公开批评、暂停执业、取消律师资格。最严重的是吊销执照。

(7)律师维权

在美国,由于律师的社会地位和职业尊严,律师的执业权益会得到有效保障。律师进法院有专用通道,不受任何检查。律师的权益如果受到侵害他应当到法院起诉,法院一定会支持的。美国公民的法律意识也很强,对律师的调查取证都积极配合,而且如实作证,如果有虚假证言,将面临伪证罪的指控。所以在美国律师到任何单位调查取证,都会受到如同法官的礼遇,不会受到无故拒绝的(李宏翔,2011:78-80)。

三、中西律师文化对比的启示

党的十八届三中、四中全会对进一步完善律师制度做出了重大部署。三中全会明确提出了完善律师执业权利保障机制和违法违规执业惩戒制度,加强职业道德建设,发挥律师在依法维护公民和法人合法权益方面的重要作用等重要举措。四中全会着眼于国际国内两个区域,统筹城乡、区域法律服务资源;着眼于强化律师法定诉讼和非诉讼职能作用,提出律师工作服务的新领域;着眼于优化队伍结构、强化服务作用,提出构建社会律师、公职律师、公司律师等的律师执业新结构;着眼于加强法治工作队伍建设,建立从符合条件的律师中招录立法工作者、法官、检察官制度;着眼于加强思想政治建设,把拥护中国共产党领导、拥护社会主义法治作为律师从业的基本要求;着眼于强化管理服务,加强律师事务所管理,发挥律师协会自律作用,切实发挥律师事务所党组织的政治核心作用。

近年来,司法部认真贯彻落实十八届三中、四中全会的部署,积极推进律师制度改革,进一步完善中国特色社会主义律师制度,取得了重要进展。一是完善律师

第十八章　中西律师文化对比

执业权利保障机制,会同有关部门研究制定律师刑事辩护规定,依法保障律师诉讼权利,规范司法人员和律师关系,推动落实刑法、刑事诉讼法、律师法等关于律师执业权利的规定。二是完善律师违法违规执业惩戒制度,形成了《律师和律师事务所违法行为处罚办法》修订草案,针对近年来律师执业实践中出现的新情况、新问题,完善实施处罚的制度机制。三是加强律师职业道德建设,出台了《关于进一步加强律师职业道德建设的意见》和《律师职业道德基本准则》,健全完善律师职业道德建设长效机制,引导律师依法、规范、诚信执业。四是加强律师队伍教育管理和服务,健全完善监督管理机制,加大对律师执业行为的监督力度。

历史进入新时期,我国的律师工作进一步得到加强和改进,实现了全面发展,目前正处在历史最好时期之一。律师工作始终坚持了正确的政治方向,律师队伍迅速发展壮大,律师制度改革取得重要成果,律师业扶持保障政策措施不断完善,律师工作成绩显著,在促进经济平稳较快发展、维护社会公平正义、维护社会和谐稳定中发挥了重要作用,做出了积极贡献。然而,同时也需要我们清醒地看到,对比西方发达国家,尤其是美国的先进法律制度与文化,我国的法律制度与文化还存在不少现实的问题和差距。因此,我们需要继承和发扬我国律师文化的良好传统与优势,同时在对比分析的基础上吸收借鉴西方国家尤其是美国律师文化的长处和优势,进一步深化我国的律师制度改革,沿着中国特色社会主义法治道路,建设完备的律师服务体系:

(1)建立适应国情的律师管理制度

维护社会正义是律师的执业宗旨。同时,作为一种职业也是谋生的手段。这种价值取向上的明显双重性,决定了必须对律师进行科学的管理、严格地规范、正确地引导,以确保律师执业的正确方向。从这一意义上说,律师法就是一部管理法。因此,管理制度实际上应是律师制度改革的重心。① 突出律师事务所在管理中的首要地位。律师事务所是管理律师的最基层组织。规范的律师事务所管理是管好律师的前提,也是行业自律的基石。我国现行律师法,虽然不能说完全忽视了律师事务所在管理律师上的责任与作用,但仍然不能说是完全摆正了其地位。因此,应将律师事务所的管理作为律师制度改革的着力点。创新组织形式,取消合作所,加强合伙所,发展个人所;提高律师事务所设立人的条件,尤其是要明确职业道德品格上的要求;确立规范的律师事务所内部管理制度,加大律师事务所对本所律师执业宗旨、执业理念的教育引导力度,强化律师事务所对本所律师执业活动的管理和约束,明确并加大律师事务所主任、合伙人对本所律师执业行为的管理监督责任。

② 以法律形式健全两结合管理体制。司法行政机关行政管理与律师协会行业管理"两结合"的管理体制，符合我国国情，必须坚持。应在律师法中明确规定司法行政机关对律师的管理主要是资格准入、规则规定、执业监督和优化执业环境四大职能；律师协会对律师的管理主要是抓行业的制度建设、业务指导和律师维权，并加以细化，增强操作性（施文，2004：28-30）。

(2) 构建新型的律师发展模式

为适应全面推进依法治国的新形势和新要求，需要我们构建未来我国律师发展的新型模式。2002年以来在大力发展社会律师的基础上，探索设立了公职律师和公司律师。公职律师、公司律师是专门为党政机关、人民团体、公司企业等提供法律服务的工作力量。四中全会提出构建社会律师、公职律师、公司律师等优势互补、结构合理的律师队伍，将公职、公司律师试点工作制度固化下来，形成社会律师、公职律师、公司律师等多种形式并存、相互配合、优势互补的格局，进一步完善我国律师执业结构，适应国家和社会对法律服务多层次、宽领域的需要。具体而言，社会律师要通过为社会和广大人民群众提供法律服务，依法维护当事人合法权益，维护社会公平正义；公职律师要通过为其所在的党政机关和人民团体提供法律服务，成为党政机关和人民团体工作决策的法律参谋和依法履行管理职责的法律帮手，促进其依法执政、依法行政和依法管理；公司律师要通过为其所在的公司企业生产经营决策提供法律服务，促进公司企业依法经营管理，有效防范法律风险，维护企业合法权益（李娜，2015）

(3) 重新构建律师惩戒制度。

在重新构建我国律师惩戒制度的过程中，美国律师惩戒制度以其在确保律师自律性、惩戒公正性和惩戒的公信力上所具有的突出优点，值得我们借鉴。① 合理的惩戒结构。美国采用了一种三方组合的惩戒结构：一元化的律师惩戒机构，内部区分不同的职能，分别由不同的委员会承担。这种惩戒结构类似于诉讼结构，能够保证惩戒公正性的充分实现。我们也可以此为借鉴，在律师协会的惩戒委员会内部设立承担不同职能的内部委员会，这些委员会相互独立，以形成合理的惩戒结构，保证惩戒的公正性。② 合理的惩戒人员搭配。应当调整我国律师协会惩戒委员会的成员结构，改变其绝大部分是执业律师或司法行政机关的行政人员的现状，逐步增加经验丰富、品行端正的法律专家、法官、非法律专业人员等社会人士的比例。③ 严密而不失效率的惩戒程序。美国设计了非常严密的类似于司法程序的惩戒程序，同时，在其中也充分考虑了惩戒效率的因素，如果各方对惩戒都没有什么意见,惩戒一般就可以结束。我国可以借鉴美国的做法,设计严密的类似于司法程序的惩戒程序,但同时又应当保证惩戒程序的灵活性,为惩戒程序设计多种形式的终结方式。④对被惩戒人权利的充分关注。在设计惩戒程序时,就应当充分关注和保障被惩戒人的权利,允许被惩戒人充分发表意见。在美国的律师惩戒程序中,不仅为被惩戒律师设计了多种上诉途径,而且,在程序的多个环节中都允许被惩戒律师进行口头的辩论,使其意见能够得到充分的表述与关注。我国在设计或改进具体惩戒程序时,也应当将保护被惩戒人权利放在显著位置,给予充分的关注(王文锦、余学杰,2008:47-51)。

(4)加大律师行业发展的政策扶持和保障力度

一是加强律师执业权益保障。完善刑法、刑事诉讼法关于律师执业权利的有关规定,制定进一步保障和规范律师执业权利的意见,认真落实法律赋予的律师在会见、阅卷、调查取证等方面的执业权利,完善诉讼中听取律师意见的制度。切实保障民商事案件、行政案件审理中律师调查取证的权利,为律师执业提供良好的法制环境。二是完善律师工作经费保障政策。建立健全律师担任政府法律顾问和从事公益性法律服务经费保障机制,对律师从事公益性法律服务给予必要的补贴。合理确定律师承办法律援助案件经费的补贴标准,使其与律师承办案件的成本、律师的基本劳务费用相适应。三是完善律师行业财税、劳动用工和社会保障政策。完善律师行业的会计核算办法,合理设置律师事务所会计科目,严格税收征管。依法规范律师事务所与其聘用的律师及其他工作人员的劳动用工关系,加大对律师行业遵守人力资源社会保障法律、法规的监督检查力度,建立健全律师职业责任保险制度。四是建立健全律师人才培养选用机制。进一步加强律师人才队伍建设,明确发展目标,健全工作机制,落实相关人才政策。加大从律师中选拔法官、检察官的力度,鼓励优秀律师通过公开选拔、公务员录用考试等途径进入党政机关。实施律师行业优秀人才和后备人才培养计划,建立律师人才专家库。适应对外开放的需要,着力培养一批具有国际眼光、精通涉外法律业务的高素质律师人才(李华鹏,2011:20-22)。

(5)提升和更新法律文化理念

我们应学习英美国家先进的法律文化理念。在本质上英国法的二元平衡精神与中国古代哲学中的和合文化是很相似的,所以我国其实存在着二元平衡的理念,只不过没有将其用于法律之中。同时我国古代哲学中也存在和而不同的思想,类似于美国法哲学中打断平衡、在矛盾中发展的思想。综上我国古代哲学中存在着先进的思想源泉,在建立律师制度中应充分吸取这种类似于英美先进法律文化的传统思想,将其改造为适应我国的律师制度。如英美律师制度中的二元分法,就可以借鉴,不一定非要分成两类。但对律师队伍进行分类,明确其工作范围,对于提高诉讼效率,节约司法资源有着非常重要的作用。

(6) 提高涉外法律服务水平

随着"一带一路"建设的深入推进和"国内市场国际化、国际竞争国内化"这一格局的深化,未来中外律师在涉外法律服务领域的竞争将更加激烈。目前,全国从事涉外法律服务业务的律师不到 3000 人,仅占全国律师人数约 1.15%,能单独办理涉外仲裁、贸易诉讼律师不足 200 人。中国涉外法律服务业起步较晚,基础薄弱,高水平涉外法律服务人才缺乏,在国际法律服务市场上竞争力较弱,整体水平还不能完全适应我国实施更加积极主动对外开放的发展需要,是我国软实力的一块"短板"。

2016 年颁布的《关于发展涉外法律服务业的意见》着眼于适应构建对外开放型经济新体制要求以及服务我国外交工作大局和国家重大发展战略,提出了健全完善扶持保障政策,进一步建设涉外法律服务机构,发展壮大涉外法律服务队伍,健全涉外法律服务方式,提高涉外法律服务质量,稳步推进法律服务业开放,更好维护我国公民、法人在海外及外国公民、法人在我国的正当权益等目标和任务,成为新时期推动我国涉外法律服务业发展的纲领性文件。广大律师要加强法律英语的学习,致力于通过法律英语证书(LEC)全国统一考试,切实提高涉外法律服务工作水平。

第十九章　中西陪审文化对比

- ❖ 善良的心是最好的法律。　　　　　　　　　　——［英］麦克莱
- ❖ 正义从来不会缺席，只会迟到。　　　　　　　——［美］休尼特
- ❖ 好的法律应该提供的不只是程序正义。它应该既强有力又公平；应该有助于界定公众利益并致力于达到实体正义。

——［美］诺内特·塞尔兹尼克

一、概述

陪审制度是指国家司法机关在审判案件时选拔不具有法律专业知识的普通公众参与审判的制度，它采用由专职法官和陪审员相结合审判案件的方式，让人民群众的代表直接参与审判活动，行使审判权，从而使人民主权这一民主政治的主题在审判活动中直接得到体现。这种制度是司法制度的重要组成部分，是实现司法民主的具体要求，也是司法公正的重要保障。

陪审制度最早发源于古罗马和古希腊时期，当时古罗马和古希腊就曾运用奴隶主或自由民裁决的模式审理过案件，这种裁决模式孕育了陪审制度的思想文化渊源。当今世界上陪审制度主要有两种模式：一是英美法系的陪审团制度形式；另一种是大陆法系的"参审制"的制度形式。我国在借鉴外国陪审团制度和参审制度的情况下，确立了具有中国特色的陪审员制度，即人民法院在审判案件时吸收非职业法官作为陪审员，与职业法官或职业审判员一起审判案件的一种司法制度。

2014年10月十八届四中全会审议通过的《中共中央关于全面推进依法治国若干重大问题的决定》（本章节内简称《决定》）指出："要保障人民群众参与司法。坚持人民司法为人民，依靠人民推进公正司法，通过公正司法维护人民权益。在司法调解、司法听证、涉诉信访等司法活动中保障人民群众参与。完善人民陪审员制度，保障公民陪审权利，扩大参审范围，完善随机抽选方式，提高人民陪审制度公信度。逐步实行人民陪审员不再审理法律适用问题，只参与审理事实认定问题。"因

此,对于践行依法治国、建设法治中国的宏伟蓝图而言,对十分具有代表性的英美法系的陪审团制度与我国的人民陪审员制度进行比较分析,是一块非常必要且有价值的拼图。

二、中西陪审文化对比

1. 我国的人民陪审员制度

我国陪审员制度的出现要追溯到清朝末年。这一制度是在借鉴了苏联和大陆法系国家陪审员制度的基础上形成的。1906年颁布的《大清刑事民事诉讼法(草案)》第4章第2节中首次涉及了关于陪审制度的相关规定,内容上是模仿英美国家陪审团制的。按照起草该法案的法律大臣沈家本、伍廷芳等的"拟请先行试办折",陪审制与我国古代《周礼·秋官》的"三刺"之法,即"讯万民,万民必皆以为可杀,然后施上服、下服之刑",以及孟子的"国人杀之"是相吻合的(陈刚、张维新,2003:74,100-103)。最终因部分官员提出异议而未能顺利实施,但该草案在我国陪审制度史上具有里程碑的意义。

1927年武汉国民政府出台了《参审陪审条例》,实质上将参审制和陪审(团)制在不同法院进行了规定。即在最为基层的设在乡镇中的人民法院(注:这里的"人民法院"没有政治上的特别含义,仅指设在乡镇一级的法院),除审判官外,并设参审员1人,参与法律及事实的审判,该参审员根据案件的不同,分别由该人民法院所在地的党部、农协、工会、商会、妇女部等推选;在县市以上的法院或中央法院,除设庭长及审判官之外,兼设陪审员,参与事实点的审判,陪审员2-4人,其选出方法、任职资格、任职年限、责任追究等,均与前述参审员相同。这些规定虽然只在旧中国的局部地区得到试行,效果并不理想,但"开辟了我国陪审制度的先河"(朱勇,1999:603-605)。

共产党领导下的陪审制度已经没有英美法系陪审团的制度特点,而是一种结合政治上群众路线的"参审制",不时夹杂着群众公审、群众代表或旁听群众"发言评审"等机制。抗战时期,我党在抗战根据地将陪审员制度进行了完善,先后颁布了《晋察冀边区陪审暂行办法》《山东省陪审暂行办法》等相关文件,这也为新中国成立后积极推进司法民主奠定了基础。有据可查最早规定陪审的共产党解放区法律文件,当属1932年的《裁判部暂行组织及裁判条例》,该条例第13条等对陪

第十九章 中西陪审文化对比

审做出了规定,并说明陪审员具有案件事实和法律的裁判权,而后来解放边区一系列关于陪审制度的法律文件中,陪审员都只有陈述意见权和案件评议权,没有案件判决结果的决定权,但审判人员对陪审员的意见不采纳的,应当予以释明。

1949年的《旅大市高等法院关于建立人民陪审制(草案)》可能是较早提出"人民陪审"的法律文件。该草案明确指出,建立广泛的人民陪审制,是实现司法工作群众路线的具体办法。新中国成立以后,陪审员制度作为一项重要的司法制度被沿用下来。1954年的《中华人民共和国宪法》明确规定:"人民法院审判案件依照法律实行人民陪审员制度。"1979年《中华人民共和国人民法院组织法》第10条规定:"人民法院审判案件实行合议制,人民法院审判第一审案件,由审判员和人民陪审员组成合议庭进行。"第38条规定:"人民陪审员在人民法院执行职务期间,是他所参加的审判庭的组成人员,同审判员有同等权利。"

2004年8月28日,第十届全国人大常委会第十一次会议正式通过了《关于完善人民陪审员制度的决定》(本章节内简称《决定》),并于2005年5月1日正式实施。这是我国第一部关于人民陪审员制度的单行法律条例,从法律意义上规定和明确了公民参与诉讼活动中的制度化途径。《决定》通过细则对人民陪审员进行了包括适用条件、组成方式、陪审程序、工作章程等多项界定。此外,最高人民法院《关于人民陪审员参加审判活动若干问题的规定》《关于人民法院民事调解工作若干问题的规定》等进一步对人民陪审员参加审判活动做了详细的规定:各级人民法院设立人民陪审员工作指导小组,指导人民陪审员的管理工作;人民陪审员管理工作包括人民陪审员参加庭审工作、人民陪审员人事管理工作和人民陪审员参加审判活动的日常管理工作;人民陪审员人事管理工作由人民法院政工部门负责。政工部门设立非常设机构或指定专人负责人民陪审员的人事管理工作;人民陪审员参加审判活动的日常管理工作由人民法院根据实际情况确定具体管理部门。

概言之,我国陪审制度从清朝末年的引进,到新中国的"人民陪审员制度"定型至今,其中的"陪",被赋予了不同的制度内涵:清末立法引进英美陪审团制时期,是"讯万民"式的陪审团式的"陪";武汉国民政府时期,是"陪参有别"即区别陪审团制和参审制,而且二者兼有的"陪";共产党领导的陕甘宁边区和新中国解放时期,则是与群众路线、大众司法等联系在一起的,具有较强政治意义的、参审和旁听相结合的、形式多样的"陪"。这个时期的我国陪审之"陪",只是保留了"陪审"制之名,已经全无清末引进时的"陪审团"制之实。所谓的"陪审员",也不再是清末的"陪审团成员",而是群众"参审员"或者"评审员",并逐渐演变、定型为现行的"人民陪审员"(唐东楚,2012:80-87)。

我国是由中国共产党领导的多党合作、政治协商的人民民主专政的社会主义国家,维护和实现人民群众的民主公平权利是国家的责任。就司法工作而言,司法民主是社会主义法制建设的本质要求,同时也是发展社会主义民主政治的必然要求。尽管司法和民主两个概念存在巨大的差异,但司法民主确是任何执政党需要深入研究的问题,因为这是事关人民群众切身利益的大问题,也是执政党能否顺利执政的大问题。司法的公平正义可以实现社会稳定,促进社会经济健康发展,实现国家长治久安。想要实现司法的公平正义,除了在立法环节上应充分加以考虑外,还要在执法环节上予以完善。司法民主的着眼点是通过司法制度来保障人民民主权利的实现,在司法活动中使人民民主权利得以维护。人民陪审员制度正是基于这一观点而产生的。人民陪审员可以直接参与司法活动,以事实为依据,对审判工作进行合理有效的补充,体现了对诉讼双方的充分尊重。这不仅符合人民民主专政的本质精神,也是司法民主的必然选择(汪京序,2013:80-83)。

从人民陪审员的选任上来看,人民法院组织法规定:"有选举权和被选举权的年满23岁的公民,可以被选举为人民陪审员,但是被剥夺过政治权利的人除外。"《决定》第8条规定:"符合担任人民陪审员条件的公民,可以由其所在单位或者户籍所在地的基层组织向基层人民法院推荐,或者本人提出申请,由基层人民法院会同同级人民政府司法行政机关进行审查,并由基层人民法院院长提出人民陪审员人选,提请同级人民代表大会常务委员会任命。"

从人民陪审员的权利义务上来看,《决定》第1条规定:"人民陪审员依照本决定产生,依法参加人民法院的审判活动,除不得担任审判长外,同法官有同等权利。"其第11条规定:"人民陪审员参加合议庭审判案件,对事实认定、法律适用独立行使表决权。"以上规定都说明了人民陪审员在法院执行职务期间,是其所参加案件审判的合议庭的成员,与审判员具有同样的权利。由于人民陪审员制度彰显了以人为本的司法理念,其与司法民主之间的内在联系是深刻的,具体体现在如下方面:

(1)人民陪审员制度可以形成对国家权力的有效制约

国家及其外化形态政府在行使管理职能时,由于国家政治体制的缺陷及国家管理者自身的不完善,出现政府权力的滥用是不可避免的。对于国家权力滥用进行预防的最有效的方法之一,就是对权力的制约和分权。在所有制约国家权力的机制中,公民权利是约束权力的一种重要力量。公民权利也为公民通过民主制度参与国家管理、监督国家机关及其工作人员行使权力提供了条件(程燎原、王人博,2004:194)。因为人民陪审员制度就是将普通公民吸纳进国家的司法裁判活动中来,"将社会共同体的正义感注入审判过程"(博西格诺等,2007:581)。这样一种方式实际上就是以普通人的思维来冲击专业司法人员的职业刚性,从而以公民权利制约国家权力,通过对个案的司法监督,实现对国家司法活动的监督。

(2) 人民陪审员制度有利于保障群众的参与权

在传统的纠问式诉讼模式下,司法活动为国家专门机关的职权活动,但正是司法活动的封闭性决定了其结果的社会认同度较低。现代法治社会为了保障司法活动的公正性,同时也为了实现司法民主,各国的司法活动中都不同程度地吸纳进普通的公民作为裁判者参与诉讼活动,从而将司法活动的封闭性打破。而人民陪审员制度就是保证普通公民参与司法活动的最理想方式,而且有利于实现人民当家做主、参与司法、管理国家事务的政治目的。

(3) 人民陪审员制度有利于实现司法公正的价值

公正总是具有一些相对稳定的客观准则,并且得到多数人的普遍认可。司法公正是司法追求的首要价值。其内涵不仅包括实体意义上的公正,更重要的是要保证程序上的公正,二者不可偏废。这就意味着正义不仅要实现,而且更要以看得见的方式来实现。在实现正义的过程中,在司法审判活动中,鉴于裁判者个人认识的局限性和主观认知的欠缺,加上由于客观因素的制约,司法裁判的结果可能会落后于人们普遍认同的正义观念。在这样的情形下,在审判的元素中加入代表普通人意志的因素,就会中和裁判者的思维偏差,形成与社会大众的朴素情感相一致的法律价值判断,从而使裁判结果在最大程度上可以被公众所接受,从而形成司法的公信。因此,在人民陪审员制度中,要求人民陪审员参与司法审判活动不受任何组织或个人的干预,本着自由的意志和内心确信做出无差别化的判断,因为普通人对案件的认知可能也最接近与司法所追求的正义目标(李冬、陈林,2014:155-157)。通过人民陪审员制度这一体现中立性与平等性的制度设计,促进司法公正的实现。

《决定》的通过、颁布和施行,是我国民主与法制建设进程中的一件大事,标志着人民陪审员制度将更加完善和规范,并将在司法实践中重新焕发生机。人民法院遵照《决定》精神,以实现公正司法为目标,以弘扬彰显司法民主为宗旨,先后在人民法院三个五年改革纲要中,把"完善人民陪审员制度"——这一中央司法体制和工作机制改革的重要任务,作为我国人民司法制度不断完善发展的重要举措,予以积极的实践探索和全力的推进。客观而言,伴随中国司法改革、法治前行的铿锵脚步,我国人民陪审员制度无论是在理论基础研究的开掘深入、价值取向标准的兼收融汇,还是在制度规范的逐步细化,社会大众认知提升与参与反响等方面,均表现出了蓬勃旺盛的生机和活力,寄托了广大法律人和民众对人民司法现实和未来的期冀和要求。

《决定》实施十多年来,人民陪审制度完善改革的实践成绩优异、效果明显。全国人民陪审员参加审理的案件比例逐年提高,2014年上半年全国法院审理的一审普通程序案件陪审率已达71.7%,比2006年提高52%。2009年11月最高人民法院通过了《关于人民陪审员参加审判活动若干问题的规定》,使其进一步规范化。但是,不容忽视的是,囿于《决定》原则性规定产生的思想认识差异和实际操作上的空白,以及"创新"惯性思维主导下各种改革措施的"良莠"交织等因素影响,该制度在实际运行过程中也存在着一些突出的缺陷、问题和矛盾,从而使得人民陪审制度改革实践面临一些现实困境和误区,影响和制约人民陪审员制度的发展。具体来说:

1)法院系统内部包括法学界相关人士推行并执着于人民陪审员制度完善改革的"热情似火"与社会各界及亿万大众关注、参与其中的"淡然从容"形成较为鲜明的对比。这从各地陪审员选任时绝大多数"低调""平稳有序"的"默然"完成中即可得到印证。再以《决定》有关人民陪审员选任应具有广泛性、代表性为例,事实上,现有人民陪审员无论是在学历层次、年龄结构,还是在性别比例、专业构成等方面,均逐步趋于科学、均衡和合理,较好地体现了《决定》精神,但是若对现有陪审员总体的职业构成进行分析,即可发现其中党政部门人士比例过大,占到了陪审员总数的46.3%。造成这种情况的主要原因无外乎有三方面因素:一是整个社会对《决定》的意义、作用尚未认识到位,司法民主、公民权利行使和运用、社会建设深化改革等的自觉性及意识有待进一步唤醒和不断培育;二是通过现实可行的制度规范和措施确保《决定》施行的工作机制尚未全面建立和形成;三是以各级人大权力机关为主导、政府司法部门牵头负责、法院协作配合的人民陪审员制度舆论宣传工作,尚要立足国情和实际,凝聚各方力量和心智,做出务实、有效的工作机制安排和精心仔细的谋划,以改变法院"单打独斗""心有余力不足"的现状,真正使《决定》成为名副其实的国家法律制度并得以不折不扣地贯彻执行。

2)大众媒体以及业内人士对人民陪审员"陪而不审、审而不议"不绝于耳的诟病与实践中一些陪审员参加审判活动时的"消极、被动",共筑了陪审制度前行的"藩篱",给陪审制度改革实践增添了"负担"和"赘累"。加之,伴随《决定》施行,理论界和实务界关于陪审员是专业化还是大众化的问题的争议不休,以及个别法院法官对陪审可能降低审判效率的担忧,都使陪审制度的实施和发展受到程度不同的影响。为保障人民陪审员依法履职,切实做到"既审又判",最高人民法院依照《决定》关于人民陪审员"除不得担任审判长外,同法官有同等权利"的规定,对法院应主动为陪审员参加审判活动提供工作便利和条件,切实加强陪审员培训,以及合议庭应当确保陪审员独立、自主发表意见等做了规范、细致、具体、可操作的安排。这就为人民陪审员依法履职提供了具体有效的制度保障。然鉴于陪审员专业化与大众化的争议和纠结,即便是在具有悠久陪审传统历史的其他国家和地区都是一个始终无法平衡和消解的永久性命题。这就需要我们对我国当下处于社会经济发展转型期的司法需求和尚处于初始运行阶段的人民陪审员制度的现状及其面临的紧迫问题有一个客观、准确的研判分析。也就是说,当着眼于普通民众参与司法的大众化陪审,其功能定位在初始阶段更多的承载了司法民主的形式内容时,司法民主的制度建构和渠道的畅通才是制度设计初始用意所在。其他深层次,乃至终极目标的实现,以及发展产生的问题,只能随着制度功能的不断完善,通过发展予以消弭和解决。这应该成为我们当下对待紧张关系所坚持的基本主张和态度。

3)"编外法官""住庭陪审"是媒体和法律人对个别法院长期、"无限制"、固定化的让人民陪审员参加案件审理的形象称谓。其特点和优势在于陪审热情高,素质好、工作效率高(有的本身就具有法律专业本、专科学历),熟悉审判,与法官建立了良好的工作关系(有的具备年参加陪审案件量达数百件的记录)。但这恰恰与《决定》立法本意相悖,有趣的是一些媒体,包括个别法院往往还以个别陪审员极高的陪审率作为调动、发挥了陪审员陪审工作积极性、主动性的典型事例予以宣传和倡导,从而使陪审制度完善改革的实践夹杂了与《决定》精神渐行渐远的不和谐"音符"。究其根本大致有以下缘由:一是近年来,人民法院尤其是基层法院案件井喷式增长速度与一线法官编制极度紧缺的矛盾,导致一些法院不得已采取这种依托现行人民陪审制度缓解审判任务巨大压力的措施,以解其案多人少的燃眉之急;二是现行法院审判管理绩效考核评估体系中把陪审率作为考核指标,致使个别法院出于简便、易行考虑,通过"住庭陪审"确保"陪审率";三是有的地方的人民陪审员或其所在单位对于人民陪审制度认识不到位,直接导致了陪审员不能如期参审,给审判工作严肃性带来严重负面影响。一些法院因此选择了"编外法官"参加陪审的做法。上述因素的相互交织和作用,给人民陪审员制度依法、正确实施造成了"隐患",敲响了"警钟"。

4)"陪审过度"则是个别法院基于实践中人民陪审员制度良好的效果考量,为更大程度的发挥陪审员作用,体现司法民主,把人民陪审员的职责范围扩展到执行、立案调解、信访接待等工作领域。对于这种以体现司法民主,拓展陪审员职能的"实践探索",其出发点无可厚非,且有积极意义,其实际效果可能对提高司法公信力产生了积极作用和影响。但是就《决定》立法本意而言,陪审员"与法官有同等权利"的表述,是以其所参加陪审案件的审判活动范围为前提条件的,也即在其陪审的具体个案中法官有什么权利,陪审员即有什么权利,超出其陪审案件的范围,该陪审员只能以普通公民的身份受邀参与、见证司法活动。因此,可以这样讲,人民法院出于积极参与社会管理创新的需要,为增强立案、信访及执行等工作的公开和透明,寻求人民陪审员的支持与理解,并征得本人同意帮助工作没有什么不妥,但必须明确其并不是履行陪审员的职责,并务必在宣传上严格厘清两者的界限,以避免身份模糊、宣传不当造成对人民陪审制度负面的影响(牛建华,2013:99-102)。

2. 西方的陪审制度

陪审制度作为一种特殊的裁判方式,具有外行性、参与性、有限性、正当性的特点。发展到当代,西方陪审制度已经成熟并演化为两种不同的模式,一种是流行于英美法系国家的陪审团模式,一种是盛行于大陆法系国家的参审模式。以下是对两种模式运行情况和特点的梳理:

(1)陪审团模式

该种模式主要分布在英国、美国、加拿大等英美法系国家,以美国最为典型。英美法系的陪审团制度是指由一定数量的公众按照特定的程序组成团体(陪审团)参加诉讼案件的庭审并对诉讼案件的事实问题做出裁决的诉讼制度。陪审团模式的主要特点是:① 陪审团成员由普通公民组成,选任条件宽泛,候选人数庞大。在美国,候选陪审员从选民名单、驾照登记册中选出。此种不问种族、信仰、肤色、性别、民族、经济条件确定陪审员的方式,极大地保证了陪审员挑选范围的广泛性和代表性,充分体现了司法民主的理念。② 设置审前偏见排除程序,允许当事人询问候选陪审员以确定其是否具有对自己诉讼不利的情形,进而确保陪审员在审前对案件没有任何偏向性意见,在诉讼过程中始终处于冷静旁观的地位,排除当事人对裁判结果不公正的合理性怀疑。③ 陪审团只参审具有较大社会影响的案件,且主要是刑事案件。由于陪审团参审案件相较于职业法官审理案件,程序设计更为复杂、司法资源消耗更多,因此各国对陪审团参审案件范围和适用法院进行了限制。事实表明,限制陪审团参审案件范围更有利于陪审制度价值功能的发挥。④ 陪审团与法官分享审判权,但陪审团成员并非合议庭组成人员,庭审中其只能坐在专设的席位上静听,而不能发问。陪审团只认定事实,法律适用交由职业法官全权处理。当然,判决必须经过陪审团一致同意或绝对多数同意才能生效,并且陪审团一旦对案件事实做出裁决,职业法官必须遵从,并据此做出判决。此种泾渭分明的职能分工,目的在于排除陪审员的法律专业化倾向,发挥陪审团制度遏制司法腐败、保障司法公正的作用,防止司法部门独断独行和主观片面。

(2) 参审模式

该种模式流行于法国、德国、波兰等大陆法系国家。在参审模式下,通常由两名普通公民与一名职业法官组成合议庭或混合法庭审理案件。陪审员与职业法官之间不存在英美法系国家陪审团与职业法官那样的职能划分,因而陪审员参审的程序要素淡化不少。参审模式的主要特点是:① 在陪审员的提名及挑选方面有严密而系统的规定,一般由基层议会选举或者由联合组成的特别委员会任命。而且陪审员多以个人名义参与审理、裁决,不存在统一的陪审集体。二加一的组成模式往往让陪审员参审案件时倍感孤独,因为缺乏群体审理时的强大心理支持,因而很难保持独立的心理,进而限制了其制约法官的功能。② 陪审员与职业法官共同主持庭审、认定事实和适用法律。陪审员在庭审过程中与职业法官并肩而坐,享有与职业法官相同的权力,可以随时发问。这样的安排,源于大陆法系法官的经济待遇远不如英美法系的法官,其腐败的可能性较大,通过陪审员介入案件审理可以监督法官,防止司法腐败。③ 职权主义诉讼模式盛行。此种模式下,职业法官几乎控制着整个案件的审理,社会公众往往对案件的处理结果表现出不认同感,而吸纳陪审员参与审判,可以增强公众对司法的信心和对判决的信赖(陈晓红、陈杨,2013:91-94)。

从上述归纳可以看出,两种模式在陪审员的选任程序、权力行使、裁判案件范围等方面存在差异,但是在某些价值功能上却是相似的。比如,在合情不合法的案件中,作为陪审员的普通民众更能从道德的角度来衡量罪与非罪的标准,弥补立法在道德与法律之间的抉择冲突;陪审员参与案件审理,能缓和当事人的抵触情绪,使其更容易接受判决结果;陪审员更能从保护公众利益的角度裁决案件,减少公权力被滥用的机会,实现诉讼公正。当然,两种模式在价值功能的选择上仍有侧重。比如,英美法系的陪审团模式更注重保持陪审员的非专业性和审前无偏向性,弱化职业法官的庭前活动以确保陪审员独立行使事实裁判权；而大陆法系的参审制更强调普通公民参与审判的全面性和审理的时效性，但由此产生的陪审员独立性的弱化和制约法官功能的受限就不可避免了(朱妙、沈品培、姚伟钟、卞爱生，2003)。

美国法律规定，每个成年美国公民都有担任陪审员的义务。但是不满21岁、不在本土居住、不通晓英语及听力有缺陷的人、有前科者，没有资格充当陪审员。美国的审判有两种基本模式：陪审团审和法官审。所谓陪审团审，就是由陪审团和法官共同行使审判权。其中，陪审团负责认定案件事实，法官负责适用法律。这种模式代表了美国审判制度的特点。美国的陪审团分为大陪审团和小陪审团。大陪审团主要是决定刑事案件是否起诉，小陪审团主要解决民事争议和赔偿问题，也负责刑事案件事实和罪责的认定。

现代陪审团制度发源于英国。随着英国殖民地的扩张，陪审团制度传入美国，并成为主要的诉讼制度。1635年，弗吉尼亚建立了大陪审团制度。大陪审团一般由16-23人组成，负责指控刑事犯罪，并决定是否给法院移送案件。美国独立战争之后，法官和陪审团的职能开始分离，陪审团负责裁定案件事实，法官负责如何适用法律。随后，陪审团权利载入了宪法第七条修正案。现代之后，美国对陪审团制度进行了一系列的改革。首先是在陪审团组成人员上，逐渐对妇女和黑人开放，对性别和种族的排斥度降低。其次，历史上陪审团的人数是12人，改革之后组成人数可以根据各州的情况在6-12人间组成。再次，陪审团裁决原则上的变化。传统的陪审团裁决是全体一致通过原则，现在开始应用多数主义。通过改革，陪审团制度在美国得到了比英国更好的发展。据统计，美国每年由陪审团参与审理的案件，占每年总案件的90%。从真正含义上看，把Jury译成陪审团是典型的误译，译为"公众裁判团"才是名副其实。

美国的陪审团制度颇受争议。它在美国的司法制度中看上去是最薄弱的一个环节。陪审员随机抽样，来的人五花八门，人种肤色各异，有业无业不论，知识文化参差不齐。在美国，最强大的就是法律队伍了，为什么偏偏要找一帮"外行"来做"法官之上的法官"呢？在美国，所有理解赞同这个制度的人，从来不认为它是一个完美的制度，只是找不到一个比它更好的制度罢了。陪审团制度是有明显的弱点，所有的"法治"都会有"人治"的困惑，最初的立法、审理、最终的判定，都有"人"的参与。陪审团制度设计立论认为，如果一切是清清楚楚、一目了然的话，一般常人的智力就足以判断。美国人之所以坚持用陪审团制度，就是因为陪审员是最不受任何人操纵控制的。陪审员独立于政府之外，独立于司法系统之外，独立于任何政

第十九章 中西陪审文化对比

治势力之外。他们的判断,就是一般民众放在法律对陪审团的规定之下都会做出的判断。他们招之即来挥之即去,法庭为他们保密,使他们没有心理负担。他们只要自己不想出头露面,可以永远不被周围的人知道自己的角色。当然,这有一个基本条件,就是这个社会是自由的,普通民众是不受任何控制的。

美国律师协会于1998年就美国司法制度的运行状况进行了抽样民意测验,并根据测验结果制作了《美国司法制度观察》的调查报告。该报告显示:尽管存在许多问题,仍有80%的受访者相信美国司法制度是世界上最好的——而这种自信主要来源于陪审制度。因为,有78%的受访者认为陪审团是判定刑事案件中被告人是无辜或有罪的最佳方式;另有69%的受访者认为陪审团制度是美国司法制度最重要的组成部分。美国律师协会将2005年定为"陪审团年"(The Year of the Jury),这也充分说明了陪审团在美国司法制度中的重要地位(Rivera, 2005)。

在美国刑事诉讼中,无论多么微小的案件,被告人都有权选择陪审团,这来源于美国宪法第6修正案:"在一切刑事诉讼中,被告享有下列权利:由犯罪行为发生地的州和地区的公正陪审团予以迅速而公开的审判,该地区应事先已由法律确定;得知被控告的性质和理由;同原告证人对质;以强制程序取得对其有利的证人;取得律师帮助为其辩护。"由陪审团审判,是宪法规定的被告人的一项不可剥夺的基本权利,当然,这种权利是可以放弃的。而在美国民事诉讼中,根据美国宪法修正案第7条规定,"在适用普通法的诉讼中,若其诉讼标的之价值超过20元者,当事人有权要求陪审团审判。任何业经陪审团审判之事实,除依照普通法上之规定外,不得于美国任何法院重审。"

在英美法系国家,陪审团审判制度的鲜明特点,就是将陪审员的职能和法官的职能进行分工,在庭审中,陪审员的职能是根据法庭上出示的证据对事实进行认定,从而决定被告人是否有罪;而与之不同的是,法官的职能则是主持庭审、向陪审团解释相关的法律,并根据陪审团对事实的认定适用法律,从而给有罪被告人量刑等。概言之,陪审团决定事实问题,而法官决定法律问题。

现代意义上的陪审团制度起源于英国,然而随着历史的发展,英国于1948年取消了大陪审团,目前只保留了小陪审团。而相比之下,美国至今仍然同时实行大陪审团和小陪审团制度。在历史上,陪审团最初由12人组成,并且要求达成一致通过的裁决结果。后因社会的发展,陪审团的规模也逐渐发生了变化。比如,美国在对英国的陪审制度进行改革之后,由于没有明确的宪法规定作为基础,陪审团在规模方面也呈现出多样化。美国最高法院认为,传统的12人陪审团在州刑事或民事诉讼中并不是必需的,因此在州刑事诉讼中陪审团的人数最低限制降到了6人。然而,在联邦一级的法院所有刑事诉讼中,陪审团的人数都必须为12人,民事诉讼为6人(陈卫东,2005:427-443)。

作为一个美国公民,被要求担任陪审员是应尽的义务。然而,要成为陪审员也是不容易的,需要经过陪审团甄选(jury selection)的过程。陪审团甄选,实际上是依据陪审员候选人对甄选问题做出的回答排除陪审员候选人进入陪审团的一个过程。候选陪审员应当在种族、年龄、性别和其他方面准确反映社会中各阶层的状况。一般来说,陪审团甄选主要有两种模式:一是由律师主导,二是由法官主导。在陪审团甄选中要涉及几个重要概念,比如有预先审核(voir dire)、有因回避和无因回避。

"预先审核"(voir dire),也称"资格审查"。Voir dire 源自法文,其基本含义是"讲述实情"(to speak the truth)。选择陪审团时,需要在审理具体案件的法官主持下进行。法官的助理秘书需要从法院管辖区内通过社会保险号码、电话号码黄页或当地的选民登记手册中用电脑随机抽出几倍于陪审团所需的人数参加初选,在某些案件中候选人数可多达二三百人,之后将这一大群预备陪审员召集到法院。在这众多的候选人中最终有哪些人入选最终的名单还需要进行陪审员的挑选。法官在辩护人、律师或当事人的协助下,从这许多备选人中挑选出12人(或少于12人)作为某个案件的陪审员。法官在开始筛选候选人时,会向候选人简单介绍案情。在预先审核的过程中,陪审员候选人要回答法官以及律师提出的许多问题,以此判断他们是否能胜任、是否存在偏见。通常的做法是,法官会给召集来的每个预备陪审员发一份问卷。候选人按照法官助理的指示,在法官助理的帮助下填写问卷调查表。具体案件不同,调查表所要调查的问题与所要审理的案件相关。例如在关于家庭暴力的案件中,调查表上就可能问"你对家庭暴力怎么看?""你是否受到过家庭暴力?"等;在关于枪支公司的诉讼的案件中,调查表上也许会问"你有枪吗?""你的好友中有人持有枪支吗?"等;法官和双方律师将根据调查内容对候选人进行筛选。法官也可以直接的询问候选人,例如询问候选人是否有什么因素会影响到他(她)做出公正的判断等。没有资格做某一案件陪审员的人也许有资格做别的案件的陪审员。一般来说,对某案件案情或当事人熟悉的人不能做该案的陪审员。初审法官可自主决定候选人是否能保持中立。任何人不得仅仅因为是某组织的成员或从事某种行业(如执法人员)而被自动取消陪审员资格。

通常对陪审员候选人的排除可以通过两种形式:一是有因回避(cause challenge),二是无因回避(peremptory challenge)。① 有因回避,指陪审员候选人可以因为不符合某些法定要求而予以排除,比如年龄不合、不是该州公民等等;也可根据候选人可能与被告人有特殊关系而可能存有偏见的原因被排除,比如,与被告人存在血缘关系、婚姻关系等等;或者据以其他偏见,比如,对被告人存在某种成见等。(Guinther,1988)19 世纪 80 年开始,陪审团甄选采用相对科学的方法。在进行陪审员候选人登记时,通过调查获取社区成员的一些相关资料,比如个人的性格、心理状况等,同时对这些登记人员的各种性格以及相关的心理状况之间的联系进行评估。这些信息对于陪审团甄选工作是有益的,它有助于预知陪审团候选人对其中一方诉讼当事人存在的偏见,便于律师否决该候选人入选陪审团名单。②"无因回避"(又称绝对回避),是指无须提出任何理由,仅仅基于某种真实的或推测出的不容易说清楚或不是显而易见的实际情况,即可从候选人名单中排除陪审员。当律师怀疑某个预备陪审员存在偏见,但又无法根据有因回避原则向法官提出合理证明时,往往采用无因回避手段排除该陪审员。诉讼双方的无因回避权次数是有限制的。在美国,各州情况有所不同,但一般情况下,双方的无因回避权次数都是随着犯罪严重性的程度升高而递增(Jackson& Doran,1995)。例如,联邦法院死刑案中,每一方当事人最多可排除 20 名。如果犯罪行为可以不判死刑但可以判处超过一年的监禁,那么公诉人一方最多可无因排除 6 人,被告一方最多排除 10 人。如果犯罪行为将被判以短于一年的监禁,则控辩双方可以排除 3 人。(Jonakait,2003)不过,当事人不能基于种族、民族或性别原因通过无因回避取消候选人资格。美国的司法体制绝不允许在上述方面存在歧视。有些权威人士建议,基于宗教信仰意愿而实行的无因回避应被禁止。

陪审团裁决原则是指陪审团在做出最后裁决时所需达到的法定人数的原则规定。历史上,大部分刑事案件一般要求陪审团一致通过裁决意见。如今,在陪审团审判的恰当裁决规则方面,美国最高法院认可州一级的非一致通过的陪审团裁决,但不赞同联邦法院也适用此规则。美国只有七个州规定刑事和民事诉讼中要求 12 人陪审团一致做出裁决。裁决规则有一致通过和三分之二多数通过之分。一般情况是,所有 6 人陪审团的州都要求陪审团一致通过做出裁决(Kassin & Wrightman,1988)。美国最高法院判决了一些与恰当的裁决规则有关的案子。在这些案子中承认陪审团非一致通过的多数原则的裁决结果,联邦最高法院认为,12 名陪审员中若至少有 9 名认为被告有罪,最高法院便应支持陪审团的有罪裁决,并且设定了陪审团法定人数的最低限度为 6 人的判决规则,在 6 人陪审团的审判中不允许适用 5/6 的多数原则做出裁决,其裁决必须是全体一致同意的。州刑事案件中,虽然美国宪法不要求州12人陪审团的裁决必须是全体一致通过,但是只有两个州允许刑事审判接受非一致通过(un-unanimous)的裁决(任蓉,2007)。美国宪法虽然并未要求刑事案件的裁决必须是全体陪审员一致通过的,但《联邦刑事诉讼规则》却要求裁决的一致性。达不成一致意见,做不出裁决的陪审团称为"未决陪审团"(hung jury)。案件通常交由另一个陪审团重新审理。调查研究表明,每年美国20多万起刑事重案审判中有5%-12%出现"未决陪审团"。

美国陪审团具有自己与众不同的特点,这些特点主要体现在如下几个方面。首先,美国陪审团具有非法律化、大众化的特点。美国陪审团的成员由非法律专业人士组成,来自社会各行业,各个阶层,随机产生。没有严格的财产、教育或其他限制,只要具有正常的认知能力即可。为了保证非法律化、大众化,规定法官、律师、警察等不得担任陪审团成员。有过刑事犯罪记录的人士,也不得担任陪审团成员。候选陪审员的范围应当在种族、年龄、性别和其他重要特征方面准确地反映社会中的人口状况。因此,陪审团原始名单应当尽可能地容纳社会中的各类成员,美国多数的州法院和联邦法院都是以选民登记名单和驾驶执照持有者作为陪审团的原始或初步名单。其次,美国陪审团具有中立性的特点。陪审团无论在案件的审判前还是审判后,对该类案件的观点都必须保证中立性,以确保司法公正。如果对案件中某一方的立场有明显的偏向性,就会在遴选过程中被排除掉。再次,美国陪审团具有与法官各司其职,互相配合的特点。在审判过程当中,陪审团与法官各司其职,互相配合,陪审团负责事实认定,法官负责法律适用。在刑事案件中就是陪审团负责定罪,法官负责量刑。一般情况下,法官必须根据陪审团的裁决做出判决。这就意味着陪审团实际上构成对法官的一种监督制约(夏欣,2013:28)。

总之,陪审团所做的工作不仅仅是"有罪"或"无罪",更重要的是贯彻社会的价值观念。由于陪审团的成员是从社会各个阶层中选出的,因此陪审团做出的裁定就不同于法官个人的决定,陪审团裁定可能通过一个陪审员反映出社会的普遍价值观念,反映出社会上的民意对于某一种行为是支持同情还是蔑视谴责,并且由最普通公民组成的陪审团来决定一个嫌犯的命运,这样做也符合美国的平等公正精神,这在移民的、组成成分复杂的、多样的复合型社会的美国尤其重要。

总体来说,西方陪审制度一直作为助推司法民主、司法独立、司法公正的基石性制度有效运转,这恰恰是处于社会转型关键时期的中国所渴望实现的状态。

三、中西陪审文化对比的启示

《关于完善人民陪审员制度的决定》的实施是我国民主与法制建设进程中一个具有里程碑意义的事件,标志着人民陪审员制度将更趋完善规范,并在司法实践中重焕生机。然而不容忽视的是,在实际运行过程中也存在着人民陪审员制度的宪法地位问题、人民陪审员的选任资格与方式问题等一些方面的缺陷,需要在细节上加以改进和完善。追溯我国陪审制度的发展历程,对比西方国家的陪审文化,对于落实完善具有中国特色的人民陪审员制度,保障人民群众参与司法,推进公平公正司法,提高司法信度和效力,具有十分重要的作用和意义。英美法系的陪审制度有着比较久远的历史、优良的传统以及成功的做法,尤其要提及的是美国,作为当今实行陪审制度最为彻底也最为坚决的国家,美国陪审制度经过二百余年历史的积淀,其许多成熟的经验和方法都值得我们借鉴。

(1) 美国确立陪审制度宪法地位的启示

首先,陪审制与其说是一种司法制度,毋宁说是一种政治制度。正如法国思想家托克维尔在其《论美国的民主》一书中所指出的那样,"陪审制度首先是一种政治制度,应当把它看成是人民主权的一种形式"。可以说,美国在宪法中确立陪审制是从政治的高度来加以审视和定位的,它集中体现了美国的建国理念和对被告人人权保障的高度关切。其次,陪审制应当在宪法中有一席之地,必须在宪法中明确加以规定。陪审制首先是一种政治制度,因为既然它对诉讼的结局具有重大的影响,那它由此也要对诉讼当事人的命运产生重大的影响;如果把陪审制度只看做是一种司法制度,是一种十分狭窄的看法,而我国陪审制的发展轨迹正是受这种观念的影响。恢复我国人民陪审员制度的宪法地位,从政治的高度对陪审制度进行重新审视,抛弃那种认为陪审制是一时司法政策的产物的观念,是解决问题的关键之所在。只有这样,才能使我国的陪审制真正走出目前的困境。

(2) 美国陪审员选任资格相关规定的启示

从美国陪审员的选任资格的相关规定中我们可以发现,在美国担任陪审员的条件限制较少,其来源具有广泛的代表性,这些都值得我们借鉴。我国在担任陪审员的积极条件中规定担任陪审员必须具有大学专科以上文化程度,这实际上是以文化程度的高低来限制公民的司法参与,这种做法是不妥当的,对于担任陪审员必须具有大学专科以上文化程度的规定应当删除。只要具有相应的读写能力的人即可担任陪审员,而无须具有大专以上文化程度。此外,立法应规定对于一些从事与公益事业有关的特殊行业的人员,如消防人员、医生、护士、警察、教师等人员有豁免担任陪审员的义务。再次,为改变我国权力监督乏力和失衡的局面,有必要对《决定》第五条做相应的修改,可以将其修改成:"人大代表和人民法院、人民检察院、公安机关、行政机关工作人员以及执业律师等人员不得担任陪审员。"

(3)美国陪审员选任方式的启示

在我国人民陪审员选任方式上,可以借鉴美国陪审员的选任方式,具体可以从如下几个方面来进行完善:首先,在各基层人民法院建立陪审员资料库。具体的做法是将该司法辖区内具有选民资格的人员按照年龄段、性别、职业、文化程度等方式进行登记列明,每年登记一次,这项工作可以由该司法辖区的公安机关负责进行,因为公安机关掌握了该辖区内大量的人口信息,这为其完成该项工作提供了便利。公安机关将登记好的名单交给基层人民法院,供法院在审理具体案件时随机抽取。基层人大可以对这项工作进行监督。其次,加大个案陪审员的选任力度,引入美国式"庭选"程序,赋予当事人选择陪审员的权利。《关于完善人民陪审员制度的决定》第14条规定了以随机抽取的方式产生个案陪审员,这一方式完全是法院一方单独进行的,并未真正体现当事人的意愿,建议在此基础上引进美国式的"庭选"程序,具体的做法是:当某个案件需要陪审员审理时,法官应按一定的比例抽取一定数量的候任陪审员,一般应具有3人以上,并通知他们参加庭选。候任陪审员必须接受法官和双方当事人的交叉询问,且双方当事人都有一定数量的要求某一候任陪审员回避的权利,不过这种回避应当说明理由。经过这一程序之后,如果双方对某一候任陪审员都感到满意的话,个案陪审员即确定(姚尚武,2015:24-27)。

与有着一千多年发展演变历程的西方陪审团制度相比,我国的人民陪审员制度还属于是新生事物。我国正处于社会转型的关键时期,司法改革方兴未艾,在对西方陪审制度进行客观审视和合理比较的基础上,借鉴其先进理念和改革路径,确定我国人民陪审员制度的未来走向,这是中国特色社会主义法治国家建设的应有之义。

(1)坚持抽象的政治功能与实然的司法功能并重的方向性选择

西方陪审制度演进的历史表明,陪审制度最初并非一项政治制度,它首先表现为一种司法理性技术,是理性发现事实真相、解决纠纷的途径。随着反封建斗争的深入,陪审制度制约权力的政治功能才得以显现,并逐渐成为社会公众争取民主的工具。陪审制度的政治功能与司法功能是唇齿相依的关系,政治功能的彰显必须

第十九章 中西陪审文化对比

依赖司法功能的发挥,司法功能发挥得越淋漓尽致,政治目标实现得越彻底,没有司法功能就没有政治功能。在西方国家,只具备政治功能而不具备司法功能的陪审制度是不存在的。

在我国,人民陪审员制度是典型的基于政治需求而诞生的制度,其蕴含的司法理性因素很少。当前,随着社会改革步伐的加快,社会各个领域的关系逐渐复杂,利益冲突突显、制度规范缺失、信息资源匮乏以及道德失范带来的各种纠纷使得传统的利益调整机制逐渐弱化或失效,全社会对司法的最终救济功能寄予了越来越高的期望。而人民陪审员制度蕴含的促进司法民主、保障司法公正的价值功能与这种时代需求不谋而合,通过普通民众参与司法审判,为相互冲突的利益主体提供表达利益主张、平等解决纠纷的平台,舒缓不满、疑虑和对抗,增强裁判结果的权威性和社会大众的认同感。有学者建议,有必要放宽农民人民陪审员的选任条件,在农村地区实行普遍而平等的陪审员选任(袁勇、黄进才,2011:70-73)。此时再强化人民陪审员制度的政治功能,会让普通民众通过司法实现社会正义、平息社会冲突的期望落空,最终危及整个社会的稳定和谐。因此,我们应当将域外陪审制度作为我国人民陪审员制度设计的参照物,弱化其政治功能,强化其司法民主、司法参与、权力制约功能,选择抽象的政治功能与实然的司法功能并重的发展方向。

(2)破除全能主义的国家控制模式带来的外部行政化制约

西方陪审制度作为一种司法制度和诉讼程序,与国家权力的运行保持着长期互动关系。西方国家的权力结构的典型特点是分权与协作,这为陪审团独立裁判案件事实留出了运作空间。在西方法律文化中,对普通外行共同体裁判始终保持开放性态度,它们更注重公众参与的广泛性,对复杂辩诉程序或精巧的程序规则却并不强求。

我国的政治体制具有权威化管理模式的特征,社会生活的方方面面都处于国家的管控之下,政治权力对社会生活全面干预、渗透。在这种模式下,整个社会的运作需依赖自上而下的国家权力系统,法院依赖政府获得维系正常工作和发展所需的人、财、物等资源;法官依赖于法院获得维系生存和发展的资源,包括物质资源和晋升、培训机会等非物质资源,司法权的地位与行政权无异甚至低于行政权。在这种行政化司法运行惯性中,外行裁判权难有实质性的介入,因为职业法官的权力都有可能被边缘化,作为合议庭组成人员的陪审员的权力被虚化就不足为奇。加之司法裁判的非终局性,使得陪审员参与司法审判的积极性挫伤加剧。因此,我们必须效法西方陪审制度,扩大民众参与、监督司法审判的深度和广度,摒弃司法权运行中的行政化管理模式,让人民陪审员制度蕴含的司法功能能有效发挥。陪审团制度有效地吸收民意,防止民众对审判结果的不满。如果我们有相似的制度设计,山东聊城的"辱母杀人案"可能就不会有如此强烈的民意反弹。

(3)消除诉讼机制不完善引起的制度运行效果的偏差

具体包括:① 改革虚化人民陪审员话语权的现行合议制。国外的陪审制度往往在国家根本法或基本法中予以确定,并有专门的程序法详细规定行使规则。而我国保障陪审员权力行使的相关制度尚未健全,尤其是现行合议制严重阻碍了陪审员权力的落实。在合议庭中,认定事实和适用法律常常由职业法官一人代劳,陪审员的功能异化为"陪坐"。原因在于法律专业知识的先天不足,使得陪审员在庭审及评议的过程中往往底气不足,在没有制度保障的情况下,他们更倾向于接受职业法官的引导,以掩饰其先天的自卑感。因此,完善现行合议制度是落实陪审员权力的制度前提。② 排除专业化的审判流程对陪审员权力行使的阻碍。在西方国家,当事人主义审判模式和庭审集中主义要求包括证据调查和辩论在内的一切实质性的诉讼活动必须而且只能在法庭审判中进行,诉讼双方律师往往竭尽所能地让专业化案件通俗化、形象化,以便陪审团正确理解案件事实。这种直接、论辩式的审理模式有利于陪审员全面、直观地了解案件,进而将法庭审理的情况作为裁决的唯一事实依据。我国长期实行职权主义诉讼模式,陪审员在开庭审理阶段才介入案件,而庭前阅卷、调查、取证、预判等重头戏早在庭审前就已完成。陪审员参与的有限性直接决定了其对案件裁判能力和信心的不足,既没有专业知识和司法经验,又不熟悉案情,审判过程只能交由职业法官控制,决策也无法不受职业法官的影响(刘树德,2010:137)。因此,围绕陪审员权力的有效行使来设计审判流程结构,无疑是相关诉讼机制改革的核心。③ 建立便于陪审员独立理解操作的证据规则。西方的陪审制度考虑到陪审员专业知识的不足,一般都设置了详尽并可操作的证据规则,并将证据规则以立法的形式固定下来,甚至颁布了证据法典,如1968年的英国《民事证据法》、1975年的《美国联邦证据规则》,让陪审员或陪审团正确理解证据并做出合理裁判成为可能。而我国的相关证据规则却相当粗糙,职业法官运用起来都颇为头痛,更何况欠缺专业知识和审判经验的陪审员。这使得大部分陪审员在判断事实、认定证据时不得不接受职业法官的引导和影响(陈晓红、陈杨,2013:91-94)。因此,只有对现有证据规则进行改革,才有可能使得人民陪审员独立行使裁判权。

第二十章　中西法律教育与法律职业对比

- 世界上唯有两样东西能让我们的内心受到深深的震撼,一是我们头顶上灿烂的星空,一是我们内心崇高的道德法则。　　——［德］康德
- 人一出生就口含一枚金币,一面写着平等,一面写着自由,这枚金币叫人权。　　——［法］卢梭
- 法律研究的目的是一种预测,即对公共权力通过法院的工具性的活动产生影响的预测。　　——［美］霍姆斯

一、概述

法律教育"乃是一国法律制度体系最基本的造型因素之一",在法律制度体系中的地位非常重要。依法治国、科技大发展、经济全球化、可持续发展和知识经济等各方面都对发展法律教育带来了前所未有的发展机遇和严峻挑战,作为法治建设的基础性工作,法律教育在新时期肩负着重大而艰巨的时代任务。

全面推进依法治国,建设社会主义法治国家是我国新时期的治国方略。为贯彻落实党的十八大的战略部署,加快建设社会主义法治国家,十八届中央委员会第四次全体会议通过了《中共中央关于全面推进依法治国若干重大问题的决定》(本章节内简称《决定》),其中对法治人才的培养机制做出了重要规定,为未来中国法学教育与人才培养目标改革、培养机制与模式的创新提供了指针。

"法治乃法律人之治"(孙笑侠等,2005),全面推进依法治国,法治人才是保障,法学教育是基础。"市场经济取向的体制改革和国家事务日益法律化、民主化的发展要求全社会厉行法治,进而对各级各类法律人才的培养和供给数量、质量提出新的要求"(冯玉军,2013)。"致天下之治者在人才,成天下之才者在教化,教化之所本者在学校"(《松滋县学记》)。在依法治国方略实施所必须依托的高素质的法律人才打造中,法律教育无疑是至关重要的,尤其是随着中国加入WTO以及经济全球化的影响,中国的法律职业也面临着严峻的挑战,高素质的法律人才更显珍贵。

中国目前法学教育大致分为研究生教育、本科教育、成人教育、司法培训教育等。据统计,截至2016年,全国共660多所院校开设了法学专业;普通本专科每年共招生13万余人,在校生有50余万人。然而,法治专门人才培养质量却缺乏保障,法学专业毕业生就业率在各专业中排名较低。社会经济发展需求的高层次法律人才,尤其是涉外法律人才缺口仍然很大。法律教育是我国法治建设中的关键环节之一,离开法律教育法治只能是纸上谈兵,空中楼阁。因此,反思法治人才培养,革新法学教育的培养目标、合理厘定法学教育的性质及重新定位法学教育培养机制,是一个重大而现实的法学教育课题。

二、我国的法律教育与法律职业

1. 我国的法律教育

法律职业人才是法治(国家治理方式)与法制(国家法律制度)的"第一资源"。更确切地说,法律职业与法律职业人的法制治理是国家法制架构的前置基础和前提条件。

法律教育是从事法律职业的前置条件。法律教育作为一个整体概念,应当包括四个方面:其一,法学教育(或称法律学历教育);其二,法律职业教育;其三,法律职业后继续教育;其四,法律普及教育(普法教育)。前三项是针对法律职业人才的生成培养教育;后一项是针对全体公民的法律知识普及教育。

我国真正的近代意义上的法律教育始于清末,而从清末以来的我国法律教育是通过不断移植各种外来法律文化的结果,以至于我国的法律教育从一开始就呈现出混合性与多样性的特色。19世纪后半叶,我国最早举办的几所近代大学法律系科(如1895年设立的天津中西学堂、1898年设立的京师大学堂等),主要是以英美或欧洲大陆国家的法律教育为蓝本的(程燎原,2003:66)。19世纪末和20世纪初,我国的法学教育主要以学习与模仿日本为主。如1905年,清政府建立了中国有史以来的第一所法学教育专门机构——直隶法政学堂,到1909年,全国共有法政学堂47所。这样,清末的法律教育就出现了综合性质的大学堂的政法科与专门的法政学堂同时并举的办学机构。而这种在大学之外广设法政学堂的体制就是模仿日本法律教育体制的产物,法政学堂无论是课程设置、教材还是师资均深受日本的影响,从而使我国的法律教育更具有大陆法系的特色(方流芳,1997:9-10)。

第二十章 中西法律教育与法律职业对比

民国时期,在北京政府期间(1912-1928),法学一直是最热门的专业。法政学校以突飞猛进的速度继续得以发展;在法政学校之外,综合性大学的法科也是最热门的专业;此外,自1910年清政府垄断法律教育的局面改变之后,民间法政学校和教会大学等私人法律教育机构也得到了迅速的扩展,如1913年,仅江苏一省就兴办了15所法政学校。当时具有代表性的私立法学教育机构主要有1911年创立的朝阳大学及1915年创立的东吴大学比较法律学院;且这两所私立大学的教学风格与特点不完全一样,其中东吴大学比较法律学院主要采取的是美国式的法律教育方式,而朝阳大学主要采取的是欧洲大陆的法律教育方式,注重法典的学习。

法政学校之所以发展如此迅速,这与北京政府对法律职业资格的规定有密切关系。据北京政府1915的法律规定,司法官、律师成了一种需要考试的职业领域,但是,它又规定法政学校三年制的毕业生、法政学校的教师、执业三年以上的律师可以免试。这一规定,一方面使法律教育与法律职业得以结合,这是其进步的一面,但同时它又使受过法律教育的人享有不经考试而出任候补法官或充当律师的特权,这种免试特权就等于使法政学校本身即拥有法律职业资格的许可权。这是当时法政学校得以快速发展的直接原因(方流芳,1997:12-14)。另外,当时的办学形式也呈现多样化的特色,由过去的公立法学教育机构转变为公立与私立的法学教育机构相并存的格局。

鉴于法律教育的泛滥,国民政府于1929年颁布了《大学组织法》与《专科学校组织法》,规定法律教育机构限于大学法学系(院)和独立学院两种,不得设立法律专门学校或法政大学;已经设立的,限期停办(汤能松等,1995:287-288)。因而自清末形成的大学法学院(系)和法政学校并存的局面得以取消。这一举措,无疑有利于节约教育资源与统一法律教育的最低标准。此后,随着一系列与法律职业和法律教育相关的法律的出台(如《考试法》《法院组织法》),司法官的考试成为一项固定的、全国性的制度,从而使法律教育与法律职业得以结合起来,法律教育机构与法律教育体系得到了进一步的发展。然而,由于当时对法律教育的宗旨及法律人才的培养标准没有一个明确的定位,以致所培养的法律人才参差不齐,且"官场之贪污,政治之勾结,许多造乱之源,常归咎于'文法'"(孙晓楼,1935:152),因而后来出现了对法律教育进行了长达十多年的人为过火限制的不合理现象(汤能松等,1995:292-310)。总之,自清末至新中国成立,我国法律教育从办学层次(大学法学院系与法政学校并存)、具体的办学形式(公立与私立并立)到培养模式(美国式与大陆或日本式),均呈现出多元化的特色。

485

新中国成立以后,受"左倾"思想的影响,我国对旧的法学教育体制不分好坏一律加以了清除。与此同时,新中国的法律教育开始"以苏为师",照抄照搬苏联的模式,并创办了一批专门的法律院校,而且综合性院校也建立了法律系,因而又出现了并存的局面。"文化大革命"期间,由于法制被严重破坏,法律教育几乎全部被取消。从20世纪70年代末开始,随着我国改革开放政策的不断实施以及法制建设的不断恢复与加强,法学教育重新得以建立与发展。大学法学教育的模式与大陆法系国家的法律教育模式有些类似(如招收的对象为高中毕业生,教学内容兼具人文教育与法律教育,教学方法主要为讲授法等)为我国培养了大批的法律人才。但是,我国现今法律教育最为积重难返的问题是法律教育的不统一,具体体现在法律教育的构成、类型与性质的多样化、法律人才培养的多层次化、法律教育办学机构的多渠道化、法律教育办学形式的多样化(丁艳雅,2004:78-81)。

首先,法律教育的构成、类型与性质呈现多样化。目前我国的法学教育是由普通高等法学教育、成人教育、职业培训、职业教育、自学考试和继续教育等同时并举的多种法律教育构成的。从法律教育的类型与性质来看,既有学历教育,又有非学历教育;既有学科教育,又有专业教育;既有脱产,又有半脱产和业余教育;既有正规教育又有非正规的教育。

其次,我国法律人才的培养层次呈现出多样性。这又可以从两个方面来分析:一是从法律人才培养的纵向层次来看,我国不仅有法学本科、硕士与博士三个基本层次的学历与学位教育,而且还有法律中专与大专的教育;二是从法律人才培养的横向层次上来看,呈现出多头并举、犬牙交错的状况。如在高等法律教育本科阶段,又增设有辅修、双学位、第二学位教育;成人法学教育中包括短期培训、岗位培训、职业培训、专业证书教育、专业继续教育、成人法律专科、"专升本"和"高起本"教育(霍宪丹,2003:106-107);研究生教育中除法学硕士与法学博士之外,从1996年开始又新设了法律硕士教育(其中又有非法律专业本科毕业攻读的法律硕士与法律专业本科毕业攻读的法律硕士之分);另外,还有研究生课程班教育。

再次,法律教育的办学机构呈现多样化特色。一是从横向层次即从兴办法律教育机构的种类来看,既有高等教育机构又有非教育机构,还有行业主管部门与高等院校联合办学的形式。二是从纵向层次来看,上述三种类别兴办法律教育的机构各自又是政出多门。如我国高等教育机构中兴办法律教育者是多元化的。既有教育部主管的重点综合性大学,如北京大学、清华大学、中国人民大学、中山大学等;又有司法部所属的法学教育系统,如中国政法大学、西南政法大学等五所政法院校;另有行业主管部门与地方所属的高等院校的法学院、系;还有地方政法管理干部学院以及各种各样的民办大学中的法律院、系。我国兴办法律教育的非教育机构的类别也在不断增多。如各级党校设立的法律院系或法律专业、司法机构设立的各级法官学院与检察官学院。行业主管部门与高等院校联合办学的形式也是多种多样。如高等院校法学院与法院、检察院或公安部门联合办的各层次的法律教育。

最后,法律教育的办学形式与招生形式的多样化。其中普通高等法律本科教育主要采取的是全日制的脱产教育;研究生教育主要采取的是全日制的全脱产教育、半脱产教育与业余教育等形式。成人教育的办学形式更是五花八门,主要有普通高校中举办的法律函授、夜大、自考教育、远程教育等形式,独立设置的政法管理干部学院、政法干校和法官、检察官、律师、公证培训机构以及广播电大、夜大与职大等。招生形式同样体现了多元化的特色,除有"计划内招生"之外,还有各种形式的"计划外招生"。

法律教育应当是高等教育,当今世界绝大多数国家的法律教育都是高等教育。真正意义上的法学教育起源于欧洲中世纪以法律教育为中心的波伦亚大学。尽管波伦亚大学至14世纪下半叶因大学自治地位的逐步丧失、教师向其他城市和大学的转移、管理制度方面等问题逐渐没落,但其法学教育的模式、内容、方法影响了整个欧洲。大陆法系国家的法律教育,是本科教育的纯法律理论教育,学生通过初级教育(一般是六年,日本是八年)、中等教育(一般是六年)后,通过全国统一考试进入到大学学习。英美法系国家中,美国的法律教育仿照波伦亚大学的研究生意义上的教育制度,那时接受文科教育是从事法律、神学以及医学学习的先决条件,其招生对象是最低学历为文学士或理学士,在这之前他们上过八年的小学(primary school)、四年的中学(secondary school)和四年的大学。

世界各国之所以规定法律教育必须是高等教育,一方面是因为自然人已长大成人,在这个过程中,自然人经历了基本社会化过程,具备了初步的知识经验和社会阅历,对社会有了起码的认识,这时来学习高深的专业知识(尤其是社会科学),才能理解和接受。另一方面,法律是系统的科学知识、精髓的实践技术,操作法律的人肩负着重大的社会责任,高等教育是培养法律人的起步阶段。

中国自清末出现法律教育机构以来,清末的法律教育虽然并不是取得法律职业资格之前的学历教育,但它却是高等教育。民国时期的法律教育曾经一度因经济利益成为热门专业,法律学校乱招学生,"有许多公私立的法政学校,每因经济利益而滥收学生。有的学生即使没有初中毕业,也可进去读书;高中的毕业生即可越级插班。只要挂一二年的名,付一二年的学费,便可给予大学文凭。"(孙晓楼,1935:97)但这也是高等教育。1949-1978 年的中国没有真正的法律教育。如前所述,1978 年法律教育再度兴起以后直到现在,法律教育因法律人才的急需,也因经济利益的追求,办学途径呈现多样化的态势。目前我国的法律教育,既有传统的综合性大学、政法类高校开设的法学院系;又有更多的非综合性大学、非政法类高校,乃至那些有明确的非法律类指向的各类理、工、农、医等高等院校开设的法学或法律系;并且在教育机构之外,非教育机构也大办法律教育。法律教育层次也表现出多样化的状况,从职业高中、中等专业学校、普通高校专科、成人教育、在职培训、大学本科、法律硕士、法学硕士直到法学博士及博士后,五彩纷呈,应有尽有,世界上肯定找不出那一个像中国这样办法律教育的国家。可以不无夸张地说:中国高校乃至整个社会全面渗入整个法学教育领域。

从法律有关专业的就业现状来看,形势也十分令人担忧。据调查统计,2015 年法学学科毕业生的就业率列文科毕业生倒数第一。另据《2015 中国大学生就业报告》显示,法学大类毕业生就业率排名倒数第二,仅法学一个专业失业人数在全部本科专业小类中排名第一;高职高专毕业生法律大类就业率排名也是倒数第一。此外,法学大类的本科毕业生工作与专业的对口率仅为 47%,排名倒数第二,这意味着一半以上的法学大类本科毕业生没有从事与法律有关的工作;而到了高职高专法律大类,这一比例更是下降到 29%。另一方面,在我国西部的广大地区又缺乏高层次的各类法律职业人才。根据全国高等学校学生信息咨询与就业指导中心最新的统计数据,2016 年法学本科毕业生规模达到 8 万人左右,是当年毕业人数最多的十个本科专业之一。与此形成巨大反差的是,2014 年法学本科专业就业率只有 86.3%(全国本科就业率为 91.8%),连续 7 年登上就业"红牌"专业榜(数据来源:麦可思 2014 年中国大学生就业报告)。法学教育近十年的最大贡献可能只是为高等教育贡献了"毛入学率",其表面繁荣的背后则是深刻的质量危机、就业危机和声誉危机。

由此不难看出,我国的"法律学历教育"供给远高于需求;同时也反映出我们的法律教育结构也同样不能适应法律职业的需求。更为严重的是:真正意义上的"法律职业教育"的缺失,以及"法律职业后继续教育"定位不准、摇摆不定。这些问题绝不仅仅是某些方面的问题,既有数量、质量和结构上的原因,也有机制体制方面更深层的原因。需要从法律职业人才培养管理体制上有所突破和创新。

2. 我国的法律职业

改革开放以来,随着越来越多的案件涌向法院,出现了越来越多的诉讼、法官、律师和法学院,这已经成为无论法律界内还是界外都感觉到的一种趋势。过去西方人在谈论中国法时所描述的"没有律师的法"(Victor H. Li,1978),即法律职业短缺的状态已经成为历史。

随着改革开放国策的实施及发展,中国社会已逐步告别社会关系相对简单的时期,其社会关系日趋复杂化,利益也日趋多元化。在这种社会条件下,不论是从人们的活动范围讲,即人们活动的领域已远远超出单位或所居住的地区,还是从争端的复杂性程度讲,刑事、民事或行政纠纷,都只有受过专门法律训练、具有专门法律知识的人才能成为纠纷的仲裁者。然而,我国的司法干部队伍既缺乏数量,更缺乏专业知识和专业能力,并且我国的法学教育也极欠发达。这就是我国改革开放初期法律工作者队伍所面临的基本情况。

早在 1980 年邓小平就指出我国"可以当律师的,当法官的,学过法律、懂得法律,而且执法公正、品德合格的专业干部很少"(中共中央文献编辑委员会,1994:263)。而且他还特别强调发展法学教育,并于 1985 年同彭真的谈话中提出:"要大力扩大、发展法律院校"(彭真,1989:288)。这些讲话为此后开展的推进法律职业建设、实行职业准入制度——司法考试和大力发展法学教育奠定了基础。改革开放以来中国法律工作者职业化的进程,正是按照邓小平当年所提出的这些要求前进的,这可以从我国法官、检察官、律师和公证员数量和学历的变化得到印证。

(1) 国家司法考试

司法考试是国家统一组织的从事特定法律职业的资格考试。初任法官、初任检察官和取得律师资格必须通过国家司法考试。考试主要测试内容包括:理论法学、应用法学、现行法律规定、法律实务和法律职业道德。国家司法考试实行全国统一命题和评卷,成绩由中华人民共和国司法部国家司法考试办公室公布。国家司法考试的考试成绩一次有效。

2015 年 12 月,中共中央办公厅、国务院办公室厅联合印发了《关于完善国家统一法律职业资格制度的意见》,意见就贯彻落实党的十八大和十八届三中、四中全会精神,提出了完善国家统一法律职业资格制度的目标任务和重要举措,对于推进法治工作队伍正规化、专业化、职业化,为建设社会主义法治国家提供人才保障具有重要意义。同时,意见中对参加国家统一法律职业资格考试的报考条件进行了限定,具体为"具备全日制普通高等学校法学类本科学历并获得学士及以上学位,或者全日制普通高等学校非法学类本科及以上学历并获得法律硕士、法学硕士及以上学位或获得其他相应学位从事法律工作3年以上"。

这一规定将会大大限制全日制非法学类本科毕业生取得法律职业资格的条件,这不利于综合性、复合型、应用型的法律人才参与到我国社会主义法治建设中,也不利于全面推进依法治国、依法治企的方略,更不利于法律职业和法治队伍的建设。新的法律职业资格制度改革应该在原国家司法考试报考条件的基础上进一步放宽国家统一法律职业资格考试的报考条件,倡导"全民"学法、懂法、用法,通过以考促学的方式,让更多的人参与到"法治中国"活动中去,允许非法学类本科生参加考试并取得法律职业资格(李敬升:2017)。

(2)法官

我国法官(包括院长、副院长、庭长、副庭长、审判员、助理审判员)数量改革开放以来快速稳步增长,2015年为19.6万人,比1979年的5.9万人增长了2.31倍,年均增长率达到了3.4%。

在数量迅速增加的同时,我国法官的文化素质、专业素质也获得了很大的提高。由于历史的原因,我国法官的文化和专业素质一直不高,受过高等教育的只占很小的比例,许多审判人员来自其他行业,复转军人占相当大的比例,他们在担任审判工作以前并未受过法律教育。

从法律规定看,法官准入的条件越来越明确、越来越高。1979年的人民法院组织法规定,只要年满23周岁,没有被剥夺政治权利的公民,都可以被选举或任命为法官。1983年修改后的人民法院组织法开始对法官任职资格做出一定限制:"人民法院的审判人员必须有法律专业知识。"1995年的法官法进一步规定,大专以上的法律专业和非法律专业具有法律知识为职业准入的条件。2001年修改的法官法把准入条件提高到大学本科法律专业和非法律专业具有法律知识,必须通过全国统一的司法考试。

从实际情况看,自20世纪80年代中期起,最高人民法院开始注重法官的专业教育,我国大专以上学历的法官比例从1987年的17.1%,在很短的时间内发展到1992年的66.6%,1995年达到84.1%,2000年全部法官基本都达到大专以上的学历水平;我国大学本科以上学历的法官1995年法官法颁布时为1万余人、占法官总数的6.9%,10年后的2005年增长到11.5万人、占法官总数的60.8%。到2015年全国法院具有大学本科及以上学历的各类人员占法院总人数的比例超过80%。

改革开放以来法官数量与素质的提高,法官工作队伍建设的加强,促进了审判效率的提高。1979 年我国每 10 万人口法官数量为 6.1 人,每名法官年均一审结案 8.8 件。2015 年我国每 10 万人口法官数量为 16.6 人,每名法官年均一审结案 47.6 件。由此可见,我国每 10 万人口法官数量只增加了 1.72 倍,但一审结案量增加了 15.33 倍,远远超过法官增长率,每名法官一审结案量增加了 4.41 倍。如果再加上二审、再审和执行案件的数量 2015 年结案量已经达到 1583.7 万件,每名法官年均结案 69.5 件,而 1978 年一审、二审、再审案件的总量只有 61 万件,只相当于 2015 年的 3.9%(参见《中国法律年鉴》1987—2016 年各年版本)。

(3)检察官

中国检察官(包括检察长、检察员、助理检察员)数量 1986 年为 97730 人,2000 年为 171189 人。此后在检察制度改革中检察官精减,2015 年我国检察官数量为 162533 人,比 1986 年增长了 66.3%。

我国检察官中大专以上学历的 1985 年为 10.1%,2000 年上升到 76%。2001 年我国修改检察官法,检察官的职业准入要求从大专变为大学本科学历。我国大学本科以上学历的检察官 1998 年为 15.14%,2006 年为 67%。2015 年为 83.6%。

从 1988 年到 2015 年,我国检察官数量由 11.2 万人增长到 16.3 万人,增长了 45.5%;每 10 万人口检察官数量由 9.12 人增长到 11.85 人,只增长了 16%;同期检察院审查批捕、决定逮捕人数却增加了 1.83 倍,提起公诉的人数数量增加了 3.5 倍(参见《中国法律年鉴》1989—2015 年各年版本)。检察官数量的增长远远小于其承担的工作量的增长,这显然与检察官素质的提高、办案效率的提高有直接关系。

(4)律师

改革开放前,我国律师最多的时期是 1957 年,当时全国共有 3000 余名律师。后来在"左"的思想影响下取消了律师职业,直到 1981 年才恢复,当年我国共有律师 8571 人。此后律师数量逐年增长,2017 年我国律师数量已经超过 30 万人,比 1981 年增长了 36 倍,平均每年增长 80% 以上。

我国律师数量是所有法律职业中增长最快、最稳定的。法官和检察官数量虽然也在增长,但是有一个调整过程,而律师的数量一直在稳步增长,自从恢复律师职业以来从来没有减少过。我国律师的学历水平在各项法律职业中一直是最高的。律师准入的条件为大学本科学历,2000 年达到这一要求的占 49.1%,2011 年为 92%。而且近几年还会有进一步提升。

1981—2015 年间,我国每 10 万人口律师数量由 0.86 人增加到 21.6 人,增长了24.12倍,年均增长率为61%。期间,律师的诉讼业务量增长了三十多倍;非讼业务量增长了一百多倍。这表明虽然律师数量是我国所有法律职业中发展最快的,但是律师工作量增长的幅度更大,远远超过律师数量的增长。

三、西方的法律教育与法律职业

1. 美国的法律教育

在现代的美国法学院出现以前,美国的法律教育通过学徒制(apprenticeships)来实现。学法之人通过判例和教科书"攻读法律",律师作为导师和顾问领着观摩学习。固定的研修课程不在要求之列(Carey, 2003: 509-510)。伴随着19世纪初法学院的出现,进入律师行业必须完成正式的研究生学业,如今学生毕业后可获得法律博士(juris doctor [J. D.])学位。为确保各教学机构的课程在一定程度上保持一致,美国律师协会作为非官方的全国律师团体,对法学院进行评估,并推行基于诸如下列因素的合格标准:对课程要求的遵守、授课教师的水平、学生团体的水准,以及学生毕业后通过书面考试(律师资格考试[bar examination])——获得法律职业证书必须通过此类考试——的比例。

与大学的其他院系一样,法学院收取学费。州立("公立")法学院收费区分本州与非本州居民,而私立机构(不享受州政府补贴)对所有学生同样收费。例如在2016年,公立法学院的学费大约18000美元(比较佐治亚大学法学院和密歇根大学法学院对本州居民学生的学费:前者是每年17448美元,而后者是每年48010美元)到45000多美元(比较佐治亚大学法学院和密歇根大学法学院对非本州居民学生的学费:前者是每年35226美元,而后者是每年51010美元)不等。私立法学院的学费甚至更高(例如哥伦比亚法学院每年的学费是49332美元)。除了学费,法学院还收取行政费用和健康保险费(例如哥伦比亚法学院将此类收费核定为3310美元)。可以获得的资助有奖学金以及通过贷款项目获得的资助。大部分学生通过贷款筹集其法学院学费和生活费。在2016年,私立大学和公立大学法学院毕业生的平均负债额分别为98506美元和62324美元。

美国的法律教育没有一般意义上的法学本科生。美国的法学院为本科后教育,而非本科教育。被法学院录取的前提是实现完成本科("学院"[college])学业,本科学习期限是4年,最后获得文学士或理学士学位,专业可以是诸多学习领域中

第二十章 中西法律教育与法律职业对比

的任何一种。这反映了美国人注重权利和法律的传统。他们认为,法律事务涉及人的各种权利和复杂的社会生活,因此从事法律工作的人应该像医生一样,具有比从事其他职业的人更为丰富的学识和经历。潜在的法学院新生不需要——或者甚至未被期望——在本科阶段正式学习法学知识:法律教育属于研究生学院的课程内容。从理论上讲,在任何专业领域内获得学士学位的人都可以考法学院;但是在实践中,法学院学生多在政治学(Political Science)、经济学(Economics)、刑事司法(Criminal Justice)、社会学(Sociology)、新闻学(Journalism)等学科获有学士学位。

美国法学院的准入制度相当严格,同时取决于本科期间的高 GPA 和标准化法学院入学考试(Law School Admission Test [LSAT])的优异成绩。例如,耶鲁大学法学院,有 5000 名申请者竞争 170 个名额。法学院的申请者应当参加(全国统一且标准化的)法学院入学考试(LSAT),它旨在考核学生的阅读和语言推理能力,而此种能力对顺利完成法学院的专业被视为必不可少。法学院入学考试由法学院招生委员会(Law School Admissions Council)掌管,这是一家非营利公司,成员包括 220 所法学院(美国 205 所,加拿大 15 所)。该考试不产生"通过"或"未通过"的成绩,而是给出申请者在可比时段内与其他考生相比的排名,各法学院自己决定录取分数线。例如,通过美国律师协会认证的法学院录取的学生,其平均入学考试分数不低于 142 分(LSAT 分数从 120 分到 180 分不等;除了一个原始分数,考生会得到一个与其他参加此次考试考生相比的百分位成绩排名),或者人均的本科平均成绩点数(GPA)不低于 2.7(B-)。决定录取的依据是申请者的本科学业成绩、法学院入学考试分数,以及可能需要的推荐信和个人面试。

法律博士课程的学习时间是 3-5 年。虽然美国律师协会(ABA)对其认可的法学院有统一的评估标准,但是各法学院在学位设置和课程设置上仍有很大的自主性和灵活性。在许多大学,法律博士可以结合另一种研究生学位,例如工商管理硕士(M.B.A.)、医学博士(M.D.)或者公共卫生硕士(M.P.H.)。大部分法学院只有全日制课程,但数量渐增的少数法学院如今允许学生在晚上业余学习法律。许多法学院授予多种研究生学位,比如法学硕士(LL.M.)。LL.M. 学位又分两种,一种是专给外国留学生设立的,在 JD 学位之前;另一种是为美国学生设定的,在 JD 学位之后,大多是一个专业或一个部门法规。一般来说,美国法学院设置的学位主要有法律博士(JD,即 Juris Doctor)、法学硕士(LLM,即 Master of Laws)和法哲学博士(SJD,即 Doctor of Juridical Science)。法律博士学位课程是法学院的基本教育课程。法律博士学位的学制一般为 3 年左右,其第 1 年以必修课(Required Course)为主,包括合同法(Contract Law)、侵权法(Tort Law)、财产法(Property Law)、刑法(Criminal Law)、民事诉讼(Civil Procedure)和法律文书写作(Legal Writing)等典型课程;第二年和第三年则除了少量必修课,主要以选修课(Elective Course)为主,学生可以根据自己的兴趣和意愿从几十门法律课程中选修若干门,但要达到学校规定的学分标准。不过,后来的职业考试(律师资格考试),会显著地影响甚至限制其选择。比如,有些法学院允许学生在法律博士学位要求的 90 个学分内,自由决定某一具体法律领域的 10 学分到 30 学分的课程,从而为其专业化提供机会。提供此种选择的法学院将授予学生一个指定专业的证书,并可以在学生的毕业证上注明该专业。这些机会对于那些希望在理想的法律职场上求职的学生特别有利,此类法律服务领域通常有税法或者知识产权法实务(Willard, 2003)。

在美国攻读法学硕士学位 LL.M. 其实就是选择一个部门法作为研究方向(对美国学生尤其如此),比如专门研究美国税法、知识产权法等。LL.M. 课程要求学制一年,24 学分,这对已获得外国法学学位的学生非常有吸引力。其学习方式以修课为主。有些法学院提供"通选"(general)法学硕士项目,学生可以在法学院提供的高级课程中自由选择学习课程。但是,有些法学院只设有"限选"(specialized)法学硕士项目,学生的学习课程是预定的,例如斯坦福大学提供两种法学硕士项目:一种专业是公司治理和实务,另一种是法律和科技。攻读法哲学博士学位的人一般应已获得了法学硕士;其学制一般为三年,学习内容主要为撰写学位论文,导师也可能要求其选修一定课程或从事一定研究工作。两个博士学位的主要区别是 JD 侧重法务实践,SJD 侧重学术研究并且多为国际学生。美国法学院教授的最后学历一般都是 JD 学位。

说到美国的法学教育不能不谈到哈佛法学院开路先锋作用。从 1870 年到 1900 年,哈佛的 Dean C.C. Langdell 和他的同事创建了一种全新的法学教育模式。哈佛要求入学者经过大学的训练,拥有大学学位。它建立了一种三年连续学习的课程,在此期间每门课程都有定期的考试,并且对考试不及格的学生予以淘汰。为了将法律作为一门严密的科学来讲授,哈佛将法学课程限定到私法领域,规定了第一年教学计划,包括侵权法、合同法、物权法和民事诉讼法,这也被当时几乎所有的法学院采纳。它聘请全职的法学教师。哈佛的老师出版了第一部法学教科书,并且使用案例教学法,让学生掌握案例的关键材料,通过与老师的交流来积极、互动地学习,而不是消极地听讲。每个班级的优秀学生将被挑选出来编辑《哈佛法律评论》,该期刊刊载法学教授的学术成果以及法学院学生对案例和法学发展的见解和评论。法律评论的经历将视作成为高等法院法官、大城市律师事务所成员和法学教师的一份重要资格证明。哈佛的法学教育模式在各个学校之间传播,甚至被所有的学校采用,或者更准确地说哈佛法学院的这些做法成为美国法学院的传统,一直沿用到今天。

在美国,ABA 认可的 205 所法学院不仅控制着让谁进入法律专业领域,同时也决定了他们毕业后的机会。大多数精英法学院的优秀毕业生被高收入、高威望的工作录取,前途光明。法学院的毕业生就业面很广,并不仅仅局限于法律方面的岗位,所以美国政商界精英大部分都有法律博士学位(JD)。

一所法学院的教员通常包括终身(tenured)教授和非终身教授以及作为兼职教学人员的实务界人士。要获得"终身"教授职位,个人应展示其教学才华,并愿意奉献服务和致力于学术。"终身职位"是无限期终身职位的简称,它有别于有任期的职位,比如初级或中级的"助理"(assistant)教授或"副"(associate)教授。在决定是否给予终身职位时,发表的成果通常比列出的其他因素占有更大的分量。一般而言,新教员应在非终身制任职第 7 年年底前获得晋升为终身教授,否则将被免职。获得终身教职者后来到一所新法学院任职,通常被给予终身职位(Ariens, 2003: 351)。"终身职位"毕生享有。除了作为教师的正式职责,许多教员向私人提供专业领域的法律咨询服务。作为兼职(adjunct)教授的实务界人士,通常在其专业领域内讲授一门课程。

法学教授在教学过程中较重视对审辩式思维(critical thinking)方式的培养。由哈佛法学院前院长兰德尔(Langdell)在 19 世纪倡导的"案例教学法"(case method)依然是美国法学教育的特色。学生研读精选的上诉法院的判例,从而学习法律本身和得出结论所运用的推理技巧。在课堂上,主要的教学模式是问答式,即"苏格拉底式教学法"(Socratic Method),教授随意指定学生,让他们解释判例的依据,并通过将该依据用于假设情形探求其适用范围。这种方法被认为可以鼓励学生"像律师那样思考"。诚然,在美国的法学教授中亦不乏偏爱"讲演式教学法"(Lecture Method)的"说书人"(story-teller)。

这里还要提及的是,苏格拉底教学法的支持者将法律视做科学。从 20 世纪 20 年代开始,一些人开始质疑这种见解,并主张将法律视做艺术。在 20 世纪 30 年代开始兴起的法律现实主义运动(Legal Realist Movement),批判兰德尔教学模式过于呆滞并且不容许法律发展和变革。法律现实主义者认为:法律教育不应关注过去,而应传授基本的规则和原理;不应关注理论发展,而应允许学生运用知识担当起社会角色和责任(Wizner, 2002:1929)。第二次世界大战后出现了法律现实主义运动的一个分支,称作"新法律现实主义",它与《统一商法典》的主要起草人卡尔·卢埃林之名密不可分。这场运动的支持者同样批判兰德尔模式,坚信法科生应被培养成为政策顾问和政府官员。至20世纪60年代,这些不同的模式融合在一起,导致法学院课程表中增加了诊所式法律教育(clinical legal education)。法律诊所,通常关注穷困客户或者无人代表的群体,如今在大多数法学院已经与传统课程并肩而立。诊所式法律教育被建议实现的4个目标是:向学生传授成功执业所需的技能;为穷人提供高质量的法律服务;培养学生的职业责任感;为法律改革进行诉讼(Carey, 2003: 509, 510)。

执业资格不仅需要学术背景(学位),而且还需要通过律师资格考试并获得执业证书。各州管理本州境内的律师执业;在发放执业证的要求上,各州做法不一。美国律师协会不具有独立的权力,因而无法直接影响各州如何管理律师执业;尽管如此,由它发布的推荐性的资格标准,对于各州如何设计其各自的许可制度,一直具有显著的影响力。因为,尽管成为美国律师协会的会员不是获得律师资格的必要条件,但大约半数的美国律师是该协会的会员。例如,有些州仅准许从美国律师协会认证的法学院毕业的学生参加律师资格考试。

律师资格考试的具体细节各州不尽相同,但存在共性。律师资格考试通常持续2到3天的时间,考试内容涵盖通行(全国性)的法律和考试所在地实施的法律。律师资格联考(Multi-state Bar Examination [MBE])涵盖全国性法律的6个实体法领域,有200道选择题,已经为几乎所有的州所采用。律师资格联考的分数要结合法律写作考试的分数加以调整,后者要么考核具体的州法,要么考核全国性的法律。需要注意的是,不存在"全国性"的私法,无论是统一法的形式,还是一致执行的法律的形式。在当前语境下所指的"全国性法律",是限定指代在全国遵守和各州共用的法律。还有些州实行法律写作联考(Multi-State Essay Exam [MEE]),有6到7个问题,涵盖9个实体法领域。该考试的时间是3小时,考试的内容涉及多数州采用的法律规则和少数州遵循的例外规则(majority and minority legal rules)。此外,一半以上的州已经采用了律师实务联考(Multi-State Performance Test [MPT]),它旨在测试学生如下方面的能力:发现纷争点,并将法律适用于具体的事实情况。具体来说,律师实务联考旨在考核申请人运用基本律师执业技能的才干,要求完成一项律师应该能完成的任务。考生必须阅读一份由事实材料组成的"答卷",比如案情、客户谈话记录、成文法和其他材料,然后必须在90分钟内起草辩论摘要、客户法律意见书、最后陈述、和解方案或者类似文件(Curcio, 2002: 380)。大多数州还要求律师资格申请人通过律师职业道德联考(Multi-State Professionalism Exam [MPRE])。该考试有 50 道选择题,涉及美国律师面临的诸多道德问题。尽管通过特定州的律师资格考试能使律师在该州执业,但该州不会向其颁发通行美国的律师执业证;律师是想要在哪个州执业,就必须单独满足该州的要求。但这里也有一些特例情况需要注意,有些州准许"申请许可"(admission on motion),也即对他州律师界拥有良好声誉的律师授予永久性的律师执业证,不需要参加为授予本州的许可证而举行的律师资格考试。此外,通常在一定期限内,有些州允许律师将其以前获得的律师资格联考分数转到本州,而仅参加本州律师资格考试中有关当地法的部分,本州律师资格考试是获得该(第二个)州执业证的前提条件。最后,还有获得"临时许可"(pro hac vice admission)的可能性,一州为外地的律师办理特定案件或一系列案件授予临时执业许可证。授予"临时许可"完全由各州自由裁量;在此程序制度下,外地律师并不享有一定获得许可的权利。

2. 美国的法律职业

(1)私人执业

在私人行业,存在许多执业选择:律师可以创办个人律师事务所,也可以加入已成立的地方性、全国性或国际性律师事务所,与其他类似地位的律师一起执业,还可以担任公司内部法律顾问。最为常见的是,律师们组建合伙律师事务所开展执业活动。值得注意的是,有些现代律师事务所以有限责任合伙企业(LLP)或有限责任公司(LLC)的形式组建,但合伙制律师事务所依然是律师们联合最为常见的形式。只要任何合伙业务涉及提供法律服务,律师职业道德准则就禁止无律师身份的人参加合伙。

在初始阶段,律师以受雇律师(associate)身份加入律师事务所,律师事务所提供给受雇律师的中等起始年薪为 15 万美元。在较小的律师事务所受雇的律师要比大律师事务所的同行获得的年薪低一些。例如,在拥有 2 到 25 名律师的律师事务所,中等起始年薪为 9 万美元;而在拥有 501 名以上律师的律师事务所,中等起始年薪为 18 万美元。尽管在 10 年前,纽约市的律师在收入上超过在其他大城市的同行,但是在拥有 250 名以上律师的律师事务所工作的律师,如今在纽约市、洛杉矶市、芝加哥市和华盛顿特区获得的中等年薪是一样的,都是 19 万美元。大多数律师事务所要求受雇律师提供一定数量的"收费小时"(billable hours),或者将其作为一种明确的政策,或者将其作为一种默示的期望(每年大约 2000 小时)。一个"收费小时"是律师使用的时间单位,用以表示律师向客户提供并收费的工作量。这种要求可以换算成每周用于向客户提供服务的时间大约 40 小时,而且不包括同时期望律师承担的日常行政和组织职责。此外,许多律师事务所要求受雇律师参与提供公益(pro bono)服务,并参加社区活动,具体方式可以是成为律师协会的会员或是其他途径。投身于此类活动的一定数量的时间(例如 100 小时),通常记入所要求的 2000 收费小时之内。这里需要说明的是,公益法律服务是律师"为公益"奉献时间和服务而不收取报酬。大多数州鼓励执业律师每年奉献特定数量的时间用于提供公益法律服务。为许多州所采用的《律师执业行为示范规则》(Model Rules of Professional Conduct)规定:"律师每年应努力提供至少 50 小时的公益法律服务"(Model Rules of Professional Conduct, Rule 6.1 (2009))。

经过 7 到 10 年,表现优异的受雇律师被邀请加入合伙。要成为合伙人律师就应购买事务所的股份,并因此对合伙债务承担个人责任,同时分享合伙利润。按照传统的"报酬同步制度"(lock-step system),在特定律师事务所于特定年份成为合伙人的每位律师有权获得同样的利润份额(Regan, 2002: 931)。现在,报酬同步方法已经逐渐为另一种制度所取代,即合伙人的利润份额与其对律师事务所收益的贡献挂钩,通常的衡量标准是特定的合伙人能够为律师事务所带来多少业务。(Rose, 2002: 931)例如,根据《美国律师》(The American Lawyer, [May 2009])的统计,在 2016 年,位列"美国律师事务所 100 强"的律师事务所,其合伙人平均年收入(包括股份收入和非股份收入)从 50 万美元到 500 万美元不等。

律师事务所发展的另一种最新潮流是在受雇律师与合伙人登记梯队之间创设第三等级。这些所谓的"无股份合伙人"(non-equity partners)依然是领薪水的雇员,在一定期限内不持有合伙所的股份,时间通常是持续两年。在此期间,评价无股份合伙人的标准是其带来新业务的能力,以此作为其对律师事务所整体发展和盈利贡献的方式。因此,与股份合伙人相比,无股份合伙人的收入要低。这样,通向律师事务所合伙人的道路变得更不确定和更加复杂。实际上,与传统的发展模式形成鲜明对比的是,许多新进的受雇律师如今既不打算也不渴望成为合伙人。其实,在加入 5 年后,差不多一半的受雇律师离开法学院毕业后直接加入的律师事务所,并转到另一家律师事务所、公务机关或非律师行业(Neil, 2004)。

作为加入律师事务所的一种替代方式,律师可以选择作为内部法律顾问受雇于一家公司。尽管公司传统上习惯于从独立的律师事务所寻求法律咨询服务,但是最新的潮流是设立大量的内部法务部门以代理现代公司面临的日常法律问题。留给外部律师的业务便常常是在日常业务之外的复杂交易或诉讼。过去,公司和外部法律顾问之间在公司法律服务的要求和质量方面信息不对称,而今这种不对称由于公司内部律师的数量和重要性的增长而降低了。但是与之相伴而生的是,公司内部法务部门的扩充导致获取公司客户的律师之间竞争加剧。甚于以往的是,美国的律师和律师事务所是市场导向,因而必须竞争得到那些看来获利最丰的客户(Regan, 2002: 232)。如今,一些大公司下设的内部法务部门雇佣的全职律师往往超过 100 名。

(2)公共服务

1)行政机关

尽管大部分美国律师从事私人执业,但是公务机关提供了可选的重要工作机会。比如,在 2016 年,美国律师中约 72% 的律师从事私人执业,10% 的律师受雇于国家机关,10% 的律师作为公司内部法律顾问,其余的成为法官、法学教授或者从事法律行业之外的职业。联邦国家机关雇用的律师超过了 30000 名,主要分布在行政机关,其中雇用律师人数最多的联邦机关是司法部。此外还有一些只有律师才能胜任的执法职位,包括地方检察官(District Attorney)、联邦检察官(United States Attorney)、司法部长(Attorney General)和法官。联邦检察官是总统任命的人员,其职责是接受联邦司法部长的指示,代表联邦政府参加民事诉讼和刑事诉讼。经参议院建议和同意,总统为每一个联邦司法区任命一位任期 4 年的联邦检察官(U.S. C. §541)。在州的刑事司法舞台上,地方检察官(D.A.)提起和进行公诉,他们是州政府的法务官(也称作首席检察官、公诉律师、州检察官,这取决于特定州的命名)。为调查指控的刑事犯罪,地方检察官通常与相关的地方执法机关密切合作。由于 80% 以上的被指控罪犯没有经济能力聘请律师(换言之,他们是穷人),因此政府付费为被告人提供公费律师。这样,整个刑事诉讼在很大程度上与私人律师执业无缘:在特定刑事诉讼的双方,通常看到的都是政府的影子。(Clark, 2000:10)一般而言,政府职位提供的薪水低于在私人行业获得的收入。除了预算约束,对此有两种解释:与私人执业的同行比,政府雇员的工作时间通常较短;在公务机关,包括退休安排和健康保险在内的额外福利往往非常优厚。此外,一个有趣的问题时:有多少受过法律教育的人并没有从事律师或法官的工作,而是在其他行业——尤其在公共生活领域——利用其法律技能?对此的回答是大部分当选官员具有法律背景。尽管律师占美国人口的比例不足 1%,平均超过 50% 的国会和州议员曾是律师。而且,2/3 的美国总统曾是律师。

2) 司法机关被任命或选举为法官对于律师是评价甚高的职业路径

联邦法院的法官由美国总统经参议院建议和同意后任命。总统通常接受参议员提出的关于法官任命的建议。在联邦司法系统,有 840 个地区法院法官和巡回法院法官的职位。在各州的司法体系中,29 个州采纳任命制度,这与联邦法官的任命制度颇为相似。其中,3 个州通过立法机关的选拔或选举任命法官。在法官职位受任命制影响的其余 26 个州,州长通常根据贤能制(merit-based system)从提名委员会推荐的人选中挑选法官。在此之后的"留任"选举中,法官通常毫无阻力地竞选下一届任期。密苏里州是第一个采用贤能制的州:术语"密苏里方案"(Missouri Plan)通常用以描述这种任命程序的变体。但是在 21 个州,选民选举有一定任期法官,而且法官必须经受再次选举的确认。在这类州中的 6 个州,法官通过有政治倾向的投票选举产生。在其余的 15 个州,法官经由中立的投票选举产生。法官任期从 6 年(例如佐治亚州)到 14 年(例如纽约州)不等。(Prather, 2002: 199-200)因此,在各州的制度中,挑选法官的方法有所不同;州法院的法官职位适用州法,各州法律对此所做的正式要求存在差异。

(3) 社会角色

律师业是一种职业还是一种商业,在现代社会对此颇有争议(Hia, 2002: 541)。公司内部法律顾问的增多和律师在复杂商业交易中作用的加大,使得传统上对二者的区分逐渐模糊。此外,律师的流动性日渐增长,他们不仅在私人行业的律师事务所之间流动,而且从私人行业流向国家机关,或者可能流向学术界,以及在法官职位和上述任一行业之间相互流动;与过去几十年的状况相比,这种趋势使得律师业更非铁板一样。尽管这种演变意味着可能更加难以准确确定美国法律职业的构成,但它同时意味着当代律师面临的机遇比过去更加丰富多样。尽管在美国按照人口平均的注册律师数量超过任何其他国家但这一统计数据多少会令人误解。由于法律专业人才在不同国家发挥的作用差距甚大,因此难以比较不同法律制度下法律人才的数量。在评价涉及美国律师数量的数据时,你必须认识到如下事实:在美国由律师担任的一些工作,在其他国家是由若干不同类型的专业人士来完成的。

伴随着法律职业的演变,公众对规制律师的道德规范和有关律师的监管规范的认识也在发生变化。传统规则禁止与非律师人士利润分成,同时禁止外行在从事法律事务的商业团体中拥有所有权,而许多州的最高法院正在重新考虑此类规则。此外,伴随律师业务范围的日益全国化和全球化,已涌现出的难题涉及州的执业许可标准是否应减少限制,以允许在一地获得执业许可的律师可在另一地执业。

四、中西法律教育与法律职业对比的启示

对比中西法律教育与法律职业,我国的法律教育与法律职业发展虽然经历了一个多世纪的沿革历程,在不同的时期面临过不同的契机、挑战或者困难,既取得了相对客观的业绩和成就,也同时存在着诸多突出的问题和缺陷。"他山之石可以攻玉",历史的经验证明我们需要加强与西方法律文化的交流,学习借鉴,取长补短。认真考量和汲取西方国家,尤其是美国的法律人才培养与法律职业教育的先进经验和成功做法,在当今法治中国建设的宏观语境中显得尤为重要,这不仅反映了我们对实际问题的理性看待,反映了我们对现实挑战的积极应对,也反映了我们对时代机遇的主动把握。

从我国目前法律教育的基本模式来看,基本是经院模式,也就是教师讲授理论知识,学生记忆教师的标准答案,毕业前安排短期专业实习的模式。这种模式下的法律教育确实培养了一大批专业知识扎实的法律人才,成绩有目共睹。但存在的问题也不容忽视。唯有对问题进行全面客观的分析,才能认清现状,纠偏扶正,全面推动我国法律教育的进步。一些比较突出的问题主要表现在以下几个方面:

第一,教育基础薄弱,观念滞后,转型困难。规模庞大的中国法律教育,历史、社会、知识基础薄弱,教育定位徘徊不定(如"法律政治化""法律虚无主义""法律道德化和道德法律化"),一直无法建立起相对稳定、连贯的知识传统,以及清晰有效的评价标准,国门的开合或者国策的变化也足以导致培养目标和课程设置的剧烈变动,这些都使得法律教育整体性失范和无序。国家教育经费投入的短缺以及与之相伴随的教育机构的逐利倾向又进一步加剧了这种失范和无序(贺卫方,1996)。同时,当今中国法学教育发展迅速,但极不平衡。法律教育的思想观念很大程度上还停留于计划经济时代,属于应试教育范畴,应试教育偏离了全面培养受教育者素质这一本源,忽视学生的个性、特长、能力、创新思维等综合素质的发展,是一种畸形发展的教育模式、教育观念。已明显不能适应市场经济和法制建设发展的要求,不能适应时代的潮流和世界法学教育发展的趋势。

第二,培养目标不明,模式不够完善,评估反馈机制欠缺。通才教育和专业教育、理论教育和职业教育、精英教育和大众教育的矛盾一直没有厘清。种类繁多的法律教育在人才的培养规格和类型上缺乏事实上的合理分工,基本上是在低层次

上同构重复,从而形成了一方面各类高层次、高素质法律人才大量短缺,不能满足新时期全面实施依法治国方略需要,另一方面是大量大、中专法律学校毕业生由于层次太低难以就业,造成人才资源、教育资源巨大浪费的双重危机。理论脱离实际的情况仍然是课程设置和教学内容的重大而急需解决的问题,法律教育和实务"两层皮"不能适应全球化、现代化、工商化的挑战;在国际法律业务中,英美律师占据垄断地位,大陆法系普遍势弱。司法考试报名门槛过低,而且没毕业就可以参加司法考试使法律教育过于功利化、速成化、工匠化,法学院变成"司考班"(何家权,2010:23-26)。目前以市场为导向的法律教育虽很有必要,但要防止一种倾向掩盖另一种倾向。教育部、司法部主导下的各级法律教育指导机构、评估机构和法学院官办化、单一化、封闭化、非选举化现象较重,难以在宏观上有效指导中国法律教育改革,其改革动力也远远不足。

第三,教学内容枯燥,教育手段落后,学生缺乏主动性与创新性。法律教育教学改革的核心是教学内容的改革。在总体上,我国法律教育相对落后:一是教学内容落后,多以理论知识学习为主,偏重对现有法律条文的注释、对课程体系的论述而割裂了法律的事实背景;授课方式则主要是填鸭式教学,有时虽也用案例教学,但常常也只是教师为了讲解之需要进行举例而已,不是那种真正的以现实案例为基础的苏格拉底讨论式的案例教学法。二是教学手段与方法落后。影响法律教学内容创新的主要原因是教育体制的僵化和垄断、法学教师总体水平不高、知识结构的不合理和教材内容陈旧(李龙,2002)。法学教材的"主编文化"在全国高校评估后更加垄断,使中国法律教育缺乏创新。法律的交叉学科教育匮乏(苏力,1996),法律教育过于封闭,割裂了法学与社会现象、其他学科门类的有机联系;目前法律专业划分有愈演愈烈的趋势,甚至使得法律教育目光如豆,视野过于封闭。法条式、概论式、以立法、法条为主导的开课有僵化危险。脱离了社会、经济、政治背景的就法律论法律的教育方法培养出来的学生往往只具备纸上谈兵的能力。一旦进入社会,面对错综复杂、千变万化的客观现象,便不知所措、无所适从,做不到学以致用。

第四,法律教育与法律职业脱节,缺乏实践技能训练。在世界各法治发达国家,法律职业被认为是一项专业性和实践技能性很强的社会职业,如调查取证、侦察、审问、询问、讯问、代理、辩护等工作皆需很强的专业技能,否则,极易造成冤假错案。因此,针对学生日后将从事的审判、侦察、法律服务、监所管理、司法行政等各种法律工作的需要,加强对其分析判断、推理等基本能力和审问、讯问、辩护、代理及谈判等各项专业实践技能的训练,应是法律教育中应有之义。我国目前的普通高等法律教育、成人法律教育、法律职业教育等,皆对实践技能的训练重视不够。我国目前的法学教育是单向度的。在大学本科甚至中专学校虽然也都安排有一定时间的见习、实习,但由于缺乏严格的指导制度和必要的经费,加上实习场所的单一性等因素,实习很难起到预期作用,几乎完全流于形式。

以培养法律职业人为目标开展的研究生层次上的 JD 教育、ABA 所代表的职业界对法学院的切实督导和参与、法学院毕业生对法律职业考试报名资格的垄断特权,构成了美国法学院教育的最主要特征,或者说是美国法学院制度最主要的构成要素(丁相顺,2008:138-140)。从某种程度上来说,中国借鉴西方国家如美国等的有关经验,开展的法律职业教育之所以成效不明显,关键在于以上这些核心制度要素的缺乏或明显不足。因此,结合中国的国情,西方国家的法律职业教育在制度层面上对我国有以下几点启示:

(1)追求职业教育学位的培养目标与效果的统一

虽然我国法学院从 20 世纪 90 年代中期开始就陆续招收培养法律硕士学位,但是其效果一直遭受社会的质疑,以致与其他法学学位的功能界限不清晰。仅从教学培养层面考虑,其原因主要是法律硕士的培养在师资队伍、教学内容、教学方法上没有明显的职业性特征,而是与其他学位一样沿袭传统的法律知识与理论的讲授。为实现我国法律职业教育学位培养目标与效果的统一,美国的 JD 学位在教学培养层面上的一些做法值得借鉴:第一,师资队伍上,应提高具有法律实务工作经历的教学人员的比例。要广泛聘请律师、检察官、法官等法律实务工作人员担任法律硕士教育的兼职教师,专门从事法律实务课程的教学和指导。第二,教学内容上,法律职业学位教育应摆脱以往侧重法律知识与理论传授的惯性和误区,在其课程设置上突出法律文书写作、诊所教育和职业道德教育等职业性课程的地位。第三,教学方法上,职业学位教育不仅要沿袭传统的讲授式方法,更要注重案例教学法的推广,培养学生的法律思维和法律技能(王隆文,2013:82-85)。

(2)法律职业教育与从业的部分挂钩

在美国,由于律师制度是美国法律职业的核心与基础,检察官、法官必须从优秀律师中选拔。因此,培养律师的法律职业教育能够与从业之间进行完全挂钩,法学院毕业生获得了参加律师职业考试的垄断权。但在中国,律师制度并不是法律职业的核心,检察官与法官并没有要求一定要有律师工作的经历;同时中国的法律职业考试(司法考试)并不只针对律师职业,而是囊括了法官、检察官、公证员等与法律相关的职业。因此,中国建立类似美国的法律职业教育与从业的完全挂钩制度并不可行,而只能是部分挂钩,即参加国家司法考试的报名权应为法学院毕业生及已经在从事与法律相关的法律职业工作者所垄断。我们可以设法完善法治人才交流机制,推进法治人才培养队伍的精英化。法学理论与法律实务是打开法治国家之门的双重钥匙,法治人才的培养需要两者协调发展。首先,要优化法治工作部门招录人员制度。"建立从符合条件的律师、法学专家中招录立法工作者、法官、检察官制度",推进法治专门队伍的正规化、专业化、职业化;"健全从政法专业毕业生中招录人才的规范便捷机制"(摘自《决定》),如规定获得国家法律从业资格者可以不用参加公务员考试而只要职前培训合格即可进入公检法系统工作,加快法治人才转化为法治"生产力"。其次,"建立法官、检察官逐级遴选制度"(摘自《决定》),开辟优秀、卓越的基层法官、检察官晋升之通道,确保法官、检察官具有较丰富的司法经验和较强的司法能力。

(3) 法律职业教育行政评估与职业协会评估相结合

法学学科与一般的人文社会科学基础学科相比具有特殊性,不仅具有学术研究功能的共性,更应强调其培养适应经济社会发展的法律实务人才的特性。当前行政权力主导的教育评估不能很好地兼顾法学学科学术功能与社会功能的双重属性。但是,受行政部门利益的影响,法律教育直接转向美国式的职业协会评估与管理也不切实际(王隆文,2013:82-85)。因此,可以尝试制定法律人才培养质量评价制度,建立由政府、社会、民间中立团体、法律职业用人部门组成的法律教育专家委员会,从全方位的角度客观评价,制订共同的"产业—社会"政策及决定职业资格考试准入条件和标准(霍宪丹,2004)。应当借鉴西方国家,尤其是英美国家官方、民间相结合的中立的改革模式。律师协会应变成真正的民间、民选、自治机构,尤其要运用市场的力量去推动当今中国的法律教育改革。长远来看,我国的法律教育应建立行政评估与职业协会评估相结合的制度,保证评估意见来源的多元化,避免法学教育过于强调学术研究功能而忽视其实务人才培养的社会功能。待时机成熟后,我国的法律教育评估应当考虑让中立的社会评估机构独立进行。

(4) 人才培养模式的创新与复合型法律人才培养模式的建构的结合

法学职业教育以社会需求为依据,而人才培养模式须考察社会对法律职业的需求。随着中国国际社会政治、经济地位的不断提升,市场对法律人才的要求也在不断变化。《决定》中明确指出要创新法治人才培养机制,建设通晓国际法律规则、善于处理涉外法律事务的涉外法治人才队伍,以解决中国在对外交往中遇到的复杂多变的具体问题。而具备国际化视角、国际化知识体系和国际化思维模式的涉

第二十章　中西法律教育与法律职业对比

外法律人才的打造,则离不开人才培养模式的创新与复合型法律人才培养模式的建构(胡乙,2014)。

社会经济的快速发展催生出与以往不同的法治人才需要。在2012年中国公司法务年会上,相关实务专家指出目前中国涉外案件的现状是:行业仲裁百分之百输,海外仲裁9成以上案件败诉,即使是应诉的案件也要输7成以上,中国法律服务进出口的逆差达到99%(参加网易财经《海外仲裁9成案件败诉,高端涉外法律人才缺乏》)。而面对中国对外贸易的后劲发展,双语人才特别是外语与其他学科如经贸、法律、新闻等结合的复合型人才需求量不会低于百万,但就高端复合型法律人才而言,仍与当前的社会需求存在巨大缺口。

社会产业结构的不断调整与职业流动性的不断增强促使学科间的相互交叉与渗透不断向综合化、整体化方向发展,单一的法律专业教育往往因缺乏弹性与多样性已不能适应社会经济发展的需要,纷繁的法律事务和复杂的法律关系通常需要包括法学在内的两个以上学科知识的综合运用。当前,中国正处于经济转型发展的强劲需求与世界产业变革的快速发展的交汇点,在新的工业革命面前,政府更应注重教育而非规划未来(Markillie,2012),历史的机遇要求我们必须尽快推动人才培养模式的变革。当下的法律职业教育要求面向全社会和各行业培养大批既具有法律专业知识,又具有本行业专业知识能力的高层次应用型、复合型以及国际化人才。用于支撑复合型人才建构的复合型法律人才培养模式,将是中国高等院校法学教育的必然选择。为此可以借鉴国外的经验,比如英国和欧陆的LLB模式、北美的JD模式以及澳大利亚的双学士模式等。结合中国的实际情况,具体可以采取以下措施:其一,完善双学位教育模式,加强第二学位的教学质量管理,注重学科文化融合的适应性并发挥学科文化的激励功能(孟成民,2013),同时辅以学分制改革、多学科导师联合培养等制度;其二,优化复合型人才培养的课程体系,在法学核心主干课程教学外增加通选课的比例,通过双语教学或全外语教学方式,强化外语能力培养,提高学生跨文化交流的能力,使其做到精通英语,明晰法律;其三,积极开展实务教学实践。法律在学科分类本质上是实践之学,复合型法律人才从社会人才分类本质上是一种应用型人才,法律实务教学对于提高学生的知识理解能力和实际应用能力具有重要意义。因此,应当积极开拓契合复合型法律人才培养的实习平台,与专门处理相关事务的法律部门或社会团体进行合作,使在学校学到的相关专业知识能够应用于法治实践(蒋悟真、黄越,201:121-128)。

当前和今后相当长的一段时间内,我们的法学、外语人才培养目标应以"培养涉外法律人才"为导向,创新法律人才的培养模式。教育主管部门要协调法律、英语两个学科的融合发展,促进法律英语学科的健康发展,致力于为"一带一路"建设培养出合格的涉外法律人才。

  概言之,法律教育包括法律理论教育和法律实践教育;法律教育是专业化的教育,与法律职业的关系密不可分;法律教育是高等教育,只有高等教育才能初步完成培养法律人的艰巨任务。只有培养高素质、复合型与应用型的法律人才,并形成法律职业共同体,法治社会与法治中国建设的理想才有希望得以实现。

参考目录

Ariens, Law School Branding and the Future of Legal Education, 34 St. Mary's L. J. 301, 350-351 (2003).

Baugh, A. C. & T. Cable. A History of the English Language [M]. London: Routledge, 1993:213.

Bhatia, Vijay K. Analysing Genre: Language Use in Professional Settings [M]. London: Longman,1993:2.

Bhatia, Vijay K. Translating Legal Genre [A]. In A. Trosborg (ed.). Text Typology and Translation [C].Amsterdam: Benjamins, 1995: 203-213.

Carey. An Essay on the Evolution of Clinical Legal Education and Its Impact on Student Trial Practice [J]. Kan. L. Rev.2003 (51): 509, 510.

Clark, American Lawyers in the Year 2000: An Introduction, 33 Suffolk U. L. Rev. 293, 311 (2000).

Crystal, D. The Cambridge Encyclopedia of Language [M]. Beijing: FLTRP, 2002: 17.

Gentzler, Edwin. Contemporary Translation Theories [M]. London: Multilingual Matters Ltd., 1993.

Gibbons, J. P. Forensic Linguistics: An Introduction to Language in the Justice System [M]. UK: Blackwell Publishing, 2003: 1.

Gibbons, John. Language Constructing Law. In John Gibbons (ed.), Language and the Law [M]. London: Longman Group UK Limited, 1994:5,37.

Hatim, Basil. Communication across Cultures: Translation Theory and Contrastive Text Linguistics [M]. Exeter: University of Exeter Press, 1997.

Hia, Que Sara, Sera? The Future Specialization in Large Law Firms, 2002 Colum. Bus. L. Rev. 541 (2002).

Jackson, John, and Doran, Sean. Judge without Jury: Diplock Trials in the Adversary System [M]. Oxford: Clarendon, 1995.

James S. Liebman, Jeffrey Fagan, & Valerie West. A Broken System: Error Rates in Capital Cases. [EBOL]. http://www2.law.columbia.edu/instructionalservise/liebamn. August, 2003.

Jesse Rivera, The American Jury: We The People in Action, in The Houston Lawyer, May/June, 2005.

Jonakait, Randolph. N. The American Jury System [M]. New Haven and London: Yale University Press, 2003.

Macauley, Melissa. Social Power and Legal Culture: Litigation Masters in Late Imperial China [M]. Stanford: Stanford University Press, 1998.

Maley, Yon. The Language of the Law [A]. In John Gibbons (ed.). Language and the Law [C]. London: Longman, 1994:13.

Markillie, Paul. The Third Industrial Revolution [J]. The Economist, 2012(4).

Mattrila, Heikki. E. S., Comparative Legal Linguistics [M]. Ashgate, 2006: 31-64; 65-95.

Neil, Brave New World of Partnership, ABA Journal at 32, January 2004.

Newmark, P. A Textbook of Translation [M]. London: Prentice Hall, 1988: 39-44.

Nida, E. A. Language, Culture and Translating [M]. Shanghai: Shanghai Foreign Language Education Press, 1993.

Nina, Rivkind & Steven, F. Shatz, Cases and Materials on the Death Penalty [M]. West at 22 (2000).

Norman Krivosha et al..A Historical and Philosophical Look at the Death Penalty: Does It Serve Society's Needs? [J]. Creighton L. Rev., 1982-1983(1, 3):16, 23.

O'Baar, William M. & John, M. Conley. *Just Words: Law, Language and Power* [M]. Chicago: The University of Chicago Press, 1998.

Regan, Jr. Corporate Norms and Contemporary Law Firm Practice, 70 Geo. Wash. L. Rev. 931 (2002).

Sarcevic, S. New Approach to Legal Translation [M].London: Kluwer Law International, 2000.

Schauer, F. Law and Language [M]. Aldershot: Dartmouth, 1993: XI.

Schauer, Frederick. Law and Lanugage [M]. Boston: Dartmouth Publishing Company Limited, 1993.

Shane, Sanford. Language and the Law [M]. Continuum, 2006: 1.

Shapiro, Martine. The Globalization of Law [J]. Indiana Journal of Global Legal Studies, 1993(27): 37- 64.

Shepard, *ABA Accreditation and the Filtering of Political Leaders*, 12 Cornell J. L. & Pub. Pol'y 637, 64-44(2003).

Shy, R. Language Crimes: The Use and Abuse of Language Evidence in the Courtroom [M]. Blackwell,1993.

Thompson. Introducing Functional Grammar [M].Beijing: Foreign Language Teaching and Research Press, 2000:170.

Thornton G.C. Legislative Drafting [M]. London: Butterworths, 1987.

Tiersma, P. M. Legal Language [M]. Chicago: The University of Chicago Press, 1999.

Trosborg, Anna. Statutes and Contracts: An Analysis of Legal Speech Acts in the English Language of the Law [J]. Journal of Pragmatics, 1995(23):32.

United States Government Accountability Office, *Higher Education: Issues Related to law School Cost and Access*, 2009.

Welsh, B. Offensive Language: A Legal Perspective [A]. In D. Eades (ed.). Language In Evidence: Issues Confronting Aboriginal and Multicultural Australia [C]. University of New South Wales Press, 1995: 203-218.

Willard, The Road to Specializatioin, The National Juris at 25, 2003.

(德)阿图尔·考夫曼,温弗里德·哈斯默尔。当代法哲学和法律理论导论 [M]。郑永流译。北京:法律出版社,2002: 291。

(德)伯恩·魏德士。法理学 [M]。丁小春,吴越译。北京:法律出版社,2003。

(德)马克斯·韦伯。韦伯作品集Ⅸ·法律社会学 [M]。康乐,简惠美译。桂林:广西师范大学出版社,2005:216-226。

(德)马克斯·韦伯。经济与社会(下卷)[M]。林荣远译。北京:商务印书馆,2006:1。

(德)K. 茨威格特,H. 克茨。比较法总论 [M]。北京:法律出版社,2003:305。

(古希腊)柏拉图。法律篇 [M]。张智仁,何勤华译。上海:上海人民出版社,2001:132-281。

（古希腊）亚里士多德。尼各马可伦理学 [M]。北京：商务印书馆，2003：138。

（美）E. 博登海默。法理学——法哲学及其方法 [M]。邓正来译。北京：华夏出版社，1987：357。

（美）H.W. 埃尔曼。比较法律文化 [M]。贺卫方、高鸿钧译。北京：清华大学出版社，2002：20。

（美）彼得·古德里奇。法律话语 [M]。赵洪芳、毛凤凡译。北京：法律出版社，2007：12。

（美）彼得·海。美国法概论 [M]。北京：北京大学出版社，2010：349-357。

（美）博登海默。法理学：法律哲学与法律方法 [M]。邓正来译。北京：中国政法大学出版社，1999：373-374。

（美）博西格诺等。法律之门 [M]。邓子滨译。北京：华夏出版社，2007：581。

（美）布莱恩·比克斯。法律、语言与法律的确定性 [M]。邱昭继译。北京：法律出版社，2007：1。

（美）弗里德曼。刑法学 [M]。北京：法律出版社，2007：13。

（美）弗里德曼著。法律制度 [M]。李琼英等译。北京：中国政法大学出版社，1994：223，239。

（美）格雷·多西。法律哲学和社会哲学的世界立场 [A]。法律的文化解释 [C]。梁治平编。生活、读书、新知三联书店，1994：240，263。

（美）哈罗德·J. 伯尔曼。法律与革命——西方法律传统的形成 [M]。北京：中国大百科全书出版社，1993。

（美）哈罗德·J. 伯尔曼。法律与宗教 [M]。梁治平译。北京：中国政法大学出版社，2003：40。

（美）罗杰·科特雷尔。法律文化的概念 [A]。比较法律文化 [C]。奈尔肯编。高鸿钧、沈明等译。北京：清华大学出版社，2003：48-49。

（美）马丁·P. 戈尔丁。法律哲学 [M]。齐海滨译。北京：三联书店，1987：231。

（美）庞德。通过法律的社会控制 [M]。北京：商务印书馆，1984：4。

（美）皮特·M. 蒂尔斯玛(Peter M. Tiersma)《法律语言》(Legal Language)(1999)

（美）乔治·霍兰·萨拜因。政治学说史上册 [M]。北京：商务印书馆，1986：97。

（美）约翰·H. 威格摩尔。世界法系概览(上)[M]。上海：上海人民出版社，2004：112。

（美）约翰·H.威格摩尔。世界法系概览（上）[M]。上海：上海人民出版社，2004：112。

（美）约翰·吉本斯。法律语言学导论[M]。程朝阳等译。北京：法律出版社，2007：2。

（美国）柏恩敬。对检察院监督司法的看法[A]。蔡定剑。监督与司法公正——研究与案例报告[C]。北京：法律出版社，2005：307。

（美国）约翰·亨利·梅利曼。大陆法系[M]。北京：法律出版社，2004：34-35。

（日）谷口安平。程序的正义与诉讼[M]。北京：中国政法大学出版社，1996：6。

（日）望月礼二郎。英美法[M]。郭建，王仲涛（译）。北京：商务印书馆，2005。

（日）大木雅夫。比较法[M]。范愉译。北京：法律出版社，1999：329。

（英）丹宁。最后的篇章[M]。刘庸安、李燕译。北京：法律出版社，2000：21。

（英）丹宁勋爵。法律的训诫[M]。杨百揆、刘庸安、丁健译。北京：法律出版社，1999：98-99。

（英）菲利普·史密斯。文化理论：导论[M]。北京：商务印书馆，2008。

（英）弗里德利希·冯·哈耶克。自由秩序原理（上）[M]。北京：三联书店，1997：204-205。

（英国）P.S.阿蒂亚。法律与现代社会[M]。范愉等译。大连：辽宁教育出版社，1998：12。

（日）夫马进。明清时代的讼师与诉讼制度[A]。日滋贺秀三等。明清时期的民事审判与民间契约[C]。王亚新等译。北京：法律出版社年版，1998：389。

（日）滋贺秀三等。明清时期的民事审判与民间契约[C]。王亚新等编译。北京：法律出版社，1998。

宝成。中美司法行政制度比较[J]。集体经济，2010(1)：112-114。

蔡佩琼，王东兴。首建任期制法官制度[N]。深圳特区报，2015-1-29(第A03版)。

蔡曙山。论哲学的语言转向及其意义[J]。学术界，2001(1)：16-27。

陈刚，张维新。清末《刑事民事诉讼法》的形成背景及争议[A]。陈刚。民事诉讼法制的现代化[C]。北京：中国检察出版社，2003：74，100-103。

陈光中。构建层次性的刑事证明标准[A]。陈光中、江伟。诉讼法论丛（第7卷）[C]。北京：法律出版社，2002。

陈光中等。中国古代司法制度[M]。北京：群众出版社，1984：158-161。

陈国民。中美两国立法机构委员会的法律地位和作用 [J]。中国人大,2014(13):51-53。

陈海光。 中国法官制度研究 [D]。 中国政法大学,2002-04-30。

陈弘毅。法治、启蒙与现代法的精神 [M]。北京:中国政法大学出版社,1998:120.

陈鸿。中西刑法文化差异性简析:以法律图腾为视角 [J]。宁夏大学学报,2010(3):134-138。

陈金钊,张其山。法律全球化与中国诉讼法文化的构建 [J]。现代法学,2003(8):52-58。

陈炯,钱长源。关于法律语言学的几点看法 [EBOL]。http://lawschool。suda。edu。cn/dongwu/1999/ falvyuyan。htm

陈坤林、何强。中西文化比较 [M]。北京:国防工业出版社,2012:132-133。

陈林林。反思中国法治进程中的权利泛化 [J]。法学研究,2014(1):10-13。

陈同。律师制度的建立与近代中国社会变迁 [J]。社会科学,2014(7):161-169。

陈卫东。程序正义之路 [M]。北京:法律出版社,2005:427-443。

陈晓枫,付春杨。"自然法"与"法自然"的文化分析 [J]。法学评论,2002(6):10-17。

陈晓红,陈杨。我国人民陪审员制度的现实考量及制度走向——基于域外陪审制度模式的比较研究 [J]。甘肃社会科学,2013(1):91-94。

陈序经。文化学概观 [M]。长沙:岳麓书社,2010。

陈云生。权利相对论——权利和(或)义务价值模式的历史建构及现代选择 [J]。比较法研究,1994(3):225-263。

陈忠诚。法律英语五十篇 [M]。北京:中国对外翻译出版公司,1987:5。

陈忠诚。汉英—英汉法律用语辨正词典 [Z]。北京:法律出版社,2000:605。

程波。论法律电影视域下的美国文化 [J]。文史博览,2005(6):45-48。

程汉大。英国二元律师制度的起源、演变与发展走向 [J]。甘肃社会科学,2005(4):40-44。

程燎原,王人博。权利及其救济 [M]。济南:山东人民出版社,2004:194。

程燎原。清末法政人的世界 [M]。法律出版社,2003:66。

程延军,杜海英:传统"义务本位"观的法律文化解析 [J]。内蒙古民族大学学报(社会科学版),2007(2):88-92。

崔军民。近代法律新词的发展及其轨迹 [J]。河北法学,2010(1):2-12。

崔永东。 中西法律文化比较 [M]。北京:北京大学出版社,2004。

戴拥军,魏向清。"律师"的术语探源及相关术语英译探究 [J]。西安外国语大学学报,2014(1):111-114。

丹宁。法律的正当程序 [M] 。李克强等译。北京:群众出版社,1984:36,50。

但伟,黄芳。中外检察制度比较与启示 [J]。人民检察,2000(8):58-61。

邓继好。程序正义理论在西方的历史演进 [M]。北京:法律出版社,2012:224-225。

丁文生。中美法官经济保障比较研究 [J]。中南民族大学学报(人文社会科学),2014(3):112-116。

丁艳雅。我国法律教育现状与成因及弊端探析 [J]。求索,2004(11):78-81。

丁以升。道家的"法自然"观及其影响——兼与西方自然法思想比较 [J]。华东政法学院学报,1999(5):23-26。

丁志。中西法律文化差异探析 [J]。理论月刊,2011(3):121-123。

董静姝。论凯尔森对自然法学的批判及其对中国法学的启示 [J]。西南民族大学学报(人文社会科学版),2015(3):107-111。

董平。变革法官制度,让法官走出"围城" [J]。法制与社会,2014(8):17。

董全绒。浅谈中美律师资格制度 [J]。科学之友,2008(11):101-105。

董晓波。跨学科、多向度:二十世纪法理学语言学范式的转换 [J]。学术交流,2007(1):80-83。

杜宴林。论法学研究的中国问题意识:以关于法律信仰问题的争论为分析线索 [J]。法制与社会发展,2011(5):152-160。

范瑜。法律信仰批判 [J]。现代法学,2008(1):10-17。

范志伟。香港财经翻译:长句的破立 [J] 。中国翻译,2004。

范中信。中西法律文化的暗合与差异 [M] 。北京:中国政法大学出版社,2001。

方流芳。中国法学教育观察 [A]。贺卫方。中国法律教育之路 [C]。北京:中国政法大学出版社,1997:9-10,12-14。

方绍伟。中国不一样 [M]。北京:中国发展出版社,2013:263。

冯象。它没宪法[J]。读书,2000(9):21-27。

冯玉军。我国法学教育的现状与面临的挑战刍议[J]。中国大学教学,2013(12):50-51。

弗洛伊德。图腾与禁忌[M]。杨庸一译。台湾:志文出版社,1987:32。

傅伟良。合同法律文件翻译谈[J]。中国翻译,2002(5):45。

干朝瑞,郭珣。论我国法官豁免制度的建立[J]。法律适用,2003(5):45-47。

高道蕴,高鸿君,贺卫方. 美国学者论中国法律传统[M]。北京:中国政法大学出版社,1994:2-3.

高鸿钧。 法律文化的语义、语境及其中国问题[J]。中国法学,2007(4):23-38。

公丕祥. 法律文化的冲突与融合[M]. 北京:中国广播电视出版社,1993:105。

龚志坚,李海燕。中外检察文化和制度的之比较[EBOL]。中国网四川频道,http://sc。china。com。cn/2014/nanchong_legal_0914/70568。html 2014-09-14, 2015-4-29.

辜鸿铭。春秋大义[M]。成都:四川文艺出版社,2009。

辜鸿铭。辜鸿铭文集(下)[M]. 黄兴涛等译。海口:海南出版社,1996:309.

顾嘉祖。从文化结构看跨文化交际研究的重点与难点[J]。外语与外语教学,2002(1):45-48。

顾明霞。柏拉图的缺席与选择——对《裴洞篇》与《格黎东篇》的一种分析[J]。乐山师范学院学报,2006(3):111-113。

郭冰九。中国传统法律文化中是否存在自然法思想[J]。政法论坛,2008(1):82-89.

郭春镇。从"神话"到"鸡汤":论转型期中国法律信任的建构[J]。法律科学(西北政法大学学报),2014(3):3-10。

郭守兰,曹全来。西方法文化史纲[M]。北京:中国法制出版社,2007:1-3。

韩波. 法院体制改革研究[M]。北京:人民法院出版社,2003:62。

韩光,于睿。英汉立法条文的句法特征与英汉互译的结构转换[J]。吉林省教育学院学报,2009(4):135-138。

韩健。功能语法视角下的英汉法律文本句法特征对比[J]。外国语文,2014(2):90-94。

何帆。"资深法官"制度及启示[J]。山东审判,2012(1):41-42。

何家权。当今中国法律教育的国际比较、问题和挑战及改革的宏观视野 [J]。法制与经济,2010(7):23-26.

何进平。司法潜规则:人民陪审员制度司法功能的运行障碍 [J]。法学,2013(9):130。

何勤华。法律名词的起源 [M]。北京:北京大学出版社,2009:493。

何星亮。文化功能及其变迁 [J]. 中南民族大学学报(人文社会科学版),2013(5):33-41.

何云峰。人治与法治:两种治国方式的比较 [J]. 华北水利水电学院学报(社科版),2005(1):15-18.

贺卫方。法官文化的意义与课题 [A]. 人大复印资料(法理学、法史学),2002(7)。

贺卫方。认真地对待法律教育 [J]。比较法研究,1996(2):113-115。

贺晓荣。法制现代化的观念阻碍及文化背景 [J]。西北政法学院学报,1987(1):5-11

贺毅。中西文化比较 [M]。北京:冶金工业出版社,2007:330。

侯少文。依法治国与党的领导 [M] 。杭州:浙江人民出版社,1998:3-4。

胡庚申、郝建华。国际商务合同的若干语言研究 [J]。清华大学学报(哲学社会科学版),2002(3):91-93。

胡红玲。汉语法律条文中"的"字结构的翻译 [J]。渭南师范学院学报,2014(20):20-23。

胡灵。法文化融合与我向思维——中西方法律价值观念冲突的整合 [J]。安顺师范高等专科学校学报,2004(2):70-72。

胡乙。涉外法律人才培养模式的审视 [J]。教育评论,2014(3):30。

华忆昕,苏新建。程序正义于中国司法实践之困境与出路 [J]。浙江社会科学,2011(8):49-52。

黄捷。论程序化法治 [M]。北京:中国法制出版社,2008:89。

霍宪丹。不解之缘——二十年法学教育之见证 [M]。北京:法律出版社,2003:106。

霍宪丹。法学教育的历史使命与重新定位 [J]。政法论坛(中国政法大学学报),2004(4):28-33。

季卫东。法律程序的意义 [A]。季卫东。法治秩序的建构 [C]。北京:中国政法大学出版社,1999:8-9。

季卫东。法律程序的意义 [M]。北京：中国法制出版社，2011。

季卫东。法治秩序的建构 [M]。北京：中国政法大学出版社，1999：157。

江平。沉浮与枯荣：八十自述 [M]。北京：法律出版社，2010：276-311。

姜建设。周秦时代理想国探索 [M]。郑州：中州古籍出版社，1998：250。

姜剑云。法律语言与言语研究 [M]。北京：群众出版社，1995：78.

蒋迅。法律文化现代化初探 [A]。华东政法学院。法学论文集 [C]。上海：上海社会科学院出版社，1987。

考夫曼，哈斯默尔。当代法哲学和法律理论导论 [C]。郑永流译。北京：法律出版社，2002：312。

考夫曼。法律哲学 [M]。刘幸义译。北京：法律出版社，2003：169-172。

李德风，胡牧，李丽。法律文本翻译 [M]。北京：中央编译出版社，2007。

李冬，陈林。司法民主化视野下的人民陪审员制度完善 [J]。民主与法制，2014(6)：155-157。

李光文。我国公安教育改革与发展的归位思考 [J]。湖北警官学院学报，2007(3)：82-85。

李光文。英美警察教育架构对我国公安教育的启示 [J]。湖北警官学院学报，2003(1)：73-76。

李红海。统一司法考试与合格法律人才的培养及选拔 [J]。中国法学，2012(4)：54-72。

李宏翔。中美律师现状与管理之比较 [J]。中国律师，2011(3)：78-80。

李敬升 法律职业资格制度改革不应"一刀切"。海坛特哥，2017-6-10

李景治。中西立法机构的比较及启示 [J]。中国延安干部学院学报，2012(1)：27-34。

李克兴、王艳。香港法律条例中条件句引导词翻译的对比研究 [J]。中国科技翻译，2013(5)：31-35。

李克兴。法律翻译理论与实践 [M]。北京：北京大学出版社，2007。

李蕾。法治的量化分析：法治指数衡量体系全球经验与中国应用 [J]。时代法学，2012(4)：25-30。

李丽娜、赵华明。英美警察执法模式对我国公安执法规范化建设的启示 [J]。辽宁公安司法管理干部学院学报，2014(2)：57-59。

李娜。进一步完善中国特色社会主义律师制度 [N]。法制日报，2015-3-6。

李蕊、丛淑萍。中国行政法律文化 30 年演变与发展 [J]。法学论坛,2008(6):18-23。

李叶宏。剖析中国传统文化中影响法治建设的消极成分 [J]。社会科学家,2008(4):31-34。

李振宇。法律语言学初探 [M]。北京:法律出版社,1998:2。

李振宇。法律语言学新说 [M]。北京:中国检察出版社,2006:86。

梁治平。"法自然"与"自然法"[J]。中国社会科学,1989(2):209-223。

梁治平。法辨 [M]。北京:中国政法大学出版社,2002:207。

廖美珍。论法学的语言转向 [J]。社会科学战线,2006(2)。

林坚。文化学研究引论 [M]。北京:中国文史出版社,2014。

林明金、林大津。词汇文化对比与双语辞典编纂 [M]。北京:外语教学与研究出版社,2008。

林乾。讼师对法秩序的冲击与清朝严治讼师立法 [J]。清史研究,2005(3):1-12。

刘红婴。单字词法律术语的功能及渊源 [J]。修辞学习,2007(6):28-30。

刘红婴。法律语言学 [M]。北京:北京大学出版社,2003:42。

刘杰。中西法律文化的比较分析 [J]。法制与社会,2012(8):5-6。

刘洁章,刘梁波。文化视角下的"法自然"非"自然法"[J]。广东广播电视大学学报,2006(3):56-59。

刘巧兴。中国法律词汇语义演变的诱因探讨 [J]。社科纵横,2014(3):70-71。

刘树德。司法改革的科学观:与德赛勒先生的法政漫谈 [M]。北京:法律出版社,2010:137。

刘愫贞。法律语言的渊起及演变风格的跨越性特征 [J]。宁夏社会科学,2001(4):72-76。

刘蔚铭。法律英语的词源与专门术语 [J]。西北大学学报(哲学社会科学版),1996(4):88-90。

刘蔚铭。法律语言学研究 [M]。北京:中国经济出版社,2003。

刘小平,杨金丹。中国法律信仰论的内在悖论及其超越 [J]。法商研究,2014(2):42-50。

刘小平。法学中西之间:西方法学在中国法学理论体系建构中的贡献和定位 [J]。法制与社会发展,2012(6):27-40。

刘艳芬,周玉忠。美国 20 世纪语言政策述评 [J]。山东外语教学,2007(15):

42-45。

刘永红。法律文本中"对"字句的统一与规范 [J]。政法学刊,2010(5):23-27。

刘毓。中外检察制度比较研究 [J]。成功(教育),2007(2):118-119。

刘作翔。法律文化理论 [M]。北京:商务印书馆,1999:114。

刘作翔。试论法律文化的结构层次 [J]。西北政法学院学报,1988(1):12-17。

龙宗智。刑事庭审制度研究 [M]。北京:中国政法大学出版社,2001:129。

罗翔。中华刑罚发达史——野蛮到文明的嬗变 [M]。北京:中国法制出版社,2006:179-183。

吕冰心。中美律师行业的六大差异 [J]。法人杂志,2007(10):72-73。

吕世伦。西方法律思想史 [M]。北京:商务印书馆,2006:301。

马莉。法律术语翻译中的文化缺省 [J]。中国科技术语,2010(5):33-36。

马明贤。公、私法理论的演进与互动 [J]。外国法制史研究,2011(0):146-159。

马雯。从语言关联性透视中西传统法律文化的差异 [J]。安徽农业大学学报(社会科学版),2006(5):124-128。

马玉丽。由"程序"而"正义"——论程序对司法公正的意义 [J]。理论月刊,2014(4):92-96。

马长山。西方法治产生的深层历史根源、当代挑战及其启示 [J]。法律科学,2001(6):15。

马长生,邱兴隆。刑法热点问题研究 [M]。长沙:湖南人民出版社,2003:2。

孟成民。学科文化融合视角下跨学科复合型人才培养 [J]。教育与职业,2013(8):49。

莫敏。试论语言与法律的相互作用及影响 [J]。社科论坛,2008(2):101-105。

牛建华。回顾与展望:人民陪审员制度实践探索之观察思考 [J]。法律适用,2013(2):99-102。

潘庆云。中国法律语言鉴衡 [M]. 北京:汉语大词典出版社,2004:493

潘庆云。跨世纪的中国法律语言 [M]。上海:华东理工大学出版社,1997。

潘文国。汉英语对比纲要 [M]。北京:北京语言大学出版社,2004。

培根。论司法 [A]。培根论说文集 [C]。北京:外语教学与研究出版社,1998:193。

彭丽。蒙目女神与独角兽:中西方法律文化比较 [J]。首都师范大学学报(社会科学版),2004:151-153。

齐延平。人权与法治 [M]。济南：山东人民出版社，2003：215-216。

祁进玉。文化研究导论 [M]。北京：学苑出版社，2013。

钱穆。中国历史研究法 [M]。北京：生活·读书·新知三联书店，2001。

邱志红。从"讼师"到"律师"——从翻译看近代中国社会对律师的认知 [J]。近代史研究，2011(3)：47-59。

屈天舒。法律英语的语体特点研究 [J]。英语研究，2012(4)：24-27。

任蓉。陪审团审判机理与实效研究 [D]。上海：复旦大学，2007：1-27。

申建林。自然法理论的演进 [M]。北京：社会科学文献出版社，2005。

沈德咏。关于《关于完善人民陪审员制度的决定（草案）》的说明 [R]。北京：法制日报，2004-04-03(01)。

盛舒弘。法律信仰形成土壤的中西方比较 [J]。宁夏大学学报（人文社会科学版），2015(1)：147-152。

施文。关于律师制度改革的几点设想 [J]。中国司法，2004(9)：28-30。

石定栩。"的"和"的"字结构 [J]。当代语言学，2008(4)：298-307。

束定芳。语言与文化关系以及外语基础教学阶段中的文化导入问题 [J]。外语界，1996(1)：11-17。

宋雷,张绍全。英汉对比法律语言学 [M]。北京：北京大学出版社，2010：123。

宋雷,朱琳。英汉法律法规名称的翻译 [J]。现代法学，1998(3)：127-129。

宋雷。英汉对比法律语言学 [M]。北京：北京大学出版社，2010：188。

宋英辉、吴卫军。中西传统诉讼文化比较初论 [A]。樊崇义。诉讼法学研究（第一卷）[C]。北京：中国检察出版社，2001。

苏力。基层法官司法知识的开示 [J]。现代法学，2000(6)：9-13。

孙国华,杨思斌。公私法的划分与法的内在结构 [J]。法治与社会发展，2004(4)：100-109。

孙国华。中国特色社会主义法律体系研究—概念、理论、结构 [M]。北京：中国民主法制出版社，2009：137。

孙洪坤。程序正义的中国语境 [J]。政法论坛（中国政法大学学报），2006(9)：137-144。

孙伟良。我国法官权利保障研究 [D]。长春：吉林大学博士学位论文，2012。

孙晓楼。法律教育 [M]。北京：商务印书馆，1935：97,152。

孙笑侠,钟瑞庆。"先发"地区的先行法治化 [J]。学习与探索，2010(1)：80-

84。

孙笑侠等。法律人之治：法律职业的中国思考 [M]。北京：中国政法大学出版社，2005：16。

孙懿华。法律语言学 [M]。长沙：湖南人民出版社，2006：38，125，130。

孙长永。当事人刑事诉讼与证据开示 [J]。法律科学，2000(4)：84。

孙志祥。合同英译理解过程中的"合法"前提和"求信"标准 [J]。中国翻译，2001(5)：52-55。

谭世贵，周丽娜。司法改革的文化思考 [J]。海南大学学报（人文社会科学版），2012(4)：1-9。

谭宇生。论良法之治 [J]。南方论刊，2015(2)：32-34。

唐东楚。我国陪审制度的历史及其改革——兼论中外"陪审"之"陪"的语义差别 [J]。中南大学学报（社会科学版），2012(2)：80-87。

唐君毅。文化意识与道德理性 [M]。北京：中国社会科学出版社，2005。

田宏伟。法律文化与法律信仰之辨 [J]。求索，2011(6)：158-160。

仝亚辉。语篇的纲要式结构分析与翻译研究 [J]。北京第二外国语学院学报，2010(10)：8-12。

涂明辉。中美律师制度比较研究 [J]。法制与社会，2013(11)：32-35。

汪京序。关于完善我国人民陪审员制度路径的思考 [J]。行政与法，2013(10)：80-83。

汪洋。论法的宗教性兼及法律信仰危机 [J]。武汉公安干部学院学报，2011(1)：59-62。

王秉钦。文化翻译学：文化翻译理论与实践 [M]。天津：南开大学出版社，2007。

王翠凤。监狱分类制度研究 [J] 中国司法，2012(6)：70-74。

王道庚。法律翻译：理论与实践 [M]。香港：香港城市大学，2006：91。

王建勋。法官流失的治本之道 [J]。法制资讯，2014(6)：21-23。

王洁。法律语言学教程 [M]。北京：法律出版社，1997：45，61。

王晋军。名词化在语篇类型中的体现 [J]。外语学刊，2003(2)：74-78。

王平。论中国法治化进程中先进法律文化的建设 [J]。安徽农业大学学报（社会科学版），2003(1)：10-13。

王琦。国外法官遴选制度的考察与借鉴 [J]。法学论坛，2010(5)：128-134。

王琦。我国法官遴选制度的检讨与创新 [J]。当代法学,2011(4):84-89。

王松贤。中国公安教育定位的思考 [J]。中国成人教育,2008(23):49-50。

王文锦,余学杰。美国律师制度对我国的借鉴与思考 [J]。中国司法,2008(3):47-51。

王晓,王东海。传承性法律词(素)的词义及构词演变 [J]。中国科技术语,2010(3):9-13。

王晓广。全球化背景下中西法律文化冲突论纲 [D]。长春:吉林大学,2009:33。

王岩云。权利问题研究与当代中国法律文化的发展变迁 [J]。法制与社会发展,2010(1):72-81。

王逸吟,孙宏阳。律师业:百年回眸与思考 [N]。光明日报,2012-12-22。

魏敦友。当代中国法哲学的反思与建构 [M]。北京:法律出版社,2011:408。

吴伟平。语言与法律——司法领域的语言学研究 [M]。上海:上海外语教育出版社,2002:10-11。

吴玮翔。法律语言中本族语与外来语共存的根源 [J]。河海大学学报(哲学社会科学版),2007(2):70-72。

吴宗宪。当代西方监狱学 [M]。北京:法律出版社,2005。

夏欣。美国陪审团制度及其特点 [J]。法制与社会,2013(33):28。

夏泽祥。关于法治的五个追问——学习党的十八届四中全会《决定》心得 [J]。山东师范大学学报(人文社会科学版),2015(1):80-98。

肖宝华,孔凡英。浅析法律语言 [J]。南华大学学报(社会科学版),2005(1):89-84。

肖凤城。论"法即程序"[J]。行政法学研究,1997(1):4-7。

肖建国。民事诉讼程序价值论 [M]。北京:中国人民大学出版社,2000:6

熊德米。基于语言对比的英汉现行法律语言互译研究 [D]。长沙:湖南师范大学,2011:56-57,。

熊先觉,刘运宏。中国司法制度学 [M]。北京:法律出版社,2007:73。

徐祥民。文化基础与道路选择——法治国家建设的深层思考 [M]。北京:法律出版社,2004:155。

许章润。法律:民族精神与现代性 [J]。清华法治论衡,2001(5):1-50。

许章润。法律信仰与民族国家 [M]。桂林:广西师范大学出版社,2003。

严仁群。美国法官惩戒制度论要——兼析中美惩戒理念之差异[J]。法学评论，2004(6)：129-134。

颜铨颖。孔学天道观与古罗马自然法之比较及其当代启示[J]。海南大学学报（人文社会科学版），2014(6)：75-79。

杨复卫。我国法治文化构建之传统障碍[N]。人民法院报，2013-3-22(05版)。

杨继慧。我国法律援助制度的完善[J]。辽宁行政学院学报，2013(10)：32-37。

杨晓锋。法律的文化根基：浅析中西法律文化差异的渊源[J]。濮阳职业技术学院学报，2011(1)：24-27。

杨秀环，杨秀瑨。建立和完善法律援助质量监督体系对策研究[J]。中国司法，2011(7)：99-100。

姚尚武。人民陪审员制度若干热点问题研究——以美国陪审制度为借鉴[J]。淮海工学院学报（人文社会科学版），2015(2)：24-27。

叶秋华，洪荞。公法与私法划分理论的历史[J]。辽宁大学学报，2008(1)：141-146。

叶堂宇。国会伦理·政策伦理[M]。北京：商鼎文化出版社，1997：50-52。

易军。诉讼仪式的象征符号[J]。国家检察官学院学报，2008(3)：90-97。

殷杰。论"语用学转向"及其意义[J]。中国社会科学，2003(3)：53—64.

於兴中。法治与文明秩序[M]。中国政法大学出版社，2006：20。

于法昌。程序正义是实体正义的保证[J]。中国工商管理研究，2010(1)：16-17。

俞江。清末民法学的输入与传播[J]。法学研究，2000(6)：140-149。

郁龙余。中西文化异同论[M]。北京：三联书店，1989：192。

袁贵仁，梁家峰。中西法律价值观比较的哲学反思[J]。北京师范大学学报（人文社会科学版），2000(3)：84-90。

袁勇，黄进才。扩大农民政治参与与我国人民陪审制度的完善[J]。法学杂志，2011(10)：70-73。

约翰·吉本斯。法律语言学导论[M]。程朝阳，毛凤凡，秦明译。北京：法律出版社，2007：15。

张法连。法律语言研究[M]。济南：山东大学出版社，2017。

张法连。法律翻译中的文化因素探析[J]。中国翻译，2009(6)：48。

张法连。英美法律术语辞典[M]。上海：上海外语教育出版社，2014。

张岱年、方克立。中国文化概论 [M]。北京:北京师范大学出版社,1994:5-6。
张福森。律师制度的改革与完善 [J]。中国法律评论,2014(3):25-31。
张宏生、谷春德。西方法律思想史 [M]。北京:北京大学出版社,1990:462。
张金玲。中国传统法律文化中的无讼思想与法治社会的构建 [J]。湖南警察学院学报,2012(2):81-85。
张晋藩。中国法律的传统与近代转刑 [M]。北京:法律出版社,2005:74。
张晋藩。中国法制史 [M]。北京:中国政法大学出版社,2002:29。
张晋藩。综论独树一帜的中华法文化 [J]。法商研究,2005(1):142。
张梦雪。程序正义在国外的实践及启示 [J]。法制博览,2015(2):116-118。
张穹。谈法律语言及其在立法实务中的运用——读《中国法律语言鉴衡》札记 [EB/OL]。http://www。chinalaw。gov。cn/jsp/contentpub/searchmsg/msglist。jsp,2005-06-06。
张文显。法哲学范畴研究 [M]。北京:中国政法大学出版社,2001:345。
张文显。马克思主义法理学——理论、方法和前沿 [M]。北京:高等教育出版社,2003:262。
张文艳,廖文秋。"无讼"折射出的中国传统法律文化 [J]。安徽教育学院学报,2003(4):50-52。
张新红。汉语立法语篇的言语行为分析 [J]。现代外语,2000(3):283-295。
张新红。文本类型与法律文本 [J]。现代外语,2001(2):192-200。
张新民,高泠。从法律英语词汇特点看法律文献汉译英 [J]。上海翻译,2005(2):29-30。
张燕。刍议中国的法律信仰 [J]。社科纵横,2015(4):83-85。
张永和。法律不能被信仰的理由 [J] 政法论坛,2006(3):53-62。
张喻忻、周开松、覃志军。对程序正义与实体正义关系的法理学思考 [J]。江西社会科学,2004(11):103-105。
张长明,平洪。法律英语的句法特点及其汉英翻译策略 [J]。广东外语外贸大学学报,2005(10):64-66。
张志刚。宗教学是什么 [M]。北京:北京大学出版社,2002。
张志铭。社会主义法治理念与司法改革 [J]。法律适用,2006,(4):2-4。
张中秋。对中西法律文化的认识 [J]。民主与科学,2004(2):30-31。
张中秋。中西法律文化比较研究 [M]。北京:法律出版社,2009:36-37,78-

80，100-101，117，121，291，336-337。

赵小锁。中国法官制度构架——法官职业化建设若干问题[M]。北京：人民法院出版社，2003：16。

赵旭东。程序正义概念与标准的再认识[J]。法律科学（西北政法学院学报），2003(6)：88-94。

赵雅博。中国文化与现代化[M]。台北：黎明文化事业公司，1992：1。

中美联合编审委员会。简明不列颠百科全书[M]。北京：中国大百科全书出版社，1986：569页。

周成泓。从讼师到律师：清末律师制度的嬗变[J]。求索，2013(6)：53-56。

周强。努力让人民群众在每一个司法案件中都感受到公平正义[R]。北京：人民法院报，2013-07-23(02)。

周庆生、王杰、苏金智。语言与法律研究的多视野[C]。北京：法律出版社，2003。

周小明。法官文化与司法公正[J]。浙江大学学报（社科版），1992(1)：59-65。

周永坤。社会优位理念与法治国家[J]。法学研究，1997(1)：101。

庄晓华。法官文化及其分类研究——以宪政文化为视角[J]。理论学刊，2006(3)：107-109。

邹玉华。论立法文本中"有下列情形（行为）之一的"句式的规范[J]。语言文字应用，2008(4)：100-107。

左思民。"的"字结构诸功能中的语体功能[J]。修辞学习，2008(3)：10118。

左卫民。价值与结构——刑事程序的双重分析[M]。北京：法律出版社，2003：190。